日本外交文書

平和条約締結に伴う賠償交渉　下

外務省

昭和31年9月、賠償協定実施に伴う協議のため訪日した
ラヌーサ・フィリピン賠償使節団長と重光葵外務大臣

「日本国とヴィエトナム共和国との間の賠償協定」署名式

序

外務省では、明治維新以降のわが国外交の経緯を明らかにし、あわせて外交交渉上の先例ともなりうる基本的史料を提供する目的で、昭和十一年に『日本外交文書』第一巻を公刊した。以来、既に明治・大正期の刊行を終え、昭和期についても、満州事変、海軍軍縮問題、日中戦争および太平洋戦争等の特集とともに、昭和期Ⅰ（昭和二―六年）、昭和期Ⅱ（昭和六―十二年）および昭和期Ⅲ（昭和十二―二十年）の刊行を終え、戦前期の刊行は完結した。

他方、戦後期についても、サンフランシスコ平和条約シリーズ（全三巻）、占領期シリーズ（全三巻、関係調書集）、国際連合への加盟、日華平和条約およびＧＡＴＴへの加入に関する主要文書をまとめた特集を刊行済みである。これらに続く本書は、外交史料館が所蔵する「特定歴史公文書等」から昭和二十七年のサンフランシスコ平和条約締結に伴うビルマ、インドネシア、フィリピン、ベトナム各国との賠償交渉等に関する主要な文書を選定し、編纂・刊行するもので、これをもって『日本外交文書』の通算刊行冊数は二二九冊となる。

激動の時代といわれる昭和期を顧みるにあたって、本巻が正確な史実を提供し、外交問題の歴史的研究に資するとともに、現在の国際関係を考察する上でも貢献できれば幸いである。

令和六年三月

外務省外交史料館長

例言

本書は『日本外交文書　平和条約締結に伴う賠償交渉』として、昭和二十七年のサンフランシスコ平和条約締結に伴うビルマ、インドネシア、フィリピン、ベトナム各国との賠償交渉等に関する主要な文書を収録した。

1　収録文書は、基本的に外交史料館の所蔵史料によった。

2　本冊では外交史料館所蔵史料に加え、国立公文書館所蔵「戦後財政史資料」より文書を補填した。国立公文書館所蔵史料より補填した文書については冒頭に＊印を付した。

3　収録文書は、原則として原文のままとしたが、旧字体は新字体に置き換え、明らかな誤字と認められる箇所については、正しい文字に置き換えた。

4　収録文書には、一連文書番号および件名を付し、事項ごとに日付順に配列した。

5　収録文書に付した書誌情報中にある発受信者などの人名については、初出の場合のみ姓名を表示し、以後は姓のみにとどめた。また発受信者名に付す国名・地名は、原則として辞令に基づく在勤地とした。

6　採録にあたって加えた注記は、（編注）として当該箇所に明記し、その文面は各文書の末尾に記載した。

7　原文書に欄外記入がある場合は、（欄外記入）として当該箇所に明記し、その文面は各文書の末尾に記載した。

8　収録文書中（省略）（ママ）等の括弧を付したルビは、収録にあたって記したものである。

9　原文書で印字不鮮明等の理由により判読不明な文字は□とし、（一字不明）のようにルビを付した。

10　本書末尾に全収録文書の日付順索引を付した。

目次

日本外交文書　平和条約締結に伴う賠償交渉　日付索引

（以上、下冊）

（以上、上冊）

四　対フィリピン賠償交渉

1　講和会議以後の交渉

272

昭和26年9月4日　吉田全権／ロムロ・フィリピン首席代表　会談

サンフランシスコ講和会議に際しての吉田全権・ロムロ首席代表会談

付　記　昭和二十六年九月五日、藤崎条約局条約課長作成

「賠償問題に関しフィリピン代表部と会談の件」

フィリピン首席代表ロムロ外相との会談録

昭和二十六年九月四日(火)午前十一時

松井秘書官記

吉田総理大臣よりまず「今次戦争中においてフィリピンに対して与えた被害はまことに遺憾であり、日本政府としてはできるだけフィリピンのクレームを満足させたいと考えている。ただ日本経済は連合国の援助によつてようやく復興の途上にあるがなお前途は長く賠償問題は容易ではない。しかし日本としては条約第十四条の義務は忠実にこれを履行する用意がある。」と述べたところ、ロムロ外相は「実はフィリピンにおいては賠償問題は非常にやかましい問題となつている、国民も今次条約の賠償条項はきわめて不満足である。反対党は遂に平和条約の全権団に全権を送ることを拒否するに至つた。昨日の入電によればマニラ市において『条約反対』『米英のかいらいとなるな』『国民的名誉と自尊心をすみやかに回復すべし』等のポスターを立ててパレードが行われた旨の情報が入つている。自分はこの平和条約は調印すべしとの議論をしているが自分の立場の困難なことは御推察に難くないであろう。正直に申し上げれば、自分は戦争中、マッカーサー元帥とともにバターン、コレギドールを経て米国に逃れた。マニラの私宅は焼失し、家族は苦難の道を歩んだ。その自分が国民の意思に反してこの条約を支持せんとしているのである。自分の立場は解してくれるであろう。貴大臣も日本国民の声を代表しておられるであろう。私もフィリピン国民の声を代表せ

ざるを得ない。そこでおたずね致し度いのはいつワシントンに出発せられるか。ワシントンに出発される前に米国を交えず直接に会見し、賠償支払の意思ある旨の確約を得たい。」と述べた。吉田総理大臣は「自分は条約調印後、直ちに日本に帰りたい。しかし条約第十四条に基く会談は直ちに、又どこの場所においても開始する用意がある。東京でも良い。貴国においてでも良い。」と答えた。

続いてロムロ外相は「ダレス特使との会談も全部賠償の問題についてであつた。マッカーサー元帥も日本人は賠償を支払う意思がある。日比間に必ず満足の行くような双務協定ができることを信ずる旨の発言があつた。どうか日本政府の誠意を示し直ちに会談を開始するようにしてほしい。」と述べた。

（備考）この会談はインドネシアの場合に比しロムロ代表の発言きわめてアグレシーヴであり賠償に対する関心の度合の強烈さを痛感した。しかし条約の調印をする意思は明瞭にしていたことは特筆するに値しよう。

（付　記）

賠償問題に関しフィリピン代表部と会談の件

二六、九、五　藤崎

九月五日午後（午後の会議と夜の会議の間に）、西村条約局長（藤崎随行）は、セント・フランシス・ホテルのフィリピン代表団を往訪した。

先方の出席者

マカパガル氏（代表、下院議員）

シンコ教授（代表）

ロペズ公使（代表代理、国連代表）

マダムバ氏（代表代理、外務省政治経済局長）

キンテロ氏（代表代理、外務省法務局長）

当方から、総理の命により、ロムロ代表と総理との間の話合いの線で事務当局としてなしうることがあれば、できるだけのことをしたいと述べた。先方から具体案を求められたので、当方としては、

㈠　日本政府としては、賠償問題に関するフィリピンの国民感情はわかること

㈡　日本政府としては、平和条約第十四条により賠償を支

払うべき義務を受諾したので、その義務を、誠実に良心的に果すべきこと

㈢　日本政府は、できるだけフィリピン側の要求をみたすべき協定のための双方にとり満足すべき方式を見出す目的をもつてすみやかに交渉を開始する用意があることの趣旨を書面をもつてコンファームすることは可能であろうと述べた。

先方は、それだけでは満足できない趣で、いろいろの問題を提起したが、その主なものを挙げれば、次のとおり。

㈠　総理は、いつでも交渉を始める用意があるといわれたが、それならば、もつと具体的な腹案があるはずである。一体どれ位の賠償を支払うことができると思うか。

これに対して、当方から、「われわれは、今直ちにサン・フランシスコで、そういう具体的な話をする用意をしてきていない。東京に帰つてからでも、具体的な話をするためには、事務当局として相当研究しなければならない。事は、日本の経済全般に関する問題である。アメリカの経済援助に関する債務、連合国財産の補償等連合国側に対する他の債務との関係もある。」

㈡　加工方式による賠償の場合、一切の費用は、日本政府が負担するか。賠償という以上、当然そうあるべきであると思うが、確認をえたい。ダレス氏は、今日の演説でノン・プロフィット・ベイシスという表現を使われたかも知れないが(注、実際は、サーヴィシズ・フリーリー・ギヴンといつている)、以前行つた放送演説では、フリー・オブ・コストといわれたこともある。

この点については、今日のダレス氏の演説には異存ないという外、当方の意見を述べることを差控えた。

㈢　サーヴィスという言葉は、非常に広い意味に解されうる。条文上は、原料はフィリピンから供給すべきことになつているが、原料が日本にあるものである場合、従つて、その輸入のため外貨を使う必要のない場合においては、日本の原料を使つてその製品をフィリピンに送ることもありうると考えるか。フィリピン国民は、レパレイション・イン・カインドを強く要望している。

この点についても、当方は明確な答をすることを避けた。

㈣　賠償の額について、日比間で争いが解決されない場合、

公平な第三者の裁定を求めることにすることについての所見いかん。それは、一般の国際慣行として行われているところであると思うが。

当方としては、まず彼我両国の間で誠意をもつて了解に達するように努めようではないか、第三者による調停はそれではどうしてもうまく行かない場合の話である、といつたが、先方は、それではフィリピン国民を満足させることはできないと述べた。

先方は上述の四点をノートしていたが、具体的にどういうステップをとるかという点には触れなかつた。また、前日の総理とロムロ代表との会談内容に関するエイド・メモアールをくれたが、これについても、別にコンファメイシヨンをえたいともいわなかつた(九月六日マダムバ氏、キンテロ氏、ロペズ公使等から午餐に招待されたが、その際マダムバ氏は、このコンファメイションをえたいといつた)。

先方は、フィリピン国民は平和条約の第十四条の規定に満足していない。従つて、ロムロ代表等が、この条約に署名することは、内政的に非常な困難におちいるおそれがある。しかし、アメリカ側からの話もあるので、できれば署名したいが、それには、フィリピン国民の納得の行くようなことを日本側でしてもらわなくてはならないという趣旨のことを繰返して述べた。

会談の当初は、スティフな態度であつたが、いろいろ話合つているうちにやわらいできて、辞去する際には、お互いの気持を理解する上に非常に役立つたといつていた。

273

昭和26年9月7日

サンフランシスコ講和会議におけるロムロ・フィリピン首席代表演説

○カルロス・P・ロムロ将軍(フィリピン国代表) 議長閣下並びに代表各位、六年前勝誇り且つ希望に充ちていた時、五十ヵ国はここサン・フランシスコに普遍的な平和の設計図を作るために集つたのであります。国際連合がその生れた時代の特徴を具えていることは当然なことでありましよう。それは高尚な努力と抑え得ぬ理想の花を開かせたのであります。

その会議は、戦争における連合国の最後の勝利は団結によつてのみ得られるという厳しい教訓を得てここに開かれたのでした。その知識の上に、当然のことでありますが、団結によつてのみ国際連合は平和をも克ち得《（る欠カ）》という希望が築かれたのであります。

われわれの経験はわれわれの期待の論理に従いませんでした。われわれは幾何もなく、勝利に興奮して、分裂した世界における権力闘争の現実が許す以上の高尚な計画を樹てたことに気づいたのであります。

過去六年のこの冷静な経験の判断は、必然に世界平和のサン・フランシスコ設計を無効ならしめるものではありません。実際、今日、われわれがここで創られた最初の平和計画の本質的な部分を細部に亘つて完成するため、この国際連合の誕生の地に帰つてきたという事実には一種の必然があるのであります。

一九四五年、われわれが平和の問題をある程度抽象的に取扱い従つてわれわれの解決が事態を単純化しすぎたという欠陥をもつていたことは恐らく避け得ないところであつたでしよう。今日、われわれはかの偉大な努力の真の出発点に帰つてきたのであります。すなわち平和の抽象的な原則ではなく、平和の具体的な困難な問題の一つを考慮するということであります。

われわれは前大戦の主要敵国の一と平和条約を締結するためにここに集つているのであります。これはどのような場合、どのような時においても困難な仕事でありましよう。しかし、歴史のこの瞬間に日本との平和条約を締結するということは特に解決困難な問題を伴うものであります。

フィリピンが対日平和条約に関してここで述べられた楽観的な平和の希望を共に分ち得ないものがあるのはこのためであります。われわれが、犠牲の分担、共通の理想、共同の目的を基礎に、あらゆる良き報告が可能に思われた千九百四十五年のサン・フランシスコの豊かな精神を取戻すことは、希望しても、できないところであります。今日、若干の悲しみなきを得ないのでありますが、われわれはあいまいな平和の普遍化または過度の和解の希望の何れにも惑わされずに、最大の現実主義をもつて日本との平和締結の問題を処理することを迫られているのであります。われわれは条約によつて日本との戦争状態を終結することはできますが、しかし一片の条約は自動的に平和をもたらし、または日本とその隣国との現実の平和関係を創るものではありません。これをもたらすことができるのは、条約の厳粛な条項ではなくして、よき実行のみであります。

私は、ここで、日本の最も近い隣国の一であり、不釣合に重大な破壊を受け、日本のために損害を受けた国を代表して述べているのであります。千八百万の人口のうち、われわれは百万以上の生命を失いました。生命の損失の他にわが国民は未だに癒されない程深い精神的傷手を蒙りました。四年間に亘る野蛮な占領と侵略者に対する不断の抵抗の後、わが国民経済は完全に破滅し去つたのであります。フィリピンがその地域と人口に比して、アジアで最も大なる惨禍を受けた国であるということは異議を挟む余地のないところであります。

われわれの受けた損害を新しく誇示するのは私の意図するところではありません。今日に至つては、古傷を暴いても何ら益するところはないのであります。またフィリピン国民は絶望的な時に侵略の矢面に立ち、アジアの自由の防衛に貢献するよう求められたことに後悔を感じているのでもありません。今日只今、彼らが朝鮮における国際連合の行動に応分の負担を分つているという事実から、彼らが日本帝国主義に対する闘争を分担したことを誇りとしており、また、再びそうする用意があることを何人も疑うことはできないのであります。

古傷を暴いてみせることはわれわれの望むところではありません。しかし、われわれのうち、その傷を感じまた憶えている者は、今、その傷痕をみるにすぎぬ人々に対し、われわれは誰からも憐みを乞うのではない。われわれが欲するのは正義のみである。ということを許されてよいと思います。

抽象的に正義を語るのは容易です。しかし損害を蒙り、且つ、永遠に日本の隣国たらざるを得ないわれわれのごとき者にとつて、正義は抽象的なものではありません。それはわれわれにとつて生命や死のごとく現実的なものであります。それはわれわれの国家的生存の本質に触れるものであります。

われわれの要求する正義は寛大な平和か厳格な平和か、復讐の平和か和解の平和かという問題ではありません。これらは意義のある概念かも知れませんが、われわれにとつて遥かに重要なのは、事実上の公正な関係であり、また現実に相互の権利を尊重することであります。

われわれは、フィリピン国民の日本に対する態度が全然感情によつて動かされていないとは申しません。そのようなことを主張すれば人間とはいえないでありましよう。しかしわれわれはフィリピン政府が最初から、日本に関して客観的な態度を維持しようとして極度の努力をしてきたことを確言するものであります。

従つて、フィリピン国大統領によつて当初から確立されたわれわれの戦後の対日政策は、次の基本的三目的を目標としていたのであります。第一に、日本が真の政治的経済的改革によつて、再び、フィリピン及び他国の脅威とならないことを確実にすること。第二に、日本がフィリピン及び他国に与えた損害の早急且つ公正な賠償を獲得すること、第三に、適当な時期に、適当な条件の下に、民主的非軍国主義的日本を友好的隣国として迎え、太平洋地域及び全世界の平和を維持し、進歩を助長するために日本の協力を確保すること、であります。

われわれはこの三政策を率直な世界の判断に供し、公正にみて、これ以上のことをわれわれに期待できるかどうかをお聞きしたいのであります。

この政策を考慮に入れて、フィリピン国政府は現在の形の日本との平和条約は、若干の点において、公正と必要とに欠けているといわざるを得ないのであります。平和条約の唯一の目的が戦争状態を終結し、戦敗国に再び主権国の仲間入りをさせることであるならば、この条約は完全にその目的に沿うものでありましよう。しかし尨大な人口を擁し、歴史と伝統を有し、工業的、軍事的潜在力をもち、更に戦略的重要性をもつ日本のごとき国家との平和条約は、最大の重要性をもち得る政治的行為であります。

従つて、フィリピン国は、日本が受け容れることができその主権と両立し得る方法で、日本の政治制度、教育組織の発展に援助を継続し得るような措置が執られることを希望してきたのであります。われわれは日本人の中に成長した民主的制度は決して現象的なものではないと説かれてきました。われわれはこの点を争うことはしないでしよう。それは偉大な軍人政治家ダグラス・マッカーサー将軍の権威をもつて説かれているところだからであります。しかし日本が六年という短期間に、幾世紀も続いた侵略的、封建的、軍国主義的警察国家から、実行的な徹底した民主主義に完全且つ永久的に移り変つたと信ずることは、確かに人間の信じ得る限度を超えるものであります。われわれを構成する余りにも人間的なものは、総じて、そのような奇蹟的な変換を受けつけるものではないのであります。

そのような移り変りは、実際、一国においては奇蹟によつてではなく再教育の遅々とした過程を経てのみ達成され得るのであります。日本の真の民主化の基礎は、日本の児童が人権の尊重と人間の権威と価値に対する信念とを学び得るごとき教育組織であります。しかし、これらの民主的諸原則は容易に得られるものではなく、われわれの希望は、すでに昔日の権力主義的な型にはまつてしまつている日本の成人人口ではなくして、より一層順応性のある日本の青年、民主的生活を真剣に信奉し、忠実に護るため、われわれが窮極的に頼らなければならない世代に置かれねばなりません。

すでに述べた措置は本条約に規定されておりませんが、われわれは日本がその民主的制度の健全な成長を確保するため、益々多くなる自由世界との接触を利用することを望むものであります。

本条約は日本の再軍備に明白な制限を設けておりませんが、この種の条約としてはこれが唯一のものと思われます。そして日本のごとく長い軍事的伝統をもち、現憲法の下に軍隊を保持する権利を放棄した国家が、今、自国の安全と防衛の手段を講ずることを強いられているのは、確かに現代史の一大皮肉であります。日本憲法の発布から本条約調印までの五年間に、アジアの勢力関係に極めて大きな変動が生じ、日本は今や共産主義的侵略の脅威に備えて武装しなければならなくなつたのであります。

現在のような状態にあるのでなければ、フィリピンは日本が、自国の軍隊を編成する無制限な権利をもつことを全く耐え得られないことと考えたでありましよう。本条約が、フィリピンもその一員となるような集団安全保障取極に日本が参加することを考えており、また、フィリピン国大統領は、日本は結局はそのような機構に統合されるべきであるという見解をはつきりと述べているので、われわれは、そうでなければフィリピンの国内に生じたであろうと思われる危惧が鎮められたことを満足に感じています。それ故、われわれはこの考慮に基き、また最近米国とフィリピン国との間に締結された相互防衛条約を頼みに、本条約の安全保障条項を受諾することができるのであります。この米比条約は武力による攻撃に対し、それが新たな方面よりおころうとも、または日本の侵略の再現より生じようともこれに対して共同の行動をとると規定しているのであります。

フィリピン国政府は本条約第十四条(a)1項の賠償条項には不満であります。われわれは、本条約の特質は非懲罰的な条約である点にあるという主張は、主として同情的な賠償条項に由来していることを承知しております。しかし、もしこれが懲罰的条約でないということが真実であるならば、何故日本は第二条及び第三条によつて豊饒な台湾を含む全海外領土を奪われるのかを質問しなければなりません。台湾を日本に返還すれば、それは窮極において重い賠償が及ぼす経済的影響を相殺して余りがあるでありましよう。更に第十四条(a)2項は連合国が、日本の在外財産を「戦利品」として没収することを認めています。本条約で認められているこの領土の割譲と在外財産の没収に関して、重要な事実は、受益国は殆どすべて大国であるということであります。他方、日本によつて破壊され占領された小国がその損害を補償され得る唯一の方式たる賠償の支払は、本条約によつて厳格に制限されているのであります。

従つて、要するに、本条約は小国の要求に関しては事実、寛容の条約であるが、大国の要求に関しては明かに懲罰の条約であると言つてよいでありましよう。

フィリピン国政府は当然の賠償額を日本から支払わせることが懲罰行為であるとする理論を受け容れることはできません。故意に生ぜしめた損害は補償すべきであるという原則は個人間において放棄され得ないと同様、国家間においても放棄され得ないものであります。

われわれは日本から懲罰的な賠償金を取立てることを固執するのではありません。われわれは日本によつて実際に蒙つた損害の支払を固執するのでさえありません。われわれは、存立可能な経済を維持すべきものとすれば、日本の資源は、このようなすべての損害及び苦痛に対して完全な賠償を行い、かつ同時に他の債務を履行するためには現在充分でないという声明を容認します。更に、われわれは、賠償の取極は「他の連合国に追加負担を課することを避けなければならない。また、原材料からの製造が必要とされる場合には、外国為替上の負担を日本国に課さないために、原材料は、当該連合国が供給しなければならない」という原則を承認するものであります。

しかし、第十四条（a）項に認められた賠償の権利を、賠償の支払いは、連合国のためにする、要求国の供給する原材料の加工、沈船引揚げその他の作業における日本人の役務に限定するように解釈することは、われわれの受け容れ得ないところであります。賠償の権利をこのように制限することは「日本国の資源は……完全な賠償を行うには現在充分でない」という声明――即ち、現在の日本の資源は部分的賠償しか許さないが、この資源は将来、完全なまたは可能な限り完全に近い賠償の支払いを可能にする程度に迄増大する可能性があることを明白に意味している主張を、全く無意味なものとしてしまうでありましよう。

われわれは言葉の問題で無用な細い、議論をしているのではありません。日本の現実の、また潜在的な賠償支払能力を数字的に規定するという問題は論議の存するところでありましよう。しかし、日本経済は著しい速度で、日本の今日の国富は戦前水準をそれ程下廻つていないという推定を正当とする程の速度で改善されているということは殆ど議論の余地がないところであります。

日本の国民所得は占領開始以来絶えず増加してきました。千九百四十一年の日本の国民所得は現在の一弗三六〇円の交換比率で十億五千万弗でありました。千九百四十七年には略々二十八億五千万弗、千九百四十八年には二倍以上になつて六十億弗に達し、千九百四十九年には八十億弗に増加、更に千九百五十年には大凡百五億弗と推定されています。人口八千三百万として、日本は千九百五十年には約一二五弗の一人当り国民所得があつたこととなり、これはフィリピンはじめアジアのいかなる国よりも高いのでありいます。

日本の戦前水準への工業的回復は千九百四十九年十二月に達成されました。今日工業活動の水準は千九百三十二年――千九百三十六年平均の三二パーセント高で、これは日本が千九百五十三年迄は到達できないと考えられていた水準であります。日本の急速な工業的回復は主として日本の工業労働者の技術的高能率と、日本においてのみならず、かつて主要消費物資の供給の大部分を日本に依存していた諸国における戦後の欠乏から生じた日本の生産物に対する大きな需要とによるものであります。朝鮮の戦争は更に日本の工業活動の速度を早めました。米国が朝鮮の戦争のために行う日本からの買付は大凡年間十億弗に達すると推定されています。

占領の最初の四年間、日本の財政は不健全で、そのために二十億弗のＥＣＡ援助のみでなく、千九百五十二年に日本を自立させるという目的で年額一億五千万弗の原材料の補助を四年間に亘り必要としたことは事実であります。しかしこの援助は、千九百四十六年以来年額十億弗と推定される占領陸軍の現地買付と相俟つて、千九百四十九――千九百五十会計年度以降日本を事実上自立せしめたのでありまして、同会計年度に日本の予算は千九百三十年以来はじめて均衡を得たのであります。

日本の急速な経済的回復はまた、政府財政の剰余にも反映しております。過去においては常に赤字であつたのに反し、千九百五十一年――千九百五十二年の現会計年度は、五千八百七十億円の歳出に対し、六千五百五十億円の歳入が推定され、六百八十億円すなわち一億八千八百万弗の剰余を示しています。この源泉からひき出し得る総額は、同国の最大課税能力と政府の最小要求との差額でありましょう。

日本の国民所得の増加は、国民所得のうち資本形成のために留保する割合を増大することを可能ならしめました。千九百四十八年日本政府は最高司令官の許可を得て、経済自立計画を策定しましたが、これは日本人に千九百五十三年に、戦前の日本における国民生活の最高水準であつた千九百三十年――千九百三十四年平均の九十パーセントに等しい生活水準を与えるものでありました。この計画において、日本は四兆一千六百四十億円の国民所得と、国民所得の約二十八パーセントに当る一兆一千七百億円の資本形成とを有することになつていました。アジアでは日本が高度に発達した唯一の国であり、戦前においてさえ、そう云えたのでありますが、右にあげた資本形成は高度に発達した国家における資本形成の平均水準を遥かに上廻るものであります。

千九百五十年に日本は一億二千七百三十一万三千弗に上る出超を示しました。この出超は一に、一部分工業の再建と朝鮮戦争から生じた輸出貿易の拡大に基くものであります。日本の支払は千九百四十九年まで支払超過を示していました。しかし、昨年日本はその外国為替面で著しい改善を示したのであります。

これらは日本の現実の、また潜在的な賠償支払能力に関係ある日本の経済的地位について利用し得る適切な数字の一部であります。この他にわれわれの知らない数字があるかも知れませんが、もしあればわれわれはそれを聞きたいと思います。同時に、われわれは統計を解釈する方法は一つだけでないことを認めるに吝かでありません。しかしわれわれが立論しようとしているのは、これは慎重かつ全面的な調査に値する問題であるということでありまして、われわれはその調査の結果を最終的なものとして尊重することを前以て誓約する次第であります。この調査を行うことこそ公正なことであります。何故なら、われわれは日本の賠償支払はいつでも、第一に存立可能な経済の維持、第二に他の債務の履行、第三に他の連合国に追加負担を課することを避けること、第四に外国為替上の負担を日本に課することを避けることを条件とするという原則を受諾しているからであります。

われわれは、この特別な四条件を受諾したフィリピンの如き要求国は少くとも第十四条(a)1項に規定された以外の方式による賠償支払について、日本と自由に交渉する資格があると考えるものであります。色々な事実が分らない前に、問題を全部打ち切り、賠償支払を受けるわれわれの権利を生産、沈船引揚げ及びその他の作業における役務に限定することに予め同意するようわれわれに要求することが合理的であり得るでありましょうか。

更に日本を除くアジアの経済に対する日本工業の戦前の優越性を想起するならば、経済的に日本に従属するようになることに対するわれわれの恐れは簡単に却けられるべきものではありません。しかしながら、賠償を役務という方式に制限することは、まさに要求国を日本の工業機械に対する単なる原材料供給者として、従属的な地位に引き戻すという結果をもたらすことになるでありましょう。

われわれは特に米国政府が禁止的賠償という問題に感じ

ている深い憂慮を理解しているものでありまして、このような賠償を要求することはわれわれの目的でないことを申し述べたいのであります。われわれはまた米国政府が本問題に関するフィリピン国政府の見解に対して示し、改正条約文にある程度迄反映された考慮を多とするものでありま す。しかしながら、もし第十四条(a)1項が、日本とフィリピン二国間の交渉に委ねらるべき賠償方式に関する融通性のない制限を意味するものと解せらるべきであるならば、私はフィリピン国政府は次の留保をなすものであると宣言せざるを得ないのであります。

フィリピン国政府が、日本国政府より支払を受くべき賠償の種類及び方式に関し、並びにその支払又は引渡しの態様に関し、日本国政府と交渉し、相互に協定するフィリピン共和国政府の権利は、本条約の反対の規定にかかわらず、ここに留保される。

われわれは長い間日本との平和条約を待望してきました。三年間に亘り、フィリピンは、ワシントン市の極東委員会の内外において、平和条約の早期締結を繰り返し主張してきました。米国政府は、米国政府で、できるだけ早く占領の負担から解放されることを望んで、極東委員会の全構成国が出席する平和会議を開催しようと幾度か努力しました。しかしソ連は平和会議を四大国、すなわち中国、連合王国、米国及び自国(明かに対日戦に一週間参加したことを理由に)に限定しようとし、インドネシアやフィリピンの如く、四年間に亘つて侵略者に抵抗し、その結果甚大な損害を受けた国々を除外しようとしたのであります。米国とソ連の相容れない見解のために、日本との平和条約の条項を討議する会議を招集する可能性は全くないようにみえたのであります。

予め条約について折衝することが唯一の残された途でありました。今日、われわれの前にあるところのものは、こうして作られた条約なのであります。

このように外交史上先例のない方法で折衝された条約が批判の対象となるべきことは避け得ないところであります。何故ならば、いかなる条約も、とりわけ平和条約は参加国すべてを平等に満足させることは恐らくできないと言う事実に加えて、本条約の場合にあつては、その起草に現実に参加したという満足感に欠けているからであります。

日本の将来に比して遥かに論争点の少なかつた一九四六年のパリ平和会議を記憶している人で、あの精力を消尽する外交戦がここで繰り返されるのを希望する者は恐らくあり得ないでありましよう。それ故われわれはこの条約の完成を一層高く評価するのであります。またわれわれは国務長官アチソン閣下の主導性と忍耐を尊敬し、本条約の主要起草者たるジョン・フォスター・ダレス氏の識見に敬意を払うものであります。もしわれわれがダレス氏と意見を異にするところがあるとすれば、それは、折衝家政治家としての氏の偉大な手腕を以てしても、強固かつ不可避的な国家的利益の要求を克服し得なかつたような問題についてであります。われわれはわれわれがその義務を粘り強く固執したことに対し、氏の尊敬を克ち得たと信じているのでありますが、それと同じく、われわれは命ぜられた義務を守り抜いた氏の不屈の精神に尊敬を払うものであります。

われわれは本条約がフィリピン政府にとつて完全には受諾し得ないものであることを繰り返して申し述べるものであります。しかしながら、伝統的な交渉方法によつて一般的に受諾し得る条件を作成することの困難が明らかになつたわけでありますから、この協定を妨害したり又はアジアの平和と安全保障に直接に関係する主要な政治解決の成果を害したりすることはしないつもりであります。

起草国政府の援助を得て、また、日本の総理大臣は日本陸軍がフィリピンで与えた損害を償うことを日本人は望んでいるとわれわれに保障したのでありますが、この日本政府の協力を得て、合理的な履行手段を、特に私の引用した留保の線に沿つて、つくすことにより本条約の欠陥を補い、その条項を衡平と正義の要求によりよく従わせることが可能となることをわれわれは希望するものであります。

この条約は、フィリピンが最大の関心をもつている目的——すなわちアジア及び極東情勢の安定に役立つべきものであります。それはこの条約によつて、活動的で勤勉であり、誇るべき歴史をもち、アジア及び世界の大国である八千五百万の人口をもつ国家が、自由、独立の国家の列に復帰することになるからであります。われわれフィリピン人は最近の惨禍の記憶によつて、事態を一種の危惧の念を以て見ざるを得なくなつているのではありますが、私はアジアの一市民として満足でないとはいえない感情を以て、この成行に期待を寄せているると申し上げねばならないのであります。

日本は、意識的であつたかはどうかは分りませんが何れにせよ、自国の征服と侵略の破滅的な冒険によつて惹起された革命的な動乱の後に、アジアの懐に帰つてきたのであります。アジアは自由――植民地的支配と搾取からの自由――を目指して進んでおります。アジアはまた全体主義的侵略の脅威に対する集団的安全保障組織を求めて動いているのであります。

日本はかつて、自国の見地から、二つの目的を内包した夢をもつていました。それは、日本の帝国主義的支配と統制の下に統一され、日本の工業の要求に従い、ある意味では日本の広大な軍事力の庇護の下に置かれたアジアでありました。この夢はアジア人の自由への意思と、いかなる専断的独裁にも反対して結集した自由世界の力とによつて粉砕されたのであります。

もし日本が本条約によつて与えられた機会を利用して、アジアのために作られた自由の道を進み、また隣国の犠牲によつて自国の拡張を図ろうとするすべての意図を抛擲して、アジア及び世界が果すべき重要な任務を分担するならば、本条約にかけられた希望、そのうちの若干についてわれわれは強い疑問を提起したのでありますが、この希望は充分に実現されるでありましよう。

最後に、私は日本国民に向つて、フィリピン国民を代表して、次の言葉を申し述べたいのであります。

あなた方はわれわれに甚大な損害を与えました。いかなる言葉もまた金銀財宝もこれを償うことはできません。しかし運命はわれわれが隣人として共に生きるべく定めており、隣人としてわれわれは平和に生きなければならないのであります。アジアには四海同胞という言葉があります。しかし兄弟愛は心の問題であり、それが花開くには、先ず心が清められ純粋にならなければなりません。われわれは、憎しみの鉾はわれわれの間では永遠に収められるよう熱望しているのでありますが、しかしその前に、われわれが寛容と兄弟愛の手を差し延べる前に、われわれはあなた方の精神的な悔悟と更生の明白なあかしを待ちたいのであります。

編　注　右演説は昭和二十六年九月二十日、外務省編「サン・フランシスコ会議議事録」より抜粋。

274　日・フィリピン賠償会談に関する津島全権への訓令

昭和27年1月24日

津島全権に対する訓令

二七、一、二四

「フイリツピン」政府の要求に応じ、同国との賠償交渉を開始する為、今般貴全権を「フイリツピン」に派遣することとなれる次第であるが、本件交渉は「フイリツピン」に於ける我平和条約の批准にも関係あるにつき、左記諸点御含み相成り、使命達成上、万遺憾なきを期せられたい。

第一、今般の交渉は、「フイリツピン」政府の要請に応じ、「マニラ」に於いて開始せられるのであるから、「フイリツピン」政府の賠償要求を聴き、その全貌を明らかにすることに主眼をおかれたい。

第二、「フイリツピン」側に於いては、必ずしも平和条約第十四条の規定にとらわれず自国に都合よき方式を採らんとし、又は第十四条の解釈を自国に有利に定めんとするものと察せられる処、我方としては、今回の「マニラ」に於ける交渉に於いては、かかる「フイリツピン」側の見解は見解として聴き置き、第十四条の解釈論等については必要なる程度に止め、次回に交渉の余地を残すよう留意ありたい。

第三、昨年九月桑港に於ける「ロムロ」外相の演説にも見る如く「フイリツピン」側は我国の財政経済力を過大に評価し、右を基礎に立論し来ることもあり得べき処、右に対しては、我国の実情を然るべく説明し認識の是正に努められたい。

第四、「フイリツピン」側より一月三十一日以前に、我方と「インドネシア」との、賠償中間協定案の提示を求めることもあり得べきが、かかる際に於ても、「インドネシア」側との申合を尊重し、一月三十一日以後提示せられるよう取計われたい。

第五、もし「フイリツピン」政府の要求が、「インドネシア」との中間協定案程度のものであるならば、即ち(イ)今回は損害及び賠償総額等を取り上げず㈺役務の主なる範疇を議定することに主眼を置き㈧且つ賠償の実施に当つては我存立可能な経済の維持を十分考慮に入れて考える等の条件に「フイリツピン」側が同意するならば、我政府としては、「フイリツピン」との間にも「インドネシア」と同様の協定を締結する用意がある。

就いては、今般の「マニラ」滞在中に於いて、話がその辺に落つくならば、曩の「インドネシア」との取極の例にならい、両国政府に協定の締結を勧告する趣旨の書面又は進んで中間協定そのものに署名せられて差支えない。

第六、しかし乍ら、もし「フイリツピン」政府の要求が、本質的に、「インドネシア」との中間協定案以上のものであるならば、先方の見解を充分聴取した上、右に対しては、更らに我政府の訓令を仰ぐに非ざれば、何等「コミツト」し得ざることを明らかにし、本国政府と協議する必要ある旨を説明し、充分交渉の余地を将来に残し帰国せられるよう致したい。

尤も帰国に際しては、東京に於いて、更らに交渉を継続することとし、右の為代表を派遣するよう「フイリツピン」政府に懇請し置かれたい。

第七、「マニラ」に於ける今回の交渉は、「フイリツピン」議会に於ける我平和条約の批准との関係もあるにつき、成るべく十日前後にて切上げ、二月下旬より東京にて続行する心組にて交渉を進められるよう留意ありたい。

なお、「マニラ」においては機密保持を団員に充分徹底せしめられるよう御配慮煩わしたい。

275　昭和27年1月31日

倭島アジア局長
ウェアリング連合国最高司令官総司令部外交局参事官
会談

倭島アジア局長・ウェアリング外交局参事官会談

日比賠償交渉に関する倭島局長外交局ウエアリング参事官会談

二七、一、三一
鈴木記

一月三十一日午後三時外交局において行われたる会談要領左の通り

ウエアリングより「在マニラ米代理大使ヘーリングトンからの電報によれば、エリサルデ外相は同代理大使に対し、〝自分は今回の会議をコンクルーシヴなものとは考えていない。日本側が㈠戦争損害の額を承認し㈡日本からの支払総額及び期間をどの程度と考えているかがこの会議で明白になれば結構である。比国は他の諸国とは比較にならぬ程の損害を受けているので、賠償支払についてスペシアル・トリートメントを日本が考えてくれなければ、キリノ政権は政治的自殺となるべく、又平和条約の批准も不可能である〟と述べた由である。ヘーリングトン代理大使の観測によれば、津島代表は、条約発効と同時でなければ賠償支払はできないと強調しているが、エリサルデは前述二点が満足せしめられるならば、この点は日本側の主張通りにしてもよいと考えている模様である」と述べた。

倭島局長より「自分も今回の会議は、はじめからコンクルーシヴなものとは考えていない。先方は、戦争損害額の承認とか、賠償支払の総額及び期間をこの会議で明白にして欲しいという由であるが、今回の会議でこれらの点に何等コミツトできない事情は貴官も御判りの通りである。又スペシアル・トリートメントというが、賠償の額が殖えるということはあり得ようが、その他のことで特別の考慮を払うということはありえない」との意見を申述べておいた。これに対してウエアリングはうなづくのみで、何等コメントを加えなかつた。

（了）

276 昭和27年2月14日 宮崎（章）情報文化局長談

日・フィリピン賠償会談に関する情報文化局長談話

付　記 昭和二十七年二月十八日、アジア局第一課作成「マニラにおける日比賠償会談報告」

情報文化局長談話

津島全権一行六名の日本政府代表は去る一月二十五日マニラ到着以来、フイリツピン政府代表と賠償に関する交渉を行つて来たが、同全権は二月十四日午後、フイリツピン首席代表エリサルデ外務大臣に、二月十日附フイリツピン側新提案に対する左の文書を手交した。なお、津島全権一行は、今夜半空路帰国する。

一、日本代表団は、二月十日フイリツピン政府が提出した新提案を慎重に検討したが、新提案は、日本政府において更に検討を加え決定すべき若干の極めて重要な事項を含んでいるので、わが代表団は、今日までフイリツピン政府代表との間に行つてきた会談について、本国政府に直接報告すべき段階にあると考える。わが代表団はこの報告において、フイリツピンの戦争損害の公式評価が一六、一五九、二四七、九五九ペソであるとのフイリツピン政府の通報につき、本国政府の注意を喚起すべきことを申添えたい。

二、従つて、フイリツピン政府の新提案に関し、わが代表団が現在明確な約束をなし得ないことは、遺憾である。しかし、これは、日本側の責任回避を意味するものでは決してなく、日本の政府と国民が賠償に関する義務を誠意を以て履行せんとするものであることは、ここに繰返すまでもないところである。

三、当地における予備的会談の自由かつ卒直な意見の交換により、わが代表団は、フイリツピンの政府と国民の賠償についての要求と感情を充分に承知したので、これを本国政府に対し完全に報告できる次第である。わが代表団は、マニラにおいて今回開始された交渉が、近い将来に再開され、双方にとり満足すべき問題の解決がもたらされることを心から望んでやまない。

（付　記）

マニラにおける日比賠償会談報告

昭和二七、二、一八

アジア局第一課

津島全権委員以下一行六名の政府代表団（外務省柿坪参事官、大蔵省酒井理財局次長、通産省斎藤企業局次長、運輸省藤野船舶局造船課長、外務省桝田事務官）は、一月二十五日マニラに向け出発、エリサルデ外相以下五名の比国代表団（ネリ外務次官、カデルノ中央銀行総裁、メレンシオ駐日使節団長、シンコ比国大学教授）との間に、賠償に関する予備的会談を行い、二月十五日帰国した。

一、代表団の目的

今回の訪比の目的として、外務大臣は、就中(イ)比国側の要求を充分に聴取すること、(ロ)比国側が希望するならば、

さきにインドネシアとの間に結んだ「中間協定案」程度の形式・内容のものならば、これを締結して可なること、

(ハ)比国側が右を希望しないときは、交渉の余地を将来に残すよう努力して帰国すること、の三点を訓令した。

二、会談の経過

約三週間のマニラ滞在中、正式会談は二回(一月二十八日及び二月四日)、他はすべて非公式会談に終始したが、この間において比国代表団の最大の努力は、我方より、なんとかして、一部分でも、早期、かつ、具体的な賠償支払の約束をとりつけることに向けられたが、これは比国議会による対日平和条約批准をめぐる現キリノ政権の内政的立場を反映したものと認められる。

会談の推移左の通り

(一)第一回正式会談(一月二十八日)

比国首席代表は次の開会の辞を述べた。

「本会談は、その成果が現在及び将来の日比両国民に深大な影響を及ぼす意味において、歴史的重要性を有す。貴代表団の来比は、客年桑港においてなされた貴国首相の約束の履行であることを知り欣快にたえない。我々は貴代表団の来比を以て、桑港平和会議の日本代表団の、日本政府は比国の要求を充たす満足すべき協定方式を見出すために比国と直ちに交渉を開始する用意あり、との誓約を実行せんとする日本政府の意図の証左であると解する。当時比国政府が強調した通り、比国々民は平和条約の賠償規定に満腔の同意を表したのではない。それ故に、当時比国代表団は、将来の日比間限りの賠償交渉においてこれらの条約規定を比国国民の希望に更に接近適合させることができるであろうとの希望を表明したのであつた。

貴国首相は、かかる接近適合がなさるるべく、かつ、日本の国民と政府は比国の要求に応ずるため人力の及ぶ限りをつくす用意がある旨の信念をひれきされた。

我々は、日比両国間に敦厚なる関係を速かに樹立せんとの貴代表団の希望を多とする。日比両国は、その地理的近接の故に、両国共通の福祉と世界のこの地域における平和と安定のために、親睦せねばならない。本会談の問題に関する比国政府の立場を定めるに当つては、我々が、これらの考慮を正しく酌量したことを申

述べたい。

両国間に了解が速かに成立することは極めて望ましいが、かかる了解は、日本による比国の正当な要求の承認のみならずこれに応ずる日本の積極的意思と用意を基礎とせねばならぬ。時は、戦争中日本の占領軍によつて加えられた損害と苦痛に対する比国国民の虐げられたる感情のわずかに一部を宥和したに過ぎない。しかし我々は、比国国民は日本及び日本国民との将来の交渉においてはキリスト教の寛容精神を守らねばならぬとの比国大統領の言葉に表現された気持に促がされて、本会談に携るのである。我々は、貴代表団が、到着に際し述べられた比国とその国民に加えられた損害を修復したいとの日本政府の意図の具体的証左を平和条約発効前においても与えられることを希望する。かくの如くして、我々は問題の円満なる解決に到達しうべきことを確信するものである。」

右に対し日本首席代表は次の言葉を以て答辞とした。

「日本代表団訪比の目的は、桑港で調印された平和条約中の日本の厳粛な誓約に従つて比国政府代表と戦争損害に対する賠償問題の交渉を行うにある。日本は条約上の義務を誠意を以て履行するものであることを申述べたい。日本代表団は、比国側の要求なり提案なり示唆なりは、いかなるものでも虚心坦懐に聴取したい。日本代表団は、今次会談によつて、重要なる賠償問題の最後的解決の基礎が探究されることを希望する。賠償問題が友好的に解決され、日比間に正常関係が回復されるならば、両国間には相互に利益をもたらし増大してやまない貿易と密接なる政治的、文化的関係が生れることを確信する。この観点から日本代表団は問題に対処する責任の重大を自覚するものであつて、この責任を、友好精神を以て果すためにいかなる努力も吝まない。」

次いで比国首席代表は、左の三点より成る賠償要求を読み上げ、日本代表団の回答を求めた。なお右要求は同日午後公表された。

第一、日本政府は、百六十一億五千九百二十四万七千九百五十九ペソ（約八十億米ドル）の比国政府の要求を承認すること。

この金額は比国政府によつて公に記録されている損害に基礎をおくものである。

第二、日本政府は、十年以内に、而して十五年より遅からざる期間内に、右の比国政府の賠償要求を解決すること。

第三、日本政府は、賠償協定の締結及び比国政府による対日平和条約の批准以前においても、比国政府に対し、直ちに部分的ないし中間的賠償を提供すること。


右に対し日本代表は、差当りの回答として、第一点については、日本側にこれを確認する資料を持合せていない事情もあり、今直ちにコメントし得ず、第二点についても、これは賠償総枠と相関関係に立つ問題であり総枠の大小により支払期間の長短も定まるものであるから総枠が決定される時まで討議を延期さるべきである、第三点については、沈船調査団派遣の如き準備的措置ならばともかく、平和条約発効前に賠償を提供することは、日本側に法律的義務が無いから不可能と考える旨を述べ、日本代表団の目的は、比国政府の要求を虚心坦懐に聴取しこれを本国政府に報告するにある旨の日本首席代表の開会挨拶中の辞を指摘し、先ず比国側から右に関する具体的説明を求めた。しかるに、比国代表は、第一点及び第二点の討議は後廻しとすることに異存はないが、第三点に対しては日本側が先ず原則的に同意することが比国現下の国内状勢上平和条約批准促進のために極めて重要であるとし、極東委員会の決定により一九四七年実施されたいわゆる中間賠償の先例を援用すると共に、部分的ないし中間的賠償を私的契約における手附金ないし前払金になぞらえ、かかる方式は「賠償問題を誠意を以て速かに解決」せんとの日本政府の方針に正に合致するものであると力説した。日本代表は、本国政府に請訓した後、第三点に対する正式の回答を行うべきを約し、散会した。

日本政府は代表団の請訓に対し一月二十九日、「平和条約発効前に中間賠償として役務の提供を要求することは、条約第十四条の規定上行過ぎである。但し、いうところの中間賠償が沈船引揚げのための予備的調査程度に限定されるならば現地において協定して差支えない」との趣旨を回訓すると共に、比国側要求の内容及び方式をたしかめ報告するよう訓令した。

(二)非公式会談

第一回正式会談後、比国首席代表の希望により両国首席代表の間に非公式会談が数回行われたが、比国首席代表は、比国の困難なる国内状勢と国民感情を説明し、本会談において何等かの具体的妥結方式に到達するの必要を強調し、この意味において第三点の要求を重視するものなることを繰返し述べたが、我方首席代表は、平和条約発効前における中間的賠償実施が法律的に不可能であることを説くと共に、インドネシアとの中間協定案程度の内容と形式のものならば考慮し得る旨を述べた。右に対し先方首席代表はインドネシアとの中間協定の如きものは意味をなさず寧ろ無きにしかずと述べた。

しかるところ、二月三日の非公式会談において、比国首席代表は、次回正式会談に対する含みとして、

(イ)第三点の平和条約発効前の中間賠償要求は撤回すべきこと。

(ロ)第一点、第二点の要求についても、日本の賠償支払は日本の履行能力を基礎として決定せらるべきことは諒解できるから、百六十億ペソの要求額は、交渉の段階を通じて漸次実際的な数字に削減する必要を認める。

(ハ)本会談を、何等の了解に到達することなしに終了せしめることは、平和条約の批准を不可能にし両国関係を悪化せしめるから好ましくない。

(ニ)故に自分としては、

(1)原要求額のうちの最大部分をなす軍票発行と人命喪失に関する損害額百四十億ペソは、将来他の求償国の同種の要求と共に処理されるとき迄棚上げとし、残額たる財産損害額二十億ペソを暫定要求額として今後の交渉の基礎として承認すること。この承認は日本をコミットするものではなく、この数字は日本の履行能力によつて削減し得る。

(2)平和条約批准後においては、比国政府の立場は強化さるべく、交渉においても実際的な態度をとり得べく、日本に履行能力調査団を派遣し、その報

告を基礎に、条約第十四条に基いて実際的な交渉を進めることができよう。

(3)比国政府としては、中間協定(註、例えばインドネシアとの協定の如き)は考えていない。

との提案を行うべき旨を内話し、日本首席代表において以上の諸点に同意するならば、適当の挨拶を以て会談を終了せしめ得ようと述べた。日本首席代表は、本国政府に一応報告すべき旨を答えた。なお、日本首席代表は、平和条約発効前に沈船調査団を派遣することならばこれに応ずる用意ある旨を非公式に述べたが、比国首席代表は、現在の状勢の下では時宜に適せず、かつ、必要でないと述べた。

かくて、翌二月四日の正式会談においては、第三点の討議は行わず、第一点に関する説明が行われることが両首席代表の間に了解された。

(三)第二回正式会談(二月四日)

日本首席代表は、本国政府の訓令に基き、比国要求の第三点に対し

(イ)日本側は、平和条約が批准によつて発効する迄は、同条約の賠償義務は発生しないと解する。

(ロ)条約発効前に中間的賠償の提供を要求することは、右の解釈と相容れない。

(ハ)従つて日本代表団は比国の要求に同意できない。

(ニ)しかし、日本政府は、賠償義務履行の誠意の証左として、条約発効前に沈船調査団の派遣の如き準備措置をとる用意がある。

(ホ)但し、比国要求の三つの点の相関関係に鑑み、右各点に関する比国側の具体的説明を求める。

と述べた。しかるに、比国代表団は、手附金の法理を以て第三点の要求を依然固執し、比国首席代表が第一点の説明に移るべきを提議しても、他の代表は、日本側が第三点に原則的に同意しない限り、具体的問題の説明は無駄であるとこれを遮り、前日の非公式会談における比国首席代表の提案は、まだ同人限りのものに止まり、他の代表には示され居らざるやの印象を受けた次第である。

比国代表の一部は、日本代表団は、平和条約発効後に部分的賠償の提供を行う趣旨の中間協定ならばこれを

締結し得るやと質問したが、日本側は、インドネシアとの協定程度のものならば締結できるが、賠償額を明示する如き協定の締結権限は有しないと応酬した。比国首席代表は、額を明示しない協定は、比国政府は欲しないと述べた。結局、比国首席代表から、比国代表団は、日本の履行能力による調整を認めつつ平和条約発効後直ちに実施せらるべき最少限度の賠償要求額を暫定的に提案することを考慮中であると述べ、日本側が或程度の額に同意しない限り平和条約の批准は不可能であると附言した。

以上二月三日の非公式会談と四日の正式会談に関する報告ならびに請訓に対し、日本政府は二月五日、代表団に対し、全部たると一部たるとを問わず、又暫定的にせよ、額にコミツトすることは、結局将来の交渉を拘束することとなるのみならず、インドネシアに対し好ましからぬ影響を与える懸念があるからこれを避くべく、もし先方がいかにもして二十億ペソの明示に固執するならば、「日本政府は、比国政府の財産損害の公式評価が二十億ペソであることをテークノートする。日本政府は、財産損害に対し役務を以てその賠償義務を履行することを約する、但し、右役務の範囲は後日決定せらるべく、かつ、平和条約第十四条(a)1に規定されている日本の履行能力によるべきものとする。」との方式ならば同意可能であるとの趣旨を訓令した。

(四)比国の新提案手交

二月十日正午すぎに至り、比国ラヌーサ参事官が津島全権、柿坪参事官をホテルに来訪し、左の六ケ条から成る「賠償に関する予備協定」案を手交し、日本側の考慮を要請すると共に右に関する両国首席代表の非公式会談を比国首席代表の宿舎たるベイ・ヴユー・ホテルに於て同日午後五時より開催したい旨提議し我方これに同意した。

前文。日比両国政府は、一九五一年九月八日米国桑港において署名された対日平和条約の賠償に関する規定を両国にとり満足すべき方法を以て実施することを欲するので、賠償に関する最終協定の締結を予想して、この予備協定を締結することに決定し、両国全権委員を任命して次の諸条項を協定した。

第一条、日本は、戦争中その領土を日本軍によつて占領され損害を与えられた比国の損害、喪失及び苦痛に対し賠償を支払う義務あることを承認する。

第二条、日本が比国に提供すべき役務は、生産、沈船引揚げその他比国の再建復興に役立つものたるべきこと。

第三条、(イ)日本は、一九四一年十二月八日から一九四五年九月二日迄の間に、日本軍隊が比国の生命財産に大なる損害を与えたことを承認し、この損害の公式評価が、(A)財産損害(B)物資及役務の徴発(C)人命の喪失のカテゴリー（その小区分は略す）に基き百六十一億五千九百二十四万七千九百五十九ペソであることをテーク・ノートする。

(ロ)日本は、その誠意の証左として暫定的に右損害額の一割に相当する額につき平和条約発効後、役務を提供することを約す。尤も右金額は、右役務の内容及び提供期間と共に両国間において調整されるものとす。

(ハ)残額九割については、平和条約発効後一年以内に日本が他の求償国の要求を決定した後に、両国政府間において、その額及び支払期間を協議決定すること。

(ニ)両国間の最終協定はマニラで締結調印さるべきこと。

第四条、賠償に関する事項でこの予備協定に規定されないものは平和条約の適当規定によつて処理さるべきこと。

第五条、賠償に関するこの予備協定は、英語及び日本語を以て作成され、両国語文とも正文とする。正文の解釈に異議を生じたときは、英語の正文が優先する。

第六条、賠償に関するこの予備協定は、両調印者により、各自国政府に、各自の憲法上の手続に従つて提出さるべきものとする。

同日午後五時から開かれた両国首席代表間の非公式会談に於て先方は右妥協案を比国関係者に納得せしめるため非常なる時間と苦労を要した次第を述べ平和条約批准確保のため必要なる故を以て是非我方に於て右を

受諾されたい旨要請した。併し我方よりは本国政府よりの訓令に徴し仮令暫定的なりと雖も賠償額の受諾は困難なる旨並びに比国のみに対し優先待遇を与えることは条約の手前なし得ない所以を繰返し説明し、先方の意図する所はよく了解したからこの辺で会談を一応打切り本国政府に報告するため帰国したい旨を述べた。先方も我方提議に賛成し比国提案に対する我方の回答文起草に当つては比国民を刺戟して平和条約批准の妨げとなる如きことなきよう措辞に充分注意されたい旨を述ぶると共に比国提案の要点は直ちに発表すべき旨述べたが結局先方は比国提案の中前文並に第五条及び第六条を除く全文を発表した。

右の新提案に対し、日本首席代表は、本国政府に請訓した後、次の回答を二月十四日午后比国首席代表に手交した。

一、日本代表団は、二月十日比国政府が提出した賠償に関する新提案を慎重に検討したが、新提案は、日本政府に於て更に検討を加え、決定すべき若干の極めて重要な事項を含んでいるので、わが代表団は、今日まで比国政府代表との間に行つて来た会談について、本国政府に直接報告すべき段階にあると考える。わが代表団はこの報告に於て、比国の戦争損害の公式評価が一六、一五九、二四七、九五九ペソであるとの比国政府の通報につき、本国政府の注意を喚起すべきことを申添えたい。

二、従つて、比国政府の新提案に関し、わが代表団が現在明確な約束をなし得ないことは遺憾である。しかし、これは、日本側の責任回避を意味するものではなく、日本の政府と国民が賠償に関する義務を誠意を以て履行せんとするものであることは、ここに繰返すまでもないところである。

三、当地に於ける予備的会談の自由かつ卒直な意見の交換により、わが代表団は、比国の政府と国民の賠償についての要求と感情を充分に承知したので、これを本国政府に対し完全に報告できる次第である。わが代表団は、マニラにおいて今回開始された交渉が、近い将来に再開され、双方にとり満足すべき問題の解決がもたらされることを心から望んでやまない。

本回答は、比国政府において、次の如きエリサルデ首席代表のステートメントと共に同日公表を希望したので、東京においても、時間を打合せて公表した。

「予は、ここに終了した予備的性格の会談において、賠償に関する日比両国政府の立場を調和せしめるために、実質的な進歩がなされたと信ずる。予の見解によれば、完全な親愛と理解のふん囲気の中に進められたこの会談は、両国間の賠償協定締結のため、近い将来開始さるべき正式交渉の基礎を築いたものである。今回の会談は、日本代表団に対し、比国に対し日本の占領軍が加えた破壊の規模と程度を如実に認識し判断し、かつ、損害と苦痛による比国国民の感情を評価するの機会を与えたものである。更に今次会談によつて、日本代表団はかかる破壊が比国国民経済に及ぼした影響についての生の知識を得ることが出来た。最も重要なことは、この会談によつて日本代表団が、賠償に関する比国政府の公式の見解をたしかめることができたことである。両国の代表団は、将来における日比両国間の正常関係の再開の道均しに成功したのである。」

右会談の際比国首席代表は賠償交渉の次の段階としては比国より使節団を日本に派遣してその賠償支払能力調査に当らせるべきこと、右は単なる技術的調査団でなく閣僚又は大使級人物を首席代表とすべきこと、派遣の時期は外交経路を通じ打合せて可なるも日本側より招請を発せられたい等の意向を述べた。

三、結論

以上に見る如く、日本代表団は、比国政府の要求と態度を確実に、冷静に把握し、会談を決裂に導かず、次期交渉えの余地を残し、当初の一般訓令を忠実に執行した。

編　注　付録資料は全て省略した。

277

昭和27年4月8日　アジア局第一課作成

賠償問題の基本的考え方につきフィリピンと合意をなすことの困難性を考慮して対応策も検討すべきとのアジア局第一課見解

（欄外記入）

フイリツピンとの第二次交渉方針（案）

（二七、四、八　亜一課）

一、フイリツピンからは第二次賠償交渉のため与野党両議員を含む経済調査団が近く来日する予定であるが、この会談においてフイリツピン側は恐らく、先般マニラ会談の際提示した八億ドル賠償案を蒸返し、賠償支払額に対する我方の意向表示を強く迫つてくるものと想像されるのみならず、更に金銭賠償をも何等かの形で要求してくる可能性が大である。

二、我が方として金銭賠償の要求を拒否すべきは勿論であるが、支払額についても、

(イ)ビルマ・仏印三国の要求額が不明であり、又賠償以外の諸債務についても見透しが立たず、従つて国内的に見て未だ賠償支払額を論議する立場にないこと。

(ロ)インドネシアと異なり、フイリツピンとの間には未だ賠償の基本的考え方について討議していないが、この段階は必ず一度経過すべきものであり、又その定まり方如何によつては仮令支払額は同一であつても我が方負担に差異が生ずることとなるので支払額を討議するに先立つて基本的考え方について話合をつける必要があること。

(ハ)若し支払額を討議するとするならば、既に基本的考え方について話合が成立し且つ比較的交渉が容易であると思われるインドネシアを先きにし、話合をつけ、これによつて他の求償国の要求を牽制する方が我が方にとつて有利であると考えられること。

等の事情から考え、フイリツピンとの次回会談では、賠償支払額の討議はこれを避け、先ず基本的考え方から話合をつけるべき旨を主張すべきであると思われる。

しかしながら、第一回マニラ会談の経緯に徴し、次回会談においてこの基本的考え方について話合が成立することは極めて望み薄であると思われる。

三、他面フイリツピン側の情勢を考えるに、前述のように次回会談の冒頭にフイリツピン側が八億ドル案を持出し、又は金銭賠償を要求しても、それは多分に対内ゼスチヤーに起因するものであり、先方の次期会談の真の狙いは平和条約批准のきつかけとなるような何等かの結果を引出すことにあるものと観測される。従つて、ある程度先

方の面子を立て得るような妥協案が発見出来るならば、次期会談を一応切り抜け、又なんとかフイリツピンの条約批准にまで漕付け得る可能性もないではないと思われる。

四、次回会談が二、に述べたように行き詰りに逢着した場合、これが打開方法はその当時の情況を考慮し決定すべき問題であること勿論であるが三、に述べたような事情もあり、今から一応打開策としての我が方案を研究しておく必要があろう。この種の案としては次の如きものが考えられる。

(イ)とりあえずマニラ湾所在の沈船を引揚げ又は解体する。

(ロ)右解体によつて得た屑鉄をコマーシヤル・ベースにて我が国が購入し、その代価をもつて比島側が希望する商品(例えば船舶、鉄道車輛)を売却する。

以上

(欄外記入)

本草案につき津島顧問意見は第四点に移るには一応原則的話合がついた上にすべきであるとのこと。尚先方が来日した場合の話のもつて行き方については研究を要すること。等の意見が出た。

278

昭和27年5月12日　斎藤(鎮男)アジア局第三課長作成

わが方との外交関係樹立に関するフィリピン側意向について

メレンシオ大使との会談の件

昭二七.五.一二　斎藤

大使の要請により往訪したところ、懸案の日比外交関係再開に関し要旨次の通り会談した。

一、かねて大使からキリノ大統領及びエリザルデ外相に電報した返事があり、マニラに日本政府在外事務所、東京にフィリッピン・ミッションを設置することにつき許可を受とった。この旨は井口次官に電話しておいた。との通報があった。

エリザルデ外相は東京のみにトレード・エージェンシーを置くことで止めたいと考えていたが、大使の具申で右の様に決ったものである。なお、次のような要望があった。
「右は東京政府に伝達してもよいとのことであったが、比島議会の開会中は公表しないでもらいたい。但し、右は大統領の決裁があったのであるから本ぎまりである。（ニュースがマニラでもれてナショナリスタが反対しているのでパブリシニ（ママ）とを与えることは是非押えてもらいたい。）」

二、従来より先方の希望もあり小官からも大きなスタフが派遣される可能性はないことを述べたところ、大使は大物の派遣が望ましい、例えば村田省蔵氏の如き人物がよいと述べたので小官より在外事務所長では村田氏は行かないだろうと私見を述べておいた。大使は高い地位の人でも低い地位の人物でも、とに角二、三名の名をあげてくれるようにとの話であったので、何れ返事をすることにして辞去した。

（大使は比上院の比准（批カ）は暫時のびるので、ナショナリスタを押えられる人物として村田氏の派遣を希望するとの内話があった。）

279　昭和27年11月5日　岡崎外務大臣／アリソン米国国務次官補　会談

フィリピンとの賠償問題等に関する岡崎外務大臣・アリソン国務次官補会談

岡崎大臣・アリソン国務次官補の会談に関する件

十一月五日アリソン国務次官補はマーフィ大使同道、岡崎外務大臣を来訪したるが、その際の会談要旨つぎのとおり。

一、アリソンよりまずフィリピンに関し、キリノ大統領、エリサルデ外相等現フィリピン政府主脳者は平和条約の速かなる批准を希望しおり、賠償についても余り多くを期待しおらざるも、野党たるナショナリスタ党の連中は従来の行懸りもあり、何らか適当なる理由がなければ批准に賛成し得ず、しかも理由さえつけば、批准に賛成する気配ありと語り、結局賠償をいかにするかということが問題なるが、政府側としては、平和条約の枠内において役務賠償を金額に換算し、その他のクレディットのことなどもあわせて何とか大きな金額をその国民に示すことを希望しておるが、自分の見るところにては、この際はつきりした金額を示さなくとも、何らか方法があるのではないかと思われると述べ、いずれこの賠償および条約批准の問題は来年一月末の国会にはとりあげざるを得ざる形勢にあり、それに間に合うよう本年中位に日本側が賠償の解決に誠意ある態度を示せば、結局野党側もこれを認めて、批准の運びになるものと思うと述べ、やはり本筋としては野党の連絡に重きをおかず、政府側を相手にしてことを進めることの得策なるを強調せり。

よつて岡崎大臣より、事情は大体従来われわれの予想したるところとほぼ同じなるが、わが方においては、議会における勢力関係も与野党接近し、仲々むずかしい状況にあり、充分研究したる上、局面の打開をはかりたき旨答えおけり。

二、なお、アリソンはその他の国の事情について、

(イ)インドネシアについては、政情ははなはだ不安にて、現政府も弱体なり。賠償問題、条約批准の問題も重要なるが、現内閣としてはむしろ国内問題に大童にて、全力をこれに注ぎおる有様なり。共産党対策は割合うまく行きおれるようなるも、待望の総選挙はまだ一年そこらものにならぬよう見うけられたりと語れり。

(ロ)ビルマについては、予想以上に政情安定しおれるに驚きたりといい、共産党の勢力も漸次弱まりつつあるもの如しといえり。賠償については、あるいはインドの例にならうやも知れずとの印象を得たるが、国内にて種々の議論もあり、フィリピン、インドネシア等の賠償の成行いかんにより、あるいは抛棄するわけには行かぬこととなるやも知れずと語れり。

(ハ)マレーについては、奥地においていまだ共産ゲリラの危険はあるも、概して共産党対策は順調に進みおり、そのガヴァナーも人望あるようなりと語れり。

(ニ)タイに関しては、思つたより政府が力が弱く、色々の点にて多くを期待し得ざるものと思うといえり。

三、右のごとく、本会談中においてアリソンは、フィリピンの問題について特に力説し、賠償問題につき日本側にて本年内に何らかの口火を切つてもらいたい口吻をくりかえし洩らしいたるにより、岡崎大臣より、右に関しては種々考慮を要する点もあるにつき、さらに研究の上再び会談することにしたしと述べて、会談を終れり。

280

昭和27年11月18日　アジア局第三課作成

フィリピンとの賠償を先行して解決することの利点及び具体的施策に関するアジア局第三課見解

フィリピン賠償問題についての一考察

アジア局第三課

二七、一一、一八

一、賠償請求国中、インドネシアは国内問題に大童にて、対外交渉について発言がないのに反して、フィリピンはアリソンの訪問以来とくに賠償のみに大童となり、このコントラストが著しい。我方としてはフィリピンとの賠償交渉が先に立つことは歓迎すべきことである。

すなわち、フィリピンは、我が国が再軍備を迫られている事情も諒解すべく、今後の運命を共通にする立場からも、我が国力の許さぬごとき要求は取下げる可能性がある。又フィリピンの賠償を比較的イージーな条件で解決すれば、インドネシアその他の交渉も楽になる次第でもある。

二、フィリピンの政府筋すなわち外相及び政府系フィリピン・ヘラルドは賠償問題について我が方よりの呼びかけを切望している。我が方としても第一次賠償会議打切りの際の行きがかりからしても我方より何らかの挨拶をすべき順番となつている。我方よりアプローチするとすれば、今回の会談をもつて賠償問題を解決する方針にてアプローチすべきであり、そのためには、賠償総額についての腹づもりを決定する必要がある。少くとも初年度における賠償額の最高限度をきめなければならない。

三、右の賠償額は総額なると年次額なるとを問わず、すべて我方の出血の額であつて、賠償としてフィリピンが受益する額とは別箇のものである。フィリピンとしては、国民に対する手前上、その受益する賠償額が多ければ多い方がよいわけであるから、我が予算上の額とフィリピンの受益する額とは出来るだけ切離すよう努力することを要する。

四、次に注意せねばならぬことは、交渉の結果賠償額(我が予算上の額と、フィリピンの受査(益カ)額との何れを採用するにしても)を最終的決定する場合、我方としては完全にこれを遂行する決意をもつて決定すべきである。第一次大戦後のドイツの如く、結局有耶無耶にすべきではなく、又その口実もないからである。この観点から立てば、現在の如く動揺する国際情勢の下においては、総額の決定をさけて、毎年決定する方針を採用すべしとの議論も出るが、右は次善の策であつて、最上の策は、動揺する国際情勢の下においても確実に遂行しうる程度に総額を低く決定するべきである。

五、フィリピンとの正式賠償交渉には野党代表をも正式交渉員として参加方を求めるべきである。

六、野党としては金銭賠償乃至実物賠償要求の線を捨てることは不可能と認める。我方としても第十四条(a)1の範囲を逸脱することは絶対に拒まねばならない。しかしながら、フィリピン側を満足させるためには、第一次会談の際の第十四条の解釈を、金銭賠償乃至実物賠償にならない範囲で若干拡張する用意を必要とするものと認める。

七、フィリピンをして賠償要求を拋案(棄カ)せしめて、経済提携をもつてこれに代えるとの方針は、十二分にこれを押すべきではあろうが、フィリピンがこれを受諾する可能性は極めて稀薄と認めざるを得ない。しかしながら、第十六(ママ)条を活用すること、とくに役務の種類の決定方法によつて、経済協力の素地をつくることは可能である。むしろ一定の段階の後においては全力をこの方向に傾注すべきものと考える。右の方法を具体的に例示するならば生産役務の対称を、資本財に限定し、原材料の提供をうけて(原材料購入のための外貨の提供をうけることでも差支えない)フィリピンの必要とし、且つ我が国が協力に関心を持つ産業に必要な資本財を生産することとし、右加工費を賠償額からおとすこととするが如きはその一例である。

この際、それに要した原材料費の提供をうける限り滞貨の供給もまた遊休施設のいわゆるプラント輸出も可能となる次第である。

右は実物賠償と見られ、又は紐付きの金銭賠償とも見られ得るであろう。従つて第二十六条の関係上研究を要するが、右の如き案は経済協力に当つての我が方の希望を通すためには有用と考える。

八、役務賠償の種類を決定したならば、その数量、遂行時期等については、なるべくコマーシアル・ベーシスにより決定させるべきである。即ちフィリピン商社が日本商社と通常の商契役《(約カ)》を結び、フィリピン商社がフィリピン政府に右契約の対称を賠償とすることを申入れ、フィリピン政府がこれを認めた際、日本政府がその通告を受けて、加工費を日本商社に支払い、右支払い額を賠償予算額より落すのである。この場合、原料費(動力費を含む)を製品の価格の一定割当例えば一律に二〇パーセントと協定しておくならば、計算は極めて簡単となる。

九、技術訓練、教育等のためのフィリピン青年の留学を賠償役務として引受けることは、相互理解のために是非大幅に考慮したい。日本よりの技術者の派遣も大幅に行うこととしたいが技術者の派遣については、先方の誤解をさけるために、私的雇傭契約をフィリピン政府が容認する場合、わが方として賠償として取上げ、技術者が契約により受ける俸給、手当等のペソ貨相当する円をカウンター・ファンドとし、これをフィリピン子弟の留日奨学資金として使用することを協定することとしたい。もし右子弟を、戦禍をうけた子弟の中から選抜することが出来れば、戦争の直接被害者の感情融和に資することが大である。

十、賠償実施に当つて右の如くコマーシアル・ベーシスを最大限に利用する場合、フィリピン政府は、フィリピン商社の契約を賠償に組入れることを容認する場合、わが政府が右契約に基いて支払う加工費(動力費を含む)相当のペソ貨が、フィリピン政府の収入となるわけである。右の収入の使用方法については、わが方としては第十四条(a)1の「与えた損害を修復する費用をこれらの国に補償することに資するために」の規定に基き、損害修復に資することになるよう協定にうたうにとどめて、実際は先方の自由に委すべきものと認める。わが方として、一々についてチェックすることは実際上は不可能であろうし、また可能としても賠償遂行を極めて複雑困難なものとすることになり、また、腐敗に引きこまれるおそれもあるからである。さらに第十四条の目的に執着すれば経済提携の途を開くことも困難となる。ただこの場合、フィリピン政府が右収入を本来の目的以外に使用し、戦争損害の修復を全然しないおそれもあるから、教会堂などの国民感情に直結する公共建築物の修復のための技術者の派遣、材料の提供については、協定に規定することとしたい。右修復費の総額を決定し対称はフィリピン政府に選定させ生産役務についてフィリピン側より提供される原材料費の一部をもつて右修復費に当てることとしてもよい。この際、第八項末段にのべた原料費としての率を増加することも一方法である。また右が不可能なけ《(ママ)》れば第十四条即ち平和条約とは別個にわが方より自発的に、修復費を提供することも研究に値する。

十一、沈船引上げによるスクラップを対日輸出することをフィリピン側が認めるならば、右スクラップ代金を前貸しすることも可能である。

十二、フィリピンとの賠償協定は、平和条約の批准前と批准後との両回に分け、批准前には批准の空気馴致に必要な程度の協定を結び、批准後正式交渉に入るとの構想は、賠償をしぼる建前に出ずるものであるが、もし、批准前の交渉において、フィリピンが過酷な主張をしないとの見透しがつけば、批准を発効条件とする最終的協定の締結にまで進んで差支えはないと認める。

---

281 昭和27年11月18日 在マニラ中川在外事務所長より岡崎外務大臣宛(電報)

賠償問題解決に向けわが方の誠意ある働きかけを求めたいとのエリサルデ外相申入れにつき報告

マニラ　11月18日前10時41分発
本　省　11月19日前8時29分着

第三四号(極秘、館長符号扱)

一、十八日本官はエリサルデ外相の求めにより約三〇分間会談したが、右会談において、同外相は本年二月賠償会談中絶後、日本側からなんらの音沙汰がないが、反対党に対する、自分の立場から言つてもこの問題をあまり放任しておく訳には行かない。御承知のように反対党は賠償なければ批准なしとの態度をとつており、日本側は賠償問題に誠意がないではないか、と言つて政府を非難している。しかし彼等も究極においては条約を批准する必要があることは知つており、また一般の空気も漸次条約批准の必要性を認識する方向に向つて来ている。従つてこの際日本側が誠意をもつて賠償義務を履行しようとしている証拠を示せば、彼等も面子を損わずに従来の態度を変えることができると思われる、前回の会談では、日本側は求償国全部の要求が出揃わなければ、具体的交渉に入り得ないとの態度を表明したが、この議論を悪意に解すれば、苟しくも一国でも賠償要求を怠る国があれば、日本側はいつまでも具体的交渉を拒否することができることとなる、それで自分は、この際日本側で例えば一月十五日等適当な期日を定め、その期日までに要求を提出しない国は、賠償に関する権利を放棄したものと認める趣旨を表明されてはどうかと思う、自分はこの意見を先般アリソン国務次官補にも伝えておいた、と述べた。

右に対し本官から御趣旨は早速岡崎大臣に御伝えしよう、ただ念のため御伺いするが貴外相の意図される趣旨は、この際日本側で何等か賠償問題促進のステップをとつてもらいたいことであり、必ずしも只今御示唆になつた案のみに限られていないと了解してよいのかと尋ねたところ、エ外相は、その通りである、例えば日本側でこの際賠償の一部として、とりあえず比島近海の沈船を全部引揚て、フィリッピン政府に引渡す旨を約束することも一つの方法である、ただしその場合、屑鉄はこれを日本に輸出せず比国内に留保して国内製鉄用に当てることとしたい。その他、条約の規定に基く役務の具体的内容を交渉するため日本から全権使節をフィリッピンに派遣し、或は日本の賠償能力を実地に調査するためにフィリッピンから視察団を日本に派遣すること等も、本問題促進の一方法として考えられると述べた。

なお本件会談中、エ外相は、自分は決して賠償額について頑な態度をとる積りはなく、先般の八〇億米ドルの様な、巨大な数字を固執する積りはないと述べた。

282　フィリピンとの賠償交渉を他の求償国に先行して進めたい旨申入れ方訓令

昭和27年11月20日　岡崎外務大臣より在マニラ中川在外事務所長宛（電報）

本　省　11月20日後9時0分発

第一六号（極秘）

貴電第三五号（編注）に関し

本省よりの回訓としてエリサルデ外相に対し左の諸点を伝

達せられ先方の反応ぶり電報ありたし

(イ)賠償の最後的決定に当つては求償国全体との振り合いを考慮すべき要あるべきも、この際平和条約の批准に役立つならば、他国に先んじ比島との間に賠償交渉を開始することに異存なし

(ロ)平和条約の批准前においても、賠償の一部として沈船引上げに着手することの相談に応ずることも可能なり

(ハ)沈船の引上げにより生ずる屑鉄はなるべく我方にてコマーシアル・ベーシスにて購入したき強き希望を有し居れり

(ニ)調査の為比島代表の来日は歓迎するも、此の際比島側が欲するならば我方より有力なる代表者を速に訪問せしめることにも異存なし

編注 本書第281文書中入れへの対応振りに関する請訓。

283 昭和27年11月21日 在マニラ中川在外事務所長より 岡崎外務大臣宛(電報)

エリサルデ外相への申入れ結果について

マニラ 11月21日後7時2分発
本省 11月22日前6時55分着

第三七号(館長符号扱)

貴電第一六号に関し

一、二十一日午前エリサルデ外相に面会貴電御申越の各項を伝達したところ同外相は

(イ)については本年二月の会談における日本側の態度は全求償国の要求が出揃わなければ具体的交渉に入り得ないとのことであつたが、この態度が緩和されたことは欣快である。ただ出来るだけ早く日本側の具体案を内報して貰いたい。

(ロ)項については颱風シーズンを避けるためには来年一月から六月までの間に沈船引上を完了する必要がある。従つて早速日本から専門家を派遣し、必要な器具等も携行させて実地調査を始めてはどうか。

(ハ)項については国内法規上屑鉄は輸出禁止品となつており、現に米国側から是非共屑鉄を欲しいと云う要求があるが、これを拒否している実情であり、日本に売却することは困難である。

(二)項については日本側の賠償に関する具体案の輪廓が分れば、それに基いて或いはフイリツピン側から特派使節を派遣する問題を考慮することとしたい。プロトコールの問題がこれを許せば或いは自分が東京に赴いてもよいと述べた。

二、本官から沈船引上について一般賠償交渉と切り離して取急いで措置するとすれば、これに関する特別協定を両国間に結ぶ必要があるのではないか、又沈船調査のため派遣される専門家に対し安全保障、その他の便宜供与は当然与えられると思うが如何。更に屑鉄については、比国製鉄業の需要を満してなお余裕があり又米国側でこれに反対しない場合は日本に売却しても差支えないと思うが如何と尋ねたところ、「エ」外相は賠償に関する特別協定として沈船引上に関する協定を作ればよいと思う。この協定だけでも政治上相当な効果が期待される。沈船調査団に対する安全保障は当然のことである。決して御心配には及ばない。又屑鉄売却の問題は結局沈船引揚により得られる屑鉄の分量によるわけである。人によつては百万トンと云う者もいるが自分はせいぜい三〇万乃至五〇万トン位と考えている。或は日比間に一定の比率で分配する方法が考えられるかも知れない。何れにせよこの問題は急速に進める必要がある。なお本日の会談に関する最終的意見は大統領とも相談の上一両日中にお答えすることとしたいと述べ会談を終つた。

284　来比する倭島アジア局長とは賠償問題に関して実質的討議を求めたいとのエリサルデ外相意向につき連絡

昭和27年12月18日　岡崎外務大臣より在マニラ中川在外事務所長宛(電報)

本　省　12月18日後4時20分発

第六一号(大至急)

倭島局長へ

十八日午后一時半エルサルデ外相本大臣に対し直接電話にて「倭島局長が単にエクスプロラタリー・トークだけにて来比するとなると国内政治上自分は非常に困難な立場に立つのみならず、条約批准の問題も前途楽観出来ず、依って何らか多少とも実質的討議を致したく、又在比日本事務所も過早にかかる問題に付新聞発表せざる様希望す」と述べたり。

右は電話が充分聴きとれざる点ありたるも本大臣よりは「事情は諒承す。野党との立場上むずかしき点あるべきに付、倭島に対しては出来るだけ貴外相の希望に応じ具体的論議をもなすべき旨訓令すべし」と答へおきたり。

右御含みの上充分先方の事情を確めたる上予て打合せの方針に基き此の際具体的に話を進め得るものは出来るだけ討議を試みられ差支へなし。

新聞発表も特に留意ありたし。とりあえず。

〰〰〰〰〰〰〰〰〰〰〰〰〰〰〰〰〰〰〰〰

285 昭和27年12月20日 在マニラ中川在外事務所長より 岡崎外務大臣宛(電報)

エリサルデ外相は新たな賠償総額案として四億ドルを主張した旨倭島アジア局長より報告

マニラ 12月20日後9時0分発
本 省 12月21日前10時55分着

第九七号(館長符号扱)

倭島より

十九日午后は三時半より「エ」外相の私邸にて約二時間会談せり。なお「エ」外相は右会談に先立ち約一時間キリノ大統領と協議せりといえり、会談要旨左の通り。

一、午前の会談において「エ」外相より何らか具体的目安を立てることの必要を再度強調せるにより、倭島より、その何を意味するやを尋ねたるに、「エ」外相は最近与野党を通じ比国の指導的地位にある者と種々会談せるところ結局その帰するところは賠償は第十四条の規定によるほかなかるべきも、而もその賠償総額が何らか見当つかざる限り、円満なる解決は望み難しとの結論に達したりと云い、勿論従来の八十億ドル或いはその一割の八億ドルを云う比側の主張は堅持するつもりなきも、而もなお比側としてはその額は戦争損害額に関連せしめて考えざるを得ず。幸い米国との関係にて既に一応の見積りあり、その一部は米国側より支払いおれる次第なるによりその関係を考慮に入れ残りの部分を日本側より賠償してもらうこと実際的なりと考えおれりと述べたるにより、倭島より、具体的には如何に考えおれるやと問えるに、「エ」

外相より、米国は既に民間の損害に対し四億ドル、公共の損害に対し一億二千万ドル合計五億二千万ドル支払いおり、更に一億ドル支払うべしとのことにて、その予算案は議会に提出せられ国務省筋にてもその通過を強く要請しおれるところ、右合計六億二千万ドルは戦争損害の戦前におけるリプレイスメント・コストの約七割五分に当る見積りなり。右を考慮に入れ、この際日本よりの賠償総額は四億ドルとすることが適当なりと思うといえり。よつて倭島より、比側において損害額を基礎に考えるは無理からぬことかも知れぬが、第十四条の建前にては日本のバイアブルエコノミーも重要なるファクターなるにより、日本としてはこの点より考えざるを得ない。右四億ドルの額は右バイアブルエコノミーの点より全然問題とならずといえるに、「エ」外相より、かつて津島氏は五ケ年位の間に賠償支払を完了したしといえるが、勿論右五ケ年位にては年間の支払巨額となり困難なるべきも、比島としては十年或いは十五年間に跨がつて支払つてもらうも差支えなしと考えおり、かつ日本の経済力をもつてすればその位の負担はさしたるものにあらずと思うといい、次官の文面にはなきも比国のバイアブルエコノミーも考えてもらいたいというのが、比国民一般の感情なりと附言せり。

更に倭島より四億ドルというが如きことにては到底問題とならず、これを日本政府に報告すれば話は総て打ち壊しとなるべしと突ぱねたるに、「エ」外相は、明朝にても今一応この問題にて、二人切りにて話たしといい、寧ろ今日のところは額は報告せず、比側の考え方のみを報告するよう願いたしとて話を繋がんとし、更に今夜臨時閣議を開き本問題について「エ」外相より報告することとなりおれる旨を洩せり。

二、倭島より日本側の考え方を説明したしとて、先般の関係閣僚諒解の趣旨に従い(イ)第十四条の規定によつて賠償を処理すること。(ロ)役務の種類を具体的に決定すること。(ハ)比国の要求と日本の能力とを勘案し、一つ一つ具体的に役務の種類、諸用途を決定し、これを積み重ねることにより総額の見当がつくこと。(ニ)経済協力の可能性あること等の点を打合せるに「エ」外相はその何れについても特に異存はなきも、右(ハ)のフオーミユラにては余りに心許なく、兎に角、この際一定の最少総額を数字にて見当つけざれば比国側は納らずと云い、また(ハ)について、日本側に具体的の研究ありやと問えるにより、倭島より右は目下鋭意研究中にて、特に日本の能力の点より調査中なるが、可能と認められる役務のリストだけは持参しおれるにつき、明朝お目に掛くべしと答えたり。

なお倭島より、この際如何なる数字にせよ賠償額を明示せば、ナシヨナリスタ側よりその多少につき少くとも文句をつけることとなり、却って事態を紛糾せしめることとならずやと訊ねたるに、「エ」外相よりその点は既に気付きおりたるにつき、右四億ドルについてはナシヨナリスタ党の主なる幹部(レクトを含むも、ロドリゲスには未だ話さざる由)には既に諒解取付け済みなりと答えたり。よつて明二十日午前八時より「エ」外相私邸にて二人きりにて会談することとし別れたり。

286 役務賠償を積上げ賠償総額を算出するわが方提案の方式検討にエリサルデ外相が同意せる旨報告

昭和27年12月21日　在マニラ中川在外事務所長より岡崎外務大臣宛(電報)

マニラ　12月21日後5時23分発
本　省　12月21日後8時44分着

第一〇一号(館長符号扱、至急)

倭島より

二十日午前八時より二時間エリサルデ外相私邸において会談し、更にその後一時間外務省において中川、ネリ同席にて会談せり、要旨左の通り。

一、「エ」外相は賠償総額について何等か目安を立てることの必要を長々と説き始めたるにより、倭島より、右は到底問題とならずとて軽く受け流さんとせるも、「エ」はなおも執拗にこれに言及せり。よつて倭島より、損害額を基礎に四億ドルを主張せらるも、日本としては支払い能力の点より種々考えざるを得ず、何等かその間歩み寄つて双方のMeeting groundが見出せるにおいては別なるも、四億ドル一本槍にては話にならずと言えるに、「エ」は勿論some concessionは已むを得ざるもそこに自ら限度ありとて彼の意向を更に左の如く説明せり。

二、即ち四億ドルならば、ナシヨナリスタの或る指導者達は結構なりと言いおれるも、更にこれを正当と認められる額（Which is considered just と言えり）まで切り下げる際は、現在同意を表しおれる議員も再び反対に廻る可能性あり、しかも一旦彼等にその額を示したる後においては、リベラル党としてはその額にて次期総選挙の問題として、国民一般に審判を求めざるを得ざる次第なるにより、そこに四億ドルを減額し得る限度ありと言えるにより、倭島より総額を示めさんとするが故に、その様なる困難ある次第なるにより寧ろ昨日も説明したるが如く話のつく役務の一つ一つを積み上げて行くことにより総額の出るフォーミユラを採用し、この際はそのフォーミユラにて進むことが遥かに便利ならずや。

比島政府においては右フォーミユラにより遠からず相当なる賠償額の決ることを宣伝し得べく我方にては別の期待を持ち得る訳にて双方に有利と信ず、と述べ昨日約束の役務のリストを提示せるに、暫く沈思黙考したる上「エ」外相は右リスト中にも技術者の養成の如き項あり、比国としては必要とせざるサービスあるも、他に船舶その他必要のものも沢山あるにつき至急これを研究することとすべしと言えり。

三、なお、倭島よりこのリストにあるサービスにつき、わが方にて目下能力調査しおり、遠からずこれにつき両国の専門家にて具体的に協議することも可能なりと言えるに「エ」は右協議についても関心を示し、更に来年二、三月の頃までには右リストのサービスにつき計数的の見透しを作り上げ、その上にて四億ドルとの調整を考えてみたしと言えり。

四、その後外務省にて会談するまでに三、四十分ありたるが、その間においては新聞発表のための一文を用意しおりたり、右原文をその後多少協議の上修正したるもの、別電第九九号（省略）の通り。右にて御覧の通り、この際比島側は(イ)従来の損害額より推算して賠償総額を出す主張を一時ドーマントにしておき、「エ」が寧ろサービスのリストより、何を幾許出来るかと言う観点にて計算するわが方のフォーミユラに喰いついて来たる次第にてまことに面白く、而もこれを直ぐ新聞発表せんとするは、本官の滞在中ナシヨナリスタとの間に斯る案の話のつくを慮つてのことにて、その辺の掛引まことに微妙なり。わが方としては寧ろ右発表により公にコミットさせること、なり結構と存ず。

五、なお倭島より、若しも比島側にて同意ならば、賠償に関する一般協定の基本条項についても協議する用意ありと追い討ちをかけてみたるに、「エ」は至急右新しいフオーミユラにつき研究したきにつき、テクニカリーにその余裕なしと言い、ここにはじめて交渉上わが方は恩を着せて先方の出方を待つ立場に立つことゝなれり。

六、なお、賠償及び経済協力等の参考にしたき趣をもつて、比国の予算中、戦争損害を修復する関係費目及び金額と共に比国の経済復興計画の資料を要求せるに、「エ」は特に第二の関係につき種々研究しおれるにつき、近く右を起草する旨を約したり。

287 昭和28年1月17日 岡崎外務大臣より在ジャカルタ甲斐総領事、在ラングーン小長谷総領事、在マニラ中川在外事務所長宛(電報)

倭島アジア局長訪問後における対フィリピン賠償交渉の状況について

本　省　1月17日後8時15分発

合第一九号

旧臘二十四日アジア局長がマニラを離れて以後の賠償交渉の進捗状況御参考まで左の通り。

一、フイリピン側は倭島局長の提示した役務リストを検討し且つ状況に依ってはフイリピンが希望する役務の種類、数量等を決定することを目的としてエリサルデを委員長とする十五人委員会を設けたが、右にはナシヨナリスタ党(野党)は与党と同数の委員を出すことを要求したり政府の連絡不充分を論難したりして直ちに之に参加して協力する態度を示さなかった模様であるがその後オシアス議員の報告等も考慮に入れて参加することに決定し、一月十四日に第一回会合を開く予定であったがエリサルデ病気の由を以て延期となり結局オシアスの帰国後に持ち越されることとなる模様である。従って委員会で一応の結論が出るのは多少遅れ、又一月下旬に東京で開催予定の技術者を加えた予備会談も少し遅れることになるものと認められる。

二、マニラ湾内沈船調査の為のサルベージ船君島丸は十二日呉を出帆した。調査実施の為の了解事項を内容とする公文を出来るだけ早くマニラに於て交換する方針である。

三、十五人委員会の一人に指名されている野党の領袖オシアス上院議員は昨年末米国から来日し、本月十六日相当満足してマニラに向け出発した。本省としては主として大野参事官をして応接に当らしめ、日比交渉の状況を差支えない限度で詳細に説明の上我方の方式を理解せしめるに努めたのに対し、オシアスは比較的理解ある態度を示していた由である。その滞京中総理をはじめ本大臣、大蔵、通産、運輸の各大臣及び官房長官に会い、又日銀総裁を初め財界の主だった人と会見したが、賠償問題解決に対する我方の熱意は十分認識した模様である。オシアスは日本側と会談の結果誠意が認められる旨の報告をナシヨナリスタ首脳部に送ったものの如く、右は十五人委員会に対する野党の参加を決定せしめる一つの要素ともなっているとのことである。

288　昭和28年1月29日

岡崎外務大臣より
在マニラ中川在外事務所長宛(電報)

沈船引揚協定付属の屑鉄購入及び遺体収容に関する交換公文案につき交渉方訓令

本　省　1月29日後5時40分発

第四四号(至急)

貴電第七九号に関し

一、鉄屑(英訳はscrapとする)購入並びに戦没者遺体収容(往電第四〇号参照)について別電第一及び第二の成案を得たので沈船引揚に関する中間協定案と共に交渉を至急開始せられたい。

二、別電第一及び第二は、中間協定とは別箇であるが、右妥結の際同時に交換公文の形により諒解を成立せしめることといたしたい。

三、別電第一に付ての説明左の通り。

(イ)屑鉄は此の際五割程度を確保し得れば協定について国会の承認を得る際便宜である趣旨を以つて交渉せられたい。

尚右は協定案自体について困難を生じた場合交渉の余地を残し置く含みもある次第なり。

(ロ)第二項に「日本政府の推薦する業者」とあるのは、高価に入札しながら落札の際引取不能に陥るごとき無責任な業者を排除する趣旨であり、又「入札最低価格」について規定したのは、不当な叩き買いを防止する趣旨(かゝる僅かのことにて対日感情を悪化せしめることは厳に避けたい)に出るものである。なお日比間で協議決定した入札最低価格は将来国際価格に著しい変動なき限り据え置くこととしたい。

(ハ)交換公文案中には掲げないが、積取船を廻航するためには一ケ所の集積数量は五〇〇トン以上(その中一級品は三五〇トン以上)でなければ船賃の関係上引取不可能となる由であるからこの点念を押し置かれたい。

尚入札最低価格の見積等の詳細は空送する。

四、別電第二に付ては、「収容」とは遺体を引揚げ、之を火葬に付し、遺骨を日本に搬出する行為のすべてを指すものとしたい。又収容に従事する日本人の生命等の保護についてフイリツピン政府が適当な措置を構《(講カ)》ずることは勿論のことと考え案文中に掲げないがこの点は口頭にて諒解を取付けられたい。

編注 別電は全て省略した。

289

昭和28年2月28日　アジア局第三課作成

「日本側新提案をめぐるフイリピンの動向に関する件」

日本側新提案をめぐるフイリピンの動向に関する件

二八・二・二八

アジア局第三課

一、昨年十二月十八日より二十四日にかけ、アジア局長は、賠償問題解決への一方法としてエリサルデ外相と中川在外事務所長との間に沈船引揚の調査団派遣についての話合い進行中の好機にマニラを訪問した。之を迎えたエリサルデ外相は同局長をして総額につきコミツトさせようと努力したが、同局長は総額問題に深入りすることを避け、むしろ、フイリピンの必要とする役務と日本側で提供し得る役務とを突き合せ、双方で合意に達した役務の種類と量とを計算して行く方法(すなわち積上げの方法)によることを主張し、次いで日本側で提供可能な役務のリストを先方に手交した。先方は結局この方法によることに同意し、直ちにフイリピン側の要求すべき役務の種類と量とを決定の上、二月中に東京に技術ミッションを派遣して突き合せを行うこととなった。

二、エリサルデ外相は、アジア局長のマニラ往訪を前にして、超党派外交のための手を打って居た模様であるが、前記我方新提案を受け入れた後、直ちに之を研討するためと称して大統領の諮問機関たる所謂十九人委員会（当初十五人委員会として出発、後四名増員名簿別添（見当ラズ））を設け、与野党及び実業界の有力者を之に任命した。野党であるナシヨナリスタ党は、結局右委員会に参加することとなり、スルエタ、オシアス両上院議員等の有力領袖五名を之に送った。但し、同党の政策決定に当っていると言われるレクト上院議員は之に参加していないことは、レクトとエリサルデとの間に超党派外交の話が行われていたと推測せられる節があることに鑑み注目を要する。

四1　講和会議以後の交渉
（欄外記入）

三、十九人委員会は、一月二十一日、同三十日及び二月十八日と前後三回にわたり会合し、第三回会合で一応の結論に到達、ネリ外務次官（委員に非ず）シンコ教授（委員、ナシヨナリスタ党支持者）マカパガル（委員、下院外交委員長、リベラル党）の三人をして大統領に対する報告と勧告を起案せしめることとなり、右報告及び勧告は、三月二日の第四回委員会にて採択されるならば、キリノ大統領に送られることとなって居る。

四、第二回と第三回との間に約二十日間の時日が経過したのは、フイリピン側の要望する役務のリストが出揃わなかった為であるが、この間日本の技術者のフイリピン派遣はフイリピン経済を壟断せんとする日本帝国主義の偽装なりとする攻撃がレクト、プリミシアス等野党系により行われ、一方エリサルデ外相は賠償は、安全保障、対日国交恢復に比すれば第三次的な重要性あるのみと論ずる等のことがあったが、二月十六、十七日におけるナシヨナリスタ党役員会では、賠償総額明示要求の強硬論が勝を占めたと伝えられた。因に右強硬論に基く決議は左の四点を含むものと伝えられている。

㈠賠償額は五〇億米ドルを下らないこと

㈡支払期限は七年乃至一〇年以内

㈢役務の評価は日本における労賃水準によること

㈣出来得れば現金賠償により、その形はフイリピン経済に害を及ぼさない資本財乃至消費財として差支へない

右の如くナシヨナリスタ党の空気が、十九人委員会参加当時より硬化したかの様に見られるのは、同党においてラウレル元大統領が出馬しない場合同党の大統領候補指名を争うものとされているオシアス、レクト両名の間の抗争が影響しているものと見られる。即ち、オシアスは、アジア局長のマニラ往訪直後、ナシヨナリスタ党の代表として来朝し、一月十六日帰国するや相当派手にその訪日の成果(右の中には日本技術者による農地開発案を含む)を宣伝したが、オシアスの反対勢力は之に対抗するため強硬論を盛り上げたものではないかと見られる。

五、ナシヨナリスタ党の足並の不一致は、一応強硬論によって統一されたものと見るべきものであろう。但し我方新提案拒否を公言したのは、十九人委員会に最後に追加された野党下(上カ)院議員ガルシアのみであり、政府筋はもとより、野党の指導者例へばロドリゲス、レクト、オシアス、スルエタ等はかかる言明をなして居らないことは注目を要する。ナシヨナリスタ党としては総選挙を前にして本件交渉をその責任において挫折させるだけの決意は持って居ないかに見受けられる。又エリサルデ外相はアジア局長とのマニラ会談の基本的ラインはなお維持されて居り又、技術ミツシヨンは東京に派遣することを二十三日我方に対し言明して居る。しかしながら、第三回の十九人委員会では賠償総額等を明示することを要求することが決定した旨フイリピン外務省筋でも言明して居るので、結局フイリピン大統領は、十九人委員会の勧告に従って、日本側に対し、先方の希望する役務のリストと合せ賠償の総額等について至急決定したいとの強い要望を正式に通達して来ることとなるものと認められる。なお東京における技術ミツシヨンの会談は、右の如き事情にて三月中旬まで遅れることとなるであろうが、右会談中には賠償総額等についての話合いが行われることは必至と認められる。

(なお、ナシヨナリスタ党の大統領候補としては、ラウレル元大統領はマグサイサイ現国防長官を与野党の共同大統領候補たらしめる構想を有している。之が受け入れられず、しかもキリノ大統領が与党の候補に指名されれば、ラウレ

ル元大統領も出馬の決意があるとのことである。しかし与党がキリノ大統領を指名しないならば、ラウレルも出馬しない考えの由で、この場合、オシアス、レクト等が問題となって来るとのことである)

(欄外記入)

(レクトとの間に四億ドルの話合いをして居た)

290　昭和28年3月12日　署名

日本国とフィリピン共和国との間の沈没船舶引揚に関する中間賠償協定

付記一　引揚沈船屑鉄の購入に関する交換公文(フィリピン側返簡)

二　引揚沈船屑鉄の対日輸出比率に関する覚書

Interim Agreement on Reparations Concerning
Salvage of Sunken Vessels Between
the Republic of the Philippines and Japan

WHEREAS the Government of Japan is ready to make available to the Government of the Philippines the services of the Japanese people in the salvaging of the sunken vessels located in the mine-cleared areas of the Philippine territorial waters, with a view to assisting to compensate the cost of repairing the damage done by Japan during the war;

THEREFORE, the Government of the Philippines and the Government of Japan, in order to define conditions for providing the said services, have agreed as follows:

ARTICLE I

The Japanese Government shall, in accordance with the provisions of the present Agreement, provide the Philippine Government with the services of the Japanese people including the necessary operating equipment and supplies for salvaging sunken vessels located in the Philippine territorial waters.

ARTICLE II

The Philippine Government shall cooperate with the Japanese Government to the extent permitted by Philippine laws in providing such facilities as are readily available locally in performing salvage operations and in procuring ordinary minor operational supplies that may be acquired locally.

The Philippine Government shall take adequate measures for the protection of the life and property of the Japanese nationals engaged in the salvaging operation. However, this responsibility shall not include risks arising from normal operational hazards.

ARTICLE III

Details for the execution of the present Agreement shall be agreed upon through consultation between the two Governments.

ARTICLE IV

The present Agreement shall be approved by each Government in accordance with its constitutional procedures, and the present Agreement shall enter into force upon the exchange of diplomatic notes indicating such approval.

The present Agreement shall become an integral part of final arrangements on reparations which will be concluded between the Philippine Government and the Japanese Government.

IN WITNESS WHEREOF the representatives of the two Governments, duly authorized for the purpose, have signed this Agreement.

DONE at Manila, in duplicate in the English and Japanese languages, both being equally authentic, this twelfth day of March, One Thousand Nine Hundred and Fifty Three.

FOR THE GOVERNMENT OF THE REPUBLIC OF THE PHILIPPINES:

FELINO NERI

Undersecretary of Foreign Affairs

FOR THE GOVERNMENT OF JAPAN:

TORU NAKAGAWA

Chief, Japanese Mission in Manila

日本国とフィリピン共和国との間の沈没船舶引揚に関する中間賠償協定

日本国政府は、日本国が戦争中に与えた損害の修復費用を補償することに資するため、フィリピン領海の掃海完了地区にある沈没船舶の引揚における日本人の役務をフィリピン政府の利用に供する用意があるので、

よつて、日本国政府及びフィリピン政府は、前記の役務を提供する条件を定めるため、次のとおり協定した。

第一条

日本国政府は、フィリピン政府に対し、この協定の規定に従つて、フィリピン領海にある沈没船舶の引揚のため日本人の役務(必要な作業設備及び需品を含む。)を提供する。

第二条

フィリピン政府は、引揚作業の実施に当り現地で容易に利用することができる便宜の供与及び現地で入手することができる普通の作業用小需品の調達について、フィリピンの法律が許す限度において、日本国政府に協力するものとする。

フィリピン政府は、引揚作業に従事する日本国民の生命及び財産を保護するため適切な措置を執るものとする。但し、この責任は、作業上の通常の危難から生ずる危険に関する責任を含まないものとする。

第三条

この協定の実施のための細目は、両政府間の協議によつて合意されるものとする。

第四条

この協定は、各政府によつて、それぞれの憲法上の手続に従つて承認されるものとする。この協定は、その承認を通知する外交上の公文が交換されたときに効力を生ずる。

この協定は、日本国政府とフィリピン政府との間に締結される最終賠償取極の不可分の一部となるものとする。

以上の証拠として、両政府の代表者は、このために正当な委任を受け、この協定に署名した。

千九百五十三年三月十二日にマニラで、ひとしく正文である日本語及び英語で本書二通を作成した。

日本国のために　中川　融

フィリピン共和国のために　Felino Neri

編注　付記一及び二以外の付属文書は省略した。

(付記一)

Manila, March 12, 1953

Sir:

I have the honour to acknowledge the receipt of your letter

of today's date which states as follows:

1. Any quantity of salvaged scrap, resulting from the execution of the Interim Agreement on Reparations concerning Salvage of Sunken Vessels between the Government of the Philippines and the Government of Japan, that the Philippine Government may authorize for export shall be reserved for purchase by Japanese nationals on a commercial basis.

2. Bidding for the exportable scrap under Paragraph 1 above shall be conducted by the Philippine Government at places and on dates to be communicated to the Japanese Government for the information of interested Japanese nationals. Only Japanese buyers recommended by the Japanese Government may participate in this bidding. Awards shall be made strictly on the basis of the highest prices obtainable.

3. If the bids submitted under Paragraph 2 above are found to be unsatisfactory, the Philippine Government may reject any or all of them, hold subsequent bids, or export the scrap itself. Nothing in this note shall be construed to inhibit the Philippine Government from allowing Philippine nationals to participate in the bids contemplated.

I have the honour to confirm that this is also the understanding of the Philippine Government.

Accept, Sir, the renewed assurances of my high consideration.

FELINO NERI

Undersecretary of Foreign Affairs

Mr. Toru Nakagawa

Chief of the Japanese Mission

in the Philippines, Manila

(付記二)

(Confidential)

MEMORANDUM

In connection with the notes exchanged between Mr. Toru Nakagawa, chief of the Japanese Mission in the Philippines, and Mr. Felino Neri, Undersecretary of Foreign Affairs, on March 12, 1953, and the conversation had between His Excellency J. M. Elizalde, Secretary of Foreign Affairs, and Mr. Eiji Wajima,

Director of Asian Affairs Bureau, Ministry of Foreign Affairs, on the subject of salvaged scrap, it is the understanding of the Philippine and the Japanese Governments that the quantity of scrap which the former may authorize for export will be not less than 25 percent of the total quantity of salvaged scrap.

291　昭和28年3月16日　在マニラ中川在外事務所長より 岡崎外務大臣宛（電報）

十九人委員会におけるわが方提案の討議見通しに関するエリサルデ外相内話

マニラ　3月16日後3時15分発
本　省　3月16日後6時9分着

第一八四号

十六日正午より対日本回答案を決定すべき十九人委員会が開催されるに先立ち、同午前「エ」外相と面会累次、貴電により最近の日本の政治情勢につきて説明すると共に政局如何に拘らず日本は超党派的にフィリッピンとの親善関係増進に努力しつつあり、従つてフィリッピン側としても賠償問題解決につき何等の懸念するところなく、従前通りの方針とスピードで進まれることを希望する旨申入れておいた。その際「エ」外相はフィリッピン側においても政治情勢は混沌たるものあり、本日の委員会の結論につきても予測を許さぬとやゝ自信を欠く面持であつた。

292　昭和28年4月6日　在マニラ中川在外事務所長より 岡崎外務大臣宛（電報）

賠償総額等に関する通報なくしてわが方提案を審議しないとのフィリピン側エイド・メモワール受領につき報告

付　記　右エイド・メモワール

マニラ　4月6日後10時59分発
本　省　4月7日前8時25分着

第二一一号（至急）

一、六日午前求めによりネリ次官を往訪、賠償問題に関するエードメモアール（別電）（省略）を受領した。

右エード・メモアールは結局日本側より

(イ)賠償総額

(ロ)倭島提案以外の支払方法あればその方法

(ハ)支払の期間
(ニ)〝役務〟なる字句の解釈

の四点につき先づ通報するにあらざれば日本側提案を審議し得ない旨を述べたものである。

二、本公文に関連し小官より質問したのに対しネリの回答したところ左の通り。

(一)フイリピン側の欲する役務の内容につきて十九人委員会が検討した経過は一応纒つているが今回の公文には添付せず、日本側よりの回答を待つて提出することとなつた。

(二)技術ミツシヨンも日本側よりの回答を見た上で派遣することとなつた。

(三)先づ両国の技術ミツシヨンに検討せしめた上で総額を出すというやり方は政府側の努力にも拘わらずナシヨナリスタ党を納得せしめ得なかつた。

(四)総額については極めてラフなものでもよいから何等かの数字が必要と思う。技術ミツシヨンをして検討せしめた上総額を決めたいという趣旨の回答ではナシヨナリスタ党を納得せしめ得ないと思う。

(五)総額についてのナシヨナリスタ党の考えは具体的とは云えないが八〇億ドル案は御破算となつた。

(六)本回答については新聞社より発表を迫られているが日本政府の意向を聞いた上で差支えなければ同時発表の措置を採りたい。

三、本件については更に明日「エ」外相の意見を聞く積りである。（公文写空送する）。

（付　記）

AIDE-MEMOIRE

Regarding the steps that have been taken by the Japanese Government and the Philippine Government towards the settlement of the war reparations question between the two countries, the Department of Foreign Affairs wishes to refer to the conversation between the representatives of the two Governments on the subject, particularly to the proposals exchanged between them with a view to solving the problem.

This Government handed a 3-point proposal to the Japanese Reparations Mission headed by His Excellency Juichi Tsushima that came to Manila on January 28, 1952, to discuss with this Government "basic principles and working arrangements" for a satisfactory settlement of the reparations question between the two countries. Following an exchange of views on the subject, this Government modified its said proposal as follows:

(1) Japan recognize its obligation to pay reparations for the damage, loss and suffering caused by it to the Philippines whose present territory was occupied and damaged by Japanese forces during the war; (2) render such services as will aid the Philippines in production, salvaging and other work related to reconstruction and rehabilitation; (3) recognize that between December 8, 1941 and September 2, 1945, extensive damage to life and property was inflicted on the Philippines by Japanese forces and take note that the Philippines has officially estimated the extent of said damage to be Pesos 16,159,247,959.00. This amount, representing the total claim of the Philippines, was divided into the following categories:

a. Physical loss of properties including Philippine currency and metal reserves as follows: (1) highways and public works, (2) agriculture, (3) national, provincial and municipal institutions and enterprises, (4) public, college and university libraries, (5) government and private homes and buildings, (6) government corporations, (7) air and land transportation equipment and installations, (8) industrial and commercial property, (9) direct war damages in losses of gold, silver and currency, including those confiscated from private parties and banks, (10) ocean and coastwise shipping, and (11) other damage and loss not included in the foregoing list----------------Pesos 2,674,821,959

b. Commandeered goods and services by the Japanese Government and armed forces----------Pesos 10,148,642,000

c. Loss of human lives---------------Pesos 3,335,784,000

To show its desire to fulfill its reparations obligations, Japan should undertake, after the ratification of the peace treaty, to perform such services as may be agreed upon as will aid us in production, salvaging and other work related to reconstruction and rehabilitation.

The value of the services to be rendered on the basis of any subsequent project agreement on production, salvaging and other work which may be concluded immediately upon the ratification of the peace treaty, should be provisionally charged against the amount of Pesos 1,615,924,795 which represents 10% of the total value of the Philippine claim. It would be understood that the latter amount as well as the nature and form of the services and the period within which this initial settlement should be made would be subject to adjustment between the two Governments.

The balance of the Philippine claim and the period within which such amount would be settled should be determined by mutual agreement between the Japanese and Philippine Governments within one year after the taking into effect of the peace treaty and after Japan had determined the claims of other claimant countries.

The final reparations agreement between the two governments should be concluded and signed in Manila. The two governments would further agree that any matter on reparations not covered in any agreement entered into by the two governments, would be governed by the pertinent provisions of the peace treaty."

In reply to the foregoing proposal, the Tsushima Mission said: "We regret to state that we are, therefore, unable to make a definite commitment on it (the modified proposal) at this time. This must not be construed, however, as an attempt on our part to evade our responsibility. It requires no reiteration that the Government and people of Japan are willing to fulfill with all sincerity their obligation concerning reparations."

"By free and further exchange of views during the exploratory talks held here," Ambassador Tsushima further stated, "we have made ourselves fully acquainted with the claims and feelings of the Government and people of the Philippines on reparations and are now in a position to report fully on them to our Government. We sincerely hope that the negotiations started in Manila will be resumed in the near future and bring about a mutually satisfactory solution of the problem."

Due to certain political conditions in Japan, principally the general preoccupation in that country with the 1952 national elections and the resulting disinclination of her government to make commitments prior to the outcome of said elections, the negotiations could not be resumed formally until December, 1952, when the Japanese Government, through Mr. Eiji Wajima, Chief of the Bureau of Asian Affairs of the Japanese Ministry of Foreign Affairs, delivered to this Government a counter-proposal listing certain services which the Japanese Government is prepared to render to the Philippines by way of settling the latter's war reparations claim under the terms of the Japanese Peace Treaty. Elaborating on this counter-proposal, Mr. Wajima explained that the list of services offered does not exclude other services not therein specified which the Philippines might desire to require of Japan. Mr. Wajima further stated that, in order to enable Japan to determine the total reparations she can pay to the Philippines in accordance with the terms of the Japanese Peace Treaty, the Philippines should indicate the type of services she would be ready to accept for the satisfaction of her reparations claim.

This Government has given the Japanese Government's proposal submitted by Mr. Wajima careful study and consideration but regrets that it is unable to evaluate the proposal or determine the workability of the formula therein contained without first knowing (a) the total amount which Japan is ready to pay as reparations under the said proposal, (b) manner of payment proposed, and (c) the period of time needed by Japan within which to effect the full settlement of her reparations obligation to the Philippines.

In view of the fact that Mr. Wajima's explanation of the term "services" and what it consists of is too general to be used as a basis in evaluating the proposal, this Government desires a more categorical statement from the Japanese Government of its coverage, or the specified items of cost that are comprehended to be within the meaning and scope of the term. Without a common understanding of just what the term "services" precisely connotes it would be extremely difficult, if not impossible, to evaluate the proposal, much less agree on the necessary arrangements for its implementation.

In order, therefore, to be able to make a proper appraisal of the adequacy and feasibility of the Wajima proposal as a formula in settling the reparations question between the two countries, this Government would like to be informed on (1) the amount of reparations that the Japanese Government is prepared to pay, or expects to be able to pay, on Philippine war damage and losses under the Wajima proposal; (2) any other manner of payment that the Japanese Government wishes to propose; (3) the period of time within which the amount indicated by the Japanese Government can be settled; and (4) the understanding of the Japanese Government as to the coverage of, or the specific items of cost included in the term "services" under the Wajima proposal.

Considering that the ratification of the Japanese Peace Treaty by this Government is intimately related to a mutually acceptable solution of the reparations question, it is hoped that the Japanese Government will undertake to furnish the desired information at an early date with a view to achieving further progress in the negotiations on the problem.

Upon receipt of the information herein requested, this Government would consider sending the Technical Mission to Japan for the purpose of gathering pertinent data needed in appraising Japan's capacity to meet the requirements which the Philippines might ask to be filled under the Wajima proposal.

293　昭和28年4月7日　在マニラ中川在外事務所長より岡崎外務大臣宛(電報)

エイド・メモワールの発出経緯に関するエリサルデ外相との会談結果について

マニラ　4月7日後9時27分発
本　省　4月8日前8時10分着

第二一五号

七日午前「エ」外相と会談の模様左の通り

㈠先ず先方より、自分は倭島プランをナシヨナリスタ党に納得させるべく努力したが、結局同プランが骨髄のみで数字を含んでいないので、先ず日本側より具体的対案を出すべきであると云うナシヨナリスタ党の主張を破ることが出来ず、成功しなかつた。誠に遺憾であるが、右事情を了承して戴くよう大臣に御伝え願いたい。今後の見透しとしては、日本側としても選挙後新内閣が出来るまでは、何等のステップも執り得ざるべく、一方フイリピン議会は五月末閉会となるので条約批准の問題は暫らく見送る他ないと思うと述べた。

(二)当方より一番の問題は総額の点と思うが、総額については両国の技術ミツシヨンをして、具体的に討議せしめてから、決定したいと云う程度の回答を日本側から出す程度では、ナシヨナリスタ党を満足せしめ得ないだろうか等を尋ねたところ「エ」外相はそれでは駄目と思う、やはり或程度の数字は必要で、自分はそのことをも考慮に入れて、この点に関する覚書の字句は、ややゆとりのあるものにしておいた。なお総額については、当初十九人委員会では、三〇億ペソと云う案があつたが、オシアスがこれに反対し、三〇億ドルを主張したため纒らず、結局委員会としては、総額をメンシヨンしないことになつた経緯があると述べた。

(三)さらに当方より技術ミツシヨンにつきては日本側から本件に対する回答がなければこれを派遣し得ない趣旨であるが「エ」外相はその通りである。ただし日本側が強いて希望すれば回答前に派遣することを考慮してもよいが、今すぐにこの様なミツシヨンを派遣しても審議する内容がなく無意味と思うと述べた。

(四)次いで当方より御説によれば日本側より賠償総額に付きて先ず回答することが先決問題となる訳であるが日本側で、仮に四月一五日頃までにこの点に付きての回答をするとしたら批准問題を有利に展開せしめる可能性ありや「エ」外相は、もし日本側で取急ぎ回答が出来るとすれば自分ももう一度努力をしてもよい、但し自分の考えとしては、この際は事をあせらず事態の成行をみる方が得策と思う、ナシヨナリスタ党の大統領候補者が誰になるか(外相の見透しによればマグサイサイか、レクトの由)により作戦を変える必要があると述べた。

(五)外相より条約の批准がなくても、日比関係を現在以上にノーマライズすることは可能であり、自分は従来批准の必要性を強調する目的から、寧ろ日比関係につき窮屈な解釈をする傾きがあつた。これの緩和は、自分の考え次第で出来ることである通商問題についても、現在の暫定取極めよりも、当然余裕のある取極めを結ぶ事も考えられると述べたので、当方より自分の考えとしては、条約批准により得られる差当りの効果として、日本の期待するものは、貿易、ことに日本よりの輸出の増進と戦犯問題の解決の二点であると思うと述べたところ、外相は、それらの問題は批准なくとも解決し得る。現に、日本人の入国申請については事実上例外なく許可して居り、又戦犯問題につきても、日本の総選挙前に一部は実現するよう至急大統領に話して見ようと答えた。

(六)最後に外相は兎に角ナシヨナリスタ党の委員を含めて一九人委員会のメンバーをして報告書に署名させたことだけでも一つの収獲であると述べたので当方より右報告書にはフイリピン側の希望する各種役務の内容につきて数字的に取り纏めた結果を含んでいるか「エ」外相は大体の考え方として日本から手渡されるものの総額を三〇億ペソと考えている。その中何割が原料費となり、何割が加工費となるかは問題であるが、仮に五割づつとすればフイリピン側としては一五億ペソを負担することとなり、これを一〇年間に実現するとせば年間の負担額は一億五千万ペソとなると述べた。

編注　本文書は一部文章のつながりが不明瞭な箇所もあるが、原文のままとした。

294

昭和28年5月9日　外務省作成

「賠償問題に関するフイリピンのエイド・メモアールに対する中間回答の件」

付記　昭和二十八年五月、外務省作成

「わが方中間回答早期発出を得策とする理由」

賠償問題に関するフイリピンのエイド・メモアールに対する中間回答の件

昭和二十八年五月九日

成るべく速かに左記趣旨の中間回答をフイリピン政府に伝達することと致したい。

記

一、日本政府は賠償問題を誠意をもつて早急に解決する目的で、昨年一月津島ミツシヨンをマニラに派遣して以来随時非公式話合を継続して来たが、本年初頭フイリピン領

海の沈没船舶の一船別精密調査を行い、三月十二日「沈没船舶引揚に関する中間賠償協定」が日比両国政府代表間に調印された。右引揚を早急に実施する準備として、日本政府は四月初め専門係官四名をマニラに派遣し、フイリピン政府係官と現地において本件に関する具体的諸事項を細部に亘つて打合せしめつつある次第である。

この経過に徴すれば日本政府が幾多の困難を克服して日比間の賠償問題の友好的解決に全力を傾けていることは明白である。

二、フイリピン政府は今年二月頃には技術使節団を東京に派遣してフイリピン政府の要望する役務の種類と数量とに関し会談を行う用意あるものと、日本政府は了解していた。その場合、右会談の一部として又は並行して賠償問題全般に付話合をなし得る者をも日本に派遣する用意がある旨は既にフイリピン政府が昨年十二月に表明しているところである。よつて日本政府は右趣旨のフイリピン政府の意向に賛同し、準備を進めていた次第である。

三、フイリピン政府は今回のエイド・メモアールをもつて、日本が支払う見込の賠償総額とその支払期間及び支払方法並びに「役務」に関する日比双方の経費負担区分の四点について通報を得たいとの希望を表明したが、日本政府としてはこの際は前記二、に掲げる会談を開催する準備が整つていることを此処に表明する。

四、よつて、日本政府はフイリピン政府が、ここに会談を開催する時期及び場所について、通報せられんことを希望するものである。

（付　記）

わが方中間回答早期発出を得策とする理由

昭和二十八年五月

外務省

一、別添「情勢判断」に鑑み、賠償問題解決の遅延の責任をわが方に押しつけようとする先方の術策に乗ぜられぬ様する必要あり、且つこの責任を押しつけられたまま、今秋の選挙の際まで持ち越す場合は、折角今日の程度まで相当改善を見たフイリピン国民の対日感情を逆転せしめる結果となる惧れがあること。

二、わが方回答はフイリピン議会開会中成るべく早き時期に行うに非ざれば先方は平和条約批准の討議に入らぬうちに日本からの回答の未接到を口実として議会をそのまま閉会に持ち込む心算なりと見られること。

三、わが方が中間回答を早期に行うことにより、ハイレベルの政治的会談開催の運びとなる可能性もあり、その場合は先方は今会期中に或いは臨時議会招集により平和条約批准を図る可能性もあり、わが方としてはその線を押して行くべきこと。

四、たといハイレベルの政治的会談が開かれても、本問題が政争の具に供され、その最終的解決が大統領選挙後に持ち越される公算もあるが、かかる場合にも、わが方回答に述べられた内容は一つの既成事実を作り上げ置く効果はあるべく、徒らに過大な賠償期待を抱かしめぬための心理的けん制として充分役立つべきこと。

五、以上の通であるから中間回答中には従来双方が表面に現わさなかつた賠償総額についての話合の経緯を軽くリフアーして緒を此処に求め、ハイレベルの政治的会談においては相当先方要望に応ずる一脈の気配を示しおき、以つて先方をして会談に応ぜしめ、フイリピン議会の閉会前に平和条約批准の問題に取掛る様誘導を試みるべきであること。

（別　添）

賠償及び平和条約批准問題に関連したフイリピン側の情勢についての判断

昭和二十八年五月

外務省

右エイド・メモアール及び累次のマニラ来電等に鑑み賠償及び平和条約批准問題に対するフイリピン側の動向は左の如く判断される。

(一)キリノ政権は倭島局長がマニラに立寄つた際には、賠償問題を早期に解決することが国内政治上有利であると判断していたが、マグサイサイが与党リベラリスタ党をはなれて、野党ナシヨナリスタ党に入党したこと等の政治情勢の変化に伴い従来の如き腹案による問題解決は十一月の大統領選挙戦に与党を益する所殆んどなく場合によつては寧ろ悪材料となる惧れありと判断し、野党の主張点を盛つたエイド・メモアールを日本側に渡し、その反応を見んとする態度を採るに至つたこと。

(二)野党ナシヨナリスタ党は倭島、エリサルデ会談の動きを注目し、賠償問題解決の功名をリベラリスタ党に独占されることは政治上面白からずと考え、一応十九人委員会に自党から委員を出すことにはしたが、キリノ政権の抱いている解決方針に同調することは十一月の選挙駆引上有利ならずと判断したこと。

(三)かかる情勢下においてリベラリスタ党もナシヨナリスタ党もいづれも、日本側の反応が満足すべきものに非ざる限り本問題解決の責任を日本側におしつけて置くことを得策と考えていること。

(四)現在の状況ではわが方が十九人委員会の結論としてわが方に要求している四点について先方をある程度満足せしめる具体的提案を行わざる限り、先方は賠償問題の早期解決を図る気配なく、従つて平和条約の現議会(五月二十一日閉会予定)又はその後の早い機会における批准の可能性は少ないこと。

(註)キリノ政権は「地域的安全保障の見地より日本との正当な国交を先ず確立すべし」と主張して平和条約批准案を上院に提出しているが、野党側は「賠償なければ平和条約批准なし」との態度を一貫して保持している。現在の上院政党分野(ママ)は与党一二、野与(党カ)一〇、市民党一及び欠員一である。

(五)マグサイサイがナシヨナリスタ党大統領候補に指名されたので、次期政権はナシヨナリスタ党のものとなる公算が多いこと。

295　フィリピン側エイド・メモワールに対するわが方中間回答につき提出方訓令

昭和28年5月14日　岡崎外務大臣より在マニラ中川在外事務所長宛(電報)

付記　右中間回答

本省　5月14日後5時3分発

第一七九号

一、貴電第二六五号の次第はあるも、貴官は最も早き機会において、フィリピン政府のエイド・メモアールに対する我方回答(別電第一八〇号)を先方に渡されたい。(編注)

現在のフィリピン国内政情に於ては十一月の選挙前に

は平和条約の批准は見込薄なるやも知れぬが先方のエイド・メモアールに見られる如く、沈船引揚問題について我方の示した誠意に一言も言及せぬまま選挙戦に持込まれることの不利等の事情を勘案して、右措置をとるに決した次第である。

二、本エイド・メモアールを渡すに当り、口頭にて左の点を述べ置かれたい。

㈠、日本政府は会議の開催を極めて重視するものであり、双方相会して話合を行うことが解決への最も実際的な道であると思はれること。

㈡、会議が開催されれば、その過程において自然双方歩み寄りの道が開かれ得べきこと。（open the way for coming closer to meeting of minds）

なを此の際比島側が双方のエイド・メモアールの全文を発表することを特に希望するならば、我方においても右に異存はない。

編　注　別電第一八〇号は省略。付記参照。本訓令は後日一旦執行見合わせの訓令がなされたが、昭和二十八年五月二十日発岡崎外務大臣より在マニラ中川在外事務所長宛電報第一八五号にて提出方再度訓令された。

（付　記）

Aide-Memoire

With reference to the Aide-Memoire handed on April 6, 1953 by Mr. Felino Neri, Under Secretary for Foreign Affairs to Mr. Toru Nakagawa, Chief of the Japanese Mission in the Philippines, concerning the reparations question between Japan and the Philippines, the Japanese Government wishes to state, first of all, how it has tried with good faith to effect an early settlement of the reparations question. It despatched the Tsushima Mission to Manila in January of last year. It has taken since then every opportunity to communicate its views on the problem. It carried out minute vessel-by-vessel survey of the sunken vessels in the Philippine territorial waters at the beginning of this year. It signed on March 12, 1953 the Interim Agreement on Reparations concerning Salvage of Sunken Vessels between Japan and the Republic of the Philippines. In preparation for an early commencement of the salvage, it has sent four expert officials to Manila for consultation with the Philippine officials on technical details of the salvage operation. From these facts it is evident that the Japanese Government, in the face of many difficulties, has taken every possible measure for an amicable settlement of the reparations question between Japan and the Philippines.

Since the end of last December, it has been the understanding of the Japanese Government that the Philippine Government was prepared to send a technical mission to Tokyo around last February to hold a conference on the kinds and volume of the services of Japanese nationals to be provided by way of reparations. It was also understood that the Philippine Government was ready to despatch a separate mission to Japan which would be able to discuss political aspects of the reparations question, either in the course of or in parallel with, the above-mentioned conference. In response to such hopeful indications, the Japanese Government has proceeded with preparations for the conference.

Whereas the Philippine Government, in the above-mentioned Aide-Memoire, expressed its desire that it would like to be informed of the amount of reparations that Japan would be able to pay to the Philippines, any other manner of payment that the Japanese Government would wish to propose, the period of payment and the coverage of cost included in the term of "services", the Japanese Government wishes to indicate at this juncture that it is now ready for the conference mentioned in the preceding paragraph.

It therefore wishes to be informed of the desire of the Philippine Government concerning the date and place of such a conference.

296　昭和28年5月21日

在マニラ中川在外事務所長より
岡崎外務大臣宛（電報）

わが方中間回答の提出結果につき報告

マニラ　5月21日後4時39分発
本　省　5月21日後7時32分着

第二七八号（至急）

貴電第一八五号に関し

㈠二十一日午前ネリ次官に面会、貴電第一八〇号のエード・メモアールを手交すると共に貴電第一七九号二、の各項を口頭をもつて伝達した。

㈡次官は落胆の面持で日本側で多少なりとも四項目に回答し（て欠カ）くれればそれを足掛りとして話を進められるのだがと述べ、今回の回答では仮令使節団が渡日しても問題の四項目につき日本側の意向を聴くことが出来ると云うアシユアランスがないではないかと尋ねたので、当方より貴電第一八五号一、の趣旨により日比会議の内容は当然右四項目が中心となるべく口頭をもつてその点を約束出来ると答えた。

㈢更に次官は何人が代表になるにしろ、失敗の場合はその政治的地位が脅かされる次第であり、殊に国会の有力者は日本側の腹案が或る程度判明し何等かの土産を持つて帰る見込が立たなければ渡日を躊躇すべしと述べたので小官よりそれでは日本側が仮令具体的回答を出した場合においても、その内容が不満足であれば、使節団を派遣し得ない次第なりやと尋ねたところ、次官は事前に日本側の案が或る程度分つていれば、出発前に国内において地均しをしておくことが出来るが、如何なる案が出されるかの予備知識なく渡日することは如何なる政治家も躊躇すべしと答えた。

㈣最後に次官は今回の回答については自分としてもよく研究し今後執るべき措置につき大統領の指示を受けることとすべきも十一月の選挙前には大した発展を期待し得ざるべしと述べたので当方より「エ」外相が欧洲よりの帰途日本に立寄られその際本問題今後の取扱方につき忌憚ない打合せをされることが最も効果的なるべく日本側も大いに期待しおる旨を伝えた。

㈤なお、発表の件に関しネリは今回の公文を発表する時はフイリピン一般に失望を与えるべく又上院方面ではこれを曲解する惧れもあり当分不発表としておきたいと述べた。

297 昭和28年6月29日 在マニラ中川在外事務所長より 岡崎外務大臣宛（電報）

キリノ大統領は賠償問題解決への好影響も期待し戦犯特赦を決断せる旨ネリ外務次官内話

マニラ　６月29日後８時54分発
本　省　６月30日前６時34分着

第三三四号

往電第三三三号に関し

(一)貴大臣のメッセイジを手交した際、ネリ次官は、実は今回の特赦をするに至つたキリノ大統領の真意は、キリスト教的人道主義に出づるものであるが、同時に今回の挙が、日本国民の対比感情を和らげ、日比間の懸案、特に賠償問題の解決に好ましい影響を与えることを期待している次第である。ところが、大統領は病状好転次第自ら米国において、ベル通商協定改訂問題、その他の米比間重要懸案事項の交渉を行う予定であり、従つて「エ」外務大臣も、駐米大使不在の際とて、大統領を補佐するため、引続き華府に滞在することとなるべく、同外務大臣の渡日は相当遅れる懸念がある。一方大統領としては賠償問題は極力大統領選挙前に片付け、国民に対し自分の功績として示したい希望を有して居り、従つて急速に取運ぶ要がある。右の見地から大統領は渡米出発前、自分に対し「エ」外相の渡日を待たず賠償交渉を再開方日本に申出る様指示した。その方法としては人目につかぬ様当地において自分と貴官との間において行うことを希望する。従来の経験から見て充分成功の可能性ありと期待している。是非右の意向を日本政府に伝達して貰いたいと述べた。

(二)小官より賠償問題を早期に解決することは、日本政府も希望して居るところであるが、今日の申出は極めて重要事項であり早速政府に報告、回電あり次第御連絡すべしと答えた。

298　フィリピン国政選挙までに賠償問題解決に向けたわが方対応を求めたいとのネリ外務次官要求への対応振りにつき請訓

昭和28年８月25日　在マニラ中川在外事務所長より岡崎外務大臣宛（電報）

マニラ　８月25日後３時11分発
本　省　８月25日後７時24分着

第四三四号（館長符号扱）

一、賠償問題を繞る当国状勢については、さきに往電第三八六号をもつて申進じの通りであるが、二十四日他用をもつて面会の際ネリ次官は、貴大臣のフイリピン訪問取止め説及び日比賠償問題に米国の斡旋を求める旨の報道（往電第四三三号）に言及しその真偽を尋ねたので、いづれも新聞報道に過ぎない旨を答えた処、先方は、実は賠償問題につき最後の御願い（アピール）をしたい。四月六日のフイリピン政府覚書を差し上げてから既に相当の時日がたち、日本側の研究も進捗したことと考えられる処、これ以上時機を遷延することなく、本問題につきての交渉を再開したい。選挙の結果は現政府が勝つと考えるが、若しナシヨナリスタが政府を組織した場合には、賠償問題につきても各種各様の論が出て、収拾つかないこととなると考える。従つて選挙前に日比間に話合をつけて置くことが、日本にとつても有利と考える。「エ」外相の帰国は十月に入つてからとなり仮令同外相が帰路日本に立寄るとしても、是非その以前に話合を進めて置き、下拵えをして置くことが必要と考えると述べた。

二、小官から賠償問題の解決を促進することには自分も賛成であるが、具体的には如何なる事を日本側に希望される次第であるかと尋ねたところ、次官はフイリピン側の立場は前回の覚書で明らかにしてあり、今回は日本側でステツプを執られる段階と考える。即ち日本側から何らかの具体案の提示を得たい。東亜の将来を考えれば、この際一日も早く本問題を解決し、日比関係を正常化することが、我々外交に当る者に課せられた責務と考える次第であると述べた。右に対し小官からは御申出の趣旨は本国政府に伝達すべしと答えた。

三、ネリ次官の申出に対しては、儀礼上からも何等かの回答をなすべき筋合と考えるところ、右回答振り御回電ありたく、対比賠償問題に関する根本方針についても、お差支えない限り或る程度御垂示賜り度く右に関連し要すれば先に往電第三二八号を以つて稟申せる小官一時帰朝の件をも御詮議相煩わしたい。

299　昭和28年8月31日　岡崎外務大臣より在マニラ中川在外事務所長宛（電報）

ネリ外務次官要求の背景を確認の上総額問題について適宜感触を確認方回訓

本省　8月31日後5時30分発

第三〇三号

貴電第四三四号に関し

一、賠償問題に関する政府の最近の考え方については往信合第九一八号(編注一)にて諒知せられたい。

二、大統領選挙の迫りたる今日本件の取扱いには特に慎重を要するも、ネリ次官重ねての申出なるに鑑み、此の際往電第二三四号二、(編注二)の諸点殊に(ハ)の点を確かめるようせられたく又特に上院の政治情勢についての見込を訊ねられたい。(我方として賠償問題を政争の具にせられ度くなきこと御承知の通り)

三、賠償交渉はチヤネルの如何を問わず総額につき話合わねばならぬ段階(総額さへ決まれば他のことは如何ようにも話合いが着く筈)に来て居るものと認められるもエリサルデ外相の来訪は未定であり本大臣の渡比も国内政治情勢の関係にて決定し難く、従つて此の際強いて我が方具体案を提示するとせば概ねデルガードに与えたる書簡(往電第二三三号)の程度を之に盛る他なし。よつてネリとの話の模様により必要と認められたる際は、貴官限りの推測として右の旨を説明せられ又"fair compensation"の内容を具体的金額にて示す要ありとすれば、イタリーの例に鑑みるも、事務的レベルとしては精々一億ドル程度のものを示すこととなるものと推測されることを述べ其の反響を試められたい。なおイタリーの賠償については往信合第九二二号参照。

貴官の一時帰朝は今後必要に応じ考慮する。

編注一　本書第13文書参照。

二　昭和二十八年七月三日発電。賠償問題解決の進展を繰り返し求めていたネリ外務次官に対して(イ)フィリピン側の新しい提案の有無、(ロ)具体的な討議項目、(ハ)十九人委員会等との関係を確認するよう訓令したもの。

300

昭和28年9月15日　在マニラ中川在外事務所長より岡崎外務大臣宛(電報)

何らかの形でわが方より総額提示を求めたいとのネリ外務次官意向について

マニラ　9月15日後7時51分発
本　省　9月15日後11時10分着

第四六〇号

貴電第三一三号に関し

十四日ネリに面会した模様左の通り。

(一)先ず小官より賠償問題に関し、フイリツピン政府から明示を求められている諸項目の中支払時期に関しては、曩に岡崎大臣よりデルガーオに対し私見として五年乃至七年案に賛成する旨を述べられており、又支払の内容については、昨年倭島局長より純粋のサービスの外各種資本財のリストを提示してあり、又デルガーオに対しても資本財の提供が可能な旨再確言してあり、残る唯一の問題は総額であると考えると述べたところネリはこれを肯定し、デルガーオは現金賠償を持出したが、これは彼の個人的意見であり、自分の観るところでは現金も現物も同一物の両面に過ぎぬと述べた。

(二)小官より総額の点につき今迄のところフイリツピン側から正式提案のあつたのは、昨年初頭の八〇億ドル案のみであり、その後フイリツピン側からこれを固執するものではないとの言明は再三あつたが、具体的数字の提示はなく、一方ナシヨナリスタ党方面からは或は六〇億ドル、或は二〇億ドル等の非公式数字が出ている状況である。然るに日本の財政状況は極めて危険な状況にあり、年々貿易の赤字は七億ドルに及び、漸く特需によつてこれを補つているに過ぎず、更に近く防衛力増強の必要に迫られている。従つてフイリツピンその他の求償国に支払い得る賠償総額はナシヨナリスタ党の挙げる如き数字に比較すれば極めて小さなものとならざるを得ず、この際この数字を提示することはかえつてナシヨナリスタ党の攻撃を招き、賠償問題が再び政争の具に供せられ、取返しの利かぬ事態となるのを恐れている次第である。この点に関する貴官の忌憚のない御意見を聞きたいと述べたところネリはその危険は若干あるも、しかしこの儘何もせず事態を見送ることに較べれば害は少ない。現在は日比両国政府ともナシヨナリスタ党のために受身に立たされているが、日本から案の提示があれば今度は彼等を受身の立場に追込むことが出来ると述べた。

(三)小官より曽て貴官は仮令滑稽な程少額なものでも日本側

から総額の提示がなければこれ以上問題を進展し得ないと述べたことある処、仮に日本側より総額の提示があつた場合フイリツピン側としてはいかなる手続を採られることとなるやと尋ねた処、次官は十九人委員会は形式的には未だ解散されていないので再びこれを開いて日本案を審議することとなるべく審議の結果話合がつけば通常国会の開会を待たず臨時国会を召集し平和条約批准問題を上程することも可能である、現在の上院の構成は政府に不利であるが日本との国交回復については反対党の議員も内心は賛成の者が多く、必ずしも憂慮する必要はないと述べた。小官より日本案の提示のあつた場合これを十九人委員会に示せば結局外部に洩れ新聞等で論評されることとなるから暫く政府限りで交渉することは出来ないかと尋ねた処、次官は秘密外交はかえつて非難を受ける危険ありと答えた。

㈣小官よりこの問題は当方の提示する金額と相関関係ある次第であるが日本としては現在賠償協定の雛型として唯一の前例とも言うべきイタリア平和条約を研究しているところ同条約によればイタリアの賠償額は対ソ連一億ドル、対ギリシヤ一億五百万ドル、対ユーゴースラヴイア一億二千五百万ドルとなつており日本より案を提示するとすれば結局このイタリア条約を一応の基礎とするにあらずやと想像される処、仮に右程度の提案があつた場合にもやはり直接十九人委員会を召集して審議することとなるやと尋ねた処次官は（差して驚いた顔色もせず）自分一存では決しかねるので大統領と相談の上返答すべしと答えた。

㈤なお会談の途中次官は「エ」外相が国連総会と朝鮮問題政治会議の双方に出席する外米比通商協定改訂問題に専心する要あり、日本訪問は不可能と思われ賠償問題は自分が担当することとなつた。自分がこの問題の解決のため必要ならば一週間位渡日してもよいと考えていると述べた。

301　昭和28年9月30日

岡崎外務大臣
ネリ・フィリピン外務次官　会談

賠償総額に関する岡崎外相・ネリ外務次官会談

付　記　昭和二十八年九月三十日

岡崎外務大臣・キリノ・フィリピン大統領会談

ネリ外相代理との会談(第一回)

二八、一〇、一、午前

岡崎記

九月三十日午前十時当方一行を伴い、外務省にネリを訪問し約五分間儀礼の交換の後、人を遠ざけて、自分とネリだけにて意見の交換をなせり。

ネリより、賠償総額を示され度きこと、現物賠償のみならず、現金賠償をも含めしめ度きこと等に付、従来の論旨を繰返したり。之に対し岡崎より、総額の問題は賠償の内容及び支払期間と支払方法に関連するものにて、例えば、期間が長くなれば額もふえることあるべく又日本側の都合よりすれば、第一年目より進むにしたがつて、毎年の額が漸増する様に取極められゝば、支払が比較的容易となる。我々は只今輸出入の差約八億弗の赤字にて、之を大部分米駐留軍による支払にてうめ居るが、米軍の駐留は長き期間にわたらず、然かも毎年漸減する予定なれば、貿易外の弗収入も漸次減少する傾向にあり。只今その手当に腐心しつゝ居る一方、駐留軍の漸減に伴い日本自体の防衛力漸増を計る為、今後五年間に八千億(円欠カ)近き予算を計上せんとする等、差し当り財政的には困難なる状況にある。将来は財政に多少のゆとりも出来る筈になるが、右の様な次第故、始め数年間の賠償支払能力は自から限定せられざるを得ずと説明したる処、ネリは飽迄も総額をきめることを主張し、額さへきまれば、その中にて賠償内容、支払期限、支払方法等は如何様にも御相談に応じ得べしと述べたり。依つて岡崎より、此れは極く内密、非公式のサヂェスチョンにて、実は政府部内にも未だ相談し居らざるが、自分一個としては、一応二億五千万弗を考へ居れり。もとより今後自分がジャカルタ、ラングーンに行き、その方面の話も確かめざれば、日本の支払能力より言いて、確定的にはならずと述べたり。

ネリは特に喜びたる様子もなく、又失望せる模様も示さず、唯、斯る数字は討議の基礎としては非常に有益なるも、自分だけで、結構なりとも、結構ならずとも申し難しとて、出来るだけ感情を表に示さぬ様努めいたり。然し乍ら右の後には、話が急激に具体的となり、ネリより

(イ) 二億五千万弗は余りに少額に過ぎ、反対党は勿論十

九人委員会にも内示も出来ず。是非之を大幅に増額せられ度きこと

(ロ)　沈船引揚の費用は別と考へるも如何

と質問せり。之に対し岡崎は、もとより右は確定の数字には非ず。前述の如く内容、期限、支払方法等が全部日本側の希望通りになる場合、特に賠償の内容について、率直に申せば、之が全然日本側に関連なきものと、然らざる場合とでは、自から考慮が異る。例へば賠償にて米や鉄を増産し、その増産部分は日本が優先的に買うとか、或は品物を渡したるにより、将来日本製品の市場開拓に役立つとかいう場合には、多少のゆとりは生ずるものと考う。然し乍ら沈船引揚の費用は勿論この総額の中に含まるべきものなり。要するに自分の見る処では、以上の如き諸点が全部日本の考うるところに合致し、理想的な協定が出来たりとするも、総額に於て三億弗を越えることは到底あり得ずと思うと述べたるに、ネリは沈船引揚の費用は約六百万弗と思うが(この額については余り正確でなく曖昧の様なりき)これ位は別途考慮し得ざるやと追及せり。依つて岡崎より、今申した通りにて、自分は二億五千万弗を適当と思うも、六百万弗位のことならば、内容や支払の期間等のやりくりにて、六百万弗を増額する位は勿論考慮し得べしと答へたり。

結局ネリは最後にはかなり満足の面持にて、この会談は早速大統領にも内報し度し。然し乍ら目下政治的に微妙な状況なれば、その他の方面には一切口をつぐみ、額の問題だけは、この部屋限りのこと丶致度しとて、新聞記者に対する発表振(予て打合せの通りにて双方意見を述べあい、具体的の結論に達せずとの趣旨)を打合せ、且つ明日ロドリゲス上院議長を含む野党側領袖との会見に於ても、額の点だけは一切触れざる様願度しと念を押し居たり。

本日の会談はネリの単に外相代理たる立場も考慮すれば、もとより確定的な比島側意見とは考へ得ざるも、彼が従来より本問題に付中心となつて、政府、野党及び民間側とも話合い、その内部の空気は熟知し居るものと考うる処、恐らく比島との賠償は二億五千万と三億との間にて話がつき得るものと信ぜられたり。

尚同日デルガード上院議員の午餐会にて、ロドリゲス上院議長と話合いたる処「ロ」は条約問題は日本側が賠償総

額の最終的数字を示さざるにより停頓し居るも、一度総額さへ示さるれば、たちどころに解決す。もとより余り少額にては之を拒否することもあり得るが、大体或る額さへわかれば、それにて手を打たんとするのがナショナリスタの考なりと述べ、余り額の大小にこだわり居らざるが如き言辞をなせるがロドリゲスは往々にしてその言葉が信用できぬ過去の例もあるが如くなれば、岡崎は単に之を聞き置くにとゞめ、当日は深入りをすることを避けたり。更に同日夜の状況にては、キリノはエルサルデ外相の帰国を電話にて指令せんとする外、急遽十九人委員会を招集せんとし居るが如く、委員の一名は足止めされたりと同夜のコクテルパーティにて岡崎、倭島等に述べいたり。従つて或は前記総額が案外政府側の満足すべきところと見られ、これにて十九人委員会を押切り、選挙前に政府側の手柄とする目算が多少ついたと見るべきものなるやも知れず。

編　注　付記を含め、昭和二十八年十月二十日アジア局第三課作成「岡崎外務大臣東南アジア諸国出張記録」より抜粋。

（付　記）

キリノ大統領との会談

二八、一〇、一

岡崎記

九月三十日午前十一時、倭島、中川を伴い、ネリの案内にてキリノ大統領を訪問せり。

先ず岡崎より戦犯に対する大統領の決断を謝し、総理よりも宜しくとの伝言ありたる旨を伝へたり。キリノは一同にシヤンパンを出してもてなしつゝ甚だ悲痛なる面持にて自分の妻や子供達が日本軍の為に命を失いたるが、自分は漸く今日に於て恨を捨て、且つ一切を忘れ去ることゝし得るに至れり。日本と比島は隣国関係にあり、いやだと言つても日本が太西洋に移動することも出来ず、比島も同様なれば、矢張り手を携へて協力してゆく外なしと述べたるに付、岡崎よりも両国親善増進が総てのものに先行する重要案件なり。従つて自分も今回比島訪問を実現したるが、凡ゆる角度より友好増進に努力すべしと答へ種々大局的な話合いを約四十五分間行いたるが、その間大統領は、条約、賠償その他の具体的問題には触れず、すべてこれらは外相代理に話され度き旨を述べいたり。尚大統領は相当やつれ居るが如く、声も弱々しく、立上ることも余り自由にゆかず、未だ病後恢復はかゞしからざる様見受けられ、之にて激烈なる選挙に堪え得るや疑問なる様見受けたり。然し既に一両日前選挙運動に出かけ、又明日より水力電気のダムの開通式出席旁々数日間南部方面へ行くとのことなれば、或は外見よりもしつかりし居るのかも知れず。聞くところにては、大統領は今回の大病後心気一転し、余り私利私欲にこだわらず、公明正大な態度をとらんとし居るやの噂もあり、前回の如き猛烈なる選挙干渉はなさゞるやの噂なり。然し当地の世評にては、大々的な選挙干渉をなさゞれば、大統領の勝つチヤンスは甚だ少しとのことなり。

302　賠償総額の提示方法等に関する岡崎外相・ネリ外務次官会談

昭和28年10月1日　岡崎外務大臣／ネリ・フィリピン外務次官　会談

ネリ外相代理との会談（第二回）

於比外務省

昭和二十八年十月一日（木）午後五、三〇―六、四五

同席者、倭島局長、中川所長、ラヌーサ経済局長

（ネリ）本日午前の野党領袖との御会見の模様は如何なりしや、新聞には賠償支払の態様について相当具体的なことが決定した如く伝えておれり

（岡崎）何等具体的のことを述べた事実なし、たゞ賠償問題には各種の要素があり、互に相関関係にあり簡単に結論を出し得ざることの一例として初年度に一、次年度に一・二五、三年度に一・五という如く漸増のフォーミユラを取れば差し当つてここ数年間財政支出の相当窮屈なことの予想されている日本として賠償の支払いが比較的容易なるべしと述べたるに過ぎず。なお野党領袖は自分と政府側との間の会談の模様を盛んに知りたがりたるを以て、何等具体案の提示を行いおらざる旨を述べ置きたり

（ネリ）当地の新聞が記事を歪曲する傾向あることには自分も苦き経験あり

さて昨日貴大臣との会談の内容については両国共通の関心事項たる賠償問題の解決に一歩を進むる意味合いより

此の際之を書き物にしておいては如何かと存ず、尤も貴大臣の述べられた如くその内容が過早に洩れる時は今後のインドネシア、ビルマとの交渉に悪影響あるべしとの点を考慮する要あるを以て十九人委員会の開催は貴大臣の東京帰着が或《ママ》は少くともビルマを立去られた後とすべし

(岡崎)昨日申し上げた内容は機密保持の必要上実は関係閣僚たる大蔵大臣、通産大臣、運輸大臣等にも打明けおらず。ここに列席の倭島、中川にも事前に協議しおらざる次第なり、又本日の野党側との会談において政府に対して何等具体案の提示をせざりし旨の言明をなした手前此の際直に書き物にすることは右言明に矛盾する結果となる、自分としては昨日の会談の内容については後にて前言をひるがえす考は毛頭なきも、右の如き事情よりこれを正式の書き物とすることは帰国の上関係閣僚の同意を取付けた上改めて在外事務所を通じて貴政府に伝達することと致したし、なお念のため伺う次第なるが貴政府としては選挙後を待つを要せず選挙前に本問題を検討されんとする次第なりや

(ネリ)出来るだけ早い方が好いと考えおれり、貴大臣の御帰国後速かに文書を戴くよう希望す

(倭島)日本側の書き物が到達せる場合貴国側のその後の手続は如何なる順序となるや

(ネリ)早速十九人委員会を開催することとなるべし、その結果は大統領に報告され、大統領は右報告に基き favorable action を採るべし、若し話が纏まれば両国政府間に仮調印を行い来年一月召集の国会に平和条約と共に上程さるべし

(倭島)十九人委員会開催の場合野党側委員は選挙後まで審議遷延を計ることなきや

(ネリ)本問題は従来より超党派的に取換《ママ》われおり野党側委員も審議遷延を計る如きことはないものと考う

(倭島)十九人委員会の報告決定は多数決によるや或は全会一致を要するや

(ネリ)別段議事規則として定まつたものはなきも従来の例では全会一致なり

(倭島)貴官は野党側委員も同意すると考うるや

(ネリ)自分としては野党側も同意すると思う

(岡崎)十九人委員会に日本側対案が討議される場合右内容は公表さるるや

(ネリ)秘密外交のそしりを避けるため公表は不可避なるべし

(岡崎)或はお答え困難かと思われるも世論はこれを如何に受けると考えられるや

(ネリ)世論の帰趨は往々にして予測を許さざることあり、自分の考えとしては時機を失せざることが必要であり戦犯釈放、貴大臣の来訪等日比親善から強調されておる今日本問題の解決を計ることが必要にして、この機を逸すれば世論は又冷淡となるやも知れず、何れにせよ日本は回答をされることにより次のステップを取る責任を比国側に転嫁しうる次第なり。なお昨日の午餐会の席上ロドリゲス上院議長は小官に場合によつては選挙後の臨時国会において平和条約批准問題を考慮してもよき旨を述べたるも右事実は御参考となるべし

(岡崎)最後に全然別の問題なるが在巣鴨戦犯の措置には日本政府も正直の所苦慮しており出来れば早期に之を釈放したき希望なるところ旧モンテンルパ収容者は在監中の成績も良く模範的なるが早期に釈放さるる見込ありや

(ネリ)各人の罪状、在監成績等によるべきもキリノ大統領に相談すべし。大統領の最近の心境よりすれば相当希望あるに非ずやと考う。最近の機会は十一月十六日の大統領誕生日なるを以て右を目途として運動して見るべし

(尚右の他沈船引揚協定発効の問題についてはネリより急速に大統領と打合せの上態度を決定すべき旨回答あり、明日夕刻さらにネリ自宅において会合の上共同発表振りについて打合わすことを約して会談を終了せり)

編注　前掲「岡崎外務大臣東南アジア諸国出張記録」より抜粋。

303

昭和28年10月2日

フィリピン出発の際の岡崎外務大臣ステートメント

Statement of Foreign Minister Mr. Okazaki

During his stay in Manila, although it had to be short,

Minister for Foreign Affairs Katsuo Okazaki saw President Quirino, Acting Secretary of Foreign Affairs Felino Neri, President of the Senate Eulogio Rodriguez and many other leaders of the Republic of the Philippines.

Foreign Minister Okazaki has abundantly achieved his mission of goodwill, having acquainted himself with the recent conditions of the Philippines and explained those of Japan to the Philippine people not only to the leaders by meeting them but also the people through newspapers and radio.

Foreign Minister Okazaki has had several conversations with Acting Foreign Secretary Neri. He also had a chance to exchange views with the leaders of the opposition. The problems mutually affecting the interests of the two countries were frankly discussed in the most cordial atmosphere during those talks and conversations.

Minister Okazaki expressed his desire that the problem of reparations should be solved as soon as possible. He sounded out the different views on how this pending problem can be settled at the earliest practicable time.

During the conversations with the leaders of the Philippines, some of the basic matters on reparations were discussed. The period of payment suggested, for instance, ranged from five, seven to ten years. Minister Okazaki explained that from the Japanese point of view, the longer the period, the easier it is for Japan. He also explained that the term "service" of article 14 of the San Francisco Treaty could be interpreted in such a broad way as to make capital goods available to the Philippines.

It is the considered opinion of Minister Okazaki that the conversations he had during his brief stay in the Philippines were most beneficial thereby paving the way for the early resumption of normal diplomatic relations between the two countries.

Minister Okazaki, before leaving for Indonesia, expressed his sincere appreciation of the courtesies shown to him by the Government and the people of the Republic of the Philippines.

October 2, 1953

Manila

編　注　前掲「岡崎外務大臣東南アジア諸国出張記録」より抜

粋。

304

昭和28年10月5日　在ジャカルタ甲斐総領事より
犬養外務大臣臨時代理宛（電報）

賠償問題に関するフィリピン要人との会談結果の印象につき岡崎外務大臣より報告

ジャカルタ　10月5日後7時25分発
本　　省　10月6日後1時0分着

第三四六号

岡崎より

「マニラ」においては政府並びに野党側とも種々話合を遂げたる結果、地均しは殆んど出来たものと認められる、詳細は帰国の上報告致すべきも概要左の通り

一、年限については、五年或いは七年との話も出たが、当方よりは払い易くするためには毎年の支払額を漸増する方式をとることと、年限は出来るだけ長きことを希望し、先方も別段異存なき模様。

二、先方は役務には余り興味を示さぬ、資本財の入手を強く希望。

三、総額については、大体先方の受入れ得べきものにつき見当つきたるが（比較的リーゾナブルの額なり）これについても帰国後充分相談の上回答することとした。

四、本件は現在迄キャンペンイツシユとならずにきておるところナシヨナリスタ側は大統領選挙前に具体的回答をされるならば自然キャンペンイツシユとなるべしとてこれを選挙後まで持越すことの希望を強く表明していた。

五、なお新聞等に報ぜられた総額については、比島新聞にて論評することもなく、また野党側との話合においても右に触れて来ることもなく総て比較的穏便且つ真面目に取扱われた。

念のため。

305

昭和28年11月16日　岡崎外務大臣作成

フィリピン他各求償国に賠償総額を提示する岡崎外務大臣交渉方針

賠償処理方針

二八、一一、一六　岡崎記

一、比島

大統領選挙も終了し、マグサイサイ氏外ナシヨナリスタ領袖（ラウレル、ロドリゲス、レクト、デルガド等）も、賠償問題の解決には相当の決意を示し居り、殊にラウレル氏は本問題を自己の手にて始末することを岡崎にも語りたり。（ラウレル氏長男は下院議長及賠償委員長に予定され、次男は駐日大使の呼声もあり。）

他方現大統領キリノ氏は在任中に目鼻を付けて去り度き強き希望あり。之と引換に、離任迄に比島関係戦犯全面釈放も考慮中の模様に付、機は熟せりと認む。

先方は総額四億を主張すべきが、岡崎より二億五千万を内示し、之にては到底承知せざるべきも、三億程度にて纒まる見込なきに非ず。米国側も本件早期解決を慫慂し居り、マグサイサイ氏は米国側の強き支持に立ち居るに付、此の際二億五千万を基礎にし、若し支払期間（十年又は之以上とし）支払額（第一年を成る可く小額とし、漸次之を増額すること）及賠償品目（日本側の輸出増進又は原材料入手に資するものとすること）等が我方条件に合致する場合は、三億迄増額することを含みとして、此の際具体的提案を内密に行い交渉を開始すること（他ノ国々の分ハ切離シ比島ノ分ノミ具体的交渉ニ入リ度シ）

二、インドネシア

賠償総額一七二億米弗を一応主張し居るも、固より真面目に固執し居る訳には非ず。但し岡崎より、一億乃至一億二千五百万を暗示せるに対しては、到底問題にならずとて、之を拒否したり。然るに本問題の早期解決は先方も強く希望する所にて、目下滞京中の賠償調査団も或程度の具体的数字を用意し居るやにも思はるるに付、之と懇談し、漸次実際的の数字に落す予定なり。尚先方は仮令額は少くとも、比島と差別を付けず同額とするならば差支なしとも言い居り、之は相当強き主張と思はるるに付、更に藉すに時日を要すべし。依つて中間賠償として沈船引揚等を行いつつ、時機を俟つことと致度し。

三、ビルマ

之も一応百億米弗と称し居るも、右は一応の数字に止り、実際的解決の用意あるものの如し。但し岡崎より五千万弗乃至七千五百万弗を示したるに対しては、甚だ不満にて、之を考慮せんとせず。従つて更に時日をかける必要あるも、中間賠償として例ば病院の建設(ビルマには沈船引揚の問題殆どなし)等を考慮し、漸次先方の気持を我が方の考へ方に近ずけしむるを要すべし。

四、尚米国側とも今後話を進め、水力電気、鉱山開発、農業の振興等に相当の資金が米側より出る見込あらば之を利用し、賠償総額を更に増額することも考へ得べし。

五、印度支那

之は沈船引揚の外は、大体二、三千万弗以内で片付くべきに付、近く比島との話の模様も見極めつつ、具体的交渉に入ること差支なかるべし。

編注　欄外に「比島に対スル措置ハ副総理モ蔵相モ異存ナシ。但シ蔵相ハ「インドネシア」「ビルマ」印度支那ニ対スル賠償額ニ付テハ多キニ過クルヤノ意見ナリ。依ッテ此ノ際之等ノ国ノ分ハ切離シ、比島ノミニ付本案ノ趣旨ニテ交渉致度ク　右仰高裁。」と書き込まれ、これを受けた吉田総理の「異存無之可成速かニ交渉着手希望ス　SY」の書き込みがある。

306　昭和28年11月28日　岡崎外務大臣より在マニラ大野在外事務所長宛(電報)

賠償総額回答を含むエイド・メモワールをネリ外務次官へ提出方訓令

付記　右エイド・メモワール

本　省　11月28日後3時38分発

第三七八号(至急)

往電第三七二号に関し

賠償問題解決の具体的提案としてさきに貴官に手交済のエード・メモアールをネリ次官に手交せられたい。

なおその際口頭にて若し支払期間、態様及賠償の内容等につき比島側の意見が日本側の希望に合致する場合はさきに本大臣の述べたるが如く本件総額に融通をもたせる含みはあるも、元来これは懸引のないぎりぎりの提案なるにつき右以上には考慮の余地なきことを充分説得せられたい。又、本件に関する日比双方のエード・メモアールはこの際発表したいことをも併せ申入れられたい。更に「ナショナリスタ」領袖に本件内報の要ありこれをなすも政府側との交渉に差支えなき御見込ならば裁量により適宜措置されること異存なきも之が為交渉内容が外部に洩れざる様特に注意の要あり。なお若し現在の段階においてこの際本件回答をなすことが望ましくない事情があるならば、その旨直ちに電報されたい。

（付　記）

AIDE-MEMOIRE

In reply to the Philippine Aide-Memoire of April 6, 1953, an Aide-Memoire was delivered by Mr. Toru Nakagawa, Chief of the Japanese Mission in the Philippines, to Mr. Felino Neri, Under Secretary for Foreign Affairs, on May 21, 1953. In that Aide-Memoire, the Japanese Government gave an account of the many and various steps it had taken in its earnest endeavour for bringing about a settlement of the reparation problem and expressed its wish to be informed of the desire of the Philippine Government as to the date and place of a conference on technical as well as political aspects of the reparations, which was understood to be held between the two Governments at any time since the end of last December.

No word has since been received. However, during his recent visit to Manila, Mr. Katsuo Okazaki, Minister for Foreign Affairs, had frank discussions with Mr. Felino Neri on the various aspects of the reparation problem. After a careful study of these discussions following the return of the Minister for Foreign Affairs on October 15, the Japanese Government is now able to answer the four questions raised by the above-mentioned Philippine Aide-Memoire of April 6, 1953.

The maximum amount of reparations the Japanese Government is prepared to pay to the Philippine Government is ninety billion yen, when expressed in terms of currency.

The above stated reparations can be paid by the Japanese Government by making available to the Philippine Government the services of the Japanese people in production, salvaging and other work, in accordance with Article 14 (a) 1 of the Treaty of Peace with Japan, signed at the city of San Francisco on September 8, 1951. In case the proposed amount is accepted by the Philippine Government, the Japanese Government is prepared to make available to the Philippine Government such capital goods as mutually agreed upon as a part of the reparations through services in production. It may be explained here that the services of the Japanese people in production, salvaging and other work will bring economic benefits to the Philippine Government, which in many cases may be turned into cash income.

The Japanese Government wishes to pay the reparations within a period of fifteen years or more, starting with a rather small amount annually for the first two or three years, and gradually increasing the yearly instalments towards the end.

As to the coverage of, or specific items of cost, the question is too technical to be answered here. However, it is the opinion of the Japanese Government that, once the total amount of reparations is fixed to mutual satisfaction, these technical matters can be settled amicably.

The Japanese Government wishes to be informed of the considered view of the Philippine Government on the above stated answers.

編　注　付記は昭和二十九年五月、アジア局第三課作成「日比賠償交渉調書」より抜粋。

307

昭和28年12月3日　在マニラ大野在外事務所長より岡崎外務大臣宛（電報）

ネリ外務次官へのエイド・メモワール提出結果につき報告

マニラ　12月3日前1時49分発
本　省　12月3日前9時2分着

第五六九号

貴電第三七八号に関し

本二日午後本使はネリ外相代理を往訪、本使携行のエイドメモアールを手交しこれに本使より日本の財政経済の現状をも加えたる詳細な説明を行つたところネリは一々これに頷きたる後右説明は上院側への説明として大いに役に立つべきに付利用致したしと述べたゞ本日の回答に付ては(イ)五月十一日(二十一カ)附日本側エイドメモアールはヒリツピン側の先の質問に対する回答となり居らざる旨当時中川所長に対し口頭にて回答した次第ありヒリツピン側より音沙汰なかりしとの云い分は酷なるべし又(ロ)先の岡崎外相との会談の際に同外相が提示した支払期間と今回の回答中の支払期間とは異なり居ること(ハ)総額が円表示となり居るところ右は二五千万ドルを指すものと了解するが右はドル表示が望ましかつたことの三点を取敢えずの意見として述べ更に総額の点に付て聊か低きに過ぎ岡崎外相との話と異なるところありと指摘したので本使よりネリの含みまでとして支払期間乃至支払方法に付ヒリツピン側が日本側の考えを受入れる用意あるに於ては多少の伸縮性を持たすことも不可能と云う訳ではないと考える旨を伝えたところネリは右は岡崎大臣の話と全然同趣旨であると肯定した。

次いでネリは実は昨日キリノ大統領から日本側より回答あり次第ロドリゲスと協議する様重ねて指令を受けたので本日の回答を良く研究した上来週末迄には上院議長のところへ持出し協議する様取計いたいと述べたので本使より本件は是非共超党派的に取扱い折角の日本政府の決意を無にせざる様最善を尽されたいとの希望を強く表明し且つ必要あらば本使は何時にてもロドリゲス氏との話合に参加する用意ありと告げたるところネリは暫らく考えた後外務省と上院との間の問題として取扱いたきに付当分お任かせありたいと答えた。なおその際本使より四月六日のヒリツピン側エイドメモアールも本日の我方回答も共に機密に取扱い発表せざることに願いたいと申出たところネリは自分も同じ考えなるにつき充分機密を保持することゝ致したいと答えた。

右取敢えず。

308 ラウレル上院議員訪問結果につき報告

昭和28年12月4日　在マニラ大野在外事務所長より岡崎外務大臣宛(電報)

マニラ　12月4日後10時10分発
本　省　12月5日前7時50分着

第五七四号

本四日午前本使はラウレル上院議員を往訪、就任の挨拶を述べた後東京から携行した大東亜会議の際のラウレル演説の録音テープを贈呈したところ、ラウレルは当時の追懐に堪えぬ面持でこれを受取り厚く謝意を表明した。ついで本使より日本はフイリピンに対し多くの賠償を支払うべく固く決意しおる旨伝えたところ、ラウレルはそれはよく諒解していると述べた後問題の現状如何と問うたので本使より本年四月以降フイリピン政府が提起して未回答の儘となつている賠償問題に関する四項目の質問に対する日本政府の回答を初めて書き物として過日ネリ外相代理を通じフイリピン政府に提示したと伝えたところ、ラウレルは近くナシヨナリスタ党政権となれば自分の息子も下院議長となる予定であつて万事好都合に運び得ると思うから新聞等に邪魔されぬよう慎重に取扱うことと致したいと述べたので、本使より本件回答の提出は従来からフイリピン側における超党派的取扱を希望して来た日本政府の方針に基くものであつて賠償問題は総額と共に支払方法等複雑な問題を包含しおりこれ等を含めて考慮し初めて完全と言い得べしと述べたところ、ラウレルは右回答の内容を承知しおきたいと述べたのでラウレル限りの極秘の含みとせられたいと念をおしたる上エイドメモアールの写を一部手交しこれに必要の説明を加えたところ、ラウレルはこれを多とし更に篤と研究すべき旨を約すると共に党首ロドリゲスにもこれを渡されること適当なるべしと示唆したので本使はその積りである旨を答えた次いでラウレルはナシヨナリスタ党に於てはレアイツト氏が外交政策決定上大きな発言権を持つているから同氏に対する手当も必要であると云つたので、本使より実はレアイツト氏に対してはその従来伝えられている態度にも鑑み今は自分より直接接触するよりも党の長老である貴下を煩わした方が双方にとり好都合であると考える次第であると述べたところラウレルは大笑して善処方を約した。本会見を通じラウレルは終始日本に理解ある態度を示し問題解決に対し同氏の誠意ある協力を期待し得るとの印象を受けた。なお四日午後本使はデルガード上院外交委員長と会見し意見を交換したが同氏は賠償問題の解決に衷心から協力する旨を確言した、又その際本使より沈船引揚協定の至急実施の必要を説きフイリピン側の受入れ態勢を促進するため側面より協力ありたき旨を依頼しておいた。

309

昭和28年12月7日　在マニラ大野在外事務所長より岡崎外務大臣宛（電報）

わが方のエイド・メモワールは従前の非公式提案より後退しおるとのネリ外務次官指摘について

マニラ　12月7日後0時30分発
本　省　12月7日後5時50分着

第五八三号

本七日朝求めによりネリを訪問したる処、彼は今朝大統領に会見し日本の賠償回答について協議する予定なるが、問題は技術的にもなかなか複雑にして大統領にＡＢＣから説明して呑み込ます必要ありその上にて午後か或は明日上院側へ通達のこととなるべし自分は上院がいきなりこれを拒絶せぬかと憂慮しているが、本件回答は次の三点に於て従来度々の日本側非公式提案よりも退歩しおり説明に困却しおれりとて再び次の点を指摘した。

㈠総額が二五千万ドル乃至三億ドルと了解し居りたるに今次回答は明確に二五千万ドル相当額となり居ること。

㈡支払期間はデルガード氏えの私的書簡にては五年乃至七年となり居り、又岡崎外相来訪の際は五年或いは七年乃至十年との話なりしにこの点も今度の回答は十五年乃至それ以上となり居ること。

㈢倭島氏来訪の際の話にては一切原材料をフイリピン側から提供せずとも日本側は資本財を提供する用意ありとのことなりしに今回の回答はその点が曖昧であること。

よつて本使は従来の話の細いことまでは承知せざるも㈠の点は他の条件を呑めば多少増額方考慮の含みも有ること。㈡の点は日本の緊迫した財政事情によるところ多きこと㈢の点は今後の交渉の対象たるべきことを繰返して説明し上院側に対し善処ありたいと懇請して置いた。なおネリは場合によつては不日上院側から貴公使の説明を求められることあるやも知れずと述べたるにつき、本使は何時にてもその用意ありと答えた。

310　わが方回答はフィリピン側要請に応じて行ったものであり拒否の動きに出ぬよう説得方訓令

昭和28年12月12日　岡崎外務大臣より在マニラ大野在外事務所長宛（電報）

本　省　12月12日後4時8分発

第三九七号（至急）

一、今回特に急いで比側に賠償問題の回答を発した趣旨は全く貴公使が八日レイシー参事官に述べた三項目（編注）に尽されているところ（貴電第五九二号）レイシーの口振り及び新聞の伝えるナショナリスタ要人の言動から見て或は比側は今回の日本側回答を不満なりとしてこれを拒否し、更に別の案の提出を求める態度に出ることも考えられるも我方としては此の如き要求に応ずることが出来ないこと勿論である。殊に米国側としては我方を援助し本件解決を促進すべき筋合にてスプルアンス自身がもっと有利な条件を云々するは甚だ心得難き所である（貴電第五七〇号）。当方でも米国側に話しすべきも貴方も米国側に我方の味方として比側を説得する様極力御話しありたい。

二、元来今回の回答は比側が日本側より具体案の出ない以上賠償交渉を開始しえずとの態度を固執したため我方としてもこれにミートするため鋭意努力の結果これが発出を見るに至つたものであり曽てエ外相及びネリ次官は繰返し仮令如何に少額なものであつても何等か回答があればそれを基礎として交渉を開始しうべき旨を述べ我方の回答を要請した経緯あること（例えば貴電第二一五号の㈡及び同第二九九号の㈣貴公使御承知のとおりである。

三、従つて比側において今回の日本側回答が不満足であるからと云つてこれを拒否する如きことは筋合上ありえぬのみならず、若し此の如き措置に出る場合は交渉の継穂が断ち切られる懸念あるに付比側においても今回の回答を基礎として交渉を継続する態度に出るよう此の上とも御努力ありたい。

四、なお今回の回答が従来尨大な賠償を期待していた比側世論に相当のショックを与えるべきことは勿論当初より予見したところであり、藉すに時を以てし比側世論が我方提示の数字に近く収まるのを待つことが今回の措置の一つの目的でもあるので我方としては必ずしも比側のレスポンスを至急に得る必要もない次第である。右念のため。

編注　本書第309文書のネリ外務次官への回答と同旨を説明したもの。レイシー（William S. B. Lacy）は在フィリピン米国大使館参事官。

〰〰〰〰〰〰〰〰〰〰〰〰〰〰

311　わが方回答へのフィリピン上院反応に関するネリ外務次官との協議結果につき報告

昭和28年12月12日　在マニラ大野在外事務所長より岡崎外務大臣宛（電報）

第六〇五号

マニラ　12月12日後9時6分発
本　省　12月13日前7時7分着

本十二日往電第六〇四号の件にてネリを往訪の際彼は賠償問題に話題を転じ日本側回答を去る九日上院側に意見書を添えて提出した際ロドリゲス議長は外交委員会が従来外務省側から聞いていた話と今度の回答との間には大きな開きありとして難詰し又レクト並びにガルシアは依然として二〇億ドルをビタ一文もまけられぬとの強硬態度を示し、貴使を交えて説明会を開かんとの自分の提案も一蹴された実状であるから右の点御了解願いたいとて頻りに苦忠《(衷カ)》を述べた。ネリは更に現政府としては是非共日本政府に何分の返答をせねばならぬ立場に置かれているので困却していると付加えた。

本使より元々日本政府は従来から超党派的取扱を希望しきたり約束通り今回の回答提示となつた次第であるから現政府としては新政権担当の責任者と内部的に話をつけ返答をされるものと考えるが一体上院ナシヨナリスタ側は如何なる点が不満足なのかとただしたところ、ネリはロドリゲス氏の述べたところとして、別電第六〇六号《(省略)》のステイトメントを本使に伝えたので本使はロドリゲスが受諾出来ないと云う理由を申越し、具体的に洩らしてほしいと試みに問うたところ、ネリは全く非公式の話なりと前置きし、二十億ドル等は問題とならざるべきも二、五億ドルとはあまりに低しというのが上院一般の通念なりと答え、且つ自分は最近下院リベラル党の有力筋と話をした際日本が後一億ドルを増加し得る気があれば話は別だがとの空気であつたとさりげ無き態にて答えた。よつて本使より総額の他に何か問題ありたるやと問うたところ、ネリは資本財提供及び現金支払の問題なるが、従来の日本側から聞かされたところでは資本財は原材料を出さずとも提供すべしとのことなりし他、現金支払も考慮すべしとの口振りであつたが今度はこの点も違うので上院側から難詰された次第である。又資本財提供の限度等については日比双方の合意に待つという趣旨であるのは上院側の不満を買つた点であると述べたので、本使より資本財の問題は技術的産業的問題を含んでいるから双方の話合できめるという意味にとられたいと応酬したところ、ネリはようやく納得の面持に見えた。

本使よりネリの卒直な見解は東京に伝える積りであるが、ただ賠償を戦犯釈放問題に引掛けるが如きことは甚だ好ましからずこの二つの別個な問題を混淆するが如きことあらば右が日本官民に与える影響は悪かるべしと重ねて強く注意を喚起しておいた。

312

昭和29年1月4日　在マニラ大野在外事務所長より岡崎外務大臣宛（電報）

対フィリピン賠償問題早期解決のため日本は更なる努力をなすべきとの米国外交筋見解について

マニラ　1月4日後10時31分発
本　省　1月5日前8時15分着

第八号（館長符号扱）

本使四日レイシー邸にてアリソン大使を交え三人のみにて昼食を共にし賠償問題に関し率直な意見の交換を行つた、大要左の通り

㈠本使より従来の経緯を詳説したる上、先日ゲレロが内話したるが如き綜合的日比会議開催の構想（客年往電第六三四号参照）は昨年二月頃専門家会議を開くことが予定されおりたる次第にも鑑み反対ではないがそれには、

㈠日本側提示の総額に関し少くとも何等かの形で tacit understanding にても予め成立せしめおくこと。

㈡平和条約批准の assurance が与えらるべきこと。

が必要なりと考える旨を説いた。

㈡右に対しアリソン大使とレイシー氏から次の如き意見の開陳があつた。

『日比賠償問題の早期解決は東南アジアの他の求償国に多大の影響を与うべくこれが解決すれば資源の開発と貿易の増大とをもたらすが反対の場合は此等諸国の社会経済状態に悪影響を与え延いては共産勢力の浸透となるべし、斯くては日本にとり反共の立場を堅持すること困難となるべく、これこそは米国最大の憂慮の種である、この際は法律論を抜きにしてマグサイサイ政権が honey-moon に浸りおる間に急速解決に手をうつこと望ましくナシヨナリスタが二〇億弗としおるは論外なるも日本もせめて今少し出す必要ありと考える（アリソン大使はこの点自分帰京後岡崎外相えも篤とお話しすべしと述べた）又桑港条約の早期批准をもたらすためにはこの際互

譲により先ず賠償の大綱につきて妥結を図りて批准を行わしめ賠償の細目については引続き討議すること一策なりと考える』

㈢よつて本使より総額を増すことの困難なる事情を重ねて説明し兎も角本使よりゲレロには矢張り前記㈠の要領にて説得しおくべきにつきレイシーにおいてもゲレロその他に対しては日本側と歩調を合せ適宜サジエストするよう願いたいと要請しておいた。

なおアリソン大使は八日夜ＰＡＬ機にて帰京の筈なるが同大使は今日まで比側要人には全然会いおらず今後会うとすればマグサイサイに対する儀礼的訪問程度に止める意向にてネリには或いは会うやも知れずとのことであつた。

本件会談は厳秘に付されたし。

2　大野・ガルシア覚書をめぐる交渉

313　昭和29年1月11日　在マニラ大野在外事務所長より岡崎外務大臣宛

ガルシア新外相との会談結果につき報告

マ秘第二四号

昭和二十九年一月十一日

在マニラ日本政府在外事務所長

大野　勝巳〔印〕

外務大臣　岡崎　勝男殿

ガルシア外相ゲレロ次官と会談の件

館長符号扱(極秘)

本十一日十二時半から三時迄本使ガルシア外相及びゲレロ次官と極秘裡に午餐を共にし非公式会談を行つた。(当初はゲレロのみと地ならし的会談の心算であつたが急にガルシアが参加したものである。)

会談は純然たる私的会談と断りたる上行われ、極めて率直なものであつた。要点左の通り。

一、本使より貴外相が去る四日、二十億ドル案を新聞に声明したのは、全く悪い時期に行われたものと謂うべく右に対する東京のコメントがフイリピンの空気を掻き乱す結果となつたが今後は御注意願いたいと述べたところ、「ガ」は右は遺憾に堪えないが実は自分はナシヨナリスタ党従来の立場を繰返したまでのことにて、動きがとれぬという訳ではないから、貴国政府え左様御取次願いたいと述べたので、本使は実は左もあるべしと考えていたところだが九日の貴外相の新聞談話(往電第二十三号)は仲々宜ろしかりしにつき、早速東京え報告したる旨を告げたるに、満足の意を表した。

二、「ガ」は日本が十億ドルを承認するよう貴公使は最大の努力を願ひたいと強く述べたので、本使はこれを東京に取次ぐもいたずらに物笑いの種となるばかり故御免蒙り度く戦争中のフイリピンの惨害に対しては日本官民は衷心遺憾の意を表するも、かかる巨額は財政経済が許さざること及び他の求償国との関係もあること等を詳しく説明し速かに二億五千万ドルに同意方然るべく、さすれば自然日本としても支払方法等にて色を付けることも可能となり、結局フイリピン側に有利となるに非ずやと説きたるところ、「ガ」はフイリピンの国民感情等を縷々述べた上、アジアの情勢に照らし将来日比両国が相提携して進むべき必然性を頻りに説き更に正常関係回復せば日本は通商上益するところ最も大であるが、自分は対米通商協定改訂問題の処理にあたつても米国品に代うるに日本品を以てせんことを考慮に入れて対処しおれりと強調し、頻りに十億ドルを基礎とするにあらざれば不可なりとて譲らず、本使は貴外相の気持は良く解るも十億ドルではお話しにならずと突き放した。

三、本使より上院ナシヨナリスタ党の或るものは日比貿易協定の単純な延長問題まで賠償問題に引掛け通商断絶論を唱えおるところ右は全く行過ぎと云うの他なくかくては日本側の感情を損うこと少からざるべしと警告したところ「ガ」はナシヨナリスタの党内事情に言及しレクト、プリミシアス、ブリオネス、ロドリゲス等が強硬論者にてデルガードは左程でもない、ラウレルは自分とよく気持が通じおれり実は世論の手前もあり大物を特使として日本へ派遣する考えもありラウレルに出馬方内々当りをつけ得る次第だが「ラ」はお国のためならとの心境であると述べた。本使より冗談にいつそのことレクトを起用しては如何又大物と云うならばキリノも一策ならずやと言葉を挟みたるところ「ガ」はレクトは尊敬に値いするも愛されると云う種類の人にあらずラウレルこそは愛される人物にて最も適当なり又キリノの起用も面白き思い付にて我々は適材ならば党派の如何を問わずと複雑な表情で答えた。

四、本使は大物を送るのは結構なるも賠償問題の主要点につき大綱にても諒解に達した上に非ざれば危険なるべく東京・マニラの何れにても可なるが先づ極秘裡に総額支払方法年限等につき大凡の所にても合意に達せしめおくこと肝要なるべしと述べた処「ガ」も「ゲ」は全く同意見なりと答え、「ガ」は支払方法年限等については余り拘らぬとの趣旨を述べたので、本使よりそれにしても十億ドルでは話にならずと蒸し返したところ「ガ」は漸く相当減額する余地あるやの口吻を洩らした。

（本使の観察にては「ガ」は今の中に極秘裡に予備的会談を進め度い意向につき、一致点を得たる上は日本から先に大物特使を派遣せしめて、形式的に話をつけ、次いでフイリピン側の大物をして日本を訪問せしめ話を完成する形を採らんとの考えを抱き居るものの如くであつた。）

本件は絶対極秘のお取扱いを願いたい。

なお、次回会談の日取は何れ打合せのこととして別れた。

314　昭和29年1月23日　在マニラ大野在外事務所長より岡崎外務大臣宛（電報）

賠償役務の経費と結果評価額を別個に扱う賠償構想検討につきガルシア外相と合意した旨報告

マニラ　1月23日前2時11分発
本　省　1月23日前7時52分着

第六五号（館長符号扱）

本二十二日正午より三時過ぎ迄本使、ガルシア外相と第三回非公式会談を行つた。（ゲレロ次官同席）要点左の通り（貿易協定延長問題については別電第六四号（省略））

一、劈頭本使より最近ガルシアが各方面で行つた演説の中で依然として二〇億案を強調しおるは心得難く、斯くては結局自縄自縛となる許りなるべしと述べて自重を要望したるにガルシアは実は第一回会談の際にも述べた通りその後もナシヨナリスタ党の決定的立場を繰返したるに留まり別に動きがとれぬ数字という次第ではないと弁解を繰返し今後幸に何等の妥協点に達したる際はそれにて民衆を納得させる自信ありこの点はキリノ政府と違うところであると答えたので、本使より妥協可能の余地を残すためにも余り大きな数字を持ち廻らざるを可とすべしと希望しておいた。

二、ガルシアよりその後何等か新訓令に接せられたりやと訊ねたので本使より一〇億ドルを固執するのでは日本政府も訓令の出しようがなかるべく貴方もうそろそろ率直に本音を吐かれては如何と応酬したるところガルシアは貴方こそ原案を増額する具体的数字を洩らされたくそれなくしてはわが方のみを責むるは酷なりと述べ自分としてはレクト、デルガード、ラウレルの三長老を説得することに充分の自信がないと洩らした。

三、本使より貴方が立場を変えざる限り仮令わが方が幾らか増すとしても開きが大き過ぎ合致点を見出し難かるべく右は日本財政の窮状を具体的に承知しおる本使の明確に予知し得るところである。斯くては折角貴下と共に作り上げ来れる友好的雰囲気を冷却の惧れありお互になんとか打開の道を考え出さざるべからずとかれの深甚なる考慮を促した。

四、続いて本使よりこの際は今迄意見を交換し来れる賠償支払いの方法及び内容等につき今少し具体的なものを引出すも一方法なるべく日本側が提供すべき各種役務を造出するための経費と右役務の結果に対する評価額を別に取扱う如き構想にて話を進むる方式を真剣に考えべき段階なりと思うが如何と示唆したるところガルシアはこれに乗気を示し賛意を表したので経済計画の諸問題に関する論議に移つた。その結果試みに右の点に関する共同の書物を作つて見ることに意見の一致を見た。

五、本使よりガルシアが近く東南アジア諸国へ親善使節として行くやの話を耳にしたるが事実なりやと訊ねた処ガルシアは右は大統領府の考えにて自分も乗気である恐らく二月下旬或いは三月始めに出発するやも知れず東南アジアとの通商関係の増進を計ることは自分の外交政策の重要な部分であると答え、それにつけても賠償問題の大綱にても話合を付け置き、細目は自分が留守にても話の進む様取計いたる上ならでは出発も出来かねる次第であると洩らした。

右例により極秘の御取扱を請う。

~~~~~~~~~~

315 昭和29年1月23日　在マニラ大野在外事務所長より岡崎外務大臣宛(電報)

ガルシア外相と共同作成した賠償構想試案について

別　電　昭和二十九年一月二十三日発在マニラ大野在外事務所長より岡崎外務大臣宛第六九号

右試案

マニラ　1月23日後5時33分発
本　省　1月23日後8時20分着

第六八号(館長符号扱)
~~~~~~~~~~

往電第六五号の四、に関し

㈠その後引続きガルシヤ外相と共同で本件構想を書き物に整理し大体別電第六九号の如き共同試案の形に纒め上げた。

先方は今のところ可成りの乗気を示しおるに付今後の我方の出方の如何によりては物になる可能性も予想される。

㈡右試案の中第一項の役務造出の為の経費についてはガルシヤは数字に付未だ納得せず、これにてはナシヨナリスタ党首脳を説得するのに極めて困難なりとの意見を固執している。

㈢又ガルシヤは右試案の第四項のドル評価額をブランクにしあるところへは十億ドルと書き込まんとしおるやに受取れた。

㈣付属表の各項目は例示的なりとの了解である。項目により評価額を大きくし得るものと左程大きくし得ざるものとに大別して意見を交換したが先方は全体として相当大きく評価し得る見込ありと考えるに至つている。

㈤右試案の第一協定を第四項との関連よりするも付属表の各項目の実施に当つては日比経済協力の観点にて処理すべきものなる点については意見が一致している。

㈥諸般の情勢を勘案するにこの際本件を推進することは時宜に適するものと考えられるところ或いは比較的早き機会に関係各省専門家を入れたる代表団を構成し付属表の各項目につき可なり具体的に見当をつけるための日比会議を開催すること必要となるやに存ぜらる、ついては右御含みの上本省におかれ本件構想につき予め御研究置きを得たい。

本件ガルシヤ外相の立場もあり特に極秘の御取扱い願いたい。

（別　電）

マニラ　1月23日後8時4分発
本　省　1月23日後9時8分着

第六九号（館長符号扱）

(Joint Tentative Plan)

1. The total cost Japan is expected to be able to expend for the furnishing of the services of the Japanese people in production, processing, salvage of sunken vessels and other work as

reparations to the Philippines shall be not less than $250,000,000.

2. The abovementioned services shall be furnished in a period of 15 consecutive years or longer. However, after the lapse of first 5 years, this period may be shortened, depending upon the circumstances then prevailing and upon consulation between the two governments.

3. The services in the abovementioned items shall be furnished for such purposes as conforming to the economic projects of the Philippine Government and in such manner as to achieve maximum efficiency for the benefits of the Philippines. The projects for which the abovementioned services will be rendered shall, chiefly, be those exemplified in the separate table. However, as regards their specific details and breakdowns, both governments shall immediately enter in the consultations in order to arrive at an agreement.

4. Economic values that will accrue to the Philippines through the services furnished by Japan in the manners mentioned above, shall be evaluated by a joint Japan-Philippine standing commission, and the evaluated value of the reparation will be, it is fairly estimated, not less than $__________.

5. The abovementioned points (1) (2) (3) and (4) shall be confirmed in a form of exchange of notes between two governments, and, inpararell thereto, there shall be prompt ratification of the San Francisco Peace Treaty of 1952, and negotiations for an overall reparation agreement shall be started without delay.

Proposed Projects

1. Development of forest resources;
2. Technical assistance for increased production of rice, irrigation and other installations for agriculture;
3. Increased provision of artesian wells;
4. Repair and construction of barrio roads;
5. Development of mines for iron ore, copper ore, etc.;
6. Increased installations of hydro-electric and thermal power generating plants;
7. Improvement of the facilities of Manila harbor and Manila air terminal;

8. Double-tracking of railroad lines; and improvement of trolley and bus transportation system.

〰〰〰〰〰〰〰〰〰〰〰〰〰〰〰〰

316　昭和29年1月30日　在マニラ大野在外事務所長より岡崎外務大臣宛（電報）

賠償経費として五億ドルの明記を希望するとのガルシア外相要求について

マニラ　1月30日前1時35分発
本　省　1月30日前7時45分着

第九〇号（館長符号扱）

本二十九日十二時半から約三時間本使ガルシア外相と第四回非公式会談を行つたが要点左の通り（その際ガルシアは往電第七九号㈡末段で約束した貿易協定延長問題に関する本使宛極秘非公式書簡を手交した。右に関しては別電第八九号（省略）参照）

㈠ガルシアは先日作成した共同試案については第一項の日本側負担経費の点を除いては殆んど妥結したも同様であるが唯『二億五千万ドルを下らざる』という点のみがどうしてもナシヨナリスタ党を納得させること不可なりと頻りに述べたるにつき本使はこの点は見方によりては伸縮性ありてフイリピン側に有利な筈にて経費総額は右経費をもつて達成に努むべき経済計画の作り方如何にもよるところ大なりと応酬したるもガルシアは国内的立場を強調して強い難色を示した。よつて本使から原案の如き書き方を廃するということならば明確に限定数字を記載せねばならぬこととなるが一体貴外相の考えおる数字如何と質したるところガルシアは五億ドルと書いてもらえぬかと求めたので本使は日本の財政状況に照らし問題にならずと述べて折合わず。

㈡ガルシアは再び共同試案の附属表に話を戻し実際の遣り方に付て更に貴見を承りたいと述べたので本使から前回迄討議して来た諸点を更に明確に説明し往電第七八号の如き諸点にも言及したところガルシアは紙片を取り寄せ米の増産に一例をとり、頻りに具体的遣り方につき本使の説明を書取り我方意向に対する理解を深めた様子であつた。本使は更に附属表には書いてない事項だが日本国民のフイリピンに対する感情の現われとして賠償役務で医師団をフイリピンに送り田舎の巡回診療を行わしめる案等もこれに加えたいと述べたところ彼は大いに歓迎すると答え且つ今後幸いに私的会談が円滑に進む場合は附属表の討議を重ねたくその場合に備えフイリピン側にて個々の具体的計画を練り貴方に諮ることあるべしと述べた。

(三)ガルシアは最後に再び共同試案第一項の経費総額の問題に戻り『二億五千万ドルを下らざる』の代りに五億ドルと明確に書くことに同意されたいと求めたので本使は斯くては経費総額と拡大評価額とを分けて考える構想の意義が少くなるべしと応酬し日本としては必ずしも二億五千万ドルを固執するものには非ず、支払方法等の決め方如何により又賠償実施の過程にてフイリピン側が日本との経済協力に誠意を示す用意あるに於ては多少増額の余地ある次第は従来繰返したる通りであると答えたところガルシアは『二億五千万ドルを下らざる』というのでは何としても自分の立場なく如何とも致し難きところ貴公使限りの見込額にても差支えなきに付具体的のものを洩らされたしと頻りに求めるので本使はこの段階に及びて尚逃げを張るのは却つて大局的に不得策と認め全く私見なりと前置きし二億五千万ドルと三億ドルの中間位と示唆したところガルシアはそれにてはナシヨナリスタ党の最強硬派を説得すること出来ざるも兎も角右数字にて共同試案を党の穏健分子に内々諮り支持を得るよう努力して見るべく結果は何れ貴公使に内報すべしと答えた。(その際ガルシアは本件会談の性質があくまで非公式且つエキスプロラトリーな性格のものなる点念を押していた。)

例により極秘のお取扱いを請う。

317 永野護一行のミンダナオ島視察並びにフィリピン要路への賠償私案提出について

昭和29年2月12日 在マニラ大野在外事務所長より 岡崎外務大臣宛

比秘第八六号

昭和二十九年二月十二日

在マニラ日本政府在外事務所長

特命全権公使 大野 勝巳〔印〕

外務大臣 岡崎 勝男殿

永野護氏のミンダナオ島視察に関する報告書の件

永野護氏一行は、一月二十三日来比、ソリアノ商会等と協議の後、二月一日より古川義三氏案内の下にミンダナオ島の視察に赴いたが、永野氏は、一行より一足早く六日マニラに帰還後、その視察に基き一つの報告書を書き上げ、これを本使に内示して意見を求めるところがあつたので、本使は、右は極めて示唆に富み有益なる旨を述べておいたところ、永野氏は、右報告書を英訳の上（当事務所鈴木書記官が英訳の衝に当つた。）ガルシア外相及びレクト上院議員にも提示した趣であるが、二月十三日離比に先立ち、マグサイサイ大統領に供覧方取り計いたき希望である。又、帰国後吉田首相にも提出する趣である。右報告書英訳文（別添第一号《（省略）》）の要点左の通り。

㈠賠償問題は、日比間の最重要問題として万難を排して解決されねばならぬが、問題は、日本国民の贖罪の誠意に拘らず、戦後の日本経済には、フィリピンが満足の行くような支払能力がない点にある。そこで、日本の技術的知識と経験をフィリピンにもたらし、フィリピン経済開発を促進し、直接フィリピン国民の利益を計る以外に方法がないと考える。

㈡その第一の方法は、ミンダナオ島の沼沢地に二十万ヘクタールの水田を役務賠償として開墾し蓬来《（莱カ）》米を植えれば、フィリピンは十万農家を入植せしめ得るのみならず、米を輸出して年間約一億二千万ドルの外貨を獲得できる。米の不足に悩む日本は、年間三百万トン迄は喜んで買うであらう。

㈢第二の方法は、スリガオのラテライト鉱山開発であつて、これも役務賠償により、調査を行い鉱石処理を行えば、フィリピンは、分離し得た鉄、ニッケル、クロームを国際価格で対外輸出できる。特に、鉄鉱石は日本が最寄りの需要者としてこれを買い、日本の鉄鉱《（鋼カ）》業を起死回生せしめ得よう。

㈣第三は、パルプ用材の植林計画で、これを役務賠償として実施すれば、日本のパルプ業界は、長期契約を結び、フィリピンをうるほすであらう。

㈤その他、砂糖、アバカの改良増産にも役務賠償を利用すること得策であり、漁業も亦その例外ではないであらう。

なお、永野氏一行のミンダナオ島視察に関し、二月六日マニラ・ブレティン紙は、同氏のダヴァオにおける新聞記者会見談を、同十日及び十二日の同紙は、今日なお同島に残留して調査を実施中の一行中の柳沢秀雄農学博士及び古川氏の談話を掲戴(載カ)しているので、右新聞記事切抜添付する。(別添第二号)(省略)

右報告する。

318　昭和29年3月12日　アジア局作成

大野在外事務所長着任後における対フィリピン賠償の交渉状況について

対フィリピン賠償交渉状況

（昭和二九、三、一二　アジア局）

一、昨年十二月二日大野公使はフイリピン政府に対する口上書をもつて日本政府がフイリピンに支払う賠償最高額は九百億円(二億五千万ドル)にして、右の額が受諾されるならば、平和条約第十四条の「生産における役務」を通じて、資本財の支払も考慮して差支なく、期間としては十五年以上に亘り、逓増方式にて支払いたい旨を伝達した。

二、その後フイリピンでは政府の交代があつたが、本年一月中旬より大野公使とガルシア新外相との間に賠償に関する非公式会談が開始された。

これより先、フイリピン側の一般的空気は当初津島全権団に要求した八十億ドルは余りに非現実的であるということには一致していたが、新に要求すべき金額に付ては六十億、三十億、二十億等各種の説が行われていたが、ガルシア外相が大野公使に提示した数字は十億ドルであつた。

右に対し大野公使は二億五千万ドルを主張して譲らず、先方も十億ドルは国民に対する手前からも譲れずとしにらみ合いの形となつた。

三、一月末に至り大野公使はガルシア外相に対し、行詰りを打開するため日本から賠償として出す役務又は物資を造成するための費用と、これら役務又は物資によりフイリピンの受ける経済的利益とを、別々に計算評価するフオーミユラを考慮しては如何と示さし、ガルシアも之に同意した。

例えば日本で一の費用を使つてある機械を作り、これを賠償としてフイリピンに渡し、フイリピンがこれを使つて二又は三の利益を上げる場合、機械を作る面から見れば一の賠償であるが、その利用価値から見れば二又は三の賠償とも云い得る訳である。この新方式の採用により交渉は一進展を劃したが、なお、この方式に盛るべき数字について、大野公使は二億五千万ドルの造成費用により十億ドルの経済価値を引出さんとしたのに対し、ガルシアは二億五千万ドルでは少なすぎ、造成費用として最少五億ドルを出して貰いたいと主張して再び行詰りとなつた。

四、新方式の採用によりフイリピン側の賠償要求は実質的には十億ドルから五億ドルに下つた次第であるが、日本側もその後二億五千万ないし三億という線まで譲歩し、現在では三億がギリギリの線であるとして頑張つているに対し、フイリピン側は五億が政府及び与党内で決定した線であるとして、之また頑強に主張してにらみ合いの形となつている。

五、フイリピン国会は一月中旬から開かれ五月中旬に閉会となるが、現マグサイサイ政府は施政当初の業績として対日賠償問題を解決せんと企図しており、現国会閉会前に賠償交渉を妥結し、桑港平和条約の批准をしたい意向を表明している。

この潮時を外せばフイリピン側の賠償解決に対する意欲が減退する虞れもあり又フイリピンとの交渉妥結はインドネシア、ビルマ等にも好影響を与える見込であるので、わが方としても五月までに本件を解決することが得策と考えられる。

なお、ガルシア外相は四月二十日頃マニラを出発ジユネーヴ会議に列席する予定であるので、交渉は三月一杯遅くも四月初めには実質的妥結に至らしめる必要があろう。

319

昭和29年3月18日　在マニラ大野在外事務所長より岡崎外務大臣宛（電報）

賠償問題に関するガルシア外相談話はフイリピン上院に相当の反響を呼びおるにつき上院議員工作が必要なる旨報告

マニラ　3月18日後8時25分発
本　省　3月19日前8時17分着

第一九三号（極秘、館長符号扱）

諸情報を綜合するに往電第一八七号バギオにおけるガルシア談話(編注)は上院方面において相当の反響を呼び過去六回にわたる予備会談の内容が一向に上院に報告せられをらざることを奇怪なりとし上院外交委員会においてこの際従来の経緯に関しガルシアより詳細な説明を求む可きなりとの空気が濃厚となる兆候観取される処本問題が議会において論議の対象となる際には良きにせよ悪きにせよ事態は相当の段階にまで発展することが予想され上院主要メンバーに対する工作の必要は急速に高まつている次第である。

本件を有利に取運ぶためには常に上院における必要の多数を制しをくこと肝要にしてこのためにはナシヨナリスタ党は勿論のことデモクラテイク党、リベラル党の議員の相当数を我方見解に賛同せしめをく要ある処ナシヨナリスタ党内においても必ずしもガルシアを支持せざる分子がかなりあり、どの途各党を通ずる支持者を固めおくこと必須となるは申すまでもない。御参考迄。

編　注　ガルシア外相は昭和二十九年三月十五日の政府首脳部会議後、日本との交渉は賠償の支払方法、期間につき既に合意に達しており、総額に関してのみ未解決であると報告した旨を記者団に説明した。

320　賠償経費妥結後の交渉見通しに関するガルシア外相意向につき報告

昭和29年4月1日　在マニラ大野在外事務所長より岡崎外務大臣宛（電報）

マニラ　4月1日後11時42分発
本　省　4月2日前7時55分着

第二二六号（館長符号扱）

三十一日夜或るレセプシヨンでガルシヤ外務大臣と会つたので、本使より停頓打開の為一両日中篤と懇談方を希望する旨申入れ且つ同外務大臣ジユネーブへ出発を考慮に入れた今後の取り運び方につき彼の考えを質したところ、ガルシヤは出発前に大綱を妥結しイニシアルを了しおくことを切望するところ、五億を割ることは不可能だが日本側に新提案ある次第なりやと尋ねたので、本使から多数の求償国を控えおる日本が、財政上の苦境にも拘わらず三億迄譲歩した次第であり、比国が他の求償国に先駆けて妥結を図つたと云うことになれば、比国の地歩は頗る良好となるべく、大局的見地から日本側に歩み寄られたいと説いた。

ガルシヤは右に対してよき返事をしなかつたが、若し出発前に予備交渉が纒まれば、留守中に諸般の準備を進めおき、マニラに帰り次第直ちに正式会議を開き、短時日の間に協定調印を了することと致したく、その際は比側首席代表には長老的人物をあてる考えであり、若しジユネーブ会議が停滞の場合は自分丈け先に帰るかも知れず、帰り途は米国経由の積りだと語つた。

よつて本使から出発前に予備交渉の妥結方更に御努力ありたいと繰返した上、ジユネーブから帰国の途次一日でも二日でも東京に立寄り方を希望する旨を述べて別れた。

321　対フィリピン賠償交渉のため永野護を派遣する新方針について

昭和29年4月1日　アジア局作成

永野護氏のフイリピン訪問に関する件

二九、四、一

アジア局

四月一日岡崎大臣は永野護氏と打合せの結果、別紙の如き案にて永野氏がガルシア副大統領と話合いをなすことを諒承した。

なお永野氏は右案を大蔵省にも話しその了解を取付ける趣である。同氏には外交旅券を発給し、外務省担当官を随行せしめることとした。ガルシア副大統領は四月十七日ジユネーヴ会議出席のため同地に向かい出発する予定なるにつき、永野氏は四月六日東京発マニラに赴く予定である。

なお永野氏の出発前に大野公使を交え打合せをなしおくため、同公使に対し、二日東京着にて一時帰朝方訓電した。

（別　紙）

永野護氏の案

一、第一案。　全然金額を示さず二十万ヘクターの農地を造成すること及び七五万キロワット（最高出力）以内の電力

設備をなすことをもつて、全部の賠償を解決す。（沈船引揚は之の外）

但し後述三の問題を含む。

但し協定の調印は二、三ケ月の余裕を得て農業技師多数を派遣し、実地調査をなしたる上行うものとし、その際総経費が最高四億以内に止まるよう計画を立案するものとする。従つて先方が数ケ月後に特別議会を開いて条約批准を為すことを了解せしめる。

二、第二案。此の際直ちに賠償協定を作成し現在の議会で条約を批准せしめるため、実地測量は後廻しとし、その代り日本側負担の最高限度が四億なることを双方の秘密文書にて明らかにする。但し協定自体には総額を明示しない。沈船引揚は別に行うこととし四億の限度内に含ましめること。

三、右何れの場合も協定成立の際は少くとも日本が比国より購入を約する米等の物資の総額までは米国並の関税にて日本品の輸入を認めることを約さしめる。

編　注　前掲「日比賠償交渉調書」によれば、昭和二十九年三月二十七日永野護秘書に対してガルシア外相より㈠永野の賠償構想私案に賛同していること、㈡交渉全権として永野派遣を希望する旨連絡があり、二十九日永野が右申出を外務省に相談し、本方針が決定された。

322

昭和29年4月9日　在マニラ大野在外事務所長より岡崎外務大臣宛（電報）

賠償経費を四億ドルに譲歩したガルシア外相新提案につき報告

マニラ　4月9日前1時18分発
本　省　4月9日前8時49分着

第二四四号（館長符号扱、大至急）

八日五時（ママ）本使ガルシア外相を訪問約二時間会談した（ゲレロ次官同席）要点左の通り

㈠本使より帰任の挨拶旁々二の質問をしたいと前置きし前回の会談以来大部時間も経ちその間レクト決議案（編注）の提出もありたる等の事情もありたるところ貴外相の賠償に関する考え方には変化なきものと考えるが先ずこの点をお尋ねしたいと述べたところガルシアは自分は共同試案の

線に副つて話を進めて行く外に途なしと考えておりこの点は少しも変つていないと云い切つたので本使より賠償による経済開発事業として永野氏はミンダナオ島の水田開発とマリアクリスチナ電源開発を示唆しているが右に対する貴見如何と水を向けたるところガルシアはマリアクリスチ《(ナ欠カ)》はFOA援助により実施に着手したものでもあり又賠償事業をミンダナオ島にのみ集中することに疑惑を持つ向きもあるのでルソン島アグノ河流域に政府が計画中の電源開発を考えることと適当ならずやと思つているが水田と電源開発に重点を置くが今まで話合つた他の事業をも考慮していることは勿論だと述べた

(二)次いで本使より第二の質問として未だ賠償交渉が進行中なるに拘わらずレクトが極端な決議案を提出したことは早計であるのみならず余りに行政府を拘束しすぎる嫌いもあるのみならず折角改善を見つつある両国関係に水を差す結果となるにあらずや又見方によつては日本を威しあげて賠償総額の引上げを策するものとも取れるところレクトの真意如何又貴外相との関係如何と尋ねたところガルシアは実はレクトはインドシナ出兵問題等に関する自分の遣り口が気に入らず且つ賠償交渉に関する対日牽制の含みをも含め上院議員買収説を切つ掛けとして本決議案を提出したものだが困惑しているのは実は自分である然かるに右決議案の提出は上院で登録されたのみで未だ議事日程に載つているものではないと苦衷の程を披瀝した後仄聞するところによれば貴公使は三五千万案を持参された由だが如何と畳みかけたので本使より本日は挨拶旁々前述の二の質問をするために来たのであるから数字のことは次回に譲りたい併し自分の東京での印象では貴方の出方が良ければ三億より勉強はするがそれも僅かのことしか出来ないと言うことであつて貴方が依然として五億にステイツクする気なら全く問題にならぬことは従前通りであると答え且つ日本の国際収支状況等から勘案するも解決が一日遅れれば遅れる程フイリツピン側に条件が悪くなることを力説したところガルシアは可成り落胆の色を示し稍々暫く沈黙の後ここまで歩み寄つた話を壊すと言うのは貴公使累次の言葉の通り甚だ芸なき技であるのみならずフイリツピンとしても種々の問題を抱えている次第でもあるからこの際自分の責任において四

億まで譲歩しこれにて本会議を開催することに致したく右は自分の政治的生命を賭する思いで提案するものであるから日本側も是非ともこれに同意して貰いたいと衷情を披瀝して述べた本使は従来五億を固持して絶対に譲歩の色を示さなかつたガルシアが卒然として自らその線を降りて四億を提案したことに意外の感を抱いたがそれは曖気にも出さず四億と三億とでは貴方としては僅かに一億の差に過ぎずと言われるも日本の現状では右一億の差が極めて大なる差違あり到底問題になるまいと思われるが兎も角貴方の新提案は承わつておくとのみ答え次回の会談を約して辞去した本使としては次回の会談において極力四億を三億に近づけるよう努力すべきも右取敢えず
なお右会談の模様は永野氏にも連絡済み

編　注　レクト上院議員はわが方の賠償提案に不満ありとして、平和条約の批准拒否、日本との断交を骨子とする決議案を昭和二十九年四月五日上院に提出した。

323　昭和29年4月9日　在マニラ大野在外事務所長より 岡崎外務大臣宛（電報）

ガルシア外相の新提案背景に関するラウレル上院議員内話

マニラ　4月9日前2時0分発
本　省　4月9日前8時51分着

第二四六号（館長符号扱、大至急）

本八日午后五時ラウレル上院議員を往訪今朝のガルシア外相との会談を極秘にて逐一内話しその協力を懇請したるが経緯左の通り

㈠本使より今朝のガルシア外相との会談は同外相の最近の心境を質し従来の会談に絡まる種々の疑惑を明らかにすることを目的としたるものなるが意外にも同外相より総額を四億ドルに引下げる旨の新提案ありたる次第なりと述べたるところラウレルは右については昨日マグサイサイ大統領とガルシアとの協議に自分も加わり熟議したるところなるがガルシアが本日四億ドルの線を出し居たりとすれば自分はもとより大統領も右をサポートすべきも右はぎりぎりの線（Rock Bottom）なりと述べたので本使

より貴下の好意に対しては満腔の謝意を表するものなるが貴下は四億ドルの線は実際フイリツピン側として最低の譲歩点なりと思考せらるるや日本の最大の友人として率直なる御意見を承り度いと述べたるところラウレルは五億ドルは実は既にガルシアの譲歩し得る極限であつてこれを四億ドルとしたのはガルシアがその政治的生命を懸けた最後の提案と考えるべきであると答えた

㈡次いで本使より本会議開催の段取りともならば貴下がフイリツピン側首席全権を引受らるるやに聞き及びおるところ真意如何と尋ねたるところラウレルは全権の任命は大統領の決定するところなるが自分は先に米比通商協定改訂交渉の全権はこれを断りたる経緯あり若し幸に日比賠償正式会議が開かれるならば自分は寧ろ全権として表面に現われることなく従来通り背後にあつて日比両国のため奔走する方得策なるにあらずやとも思考しおる次第なりと答えたので本使より貴下の出馬はフイリツピンの輿論を納得せしむる上にも是非とも必要と認めらるるにつき正式会議開催のことともならば貴下が首席全権を引受けられ日比国交開始の重要会議を主催せらるること希望に耐えずと述べ今後一層の協力方を懇請したところ彼は今後の協力方を快諾した右取敢えずなお右会談の模様は永野氏に連絡済み

324　賠償経費四億ドル、支払期間二十年でガルシア外相と原則合意に達した旨報告

昭和29年4月9日　在マニラ大野在外事務所長より岡崎外務大臣宛(電報)

マニラ　4月9日前6時43分発
本　省　4月9日前11時5分着

第二四八号(大至急、極秘、館長符号扱)

㈠往電第二四六号ラウレルとの肚を打割りたる会談により今回のガルシアの新提案が先方として譲り得る最後のものなりとの強き印象を得たる次第なるがガルシアは八日午前中の会談において予備交渉が幸いに纒まる方向であるならば自分がジユネーヴえ出発前に正式会談の膳立を済ませ置きたいと打明けたる次第もあり当国最近の政情に鑑みるもこの際時機を逸せず問題を具体化し置くこと極めて緊要なりと判断せられたので本使は永野氏とも協

議の上八日午后十一時ガルシア外相を往訪し第二回会談を行い更に説得に努めた

(二)右第二回会談においては先ず本使より八日午前中の会談に於て貴外相の行われたる新提案には日本政府としてなお極めて強き難色あるべしと思われ前途悲観に堪えざるところこの際貴外相においても一段高い大局的見地に立ち三億五千万にて妥結方是非とも再考せられたいと要請したところ彼は急に態度を改め自分は四億に譲歩したことにより上院ナシヨナリスタ党員の大部分から激しい非難を浴びるのみならず国民の多大の不満の前にさらされる次第にして真に自分の政治的生命を賭して敢てこの線を出し大統領にも話してのことなる次第は貴公使において銘記せられたくなお既にプリミシアスはどこからか新提案を嗅ぎつけ早くも反対の意向を表明し来りおる事情もありこの際急速に四億の線にて妥結せざるにおいては機を逸するとて極めて強い態度を示した

本使も彼が此処まで決意を固め政府部内を纏めて対処しおる以上四億の線は絶対のものなりとの印象を受けこの際は事は急を要すと判断せられたので貴外相が支払期限を二十年程度とすることに同意せらるるにおいては本使は本使限りの責任において四億の新提案を受諾する旨を答え且つ本件経緯は電報のみにては意を尽し難きにつき明朝の飛行機に座席あらば直ちに東京に帰り最後的承諾を日本政府より取り付けるため全力を尽すこととすべしと述べたところガルシアはこれに謝意を表し貴公使がそれ丈けの誠意を示されるならばこれにレシプロケイトするために支払期限については貴公使の提案に譲歩すべしと答え且つ此処まで来た以上是非ともこの辺にて賠償問題を解決することと致し度く日本政府において右に最後的承諾を与えるよう切望に堪えずと述べた(以上永野氏と連絡済)

(三)本件ガルシアの新提案を本使限りの責任において受諾するのに止むなきに至りたるは当地の極めて困難且つ機微なる事情ありたるにもせよ全く本使の微力の致すところにして誠に申訳無く深く御詫び申上ぐ

編注　昭和二十九年五月、アジア局作成「アジア局執務月報第二十五号　昭和二十九年四月」によれば、永野及び大野在外事務所長は本件妥結後一時帰朝し、合意内容及び賠償会議開催につき政府部内の了承を得て四月十三日帰任した。

325　昭和29年4月13日　在マニラ大野在外事務所長より岡崎外務大臣宛（電報）

フィリピン側の原則合意公表に関する現地報道振り

マニラ　4月13日後3時47分発
本　省　4月14日前8時27分着

第二六四号

（賠償関係情報）

一、十三日付各紙は「フイリピン側交渉準備成る。副大統領四億ドルの受諾可能を示唆」（マニラ・タイムス）「正式賠償会議の開催きまる」（フイリピン・ヘラルド）「政界指導者合意に到達、村田氏の首席代表予想さる」（マニラ・クロニクル）等の大見出しで、十二日ガルシア外相はバギオに於ける記者会見で大野公使の帰任と共に正式賠償会議が開催さるべくフイリピン側代表団の推薦名簿は既に大統領の手もとに提出してあるフイリピンの要求が十億ドルであることには変りはない但し支払方法が役務と資本財の提供である関係上日本が四億ドルの役務と資本財を提供すればフイリピンに十億ドルの経済価値をもたらすことは優に可能と考えるので交渉の出発点として四億ドルに反対はないと述べ一方外務省当局も役務と資本財による支払は現金で正確に評価出来ないからフイリピンの希望する十億ドルの価値のある経済開発計画を日本にやつてもらうことになるわけだと説明したむねを報道するとともに他方東京電報として日本政府は首席代表に村田省蔵氏の起用を決定し十二日フイリピン政府に対しアグレマンを求めたが同氏はアグレマン到着次第東京を出発すると見られるむね（十二日東京ＵＰ）並びに吉田首相は十二日議会に於て日本政府は対比賠償問題の早期解決に努力を傾けつつありと述べたが四億ドルの真偽についての質問に対しては支払額は交渉によつてきまる問題であると答弁したむねを（十二日東京ＡＰ）一斉に報じた

二、ロドリゲス上院議長は十二日記者会見で上院ナシヨナリ

スタ党の主張は十億ドルが最低線であるから四億ドルは受諾出来ない従つて上院はレクト氏の平和条約棚上げ対日断交決議案をおそらく通過させることとなろうと述べた（十三日マニラ・タイムス）

三、賠償会議フイリピン代表団は上下両院議員七名各省並びに民間代表三名合計十名で構成され首席代表にはナシヨナリスタ党の上院議員があてられ民間からはダニエルRアギナルド（デパートメント経営者）が加えられるものと確聞する（十三日マニラ・タイムス）

326 昭和29年4月15日

在マニラ大野在外事務所長より
岡崎外務大臣宛（電報）

フィリピン側と協議の結果上院議員説得のため賠償支払期間記載内容を変更した旨報告

別　電　昭和二十九年四月十五日発在マニラ大野在外事務所長より岡崎外務大臣宛第二七九号

右協議を経た修正箇所

マニラ　4月15日後7時15分発
本　省　4月15日後10時17分着

第二七八号（大至急、館長符号扱）

十五日十二時半ガルシア外相の突然の求めにより同外相及びロドリゲス上院議長と会談した（ゲレロ次官同席）ガルシア及びロドリゲスより交々昨日話合の付きたる覚書の内上院議員を説得して平和条約の批准を得る為に必要な三分の二の多数を確保する為絶対必要なるにつき左の三点を覚書に修正乃至加筆することを承諾ありたいと強く要請した

㈠第二項支払い期限の点はこの儘にては上院側に於て承諾の見込み全く立たず依つて十年とすること

㈡第四項の十億を下だらざる経済価置造出が四億にて万一達成出来ない場合の規定を覚書に書き込むこと

㈢資本財の提供を覚書の第一項に書き加えること

右に対し本使から本件覚書は昨日ガルシアとの会談において既に合意に達しおるものなるにつき今更変更はできないと強く突張ねたところロドリゲスは自分としては良く理解しているが上院議員を説得するためにはどうしても必要なりとて再考を求めて譲らず種々押し問答を重ねた結果レクトとその一派が昨日から反対の態度を固め打ち毀しにかか

りおりこの儘にては正式会議における妥結も覚束なしとの内情判明し形勢は楽観を許さずとの印象を得たが更に本使より期限の点は個々の経済計画の実施要領の如何により一つ一つ異なるべくしかも五年后には期限短縮の可能性につき協議する趣旨にてもあり実質上フイリピン側に不便なく日本の財政政策上も二十年は是非共その儘存置することを要する旨を繰返し懇切に説明したるに対しロドリゲスはなお承服の色を示さず右にては上院の承認を取り付け難き内情をレクトの動きを説明しつつしきりに述べたて絶対に妥協の色を示さなかつた

右の如き状況にてガルシアも施すすべなきものの如くであつたから本使は遺憾ながらもの別れの外なしと述べて席を立たんとした際ガルシアは妥協案として一応十年としおき両国政府の協議整いたる場合は更に十年延長可能としては如何と提案した本使はこれに絶対不同意を表し一同沈黙の中に行き詰りの状態となつた

この状況において本使としては昨日からの当方面の情勢の推移を勘案し本使（ママ）覚書はこの際間髪を容れず固めおかずば逆転の形勢極めて濃厚なりと判断したので本使より一応十年としおくも状況の如何により両国のいづれか一方の要求あらば更に十年延長し得る案にて取纒める外なしと考えたよつて最后に本使より右趣旨を提案したところロドリゲスとゲレロは口を揃えてかくては日本の一方的の要求にて十年延長し得ることとなるから上院及び与論が納得せぬことは原案の場合と何等異ならずとて反対したがガルシアは本使の案を支持しロドリゲスをしきりに説得した結果ロドリゲスも漸くこれに同意を表した（案文別電第二七九号の通り）

次に前記㈡の点は本使としては覚書に書き込むことはできないと拒絶し問題は書きものの問題に非ず信頼が存ぜずば百の書きものも無駄なりと強調したまた㈢の点については日本政府においても考慮しおることとなるがこのことを覚書に書くことはできないと拒否した

ロドリゲスは漸く右を納得し本使に対し本件覚書を支持し上院議員の説得を引き受けその線にて賠償協定が成立したら直ちに平和条約の批准を行うべしと確約した

右事情御賢察相成られ切に御追認をこう

（別　電）

マニラ　4月15日後11時1分発
本　省　4月15日後11時45分着

第二七九号（大至急）

往電第二七八号別電

"2. The above-mentioned services shall be furnished in a period of ten consecutive years, extendible for another ten years, depending upon the circumstances then prevailing, upon the request of either of the contracting parties."

327　昭和29年4月15日　在マニラ大野在外事務所長より岡崎外務大臣宛（電報）

大野・ガルシア覚書署名完了につき報告

付　記　昭和二十九年四月十五日発在マニラ大野在外事務所長より岡崎外務大臣宛電報第二八四号

大野・ガルシア合意成立及び日・フィリピン賠償会議開催に関する共同コミュニケ

マニラ　4月15日後5時24分発
本　省　4月15日後5時40分着

第二八二号（大至急）

往電第二八一号に関し

十五日午后四時マニラホテル大統領スイートにおいて本使ガルシア副大統領兼外相との間に本件覚書に署名を了した

（付　記）

マニラ　4月15日後6時31分発
本　省　4月15日後7時40分着

第二八四号（大至急）

共同コミュニケ全文左の通り（十五日午後四時発表）

Joint Communique

Vice-President Carlos P. Garcia, concurrently Philippine secretary of Foreign Affairs, and Japanese Minister Katsumi Ohno announced today the conclusion of three months of exploratory talks which laid the basis for the formal negotiation of a reparations agreement between the two countries. Undersecretary of Foreign Affairs Leon Ma. Guerrero assisted Mr. Garcia throughout the conversations.

The plan, which is believed to be unprecedented in

reparations history, envisions Japanese financial and technical contributions, by way of reparations, to the economic development of the Philippines, which will bring the Philippine economy benefits whose estimated total economic value, as determined by a bi-national reparations commission, shall not be less than one billion United States dollars ($1,000,000,000.00).

These benefits shall include the expansion of the rice industry, to make the Philippines a rice-exporting country, development of mineral and forest resources and of hydraulic power, to provide Philippine industry with cheap power, improvement of railway communications, port facilities rural roads and irrigation systems, restoration of churches and schools destroyed during the war, construction of artesian wells, salvage operations, and such other projects as may be agreed upon by the two Governments.

To effect this billion-dollar development program, the Japanese financial and technical contributions have been calculated at 400 million United States dollars over a period of 10 years, extendible for a similar period, depending upon the circumstances then prevailing, upon the request of either of the Contracting Parties.

It was emphasized that the Japanese would not acquire any property or other rights in the Philippines as result of the reparations plan.

On the other hand, it was pointed out that without the Japanese contributions, by way of reparations, the Philippines would not find it possible at the present time to undertake the economic development projects contemplated the plan.

It was also believed that a coordinated long-range plan of economic development through reparations would bring much greater and more real and enduring benefits to the Filipino people as a whole than scattered individual payments to war sufferers.

Formal negotiations will start immediately to embody the plan in a reparations agreement, upon the conclusion of which the Philippines will undertake to ratify the Japanese peace treaty.

The Japanese Government has announced that its delegation to the reparations conference will be composed of the following:

Chief Delegate Mr. Shozo Murata

Special Envoy, Ambassador Plenipotentiary

Delegate Mr. Mamoru Nagano

Member of the Asian Economic Research Council, Inc.

Delegate Mr. Katsumi Ohno

Minister Plenipotentiary and Chief of the Japanese Mission in the Philippines

Delegate Mr. Aiichiro Fujiyama

President of Chamber of Commerce and Industry of Japan

Delegate Mr. Kichio Futami

Vice Governor of the Bank of Japan

Delegate Dr. Seiichi Tohata

Professor, Agricultural Department of Tokyo University

Member of suite Mr. Yoshitake Sasaki

Chief, Planning Section of the Economic Advisory Board of the Japanese Government

Member of suite Mr. Augustine M. Kanayama

Counselor of the Japanese Mission in the Philippines

Member of suite Mr. Toshio Urabe

Chief, Third Section, Asian Affairs Bureau, Ministry of Foreign Affairs

Member of suite Mr. Akira Shigemitsu

Chief, Third Section, Treaties Bureau, Ministry of Foreign Affairs

Suite Mr. Takashi Suzuki

First Secretary of the Japanese Mission in the Philippines

Suite Mr. Toshihiko Sakai

Assistant Director, Finance Bureau, Ministry of Finance

Suite Mr. Goro Watanabe

Chief of Secretariat, Ministry of Agriculture and Forestry

Suite Mr. Tsuneo Komura

Assistant Director, Bureau of Enterprises, Ministry of International Trade and Industry

Suite Mr. Koichi Amari

Director, Bureau of Shipping, Ministry of Transportation

Suite Mr. Takizo Matsumoto

Former Member of the House of Representatives

It is expected that the Philippine Government will announce the composition of its own delegation with the least possible delay.

328　昭和29年4月15日

大野・ガルシア覚書

付　記　右付属リスト

April 15, 1954

（STRICTLY CONFIDENTIAL）

MEMORANDUM

As a result of the exploratory talks between His Excellency Carlos P. Garcia, Vice President and concurrently Secretary of Foreign Affairs of the Philippines and His Excellency Katsumi Ohno, Envoy Extraordinary and Minister Plenipotentiary and Chief of the Japanese Mission in the Philippines concerning the settlement of the reparations problem between the Philippines and Japan, the following understandings have been reached:

1. The amount Japan shall expend for the furnishing of the services of the Japanese people in production, processing, salvage of sunken vessels and other work as reparations to the Philippines shall be $400,000,000.

2. The above-mentioned services shall be furnished in a period of ten consecutive years, extendible for another ten years, depending upon the circumstances then prevailing, upon the request of either of the contracting parties.

3. The services mentioned in the above paragraphs shall be furnished for such purposes as to conform to the economic and other projects of the Philippine Government and in such manner as to achieve maximum benefits for the Philippines. The projects shall be chiefly those exemplified in the attached list. However, as regards their specific details and breakdowns, both Governments shall immediately enter into consultations in order to reach an agreement.

4. The economic value which will accrue to the Philippines through the services furnished by Japan in the above-mentioned

manner, shall be estimated by a joint Japan-Philippine reparations commission, and the total estimated economic value of the reparations shall not be less than $1,000,000,000.

5. There shall be prompt ratification of the San Francisco Peace Treaty of 1951 by the Philippines upon the conclusion of an overall reparations agreement.

Carlos P. Garcia

Katsumi Ohno

（付　記）

ATTACHED LIST

PROPOSED PROJECTS

1. Salvage of sunken vessels
2. Development of forest resources
3. Expansion of rice industry through establishment of irrigation system, scientific culture and other agricultural installations.
4. Increased provision of artesian wells
5. Repair and construction of barrio roads
6. Development of iron mines, copper mines, etc.
7. Increased installation of hydro-electric and thermal power generating plants
8. Improvements on the facilities of Manila Harbour and Manila air terminal
9. Double-tracking of railroad lines and improvement of trolley and bus transportation system
10. Medical services and construction of hospitals
11. Renovation of churches and other religious establishments
12. Renovation and construction of schools and other educational establishments

329　昭和29年4月16日　岡崎外務大臣より在マニラ村田（省蔵）全権宛（電報）

賠償支払期間を当初案二十年へ再修正するよう交渉方訓令

本　省　4月16日後11時32分発

第四号（館長符号扱、大至急）

マニラ発本大臣宛第二七八号に関し

当初の話合たる二十年の期限を先方が突如十年に変更申出

でたるは諒解に苦しむ所にて之にては政府部内の取纏めも困難なる実情なり。既にコンミユニケも発表せられたる今日、殊に比島上院の状況も推測し得るに付貴全権としては随分御苦心のことなるべきが明朝の会議において期限の点は更に原案に戻し得ざるや否や今一応先方を説得方御尽力を煩わしたし(不可能の場合は十五年にても已むなし)。右は十年後に延長を申し入れる際約束の期間内に実行出来ざりし理由を述ぶる等の不体裁を免れず又その場合徒らに比島民衆に不信の念又は不快の念を与うる惧れも多分にあるを以て出来れば当初より正直に期限を明示し度き次第なり。

330　昭和29年4月17日　在マニラ村田全権より岡崎外務大臣宛(電報)

第一回日・フィリピン賠償会議開催につき報告

マニラ　4月17日後0時4分発
本　省　4月17日後1時36分着

第九号

一、予定通り本十七日午前七時半マラカニアン宮閣議室において日比賠償正式会議開会式が挙行せられた(公開)日本側は本全権以下全権団全員列席したフイリピン側は未だ全権団の任命がないのでガルシア外相ゲレロ次官以下外務省幹部(カリンゴ管理局長ラヌーサ経済局長カプリオ条約局長外数名)が列席した

二、劈頭ガルシア外相より日本全権団に対する歓迎の挨拶ありたる後本全権を会議に紹介したるにより本全権は別電第一〇号(省略)の通りの演説を行ないたるが次いでガルシア外相はこれに答えて別電第一一号(省略)の通りの挨拶を行ないたる後正式に日比賠償会議の開会を宣し次いで先方の求めにより本全権より協定草案を討議の対象といたしたき旨を申し添えて提示し先方はこれを受領し開会式は終了した

三、第二回会議は来週水曜二十一日午后五時より外務大臣室にて開催することに打合せた

331　昭和29年4月19日　在マニラ村田全権より岡崎外務大臣宛(電報)

賠償支払期間変更は交渉上真にやむを得ざる

措置であり全権団は変更後の内容にて交渉予定である旨報告

マニラ　4月19日前0時15分発
本　省　4月19日前5時53分着

第二〇号（館長符号扱）

往電第七号に関し

ト部携行の協定案に往電第二号の修正を加えたるものをフイリピン側に正式に提出するに至りたる事情左の通り

(一)ガルシア外相は十七日朝出発の予定を変更せず一方「マ」大統領は上院一部の強き反対の気勢を顧てか休暇先より帰来せずガルシアに上院の了解取り付けを命じた由にてガルシアは覚書に仮署名する以前にロドリゲス上院議長（ナシヨナリスタ党総裁）の説得に当りたるがロドリゲスは説得に応ぜずためにガルシアは大野公使に応援を求めた結局ガルシア、ロドリゲス及び大野公使の三者会談にて大野公使は期間につき表現を変えることを譲歩した結果覚書が署名され且つ共同コミユニケ発表のことに決定し一方ロドリゲスは右覚書の支持とサンフランシスコ条約批准を約した次第である若し大野公使が右の譲歩をなさず本省に請訓する旨を答えて三者会談を終りたりとすれば或いはロドリゲスをして反対派に走らせたるやも知れず一方大野公使の譲歩は表現についてなされたのみにて実質上の変更に非ず、現に「マ」大統領も十七日『二十年の期間は長く、かかる長き期間には何が起るか判らない』旨述べている位である

よつて本全権団としては大野公使の措置は右の如き事情の下においては当然のことをなしたるものとして絶対に支持したい

なお本全権団としては右の覚書を基礎として今後の交渉を行うにつき御了承ありたい

(二)マ大統領は十六日深更迄マニラに帰来せざることが明かとなりたるため本全権団が十六日午前挨拶に出向きたる際ガルシアは大野全権に対しマ大統領に充分説明する書簡を書き残すために日本側の協定案の内示を求めたるにつき往電第二号に対する返電を受領するに至らなかつたにも拘らず携行の協定案を右往電の通り修正した上本全権が自身の手を以てガルシアに対し非公式のものとして手交した次第である。ガルシアは右協定案に基き自らマ

大統領宛の書簡（要領往電第一九号の通り）を認めおき十六日深更マ大統領の帰来した際右書簡を基礎として話合うとの諒解を得た次第である。なおマ大統領は十七日早朝右書簡を携行してバギオに飛びラウレルと懇談二時間を費してその出馬を決意せしめた次第であり一方ガルシアは十七日午前九時マニラを出発した次第である

㈢期間の点につきて原案に戻すよう努力せよとの御訓電は十七日早朝これを受領したるも既に右の如き段取にて運びおるものにつき非公式に内示したるものと異りたるものを提出することは会談の冒頭において本全権団に不信の念を抱かしめる惧れあり且つ十六日非公式に提示した協定案によれば毎年の支払額は必ずしも明瞭ではなく右は実施細目の問題としてわが方希望の如く当初は少く決める余地十二分なりと認められたるにつきこれを公式に提示した次第である。右重複を顧みず御報告するにつき事情御諒承ありたい

332　昭和29年4月20日　在マニラ村田全権より岡崎外務大臣宛（電報）

上院議員合同会議の形勢に鑑み第二回会議開催を延期したいとのフィリピン側申入れについて

マニラ　4月20日後3時5分発
本　省　4月20日後3時22分着

第二九号（大至急）

二十日午後一時ゲレロ次官より当全権団に対し電話をもつてナシヨナリスタ・デモクラツト両党上院議員合同会議の形勢に鑑み明二十一日午後五時に開催の予定なる第二回正式会議を一両日延期方申入れて来たので我が方は協議の結果延期は已むを得ぬものとして承諾することとしその旨をゲレロ次官に回答した。その際同次官は恐らく一日の延期だけで済むであろうと語つた。

333　昭和29年4月20日　在マニラ村田全権より岡崎外務大臣宛（電報）

わが方が提出せる賠償協定案全文の現地紙掲載につき報告

付　記　昭和二十九年四月二十一日発在マニラ村田全権より岡崎外務大臣宛電報第三五号

右事件に関するわが方抗議について

マニラ　4月20日後10時58分発
本　省　4月21日前0時15分着

第三三号（大至急、館長符号扱）

貴電第一〇号に関し

（以下平文）

二十日夕刊紙イヴニング・ニユースは往電第三二号内話の通り賠償協定案テキスト全文を掲載しているので

（以下暗号）

本全権団は協議の結果全権団の名に於てフイリツピン代表団あて本件新聞報道が事実なりとせば極秘扱い文書の無断公表は確立された国際慣行に反し甚だ遺憾を禁じ得ないとの趣旨を以て抗議文を認ため午後六時大野全権をゲレロ次席全権の許に派し厳重抗議を行わしめた。

（付　記）

マニラ　4月21日後3時18分発
本　省　4月21日後5時28分着

第三五号（大至急、館長符号扱）

二十日午後六時大野が本全権団を代表しゲレロに対し抗議を行いたることは往電第三三号をもつて報告の通りだがその際の会談要旨左の通りなる趣である

㈠大野より抗議文を手交し更に口頭にて厳重抗議の趣旨を敷衍したところゲレロは『しまつた』という表情で一瞬顔色を変え暫く沈黙の後誠に申訳なしと丁重に陳謝しこれを日本全権団へ伝達せられたしと要請したその際彼は一部の上院議員が外務省は日本側と何か秘密の取引をしてでもいるかの如く邪推しているのでこれを破るためには協定案文や覚書を全部見せるに如かずとの考えで不用意に配布したのだが誠に不注意であつたと沈痛の面持で述べた

㈡次いでゲレロは今日のナシヨナリスタデモクラツト両党合同幹部会で自分はステイトメントを用意して説明に努めた（右ステイトメントは長文のものだが要旨別電第三七号《（省略）》の通り）議員達は良く分つているくせに殊更反対の気勢を示しているのは内政問題に関連するからである賠償会議で追々検討さるべき問題を今から闡明することを迫り短気な議論をするので閉口したしかし新聞報は概ね

誇張されており結局議員達も拒否することは出来ざるべく今後二日間にマグサイサイとラウレルが説得に努めることになつているし又ガルシアの帰国も考えられるのでさすれば反対派の上院議員も面と向つてガルシアにそれ程ひどい議論は為し得ぬと信ずべき理由がある結局極端なことにならずに事態を拾収し得ると述べたので大野から我々は上院を相手とする訳には行かぬからその方はお任せする外なく最善を尽されんことを望むと激励した

㈢ゲレロはこの際自分から日本の全権団に対しサービスの意義を明白にして欲しいとの手紙を出し返事を貰えれば上院説得上好都合なるが考慮を得たしと述べたるにつき大野より自分一個としてはこの問題は賠償会議で質問されるのは貴方の自由だが今我方が文書で答えるべき筋合のものではないと思うと答えたところこれはそれ丈の返事でも良いから書簡で回答してもらえぬかと求めたので大野は自分一個の見解は前述の通りだがたつての御要望とあらば兎も角一応全権団に報告してみようと答えた

㈣大野からゲレロとレクトとの親密関係は周知の事実であるからゲレロに於いてレクトを啓発しわからず屋の議論をとゞめさせる様期待すると述べた処ゲレロは自分はガルシアとレクトとの間に挟まり微妙な地位にあるので今迄自由に振舞えなかつたがレクトその他の上院議員にはガルシアから事前に連絡してあつた筈であり今更こんなに虐められるとは夢にも思わなかつたと述べ且つフイリツピンも内政事情で紛糾しているため日本全権団は定めし当惑しておられるであろうと気の毒そうに述べたなおゲレロは村田レクト会談をもう一度行なわれ度く又ラウレル氏を村田全権が訪問される時機が塾（熟カ）していると語つた

334

昭和29年4月21日　在マニラ村田全権より岡崎外務大臣宛（電報）

上院議員説得に臨むマグサイサイ大統領との会談結果につき報告

マニラ　4月21日後11時33分発

本　省　4月22日前7時1分着

第四〇号（館長符号扱、大至急）

二十一日午前マラカニアン宮殿より本全権に至急来訪あり

たい旨の電話連絡あり卜部を帯同午前九時前に赴きたる処マグサイサイ大統領室に案内せられ九時十五分より約二十五分間に亘り大統領と左記の会談を行つた。

(一)先ず本全権より吉田総理の敬意を伝達したところ大統領はこれを多とし次で本二十一日夜与党上院議員をマラカニアンに招集説得に当る予定なりと述べガルシアの従来の説明によれば資本財の提供ありと聞いていた処本日の新聞に発表された協定案(大統領は新聞にて始めて協定案を見たと述ぶ)にはサービスのみが提供されること、なりおるが此の点の説明を求むと述べた。よつて本全権より第四条第二項を指摘し第一条第一項と併せてフイリピンが原材料を提供せずとも資本財を渡し得ると確言したところ満足の意を表した。又本全権より若し井戸用のパイプのため百万弗を割当てた場合フイリピン側がスクラツプを提供すればそれだけ多くのパイプ即百万ドル以上のパイプをフイリピンに送り得る次第なりと述べたところ大統領は二倍にも三倍にもなり得るものなるべしと独語して満足の面持であつた。

(二)次で大統領はサービスとは日本人労働者をフイリピンに送る意味なりやと述べたるにつき本全権よりサービスとは高級なる技術者熟練者を意味し労働者を送る希望なしと答えた。大統領は次で工場建設などに必要な労銀は日本側で支払れるやと述べたるにつき本全権としては出来得る限り貴方の希望に副い得るよう努力すべしと答えたところ大統領は右の何れにも満足の面持であつた。

(三)本全権より(レクト或は新聞記者会談に述べたるところと同様に)戦争中に独立国フイリピンの経済建設に努力したことを説明したところ大統領は戦争中は自分は山にいて貴大使を捕えようとしていた事又本全権が例に挙げた綿についてはこれを引抜いていたものだと述べた。本全権は更に砂糖の話を持出したるところ大統領は興味を示し日本の砂糖の輸入商及び輸入先を問いたる上六〇万トンの砂糖をフイリピンより輸入可能なりやと聴きたるにより勿論可能なりと答え、更に藤山全権によればフイリピンの砂藤(糖カ)産額は日本人の技術をもつてお助けすれば五割方増産可能なりと述べた。

(四)最後に大統領は今夕の会合に備えるためゲレロに貴全権より充分説明を受けるよう申付けた事及びその際資本財

及びサービスの内容として技術者熟練者が送られること
については書き物にしてゲレロに渡されたいことを述べ
たので本全権はこれを諒承して辞去した。

335　昭和29年4月22日　在マニラ村田全権より岡崎外務大臣宛（電報）

本件交渉に対するフィリピン側疑念払拭のため事実関係を交換公文により明らかにする構想につきゲレロ外務次官との協議結果について

マニラ　4月22日前0時7分発
本　省　4月22日前7時11分着

第四一号（大至急、館長符号扱）

二十一日午后十二時半求めにより本全権外務省にゲレロ外相代理を訪問（卜部帯同）したところゲレロは協定案の発表につき遺憾の意を表し賄賂の噂とガルシアが秘密に数字の操作を行つたかの印象より生ずる反感が今回の紛糾を来たしたりと述べたる上本協定案によれば役務のみが提供されるかの印象あるにつき資本財もフイリピンの財政負担なしに提供されることを明らかにしたいと述べ交換公文案を提示した本全権がこれを一読したるところフイリピン政府は如何なる場合にも一切財政負担等をなさず十億ドルの経済価値を達成すべき産業その他のプロジエクト建設の一切の費用は日本政府の義務なること又覚書は正式交渉の出発点にして交渉は右により拘束されざることの諒解を取り付けんとするものなるにつき本全権より覚書の大筋は日本政府にとり約束し得る最大限なることを強く且つ詳しく説明即答を避けたいと述べたゲレロは本全権の説明に対し充分諒解の態度を示したる上交換公文案は如何様にも御修正の上本二十一日中に日本案を受領したく確定文は二十二日午前中に交換したいと述べたのでこれを了承して辞去したなお各全権及び随員一同とも相談の上交換公文案には覚書及び協定案が日本政府の最大限の努力を示すものなることを強調しつつ現在の段階において述べ得る程度を控目に書くに止める所存である右御諒承ありたい

336　昭和29年4月22日　在マニラ村田全権より岡崎外務大臣宛（電報）

大野・ガルシア覚書は賠償会議の出発点に過

ぎない旨を交換公文に記載すべきとのフィリピン側要求について

別　電　昭和二十九年四月二十二日発在マニラ村田全権より岡崎外務大臣宛第四四号

右交換公文案フィリピン側修正箇所

マニラ　4月22日前2時41分発
本　省　4月22日前7時5分着

第四三号（館長符号扱、大至急）

往電第四一号に関し

我方より冒頭往電末尾の構想にて交換公文案を作成ゲレロに伝達したところゲレロは一部分を削除したのみにてこれを受納したが午後十時ゲレロはマラカニアンより大統領始め上院議員一同の希望として別電の如き内容のものを交換公文としたいと電話して来た依つて一時回答を留保して直ちに各全権並びに随員の相談を開始したが十時半ゲレロは伝言を以て明朝電話する旨申越した依つて大野全権よりゲレロに電話して更にその意向を確めたる処ゲレロは大統領は与党議員十九名を集めて相談の上かかる結論を出したるものにて十一時過ぎにマラカニアンより

『大統領及び与党議員十九名は完全に意見の一致を見た』

旨発表したと述べた

右に対し大野全権より覚書の出来た経緯を指摘し事実上右覚書を骨抜きとするが如きことは信義を破るものにて到底受諾不可能なるは自明の理にて何んとか他の方法にて事態を救済する方法なしやと問いたる処ゲレロは今夜充分熟慮の上明二十二日午前九時外務省にて本全権と今一度御相談したいと述べたる由なるも本全権は出席せず大野全権をして約束の時間に会見せしむることとした。なお本件に関し明二十二日東京時間正午大野全権より中川局長宛電話連絡の予定なるも確定次第追電する

（別　電）

マニラ　4月22日前3時3分発
本　省　4月22日前6時56分着

第四四号（大至急、館長符号扱）

It is my understanding that the memorandum of the 15th April 1954 constitutes merely a starting point for the formal negotiation of a reparations agreement between our two countries, and that the negotiation will not be circumscribed by the text of the memorandum.

337　昭和29年4月22日　在マニラ村田全権より 岡崎外務大臣宛(電報)

わが方の交換公文修正受入れなくして会議は再開せずとのフィリピン側意向につき報告

マニラ　4月22日後4時20分発
本　省　4月22日後6時34分着

第四九号(館長符号扱、大至急)

本二十二日午前九時大野全権を外務省に派しゲレロ外相代理と会談せしめたが要点左の通りなりし趣である

大野より村田首席全権は貴方より今朝の会見の件の申込を受けて居られたが昨夕我方より提示した公文案の趣旨(往電第四一号)に貴方が一且同意して居たのに昨夜遅くこれを破棄して大野ガルシア覚書を骨抜にする趣旨を盛込める案を呑むことを求め来りたる貴方の態度を全く了解し難しとされ右の如き貴方の態度急変の理由を先ず問い糺すことを本使に命せられたる次第なりと述べたるところゲレロは実は昨夜マラカニアン宮での会合(往電第四五号)に於て貴方案文を出したが一同の同意を得られず合同案文(往電第四四号)にて日本側から一札を取りつけ置かずば正式会議の第二回を開く訳に行かぬとの結論に達し至急右措置方を大統領から命令された次第であると述べた。ゲレロの署名を待つ許りになり居る手紙の案を内示しこれが承諾方を求めた大野はただちに右案文は大野ガルシア覚書を事実上ころすことを意味し予備交渉にて重要点につきて予め両国政府間に合意に達しおき右に基き正式会議は短時日にすらすらと取り運ばしめることにすべしとの当初よりの双方の話合にて進め来りたるものを今更貴国政府が上院議員の反対論を押し切り得ずとて覚書から離脱することを求められるは全く了解出来ず右は信義背反ともなるべしと難詰したところゲレロは貴公使の云う通りなるも右覚書にては政府としては上院議員を納得せしめ得ず第二回会議も開き得ぬ次第だが貴方は会議の開催を望まぬ次第なりやと反問したので大野より日本側は会議の進行を最も熱烈に望むものでありその故に日本政府は大野ガルシア覚書が署名されたので早速最も有力な全権団を送りたる次第は御承知の通りであつて日本全権団は既にマニラにて数日を空費し居る実情に非ずやと反撥したところゲレロはこれを肯定したが兎も角会議を進める為にこの案文を受けられたしとて右は大統領から命ぜられた categorical request なりと繰返すのみであつたから大野から自分としてはこの案文は受諾し得ずと述べ且つ貴方の真意は覚書を骨抜にして置いて四億弗の引上などを計らんとの魂胆なるやに疑われるところ昨夜マラカニアン宮の会議にては如何なることが決定されたのかその模様を御差支えなき限り御話ありたいと質問したのに対しゲレロは総額支払期限支払方式等が論議されたが兎も角この案文（往電第四四号）にて日本側から一札を取りつけ置くことを先決条件とすることになつた次第であると答えた（丁度このとき大統領よりゲレロに電話あり大野も電話に出ることを求められたるところ大統領は覚書を単に会議の starting point にすることにし覚書に拘束されぬことにして貰えれば第二回会議は開かるべし会議にて双方が顔を合せる内に自ら meeting of minds が生じ案ずるより生むは易しとの結果となるものと考えるから何とか右に取計い方を希望する旨を大野に対し要望した）電話が終つてから大野よりゲレロに対し日本側は到底この案文を呑めぬが折角大統領の口添もあつたことでもあり委細を日本全権団に報告すべしと述べて引取つた

338 昭和29年4月22日

岡崎外務大臣より
在マニラ村田全権宛（電報）

大野・ガルシア覚書はわが方にとって最大限度の譲歩であり大局的見地からの再考をフィリピン側に慫慂方訓令

本省　4月22日後11時30分発

第一三号（大至急、館長符号扱）

貴電第四三号等に関し

一、大野ガルシア覚書は我方の譲りうる最大限度であり、従つて実質上これを変更する如きことには同意しえないこと貴電の通りである。

二、大統領が上院議員と協議の結果として正式に前記覚書に拘束されざる旨通報し来る如き場合には右が覚書記載の日本側負担総額及び支払期限を変更せんとの趣旨に出づるものなりや確められたる上日本政府としては到底右以上の譲歩は為しうる所に非ず、日比両国の親善関係を樹立し相携えてアジアの自由を擁護する大局的見地より比国政府の再考を促したしとの趣旨を回答せられたい。

三、右によるも比国政府の態度に変更なき場合は前項趣旨を敷衍すると共に国内に差しせまる用事もあり此の儘いつ迄も滞比出来ぬに付一応帰国し改めて出直おす旨を適宜発表の上最近便にて帰国せられたい但しその際出来る丈喧嘩別れになつた如き印象を与えぬ様特に注意ありたい。

339　フィリピン側状況を踏まえた今後の交渉のあり方に関するゲレロ外務次官との協議結果につき報告

昭和29年4月22日

在マニラ村田全権より
岡崎外務大臣宛（電報）

マニラ　4月22日後9時20分発
本　省　4月23日前1時53分着

第五〇号（大至急、館長符号扱）

二十二日十一時本全権はゲレロ外相代理を往訪一時間二十分に亘り会談した要領左の通り

㈠本全権より日本全権団はマニラに於て大野ガルシア覚書のラインで駈け引きのない正直な交渉を行う為に派遣されたのであるが貴方御提示の書簡ドラフトを拝見すると同覚書は交渉の単なる出発点として取り扱われ交渉はこれに『束縛されない』と記されておりこれは全然新しい提案であつて全権団の基礎的な了解及び派遣目的と背馳するからこの様な書簡を出されてもこれに応ずるが如き回答は出し得ないと述べたところゲレロは昨夜のマラカニアン宮に於ける協議会の模様に言及し上院の空気は右覚書に示されている日本が四億を投下して十億の経済利益をフィリピンに贈呈すると云う構想に反対であつて日本の提供する具体的な資本財及び役務の実際の合計が十億でなければならぬと云うにある従つて覚書のラインでの話合は不可能となりつつある次第であつてこの点大統領も自分も甚だ苦しい立場に置かれている訳であると述べた依つて本全権より大統領の心中も貴下の苦しい立場も充分に理解出来るがこれは日本側につきても云える事であつて三ケ月の苦心の結果日本側の最大の譲歩として到達した大野ガルシア覚書を基礎として話をするのではなくフイリピン側の云う通りに自由な話合いをすると云

う事となれば会議は劈頭から混乱に陥り両代表団は不愉快な空気のうちに物別れとなること必定であるところかかる事態は折角好転しつつある両国関係にとり取らぬ所であると述べたのに対しゲレロは一一うなずきつつも上院側の強硬態度を指摘しつつ当惑しきつた表情を示した

(二)依つて本全権よりこれは全く自分一個の考えだがと前置して両代表団が全く異つた基礎に於て会議を開く事は火に油を注ぐ様なものであるから寧ろこの際は冷却期間を設ける意味で貴方では代表団を正式に任命せずにおき日本全権団は相手方代表団が構成されないと云う事で一応帰国しほとぼりのさめた頃合を見計らつてフイリピン代表団に東京に来てもらい話し合いを再開すると云う様な事は如何と試みに切り出したところゲレロは最近賠償の噂が色々の問題に絡みおり香港に出かけた当国政治家は中国人に買収されたときめつけられている状況であるから東京に代表団を出すと云うことは不可能と思うが冷却期間をおく考えは名案かと思う就いては冷却期間後の会議を大野ガルシア覚書の範囲外で行うことは不可能なりやと尋ねたので本全権は日本の財政状態の見透しでは今日も将来も覚書の範囲外での話は成り立たざるべしと断言した

(三)ゲレロよりここに用意されている書簡は大統領の命でもありお渡しせざるを得ないが日本側は受け取られた後如何に措置されるやと問うたので本全権より一の方法は日本側として回答をしないと云う事だが公の書簡に回答しないと云う事は失礼でもあるから回答をする事としてその内容は日本全権団としては覚書テキストを了承しその範囲内で交渉を行うために渡比したのであるからその範囲を脱する事は本全権の権限外でもあるし仮りに覚書以上のものをお約束しても日本の財政状態として実行不可能であると云う趣旨を多少柔かい言葉で表現すると云う事になろうと述べたところゲレロは上院側は回答を期待しているから何れにしても回答を頂きたいと述べ本全権の説明を了承した後これは全くの思いつきであるがと前置きしそもそも覚書に対し上院に反対の火の手があがつたのは覚書に不明確な点がありこれが誤解を生んだ事が原因と思われるから日本側が右回答を出される前にラウレルと貴大使との間で覚書を明確化するための説明書の

起草をやつてみては如何そのために自分は大統領及びラウレルを説得したいと思うがと述べ本全権の意見を問うた依つて本全権は覚書に不明確な点ありとされるならばこれを補足説明する文書を作り上げる事には敢えて反対はないが仮令ラウレルがこのための権限を与えられたとするもかかる説明文書を上院が受諾するとの見透しが立たぬ限り行うも無駄であろうと述べたのに対しゲレロは兎に角大統領及びラウレルとこの案につき相談してみるから暫時時日を藉されたくこの方法に依り自分の努力が失敗に帰し或は作成された説明書が上院の容るるところとならぬとの見透しが立つ場合においては貴大使にその旨御知らせするからその時に日本側の回答書簡を頂戴する事と致すべくその際は冷却期間設定の意味において日本全権団が取り敢えず帰国すると云う事は止むを得ぬと云うことと致したしと述べ先方書簡を手渡したので本全権はこれを受け取り辞去した

340　ラウレル上院議員の賠償会議首席代表任命を受けて会議再開を実現したいとのフィリピン側意向について

昭和29年4月24日　在マニラ村田全権より岡崎外務大臣宛(電報)

マニラ　4月24日前5時49分発
本　省　4月24日前6時59分着

第七〇号(館長符号扱、大至急)

二十三日午后三時突然ゲレロ外相代理より本全権に早急面会したしとの連絡あり鈴木書記官を帯同往訪会談の要領左の通り

㈠ゲレロよりラウレル上院議員が比律賓側首席代表に任命せられたことは大統領府発表の通りなるところラウレルは日比両国関係の大局上この行詰りを何とか打開して正式会議再開に漕ぎつけ意見の交換のみにても行いたきものと腐心し居りマグサイサイ大統領も同意であるので自分はフイリピン側から四月二十一日付貴大使の書簡の第三項の受諾を主旨とする書簡を発しこれに日本側が同意せられると云うことに取運び得ればと考えて居るが貴大使の御考えは如何と述べこれは未だドラフトの段階であるがと断つた上ゲレロ自らタイプした書簡案(内容別電

第七二号の通り）《（省略）》を示した

㈡依つて本全権より

㈠覚書の拘束の問題に付て日本全権団の見解がフイリピン側と異なることは既に本全権の二十一日付返簡に明瞭にされて居りフイリピン側見解に同意せず

㈡日本側全権の権限に付ては日本全権団の構成と派遣が覚書を基礎として行われたことは当然のことにぞくし従つて全権団の権限も覚書を基礎とした交渉に自ら限定されて居ることが理解に難からざるべく又

㈢会議再開に付てはフイリピン側の申出を了承するとするも会議は飽く迄覚書の線を逸脱し得ず

と述べたところゲレロは一々これに肯ずきたる後自分は日本側立場は充分に理解し居りその御意見にて結構であるから只前記㈠の点に付篤と御研究の上フエイバラブルな御返事を戴ければ幸甚である書簡は多少字句を修正の上後刻御届けすべしと述べた依つて本全権より日本全権団としても今迄に折角出来上つたものを基礎として会議を開き使命を果したいと熱願をして居るのであるから一応正式の書簡を拝見した上で各全権共相談し出来るだけの御返事を致すこととすべしと述べ辞去した

---

341 昭和29年4月24日 在マニラ村田全権より岡崎外務大臣宛（電報）

賠償支払能力調査団の日本派遣に関するマグサイサイ大統領発表について

マニラ　4月24日前11時34分発
本　省　4月24日後0時25分着

第七四号（大至急）

往電第六九号に関し

マグサイサイ大統領は二十三日夜日本に賠償支払能力調査団を送ることに決定した旨発表そのメンバーはヘルナンデス大蔵大臣、Francisco Rodrigo、Jaime Velasquez、Francisco Ortigas、の四名の外大統領府記者クラブ及び議会記者クラブから各一名合計六名からなり直ちに派遣さるべき旨、本調査団派遣は大統領自から日本の支払能力についての実相を完全に把握したいとの希望に出で如何なる意味においても賠償会議をInterfereするものに非ざる旨及び賠償問題は対日貿易及び外交関係と共にフイリピンにとり大きな重要性を持ち東南アジアにおける戦争の脅威に鑑みフイリピンはこの地域の反共国家との関係を正常化することを必要としている旨を述べた（メンバーの経歴については追電する）

342

昭和29年4月25日　在マニラ村田全権より岡崎外務大臣宛（電報）

賠償会議決裂の事態は回避すべくフィリピン側調査団派遣を契機として会議を休会に進めるよう取り計らうべき旨意見具申

マニラ　4月25日後9時25分発
本　省　4月25日後11時49分着

第八二号（大至急、館長符号扱）

貴電第一四号に関し

㈠当方面情勢の推移は屢次拙電の通りなるところ二十六日に一応予定され居る第二回会議に於て先方は覚書の四億弗を崩す目的をもつ提案を為す公算あり右に対し我方がこれに応じ得ずとの態度を再び闡明すればレクト一派はこれを口実として決裂空気を造り与論を煽動して他の日和見的上院議員を引き摺りサンフランシスコ条約批准拒否決議案（外交委員会の議事日程にのりおれり）の通過を策するの挙に出ずることもあるやに推測される

㈡右は勿論ラウレルが首席全権として果して先方全権団の統一を期し得るや否や将た又どの程度に事態を拾収し得る見込みなりやと謂うことにかゝるところであつて二十六日朝に予定されている本全権とラウレルとの会見の結果を待たずば俄かに断言し得ざるもその会見の際本全権が労銀の問題、資本財の現物提供の限度等につきどの程度積極的に内話し得るかにかゝる処もまた少なからずと存んぜらる然るに先方がすこぶる重要視し居る労銀の問題については貴電第一七号の御来訓の程度のことをもつてしては到底ラウレルの立場を救い難かるべきやに思考せらるるにも鑑みラウレルとしても結局第二回会議は精々フイリピン側が国際慣例に做（倣カ）はずとの非難を免れん為の措置と考え居るやも知れず

㈢今日までのところはフイリピン政府は次第にレクト一脈（派カ）の圧迫に堪えかね苦境に追い込まれつつある形勢なるところわが方はこのフイリピン政府を相手に二回の公文往復に現われおる如き激しき交渉を行いたる次第であるが

互に一脈の余裕を残しつつもわが方としては終始覚書の線を堅持して毫末も譲らなかつた訳であるただし第二回会議には上院議員も全権として参加する予定であるから自然わが方は事実上は上院側をも相手とする形になるべくこれに深入りしては損となつても得にはならぬと云う場面の生ずることも考えておかなくてはならぬ次第である

㈣従つて本全権としてはラウレルとの会見にてマグサイサイ及びラウレルの真の肚を読み取りたい心算でありその上にて判断を下し直ちに見透しを追電する心組みであるが万一右会見にてわが方の期待するが如き線が出ないことが明かとなつた場合はむしろマグサイサイが賠償調査団を日本へ派遣するに決したこと及びアジア情勢の大局に鑑み対日本関係を慎重に取扱うべきだとの趣旨を闡明したことを大いに称讃しひとまず右調査団が結論をもたらすまで第二回会議を休会することが両国のために得策であるとの趣旨を明かにし冷却期間に入る方がかえつて将来の交渉の継穂を保つ所以であると考えられる

㈤尤も本全権とラウレルとの明朝の会見で第二回会議は双方の全権団の顔合せと全権委任状の見せ合いを行う程度に止めることに事前に了解がつけば勿論この心組みで会議に臨むことにしたい何れの場合においても屢次御来訓の趣旨を篤と体し全権団の全能力を尽して対処する所存である

以上予め御了承置きを請うなお本全権はレクトが飽くまで会議を防(妨カ)害するの態度ならば再びレクトと会見し説得に努める心算である

編　注　本文書で対応策が検討された第二回会議は大野・ガルシア覚書の取扱いをめぐる日比両国の見解の不一致から最終的に開催延期となり、村田全権・ラウレル首席代表会談も二十七日に日程が変更された。

343

昭和29年4月26日　岡崎外務大臣より在マニラ村田全権宛(電報)

引き続き局面打開に尽力すべきも必要に応じて帰国の判断をなすことは差し支えない旨訓令

本　省　4月26日後8時55分発

第一八号（館長符号扱、至急）
貴電第八三号に関し
此の際会談決裂の責を我方が負う如き形と為さざることが肝要にてその為には全権団は出来るだけ現地に在つて局面打開に努める態度を取ることとせられたく、全権団中若干の者が用件にて帰国の已むなき場合に於ても貴全権初め全権団は引続き現地に滞在する建前と致し度い。但し貴電第九〇号の如き事情にて此の際帰国以外に適当なる方法なしとの判断に到達せられ且請訓のいとまなしと考へられたる際は裁量により右措置を取られて差支ない。（勿論出来る丈再び出直ほすと言ふ立前にて）なお比側調査団の派遣は我方としても歓迎する所なる旨を先方に申入れられたい。

344　村田全権・ラウレル首席代表非公式会談

昭和29年4月27日　在マニラ村田全権より岡崎外務大臣宛（電報）

別電一　昭和二十九年四月二十七日発在マニラ村田全権より岡崎外務大臣宛第九四号

フィリピン全権団口上書

二　昭和二十九年四月二十七日発在マニラ村田全権より岡崎外務大臣宛第九六号

ラウレル首席代表との私的会談結果につき報告

三　昭和二十九年四月二十七日発在マニラ村田全権より岡崎外務大臣宛第九五号

村田全権・ラウレル首席代表合同新聞発表

マニラ　4月27日後4時52分発
本　省　4月27日後5時32分着

第九三号（大至急、館長符号扱）
二十七日午前十時半から本全権は大野全権を帯同（鈴木随員同行）外務省においてラウレル首席代表と会見し十二時に終了した（ゲレロ次席代表同席）要領左の通り
㈠ラウレルより久闊を叙する挨拶ありたる後自分は当方面の政治情勢等に鑑みフイリピン代表団の意向を機械的に取次ぐメッセンジヤーとして申上ぐる他なき立場における事を御賢察ありたいと前置きして別電第一第九四号の如きフイリピン代表団より日本全権団宛の口上書を朗読したのに対し本全権より口上書の第二節及び第三節に関し

ては今日迄本全権発出の屢次の書簡に明かにされている通りである。第三節については充分に考慮することとしようと取敢えず応酬した後ラウレルと二人のみにて別室に入り懇談した。その要領は別電第九六号の通りである（本件ラウレルと二人のみの懇談が行われたということは先方も絶対に他え漏さぬことにしているので特に極秘に付しおかれたい）

㈡本会談についてはゲレロの示唆もあり共同新聞発表を行うことに同意し大野全権とゲレロとの間で案文を用意したが会議が行詰り打開の途なしとの悲観的印象を外部に与えぬようにするため共同発表案文に大局的考慮を加える必要ありとの意見に一致し結局本全権とラウレルとの懇談終了後ラウレルが自ら筆をとり共同新聞発表文の後半を書き上げ別電第三第九五号の如きものとなつた次第であるなお先方は会談後直ちに口上書と共にこれを新聞に発表した

（別電一）

マニラ　4月27日後3時37分発
本　省　4月27日後4時21分着

第九四号（大至急）

Note Verbale

The Philippine Delegation to the Philippine-Japan reparations conference present their compliments to the Japanese Delegation and have the honor to reaffirm the position of the Philippines, previously stated in the notes of the Acting Secretary of Foreign Affairs dated the 21st and 23rd April, that the Memorandum of the 15th April 1954 is only the starting point of the conference.

In view of the stand of the Japanese Delegaton that, under the present authority given to them by their government, they cannot negotiate except on the basis of the Memorandum, the Philippine Delegation believe that the resumption of the conference would appear to be futile.

The Philippine Delegation have taken note of the clarifications of the Memorandum made by the Chief of the Japanese Delegation in his note dated the 26th April 1954, addressed to the Acting Secretary of Foreign Affairs, and state that they are not acceptable.

The Philippine Delegation have noted with extreme disapproval the statements, derogatory to the dignity of the Senate of the Philippines and of its members, which have been attributed to the Chief of the Japanese Delegation in the press. The Philippine Delegation believe that, in view of these reports, which have not been corrected or denied, they are unable to negotiate with the Japanese Delegation under their present Chief.

Manila, 27th April 1954.

（別電二）

マニラ　4月27日後11時11分発（編注一）
本　省　4月28日前1時25分着

第九六号（館長符号扱、大至急）

往電第九三号別電第二

別室にしりぞきたる後のラウレル会談内容要旨左の通り。

右私的会談をなしたる事実をも極秘とする約束なるにつき本別電取扱いには特別の御注意をお願いする。

(一)ラウレルより本全権のため何とかしてやりたい気持を持ち居たるも微妙な立場にあるため何とも出来ざりしにつき了承ありたいと前置して上院議員の反対論には種々の事由ありと述べ、レクトの態度については wavering にてその行動には理解し難きものあり。ただレクトは現在の行政府を心から嫌悪して居ることだけは明瞭なりと述べた。本全権よりレクトは外務大臣の地位を狙い居るにあらずやと問いたるところラウレルはそれも考え得ると答えた。ラウレルは自分が表面に出ればレクトと衝突するは必至にて首席全権たることを固辞し居りたるもマグサイサイ大統領は賠償問題の解決を希望して居り自分の出馬を頻りと懇請し且つ自分を支持するとの事でもあり又日比関係改善のためには自分が貢献したいとかねて念願して居た所なるにつき出馬を決意した次第であるが果せるかなただちにレクトと衝突するに及び今日の所は子供の使のようなこととなりたるものなるにつき諒察されたいと述べた。

(二)ラウレルは賠償額をせめて五億に増加出来ざるやと問いたるにつき本全権は右は不可能なり。四億ですら日本としては約束したくなかつた位のものである。年限も又然りで大野公使は年限につきても妥協のため強く難詰され辞意を表明したることもありたる程なりと明確に答えた。本全権は更に自分が出馬したのも今回は日本も行き得る最高限の所まで行き尽し、これなら貴官の理解も得られ貴国の為になると信じたればこそのことにして又代表中に日銀副総裁が加わり居るのは日本の支払能力につき充分納得の行く説明をなすためのことなり。自分は現世には何の慾も無いものなるが、ただ日比両国のため最後の貢献をなさんとして出馬したものなるも貴下はなお為すべきこと多き身体なるに戦争中の迷惑に重ねて今日再び日本のため犠牲になつてもらうことは如何にも心苦しきところなるも右の事情を諒察ありたいと述べた。

㈢ラウレルはサービスだけとする点については何とかならずやと問いたるにつき本全権は覚書及び協定案を充分研究して欲しいと述べたるは実にこの点に関するものにて大統領にも明確に述べたる通り資本財は提供するものなりと答えた。ラウレルは然らばサービス資本財及びキヤツシユのパーセンテージをどの程度に考えおるやと問いたるにつき本全権は右はケース・バイ・ケースに具体的に研究した上ならでは明らかになし得ざる点にして例えば船舶は今のところは提供し得る見込なれども数年後には提供し得ぬ事情となるやも知れずその時は両国間で協議してどうするかを決める考えなり。又水田開発が取りあげられ二十万町歩の開拓に成功すれば少くとも一二千万ドルの収入がフイリピンに入ることともなり更に例を砂糖にとれば日本人のサービスにて五割の増産可能にて、これを日本は喜んで買う希望でもある。四億の額は不満なるべきもかゝる考え方をも考慮に入れてこれに同意されたいと答えた。(ラウレルは本全権のこの説明を初めて聞いた如き素振りにて本全権のホテルのルーム・ナンバーを問い場合によつては更に詳細の説明を求め来るやに見受けられた)。本全権は更に大統領もデイーゼル・エンヂン及び掘抜井戸ポンプにつきて関心を示したこと、レクトも二年前に本全権が来て居たなら良かつたと言いつつも砂糖に関心を示したのでレクトも大野・ガルシア話合の大筋には実質的には反対でないとの印象を受けたことを伝えた。

㈣次いで話が新聞記者会見の際(編注二)のことに触れたところラウレルは頻りに真相を尋ね自分は貴下はかゝることを言う人に非ずと信じて居るが貴下はあの時興奮して居たものなりやと問いたるにつき本全権は左様のことは全くなくむしろ好意的に言つたもので、それがあのようにとられ、且つ上院議員の一部は上院及びその他の場所で本全権を精神病者と言つたり帰れと言つたりする有様にてかかる上院議員の興奮状態にては手がつかず冷却期間を必要とするとさえ思うに至つたと答えた。ラウレルはこれに対し本全権に対する罵言は如何にも苦々しきことなるもプリミシアスを始め二、三の上院議員中には戦争中日本人のためその身体に傷痕を残された者あり。日本に対し拭い難き悪感情をいだいて居るので全く始末が悪いと述べた。

㈤事態の収拾策についての話に入り本全権より調査団を出すのかと問いたるところラウレルは出す方針に決つて居ると答えたので本全権はそれは丁度好都合なるにつき調査団の派遣を以て双方から自然に出た意見としてしばし休会に入り次回はフイリピン側のプロポーズするところに従い東京かマニラかのいずれかに於て開催すること如何と問うた。これに対しラウレルは賛意を表したので本全権は次回は東京にしては如何と述べたところ、東京にすればうるさき分子も居らず好都合なるやも知れず兎も角研究して見ようと答えた。

㈥丁度この頃にゲレロが共同新聞発表案文を部屋へ持ち込んで来たのでラウレルは右案文を完成するため自らのペンを取り『解決のコンモン・グラウンド発見の余地ありとの望みを表明した』との部分を右案文に書き込み当方もこれを承諾して会談を了つた。

編注一　本電報の発電日は原文では午前となっているが、第343文書の内容から午後とした。

二　フィリピン上院議員が大野・ガルシア覚書及びわが方協定案に反対の態度を示していることを受けて、感情的にならず冷静に右の案を研究してほしい旨を村田全権が述べた昭和二十九年四月二十二日の記者会見を指す。フィリピン上院議員の一部はこの発言を侮辱的として激しく反発する動きを見せた。

(別電三)

マニラ　4月27日後3時35分発
本　省　4月27日後4時30分着

第九五号(大至急)

Joint Press Release

April 27, 1954

Senator Jose P. Laurel, Chairman of the Philippine Delegation, and Ambassador Shozo Murata, Chief of the Japanese Delegation to the Philippine-Japan Reparations Conference, met at the Department of Foreign Affairs, on Arlegui, Manila, today. The Conference was attended by acting Foreign Secretary Leon Ma. Guerrero, Vice-Chairman, and Minister Katsumi Ohno, Deputy Chief.

The Chairman of the Philippine Delegation read a Note Verbale on behalf of his delegation.

The Chief of the Japanese Delegation stated in reply that, with regard to the second and third paragraphs of the Note Verbale, the position of the Japanese Delegation had been made clear in his previous notes and remained the same, and that, with regard to the last paragraph, he would like to state that it was never his intention to say any harsh words or hurt the feelings of anybody, much less any Senator. "I must say that I came in the spirit of helpfulness and sincere sympathy and friendship," he stated.

In view of this statement, Senator Laurel expressed the hope that the two Governments may yet find a common ground for the settlement of the reparations question between the Philippines and Japan.

345　昭和29年4月28日　在マニラ村田全権より岡崎外務大臣宛(電報)

フィリピン側対応には好転の兆しが見られるも冷却期間を要する状況は続いており全権団帰国につき吉田総理宛意見具申

マニラ　4月28日後10時55分発
本　省　4月28日後11時50分着

第一〇三号(館長符号扱、大至急)

吉田総理へ村田省蔵より

マニラ到着以来当地政界の複雑なる事情の為会議は思わざる難局に逢着したが二十六日に至りラウレルが首席全権として出馬し二十七日ラウレルと秘密に懇談の機会を得た結果交渉を継続出来る曙光を見出すに至つたその後マグサイサイ大統領は一時冷却期間に入る狙いにて大統領直命に依る視察団をレクト上院議員一派の強硬派の反対を押切り日本に派遣することを決意しその間強硬派議員の沈静を待ちその上会議を再開することになつた大統領は賠償問題解決に付て決意を固めラウレルを支持する約束を為した趣であり大統領の視察団派遣の決意表明の結果本二十八日早くも本問題解決の空気好転の兆が見受けられるに至つた然し乍らラウレルの意見に依るも冷却期間の必要なることは変らざる為ラウレルと打合せの上全権団は近く一先ず帰国すべきにつき右予め御了承ありたい。なおラウレルと私的懇談を行いたることに付ては絶対極秘とする約束なるに付外部に漏れざる様御依頼する。

346　昭和29年4月29日　在マニラ村田全権より岡崎外務大臣宛(電報)

村田・ラウレル会談後のフィリピン側情勢報告及び全権団帰国につき請訓

付記　昭和二十九年四月二十九日付　帰国に関するわが方全権団よりフィリピン全権団宛口上書

マニラ　4月29日前4時18分発
本　省　4月29日前9時3分着

第一〇六号（館長符号扱、大至急）

㈠その後の当方面情勢推移要約左の通り

レクト一派は対日本平和条約批准拒否決議案を上院外交委員会の議事日程に載せて日本全権団の譲歩を迫る武器として振りかざす一方大統領の賠償調査団派遣計画に対しては右がフイリピン側の立場を弱むるものなりとて強硬に反対し二十七日のラウレル首席全権と本全権との外務省に於ける会談に当つても書き物を読み上げる以外には自由裁量に依る交渉を行わしめざる様手を縛る等の策に出で（その為にラウレルとレクトの間に激論も行われ

た）他の同僚議員を強引に引き摺りたる為マグサイサイもラウレルも聊か立すくみの態度なりしところ一昨日辺りよりその態度の行過ぎに対しては外交委員会内部に於ても心あるものの批判が起り初め又昨日の日本全権とラウレルとの秘密会談に依り互の心のとけ合が生れ兎も角解決の方途を発見する為には努力するとの曙光が見出されこれが為大統領の賠償調査団の派遣を切つかけとして摑まんとの心組が期せずして双方の肚の内に固りたるためラウレルは本全権との会談の結果をマグサイサイ大統領に報告しては（脱）完成したる観がある。

昨日マグサイサイが一時は立消えになりかけた賠償調査団の派遣を決意しレクト一派の反対を押切つて実行せんとの強硬態度を示したるは主としてラウレルとの黙契ありたるに依るものと解すべく（これに米国大使館側からも或は強く忠告したるやにも推測される）本日は右決意愈々固り外務省経済局長ラヌーサを調査団員に追加すると共に東京より帰来せるデ・カストル参事官を加え調査団の任務を訓示し且つ打合せを行うなど急速に実現への措置を講じ居り上院議員中にも次第に右大統領の構想を支持するもの増加する形勢を示したのでレクトはすこぶるこれを不快とし大統領を痛烈に批判しその対立は殆んど頂点に達しかけて居る感がある（本日の会合ではタニヤーダの如きもレクトを宥め鎮静に努めたとの情報がある）斯くして冷却期間に持込みて会議は継続するも暫く休止し再開を期すると云う状態は幸いに次第に成長して来たので本全権は二十五《（二十七カ）》日ラウレルが本全権に渡した口上書に対する回答の口上書を起草し本日午後先ず内々にラウレルにこれを示してその意向を質したところ彼はこれに賛成であつたので明日ゲレロを経て右回答を行う予定であるこの形勢にては上院の反対派の議員連を次第に冷静に立戻らしめることを可成り期待し得べく又日和見的議員をして行過ぎた行為から防ぐことも不可能に非ずとの状態も看取されるに至つて居る。

なお本全権が記者会見の際述べたと報道された非難は昨日の共同発表にて氷解したる観ありこれはラウレルの取なしが与かつて力ありたりと感ぜられるところプリミシアスやタニヤーダの如きもあれにて自分達に関する限りは諒解したと云い居る由にて先ずこの件に付心配せられ

て居た様な点は一応消えた次第であり平和条約批准拒否決議案も尠くとも議会終末日近く迄表決を延すことになるに非ずやと観測されるに至つた。なお賠償調査団派遣は世論の圧倒的支持を得て居るし又賠償交渉の門を閉すなとの世論も昨日及び本日の新聞社説に出て来るなどと相俟つて過激な議論を押えるのに役立つて居る（ラウレルの名は一切引用相成らざる様願いたい）

㈡事情以上の如くであるので本全権団はラウレルとも充分打合せを遂げて会議を暫らく休止し調査団の派遣の結果等を待つて再開する建前を以て一両日中に一応帰国することと致したいから御了承を仰ぎたい。

（付　記）

Note Verbale

The Japanese Delegation to the Japan-Philippines Reparations Conference present their compliments to the Philippine Delegation and have the honour to state, referring to the Note Verbale of the Philippine Delegation dated 27th April 1954, that the Japanese Delegation feel constrained to concur in the belief of the Philippine Delegation that the resumption of the Conference would appear to be futile under the present circumstances.

In the light of the developments brought about by the meeting between the chiefs of both Delegations which took place in a cordial and friendly atmosphere on 27th April 1954 at the Department of Foreign Affairs, it is felt that further efforts should be made for the final settlement of the reparations problem.

In this connection, the Japanese Delegation welcome the statement of His Excellency Ramon Magsaysay, President of the Republic of the Philippines, issued on 27th April 1954, on the despatch of a special Presidential mission to Japan, as most expressive of the statesmanship of the President.

Under the above-stated situations, the Japanese Delegation wish to wait in Tokyo until such time as the Philippine Government considers that circumstances warrant the resumption of negotiation on the reparations question.

Manila, 29th April 1954.

編　注　本口上書は昭和二十九年四月二十八日のラウレル首席

代表との文言調整を経たもので、翌二十九日午前十一時ゲレロ外務次官に手交された。

347 昭和29年5月4日

大野・ガルシア覚書を単なる出発点とするにあらざれば賠償交渉は再開しないとのフィリピン上院決議採択について

在マニラ大野在外事務所長より
岡崎外務大臣宛(電報)

マニラ　5月4日後0時29分発
本　省　5月5日前8時26分着

第三一一号

(賠償関係情報)

(一)三日上院は大野ガルシア覚書を単なる「出発点」とするに非ざれば賠償交渉を再開せずとの趣旨の決議を採択し賠償交渉に対するその公の立場を明らかにした。本件決議はフイリピン首席全権ラウレル氏の先般の賠償会議に於ける努力を感謝する決議に対するライダーとして起草委員のレクト氏によつて提出されたものである。本件決議採択に先立ちナシヨナリスタ、デモクラツト両党上院議員は予め打ち合せを行つて居り決議案は満場一致を以て採択された。本件決議案の採択は無条件で交渉再開を希望して居た者の手を封ずることとなつた。レクト決議には大野ガルシア覚書を単なる出発点とすべしとのフイリピン全権団公文の内容はフイリピンの立場を正確に表現しているのみならず対日賠償問題に対する上院の意向の真実を伝えたものであると記されている。レクト氏が次に採るべき手段は既に上院議事日程に載せられている平和条約問題の審議であるがレクト氏は本会期終了前にこれを行う決意であると洩した。(四日各紙)

(二)日本政府は目下フイリピンとの間に二国間平和条約の締結方を考慮中である。毎日新聞の伝える所に依れば日本政府はサンフランシスコ条約に基く賠償提案に対しフイリピン上院に強烈な反対があるのに負けてこの新構想を余儀なくされたものであるといわれる。もつとも同紙によれば日本政府は四億ドル二十年の線は譲り得ないが賠償計画実施の際のフイリピン労働者に対する労賃の形式で現金賠償をも行う用意ある趣である。(三日東京発パンエシア)

348　昭和29年5月22日　岡崎外務大臣より在本邦アリソン米国大使宛

フィリピン情勢に関する在本邦アリソン米国大使の連絡に対する謝意伝達

付　記　昭和二十九年五月六日、マグサイサイ・フィリピン大統領の米国政府への協力要請等に関する在本邦アリソン米国大使メモ

Confidential

May 22, 1954

My dear Mr. Ambassador:

Thank you very much for your memorandum, received on May 6, and your letter, dated May 17, concerning reparations problem of the Philippines. Both of your communications have been reported to the Prime Minister immediately.

President Magsaysay's message conveyed by your memorandum clearly indicates that he is striving for an early settlement of the reparations problem. The Prime Minister as well as myself sincerely appreciate his thoughtfulness and have every intention to comply with his wishes in order to reach an amicable settlement. At the same time, however, we agree with the analysis of the Philippine political situation by the U. S. Embassy in Manila as was transmitted by your letter.

Therefore, we have come to the conclusion that we will not take any new step for the time being and thus provide a cooling off period, although my Government is, as stated above, prepared to take steps at the appropriate time, taking into consideration the suggestions President Magsaysay had made for the final and amicable solution of the problem.

Would you be so good as to convey the above to President Magsaysay with our deep appreciation.

Yours sincerely,

Katsuo Okazaki

His Excellency

John M. Allison

Ambassador of the United States of America

（付　記）

SECRET

Personal Memorandum for the Foreign Minister

I have just received a message from the American Embassy in Manila to the effect that President Magsaysay of the Philippines has privately requested the assistance of the United States in bringing about an amicable settlement of the reparations question. President Magsaysay has suggested that I might talk privately to Prime Minister Yoshida and have Japan rewrite or rephrase the Garcia-Ohno agreement to give it a new appearance, particularly in spelling out definitions of such controversial words as "services" in the former agreement.

There is given below the substance of the message from President Magsaysay forwarded to me:

> The Magsaysay mission to Japan was directed firmly to avoid any public statements while in Japan, particularly on any findings. They are to report such findings secretly to Magsaysay who will issue mission report later in part or whole.
>
> Much of the emotional entanglement of the Ohno agreement apparently came about due to popular suspicion of Japan's motives in sending Mr. Murata as final negotiator. Thus perhaps the most constructive next step might be for the Japanese Government to select another negotiator now, a person new to the Filipinos, announce that he has been appointed official liaison with the Magsaysay mission, let him be so cooperative that Mr. Hernandez can thank him publicly, and then let this same man be the one to bring a new draft agreement to the Philippines later.

The above information is being passed on to you informally on my own responsibility and not under instructions of my Government. As you know, it is my firm conviction that it is in the general interest of cooperation among the free nations of Asia for Japan and the Philippines to adjust their differences and resume normal relations. If there is anything I can do to assist in this matter, please feel free to call upon me.

John M. Allison

349 昭和29年8月6日 岡崎外務大臣より 在英国松本（俊一）大使宛（電報）

フィリピン沖沈船引揚の作業価格鑑定に関し依頼先候補の詳細調査方訓令

本　省　8月6日後5時25分発

第三〇一号

一、フイリピンとの「沈船引揚に関する中間賠償協定」に基き、政府は本年五月比島マニラ湾及びセブ港の沈船引揚作業につき指名競争入札を行つた結果、七業者が合計二、八九三、八二二、〇〇〇円の金額にて落札した。よつて政府は協定の実施細目の規定により、右落札金額につき事前にフイリピン政府の同意を取付ける手続を取つた。然るに前記入札に参加しなかつた一日本人業者(松庫商店)は、フイリピン政府に対し右落札金額の三分の一以下の費用をもつて本件作業引受方申出たため、フイリピン政府は政府の落札価格に水増しがあるかの如く疑うに至つた。わが方はこれに対しわが方の提出した計算資料を詳細に数字的に検討すればかかる疑惑は晴れるべしと主張したるも、先方は右に応ぜず、松庫をしてその申出た条件で試験的に他の地区にて引揚げをなさしめることを提案した。わが方は条件の違う他の地区で試験作業をなさしめても、落札価格の妥当性を立証することとはならず、従つて右は日本政府に対する信用を回復するための適当な方法ならずと判断し、七月末日本政府の落札価格を日比両国政府の同意する公平なる第三者の鑑定に付する用意あること、また、フイリピン政府が同様措置に出ることを条件として右鑑定の結果に服する用意ある旨を、フイリピン政府に回答したが、フイリピン政府は之を受諾する模様である。

(以下暗号)

二、政府としては公平なる第三者としてはロイドを考慮しているが、ロイドは従来慣習としてロンドン・サルベージ・アソシエーションにこの種調査を依頼している趣であり、一方フイリピン側特に松庫と取引あるマニラの米人シツピング・エーゼントたるHenderson Trippe は右(アソシエーション)を示唆しているにつき、当方参考迄に右(アソシエーション)の性格、業務内容、定款の他参考事項につき査報ありたく、とくに松庫又はヘンダーソン・トリツプあるいはフイリピン側と特殊関係の有無については電報ありたい。

編注 本件第三者価格鑑定は最終的に実施されなかった。

350 昭和29年8月11日 在マニラ大野在外事務所長より 岡崎外務大臣宛(電報)

エルナンデス賠償支払能力調査団のマグサイサイ大統領への報告書提出について

マニラ 8月11日前10時22分発
本省 8月11日前11時45分着

第五二四号

(賠償関係情報)

一、エルナンデス調査報告は十日午后五時マグサイサイ大統領に提出された。その内容は賠償交渉再開の可能性とも関連して検討を終える迄は一切発表されないことになつた。

二、大統領は記者会見で賠償再開の申入れをするかも知れないと仄めかし、ラウレルが依然として賠償交渉の首席全権たるかどうかは分からないと述べている。

351 昭和29年9月10日 在マニラ大野在外事務所長より 岡崎外務大臣宛(電報)

ネリ元外務次官の賠償交渉首席代表任命経緯及び交渉再開の見通しにつきガルシア外相内話

マニラ 9月10日後11時36分発
本省 9月11日前9時54分着

第六一三号(館長符号扱)

往電第六一二号貿易協定問題にてガルシア外相と会談の際、先方より打ち解けた態度にて賠償問題につきても話し掛けて来た。要旨左の通り。

㈠先ずガルシアより賠償問題につきてもこの際懇談したいと切り出し、最近の日本政府の考え方を承り度しと云つたので、本使よりその前に一、二の点を質問したしと前置きし、ネリが首席全権に選ばれたとのことであるが、ラウレルとの関係如何、又右に至れる真相如何と質したところ、ガルシアは先般大統領と与党領袖がマラカニアンにて会議の際、ラウレルの米国滞在は本人は一、二ケ月と云いおるも、状況によりては三、四ケ月は掛かるやも知れず、その場合何時迄も賠償問題を放置しておくべきでないとの議が起り、ネリを首席全権としては如何と云うことになり、誰も異論を述べる者無く決定した次第である。未だ正式の発令はないが、以上の経緯に鑑み既定の事実と御承知ありたい。自分は予ねてネリを駐日公使とする心算であつたし、現に無任所公使であるので建前上自分の指揮下にあり、交渉に当つては自分に報告があるわけだが、大統領府の外交顧問であるから実際には大統領府が指図する形になることは否定出来ない。去る四月の交渉の苦い経験に鑑み、大統領府が直接事に当たる形をとる方が上院に対しても響きが良く、平和条約の批准を要する時機も迫つていることではあり、大統領としてもいろいろ考えた末のことである。ネリを押し出して来たのはレクトの差し金と自分は見ている、またレクトがラウレルに代つて首席全権たるべく皆に薦められたが、レクトは上院議員たるものは将来本件を審議する際、手足を縛られぬようにするためにも、交渉の首席全権たるべきでないとてこれを断つたのは事実である。大統領は新しい代表団は議会から代表を出さず、全部行政部の息のかつた者にて構成すべきだと考えており、右は議会の者が屢々機密を洩らすのを防止するためにも必要だとの意見である。もつとも自分は政治的にみて必ずしも大統領の意見に賛成ではない。右様事情をお含みの上ネリの首席全権につきては日本側に異議なきことを希望すると述べた。

(二)次いでガルシアより先般参議院議員一行来訪の際、言及しておいた共同声明(往電第五六二号)はその後日本政府から何等の反響なき次第なりやとしきりに問うたので、本使よりフイリピン側は交渉の基礎を何に置く積りなりや、先ずそれを承りたく、それが分らぬのでは日本側としても処置なき次第であり、唯漫然と交渉再開を共同声明しても仕方がなかるべく、日本政府はビルマとの交渉の成行次第にては、大野ガルシア覚書の額を下げるの余儀なきに到る惧れすらある次第なりと述べたるところ、ガルシアは苦笑しながら、実はレクトも最近は四億に若干色を付けて貰えば納得するやの意向を洩らしており、冷却期間も好都合に経過し、目下汐時と認められるので、共同声明は予ねて停滞中の交渉は、時期が熟した際には再開されると言う建前であつたが、今や良い時期が到達したとの趣旨を述べ、大野ガルシア覚書より多少条件を良くする余地ありとの趣旨を匂わしたものにして貰えぬであろうか、余り日本側から何の反響がないので、フイリピン政府としても取次ぎようもない次第だが、ここで日本側からも良いゼスチアがあれば、今回はうまく纒まる可能性があると考える。就いてはこの趣旨を共同声明発出方に関し是非日本政府の同調を得られるよう致したいと繰返し懇請し、また覚書の効力に関しては、上院が勝手にこれを破棄したしと宣伝し、政治家がこれを悪用しているが、法律上の行動が執られた訳ではなく、フイリピン政府としては勿論右が依然有効なりとの立場を執りおる次第であると述べた。

編　注　ネリ元外務次官は昭和二十九年八月二十六日開催されたマグサイサイ大統領司会の四党首脳会議(Council of Leaders)で賠償会議首席代表に任命され、同日大統領府より任命の事実が発表された。

352　昭和29年9月16日　岡崎外務大臣より在マニラ大野在外事務所長宛(電報)

大野・ガルシア覚書以上の条件は認めがたく交渉再開には両政府間の十分な調整を要するとのわが方見解につき連絡

付記　昭和二十九年九月十八日付在マニラ大野在外事務所長作成

ガルシア外相に提出せる右わが方見解

本　省　9月16日後8時0分発

第二六九号(館長符号扱、大至急)

貴電第六一三号及び第六一五号に関し、

一、対フイリピン賠償問題については、最近のビルマとの交渉においてビルマ側がフイリピンと釣り合いの取れた内容のものを要求してやまず、取あえず一応妥結するとするも、フイリピン及びインドネシアの解決した後には再び協議する旨の条項を附け加えることを主張し居る有様にて、今後さらにインドネシアも同様の主張をなすに至るべきことも想像に難からず、従つて政府としては今後さらにフイリピンに対し大野ガルシア覚書以上のものを与えるときは、他の二国にも之を均霑せしめざるを得ざる危険も生ずべきにつき、先方の言う如く右覚書にさらに色を付けることは実際問題として不可能である。

二、尤も大野ガルシア覚書そのものを基礎として賠償問題を解決することは、フイリピン側において政治的に困難なるはわが方としても一応諒解し得る次第なるにつき、わが方としても形式としては必しも右覚書を固執する意向はない。但し、実質的にはこれ以上のものは不可能なること前記の通りにして右趣旨は十分フイリピン側に連絡し置かれたい。右前提を認めつつなお上院の同意を取りつける解決策あるにおいてはわが方としても交渉再開乃至共同声明発出に異存なき次第なるも、会談を再開して後、再びデッド・ロックに陥るが如き事態を避けるためには、先ずその具体案につき両国政府間において非公式に検討することとしたい考えである。

三、フイリピン全権団の首席としてラウレルに代りネリを任命することには、わが方として特に反対はないが、先方の顔触れによつては、わが方全権団の構成を変更する事も生ずべく本件関係情報は引続き電報ありたい。

（付　記）

September 18, 1954

Answering the questions posed by His Excellency Carlos P. Garcia on September 10, 1954 at Arlegui to Minister Katsumi Ohno as to the eventual issuance of a joint announcement for an early resumption of negotiations on the reparations question, the latter wishes to inform the former as follows:

1. The Japanese Government considers the total sum of $400 million payable in 10 years and extensible for another 10 years, as stipulated in the Garcia-Ohno memorandum of April 15, 1954, as representing the maximum Japan can afford to expend as reparations to the Philippines. The Japanese Government believes that the other terms for the implementation of the memorandum are left open for discussion.

2. If the Philippine Government does not wish to formally refer to the memorandum, the Japanese Government will have no objection to making no reference to the memorandum. However, it should be understood that the stand of the Japanese Government

as stated in 1 above will remain unchanged, to wit, it is unable to exceed, in substance, the terms stipulated in the memorandum.

3. If there is devised any formula of solution agreeable to both Governments under the two conditions stated in 1 and 2 above, the Japanese Government will agree to the issuance of a joint announcement for the resumption of negotiations.

353 対日賠償交渉に関するレクト委員会声明について

昭和29年9月30日　在マニラ大野在外事務所長より岡崎外務大臣宛（電報）

マニラ　9月30日後7時54分発
本　省　10月1日前7時23分着

第六五四号

往電第六五一号に関し

レクト三人委員会はエルナンデス及びネリをも交え三十日正午から長時間協議した後要旨左の通りの共同ステートメントを発表した。同時にエルナンデス報告書の一部を公表した。（テキスト夫夫空送）。

(一)日本がその必要とするフィリピンの資源を搾取するために四億ドルを二十年に亘り投資せんとする賠償提案は上院によつて拒否された結果、エルナンデス調査団の派遣を見たが、同調査団は日本で歓迎されたので、フィリピン側は日本が同調査団の調査の結果に服従するものと信ずるに至つていた。元来日本はポツダム宣言を受諾したことによつて公正な現物賠償の取り立てに応ずることを認めたものであるが、今や日本はこれを傲岸に拒否しているのみならず、フィリピン側の最少限度の要求たる一〇億ドルをも拒否している。然るに軍備のためには年間五億ドルの巨費を投じつつある。一九四七年極東委員会の決定にかかる「戦後の対日基本政策」においては、日本の再軍備を阻止するために賠償を取立てる旨が規定されているに拘わらず、日本は僅かばかりの賠償をも拒否して再軍備を行つているのは不都合である。フィリピンの八〇億ドルの要求はフィリピンが日本の占領下において蒙つた物的及び人的損害を賠償せしめんとしたものであるが、その後これを一〇億ドルに引下げたのは八〇億ドルの要求が不当であつたと云うことではなく一九五一年当時の日本の経済状態を斟酌したからであつて、サンフランシスコ条約の精神に則つたものであり、右は村田、大野の両氏が四億ドルを説いた際、一〇億ドルの価値を造出し得べしと述べたことによつても明らかである。然るに日本はこれすらも日本に多大の利益を齎すべき正式な国交及び貿易関係と交換することを肯んぜず、フィリピンを日本の「共栄圏」内の奴隷化せん《(とカ)》する厚顔な搾取方式を固執している。

日本がかかる傲慢な態度に敢えて出るのは、連合国の対日政策が変つたことを熟知しているからであり、我々を乞食扱いにしているのである。然し我々は物乞いはしない。そのため不利を蒙ることは勿論承知しているが、同時に我々は日本もそれにより失うところ多大なることを知つている。我々は弱少なりと雖も衿《(矜カ)》持を持つものであるから最近の日比間の情勢に鑑み、若し日本の態度が四億ドル二十年払の主張に正確に反映されているのであるならば、フィリピンとしては左の措置を執る外ないことを四党首脳会議に勧告することに意見の一致をみた。

(イ)賠償問題は一切談議しない。

(ロ)日比貿易協定は三ケ月後には再延期せず貿易関係を完全に断絶する。

(ハ)貿易協定失効と同時に在日フィリピン代表部を閉鎖する。

(ニ)日本と現在取引しているフィリピンの個人又は商社に対し貿易協定失効時迄にその関係を清算するよう警告を発する。

(ホ)日本に滞在中のフィリピン人に対し貿易協定失効と共にフィリピン代表部が閉鎖されることを通知する。

(ヘ)次期議会においてサンフランシスコ条約に対し決著《(着カ)》をつける。

(二)公表されたエルナンデス報告書の部分は数字を挙げて戦後の日本経済の復興振りを説きその健全性は将来も持続すべく優に十億ドルの支払余力ありと結論しているものである。

編注　レクト委員会は昭和二十九年九月二十日の四党首脳会議の場で、エルナンデス報告書の内容を検討し、根本対策を樹立する目的で右会議の下に設置が決定された機関。レクト上院議員と下院議員二名で構成された。

354　昭和29年10月10日　在マニラ大野在外事務所長より緒方外務大臣臨時代理宛（電報）

対日賠償交渉はネリ元外務次官が首席代表としてエルナンデス報告書を基礎に行うとのマグサイサイ大統領声明について

マニラ　10月10日前8時31分発
本　省　10月10日前9時58分着

第六九七号（至急）

マグサイサイ大統領は九日午後八時半賠償交渉が再開された暁はフイリピン側はエルナンデス報告書を基礎とする旨並びにネリを大使に任じてフイリピン代表団首席とするがネリは直接大統領に対して責任を負い交渉を行うに当つては四党首脳会議及び外務省と協議すべきものなる旨のステートメントを発表した。取敢えず右はガルシヤとレクトとの正面衝突を避けるための妥協案の現われと観測されおり一般にマグサイサイ大統領の政治的地位の弱さを露呈したものとの批評がおこつている。

355　昭和29年10月12日　在マニラ大野在外事務所長より緒方外務大臣臨時代理宛（電報）

ネリ首席代表任命通報の受領について

付　記　右フィリピン外務省通報

マニラ　10月12日後3時22分発
本　省　10月12日後4時57分着

第七〇五号

本十二日午後外務省より簡単な公文をもつてフィリピン大統領はフェリノ・ネリをフィリピン交渉団の首席に任命し、これに大使の資格を与え交渉再開に決したる場合は、日本政府代表との交渉に当らしめることとなつた旨を正式に通報越した。

（付　記）

The Department of Foreign Affairs presents its compliments to the Japanese Mission and has the honor to inform the latter that His Excellency the President of the Philippines has designated the Honorable Felino Neri as Chairman of the Philippine panel of negotiators, with the rank of full Ambassador, to meet and negotiate with the representatives of the Japanese Government on the reparations question, if and when it should be decided that the negotiations will be resumed.

Manila, October 12, 1954

356　昭和29年10月16日　在マニラ大野在外事務所長より緒方外務大臣臨時代理宛（電報）

フィリピン新首席代表任命に関する不明点解明方申入れにつき報告

マニラ　10月16日前11時5分発
本　省　10月16日後0時38分着

第七一六号

往電第七〇五号の先方公文に対しては acknowledge の形をとらず、取敢えずの措置として十五日付公文をもつて(イ)ネリの任命はラウレル首席代表と如何なる関係になるや(ロ)レクト共同声明（往電第六五四号）に対するネリの関係如何(ハ)大統領書簡（往電第六九七号）は大野、ガルシア覚書廃棄を意味するやの三点につき解明方を申入れるに止めて置いた（テキスト空送した）。

357　昭和29年10月20日　在マニラ大野在外事務所長より緒方外務大臣臨時代理宛（電報）

わが方照会に対するフィリピン首席代表回答受領及びその後の対処状況につき報告

付　記　昭和二十九年十月十九日付
右フィリピン首席代表回答

マニラ　10月20日後7時36分発
本　省　10月20日後9時28分着

第七二六号

往電第七一六号に関し

大統領府よりフイリピン交渉団首席の名を以てする直接当事務所宛の十九日付文書を以て

(イ)ラウレルを首席とする代表団は完全に解散されネリを首席とする交渉団がこれに代つた旨、

(ロ)レクト共同声明に関してはその表題に明かな通りネリは単にコンサルトされたに過ぎぬ旨、及び

(ハ)大野ガルシヤ覚書に付ては、就中九日付大統領のネリ宛書簡（往電第六九七号）並びに去る五月三日の上院決議（往電第三二一号）にリファーするとの趣旨を通報越した。

依つて、当事務所は本二十日本件大統領府文書写を外務省に送付すると共に外務省に対し右(イ)の点を確認するや否や(ハ)の点はフイリピン政府において右覚書を放棄したことを意味するものなりやの二点に付照会を発すると共に、交渉再開の決定なき今日賠償問題に付ての公式文書のやり取りは外務省を通じ行わる様致したき旨を申入れて置いた。他方往電第七二二号外務省公文に対しては別に本電末段の趣旨を以て回答して置いた。

(各テキスト空送する)

(付　記)

The Chairman of the Philippine panel of negotiators on the reparations question presents his compliments to His Excellency, the Chief of the Japanese Mission and referring to the latter's note of October 15, 1954 to the Department of Foreign Affairs requesting clarification of certain points in the Department's note of October 12, 1954, has the honor to:

1. State that the panel of negotiators referred to by the Acting Secretary of Foreign Affairs in his note to the Mission on April 27, 1954 under the chairmanship of Senator Jose P. Laurel, has been completely dissolved and replaced by the panel mentioned in the Department's note of October 12, 1954 under the chairmanship of Ambassador Felino Neri, who has been designated to that position by the President of the Philippines upon the unanimous recommendation of the Council of Leaders.

2. Invite attention to the fact that the caption appearing at the head of the statement of October 1, 1954 issued by the consultative committee created by the Council of Leaders under the chairmanship of Senator Claro M. Recto, as quoted in the Mission's note under reference, is self-explanatory.

3. (a) Officially confirm the published text of the letter of the President of the Philippines of October 9, 1954, designating Ambassador Neri as Chairman of the Philippine panel of negotiators and expressly stating that, should it be decided to have the negotiations resumed, the Philippine position "shall be based on the recent data made available to the Philippines, particularly the report of the Hernandez Survey Mission to Japan;"

(b) Invite attention to the notes of the Acting Secretary of Foreign Affairs to His Excellency, Shozo Murata, Chairman of the Japanese panel of negotiators, on April 21 and 23 as well as the note of the Philippine delegation to the Philippine-Japan Reparations Conference dated April 27, 1954, in which the Philippine government expressed its inability to resume the negotiations on the basis of the memorandum initialed by the Secretary of Foreign Affairs and the Chief of the Japanese Mission in the Philippines on April 15, 1954;

(c) Refer further to the status of said Memorandum of April 15, 1954, to the self-explanatory letter of the President of the Philippines of October 9, 1954 and to Resolution No. 12 unanimously approved by the Senate of the Philippines on May 3, 1954, in which that body formally approved and supported the stand of the Philippine delegation to the last reparations conference as explained by the Acting Secretary of Foreign Affairs in his aforementioned notes, particularly the note of the Philippine delegation to the Philippine-Japan Reparations Conference of April 27, 1954, which, according to said resolution, "not only stated correctly the position of the Philippines but also expressed truthfully the sentiments of the members of the Senate on the matter of Japanese reparations;" and

(d) Invite attention to the fact that, under the constitutional system established in the Philippines, the joint communique of April 15, 1954 was not "of the two governments" as far as the Philippine Government is concerned.

4. The Chairman of the Philippine panel of negotiators trusts that the foregoing clearly outline the position of the Philippine Government on the reparations question. It is also desired that, pursuant to the authority conferred by the President of the Philippines upon the Chairman of the panel, all future communications from the Japanese government on the reparations question be addressed to the latter.

Manila, 19 October 1954.

358　わが方照会へのフィリピン側反応を踏まえ今

昭和29年10月27日　在マニラ大野在外事務所長より 緒方外務大臣臨時代理宛（電報）

後の対応振りにつき請訓

マニラ　10月27日後4時8分発
本　省　10月27日後6時2分着

第七三三号

㈠本二十七日金山が離任挨拶のためマングラプス次官を往訪したところ先方より賠償交渉の再開問題に言及し、先般貴事務所より送付のあった二つの公文（往電第七二六号）は自分が早速大統領の許に持参したが、大統領も同席のネリも甚だ困惑の色を示し、日本側が当国の国内事情を諒解せず手続問題に拘わつているものとして憤慨する口吻もあつた。内輪話しを申上ぐれば今回のネリの任命は大統領がレクトを黙らせるためにしたものであつて、ネリが交渉の衝に当つている以上レクトは文句を言わぬことになつており、ガルシア外相も大局的見地から最近はこれを了承している筈である。今日本側から正式交渉再開の決定を見るまでは公文のやりとりは是非外務省を通じる様要求されると、レクトが又々前面に踊（ママ）り出す危険があるので、外交慣例に依られたしとの貴事務所の申入れの趣旨はよく諒解するも、この際は大統領の苦衷を察し、ネリとの直接交渉に同意せられる様希望に堪えずとの趣旨を述べたので、金山より当方としてはネリを忌避しおる次第にあらざることを篤と説明し、兎も角至急当方の公文に対する回答を送付越されたき旨を述べたところ、「マ」次官は明日中にても其の手配をすべき旨答えた趣である。

㈡事情右の如しとすれば当方が飽く迄正式交渉前の公文の遣りとりは外務省を通ずる趣旨を押し通すことは、先方を窮地に陥れて面白からぬ結果となる惧れもあるので、先方が外務次官の言明通り当方公文に回答越したる上は、貴電第二九二号御訓令の次第もあり、往電第七二六号ネリの任命に関する先方公文を了承したる旨を正式に回答し、ネリとの非公式会談の途を拓きおくこととしては如何と考えるところ、本省御意向御電示仰ぎたい。

359

昭和29年10月27日　卜部（敏男）アジア局第三課長作成

ラウレル・フィリピン上院議員が吉田総理との会談希望について

ラウレル上院議員の総理との会見希望の件

アジア局第三課長

二九・一〇・二七

一、二十七日永野護氏は、アジア局長(ア三課長同席)を来訪し、在米中のラウレル上院議員よりの「十一月六日又は七日ニユーヨークにて彼と会見し得るよう取計われたい」との趣旨の電報(二十六日入電)を示し、彼とは吉田総理なるが、本電報の取扱いを如何にしたら良いか相談したしと述べた。

二、ついで永野氏は右電報接受に至るまでの経緯を左の如く述べた。即ち、総理の出発直前、総理より呼び出しがあり、米国においてフィリピン賠償問題について何をしたら良いかとの質問を受けたので、㈠ベル法の改訂問題と抱合せの形とすること及び、㈡ラウレルが、徳望の高いデ・ラス・アラス、手腕あるラヌーサを伴って滞米中であるから、ラウレルと賠償問題解決につき直接話合うことの二つを提案したところ、総理は米国はなかなかこちらの思うようには動かない国だと述べたが、ラウレルとの会見については乗気のようで、出来ればニューヨークで会うこととしたいと述べ前記三名の名をノートに書きこまれた。よって永野氏はラウレルに手紙を書き、総理に会うことを提案してやったが、これに対する返事が、前記の電報であるとのことであった。

三、アジア局長は、右に対し、総理が、ラウレルと会い、大局的に友好的空気を醸成していただくことは結構であるが具体的な話合をされることは不適当と考える。その理由は㈠ラウレルは既に国を離れて二、三カ月となりマニラにおける空気を必ずしも正確に把握しているとは思われず、また交渉の権限もない。従って彼の発言はフィリピンを最終的に拘束するものでない。之に反し吉田総理の発言は日本を最終的に拘束するものである㈡右事情により吉田ラウレル会談で一応きまった内容はフィリピン側を拘束せず、フィリピンはそれを踏台にしてさらにビッドを釣上げる虞がある㈢時期的に見ても、フィリピンをもう少し追いつめた上で最終的 show-down をした方がよいとの諸点であると述べたが永野氏は必ずしも納得しなかった模様である。

四、アジア局長より永野氏に対し同氏としては如何なるラインにより賠償問題を解決せんとする考なりやと尋ねたところ㈠四億ドルの額はそのままとするも之にビルマの場合の例にならい、合弁事業と借款とを附加する㈡ベル法改正と抱合せとし日本より米国にアドバイズして同問題につき譲歩を行わしめる、の二点を考えている旨を答えた。右に対してはアジア局長より借款は兎も角とし合弁事業についてはフィリピンはビルマとは国情が異り日本の経済侵略を恐怖する念が強く却ってレクト一派の反撃を招く結果となるべしと述べたが永野氏は自分の所には数多くのフィリピン人より合弁事業の申入ありとて納得せざりし模様であった。

五、本件永野氏の計画については岡崎大臣御帰朝を待って何等か措置を取る必要あるべし。

360 賠償問題に関するフィリピン側態勢の考察及びわが方の取り得る対応策について

昭和29年10月29日　在マニラ大野在外事務所長より岡崎外務大臣宛

比秘第六〇一号

昭和二十九年十月二十九日

在マニラ日本政府在外事務所長
特命全権公使　大野　勝巳

外務大臣　岡崎　勝男殿

賠償問題をめぐる情勢に関し報告の件

(館長符号扱)

賠償問題に関する当方面の情勢の推移に関してはその都度拙電及び拙信をもつて報告申進の次第あるところ、これらを補追旁々最近の機微なる事情を御参考迄左に報告する。

㈠先方の対案

諸般の情況から判断すれば先方には未だ統一した対案無きやに判断される。レクト委員会の七億ドル案(五億ドル賠償十年払いの外に二億ドル現金三年払い)或いは四億ドル現金三年払い案が具体的な形で流布されたものとしては唯一のものである。尤もレクトが十億ドルを最低額として反覆強調していることは御存知の通りである。然しネリは、その口吻に徴するに総額を明示せず所謂積上げ方式に立ち、給付された物件ないし役務を評価額七、八億ドル程度に近きものにまで引上げしめんとの構想を肚の底に抱き居るやに察せられる節がある。但しレクト、ネリ共に支払年限は最短期間を望み、永くも十年位を固執するものと見られ、この点は将来交渉の一難点を成すものと考へられる。

㈡先方の内部関係

マグサイサイ大統領、レクト、ネリ三者の関係は簡単ではなく、ネリはマグサイサイ大統領から信頼されてはいるが同時にレクトに極めて近くむしろその手先きと見られ居り、レクトに有無を言はせぬなどの政治力は期待し難い。寧ろ両者の間に挟まれて楽な立場には居ないと見るべきである。彼が最近新聞記者を駆使してニユースを流がし殊更に独立独歩を装い自己の面目を保持するに腐心しているのは、そのためであると見られる。

一方ラウレルは、今迄のところは米国での仕事が労多くして効（功カ）少なく、之に乗じてラウレルの声価に疵をつけんとする一派あり状況によりては将来発言権が弱まる可能性もなしとしないが、我方としてはラウレルのナシヨナリスタ党内における抜き難き声望に鑑み矢張り賠償問題の解決には是非共同氏に一肌脱いで貰う様に工作する外はないと考へる。

マグサイサイ政府もやがて一年目を迎へるが失業者増加の趨勢は依然熄まず産業五ヶ年計画も立ち腐れの状況であるのみならず、対米関係の調整も今迄のところは期待を裏切るものあり、社会の様相は悪化の傾向を示し居り、この形勢に乗じ来年の中間選挙を目がけて野党の面々は日本との賠償問題を持て剰し居る政府の無力を攻撃し始めている状況である。マグサイサイ大統領は勿論のこと、与党の領袖も内心は賠償問題の解決で新生面を開くに非ざれば八方塞がりとなることを痛感し始めている模様である。一方現実的立場から対日穏健論を抱く財界の連中は如何にと言うに、彼等は民族主義感情の波に乗つたレクトの強硬論に立ち向うことを躊躇し、今のところはハラハラしながらも沈黙を余儀なくされている実情である。

㈢交渉団首席の問題

ガルシア外相がアウトになる形勢が看取されてからは、之を相手に深入りせぬことにして来たが、さりとてネリは如何にと言うに、能吏ではあるが到底ラウレルに代つて独力で本件交渉を収拾する器とは認め難きのみならず、彼を相手としての話は、今のところ、一応全部レクトへ筒抜けと考へざるを得ぬ状況であるので、余程我方に好都合の情況下に在らざる限り、迂闊に機微な話も持ち出し兼ねるやに懸念される。しかしラウレルもレクトも交渉団の代表ではない以上、今のところネリを相手にせざるを得ぬのも現実の姿である。従つてネリを相手のフリー・トーキングをもう一、二回はマヌエル・エリサルデを仲介として人目に立たぬところで続けることを考へていたのであるが、唯なるべく先方からそれを求めて来る様に仕向けたい心組みで機を待つていた次第である。

勿論吉田総理からの予ての御電訓の御趣旨を体して、ガルシアの持ち出したことのある案に関連し、慎重かつ極秘裡に、借款或いは投資として何を目論見居るや等につき探りを入れるため、常に適当な機会を窺つて来た次第であるが、今の段楷では余程好都合の状況下に在らざれば、右探りを入れる試みが日本の新提案ということに摺り替へられレクト一派にそれ以上を要求させる誘因を与へることとなる惧れあるのみならず、右案はガルシアが自己の苦しき政治的立場を救はんとする考慮に出でたるものなるやの匂い濃厚にしてレクトやネリと相談の上のものでないこと略々確実と認められるので、慎重を期する要ありと考へている。

(四)大野ガルシア覚書の問題

ネリが頻りに我方公文を気にして新聞に歪曲したニュース種を与へていることは事実と認められ、新聞の操縦振りはレクトのやり口に似ている。外務省側もガルシア外相が本使に約束した趣旨の返答を未だに送付越さぬのは、ネリ等の妨害に逢い居るが故なりと判断される。殊に我方が公文を以て確認方を求めた点のうち、大野ガルシア覚書のステータスの件に関して明確な回答を避けているのは、ネリとしては、交渉の過程において覚書のうち都合の良き点のみはこれを援用する積りか、或いは又、最低条件を確保するための切札として利用し得る余地を残さんとの下心からか、兎も角はつきり自分の方からこれを破棄したと言い切りたくないからであると考へられる。

(五)差当つての観測

叙上の様な次第に鑑み、本件交渉はマグサイサイ大統領にレクトを抑へるだけの政治力が急速に生れて来ない限り、従来のような我方希望の線にて話を纏めることは至難の業に属すると言はざるを得ない。(1)ビルマとの交渉妥結により賠償問題全般が新しき事態の前に置かれたることは否定し難く、この際根本的に対策を練り直す必要を痛感する次第である。但しこの場合においても、レクトが選挙対策を主眼に置いた人気取りのため強きことを主張して来ている手前もあり、四億ドルに幾分色をつける程度にては折れ合はざるべしと考へられる点及びビルマの例に倣い、賠償額は四億ドルとするも借款及び共同企業の投資の形にて右に相当額を附加するとしてもフイリピン人の根強き猜疑心と最近の民族主義感情の激発の傾向に鑑み、尠くとも共同企業の構想が賠償の一部として容易に容諾されるや否や楽観は許されないと見られる。しかしながらこの際フイリピンに対し、新しき線を打ち出すことがビルマとの協定の均等待遇条項その他の事情に鑑み困難なりとするならば、他に残された途は、(2)最高四億ドル二十年払いの線は絶対に譲れずとの態度を堅持し、肝腎のところで貿易協定廃棄等の恫喝に屈するが如きことなき様覚悟を決め万全の準備をもつて対処する外はない。又、この間米国が積極的に好意的斡旋に乗出す公算もありとすれば、此の際強いて従来の線を進んで崩す必要はあるまいと考へられる。

前記(1)、(2)のいづれの方途を択ぶにせよ、我方はフイリピン側との交渉に当り、公式非公式を問はず、確定した政府の方針に依るは勿論のこと、交渉が二途に出づるが如きことは厳に避けることの肝要なるは申す迄もない。殊にフイリピンが手段を択ばぬ極端な駆引きと理不尽な横車を押す国柄なるに鑑み、これに対処するには我方は責任と権限との処在を完全に一致させ荀初《(苟且カ)》にも責任の無き言動の出でざる様統制することが目的達成のための必須の条件なることを特に強調したい。

編注　本文書は在マニラ在外事務所から在ホノルル総領事館への異動が発令された金山政英参事官が昭和二十九年十月三十一日本省に持参した。

361　昭和29年10月30日

岡崎外務大臣より
在米国井口（貞夫）大使宛（電報）

訪米中の吉田総理とラウレル・フィリピン上院議員の会談日程調整方訓令

本　省　10月30日後8時0分発

第九八二号（館長符号扱）

吉田総理とラウレル氏との会見に付ては御打合せ済の処その後ラウレルより永野護氏に対し、出来れば十一月六日又は七日ニューヨークにて総理にお目に懸りたき旨の電報あり依って永野氏よりは「ラ」に対し貴大使又は土屋総領事と打合せられ度き旨返電せしめ置けるに付御含みの上総理の御都合を確め適宜日程に組入れおかれたい。尤も比国側における賠償問題の空気は御承知の通りなるに付総理御会見の際も一般的親善及びエクスプロラトリーな意見の交換を趣旨とせらるること適当なるやに存す右御参考迄。

マニラに転電せり。

362　昭和29年11月3日

在マニラ大野在外事務所長より
岡崎外務大臣宛（電報）

ネリ首席代表との直接交渉を求めるフィリピン外務省回答を踏まえ今後の対応振りにつき請訓

別　電　昭和二十九年十一月三日発在マニラ大野在外事務所長より岡崎外務大臣宛第七五七号

右回答に対するわが方回答案

マニラ　11月3日後9時41分発
本　省　11月4日前0時30分着

第七五六号

往電第七二六号に関し

三日外務省より二日付外務大臣名の公文（但しイニシアルはマングラプス次官）を以て

(イ)大統領がネリを交渉首席に任命したことは同人に対し交渉再開に至るまでの予備的折衝の権限をも附与したものなる旨、従つて賠償問題に関し速かに妥結に到達するため本問題に関する一切の通信は直接交渉首席との間に行われたき旨

(ロ)十月十九日付の交渉首席の文書の内容の確認方を要求した日本事務所の同二十日付公文に関しては右確認の要求は明かに不必要であるのみならず交渉首席の行つた通報

の真実性及び交渉首席の公けの資格並に probity に対し疑念を差し挟みおるやに解される嫌いあり、交渉首席が厳にその権限に基いて行つた行為を疑うことはその権限の由来する源をも疑うに等しき旨

(ハ)斯くの如き事情であるから外務大臣は日本事務所が十月二十日付公文の即時正式に撤回することを要求せざるを得ない旨

回答した。(テキスト空送)

右回答の内容は手前勝手な点少からず特に覚書廃棄の点に関しては往電第七三〇号を以て報告したガルシア外相と本使との話合いの趣旨と異るものなるところ先方が信義を守らぬ以上押問答を続けるも無駄なるに鑑みこの際は別電の如き趣旨の回答を出し置くことも一法なるやに考えられる。然る場合は右回答を出したる後これを引用してネリ任命の十月十二日付通報をアクノレッジする回答を貴電第二九二号末段の趣旨にて出すことも出来る次第である。

本省御方針御電示を仰ぎたい。

(別　電)

マニラ　11月3日後9時51分発
本　省　11月4日前0時30分着

第七五七号

往電第七五六号別電

(一)日本事務所はネリが「交渉再開決定の暁は賠償問題に対し日本政府代表と会合し協議する」ことの権限を与えられ居ることについては疑を入れていなかつた。然し今回外務大臣の公文に依り更にネリは交渉再開の為めの両国政府の合意のない現在に於てもなお当事務所と賠償問題に関しては直接の話合を行い得る権限を併せて与えられ居る旨の解明があり、且右事情に鑑み賠償交渉に関する公文書の往復は直接ネリ宛とせられたき旨の希望が表明されたことを了承する。

(二)当事務所が十月十九日付ネリの公文書を受領し、その写しを外務省へ送つて右公文書の中に述べられているラウレル交渉団の完全解消の件及び大野ガルシア覚書がフィリピン政府に依り廃棄されたかどうかの件につき確認を求めたのは、交渉再開に到らざる間は外務省宛に照会す

る事が国際慣例に合致するものと考えたからであつて、決してネリが正式交渉再開の場合の首席交渉者として任命されたことの真実性に疑を差し挟んだからではない。

㈢今回の外務大臣公文に依り当事務所はラウレル交渉団が完全にネリ交渉団に依り取つて代わられたこと、及び大野、ガルシア覚書はフイリピン政府に依り廃棄されたものと解する旨をここに表明し、当事務所は交渉再開の合意が成立する以前に於ても、今後の賠償問題に関する話合い、及び公文書の往復は直接ネリと当事務所との間に於て行うこととすべき旨を併せて表明する。

363

昭和29年11月4日　緒方外務大臣臨時代理より
在マニラ大野在外事務所長宛（電報）

賠償交渉再開に関する中川アジア局長発言経緯及び今後の交渉方針等につき通報

本　省　11月4日後5時15分発

第二九八号（大至急）

貴電第七五二号に関し

一、三十一日アジア局長はＡＰ記者の質問に対し、㈠賠償会談の再開は日本も強く希望するところであるが、大野・ガルシア覚書が存在するにも拘らず、これと異る基礎において会談を行うが如きことは矛盾であり、フィリピン側はまず同覚書を破棄するや否やについての態度を明確にする必要あるべきこと、㈡貴使は既に右の点に関する照会をフィリピン外務省に発しており、右に対する回答あり次第フィリピン側の新提案を受理し得べきこと、㈢エルナンデス調査団にはあらゆる便宜を供与せるも右は飽くまでもフィリピン側の単独調査であり、その結果に日本側が拘束される理由なきこと、㈣大野ガルシア覚書は長い交渉の結果、互譲により出来たもので、日本の支払能力の限度を示しており、新会談を開くも、四億二十年のラインを大巾に変更するが如きことは困難なることの趣旨を述べた。

二、右は最近フィリピン側において各種の報道が行われおる事態に鑑み、わが方立場をある程度明確ならしめる趣旨から行ったものであるが、貴地における反響より見て、既にその目的を達したと思われるので、今後外部から照会のあった際は、右は不正確な新聞報道であり日本政府としては将来開かるべき会談における態度を今からコミットすることは出来ない旨を以て応酬されたく、又日本側の支払能力等に関しては暫く言及を避けることと致したい。なお「中川言明」に関連して新聞紙上を通ずる声明合戦は行はないのが適当と考えるので、フィリピン側が新聞報道の形で「中川言明」に反駁して来ても、わが方はすべてノー・コメントで押し通す考えであるが、貴使がネリと直接非公式に話をする途は出来るだけ早く開いた方が良いと認められる。

364　昭和29年11月6日　緒方外務大臣臨時代理より　在マニラ大野在外事務所長宛（電報）

ネリ首席代表との予備的折衝を進める意向を先方へ通報方回訓

本　省　11月6日後2時35分発

第三〇一号

貴電第七五六号及び第七五八号に関し、

一、ガルシア外相乃至外務省とこれ以上押問答を重ねるのは無駄であり且つ政治的にも面白からずと認められるので、二日付の外務大臣名の公文に対しては簡単に（但し言葉遣いは極めて丁重に）左の趣旨をもって回答しおくこととせられたい。

(イ)大統領がネリを交渉首席に任命したことは、同人が交渉再開決定の暁においてのみならず、交渉再開決定に至るまでの予備的折衝の権限をも附与したものなる旨の外務大臣の解明を大いに多とする。

(ロ)十月十九日付の交渉首席の文書の内容の確認方を要求した日本事務所の同二十日付公文は交渉再開に到らざる間は外務省宛に照会することが国際慣例に合致するものと考えたからであって、決してネリが正式交渉再開の場合の首席交渉者として任命されたことの真実性に疑を差し挟んだからではなく、首席交渉者が交渉再開に至るまでの予備的折衝の権限をも附与され居ることを日本事務所が当初より明らかに通告されて居たならば不必要であったものである。

(ハ)日本事務所は、賠償問題に関し速かに妥結に到達するため本問題に関する一切の通信は直接交渉首席との間に行われたき旨の外務大臣の通報を諒承したので、外務大臣の前記の解明にも鑑み、今後の賠償問題に関する話合い及び公文書の往復は直接交渉首席との間において行うこととする。

二、ネリに対してはその十月十九日附公文に対し簡単にアクノレッヂすると共に、右公文中には更にElucidationを与へられ度き点あるも、交渉再開を常に希望して居た貴事務所としては、之は後日の会談に譲ることを適当と考へ、今や交渉再開に必要なる一切の予備的折衝に欣然応ずる用意ある旨を回答し、先方の反応を見ることと致度。

365 昭和29年11月7日

在ニューヨーク土屋(隼)総領事より
緒方外務大臣臨時代理宛(電報)

賠償交渉再開に関するラウレル上院議員との第一回会談結果につき吉田総理より連絡

ニューヨーク　11月7日後3時6分発
本　　　省　11月8日前8時20分着

(編注)(館長符号扱、大至急、極秘)

総理より

七日滞米中のフィリピン上院議員ラウレル来訪、賠償問題に言及しフィリピンとしても交渉開始の意図であるが、先ず永野氏をマニラに派遣し交渉の下打合せを行いたる後交渉委員等の派遣される運びとなれば好都合と存ずるにつき御賛同を得ば自分より至急マニラに電報連絡の上何分の御返事を申し上げたいと答えたので、自分よりマニラから返電あり次第フィリピン側の希望を考慮に入れ、本件実現を促進したいと応酬しておいた。

ラウレルはワシントンに当方滞在中マニラよりの返電を得られる見込であると述べていた。

編注　本文書は電報番号なし。

366 昭和29年11月11日

吉田内閣総理大臣
ラウレル・フィリピン上院議員 会談

賠償交渉再開に関する第二回吉田総理・ラウレル上院議員会談

吉田総理、ラウレル比上院議員会談の件

昭和二十九年十一月十一日

十一月十一日午後ラウレル上院議員、アナス上院議員を帯同吉田総理を来訪、日比賠償問題解決のためには全く新たな人員と構想で交渉を継続する事望ましく別紙のような大統領宛電報案打電方に付総理の同意を求めた。総理は新しい構想で話合を進める事は同感であるが電報案一読後の印象として日本としては、フイリピンのペルソナ・ノン・グラタを押し付ける意思は毛頭無く永野氏でも村田氏でも結構と思うが先づ永野氏を派遣し予備的会談を始めさせ、その成り行きを見て正式に全権団を派遣することとしては如何かと思うと述べた処ラウレル議員は大野氏は自分の個人的親友で彼個人に就て異議がある訳ではない。然し乍ら御承知のような経緯で話合が断絶したのでフイリピン側も人を代えネリー外務次官を代表に命じたので日本側としても人員を新たにせられ交渉に当らせれば話合もスムースに進捗するものと思う。村田氏は同じく自分の親友であるが之亦戦時中の関係もあるので好ましくないと思つている。永野氏でも又日本側が選ばれる如何なる人でも結構である、と答えた。続いて総理より新たなスタートをすると言う事は結構であるが『大野ガルシア覚書に拘らず』との字句は比島側が本電報によつて同覚書廃棄に自分が同意を与えたような印象を与えて面白からず依つて He agreed 以下 PD 迄の字句を次のように修正しては如何と述べた処ラウレル議員は日本側の御懸念は充分諒解出来る自分は唯日比友好干係回復のため御役に立てば幸であるとの念願より本日の訪問を行つた次第であり右の通りの電報案で結構であると述べたので総理も右に同意を与えられた。

尚松井起草の電文案はフイリピン側が持参し、之をコピーした写を日本側に手交した。

修正点

He agreed to send Mr. Nagano or any other Japanese for preliminary talk to renew negotiation with a fresh start.

（別　紙）

CODE（TOP SECRET）

PRESIDENT MAGSAYSAY

MANILA（PHILIPPINES）

AT CONFERENCE HAD WITH PREMIER YOSHIDA THIS EVENING IN WASHINGTON HE AGREED TO REPLACEMENT OF MINISTER OHNO EITHER BY MR NAGANO OR

ANY OTHER JAPANESE PD HE ALSO IS AGREEABLE TO RENEWAL OF NEGOTIAION REGARDLESS OF OHNO-GARCIA AGREEMENT PD PREMIER YOSHIDA PROMISED TO ISSUE NECESSARY INSTRUCTIONS TO TOKYO IMMEDIATELY PD PLEASE WIRE CONFIRMATION IMME-DIATELY

SENATOR LAUREL

367 昭和29年11月15日　アジア局第三課作成

吉田・ラウレル会談等を受けての対フィリピン交渉新方針について

付　記　昭和二十九年十一月二十五日付在マニラ大野在外事務所長よりネリ・フィリピン賠償交渉団首席代表宛口上書

賠償問題に関する意見交換のため総理個人特使永野護を派遣する旨通報

日比賠償交渉に関する件

アジア局第三課

二九・一一・一五

ワシントンにおける総理大臣とラウレル上院議員との会談の模様ならびにマニラにおける大野所長とネリ大使との間の往復文書に鑑み、今後のフイリピンとの賠償交渉については、左記の如き方針にて進むことと致したい。

一、十日のネリの公文(来電第七七四号)に対しては、右をアクノレッヂするとともに、次の趣旨を回答することとする。

The statement of the Chairman of the Philippine Panel of Negotiators that, in view of the position taken by the Philippine Government as defined in the Chairman's note of October 19, 1954, it is to be clearly understood that the proposed preliminary discussions will be undertaken on a new and fresh basis outside of the frame work and without regard to the terms of the Memorandum initialed by the Chief of the Japanese Mission and the Secretary of Foreign affairs on April 15, 1954, is understood to be the declaration of the Philippine Government that it would not be bound by the said Memorandum any longer.

In taking note of the above-mentioned intention of the Philippine Government, the Japanese Government wishes to state that, inasmuch as the binding force of the said Memorandum has been thus nullified by the Philippine Government, the Japanese Government deems itself also freed from the obligations under the said Memorandum and that the Memorandum became null and void as a result of (by) the position taken by the Philippine Government. The Japanese Government also wishes to state that it has no objection to enter into preliminary discussions with the Philippine Government with a view to seeking a new and fresh basis for the solution of the reparations problem satisfactory to Japan and the Republic of the Philippines.(編注)

二、右回答後、直ちにわが方全権団を解散し、且つ大野事務所長に帰国を命ずる。(なお所長代理には至急金山参事官の後任を任命して之に充てる。)

三、永野護氏を、外務省顧問に任命し、マニラに派遣し、在外事務所と緊密な連絡の下に先方(ネリ、レクト、ラウレル等)と交渉せしめる。

四、今後の交渉において、フイリピン側はエルナンデス報告を交渉の基礎とすることを主張すると認められるが、その内容の不明なエルナンデス報告を基礎とすることは之を拒否すべきものと認められる。先方が同報告を正式に通報し来った場合には之を十分論駁することと致したい。

五、エルナンデス報告をめぐる論争とは別に、わが方としては、先方の賠償解決の方法を聞き出し、右を基礎として交渉を重ね、結局、四億ドル、二十年の実質に落着くよう努力する。但しフイリピン側が四億ドル賠償、一億ドル経済協力の案を提示するにおいては、経済協力を平和条約と全然無関係のものとすることに同意するにおいては(ビルマに対する悪影響を避けるため)之を考慮するものとする。なお右以外の妥協案としては、五億二十五年、五億として年支払額二千万ドル、二十年後において残りの支払が可能なりやを考慮する等が考えられるが、何れもフイリピン側の出方に応じてはじめて考慮するものとする。

編　注　昭和二十九日十一月十八日付口上書で右回答がなされ

た。

（付　記）

NO. R-2

The Chief of the Japanese Mission presents his compliments to His Excellency, the Chairman of the Philippine panel of negotiators and has the honor, under instructions from his home Government, to inform the latter that His Excellency Shigeru Yoshida, Prime Minister of Japan, is preparing to dispatch to the Philippines the Honorable Mamoru Nagano in the capacity of his personal representative for an exchange of views with Philippine leaders on the reparations question.

Manila, November 25, 1954

368

昭和29年11月26日　在マニラ大野在外事務所長より岡崎外務大臣宛（電報）

永野総理特使と予備会談の用意があるとのフィリピン首席代表回答受領について

付　記　昭和二十九年十一月二十六日付

右フィリピン首席代表回答

マニラ　11月26日後5時58分発

本　省　11月26日後7時55分着

第八〇七号（至急）

往電第八〇四号に関し

本二十六日午后ネリ首席より同日付公文を接受した。右ネリの公文は我方よりの十八日付公文（往電第七九一号）及び二十五日付公文（冒頭往電）の双方をアクノレッジし、日本政府が大野ガルシア覚書の完全廃棄方のフィリピン提案を受諾し、且つ『賠償問題解決のための新たなる基礎を探究する目的をもつて』予備会談を行う用意がある旨を表明したこと並びに永野護氏が日本の総理大臣の名代として『フィリピン側要人と賠償問題に関し意見の交換を遂げるため』近く出発するとの通報をテイク・ノートする旨を記述した後、右に鑑みフィリピン交渉首席は永野氏と予備会談を行う用意があり、ついては永野氏の到着予定期日並びに予備会談開始可能の時期を承知したいと述べ、更に右に関連しフィリピン交渉団は日本政府或はその代表者と賠償問題について交渉することを大統領から受権されている機関であるから本件に関する意見交換乃至予備会談を一切右交渉団首席との間に行うよう取計い方を希望すると結んでいる(テキスト空送)。

(付　記)

The Chairman of the Philippine panel of negotiators presents his compliments to His Excellency, the Chief of the Japanese Mission and has the honor to acknowledge the receipt of the latter's notes of November 18 and 25, 1954.

The Chairman has taken note of the contents of the first communication under reference expressing the acceptance by the Japanese government of the proposal to completely discard the memorandum initialed by the Chief of the Japanese Mission and the Secretary of Foreign Affairs on April 15, 1954 as well as that government's willingness to enter into preliminary discussions "with a view to seeking a new and fresh basis for the solution of the reparations problem" satisfactory to the two countries. Note has also been taken of the information contained in the second communication above referred to informing of the imminent departure for the Philippines of the Honorable Mamoru Nagano as personal representative of His Excellency, the Prime Minister of Japan "to exchange views with Philippine leaders on the reparations question."

In view of this information, the Chairman is pleased to state that he is prepared to engage in preliminary discussions with Mr. Nagano.

Information will, therefore, be appreciated as to when Mr. Nagano is expected to arrive and when the discussions can be commenced. In this connection, attention is invited to the fact that under the powers vested in it by the President of the Philippines, the Philippine panel of negotiators is the agency entrusted with the task of dealing with the Japanese government or its representatives on the reparations question. It is, therefore, desired that any exchange of views or preliminary discussions on the matter be conducted with the Chairman of that body.

Manila, 26 November 1954.

369　昭和29年11月27日　岡崎外務大臣より在マニラ大野在外事務所長宛（電報）

わが方賠償会議全権委員の解任について

本　省　11月27日後3時10分発

第三二一号

二十七日付をもつて、村田大使並びに貴使を含む賠償会議全権委員及び随員の解任を発令した。

3　総額八億ドルフォーミュラの原則合意

370

昭和30年1月5日　中川アジア局長作成

わが方交渉者人選に関する在本邦インペリアル・フィリピン代表との会談について

賠償問題に関し「インペリアル」比国公使来訪の件

昭三〇、一、五　中川記

一月五日(水)午后二時半「インペリアル」比国公使来訪、左の趣旨の会談を行った。

(イ)昨年末貴官より「日本政府(吉田内閣)は比国側の希望に基き永野氏を chief negotiator として選任した経緯あるところ最近松本官房副長官の帰来談によればネリ氏は永野氏の人選に必ずしも全幅的に満足しおらず多少の懸念を有するやの趣であり、判断に迷っている」とのお話あり自分より早速本国政府に照会しおきたるところ、比国政府としては永野氏を特に希望するとか、或は希望しないとか云う筋合にあらず、何人を chief negotiator に選定せらるるやは一に日本政府のされるところであり(up to the Japanese Government)比国政府としては何等関与する考はないとの返事を受領した。なお比国政府としては特に交渉再開を急ぐという訳ではないが、何時頃日本側代表が来らるるやに関心を有している。又右代表は単に比国側の意見を聞くという程度のものでなくネリ氏と同格の資格を持ち、negotiate をする権限を有する人たることを希望する。

(中)日本政府も決して故意に交渉再開を遅らす考ではなく、出来るだけ早く本問題を解決したい熱意を有する。ただ今回交渉再開の場合は再び前回の轍をふますことは避けたく、従って慎重に事を進めたい考である。比国政府の同意を得れば近く卜部課長を参事官としてマニラに派遣し、ネリ氏とも接触せしめ現地の空気もサウンドさせたい考である。首席代表の人選は恐らく卜部氏の報告を待って決定されるものと思う。その意味からも卜部氏任命に対する比国政府の同意を促進されたい。

（イ）承知せり、早速電報にて督促すべし。　（以上）

371　昭和30年1月19日　在マニラ大野在外事務所長より重光外務大臣宛（電報）

新たな交渉は専門家委員会を通じた積上方式による解決を構想しおる旨等ネリ首席代表内話

マニラ　1月19日前0時7分発
本　省　1月19日前7時50分着

第二〇号（館長符号扱）

往電第一七号に関し

ト部参事官より

ネリの希望により十八日午後三時半ネリを往訪、約一時間半懇談した。要旨左の通り。

㈠第一にネリは七日貴大臣の謁見の際永野氏を派遣することとなるべき旨述べられたとのインペリアル公使の電報を読み上げたる上ペラルタの賄賂事件に新事実発見との宣伝もありペラルタを無視すべきや又は永野氏を例えば外務次官又は谷大使に代つて貰うべきかにつき意見を伺いたい、レクトは永野氏の派遣に決まればペラルタを押えると言つておると述べた。[編注] よつてト部は次官も谷大使も東京を離れ得ざるべく新たに人選し直すとなれば時日を要する一方永野氏の如き有力な親フィリピン人を失うことはフィリピンの利益とはならざるべきにつきこの際は先ず永野氏を受入れる方向に努力されたいと述べたところ、尤もなるにつき交渉者の選択は日本政府の自由なりとの建前を貫くよう努力して見るべしと答えた。

㈡次いでネリは永野の派遣を得るとして、同氏が新たな提案を持たず、従来の如き構想で来られるとすれば失敗は明らかなるがいかなる案を持つて来られるかと質問したので知らないがいかなる案なれば話しになるかと反問したところ、レクトにも相談しないネリ個人の案なるも、双方より専門家を出して賠償で行う事業を一つ一つ話合いで決めて行く積上げ方式について考慮して欲しいと述べた。よつてト部より右方式には細かい点で難点あるも、これらは後日に譲るとして先ず長い時間を要するものとなるべきが、この点を如何に考えておるかと問うた処、ネリは之は極秘なるがエルナンデス調査団は日本より賠償で取り立てる資本財等について、フィリピンの産業五箇年計画にマッチさせたリストを作つてあるのでその点の問題なしと答え、且つ右リストは極秘に手交すべしとのことであつた。よつて卜部は右リストは是非もらいたいが、仮りに右が可能としても五箇年計画にマッチさせるごときは日本の財政能力上問題外なるべしと述べたところ、ネリは額は若干減らすことも出来、また年限は若干延ばし得べしと答えた。ついで卜部より他に考えられる案なきやと問うたが、ネリは四億ドルをサブスタンシヤリーに動かし得ない限り難しいと答えたので、卜部は右に深入りするを避けた。なおネリは経済協力の構想には従来強い反対ありたるも、米の増産等についてはレクトも反対しない気持になつたと述べたので、これ等はフィリピン側の希望を尊重して決めらるべきであるというのが日本側の態度であり、この気持は大野ガルシヤ覚書の付属書リストを決める際にも、更に右覚書に基ずく賠償協定案付属書リストに第十三項を追加したことにも表われおると答えた。ネリはリストに追加があつたことを知らなかつたが日本側のイニシァティヴで追加してくれた点はよく記憶しおくべしと答えた。

㈢ネリはビルマとの交渉振り又沈船引揚問題に付て質問したので適当に説明しておいた。最後にネリは一度レクトに会つて呉れないかとのことであつたのでネリの紹介ならば何時でも喜んでお会いすべしと答えておいた。

ネリの提案の積上げ方式の採用可能なりや至急御研究願いたい又他の解決案につき、どの程度踏み込んで問いたゞすべきやに付ても御回訓仰ぎたい。

編　注　わが方の永野護派遣の方針を受け、フィリピンでは同国に経済的関心を抱く永野が大規模な政界買収工作を展開しているとの風聞がなされていた。

372

昭和30年1月21日　在マニラ大野在外事務所長より重光外務大臣宛（電報）

エルナンデス賠償支払能力調査団が作成せる品目リスト入手の報告及びわが方交渉者の持参する提案内容の回答振りにつき請訓

別　電　昭和三十年一月二十二日発在マニラ大野在外事務所長より重光外務大臣宛第二九号

右リスト

マニラ　1月21日後11時24分発
本　省　1月22日前8時29分着

第二八号（館長符号扱）

貴電第九号及び一一号に関し

卜部参事官より

一、二十一日午前十一時半極秘裡にネリを訪問し先方の二つのリストを入手したるにつき別電する。右リストは極秘に取扱われたい。

二、ネリとの右会談は三十分に及びたるがその要旨左の通り。

(イ)ネリはレクト等とも相談したが永野氏の提案内容が不明なる現在の段階にてはリストを日本側に渡すは時機尚早との意見なるため手交し難し。永野氏は如何なる提案を為すものか承知したしと述べたるにつき卜部は右については何等知るところなきも唯日本の現状から見て多くを期待するは無理にして永野氏と雖も略同様のものを持つて来る外なくこの点に日本政府並に永野氏の苦労があると認められる。リストは右の見地より別の形により解決の緒となるやも知れざるにつき是非入手したいと述べたところネリはその責任において手交するにつき極秘に扱われたいと要望した。

(ロ)ネリは第一のリストにつき感想を求めたるにつき卜部は大体においてフイリピンの経済に貢献するものと思われ右は日本政府の希望に合致すると感ずるが数量乃至規模が示されておらず具体性において欠けると述べたところ数量乃至規模も用意してあると答えた。よつて卜部は何れ適当なる時機に右も承知したいと述べたがネリは確答を与えず、大切なるは第二のリストなりと述べ右の中米の増産は合弁事業の対象となり得るものなりと付言した。

（卜部は経済協力の問題に入るを避けるため方二（第カ）のリストの大切なる意味を問合わすを避けた。）

(ハ)卜部より貴電第九号の二、の点につき真相如何と問うたところ、ネリＡＡ（ママ）三人委員会としては、永野の二十日の発言（往電第二七号）に期待をかけているが、なお同氏の新提案の内容を承知したいとの意向である。すなわち同委員会としては、永野の派遣に同意をしたのに同氏が「大野、ガルシヤ」覚書とほゞ同内容のものを持つてくれば必ず交渉は不成功となり、その結果同意を与えたことの責任を問われたくないという考えであると述べた。よつて卜部は、右の如き考えなりとすれば日本政府としても永野を派遣した結果失敗したとの責任は取りたくないと考えるのは当然なりと述べたところ、ネリも右は諒解しうるところなりと答えた。結局ネリは三人委員会に対し永野の考えはフイリピンにとり最も有利なものであり、永野の如き有力な実業家を失うはフイリピンにとち《(りカ)》不得策なること及び永野を拒否すれば他に交渉を引き受ける有力者は見当らないであろうことを説得し、その結果を伝えることを約し、卜部は一応三人委員会の意向を日本政府に取り次ぐことを約した。

三、ネリとの交渉は三人委員会の長たるレクトとの交渉となりおるものと判断せられるところ、前記三人委員会の意向としてはなるべく早期に「永野の提示すべき案は大なる期待をかけられては失望を与うべきも大野、ガルシヤ覚書と同内容のものではない」旨を政府の訓令として伝え、その際永野の派遣についての危険は日比双方の負うべきところにして、若し予め永野の案の提示を求められるにおいては、新内閣としては総選挙後まで事態を見送りたいと考えるべき旨を卜部の感想としてネリに伝えることとしたいが、この点につきて至急御回訓願いたい。

（別　電）

マニラ　1月22日前4時8分発
本　省　1月22日前9時9分着

第二九号（館長符号扱）

（往電第二八号別電）

I List A.

1 Agriculture equipment and Machinery.
2 Fishing Boats and Fishing Gear.
3 Floating cannery.
4 Logging Equipment.
5 Saw-mill Equipment.
6 Plywood and Hard Board plants.
7 Mining Equipment.
8 Electric Transmission Lines and Equipment.

9 Electric Manufacturing Plant for Small Motors, etc,.

10 Bldg. Hardware Plant. (Hinges, Butts, etc.,)

11 Light Chemical Plants.

12 Pharmacentical Plants.

13 Insecticide Plant.

14 Paper Products Plant.

15 Food Processing Plant.

16 Ceramics Plant.

17 Animal Feed Plant.

18 Paint, Pigment, Varnish Plant.

19 Resins Processing Plant.

20 Salt Making Plants.

21 Cottage Industries.

22 Other Industries.

23 Port Equipment and Facilities.

24 Irrigation Gates and Materials.

25 Irrigation Pumps.

26 Water Supply Pipe and Materials.

27 Artesing Well Pumps and Rigs.

28 Flood Control Gates and Valves.

29 House and Bldg. Constr. Materials.

30 Air Field and Air Port Equipment.

31 Edu. Health, and Social Welfare Equipment and Materials.

32 Buses.

33 Telephone, Telegraph, and Radio Equipment.

34 Inter Island and Ocean-Going Ships.

35 Coconut Centrals.

36 Rice Mills.

37 Warehousing Materials.

38 Flour Mills.

39 Cassava Mills.

40 Abaca and Ramie Decorticating Plants.

41 Tobacco Processing Plant.

42 Railroad Equipment.

43 Hydroelectric Plant.

44 Steamelectric Plants.

45 Dieselectric Plants.

46 Alcohol Refineries.

47 Briquetted Semi-Coke Plants.

48 Coke-Making Plants.

49 Charcoal-Making Plants.

50 Iron Ore Benefication Plants.

51 Pig Iron Smelting and Integrated Steel. Steel Rolling Mill.

52 Ferro-Alloys Plants.

53 Steel Pipe Plant.

54 Galvanized Iron Sheet Mill.

55 Aluminum Reduction Plant.

56 Copper Smelting and Refining Plant.

57 Copper Rolling and Wire Drawing Plant.

58 Agricultural Machinery and Implements Plant.

59 Ammonium sulphate plant.

60 Urea-Ammonium nitrate plant.

61 Nitro-cal plant.

62 Nitro-phos plant.

63 Superphosphate plant.

64 Soda ash-caustic soda plant.

65 Calcium carbide plant.

66 Industrial explosive plant.

67 Munitions plant.

68 Coal derivatives plant.

69 Pulp and paper plant.

70 Textile spinning, weaving, and finishing mill.

71 Rayon processing and weaving.

72 Ramie plant.

73 Portland cement plants.

II List B

(1) Salvage of sunken ships now covered by agreement.

(2) Reclamation of off-shore swamps around the Manila Bay from the Manila north harbour to Bataan.

(3) Reclamation and development of Marshy Lands in Cotabato and Agusan Valleys for the production of rice both for domestic consumption and for export.

(4) More extensive mining and benefication of low-grade iron ore, preferably the Surigao ore, for export.

373　昭和30年1月24日　重光外務大臣より在マニラト部在外事務所長代理宛（電報）

永野の提案内容は大野・ガルシア覚書と異なると回答して差し支えない旨回訓

本　省　1月24日後4時10分発

第一四号（館長符号扱）

貴電第二八号三、に関し

「永野の提示すべき案は大野ガルシア覚書と同内容ではない」旨をネリに伝へられることは差支なきも「新内閣としては総選挙後まで事態を見送ることとなるべし」云々の点は差控えられたい。

編　注　大野在外事務所長は昭和三十年一月二十日帰朝の命令を受け、同月二十三日帰国した。

〰〰〰〰〰〰〰〰〰〰〰〰〰〰

374　昭和30年2月17日　在マニラト部在外事務所長代理より重光外務大臣宛（電報）

賠償問題解決促進のため専門家会議を開始したいとのネリ首席代表意向につき報告

マニラ　2月17日後2時39分発
本　省　2月17日後4時36分着

第一〇八号（館長符号扱）

往電第九八号に関し

ネリと会談せざること一週間にわたつたので十六日会見を申し込みたる所、台湾問題（往信第八九号参照）にて多忙なりとして、一日の猶予を求め十七日午前十時より一時間半にわたり第十回会談を行つた。要旨左の通り。

一、小官より貴電第三五号の趣旨を述べたる所ネリは直ちにこれを了承した。

二、小官よりバウテイスタに関する貴電第三四号を紹介し日本政府は身分につきての虚偽の申し立てを理由に査証を取り消す考えなるやも知れずと思われる旨述べた所、ネリは大統領も本件には特別の関心を有しおるにつきその意向を打診の上お伝えすべしと述べた。

三、小官より台湾問題の帰趨如何を問いたるところネリは、外交政策につき決定権を有するは大統領なりや将又上院の議員なりやを明らかにするため大統領はあくまで対決の決意を有し、その結果はレクトの敗北に終るべくそれも今明日に迫まりおる旨述べたので小官よりその結果はナシヨナリスタ党は分裂するやと問いたるところ、ネリはレクトが脱党するやも知れざるもその際は弧《（孤カ）》立無援となるのみなりと答え又小官より右対決の結果が賠償問題の解決上如何なる影響を与うるや心配なりと述べたるところ、ネリは今もそのことを大統領との打合せ中に、話題としたところなるが大統領は一旦指導権を確立した上は賠償問題につきてもその意見を押し通す決意であると答えた。

四、小官よりの質問に対し、ネリは賠償物資の発注方式は当然間接方式を考えおる旨答え、日本政府が水増をするとは信じていないと附言したので小官より右の信頼を感謝しかかる信頼があればいかなる難問題を《（もカ）》必ず解決すると信ずる旨述べたところ、ネリは(我が意を得たる面持を示し)

五、現状の下においては、レクトを始め、上院議員は直ちに一〇億ドルの決議《（編注）》、及び永野氏反対の立場を引込めるとは思われず。一方時日もいたずらに経過するのみになるにつき、此の際は総額及び永野氏の問題にふれることなく、例のリストに基ずく専門家同士の話合を事務的に開始したい旨日本政府にお伝への上、その同意を取付けられたいと述べたるにつき、小官より右の如き話合は何れにしろ必要なものなるにつき、早速右を日本政府に伝達すると答えた。これに対しネリは此の方法が今となつては唯一の途なるにつき、早速上下両院の指導者に話をし、その指示《（支持カ）》を得たる上、本件専門家会議開催を文書にて申入れる旨述べたので小官よりフイリピン側が右の方針を決定されれば、必ずしも文書の必要もなかるべき旨、私見として述べておいた。

なおネリは大統領に話をしてラヌーサ経済局長はバンコツクに派遣しないこととしたので、何時にてもラヌーサは専門家会議に団長として利用可能なること、及び会議地としてはむしろ東京を希望する旨述べていた。なおネリは専門家会議の初めより東京に行つてもよいかの意見を述べたので、暫くはマニラにとどまり議会工作を続け、会議の進行状況を見て、東京に赴く方が得策なるべしとの私見を述べたるところ、ネリは右に同意を示した。

六、なおネリはエルナンデス報告は何処にどの種類の工場を建設すべきや等についても詳しく述べており、右内容を知れば議員は必ず同調して来るとの自信を有し、殊に掘抜き井戸は良き餌と考えおる旨を述べていた。また右に関連して、ネリはエルナンデス報告が完璧なるやの言葉を洩らしたので小官より必ずしも完璧とは思われず、一部発表された部分には日本がその輸入を十五億ドルに制限すればとの仮定がなされていたが、右のごときは年間五億ドル以上の食糧を輸入する日本としては、まったく成立しないことなる旨を説明したところ、ネリは右説明を納得した上、同報告の誤謬は然るべく訂正して行きたいと述べた。

七、ネリは台湾問題の騒ぎのため、レクトとは最近賠償問題については全然話合つていないが、日夜賠償問題について思案を廻らしおることには変りなしと述べ、且つ大統領とレクトとの対立の結果については軒昂たる意気込みを示していた。

編注　昭和三十年一月二十五日フィリピン上院議員総会は賠償総額十億ドル、支払期間は十二年以内の条件で最終合意が達成されなければサンフランシスコ平和条約を批准しないことを決議した。

375

昭和30年2月21日　重光外務大臣より　在マニラト部在外事務所長代理宛(電報)

専門家会議の開催には原則的に同意するも結論は衆院選後としたくフィリピン側からの具体的資料等入手につき折衝方訓令

本　省　2月21日後2時5分発

第四一号(館長符号扱)

貴電第一一〇号に関し

一、此の際総額の問題は一応棚上げとし個々の賠償内容の検討を開始することには原則として異存なきも当方総選挙を目前に控え居り関係閣僚も不在の為め最終的結論は選挙後まで待ちたき考なり但し我方としても至急検討を行いたきにつき比側のリスト各項目のスケール、設置個所等の具体的資料を入手したく此の点ネリに要望されたい。

二、先方よりの申出は出来る丈け文書で取付け置かれたい。

三、専門家会議を東京で開くことは我方において前記比側の資料の検討を一応終つた上としたく期日は三月下旬以後と致したい（ビルマ協定発効との睨み合せの必要あること御承知の通り）先方に対しては専門家会議開催後具体案の提示あるのでは日本側で検討の間時間を空費することとなるべき旨を以て然るべく御説明ありたい。

376

昭和30年3月3日　在マニラ卜部在外事務所長代理より重光外務大臣宛（電報）

専門家会議の開催及び永野派遣につきわが方からの公文発出を希望するとのネリ首席代表意向について

マニラ　3月3日後2時30分発
本　省　3月3日後5時42分着

第一三四号（大至急、館長符号扱）

往電第一一五号に関し

三日午前ネリが電話をもつて、専門家会議開催につき日本政府は、正式に同意したと解して差支えなきやと質問して来たので、これを肯定すると共に、尤も右は永野氏の派遣を取止めたる意味ではなく日本政府の考えとしては、永野氏の交渉に引続き又はこれと平行して専門家会議を開くことを、最上策としていると信ずる旨答えたるところ、ネリは日本側首席交渉者につきての貴在外事務所の最後の公文内容（客年往電第八四二号）に鑑みるも、日本側より何んらかの公文をもらう順序となりおるにつき、右の公文を発出されたい。又その文中には永野氏がフィリピン側首席交渉者と同じ資格なることを明らかにせられたいと述べた。よつて小官はこのお話は交渉再開上極めて重要なる意味を有することとなるべき性質のものにつき誤解等を避けるため面談の上充分打合せたいと申入れ、ネリこれを快諾し十時より約一時間に亘り左の如き会談をなした。（第十二回会談）

㈠先づ小官より交渉再開への道は、なるべく多くしておくことが肝要なることを説き、ネリもこれに同意。電話にて永野氏派遣の公文を得たい旨述べたのは、レクトが塩原夫人或いは山口読売記者に、永野氏に必らずしも反対しない意向を漏した事実については自分でも確認したので、やや自信を得たからであると告げた上、本件公文の内容としては別電（省略）の如き文章とすることに同意した。

(二)右の話合中ネリは実はデルガドが本日午前賠償問題につきて会いたい旨申越したが、自分としてはレクトが賠償諮問委員会の委員長として存在する以上、上院外交委員長たりと雖も、デルガドに先に話をするは危険なりと考え、辞を設けてこれに応じなかつた。レクトとは来週早々位に会いたいがそれまでに本件公文を得られるならば、自分としては説得し易いと考える。なお苟且にもフィリピン側が交渉再開のための手を先に打つたとの印象を与えるとレクトは又何を云い出すかも知れない事情は充分御了解願いたいと述べた。

(三)ネリは本件公文を利用してもなお且つ同意を得られない場合にはこれに答える形にて首席交渉者の問題には触れずに専門家会議開催を提案することとしたいと述べた。

(四)ネリは在京インペリアル公使より送付されたバウチスタの署名入り声明文(ペラルタにロビーの証拠提供の事実なし。他のフィリピン人記者が事実を歪曲したるものなりとの趣旨)を示し、これを利用しペラルタを抑えることも研究中なりと述べた。

(四)(五カ)なおバンドン会議につきてネリは、ダレスがどうせ何も出来ない会議なり、又フィリピンの参加は歓迎するとネリに内話した旨告げたので、何かフィリピン側で本件につき、新発展あらば御知らせありたい旨、重ねて申入れたところ、ネリは何もなし、唯ロムロはネリの同行を大統領に強く希望し来りたるため、賠償交渉とぶつからぬ限り自分も出席するかも知れないと述べ日本側代表の顔触れに深い関心を示していた。

377 昭和30年3月5日 在マニラト部在外事務所長代理より重光外務大臣宛(電報)

マグサイサイ大統領の鳩山総理宛親電発出とその内意に関するネリ首席代表内話

付記 昭和三十年三月五日発在マニラト部在外事務所長代理より重光外務大臣宛電報第一四八号

右大統領親電

マニラ 3月5日後5時35分発
本省 3月5日後6時48分着

第一四五号(館長符号扱、大至急)

往電第一四一号に関し

一、五日午後四時ネリ大使は電話をもつて大統領が鳩山総理に対し「日本国民が貴総理大臣に対し更に信任を表したることを祝賀し貴総理大臣が表明せられた日比国交回復並びに賠償問題解決の御希望が具体的な形において示さるることを希望する云々」との親電を発することに決定し、右は三十分以内に発電せられる筈なり。なお右は発電後新聞に発表するが、現在ではコピーを差上げられないと通報してきた。

（以下暗号）

二、ネリは右電話の際、大統領はあくまでも自己の指導の下に賠償問題を解決する強い決意で本件電報も右決意に基き発せられることとなつた由内話した。

マニラ　3月5日後11時25分発
本　省　3月6日前7時14分着

（付　記）

第一四八号

往電第一四七号に関し

Please accept my cordial felicitations on renewed expression of confidence by people of Japan in your leadership. I am heartened to know that you are now in position to carry out your oft-expressed desire to hasten settlement of reparations question and thus bring about early restoration of normal relations of our two countries. I trust that that desire will now be reflected in concrete and practical manner in your government's approach to reparations issue. It is plain that best interests of our two peoples require that there should be no further delay in realistic and mutually satisfactory solution in reparations problem. Please consider this message as an earnest or my sincere desire to join you in achieving above objective.

378

昭和30年3月8日　重光外務大臣より
在マニラト部在外事務所長代理宛（電報）

鳩山総理のマグサイサイ大統領宛返電発出通報並びに専門家会議開催につき申入れ方訓令

付記一　昭和三十年三月八日

鳩山（一郎）内閣総理大臣よりマグサイサイ・フィリピン大統領宛親電

二　昭和三十年三月九日付

在マニラ在外事務所よりフィリピン賠償交渉団宛口上書

専門家会議開催の申入れ

本　省　3月8日後4時35分発

第五三号（館長符号扱、大至急）

往電第五二号並に貴電第一四九号に関し

総理のマグサイサイ大統領宛返電は別電第五四号(編注)の通り発出した。ついては冒頭往電の通りマニラにおいて開かるべき正式会談を成功に導くための準備として近い将来専門家会議を東京にて開催致したき旨を公文を以て申入れされ度い。

編　注　省略。付記一を参照。

（付記一）

His Excellency

RAMON MAGSAYSAY

President of the Republic of the Philippines

I thank you for Your Excellency's cordial message of March 5. It is my fervent desire to restore Japan's diplomatic relations with the great Republic of the Philippines and to foster the friendship between our two countries as members of the community of free nations in Asia. Continuance of the present abnormal relationship is not only detrimental to the interests of both nations but to the cause of Asian peace. From this standpoint I strongly desire an early settlement of the reparations problem, which has proved the sole stumbling-block to the normalization of Japan-Philippine relations. I appreciate and fully agree with Your Excellency's statesmanlike proposal for its speedy solution in a realistic and mutually satisfactory manner. I have taken steps to communicate to your Government our views concerning a concrete approach to the complex and complicated issue through our representative at Manila. I wish Your Excellency's continued health and strength for the sake of the peace of Asia as well as the prosperity of the Philippine Republic.

ICHIRO HATOYAMA

Prime Minister of Japan

（付記二）

The Japanese Mission in the Philippine presents its compliments to the office of the Philippine panel of negotiators on the reparations question and, with reference to the former's note dated December 24, 1954, has the honor, under instruction from its home Government, to state that the Japanese Government proposes to hold a conference on technical level in Tokyo in the near future for the purpose of paving the way for the successful outcome of formal negotiation on the reparations question to be held later in Manila and that the above mentioned conference will be of such a nature as to examine the details of reparations items as desired by the Philippines and to determine which of them can be made available to the Philippines by Japan as well as their kinds, amounts or quantities, and other necessary specifications.

Under this arrangement it is hoped that the chief negotiators of the two countries will have some common grounds on which to base their discussions and thus will be assured of better chances of success when they meet in Manila.

379　昭和30年3月31日　在マニラト部在外事務所長代理作成

沈船引揚条件変更により経費を圧縮しフィリピン側の経費削減要求との調整を図る解決案について

白幡課長へ

ト部

一、別紙第一の如きものをホン訳し、ラヌーサ及びアブレラのサインを取つけておくと良いと思います。

二、別紙第二《(見当ラズ)》の如き訓令を貰って行きたいと思います。

（第一）

沈船引揚についての諒解事項

三〇・三・三一

ト部記

一、協定実施取極においてリフロートすることとなって居る船舶については、これを現場解体することに条件を変更する。但し爆発物を包蔵し、誘発の危険ある軍艦については、右危険防止につき最善の注意を払うものとする。

二、協定実施取極において規定された常時現場に於いて維持すべき作業員の数については、経費圧縮に貢献する限りにおいては、適宜縮少し得るものとする。

三、作業完了のため定められた年月については経費圧縮に貢献する限り若干延長し得るものとする。

四、人件費については、日本側説明を諒承し、器材費及び管理費については日本側においてなお圧縮方研究するものとする。

五、以上の如き条件の緩和等に基き、日本側としては、経費を六百万ドルに近き額まで圧縮に努力するものとする。

六、予算の繰越し使用を可能とするため、日本政府が落札者との個別交渉によって以上の如き経費圧縮の実現を図るものとする。

七、経費圧縮を見たる暁においては、右圧縮されたる経費に対しフィリピン政府は直ちにその合意を表明するものとする。

380 昭和30年4月1日

今後の対フィリピン賠償交渉に関する在マニラ卜部在外事務所長代理への訓令

付記 昭和三十年四月、アジア局作成

日比賠償専門家会議の進捗状況について

日比賠償交渉に関する外務大臣の訓令

昭和三〇年四月一日

一、現在東京に於て開催中の専門家会談は順調に進行しつつあるが右会談は比側が出来得れば賠償として欲しいと希望する品目について日本側より純技術的見地よりその難易、或は経費金額等を回答することを目的として居り、賠償の範囲等については直接討議しないことになつてゐる。この会談が究極における賠償解決に関連し如何なる意味をもつものなりやまずネリ首席代表の真意を確められたい。

二、賠償解決を促進するためには賠償の範囲を何等かの形で大凡きめる必要あるところそのアプローチの方法としては専問家会談の後半においてフィリピン側から日本の財政能力を加味したリストの提出を求めることも一方法なるべき旨をネリに示唆されたい。

三、賠償支払能力については四億弗を実質的に(サブスタンシヤリ)上廻ることは事実問題として困難であり従てフ

ィリピン側としても出来るだけ之に近い額を以て交渉の原案とするようネリにインプレスされたい。
四、政治的解決のための具体的交渉方法としては総額に直接触れることなく例へば前掲二、の我方提示リストに対するフィリピン側対案の形で提示されることも一方法なるべき旨を示唆されたい。
五、必要に応じサンフランシスコ平和条約の批准期限に関する同条約第二十六条の解釈に関する日本政府の見解をネリに内報され差支ない。

編　注　一時帰朝中のト部在外事務所長代理に訓令されたもの。

（付　記）

（前略）
第五　フイリピン関係
一、賠償関係
(イ)　三月五日マグサイサイ大統領より鳩山総理宛に、日本国民による信任を得られたことを祝賀し、賠償問題の速かな解決により日比国交回復が促進されるとの希望が、具体的、現実的な形で示されるものと信ずる旨の親電が発せられたが、右はネリ首席代表のト部参事官に対する内話によれば、マ大統領が自己の指導の下に賠償問題を解決する強い決意に基くものであつた趣である。よつてわが方はこれに対し、八日鳩山総理より、右懇電を深謝するとともに、賠償問題を一日も早く現実的且つ相互に満足のいく形で解決したい旨の大統領の言明には満腔の敬意を表し共鳴する旨又その具体的アプローチについてのわが方見解については、在マニラのわが代表者をしてフイリピン政府に通知する措置をとつた旨、返電した。
(ロ)　次いで三月九日、在マニラ在外事務所より公文をもつてフイリピン側賠償交渉団事務所宛に、日本政府はマニラにて開かれるべき正式賠償会談を成功に導くための準備として近い将来専門家会議を東京において開催したい旨及び右専門家会議はフイリピン側が希望する賠償内容の細目の検討と、日本が提供し得る内容を決定するものなることを申入れた。
　右公文に対しネリよりト部参事官に対し十一日付をもつて、フイリピン政府は右わが方提案に同意する旨並びにフイリピン側専門家代表団を構成する措置をとつており、団員及び出発日取りを近くマニラ在外事務所へ通知すべき旨の回答があつた。その後十八日に至り、ネリよりト部参事官宛に公文をもつて、フイリピン政府は十八日付をもつて左の通りのフイリピン側専門家委員会、顧問団を指名した旨申越した。

専門委員会

委員長　セサール・ラヌーサ公使（外務省経済参事官）

委　員　アンドレス・カステイリヨ（中央銀行副総裁）

〃　ベルナルド・アブレラ（公社NASSCO総支配人）

顧問団

コンラツド・ラミレス（国家経済審議会技術顧問）

ホセ・パンガニバン（国家開発公社総支配人）

サルヴアドル・ヴイリア（国立マニラ鉄道総支配人）

アマンド・ダリサイ（国家経済審議会専務理事）

アレハンドリノ・フエレル（国立道路局次長）

プロスペロ・バレタ（国家電力公社化学技師）

フスト・ロペス（フイリピン商業会議所代表）

ホヴイノ・ロレンソ（フイリピン工業会議所代表）

(ハ)　一方専門家会議の日本側委員の指名については三月二十五日の閣議において左の通り了解され、同日付公文をもつてマニラト部参事官よりネリに通知された。

一般委員

外務事務官　中川　融（外務省アジア局長）

総理府事務官　酒井俊彦（経済審議庁総務部長）

大蔵事務官　石野信一（大蔵省理財局次長）

通商産業事務官　福井政男（通産省企業局次長）

専門委員
経済審議庁調査官　林雄二郎　（経済審議庁計画部）
外務事務官　白幡友敬（外務省アジア局第三課長）
外務事務官　藤崎万里（外務省アジア局臨時賠償室第一班長）
大蔵事務官　森鼻武芳（大蔵省理財局外債課長）
文部事務官　柴田小三郎（文部省調査局国際文化課長）
厚生事務官　川嶋三郎（厚生省薬務局企業課長）
農林事務官　山本　廉　（農林省参事官）
通商産業事務官　山本重信（通産省臨時賠償室長）
運輸事務官　多田寿夫　（運輸省参事官）
郵政技官　平山　温（郵政省電気通信監理官）
建設事務官　三橋信一　（建設省参事官）

㈡　三月二十五日夜フイリピン側代表団ラヌーサ公使一行十名（全員は十一名であるがダリサイはエカフエ会議の比代表として在京中）は東京に到着、翌二十六日午前一行は外務省を訪問し、谷大使、門脇次官、中川アジア局長に挨拶を行い午後はフイリピン代表部において、ラヌーサ公使と中川局長との間において専門家会議開催に関し下打合せを行つた。なおフイリピン側代表団一行に先立ち在マニラト部参事官は本省に事情報告のため二十四日一時帰朝した。

㈭　専門家会議第一回会談は二十九日午前十時よりプリンス・ホテル別館において日比双方の全委員出席のもとに開かれた。まず双方の首席代表中川アジア局長及びラヌーサ公使よりそれぞれ挨拶が行われ、次いでフイリピン側より同国の経済開発に必要なものの種々の項目につき説明があり、右の部分的リストを日本側に手交しその検討を求め、更に、両者間で今後の議事進行方式等につき打合せを行つた。

なお同日夜日比両代表団は重光外務大臣主催のコクテル・パーティーに招待された。

㈬　三十日午後二時プリンス・ホテル別館にて日本側委

員のみの打合会が行われたが、四時よりは、比側ラヌーサ公使、アブレラ委員、カステイロ委員、日本側ト部参事官、白幡ア三課長、藤野運輸省造船課長、石野大蔵省理財局次長、森鼻外債課長、酒井経審総務部長等出席の下に、沈船引揚に関する会議が行われた。

(ト) 専門家会議第二回会談は三十一日午前十時より行われ前回フイリピン側より提出されたリストに関し日本側より一般的な質問を行い、個別的事項については分科会を設けて検討することとなつた。なお本会議にてフイリピン側よりプラントに関するリストⅡが日本側に手交された。(以下略)

編注　昭和三十年四月、アジア局作成「アジア局執務月報第三十六号　昭和三十年三月分」より抜粋。

381

昭和30年4月4日　在マニラト部在外事務所長代理より重光外務大臣宛(電報)

専門家会議の取扱い及び賠償総額問題に関するネリ首席代表との会談結果につき報告

マニラ　4月4日後7時33分発
本　省　4月4日後10時49分着

第二三五号

四日午前十時より約一時間に亘りネリと会談(第二十一回)その要旨左の通り。

一、小官より帰任の挨拶をなしネリの質問に答え専門家会議は相互信頼の空気の中に満足すべき進行を示していたことを告げたるところ、ネリは相互信頼こそもつとも重要なりと述べた。

二、ネリのバンドン会議フイリピン代表団員任命については、ネリは自分の第一の責任は賠償問題解決にあるを以つてなるべく辞退したい考えなりと述べ、小官より辞退可能なりやを問いたるところ可能なりと答えた。

三、小官より四月一日付貴大臣の訓令に基き専門家会議が究極における賠償解決に関連し如何なる意味を持つものなりやをネリに問いただしたるところ、ネリは専門家間の合意したところを一つの書物となし、右に日本政府がフイリピン側リストの中のいかなる品目を賠償として提供し得るやを確め、提供可能の品目の経費乃至金額を明らかにしたものを一つの表としたものを付属書として付け加え、これをマニラに持ち帰り上院議員等に示すことにより抽象的な数字に具体的な実質を与えることとするのがその目的なりと答えた。

よつて小官よりフイリピン側のリストに掲げられた品目中には日本としていまだ輸出した経験のないもの或いは生産しおらざるものも若干あるが財政能力を別とすれば概ね大半が提供可能のものなるにつき、貴大使の言われる如きものを作るだけならば左程困難ではなかるべきも、右が賠償解決を大きく推進するとは思われないので、せめてフイリピン側のリストを政治的、経済的必要に基き優先順位により配列し変ることを考えられるか、或いは専門家会議の後半においてフイリピン側から日本の財政能力を加味して編成変えしたリストの提出を求めることも一方法なるべき旨を示唆したるところネリはラヌーサ経済局長は優先順位を付する権限を与えられていると答えたので小官よりラヌーサはその権限なしと会談の席上述べていたが右はラヌーサが慎重を期しおるためなるべしとコメントした。次いでネリは一体かかるリストの

再編成は如何なる目的の下に必要となるかと質問したので小官より例えば全体を十個のステージに別け第一のステージにおいて何を何程、第二のステージにおいて何を何程という風に決めておけば全権代表間の会談は具体的な基礎の上に進め得る次第にして一のステージを後に二年或いは一年半と決めれば自ら全体の賠償支払いの形も出来上ることとなり、賠償問題の解決がそれ丈促進されることとなると思われる旨を答えたところ、ネリはビルマに対し、総額を表示された以上、フイリピンの大衆も総額の表示を求めることは必至なりと述べ、右についての小官の意見を求めた。

四、よつて小官より我国の賠償支払能力は四億ドルを実質的に上廻ることは事実問題として困難にして、自分が東京に行つて驚いたことは、三十年度の本予算中に対比賠償のための予算を予め計上することすら難しいとの空気であつたので、自分としては本年中にも賠償物資の積出を実現することが絶対必要なりと各方面の説得に努めた有様なりと述べ、日本側の困難を種々説明したる上全く自分限りの個人的印象なるがと前置して、若しフイリピン

が早急に解決を求めんとするならば日本側の四億ドルに対しリストは五億ドルを交渉の出発点とされるのが適当と思われる。又若し二、三ケ月の交渉をする用意あらば六億ドルを出発点とさせることが適当と思われる。あまり大きな額を出発点とされれば会談に入ることすら困難となる恐れありと述べたるところ、ネリは日本側が四億ドルを出発点とするのは、大野、ガルシア覚書を廃棄された今日不適当なりと述べた。よつて小官は勿論四億ドルを固執するわけではないがこの数字はエリサルデ元外相が倭島前アジア局長に示したものである等の歴史を別とするも、これを大幅に増加することは日本の財政能力上困難と思われると述べたるところ、ネリは貴官の卒直なるお話は大変参考となつたが、自分はレクト等より八億ドルの数字を内示されており、大統領もお話の如き数字にては解決に興味を失しなうやも知れず困つたことなりと前置し、然る後クレジットその他につき日本側が何んらか考慮しおるところありやと質問したので、小官は右に深入りするを避け、只今の自分の話は東京の空気につきての全く個人的印象をお伝へしたに過ぎず、又本日只今右につき結論を出す必要なき次第なるにつき、右の如き空気を充分御考慮の上何んらかの解決方法を研究ありたいと述べ話を打切つた。

五、前記四、の話合中レクトの書簡(客年貴電第三〇五号の二、参照)に触れたるところ、ネリは最初はこれに耳を藉さなかつたが後に興味を示し出来ればコピーを見たいと述べ、右の書簡が日本側の態度に影響を与えたりやと問うたので小官より必ずしも然らずと思われると答え、日本が四億ドルを大幅に増加し得ないとするのは全く日本の財政能力逼迫の事実に基くと述べておいた。

六、小官よりマニラ鉄道ビリア大佐の交迭につき質問したるところネリは右交迭は既定の事柄なりと簡単に答えた(永野氏の談によればビリアは同氏と極秘裡に面会した際代表団が大統領に訪日の挨拶を行いたる際大統領はビリアを永野氏の友人として一同に紹介したと伝えた由なるもネリによればビリアは出張中なりしため独り遅れて大統領に訪日の挨拶をなした由であるこの点永野氏に御伝え置きありたい)。

七、本日の会談については小官が帰任の挨拶のため訪問し専門家会議の模様を伝えた外ネリとこれよりラヌーサに送付すべきリストの詳細につき話合を行つた旨をネリより発表することを打合せた。

382　昭和30年4月5日　在マニラト部在外事務所長代理より重光外務大臣宛（電報）

賠償六億ドル、経済協力二億ドルの総額フォーミュラによる決着を考慮したいとのマグサイサイ大統領意向につき報告

マニラ　4月5日後5時6分発
本　省　4月5日後7時23分着

第二三七号（館長符号扱）

往電第二三五号に関し

五日午前十時半ネリは大統領と話合つた結果につき至急会見したい旨電話にて連絡して来たので約四十分間に亘り会談（第二十二回）要旨左の通り。

一、先ずネリは、貴官が昨日話されたところを大統領に伝達したところ、大統領は八億ドルを割つた賠償問題の解決は政治的に見て不可能なるが、日本側の財政的、経済的困難もあり得べきにつき、資本財及び役務による六億ドルの賠償と合弁事業による二億ドルの経済協力とを日本が約束するならば、上院筋を説得出来ると思うから、右の如き解決方法につき正式に貴官に申入れるよう命ぜられたと述べた。よつて小官より自分が昨日の会談において個人的印象に基ずくとはいえ、総額に触れたこと自体が本省に知れるときは、いかなる叱責を受けるやも知れずと考えおる矢先に、右が契機となつてかかる数字を引出したと報告すればいかなる結果となるや不明なるにつき、右の取次ぎは御勘弁ありたいと答えたるところ、ネリはフィリピン側の腹案は遅かれ早かれ示す必要のあつたものにして、実は貴官が東京に赴かれる前に大統領の真意を確かめて、貴官にこれを示さなかつたことを悔んでいたところにつき、若し経緯を報告することが具合悪ければ、昨日の会談に触れることなく、本日突然フィリピン側の腹案を内示されたものとして、右の数字を東京に伝達ありたいと述べた。よつて小官はそれにしても、余りに大きな額なるにつき困惑する。若しフィリピン側は右の数字を出発点とするという意味ならば伝達しても

よいと述べたるところネリは大統領の性格を説明し、今これを出発点となすよう大統領に話しすれば大統領は遂にこれを最後の指示と言い切つてしまう惧れありと述べたので小官は然らば一応伝達して見よう、但し回答は若干手間取るべしと答えた。なおネリは大統領と支払い年数については話しをしなかつたと述べていた他、日比貿易尻をバランスさせる等日本の困難を緩和することについては充分考慮したいと述べた。

二、ネリは日本側の回答についてはフィリピンの議会の会期も残り少なくなつた今日、余り手間取ることは芳しからず、実は上院方面も、自分が東京に行つて専門家会議の締め括りをつけることには全面的に賛成なので、何とかその運びとしたいが、その時期までに何等かの反応を得たい。自分としては東京に行つた以上、空手で帰るわけには行かないので、何等かの収獲があるとの見透しをつけた上、東京に行きたい考えなりと述べた上、フィリピン側の腹案につき大統領が鳩山総理に親書を出すか、または自分より貴官に対し公文を出せば回答が促進されるかと問うたので、小官よりかかるデリケートな件について文書を往復するのは全体を壊す惧れもあり、不適当と思うと答え、ネリも右に納得し、実は自分も大統領が親書を出したいとの意向であつたのを一応抑えた次第であると述べた。

三、ネリは大統領の腹案については大統領、ネリ及び小官の三人しか知らない次第なるにつき特に洩れないよう御注意願いたいと述べ、且つ上院側の説得は困難だが、大統領の決意に鑑みこの数字ならば何とか説得し得べしと述べたので小官より数字を二つに分けたのは一つの進歩ではあるが日本側がこれをその儘呑込み得るとは考えぬよう願いたいと述べ、日本側の困難を繰返し説明しておいた。

~~~~~~~~

383

昭和30年4月6日　在マニラト部在外事務所長代理より重光外務大臣宛(電報)

フィリピン側は総額フォーミュラによる解決がより望ましい決着となりうるとの考慮に出たものと考えられ対応振りにつき請訓
~~~~~~~~

マニラ　4月6日後6時23分発
本　省　4月6日後8時5分着

第二四一号（館長符号扱）

往電第二三七号に関し

一、ネリが大統領の命令によるものとして提案した六億ドル賠償、二億ドル経済協力の解決策は従来ネリがヒントしていたところに比し、一つの進歩を示すものにして、あるいは賠償五億ドル、経済協力一億ドル程度をもつてする解決の途を開くものとも考えられる。但し小官が、右提案を本省に伝達することに難色を示したる際、ガルシアが大野公使に対し、五億ドルを最後の瞬間まで固執していたこと、及びラウレルが村田大使に対し、五億ドルで解決を示唆したことを述べたるに、ネリは「多くの水が橋の下を流れた今日」右のごとき数字は問題とならず、仮にレクト、ラウレル、ロドリゲス等が右のごとき数字を示したる事実ありとするも、今日では彼等はその事実を徹底的に否定し、あるいは事情の変化を主張すべく、その結果は事態を一層悪化すべしと述べ、今回の提案が最後的なものなりとの印象を与えるに努めたる他、右提案はレクトにも図《（ママ）》つていない由なるにつき、二つに分けることにレクトが反対する懼れあることに徴するとき、必ずしも安易な考え方は出来ないと判断せられる。

元《（三、欠カ）》来東京の専門家会議開催は、フイリピン側が多くを期待し得ないことを覚り、「積上げ方式」にて解決する他なしと判断した結果によるものなるが、今日の段階で総額を明示することを希望し来つたのは、フイリピンにとり好都合なる総額を明示し得るならば、その方が国民の支持を受け易いと考えたこと、また「積上げ方式」も愈々現実の解決策として仔細に研究して見ると多くの困難な要素があることが判明したこと、等の理由に基ずくものにして、いわば、隴を得て蜀を望む気持に出でたるものと考えられる。但し総額を明示すること自体は、右が日本側にとつて満足すべきものなる限りにおいて、後日の紛糾を避ける見地において得策なるは疑いを得ないと存ぜられる。

三、以上のごとき考慮の下において、今回のネリの提案に対してわが方が差当り執るべき措置については、左のごとき二つの案が考えられるところ、右を御研究上の参考とせられ、ネリに対する回答振りにつき何分の儀御訓電ありたい。

(イ)総額に触れる場合

提案された金額は日本の財政能力上巨額に過ぎ、到底右に応じ得ないが、

(A)全体を賠償と経済協力とに別ける考え方は面白く、経済協力を加えることにより全体をアトラクティヴにすることについては協力し得るかも知れざるにつき、ネリが専門家会議の締め括りをつけるとの口実にて東京に来られれば、交渉するに吝かならず。その際出来れば、レクト、ラウレル等の政界の指導者を同行されたいと申入れること。

(B)経済協力についての構想について、ビルマの場合と同様、日本側民間の合弁事業に対し、日本政府がその実現に出来るだけの援助を与える程度に止まるが差支えないかを確かめること。

(ロ)総額に触れ得ない場合

示された額は余りに巨額なるにつき、この際は当初の構想通り、「積上げ方式」による解決にて進みたいことを申入れること。

384 わが方としては積上げ方式による解決を目指したくフィリピン側反応を確認方回訓

昭和30年4月12日　重光外務大臣より在マニラト部在外事務所長代理宛(電報)

本　省　4月12日後5時55分発

第八四号(館長符号扱)

貴電第二四一号に関し

不取敢左記趣旨にてネリに回答し先方のリアクションを回電ありたい。なお、経済協力により賠償を補う考方は今の段階に於いては先方に提示することなく将来の切札として留保しおくこととしたい考である

記

総額を表示する方式には日本側としては必ずしも反対でないがその場合は財政能力の見地より四億ドルをサブスタンシヤリーに上廻ることは困難である従て日本側としては総額を論議することよりは日比両国間に感情上のもつれが生ずることを避けるため現在東京に於て進行中の作業の継続

として積上方式による交渉の促進に興味を有する

385　昭和30年4月13日　在マニラト部在外事務所長代理より重光外務大臣宛（電報）

最終的に賠償総額を議論せざるを得ぬことを踏まえわが方の再考を希望するとのネリ首席代表反応について

マニラ　4月13日後6時44分発
本　省　4月13日後9時28分着

第二五一号（館長符号扱）

貴電第八四号に関し

十三日午前十一時五十分より約三十分間ネリと会談（第二十四回）要旨左の通り。

一、ネリは先づ自分は昨日レクトその他の指導的上院議員に対し、フィリピン側の新提案内容を内密に提示し、その指示《支持カ》を求めたが反応は比較的意を強くするに足るものあり、喜びおる次第なりと述べ、次いでラヌーザよりの報告によれば中川局長より第一回回答を十四日得ることとなり、又回答は来週初めに一応完了する趣なりと伝え三週間の期限は延期せざるを得ざるべしと述べた。依つて小官より期限に拘泥して主目的たる何等かの合意に達することを忘れるは不可なりと答えたるところ、ネリは百％同意見なりとし一週間程度の延期に付、新聞発表等の手を打つと述べた。

二、小官より冒頭貴電御来訓の趣旨を伝えたるところネリはフィリピンの議会の会期も残り少くなりたる今日、我々は時に逆い仕事をなしおる次第にて、何んとか早く妥結の途を拓く必要あるが検討のためには一応積上方式にて進むにせよマニラの正式会談にては必ず総額を議論せざるを得ない次第なりと述べ、二億ドルにつきての説明を行いかけた。仍つて小官より自分は総額につきての話合をする権限無く、実は総額に触れたることについてすら叱責を受けたる次第なり。まして経済協力等の話をなす権限なしと拒絶したるところ、ネリは右は御気の毒であつたが、自分としては是非この話をしたく、右を説明すれば六億ドルにつきても考慮して貰えると信ずると述べ、この間若干押問答の形となつたが、結局ネリの説明はフィリピン産品の対日輸出を保証することに限られ、二億ドルと如何なる関連に立つやを明らかにするところがなかつた。小官よりこの点を指摘したところネリは明日でも書き物として説明すると述べた。

三、小官より日本政府のフィリピン側新提案に対する反応は、要するに六億ドルは多過ぎるとし、斯かる数字に固執される限り総額には触れられないとすることに尽きる次第なり。十一日の会談においてはロドリゲス及びビリアが参加したるにつき、貴大使の立場を考え、十日の御言葉は引用しなかつたが、あの時の御言葉通りせめて総額につきての話合が出来るところまで減額に努力せられたいと述べたるところ、ネリはこれに答えず話題を転じ、自分が東京に行くことが事態の打開に役立つか友人として意見を述べられたいと述べた。よつて小官は、総額問題につき触れたのも、友人としての立場に立つたためであり、そのため迷惑をも蒙りたる次第にて躊躇を感ずるが、貴大使の東京行きの可否は貴大使の権限内容如何にかかりおると思はれる。その点如何と問い返した処ネリは残念乍ら総額については裁量の余地なく、単に年限につきてのみ若干の余地を有する次第なりと答えたので、何れにせよ総額につきても幅を取られる様努力せられたいと重ねて申入れた。ネリは本会談直前二時間以上に亘り、バンドン会議につきての四党首脳会議に出席、疲労の色が見えたので会談を右にて打切つた。尚ネリによれば本件四党首脳会議の結論はレクトの反対を招く惧れあるものを含みおり、これを伝達するのが一苦労なりとのことなる外、最近再びネリの参加を認める声あり閉口している由であつた。

386 昭和30年4月20日

在マニラト部在外事務所長代理より
重光外務大臣宛（電報）

専門家会議の進行促進に関するネリ首席代表要望につき報告

マニラ　4月20日後1時40分発
本　省　4月20日後3時45分着

第二七五号

往電第二七〇号に関し

二十日午前、ネリは電話をもつて、カステイリオより報告を聴きたるが、会議は現在の進行速度にては、五月一杯かかるかも知れないとのことであり、且つ右の如き遅い進行速度は、賠償品目の使用目的につきて迄、日本側が詳細を聴くためなりとのことなるが、全体の進行を促進し、特に必ずしも必要でない細目は省略する様、東京に御伝えありたいと依頼したので、小官より元来斯かる会議によるアプローチは時日を要するものなることについては、既に一月十八日に警告してあるところであり、又右会議開催の話が軌道に乗り始めるや否や、時間の節約のため細目を一日も早く事前に渡される様依頼していた次第なり。本会議をして成果あらしめんと良心的に考えれば考える程、種々の詳細な細目を研究する必要ある筈のものなるにつき、御諒承ありたいと答えたところ、ネリは、御話しはよく分るが、何とか促進して欲しいと述べたので、小官より御希望は東京に伝えると答えた。

尚右電話の際、小官より時間を節約するためには昨日御話しした点を充分御研究ありたい。又レクトを同行して東京に行かれるのも一つの方法ならずや、御考慮ありたいと述べたるところ、ネリは御話しの二つの方法につき充分考慮してみるが、自分が東京に行く際は、貴官も同行されたいと述べたので、小官は本省の許可があれば同行すると答えておいた。

387　専門家会議開催中の好機を捉えて賠償問題解決を促進すべく対応振りにつき請訓

昭和30年4月20日　在マニラト部在外事務所長代理より重光外務大臣宛（電報）

マニラ　4月20日後6時28分発
本　省　4月20日後8時2分着

第二七七号（館長符号扱）

往電第二七〇号及び二七五号に関し

一、ネリはフィリピン議会の会期が残り少くなつたことを理由に（ネリは第二十五回会談において四月二十八日の日付に触れたるもネリが果して平和条約二十六条を如何に解釈し、右日付の接近を気にしているやは不明なり、なお四月一日付貴大臣訓令の第五の点はネリが問題として持出したることなきにつき未だ執行しおらず）しきりに焦慮を示し始め且つ専門家会議の締めくくり方、又ネリの東京行の利害得失につき苦慮し始めたことは専門家会議開催の一つの狙いが達成されたことを意味するものと存ぜられるところ、一面においてはこの機会を失えば賠償問題解決は相当遠き将来迄持越される惧れなきにしもあらざるにつき、東京にて専門家会議進行中に解決の大筋なりとも決定するよう持ちかけることが肝要と存ぜられる。但し専門家会議を開催した結果、フィリピン側が陥りたる弱き立場に付け込みて日本側が難題を持ちかけたるやの印象を与うることは禍を後日に残すものと考えられるにつき、厳重にこれを避ける必要ありと存ぜられる。

二、以上の如き考慮に基き、今後ネリと交渉するに当つての心構えは左の如く致したきところ、右につき至急御指示願いたい。

なお今後の事態は急速なる発展振りを示すと存ぜられるにつき念のため。

(イ)ネリの東京行については従来の通りなるべく少額の数字を而も出発点としての数字として持つて行くよう説得に努め且つネリの判断と責任の下に東京行を決定させるよう努める。なお場合によればネリをしてレクトと共に同行せしめ如何なる解決に付てもレクトの責任に帰せしめる。

(ロ)エリサルデの構想の如き経済協力はガット協定も認めおり且つ実際問題としては外貨割当の問題に帰するやに存ぜられるにつき右については出来るだけ好意的に御研究願うと共に小官としてはネリの構想をエリサルデの構想に一致させるよう努める。

(ハ)賠償に関連してフィリピンの日本品輸入増大につきネリは如何なる腹案を有するやを引出すことに努める。

(ニ)以上につきネリは我方の狙いに乗つて来ない場合には純然たる積上方式による解決につき説得に努める。

三、専門家会議の進行状況、問題点等の外例えばラヌーザが四月二十八日頃会議が終了するとネリに報告したならばその理由につきネリとの接触に当り参考となるべき事項につき引続き電報ありたい。

388 昭和30年4月25日 重光外務大臣より 在マニラト部在外事務所長代理宛(電報)

わが方の総額に関する交渉余地は乏しく訪日

の場合は譲歩につき相応の心構えを覚悟すべき旨ネリ首席代表に説明方回訓

本　省　4月25日後8時5分発

第九二号(館長符号扱)

貴電第二七七号等に関し

一、わが方としても対比賠償問題を急速に解決したい方針には変りなく、成るべく速かに比側が何処迄下り得るかをつきつめたくその上にて政治折衝に入り得る段取りとなる訳なり、この上とも貴官の折衝を期待する次第なるが、そのためにも現在の専門家会議をさらに一歩進める必要あるところネリが東京に来るも御承知の通り対比賠償に付ては、バーゲンの余地極めて少いためネリが相当譲歩の腹をきめて来るのでなければ成功の見込なしと憂慮される次第である。従つてネリに対しては、右心構えの必要なる所以を十分納得せしめつつなお自己の発意と責任において来日するよう誘導せられたく先方の最後的の心構えを見届け得れば最も好都合なるに付高碕及び谷両代表とは充分打合せの上先方と接触するよう御措置ありたし(編注)。

二、専門家会談は一応今月末には終了の見込であるが、さらに我方財政能力を加味した対案を出すこととなれば之を延長する必要あるところネリは右延長後の専門家会談のしめくくりを自ら指導する名目の下に来日することとし実際には極秘裡に我方代表者(例えば谷顧問)と政治的折衝を行うことが適当と考える。

編　注　ネリ首席代表は第一回アジア・アフリカ会議(バンドン会議)に出席後、マニラを経由して帰国予定の高碕達之助日本政府代表及び谷正之同代理との面会を希望していた(実現せず)。

389

昭和30年4月27日　在マニラト部在外事務所長代理より重光外務大臣宛(電報)

名目上の総額として八億ドルを確保したいとのフィリピン側感触を踏まえネリ首席代表の訪日を支援すべき旨意見具申

マニラ　4月27日前11時23分発

本　省　4月27日後1時3分着

第三〇〇号（大至急）

貴電第九二号第九三号及び第九四号に関し

一、往電第二九七号の二、の夕食においてネリ、ロドリゲス、カステリオ及びロペスと賠償問題につき種々討議した。要領左の通り。

(イ)ネリは往電第二九七号の電話の後、レクトを始めとする議会の有力議員の一部と会見し、沈船引揚げ費用の一五パーセント減額を容認し、且つ総額問題につきても充分なる権限を与えられる様説得に努めたが、

(a)沈船引揚げ費用については更に減額方に努めよとの意見が多く

(b)総額の数字については八億ドルは絶対に譲れないとするが、これを二つの数字に分けるに当つては、五と三に近いものであつても良く、又年限につきても更にゆとりのある権限を与えられると思われる旨述べ

(c)ついてはネリが沈船引揚げ実施細目に必要なる修正につき交渉するとの口実にて、東京に赴くのも良いが、更になお沈船引揚げ費用の一五パーセント以上の減額、並びに総額及び年限につきての右の如きゆとりある権限にて成功の見込ありやなしやにつき、東京行の意向を打診されたいと述べた。《（ママ）》

(ロ)小官は右ネリの談話に対し

(a)費用のこれ以上の減額は良心的に見て不可能とするのが日本政府の考えにて若し更に減額を主張するならば六隻の軍艦につき更に調査の必要あり、右はそれだけ余計な時日ならびに経費を必要とすることとなるべし。

(b)総額を仮りに四・五、三・五に分けるにしてもなお困難なりとされるべく、私見乍ら特に三・五の数字についてロドリゲス同席の上最初に聞いた説明及びエリサルデの構想に反し無利子借款等のことを言われては問題外になると思われる。

(c)又斯る大きな譲歩を希望する以上日本商品の輸入を増大される具体的な案を示される必要ありと思われる。更に又

(d)ネリが沈船引揚を口実として東京に行くのは面白き案なるも、若しも東京に行く前に総額についての或

る種のコミットメントを取り付けようと慾ばるならば回答は時日を要し然も真正面より否定される惧れすらあり、その際は東京に行けなくなることとなるべしと反駁し且つ再考を求めた。

なおレクトの同行が不可能ならラウレルの同行を求めては如何と示唆した。

(ハ)これに対しロドリゲスは上院議員の同行は不可能なること及び総額中の小さい数字は心理的効果を狙うに過ぎず、率直に云つて単なる「デイスガイズ」に過ぎないと明言し、ネリも右に同意し無利子の借款供与の実例があるからなり、又経済開発につきての長期契約をなす場合には借款の提供が必要となるは、右実例の示すところなり又日本商品の輸入増大については予ねて具体的に研究しているところにて、右については安心せられたいと述べるところがあつた。

(ニ)よつて小官は借款については日本政府をして一定額をコミツトさせんとすれば問題はきわめて困難となるべきも単に日本政府をして右の如き長期契約実現に当り好意的に考慮をするとの約束をなさしめる程度ならば見込あるやも知れざるもネリの東京行きに当り明確な言質を取りつけんとすれば否定的回答あるやも知れずと繰り返した。

(ホ)斯くして結論は出来るならば十三《（三十カ）》日迄に日本政府の沈船引揚及び総額問題につきての何分の反応を得る様小官より稟請し右反応なき場合にも一日以降の最初の便にてネリが東京に行く様努力する外ネリは更に二十七日以降も議会筋との折衝を継続することとなつた。

二、ネリ及びロドリゲスの総額につきての発言を綜合するに上院筋及び政府筋もこの際賠償問題を解決に迄持込みたい希望があり、而も八億ドルの名目的数字を維持して体面を飾れば満足し、実質的賠償は五億ドル前後にても良しとするやに認められる。

三、ビルマの場合には米につきての長期契約があり、而も合弁事業が付加されていた次第にてフイリピンの場合には名目的賠償の部分は右の二つを組合せた構想に過ぎざる次第なるにつき国家財政困難なる今日なるも、ネリ等の云う如き経済開発のための長期契約がフイリピンの資源並びに経済を日本産業に隷属せしめる効果あることを御考慮に容れられ、枉げてフイリピンの体面を尊重して賠償問題を解決せられる様御努力相煩し、出来得る限り早く若干なりともネリの東京行をエンカレッヂする反応を御電報ある様切望に堪えない。

390　昭和30年4月28日　重光外務大臣より在マニラト部在外事務所長代理宛（電報）

フィリピン側の総額フォーミュラ案はビルマ及びインドネシアとの交渉を考慮すれば受諾し得ぬ旨ネリ首席代表へ説明方訓令

本　省　4月28日後7時20分発

第九九号

貴電第三〇〇号及第三〇一号に関し

賠償五億経済協力三億という如き数字では対ビルマ関係から見ても到底受諾しえず又インドネシアは少くとも比国との均等待遇を主張しおる次第にて（高碕代表報告）右の如き案を持てネリが来朝するも妥結は困難なる事情をネリに説明しおかれたい

391　昭和30年4月30日　在マニラト部在外事務所長代理より重光外務大臣宛（電報）

経済協力に関してフィリピン側の想定せる方式について

マニラ　4月30日後10時30分発
本　省　5月1日前7時34分着

第三一五号

経済協力についてのネリの説明は出来るだけ賠償らしき体裁を整えようとし、又その間自己の功績をあげんとするのがその都度微妙な変化を示したるも二十六日ロドリゲス、カステリヨ及びロペスの前にて認めたるところ（往電第三〇〇号参照）及び第二十七回会談での説明（往電第三一一号参照）が本音と認められ、ネリのねらう内容は往電第二六四号のエリサルデの構想と大差なしと認められる。従つてその内容としては

(イ)日比の業者間にフィリピンの産物を適当と認められる最低価格（国際価格を基準として定められ且つ一定年限後は国際価格の変動により若干動かし得るものとする）にて購入する長期契約を結び得るよう日本政府がこれらに

対し外貨割につき保証を与え且つ

(ロ)右長期契約があるためにフィリピン業者が新に開発する鉄鉱等の鉱山、塩田、アバカ、米等の農業等につき必要となるべき借款を日本の業者が提供するに当り日本政府が便宜を与えることにて足りるものと認められる。

又その性格は出来得る限り賠償と観える体裁があれば足りるものにて、フィリピン側の自己満足のための「ディスガイズ」である。又右の如き経済協力については、賠償協定と別個の協定となし得る可能性もある次第なり。ネリとしてはビルマには合弁事業による経済協力が約束されていることを充分認識、且つフィリピンとしても右を望ましいと考えつつも、フィリピンの与論は合弁事業の形にて日本業者が事業に参加することを経済侵略の第一歩なりとして甚だ警戒し居るため、ビルマの如き経済協力を政府が約束し得ないこと、及び日本が八億弗の賠償には絶対に応じないと認識した結果窮余の一策としてかかる構想のものに飛び付き、且つこれに対しレクト等の同意を取付けたのが実情と認められる。

392　昭和30年5月5日　中川アジア局長作成

ネリ首席代表訪日に向けたわが方対処方針策定に関する高碕経済審議庁長官との打合せ

日比賠償問題に関し高碕経審長官と打合せの件

（昭三〇、五、五、中川記）

五月五日(木)午后一時高碕邸における本件打合会模様左の通り(出席者、高碕、谷、中川、経審石原次長、酒井総務部長)

(一)まず中川より別添資料(一)により従来の経緯を説明

(二)次で酒井経審総務部長より別添資料(二)により経審事務当局の考え方を報告

(三)次でネリと交渉する日本側態勢につき協議

経審次長及部長より国内的取纏めは経審長官が当ることとし直接折衝は外務省が当ることが順当なりとの発言あり、結局高碕長官の命を受けて谷大使がネリと交渉することが適当なりとの結論に達した

(四)我方腹案については高碕長官は日本の財政能力よりすれば四億ドル二十年払いが限度と思われ、足らぬ部分は経

済協力で補いたしとの発言あり外務側より先方は賠償として少くとも五億ドルを考えておるべく我方としても多少足《(歩カ)》みよるのでなければ妥結困難なるべき旨を述べた

㈤なお話を成功に導くためには最初の中は極めて渋く出てネリをしてギリギリの線を出さすことが必要でありそのためには各大臣口を揃えて四億ドル以上は出し得ざる旨を述べることが必要なりとの意見が述べられた

（資料一）

対フィリピン賠償の経緯

三〇、四、二六
アジア局第三課

一、大野ガルシア覚書

昭和二十八年十一月、マニラ事務所長として赴任した大野公使は訓令に基き、資本財及び役務により二億五千万ドルを十五年間に支払う案をフィリピン政府に提示した。その後同公使はマグサイサイ新政府の外相ガルシアと三カ月にわたり非公式交渉を行つた結果、昭和二十九年四月、日本は四億ドルに上る資本財及び役務を二十年間にわたり供給しこれによりフィリピンは十億ドルを下らない経済的価値を獲得することを内容とする覚書にイニシヤルをした。

二、村田全権団の渡比及びエルナンデス調査団の来日

前記大野、ガルシア覚書に基いて賠償協定を交渉締結するため四月十五日、村田省蔵氏を首席とするわが方全権団が渡比したが比上院において大野ガルシア覚書に反対の動きが強まり協定に調印するも上院の批准を得ることが不可能視される情勢に立至り、比政府は右覚書を交渉の基礎とせず出発点とすることを主張したのでわが方全権団は、正式会議を続開するも早急妥結の見込みなしと認め五月一日帰国した。マグサイサイ大統領は日比賠償交渉の行詰りを打開するため四月二十七日声明を発し従来対日賠償については議論のみ多く事実を知らぬ嫌いがあり賢明な決定は事実の把握の上に行わるべきで日本が実際に支払い得る能力の限度を知るため日本へ賠償調査団を派遣する趣旨を述べた。

四月三十日エルナンデス大蔵大臣一行六名が日本に到着約一カ月日本経済の現状及び将来に関する調査評価等

を行い六月五日帰国した。

三、両国賠償交渉首席の交替

その後十月比側は大統領顧問ネリをフィリピン賠償交渉首席に任命するとともに、日本政府に対して大野ガルシア覚書をはなれて交渉再開方申入れ来つたので日本側は比側が同覚書に拘束されるのを欲しない以上日本もこれに拘束されないと了解する旨並びに交渉再開には異存ない旨を回答した。

他方ワシントンにおいてラウレル上院議員より吉田前首相に対し例えば永野護氏の如き人を全権として渡比せしめられたき旨の申入あり、わが方は村田全権団の解散を行い、更めて永野氏を吉田前首相の個人的代表として渡比せしめる方針を内定したが、十二月政変あり一時事態は白紙に帰つた。しかし新内閣においても大体永野氏を重光外相の個人的代理として渡比せしめる予定であつたが同氏の健康上の理由及び比側の事情等より今日に至るも実現していない。

四、賠償専門家会議の開催

本年二月末マニラ在外事務所長代理卜部参事官がネリ大使と会見の際、ネリより賠償の総額をきめる困難を避けるため積上立式《（方カ）》を考えることとしそのため東京において日比双方の専門家会議を開催したしとの申出ありわが方としても右に賛成なる旨回答した経緯あるところ三月五日、マグサイサイ大統領より鳩山首相あて親電があり、日比国交回復及び賠償問題解決のための日本側からの具体的且つ現実的な申し入れを期待する旨申越した。右に対し三月八日、鳩山首相はマ大統領の意見に全面的に賛成し、具体的アプローチについては在外事務所をして提案せしめる旨回電し同時にマニラ在外事務所は、フィリピン政府に対し、マニラにおける正式会談の準備として、東京で専門家会議を開きたい旨正式に申入れた。

フィリピン政府は右日本側提案を受諾しラヌーサ外務省経済局長を団長とするフィリピン専門家代表団一行十一名は三月二十五日着京し、同二十九日より日本側専門家代表団と会談に入つた。右会談は四月二十六日現在までに本会議七回を開きフィリピン側より同国の経済開発に必要なもののリストが逐次提出されたが、リストは第一カテゴリーとして機械器具類、第二カテゴリーとして七十一項目のプラント、第三カテゴリー「スペシアル・プロジェクト」として㈠消費財の賠償㈡埋立干拓計画㈢沈船引揚㈣特別ペソ又は円による賠償（通常貿易の輸出中加工賃運賃保険料等を賠償に繰入れる案）㈤戦災者に対する見舞金㈥フィリピン技術者の訓練㈦在日フィリピン公館の建物修理㈧フィリピンにおける公共建物の復興の八項目にわたるプロジェクトに分れている。右比側提出の各項目につき日本側から純技術的に見て提供可能なりや否や及び可能の場合の価格につき検討の結果を提出しているが概ね四月末をもつて日本側の検討結果は全部提出しうる見込みである。

五、今後の見透

専門家会議は近く一段落の見込であるが、この結末は将来賠償総額決定の際の参考資料が出来るに止まり賠償問題自体の解決は別の見地より決定されなければならない。比側の最近の態度は賠償六億、経済協力二億合計八億程度を考えている模様でありわが方はこれに対し総額を明示する場合は四億ドルを実質的に上廻ることは困難であり、従つて総額を論議することより日比間の感情を荒立てることを回避する意味で積上方式により個々の内容について検討する形で交渉を進めることに興味を有する旨を述べている。最近に至り比側は専門家会議において単に技術的見地よりの意見のみならず財政的見地をも加味した対案を日本側より提出されたい旨の要望を行つたが之は比側も又積上方式による交渉の推進に興味を有することを示すものと思われる。この結果専門家会議はさらに若干延長されることとなろう。

（資料一二）

比国ネリ大使来日に際し、賠償問題に関して
わが方のとるべき態度

（三〇、五、四）

今回フイリツピンからネリ大使が来日するについては、同国との賠償問題に関し、日本側としては、とりあえず左の諸点を考慮の上適当に応待するものとする。

一、フイリツピン現政府は、ビルマ、タイ国の政府ほど強力でなく、国内の政情も大いに安定しているとは思われず、従つて、野党および国民感情に対して弱い点がある。

一方、ネリ大使個人としても、先般のウ・チョニエン、ビルマ工業相、ワンワイ・タヤコン、タイ外相の如く強力な人物ではなく、マ大統領及び背後にある有力者に相談することなく、独りで交渉を取り極める程の力及び権限は持つていないようである。また、今回の来日に当つて、ネリ大使が権限を得ている交渉の枠も当方の案とはかなり距りがあるものと想像される。

従つて、今回ネリ大使を相手に当方より種々の譲歩案を出しても、結局は、スターテイングポイントにされるだけに終る懼れがあり、先方は更にこれを足掛りとして、我が方に対し、第二段、第三段の譲歩を求めて来る公算が大きい。

二、先般の大野ガルシア協定では、四億ドル二十年の賠償額が仮調印された。しかし、客観的に見て、日本がフイリツピンに対して負担し得る実際の能力は、当時においても、二十年間に三億ドル乃至三億五千万ドルが妥当である。と考えられていた。

これを四億ドルまで譲つたのは、これによつて、ビル《（フイリ》マ《ピンカ）》との賠償問題が最終的に片付き、平和条約の批准が行われるということであつたので、日本としては相当の無理をして、精一杯の譲歩をしたものであり、これが、わが国の譲り得る極限であつた。即ち、わが国としては、既に最大限の妥協線を出してしまつているのが実情である。

三、先般成立を見た対ビルマ賠償協定においては、今後日本と他国との間に賠償が取り極められた際には、それと比較して、ビルマに対する賠償額を再検討するとの条項がある。而してビルマは、日本のフイリツピンに対する賠償が、二十年四億ドルというのであれば、異議はないと云つているが、もしわが国がフイリツピンに対して四億ドル以上の賠償を提供することとなれば、ビルマからは当然に、現在の十年間二億ドルの賠償と十年間五千万ドルの経済協力という協定せられた線を変更し、増額を要求して来るであろう。

四、一方インドネシアは、表面の主張はともかく、最終的な肚としては、日本に対する賠償要求額はフイリツピンと同額と考えている模様であり、従つて、フイリツピンとの賠償問題解決を急ぐあまり、大野ガルシア協定の線以上に出るときは、それだけ、インドネシアに対する賠償負担をも大きくする結果となる。

五、フイリツピンの賠償を四億ドルに抑え得たとしても、わが国が今後負担すべき対外債務は、ビルマ、インドネシアに対する賠償の外に、ガリオアの返済、外貨債の支払、タイ、仏印に対する特別円の処理、スイス、スウエーデン等より提起せられている戦時中のクレーム等を合算すると、恐らく控え目に見積つても、年間一億三千万ドル見当となり、現状をもつてしても、財政上極めて困難な負担を課せられることになるのは勿論、国際収支の点から見ても、極めて重い負担を覚悟せねばならないのであつて、フイリツピンに対する賠償額を更にこれ以上譲歩することは、この点からも困難である。

（なお、この際直ちにフイリツピンとの賠償協定をまとめるとすれば、現に国会に提出中の予算では財源がなく、当然予算の修正を必要とする。――本件は外部には云えないことである。）

六、よつて、この際、ネリ大使に対しては、日本としては、譲り得る最大限の線は既に大野ガルシア協定で出し尽したので、これ以上賠償額を増額することは不可能であるとの態度を貫くこととする。

七、一方ネリ大使は、日比賠償交渉に関して、現在フイリツピン側の出し得る唯一の人であり、ネリ大使の来日が結局失敗に終つたとの印象を与えることは不得策であるので、ネリの在日中に、昨春来懸案となつていた沈船引揚問題を解決すると共に、現在進行中の専門家会議に於けるリストの技術的討議を終り、彼の手によつて締めくくりをつけたということにして、その面子を立てることが望ましい。

393 昭和30年5月9日 谷(正之)大使／ネリ・フィリピン首席代表 会談

総額問題等に関する谷大使・ネリ首席代表会談

付記　昭和三十年五月十日付ネリ・フィリピン首席代表より谷大使宛書簡

総額八億ドルの解決フォーミュラ提案

谷ネリ両大使会談の件

三〇、五、九

ト部記

一、五月九日午后三時より約一時間、霞会館

二、出席者

日本側　谷大使、中川局長、ト部参事官

フイリピン側　ネリ大使、インペリアル公使、ラヌーサ公使、アブレラ氏

三、内容

先ず谷大使より専門家会議の経過及び結末の見透しにつき概述の上、交渉は極めてヘルシイな進行をなして居ると述べたのに対し、

ネリ大使は、専門家代表の努力とくに日本側代表の努力に対し、敬意を表すると述べたのち、賠償問題解決の近道を取るために総額問題につき提案をなしたいと述べ左記の通り説明した。

六億ドル　資本財　十年

二千万ドル　現金(寡婦、孤児に対するものにて心理的効果大なり)

一億八千万ドル　役務の額及び、政府間の借款により生ずる利子の累計額の合計、十年

谷大使より現金の支払期限を問うたところ、ネリ大使は最短期間を希望すると述べた。

ト部より、「デイスガイズド」の賠償と言われた小さい方の数額の内容は、マニラでの説明とは異り、迷惑する旨を述べたるところ、

ネリ大使は、実際の運用(インプレメンテーション)では、相違するところなしと述べた。

中川局長より、ネリの説明を更に詳細に聴取したのち、谷大使より、自分は窓口としてお話を伺うが、すべてミユチユアル・アコモデーションの精神にて解決につとめたく本日の提案を書きものとして提出方を依頼したところ、

ネリ大使は同感の意を表し、提案については十日正午までに書きものとして渡す旨を約束し、その際貿易の均衡についても触れると述べた。

次いでネリ大使は沈船引揚問題に触れ、桑原は当初三五ドルでやれるとしたものを、次いで四九ドルとし、六〇ドルとし、最近では七〇ドルから八〇ドルの間として居るので、信用はしないが、国内的には、安ければ安いほど良いとするものあり、日本政府として桑原は信用でき

ない旨書きもので貰えまいかと述べた、
谷大使はこれに対し新憲法の人権尊重の立場から、政府が、ある個人を信用し得ないと文書で書きこれを公表するには問題ありと述べ、
ネリ大使は、公表しなくとも何らかの文書を欲しいと繰返し谷大使は、一応研究すると述べた。

（了）

（付　記）

May 10, 1955

Excellency:

In compliance with your request, I have the honor to confirm my oral presentation on May 9, 1955, of the basis of settlement of the Philippine reparations claim which my Government considers acceptable.

This settlement is based on the sum of eight hundred million（$800,000,000）United States dollars, as the total amount of reparations broken down as follows:

（a）$600,000,000 – in capital goods, including complete operating factories, plants, ships, locomotives, machinery, equipment, tools, supplies, materials and other items specified in the three broad categories of Philippine requirements submitted by the Philippine Technical Reparations Committee to the Japanese Technical Panel;

（b）$ 20,000,000 – in cash as direct pecuniary benefits for Filipino war widows and orphans of the last war; and

（c）$180,000,000 – in services of Japanese technicians and technical organizations but not of unskilled labor and long-term, non-interest bearing, development loans or investment projects.

Item（a）represents the form of settlement that conforms more closely to the concept of reparations entertained by my Government and the people of the Philippines, for which reason it has been given the highest priority and importance. It is proposed to have the goods covered by this item made available within a period of ten (10) years.

In this connection, my Government desires to reserve, as previously made known and agreed to by the Japanese Technical Panel, the right (1) to select the individual items from the three broad categories of Philippine requirements, the availability of which from Japan is presently being determined by the technical conference between the authorized representatives of our two Governments; and (2) to change any item by deleting and substituting it with another from the list covered by the joint assessment of the current technical conference or, prior to consultation and agreement between the two Governments, with some other item outside such list.

My Government considers Item (b) necessary to help alleviate the hardships of those who suffered the most from the war and as a measure of restoring goodwill between the two countries. As such, it would achieve greater effectiveness if made available in the form of direct cash payments and within the shortest possible period rather than as proceeds derived from the disposition of the goods received as reparations.

I confirm Your Excellency's understanding of Item (c) to the effect that it will consist of the aggregate value of Japanese technical services in one form or another and the sum total of the annual interest payments to be withheld by my Government on long-term loans extended on a government-to-government basis over a given period. These loans are proposed to be expended only in fields of investment jointly approved by both Governments and predetermined to serve the mutual interests of our two countries. As interest payments to be withheld by my Government would come from private parties in the Philippines which avail themselves of such loans, the extent to which they are profitably availed of would determine the amount of the loans as well as the reparations under this category that can be realized by the Philippines over an agreed period.

The projects to be financed from these loans will be those that are of mutual interest to Japan and the Philippines. They should provide Japan with an assured and stable source of raw materials and food imports and at the same time assist the Philippines in the development of its natural resources and provide employment for its people.

My Government is aware of the tremendous possibilities which this feature of the foregoing plan of reparations settlement offers for the expansion of the present trade between our two countries through the acceleration of their respective economic recovery and development in a mutually beneficial manner.

I would be grateful if I could have the views of Your Excellency's Government on the foregoing plan of settlement at your earliest possible convenience.

I should also like to reiterate my appreciation for the courtesies and facilities which the Philippine Technical Reparations Committee and my humble self have received since our arrival in your great and beautiful country as well as for the candor and forthrightness which Your Excellency's Government has demonstrated in our deliberations on the reparations question.

Please accept, Excellency, the assurances of my highest consideration.

FELINO NERI
Chairman
Philippine Panel of Negotiators

His Excellency
Ambassador Masayuki Tani
Ministry of Foreign Affairs
Tokyo

394 昭和30年5月16日 谷大使 ネリ・フィリピン首席代表 会談

沈船引揚及び借款に関する谷大使・ネリ首席代表会談

谷ネリ両大使会談(第三回)

(中川記)

三〇、五、一六

谷大使は五月十六日(月)午後四時より五時半まで霞会館にてネリ大使と要旨左の会談を行つた。(参加者日本側中川局長、ト部参事官、フイリピン側ラヌーサ公使、アブレラ及びアバッド両氏)

一、沈船引揚について

（ネリ）　桑原の信用についての日本政府の書きものを貰いたい。

（中川）　日本政府が政府としてある日本人が信用できないと文書で述べることは困難なり、また大蔵省でも個人の銀行預金につき調査する権限はない由である。

（ネリ）　自分の訓令は沈船引揚費用の二〇パーセント削減と日本政府より桑原の信用できぬ旨を述べた文書を取付けることにありなお自らでの調査もすることになつて居る。

（谷大使）　桑原が信用できないとの運輸省係官の口頭の言葉を外務省で文書にすること及び引揚条件を桑原が十分知悉していなかつたこと並びにその条件が変つたので費用の削減が可能となつたことを文書によることも考えられ、おそらく二つの文書が必要となろう。また桑原は今や沈船引揚に興味なし、たゞし公正に行われることは注目するとまるで裁判官見たいなことをいつている。

（ネリ）　桑原が興味なしといつたことを文書に出来ないか。パラオの沈船引揚げ条件と比較するのも一つの方法なり。

（卜部）　海の条件が場所毎で違うのでそれは無意味なり。

（ネリ）　再入札は如何。

（卜部）　予算の繰越使用が出来なくなる由なのでそれは不可能である。

（ネリ）　曽つて大野公使が公文書で桑原が信用できないと述べたことあり。

（谷大使）　それは初耳だが、そんな事実があればなおさら文書で何《（ママ）》が述べることは十分研究して見る。

（中川）　発表されるものでは困る。

（ネリ）　絶対に発表はしない。自分がこのように沈船引揚を気にするのは結局これしか土産がないかも知れないからである。

二、賠償について

（ネリ）　早く解決しないと国論は逆に極端に悪化するので、何分のことを伺いたい。

（谷大使）　忍耐が必要なり。

（ネリ）　解決の機運が今日ほど高まつたことなく、今日を逃しては大変困つたことになる。

（谷大使）　高碕大臣は常に解決に努力しており、貴大使が自分と話合つてることは即ち高碕大臣と直接交渉されてるものと考えられたい。自分も常に連絡をとつている。

（ネリ） 解決についてはアプローチを変える必要ありと考えて居るが、九日の文書は自分のカード全部を出したものとお考えか。

（谷大使） そうは考えと《(てカ)》居らず一つの必要なプロセスと考えている。

（ネリ） あの文書は出さざるを得ない文書であつた（forced to state like that in the note）すなわちあれはそのまま本国政府に報告した。本日は借款について、さらに話合いたい。自分の方から説明してもよいが、出来れば貴方からもう一度昨日ラヌーサ公使と中川局長とが話合つた内容を説明して戴きたい。そしてその内容を先般の自分の書き物についての貴方の解釈として書き物で返事していたゞければ好都合である。

（中川） よい考えである。まず基本的な考えを申し上げれば、借款はその性格において私人間の借款であつて一般商業ベースの借款と同一である。たゞ日本政府は一定額の範囲内でその借款が実現するように援助をする義務があるところが違いである。政府は必要な道を付けるが個々の事業家を強制して借款を提供させることは出来ないから、きめられた額の借款が実現しないことも十分あり得る。その場合も政府の義務違反の問題は生じない。借款は賠償そのものではなく「デイスガイズドレパレーシヨン」なり。ビルマ条約でもこの型が認められておりタイの場合も同様である。たゞし私人同志で借款の話がついたのに輸出入銀行が資金がないとの理由で拒絶することはありえないこととなる。この点は非常な利益である。なおかかる借款については三つのカテゴリがある。第一は日本に輸出する産物を生産するための借款、第二はフイリピンで消費されるものを産出するための借款、第三は第三国に輸出されるものを産出する借款である。第一のカテゴリは産物の代金のリベートで元本利子を返還し（たゞし表面上は元本利子等とはつきりいわず「リベートの形で借款を返済する」といえばよかろう）第二及び第三のカテゴリはリベートの形をとりえないので元本利子を年賦で返還し、何れの場合でもこれを利用するフイリピン商社は右元利を支払つた後の利潤の一部をフイリピン政府にコントリビユーシヨンとして支払うものだ。

（ネリ）　何だか、それではフイリピン商社が賠償を払うことになりそうだ。

（中川）　自分もその点を考えると、もつと根本的にこのコントリビユーシヨンを払わせない方が好ましいと思う。借款は本質的に賠償でないので何も比国政府が金を取る必要はないと思う。ビルマの場合はそのような考えはない。

（ラヌーサ及びアブレラ）　コントリビユーシヨンといえばおかしいが、特許料 special licence fee といえばおかしくない。

（ネリ）　自分は経済のことは分らない。

（アブレラ）　日本人への利子の支払いも、市場安定料 market assurance fee といえばよい。

（谷大使）　一定の額が常に利用可能の意味でこれは一種のリボルヴイング・フアンドだ。

（ラヌーサ）　借款提供の期間を長くし、また償却の年限方法等を大いに緩和してもらいたい。

（ネリ）　それでは明日中に自分の書簡の一部に回答する形で、借款の意味を問い合せることとしてほしい。

（谷大使）　明朝中川局長とラヌーサ公使とで相談して起案してもらつたものを高碕長官に相談する。

（ネリ）　朝日の記事は困つたものだ。

（谷大使）　自分も憤概（慨カ）して居る。もつともあの内容は（ママ）程度のものは少し本問題の経緯を知つてるものなら誰でも書ける。

（ネリ）　単なるスペキユレーシヨンだと発表してほしい。

（谷大使）　それは良かろう。

（ネリ）　本日は鳥を一羽仕止めたが、もう一羽の大きな鳥を仕止めるわけには行かないか。

（谷大使）　あまり短兵急ではいけない。この問題に入るのはまだ早いと思う。たゞし高碕長官は常にこの問題について努力して居られ、考え方も積極的なることを記憶されたい。

（ネリ）　それではこれで失礼する。

ネリ大使は、帰り際卜部参事官に対し、何故早く賠償につき五億の数字を出さないのかと問うたので、同参事官はそれは貴大使がいい出すべきこととなり、何れにしろ八億の総額を取り、かつ六億の賠償も取ろうとするのは無理で、八億を取つて帰るためには六億を大いに下げることが必要で、唯一のチヤンスはそれ以外にはないと答えておいた由である。

395 借款の取扱いを明確化した上で賠償総額の議論に入るべきとのネリ・フィリピン首席代表との協議結果について

昭和30年5月18日　在マニラト部在外事務所長代理作成

ネリ大使との会談（五月十八日）

（卜部記）

三〇・五・一八

五月十八日卜部参事官はネリ大使をホテルに訪問、箱根又は熱海への週末旅行に誘ったが、同大使は賠償問題解決の曙光を見るまではその気になれないと謝絶した。その際の雑談中注目される点左の通り。

（ネリ）専問委員達は滞日が長びき帰国を希望して居り、また費用もかさんだので、帰国を許可した。ヴイラ大佐は十九日、他は二十一日帰国の途につく。但しラヌーサ公使及びアブレラ氏のみは更に数日の滞日、自分（ネリ大使）を援けてくれることとなった。然るときは自分が滞日する口実が無くなるわけであり、一方フイリピンの外交問題で自分の助言が必要なものが多々あるため実は来週末の飛行機に座席予約を申入れて居る。ついては貴官個人の意見として何とかまとまる見込ありや。

（卜部）借款の性質が明確となれば、結局本筋の話になる他ないと思う。おいそぎならば、至急借款の性質を明確にする措置（公文交換）を進められるべきだ。それが金曜日にでもなると、また三日ほどの日を無駄にすることとなる。

（ネリ）然らば大統領の回答なくとも、谷大使の書簡に回答することとしよう。もし片付くものなら、現在の議会が延長されて居る間に批准の手続きを取ることが肝要で、批准のため新しく臨時に開会するとすれば、その間に何がおこるか分らない。

（卜部）その点は谷大使にはお伝えしてある。

えか。

（ネリ）　それは有難い、一体日本はどの程度でまとめる考えか。

（ト部）　それを聞かれても困る。四億ドルを多くは上まわれないのが実情だし、また大蔵省その他では新しい数字を出すとそれをまた出発点とされると考えており、過去の経験から見てこの議論に対しては反駁し得ない。

（ネリ）　今度は左様なことなし、自分の訓令にはレクトその他の署名をもらってある。お目にかけよう。

（署名は上院の議長、外交委員長及び三人委員会の委員があり、三人委員会のはAgreed:として署名してあった。なお、右訓令末文には、本訓令はnecessary latitudeを奪うものに非ずとしてあり、その上のセンテンスには、$180,000,000の文字と$280,000,000との文字が見えた。右によれば、資本財五億、現金二千万、借款と役務二億八千万が最終的な数字となって居るものの如し。なおネリはnecessary latitudeのところのみを見せるため訓令書を折りたたんで見せたものである）

（ト部）　貴大使がその様な訓令を持たれて居れば、もう心配の必要はない。お持ちの訓令内で行動することにつき更に許可を求めるようなことを始めると後で困ることが起る。

（ネリ）　よく分った。それでは、早速借款の性質を明確にしよう。これはドレッシングにすぎない。ところで現金は貰えるだろうか。

（ト部）　それは難しい。

（ネリ）　二千万ドルを五年で支払うことなら大したことではない筈だ。

（ト部）　いくらにしても難かしい。

（ネリ）　何故五億の数字を出さないのか。

（ト部）　自分限りの心得だが、五億を出せば、それで直ぐ同意されるのか。再び出発点とされるのではないか。それが恐ろしいので、四億ドル以上の如何なる数字も出し得ないわけで、むしろ貴大使より出されては如何。

（ネリ）　貴官は四億五千万ドルの数字を呑ませようとして居たが、あれでは駄目だ。永野氏もその数字を持って来る筈だったと聞いて居る。

（ト部）　自分が四億五千万ドルの数字を云々したなんて誰にも言わないで欲しい。なお永野氏のことは誤報だ。一体どこから出た数字だろう。

（ネリ） 確かな筋、それも外務省筋だ。

（卜部） 自分はその事情はよく知って居るが、四億五千万ドルということはなかった筈だ。何れにしろ、現在のところのプロセスは一日も早く完了して、次のステップに入るべきだ。その後は割に簡単だ。

（ネリ） そうする。六と二というように数分で片がつくことはよく分る。

（卜部） 数字のことは一分間でも話合いがつく。

（ネリ） まだ年限の問題がある。

（卜部） とにかく、その話が出来るような段階に早く持ち込むのが先決問題だ。

（ネリ） その通りだ。

なお右会談中、借款が如何にしてフイリピン政府の収入になるかの点につき問答をなした。

396 昭和30年5月23日 中川アジア局長作成

借款に関する谷・ネリ交換公文の成立について

付記 右交換公文

日比賠償交渉に関する件

（昭三〇、五、二三 中川記）

一、五月九日ネリ大使の提出した比国政府原案は総額八億ドルの中資本財及び現金による賠償六億二千万ドル、役務及び投資の利子による賠償一億八千万ドルとなつているところ、日本側はまず投資の利子による賠償（日本よりの投資は無利子とし、その利子に相当する部分を比国の業者が比国政府に納付する案）の観念を改めさすことを第一段階として取上げ、十四日以来この点に努力を傾注した。即ち対ビルマ方式・及びタイ特別円の際の方式にならい経済協力は本質的に民間借款とし、ただ政府は定められた一定の金額まではこのような民間借款が可能となる道を開く義務を負う形のものでなければ考慮しえない旨を強調した。

二、右の考え方については十六日ネリも原則的に同意し、十日のネリ書翰に対する返翰の形で谷大使より右解釈を提示し先方が之をコンファームすることとした。

三、しかしながら右谷大使返翰の drafting の問題で(1)日本より提供する借款が円借款に止まるか又は若干外貨建の借款を含み得るか⑵現物による返済をどの程度認めるや⑶借款が長期且つ低利のものたることを特記するや等の諸点につき日比双方に議論あり連日折衝を続けた末本二十三日に至り最終的に合意を見別紙（第一）のような書翰を先方に提出することとなつた。尚ネリよりも同時にこの解釈をコンファームする返翰（別紙第二）をよこす手筈とした。

四、別紙の要旨は左の通りである。

(1)本件借款は日本商社が比国商社に提供する純商業借款であつて、その時における日本の貿易及為替管理法令規則に従うものである。

(2)本件借款は現在日比間で行われているような形のもの（即ち一部外貨建のもの）を含み得る。

(3)本件借款は現物で返済する場合も、それ以外の通常の方法（即ちCashにより）によつて返済する場合もある。

(4)本件借款は出来るだけ緩和した条件により、又出来るだけ長期間の分割払により返済される。

(5)本件借款は比国の産業開発に役立たせることを目的とし比国政府の同意した事業に与えられる。

(6)比国政府は本件借款を許与される比国商社から一定の手数料乃至課金を徴することができる。

(7)日本政府は両国間に協定される金額の範囲内において本件借款が行われ得るよう必要な措置を講ずる義務がある。

(8)両国政府は協定された金額まで本件借款が行われるよう日比両国商社を「エンカレッジ」する。

五、今後の見透し

以上によつて日比交渉の第一段階は解決し、引続き純粋の賠償部分（比側の言分六億二千（万欠カ）プラス金額不明の役務、日本側の言分四億）の総額及支払年限のディスカッションに入りうることとなつた。

（以上）

編　注　別紙第一及び第二は省略し、最終的な交換公文を付記として採録した。

（付　記）

May 23, 1955

Excellency:

With reference to Your Excellency's letter of May 10, 1955, I have the honour to state that the proposed formula for settling the reparations problem is under careful study by the Japanese Government and that our answer to it will be communicated to Your Excellency on the earliest possible date. Our basic attitude, however, was made clear, verbally, by Mr. Tatsunosuke Takasaki, Minister of State and Director of Economic Counsel Board, on May 13.

For the purpose of further clarifying the views of both governments on every aspect of the reparations problem, I would like to refer to that part in your formula which Your Excellency has denominated as "the long-term development loans". As Your Excellency's explanation on this particular item was rather brief, I would like to recapitulate, hereunder, my understanding of the nature and character of such loans.

(a) The loans will be advanced by Japanese private firms to Filipino firms on a commercial basis in accordance with the laws and regulations of Japan concerning foreign exchange and trade then applicable. To carry out the objectives of the loans indicated in paragraph (b), the Japanese Government will take the necessary measures to facilitate and expedite the advancement of such loans, within a fixed amount and period, both such amount and period to be agreed upon between the two Governments.

(b) The loans will be advanced for the development or expansion of various industries in the Philippines approved by the Philippine Government, including those along substantially the same arrangements as are now existing between certain Japanese firms and Filipino firms, which are repayable in kind and/or in the usual manner, with the easiest possible terms, and the longest possible period of payment by installments.

(c) The Philippine Government shall screen all applicant Filipino firms and industries for the loans mentioned above and shall decide whatever fees and/or charges to impose on the applicant firms which the Philippine Government endorses as eligible for such loans.

(d) Both Governments will take the necessary measures to encourage Japanese and Filipino firms to avail themselves of and use the loans profitably and to the fullest extent of the fixed annual amount to be agreed upon by the two governments.

It is desired that my above-stated understanding will be confirmed by Your Excellency at the earliest convenience.

Please accept, Excellency, the assurances of my highest consideration.

For Minister for Foreign Affairs
Masayuki Tani
Ambassador,
Adviser to Minister for Foreign Affairs

His Excellency
Ambassador Felino Neri
Chairman
Philippine Panel of Negotiators
Philippine Mission
Tokyo

May 23, 1955

Excellency:

I have the honor to acknowledge the receipt of Your Excellency's note of May 23, 1955 and to confirm Your Excellency's understanding of the nature and character of the so-called long-term development loans as follows:

"(a) The loans will be advanced by Japanese private firms to Filipino firms on a commercial basis in accordance with the laws and regulations of Japan concerning foreign exchange and trade then applicable. To carry out the objectives of the loans indicated in paragraph (b), the Japanese Government will take the necessary measures to facilitate and expedite the advancement of such loans, within a fixed amount and period, both such amount and period to be agreed upon between the two Governments.

(b) The loans will be advanced for the development or expansion of various industries in the Philippines approved by the Philippine Government, including those along substantially the same arrangements as are now existing between certain Japanese firms and Filipino firms, which are repayable in kind and/or in the usual manner, with the easiest possible terms, and the longest possible period of payment by installments.

(c) The Philippine Government shall screen all applicant Filipino firms and industries for the loans mentioned above and shall decide whatever fees and/or charges to impose on the applicant firms which the Philippine Government endorses as eligible for such loans.

(d) Both Governments will take the necessary measures to encourage Japanese and Filipino firms to avail themselves of and use the loans profitably and to the fullest extent of the fixed annual amount to be agreed upon by the two governments."

Please accept, Excellency, the assurances of my highest consideration.

FELINO NERI

Chairman

Philippine Panel of Negotiators

on Reparations

His Excellency

Masayuki Tani

Adviser to the Ministry of Foreign Affairs

Tokyo

397 総額フォーミュラに関する折衝状況通報及びネリ首席代表滞日延長につき米国側の周旋状況を確認方訓令

昭和30年5月30日　重光外務大臣より在マニラ鈴木(孝)在外事務所長代理宛(電報)

本　省　5月30日後4時30分発

第一一八号(館長符号扱、大至急)

往電合第一一八号の一、に関し

一、ネリは二十四日に至り資本財による賠償五億ドル一五年、現金賠償二千万ドル五年、役務による賠償一五年(編注)及びローン二億五千万ドル期限未定の案をその最後案として提示し、二十九日帰国までにその提案に同意方を要求した。右に対し高碕長官は二十七日賠償四億ドル十五年、ローン三億ドル又は賠償五億ドル二十年、ローン二億の両案を提示し、右の何れかにネリが同意する場合は政府部内とりまとめの努力をなすべき旨を述べたるところ、ネリはこれをもつて日本側に誠意なきを意味するとして二十九日帰国の延期を拒絶した。二十八日ネリは谷大使を来訪したるにつき同大使よりローンは別とすれば彼我主張の差は額において五千万ドル、年限において五年に狭められたものなるにつき、更に一両日滞在せられその間この差を如何に処理するやを工夫したしと述べたるところネリは一応三十一日までの延期に同意した。なおネリは三十日大統領の命令によるとして三十一日の出発はもはや延期し得ずと通告し来つた。

三、二十七日中川局長は在京米国大使館モルガン参事官に対し、在比米国大使館よりマグサイサイ大統領にアプローチし、ネリの滞日延期方サジエストするよう斡旋方依頼し、在京米大使館は右趣旨の電報を貴地米大使館に打電した趣であるがその結果如何なる手が打たれたかについては未だ回電に接していない。ついてはバローズ参事官に極秘に連絡、同参事官をしてフイリピン側の現在の意向乃至方針を問い合せ方依頼の上、結果至急回電ありたい。

編注　本箇所は役務賠償金額の記載を欠いているが、原文のままとした。

398

昭和30年5月30日　重光外務大臣／ネリ・フィリピン首席代表　会談

賠償金額及び支払期間に関する重光外相・ネリ首席代表会談

付記　昭和三十年五月三十日
右議題に関する谷大使・ネリ・フィリピン首席代表会談

*外務大臣ネリ会談（五月三十日）

（卜部記）

三〇、六、一

大臣は五月三十日午後五時半より丸ノ内ホテルにてネリ

大使と会談せられたが、右会談は延々三時間に及んだ。なおト部は午後七時半頃命により会談に倍《陪カ》席したところ、右会談は略々左の如きものであつたと察せられる。

大臣は日本の年間支払能力は二千五百万ドルが限度にして右額以上を支払い得ずと主張されたのに対し、ネリは賠償五億五千万ドル、年限十五年を主張してやまず、結局、妥協の余地がない以上は双方の主張したところを並列整理したものを持ち帰る他なしということになつた。ネリは右の如き帰り方をすることには如何にも具合が悪くその結果は日比関係は極度に悪化するべきことを繰返し述べ何らかの方法、例えば五億五千万ドルを容認せしめた上、残る問題は年限のみとする方法、あるいは、五億五千万ドルを十五年間に支払い年間支払額については二千五百万ドルを次年度より一定率で漸増する方法に同意を得て、これを持ち帰りたい旨を述べた。これに対し大臣は、五億五千万ドルを未だ容認したものに非ざること、また年間支払額は二千五百万ドル以上とすること不可能なることを主張せられた。

ネリは三十一日午前九時鳩山総理と面会する約束あるとのことなるにつき、大臣はこの上は総理と話をされる他なしと述べられ、会談を打切つた。なお大臣は、ネリに対し、ト部と夕食を共にした上なお十分話合うことを求められ、ネリはこれを承諾した。

(付　記)

谷＊、ネリ会談（五月三十日）

（ト部記）

三〇、六、一

ネリ大使（アバツド同席）が、大臣の招待に従い、ト部と夕食を共にして居る中に、大臣ネリ会談の結果に基く措置を協議する目的のため集まることとなつていた谷大使、中川局長が来訪されたため、全く偶然に、谷ネリ会談が行われることとなつた。なお、アバツドは途中辞去し、代つてラヌーサ公使が会談の最終段階に参加した。

右会談において、賠償五億五千万ドルを二つに分ち、最初の二億五千万ドルを十年間に支払い残りの三億ドルを十年又はそれより短期間に支払う案が提出され、とくにラヌーサ公使は、十年後においても日本の支払い能力が年間二千五百万ドルから三千万ドルに増えぬ道理なしとし、十年以後はビルマえの賠償支払の必要がなくなることを指摘した。結局谷大使は右妥協案を大臣に取次ぐことを約束された。

なお、右会談において、双方主張を並記する方法についての案も準備されたほか、ネリ大使帰国の際の発表文も用意された。

右会談は午後九時十五分より十二時に及んだ。

（中川後記）

本件会談は食後の雑談の形で始まつたものであり、当初ネリは全く落胆の体にて帰国後如何にしてレクト等を怒らざず事態をつないでおくかについて思いまどつている風であつた。ト部参事官の起草していた合意議事録（双方の意見を対立したまま記載したもの）の内容から段々会話が実質的問題に入つて行き、小生より比側が五億五千、十五年の線を堅持し、日本側が年間二千五百万ドル以上出せずという以上、如何に苦慮しても話の合う筈なく、比側が支払年限で譲るか、総額で譲るか何れかを考えなければ打開は不可能なるべし、自分が貴下ならば五億五千万ドルを二つに分ち、最初の二億五千万ドルは十年払いとし、残余の三億ドルについては年限を定めず、九年目又は十年目になつてその支払期限を両国間で協議してきめるという案を出すべしと述べたところ、ネリは急に乗気を示し最初の二億五千万は十年間に支払い残余の三億は次の十年以内に（in less than 10 years）支払うという案ではどうかと述べた。小生は右の案は五億五千万ドル、十五年支払案と大差なく問題とならずとて取合わなかつた。ネリはその後も一人で紙と鉛筆を前にし色々計算していたが、その中にラヌーサが入室しラヌーサに事情を報告し意見を求めた。

ラヌーサは立所に十年若くはそれ以内（10 years or less）としたらどうかとのべ、ネリも「オーライ」とのべた。ネリはさらに右は実質上二十年というに等しいと述べた。小生は右案によるも後の十年では日本の支払は最少限年平均三、〇〇〇万ドルとなるとのべたところラヌーサは十一年目からはビルマ賠償はなくなり、その分の金が浮くのみならず日本経済は十年後には著しく強力とならうと述べた。

中川より十年後に日本経済が強力となるや弱体となるやは今より判断しえずと述べ、又谷大使は比側に多くの賠償を与えればビルマも増額を要求すべく、十一年目にもまだビルマ賠償が継続しているかも知れぬと述べられた。ラヌーサは然らば(10 years or less in accordance with the financial position of Japan at the time)としては如何と述べたが、ネリは右は判断を日本側の事情に任すこととなり一方的に偏するとて反対した。なお先方は五億五千万の中の二千は現金で欲しいとのべ、ドルは要せずペソ(五年払い)で差支ないと述べた。小生より消費財で出しこれを比国政府が売つてペソとしては如何と述べたが、ネリはそれは国内宣伝価値上どうしても困るとのべた。小生より日本より見ればペソもドルも同じである直接の外貨負担となると述べたところ、ネリ、ラヌーサは何とか便法あるべしと答えた。小生より如何なる便法ありや承知したしと追求したところラヌーサより専門家会議でいろいろ論議されたところによつては如何と述べたので、小生より例の「オーバー・ザ・カウンター・レパレイション」なりやと質問したところ然りと答えた。

谷大使は(10 years or less)を(12 years or less)とし得ざるやと述べたところネリはそれでは大野ガルシア協定より悪くなるとて拒否した。谷大使はとに角ネリの最終提案を重光大臣に報告すべしと述べられ電話連絡されたが大臣は明朝九時鳩山首相に面会の際ネリより直接提案して見てはどうか、自分も事前に総理に経緯を報告しておくとの御返事であつた。

399 昭和30年5月31日 在マニラ鈴木在外事務所長代理より重光外務大臣宛(電報)

公平の観点から日比間の賠償交渉には関与せずとの在フィリピン米国大使意向について

マニラ　5月31日後6時29分発
本　省　5月31日後8時57分着

第三八八号(大至急、館長符号扱)

往電第三八四号に関し

一、三十一日正午過ぎ約束に従いチエース参事官を自宅に往訪せるところ、同参事官は自分はバローズ参事官の不在中大使館次席となりおるにつき貴官が自分に相談せられたるは、適切なる次第なりと前置きしたる後、実は午前中フアーガソン大使に貴官の要請を伝え、取敢えずネリ滞在延期方をマグサイサイ大統領に示唆すること然るべき旨、進言したるところ大使は在比米国大使館は公平の観点から日比賠償交渉そのものには如何なる意味においてもタッチすべきものに非ずと信ずる。交渉は両者が相互の信頼と善意に立脚し、第三国を交えず、二国間のみでこれを行い、妥結に到達せんと努力すること最善なりと信ず。在比米国大使館は日本政府の立場を同情せざるには非ざるも上述の見地よりして今日本側の希望を容れて大統領に接触することはこれを避けたし。右貴官に伝えて欲しいとのことであつたのでここにお伝えする次第である。自分としては大使の態度が更に消極化したることを残念に思うも、上司の裁断致し方なく、右呉々も御諒承請うと述べた。

右に対し小官は在比米国大使館が従来とも賠償問題に関し双方に公平を期せんとして来た態度は日本政府においても充分に理解しおるところなるもこの度の御依頼は交渉の成否に重大関係を有し若しも交渉が妥結する場合は右は日比双方のみならず米国の利益にも一致すると信んじたればこそ敢てお煩わせしたる次第にして本件妥結の可能性の観点よりせば斡旋されること寧ろ積極的に公平に資する所以にあらずや、フアーガソン大使からの御伝言は残念なり。併しながら先程の御話の如き東京大使館より本件斡旋供与方の依頼の電報もなかりしとせばこれ以上無理に御願いするも如何がかと思わるるにつきフアーガソン大使からの御伝言を取敢えず東京に取次ぐに止め置くべしと述べ、先方の厚意には一応謝意を表しつつ話を打切つた。なお大使の態度の変化のためかチエース参事官は東京における最近の経緯につきて余り質問しなかつたので小官も極めて一般的な話をするに止めて置いた。

二、本件極力努力するも訓令の趣旨を実現し得ず甚だ遺憾に存ずるも在比米国大使館の賠償問題に対する態度はスプルーアンス大使時代から極めて消極的なりしは御承知の通りにて米比関係に機微なる点あるにも鑑みフアーガソン大使も又本国政府より絶対不介入の態度を持すべき旨を訓令せられおるにあらざるやの印象を改めて受けた次第である。

400

昭和30年5月31日　重光外務大臣より在マニラ鈴木在外事務所長代理宛(電報)

総額八億ドル、賠償支払期間合計二十年のフォーミュラにて原則的合意が成立した旨通報

付記一　昭和三十年五月三十一日付鳩山内閣総理大臣よりネリ・フィリピン首席代表宛

ネリ首席代表提案の賠償問題解決フォーミュラ提案に原則同意する旨を回答した内閣総理大臣書簡

二　昭和三十年六月一日、在マニラト部在外事務所長代理作成

五月三十一日の鳩山・ネリ合意に関する経緯

本　省　5月31日後7時10分発

第一二〇号(館長符号扱)

貴電第三八四号に関し

ネリは三十日夜本大臣との会談の結果、賠償五億五千万ドル借款二億五千万ドルの主張は譲り得ざるも、日本の賠償支払能力は、年間二千五百万ドル以上を許さずとの我方主張を容認するに至り賠償の中二億五千万ドルは十年間に残りの三億ドルはその後の十年又はそれより短かき期間に支払うとの案を提出した。ネリは三十一日午前鳩山総理と会談し、その案を提示したがその結果総理は、マグサイサイ大統領が右案を容認するにおいては総理としても之を容認し得る旨を答え引続き右趣旨の書簡がネリと総理との間に交換された。なお総理書簡の内容はもとより、かかる書簡が出されたことも極秘とする事に彼我の間に堅く約束ずみ。従つて米国側にも洩れざる様注意ありたい。

(付記一)

*May 31, 1955

Excellency:

I have the honour to acknowledge the receipt of Your Excellency's letter of to-day's date in which Your Excellency outlined the following formula for the settlement of the reparations question between Japan and the Philippines:

(a) $500,000,000 -- in capital goods;

(b) $ 20,000,000 -- in cash (pesos);

(c) $ 30,000,000 -- in services; and

(d) $250,000,000 -- in long term development loans.

The amount of $550,000,000, that is, items (a), (b) and (c) put together, will be paid in the following manner:

1. $250,000,000 -- payable in 10 years, inclusive of item (b), which is payable in 5 years.
2. $300,000,000 -- payable in 10 years or shorter by mutual agreement between the two Governments.

The above formula is acceptable to me if it is also acceptable to His Excellency President Ramon Magsaysay. In view, however, of the current deliberations on the budget, which are keeping me and the members of my cabinet extremely busy, I would appreciate it if Your Excellency's President could formally express his conformity to the above-stated formula after the aforesaid deliberations are over.

Accept, Your Excellency, the assurances of my highest consideration.

Ichiro Hatoyama

Prime Minister of Japan

His Excellency

Felino Neri

Ambassador, Chairman of the Philippine Panel of Negotiations.

(付記二)

五月三十一日の日誌

（卜部）

三〇・六・一

一、卜部は命により、早朝院内大臣控室に赴いたが、午前八時半岸幹事長、大臣、高碕長官、根本官房長官が右の順序にて参集された。岸幹事長は大臣の質問に対し、是非日比賠償は解決の必要ありと答えられたが、続いて参集された高碕長官は、ネリの最終提案については先ずマグサイサイ大統領の同意を得たならば、その旨通知を受けたる上右に同意するよう日本政府内部を固めるべき旨を総理より答えてもらうこととする様提案し、大臣もそれにて宜敷《ママ》しかるべしと述べられた。この時ネリ大使がラヌーサ公使アバッド氏を同行来着したので、卜部は大使一行を院内閣議室に案内し、暫時待つよう求めた。

二、大臣、高碕長官、根本官房長官は、ネリとの面会前に総理室に赴かれ、続いて一万田大蔵大臣及び石橋通産大臣が総理大臣室に入った。総理大臣室からは一万田蔵相、石橋通産相、高碕長官、大臣の順序で出て来られ、入り代つてネリ大使及びラヌーサ公使が、総理大臣室に招ぜられた。

三、総理と約二十分以上に亘り会見したネリ大使、ラヌーサ公使は、大臣控室入口で高碕大臣、松本官房副長官(通訳に当つた)及びト部と会い、ト部に会談の模様を説明し、総理は大統領が同意すれば自分も同意するが、回答は予算審議終了後に得たい旨述べられたと告げた。右に対し、高碕大臣は左様な筈なしと述べられたが、松本副長官は総理はネリの言つた様な答えをなされたと述べた。また右会談内容を如何なる書きものとすべきやについては、高碕大臣は提案がフイリピン側よりなされたることを明らかにする必要ありと述べられた結果、結局往復書簡の形式とすることになり、ネリ大使はト部と共に直ちに外務省に赴き起案に取りかかることとなつた。よつてト部は木村秘書官に対し、往復書簡とすることの可否及び日本側書簡は総理又は外務大臣の何れが署名するかについての大臣の御意向を確めるよう依頼した。

四、ト部はネリ一行とともに午前九時四十五分外務省に来り、先ず谷大使に簡単に経緯を報告し、直ちに松本全権の室においてネリ一行と書簡の起草に取りかかつた。起草中松本副長官より電話にて外務大臣とも協議の結果、往復書簡とすること及び日本側署名者は総理大臣たることに決定した旨通報があり、右は同じ電話にて木村秘書官よりも確かめられた。なおネリ大使の書簡案には I would be grateful if I could have the views of Your Excellency's Government on the foregoing proposal. とあつたので、右にては直ちに返事し難かるべしと述べ之を Your Excellency と訂正せしめたが、我が方書簡案については、ト部が If the above formula is acceptable to Your Excellency's President, I would work for the acceptance of it by the Japanese Government. としたるところ、ネリ大使は、総理大臣の言葉を変えるつもりか貴官は列席しておらなかつたと気色を改めて述べたので、ネリ大使が松本副長官の前で述べたところ(前記三、)の言葉を用いて起案した。

（欄外記入）

五、ト部はネリ大使の署名した書簡及び総理大臣書簡案につき谷大使の閲読を得たる上、国会に赴き、中川局長の閲読を得、更に午前十一時五十分すぎに大臣にお目にかけたるところ、大臣はこれは慎重に取扱う必要ありと述べられ外務省までの同行を求められた。車中かかる書簡案文となつた経緯、特に前記三、の点を御報告したるところ、総理が踏み切られたのならば宜敷しい《(ママ)》、至急総理にお目にかけるようと命ぜられた。

六、午后〇時十分松本副長官立会いの下にト部は院内閣議室にて食事中の総理大臣に対しネリの書簡をお目にかけ、その間松本副長官にわが方回答案文の閲読を求めた。松本副長官の閲読が終つたので回答案文を総理にお目にかける前に、右の如き内容にて差支えなきやと問いたるところ、副長官は「総理は積極的に述べられた、右に間違いなし」と述べられたので、ト部は、とくに回答本文の部分が大切なところであることを述べて総理の閲読を仰いだところ、総理は、「こうなつてしまつたよ」と言われ、直ちにサインされようとされた。よつてト部は総理用のレターヘッドが必要なることを述べてお待ちを願つたところ、総理は「わたしは出たいんだよ。しかし待つている。タイプは外務省でやつて貰え」と松本副長官に述べられたので、ト部は松本副長官と共に総理官邸に赴き、レターヘッドを貰い、外務省に戻り、大臣に総理が回答案文を御承認になつた旨を報告の上欧文タイプ部にてタイプをなした。その間松本副長官より総理は病院に行くのを延ばして待つているから至急持参するようにとの連絡があつた。

七、午后一時院内総理大臣室に赴き、総理にタイプした書簡に署名をお願いしたるところ、総理は閲読されることなく署名された。（根本官房長官及び松本同副長官立会い）よつてト部は原文コピイの一部を松本副長官に手交して閲読を求めた。なお総理は、右書簡の内容がマニラにおいてもれたときは、その時をもつて右が無効となることを、ネリ大使に明確に伝えるよう、また右書簡の存在は極秘とするよう申渡され、根本官房長官は、ネリ大使に、右書簡は総理大臣の特別のお心持ちで出されたものなることを強調するよう注意された。書簡の伝達方法については、松本副長官はト部と二人で手交方を示唆されたが、二人で行くのは新聞記者の注意をひくおそれあり且つ総理の書簡なる故をもつて松本副長官一人で伝達することに打合せを行つた。

八、総理が病院に出かけられたのち、卜部は松本副長官に対しアジア局長の意見では、大蔵大臣、経審長官にはかかる書簡が出ることにつき諒解を得ておく方が良いとのことなりと述べたるところ、松本副長官は、総理が食事中に高碕長官が来られ、三人で話をしたが、松本副長官より、返事の書簡は、大統領が同意するならば自分も同意するという趣旨になつたと説明したところ、総理は積極的になつてしまつたよと述べられ、高碕長官は之を諒承された。大蔵大臣には高碕長官より話をされる筈と述べた。よつて卜部はそれでは自分よりは大蔵大臣、高碕長官には何も言わないで差支えないかと念を押し、辞去した。

九、午後一時半、卜部は外務省に帰り、谷大使に御報告し、続いて、アジア局長に報告し、更にアジア局長とともに門脇次官に以上の経緯を報告した。

十、書簡内容はもとよりその存在がもれたる時はその時をもつて右書簡はなかつたものとなる点については、午后三時、谷大使室よりネリ大使に対し電話をもつて伝えた。なお午后四時飛行場にて松本副長官に会いたる際右の点お伝えあつたかと問いたるところ、松本副長官は確かに伝えた、但し心配なるにつき手紙を書いて渡したと答えられた。

(欄外記入)

小生より卜部参事官に対し事前に蔵相及び経審長官に見せるよう注意せり　中川

401　昭和30年6月2日　中川アジア局長作成

「日比賠償交渉の段取りについて」

日比賠償交渉の段取りについて

アジア局長

三〇・六・二

フイリピンとの賠償交渉の今後の進め方については、左記の如き順序を踏むこととしたい。

一、六月六日(月)ト部参事官を帰任せしめ、比側においてマグサイサイ大統領の回答書簡作成をなるべく急ぐようネリと常時連絡を保たしめる。

二、フイリピン側回答書簡が作成せられたる際は、その受領時期については日本側準備状況とも睨み合せ別途決定する。

三、日本側においては昭和三十年度予算成立時期とも睨み合せの上、政府部内の調整を行う。

四、右日本政府部内の調整以前においては外務省において協定案文の準備を極秘に進めおき、政府方針決定後、関係各省と協議し、協定案文を確定する。

五、確定された協定案文は、マニラに送付し、マニラにおいて極秘に交渉して日比間に協定案文の決定を行う。

六、協定案文決定の上は全権を派遣し調印式を行う。

七、調印の日取りは予算成立及び協定案文についての交渉にかかつて居るので予定し得ないが、概ね七月下旬頃を目標としておくものとする。

八、協定案文の交渉に当っては、マニラ在外事務所の臨時増強を行うものとする。

編　注　本文書中の対フィリピン折衝事項は、昭和三十年六月九日発重光外務大臣より在マニラト部在外事務所長代理宛電報第一三六号にて訓令された。

402　日比賠償専門家会議合意議事録の作成・署名について

昭和30年6月13日　中川アジア局長作成

日比賠償専門家会議に関する件

(昭三〇、六、一三　アジア局長)

一、日比賠償専門家会議の経過に関してはさきに別添一(省略)の通り中間報告の経緯あるところその後主として会議の経過を要約して将来の記録に残すための合意議事録の修文に時間を取つていたところ本日小官及びラヌーサ比側代表との間に別添二の通り最終決定を見た(大蔵、経審、通産同意)よつて明十四日午后零時半よりプリンス・ホテルにおいて合意議事録の署名を行うこととしたい。

二、合意議事録はまず比側より三つのリストの提示されたこと、右提示に当り比側より六項目の諒解事項を提出し日本側はそのうち四項目には同意したが二項目(賠償品目の価格が同一品目の輸出価格又は国際価格と原則として同一なるべきこと)については態度を留保したことを明にしている。次で日本側が比側提示の三リストについて之が技術的提供可能性及びその価格について調査結果を提示したこと、その際日本側が六項目の諒解事項を提示し、比側はそのうち四項目には条件付で同意したが二項目(輸出奨励措置に関するもの及び特許料、技術料に関するもの)については「テーク・ノート」するに止めさらに具体的資料の提示を希望したことを明にしている。次で合意議事録は㈠日本の財政力の見地をも加味した検討を行うことは暫く見合すこととしたこと㈡比側が優先順位の考慮を入れた新しいリスト(縮刷版とも称すべきもの)を作成したことを明にしている。

三、合意議事録には三つの附属文書がつくがその第一は比側より提出された三リストと右に対する日本側の調査結果を纒めたものであり(附属書第一)その第二は右附属書第一を比側においてさらに整理し約半分に縮減したものである(附属書第二)。第三は両専門委員団の名簿である(附属書第三)。

四、明十四日零時半合意議事録署名に当っては従来の経緯を簡単に要約した共同声明を発表する予定である(案文作成中)。

(別添二)

AGREED MINUTES OF THE TECHNICAL CONFERENCE ON REPARATIONS BETWEEN THE PHILIPPINES AND JAPAN

1. During their first business session on March 29, 1955 both Technical Committees (hereinafter referred to as Panels) confirmed the prior formal understanding reached between their respective Governments that the present technical conference is aimed at "paving the way for the successful outcome of the formal negotiations on the reparations question to be held later in Manila, and that the above-mentioned conference will be of such a nature as to examine the details of the reparations items as desired by the Philippines and to determine which of them can be made available

to the Philippines by Japan, as well as their kinds, amounts, or quantities and other necessary specifications."

In conforming the above-stated purpose, however, both Panels took note of the fact that the conference, being merely technical in character, is not aimed at the final settlement of the reparations question which is expressly reserved for the subsequent plenipotentiary negotiations contemplated by the two Governments. The task of the conference is thus limited to ascertaining the specific items including the quantities thereof that the Philippines wishes to procure as reparations for its economic development and rehabilitation which Japan can provide from the technical standpoint of whether or not there is any substantial difficulty in producing and/or supplying them. How much of such items thus determined to be technically available from Japan, it should offer as reparations to the Philippines is, in the opinion of both Panels, not purely a technical question. Its final determination is not therefore within the competence of the conference but of the subsequent one on a plenipotentiary level.

2. In line with the above-stated purpose, the Philippines Panel submitted an itemized and detailed list of the various requirements of the Philippines for rehabilitation and economic development, broken down into three broad categories, namely:

a）Category I（Items A to T, inclusive）consisting of capital goods, machinery, equipment, spare parts, materials and supplies;

b）Category II（Items 1 to 77, inclusive）consisting of machinery, equipment, tools, spare parts, materials and supplies for the establishment of complete operating plants or for the expansion of those now existing in the Philippines; and

c）Category III（Items 1 to 9）consisting of various special projects and services, and including a few suggestions concerning some additional ways and means by which Japan may be able to pay reparations to the Philippines.

In submitting the above-specified requirements of the Philippines for study by the Japanese Panel as to their technical availability and price, the Philippine Panel made of record the following reservations:

a) Categories I, II, and III are neither exclusive of other items, nor all inclusive; and that they may, any time during or after the Conference, be modified (at the instance of the Philippine Panel or the Philippine Government) by (1) the addition of new items producible in Japan (2) the deletion of those now listed and their substitution with some other items (also producible in Japan) and/or (3) by the modification of the original specifications given for any items;

b) The machinery, equipment, tools, spare parts, materials and supplies indicated in Categories I and II shall be made in accordance with Philippine designs and/or specifications and their manufacture shall conform to standards set for like or similar Japanese export products. It is understood that the requisite parts and accessories for, including any improvements on, such machinery, equipment, tools will be made available to the Philippines at the request of the latter either as reparations or on commercial basis. Any of these items, when actually requisitioned as reparations, shall be subject to inspection and acceptance prior to delivery by the authorized representatives of the Philippine Government;

c) Upon the request of the Philippine Government all possible facilities will be given by the Japanese Government to provide the required number of Japanese specialists and technicians for the supervision, installation and/or initial operation of any item, plant or project specified in Categories I, II and III;

d) The f.o.b. price to be quoted for any listed item shall, as a general rule, correspond to the current export price of a like or similar Japanese product, or to the current world market price of a like or similar foreign product from any competitive source.

e) The unit price of any item specified in (d) above shall not be binding on either Government, it being understood that at the time of actual requisitioning the current market price of such an item shall as a general rule apply.

f) All expenses for inspection, packing, handling, freight and insurance due on any listed item included in the reparations agreement can be charged to reparations, provided that these services are supplied by Japanese nationals.

The Japanese Panel accepted the above reservations of the Philippine Panel excepting items d) and e) with regard to which it reserved its position.

3. The Japanese Panel submitted its findings concerning the technical availability, estimated price and/or value of all the requirements of the Philippines indicated in Categories I and II and its opinion on Category III, together with the following general observations with respect to its position;

a) This Technical Conference on Reparations, as was mutually understood by the Japanese and the Philippine Panels at the first meeting, does not aim at a final settlement of the reparations problem, but concerns itself with the study of the list of items which the Philippines requires for her economic development. The Japanese Panel has studied, therefore, the listed items solely from the technical standpoint of whether there is any substantial difficulty or not in manufacturing each individual item, with Japan's existing production facilities and technical ability.

b) It should not be inferred that Japan is able to manufacture all of the items enumerated here and those to be submitted hereafter, simultaneously or in a relatively short period. In order to answer this, such extraneous factors as production for export and for domestic consumption must also be taken into account. Viewed from the overall requirements of Japan, its present production capacity to meet any excessive demand on such a capacity is not therefore unlimited.

c) To what extent Japan can offer as reparations out of the enumerated items is, needless to say, a different matter. It is a matter to be negotiated between the two countries from a different standpoint. In such negotiation, Japan's financial ability to bear the burden, her international balance sheet and other relevant economic factors such as power and raw material supply would have to be taken into account.

d) The unit price quoted for each item represents only a rough estimate and may vary at the time any particular item is actually requisitioned. Also it should be noted that royalties for patent, technical fees and the like for the installation and operation of plants are not included in the computation of the unit prices of some items.

Where the detailed specifications supplied by the Philippine Panel are for items not presently producible in Japan, the unit prices quoted for such items are estimated according to Japanese specifications.

e) With respect to d) and e) of the reservations made by the Philippine Panel, it should be noted that the prices of items to be supplied as reparation are not necessarily identical with commercial export prices. In case of exports, some measures in taxation or other fields are stipulated by law for the purpose of promoting export trade and they are deemed to be inapplicable to reparation goods, from which no foreign exchange will be acquired. Also in cases where some items required are not currently exported by Japan on a commercial basis, although technically producible, their prices will have no bearing with the world market prices.

f) In some cases where foreign patents and/or technical assistance contracts are involved in the manufacture of listed items, the Japanese suppliers are under regional restrictions regarding sales. Supply in such cases would actually depend on the nature of such restrictions. Also, in some cases where the use of foreign patents or technical assistance involve any substantial foreign exchange burden, the incidence of the additional cost in foreign currency, being additional to and distinct from reparations, would have to be negotiated and agreed upon on a case to case basis between the two Governments.

The Philippine Panel accepted reservations (a), (b), (c) and (d) above, with the express understanding that all the factors and problems therein cited to be restrictive of Japan's capacity to provide any listed item as reparations to the Philippines shall be deemed to be resolved as soon as the two Governments, taking due account of such factors and problems, shall have concluded the reparations agreement. However, in preparing the annual programs for the actual execution of the reparations agreement, particularly as regards the specific items of reparations for any given year, the two Governments shall consult with each other and take due account of the relative urgency of the need of the Philippines for certain items as well as all the relevant factors and problems of Japan's economy which may then affect its technical capacity to supply them.

The Philippine Panel took note of reservations (e) and (f) above with the observation that the problems posed by the Japanese Panel in such reservations are of such a special nature that they have to be substantiated, by item if necessary, in a more detailed manner.

4. The list submitted by the Philippine Panel referred to in 2 above and the findings provided by the Japanese Panel referred to in 3 above are attached hereto as Appendix I.

5. During the course of the Conference, the Philippine Panel suggested that in order to "pave the way for the successful outcome of the formal negotiation on the reparations question" envisaged by the two Governments, the Conference should further proceed to study which of the listed items desired by the Philippines and how much of each can, both technically and financially, be supplied by Japan as reparations for a given period.

The Japanese Panel agreed in principle to the above suggestion; but owing to the lack of material time, as well as to the fact that higher-level talks for the settlement of the basic issues of reparations had started simultaneously in Tokyo, it was agreed to wait until after the results of such talks shall have been definitely ascertained.

6. The Philippine Panel expressed its desire to prepare another list which would reflect its evaluation of the relative urgency of the need of the Philippines for the items enumerated in Appendix I. It was felt that such a list would help pave the way for the success of the plenipotentiary negotiations in Manila by indicating which of various Philippine requirements listed in Appendix I are relatively more important than the others. The

Japanese Panel concurred in the idea of preparing such a list, but desired to make of record that the choice of items was exclusively done by the Philippine Panel.

The list thus prepared by the Philippine Panel is attached hereto as Appendix II, with the understanding between the two Panels that any and all of reservations made by the two Panels with regard to Appendix I will also be applied to Appendix II.

7. The official rosters of the two Panels are hereto attached as Appendix III.

403 昭和30年6月14日　在マニラ卜部在外事務所長代理より重光外務大臣宛（電報）

フィリピン側の賠償解決フォーミュラ承認を受けての鳩山総理宛書簡作成に関する協議結果につき報告

付　記　昭和三十年六月十五日、日本側に手交された右書簡のアドバンス・コピー

マニラ　6月14日後5時41分発
本　省　6月14日後7時46分着

第四三五号（大至急、館長符号扱）

往電第四二一号に関し

十四日午前十一時、求めによりネリを往訪会談したるところ要点左の通り。

一、ネリは十四日の大統領と議会領袖等との朝食会において、ネリの賠償解決案が全員一致をもつて承認されたと喜色を浮べて告げ、特にロドリゲス上院議長及びラウレル上院議員が熱烈に賛成し、レクトは余り口数を用いなかつたが同じく賛成したこと及びタニヤダは遅れて最後の段階において参加したので借款の部分についてのみ更に説明を得たいと希望したが、他の部分については同じく賛成したと内話した。

二、右朝食会においてネリは、右提案は高碕長官との間において暫定的にそれぞれの政府に採用方をリコメンドするものとして合意されたもので何等書き物はないが、フィリピン側が同意すれば日本側も同意するとの心証を得たるものなりと説明した由にて、新聞のスペキレイションを防ぐため概ねこの程度のことをこれから発表すると述べた。

三、右朝食会において参会者より、支払い期間についての説明要求があつたため、ネリは十五年から二十年又はそれ以下と説明したが大して関心を招かなかつたし又年間支払については、ビルマの賠償支払後は増加されると言う程度の説明にて済んだと述べた。

四、依つて直ちにネリと小官との間において、大統領の鳩山総理宛書簡の起草に取り掛つたところ、途中でネリは大統領により呼び出されたが、大統領はネリに宛てた書簡に大統領が答えることは非難を招く惧れありと反対した由にて、ネリは書簡をネリが書くものとすることを固執して止まないので、小官は妥協案としてネリの書簡とするも、そのアドヴァンス・コピーにはネリの外大統領もイニシアルすることを提案、ネリは結局これに同意した。

五、右ネリの書簡中にネリ提案の文言そのままコピーすることにはネリにも異存はなかつたが、後半において借款の詳細は正式会議において更に討議される旨を書くことを主張した。ネリによれば朝食会においては借款の性格等につき、ある程度の説明を行つたが紛糾を来すことを慮り、立入つての説明は避けたため参会者より日本側に文書を出す場合には特にこの点を特記する様希望された由である。依つて小官より借款のみにつき特記するは誤解を招く惧れあり右を削除するか又は全文につきて（ママ）の詳細につきて言及するに留めることを主張したが、ネリは右を譲らず唯既に成立した了解の範囲を出ることなきことを誓言すると述べたので小官より然らば総理宛書簡中借款の詳細に関する部分は谷、ネリ両大使間の五月二十三日付交換書簡に合意されたものより逸脱するものにあらずとの書簡を同時に発出することを求め、ネリは結局右に同意した。なおネリは総理宛書簡中に日本側全権団の氏名の通報を求める趣旨を書き込むことを主張したが、小官は未だその時期にあらずそれ迄に小官とネリとの間に協定案文につきて交渉するを要すると述べた結果、ネリはこの点をドロップした。

六、ネリは右の書簡案文につきレクトと相談の上十五日中にも手交すべしと述べた。なお小官より右借款のアドヴァンス・コピーに対しては日本側において字句の修正を申出ることあるべき旨の留保をなしておいた。

（付　記）

Excellency:

I have the honor to refer to Your Excellency's note dated May 31, 1955, on the reparations question, in which communication Your Excellency states that the following formula of settlement is acceptable to Your Excellency if it is also agreeable to the President of the Philippines:

(a) $500,000,000 - in capital goods;

(b) $20,000,000 - in cash (pesos);

(c) $30,000,000 - in services; and

(d) $250,000,000 - in long term development loans.

The amount of $550,000,000, that is, items (a), (b) and (c) put together, will be paid in the following manner:

1. $250,000,000 - payable in 10 years, inclusive of item (b), which is payable in 5 years.

2. $300,000,000 - payable in 10 years or shorter by mutual agreement between the two Governments.

I have been authorized and directed by the President to inform Your Excellency that the foregoing formula of settlement is acceptable to him and to the Philippine Government.

I would, therefore, appreciate it if Your Excellency's Government could now indicate its formal acceptance of the same formula at its earliest conveniences so that the final conference on a plenipotentiary level could be held in Manila very soon as previously agreed upon by our two Governments.

It is the understanding of my Government, however, that the portion of the aforementioned formula relating to the details of the long-term development loans (item d) would be the basis of further discussions at the final negotiations referred to above for purposes of clarification and in avoidance of any possible misunderstanding.

Please accept, Excellency, the renewed assurances of my most distinguished consideration.

Felino Neri
Chairman, Philippine
Panel of Negotiators

His Excellency
Ichiro Hatoyama

Prime Minister of Japan

編　注　右アドバンス・コピーにはマグサイサイ大統領のイニシャルが付されていた。

404

昭和30年6月16日　在マニラト部在外事務所長代理より重光外務大臣宛（電報）

フィリピン与野党の賠償解決フォーミュラ支持に関する現地報道振り

マニラ　6月16日前2時0分発
本　省　6月16日前7時11分着

第四四三号

十五日朝刊紙はいずれも一面の大見出の下に十四日与野党共大統領に対し八億ドル賠償案の全幅的支持を約した旨を詳細に報道する他東京の反響を掲げ更にクロニクルを除く各紙は可成り長文の社説を掲げた。

一、各紙の報道中注目すべき点左の通り（往電第四三七号の夕刊と重複する分を除く）

㈠各紙とも十四日ネリ大使が八億ドル案は暫定的試案にして正式文書による約束等は存在しないこと、フィリピン政府の同案受諾は本日中にも日本政府に通告さるべきことを述べた旨報道する他、リベラル党のマカパガル議員が真の賠償は僅か五億五千万ドルにすぎず又二億五千万ドルの開発借款なるものは注意せざればフイリピンを単なる対日原料供給国と化する恐れあり。併しながら両国間の正常関係回復の急務に鑑み自分は受諾するとのステートメントを発したが、開発借款は別個の協定とするべきだとネリ大使に忠告した旨、右借款案に対しては与野党議員からネリ大使に対しこれを具体的且つ詳細なものとする様要望あり、依つてネリ大使は大統領府経済顧問ロドリゲス氏と直ちに協議し報告を起草することとなつた旨を又ロドリゲス上院議員は暫定試案支持を表明したが、唯借款の利子を三分とするは高過ぎる、二分にすべきだと述べた旨を報じた。

右の他

㈡ブレテインは東京UP電により東京の反響として十四日日本政府要人達は日本が八億ドル案に暫定的に同意

したことを否定した旨を掲げると共に、右に言及してフイリピン官辺は日本政府筋の否定に驚いていないと報じた後、一部では特に開発借款に対しその内容がはつきりするまでは何とも言えぬと留保的態度を示しているが、議会を初め与論一般は本案は大野ガルシア覚書よりも有利である他借款を認める点で右覚書よりもリベラルになつているとこれを歓迎した旨を報じた。

(三)ヘラルドはマグサイサイ大統領とネリ大使は八億ドル案に対する国論の支持と時を同じくしての東京での技術的協定の署名は賠償の早期解決、両国国交の正常化へ道を開くものだと確信している旨、十四日の朝食(会欠カ)後大統領はネリ大使にフイリピン側全権団の顔振れを至急研究すべきことを命じた旨、クロニクルと共にネリ大使は正式会議が臨時議会が開会される七月五日以前に開始されることを望んでいると語り、次いで開発借款に説明を加えた後、今度の賠償では船舶と鉄道車輛が最優先順位を占めることとなろうと語つた旨、レクト上院議員も八億ドル案に実際上同意していると伝えられる旨を報道、続いて東京AFP電により重光外相以下日本側責任者が八億ドル案を真面目に研究しようと語つた旨を報じた。

(四)タイムスは十四日大統領の朝食会の席上正式会議のフイリピン側首席全権に誰がなるべきかに付話が出たがネリ大使が首席全権たるべく、但し鳩山首相が調印する場合はマグサイサイ大統領が調印を行うことに話が決つた。又上院議員達はネリ大使の提案を支持したが、今後の日本の出方如何に付警戒的な態度で、もし来るべき臨時議会に対日平和条約の批准が提出されても上院としては賠償協定の成立を条件としてこれを批准すると云う態度をとるものと思われると報じた。

(五)クロニクルはプヤツト上院議員が確実に二億五千万ドルの開発借款が得られる様な保障を取り付けるべきだと語つ(た欠カ)旨、ネリ大使は伝えられる一万田蔵相の反対に鑑み日本政府が八億ドル案を先の大野・ガルシア覚書と同様に拒否する可能性もないではない。今回の案の利益は日本にビルマとの協定のような合同事業を許さない点と現金が含まれている点であり実施されればフイリピンの失業問題解決を助け国民の収入と生活水準を向上せしめるであろうと語つた旨、十四日大統領朝食会の席でレクト上院議員は終始沈黙を守つていたが自分は良き政党人として行動したりと述べその沈黙を説明したと云われるが同議員は朝食会後も一切のコメントを拒否しネリ提案に対しては「反対するかも知れない」と洩らした旨、ガルシア外相は正式会議は二週間以内に開始されるかも知れぬと語つた旨を報じた後、クロニクルの従来のスクープ記事が決して間違いでなかつた旨を強調しＡＦＰ、ＵＰ電により東京の反響を伝えた。

二、各紙の社説は解決試案受諾を歓迎し今後の交渉について論じているがその要旨次の通り。

㈠タイムスは「八億ドルを如何に使うか」との題目の下に賠償総額は一野党議員も指摘する如く五億五千万であつて八億ではない。交渉が長引いたことは日比両国にとり不利益であつた。特に最終的提案の額を当初の賠償算定額に比し遥かに下廻わる羽目となつたが右は現状で望み得る最善のものと言うべく又経済開発計画を遂行するためには生産財、現金、役務、借款の使用上時の要素が必要である。先きにフイリピンが日本から受領した中間賠償機械の大部分は陸揚げされたまま腐るにまかせられているが五億ドルの生産財を最大限に活用する計画を樹立することが望まれると論じた。

㈡ヘラルドは「注意深く細目を取扱うべし」との題目で今後賠償交渉当事者は未だ公表されていない。賠償解決案の各細目に付従来に勝る注意を払つて考慮すべきである。各細目を最大限活用するための計画を立て又その利益が一部分に片寄ることなく国民のすべて実業界の全般に平等に及ぶ様にすべきである。借款について特に然りである。細目の決定にはフイリピン人の全智全能が結集される様今後の交渉経過は秘密にすることなく後日に悔を残さないことを要望すると論じた。

㈢ブレテインは「賠償」との題目で過去七年間賠償問題は新聞記事の種であり、時には交渉内容が明けつぱなしで伝えられ国内政争の具になつたこともあつたが、これは賢明ではなかつた。賠償提案は今後日本が受諾してから正式会議にかけられるのであり大統領府が問題の総てを来る臨時議会では片付けずと見る所以であろう。我々は大綱を知らされたのみであるがこれが今日現実に獲得し得る最善のものであることだけは確信し得る。

405 昭和30年6月17日 フィリピン外務省より在マニラ在外事務所宛

フィリピン沖沈船引揚に関する作業内容変更並びに算定価格修正提案に関する口上書

The Department of Foreign Affairs presents its compliments to the Japanese Mission in the Philippines and has the honor to refer to the latter's notes verbale No. 62-54 and No. 108-54 dated May 13, 1954 and July 27, 1954, respectively, concerning the bidding for the selection of Japanese contractors for the salvage operation envisaged in the Interim Agreement on Reparations Concerning Salvage of Sunken Vessels Between Japan and the Republic of the Philippines.

The Philippine Government wishes to propose the following amendments to the plan submitted by the Japanese Government:

(1) The salvaging method of the following five merchant vessels which are to be delivered upon refloating as shown on Table 2 of Appendix II of the letters exchanged on October 29, 1953, between His Excellency Felino Neri, Acting Secretary of Foreign Affairs of the Republic of the Philippines, and Mr. Toru Nakagawa, Chief of the Japanese Mission in the Philippines, is to be changed from "deliver upon refloating" to "dismantle on the spot".

Survey No.	Name of Vessel	Registered Nationality	Gross Tonnage
12	SHINKOKU-MARU (Estimated)	Japan	2,746
27	Unknown	Philippines	350
29	Unknown	Unknown	About 350
37	Unknown (Ferryboat)	Philippines	About 1,000
45	FATHOMER	U.S.A. (Estimated)	About 600

(2) With the above modification of the salvaging method,

the total bid price of 2,893,822,000 yen of which the Department of Foreign Affairs was informed by the note verbal of the Japanese Mission in the Philippines dated May 13, 1954, will be reduced by 19% on the average.

If the above amendments are acceptable to the Japanese Government and the pertinent contracts between the Japanese Government and the Japanese salvagers concerned are modified accordingly, the Philippine Government offers no objection to the bidding made by the Japanese Government on May 10 and 11, 1954.

CPG

Manila, June 17, 1955

編　注　昭和三十年六月十七日に右口上書と、提案内容に同意する旨の同日付在マニラ在外事務所よりフィリピン外務省宛口上書がト部在外事務所長代理とガルシア外相の間で交換された。

406　昭和30年6月18日　重光外務大臣より在マニラト部在外事務所長代理宛(電報)

賠償解決フォーミュラに関するフィリピン側報道を野党が政府攻撃に利用しつつある状況につき通報

本　省　6月18日後2時20分発

第一五二号(館長符号扱)

往電第一五一号に関し

一、国会においては野党各派はマニラ電報により鳩山総理がネリ大使に対して八億ドル賠償につき言質を与へたるにあらずやと観測してこの点を追及しおり政府攻撃の材料に使わんとしてゐる。之に対し政府側は所謂八億ドル案はネリの提案であり鳩山総理は比側において確定案を提出すれば之を検討すべしと述べたるも承認を与へおらず尤もネリとしては或は日本側も同意すべしとの印象を得たるやも知れずとの態度で応酬してゐる。

二、右の如く本件政治問題化したため国論を統一し日本側の正式態度を決めるためには相当の時日を要すべくその間比側においても冷静に行動し日本政府の立場を困難とする如き言動を避けることが必要である。なお当然のことなるが政府としては鳩山書翰の存在は飽く迄も否定する考へなるに付比側において東京よりの報道に牽制されて苟も同書翰の存在を匂わす如き言動をなさざるよう此の上とも注意しおかれたい。

407 昭和30年7月5日 在マニラト部在外事務所長代理より重光外務大臣宛（電報）

マグサイサイ大統領の総理宛書簡正式発出に関するフィリピン側要望につき報告

マニラ　7月5日後6時34分発
本　省　7月5日後8時36分着

第四九四号（館長符号扱）

貴電第一五六号及び往電第四七九号に関し

一、五日午後ネリは電話をもつて大統領より日本の予算審議が終つた今日総理のネリ宛書簡案文の通り正式書簡を発出したいが右につき貴官と相談するよう命じられた。ついては右希望を至急東京に取次がれたい。又七日開会の臨時議会において質問ありたる際アドバンス・コピーしか出していないと云うことでは事態紛糾の惧れもあると述べた。よつて小官は大統領の希望は直ちに東京に伝達する旨を告げ、アドバンス・ノートの内容については鳩山書簡を引用しないことなどの若干の修正あるべきことを繰返し念を押したところ、ネリは日本の国論取纏めに役立つためなら充分協力すると述べた。ネリは右電話の際大統領としては平和条約及び賠償協定の批准のみを目的とした臨時議会を別に召集したい意向であるが、議会領袖は今次臨時議会中にこれらの批准をも行いたい強い希望を有する模様なりと内話したので、小官より忍耐をもつて秘密に交渉を進め今後の事態発展を見て何れにするかを決められたく、焦つて事を壊わさぬことが望ましいと述べて置いた。

二、四日独立記念日には本官も外交団の一員として大統領に会見したが、大統領は貴官とは村田大使と同行された時に次ぎこれで二回お目に掛る次第である。今朝の新聞報道は事態の好転を示すもので力強いと述べたので、本官よりは大統領の賢明な指導と忍耐とを感謝すると答えて置いた。

408　昭和30年7月7日　重光外務大臣より在マニラト部在外事務所長代理宛(電報)

政府・自由党間の政策協定交渉中につき大統領書簡発出は当面見合わせたき旨説得方訓令

本　省　7月7日後7時5分発

第一六七号(館長符号扱、至急)

貴電第四九五号に関し

日比賠償問題については尚相当論議あるところ政府は目下自由党との間に政策協定を行いつゝあり本件も話合の上波瀾の起きざる様解決するよう努力中につき今国会会期中は比側の正式提案提出は見合わしめることとしたく比側も此の点我方に協力し呉れる様此の上とも説得に努められたい。

409　昭和30年7月13日　重光外務大臣より在マニラト部在外事務所長代理宛(電報)

現時点でフィリピン側から正式提案あればわが方の意見集約が困難となる事情につき再度説得方訓令

本　省　7月13日後6時10分発

第一七二号(館長符号扱)

貴電第五〇八号に関し

わが方の事情は往電第一六七号の通りであり此の際比側より正式提案ある場合は国内的に対比賠償問題に関する態度決定に迫らるべく、未だ気運熟せざる現在、然も国会開会中に意見取纏めを行うとせば、相当強い反対が予想され却って事を壊す危険あり、マ大統領及びネリの立場も十分了解しうるから我方も有ゆる努力をなすべきも、右事情御説明の上打合せ通り我方より追って連絡する(国会終了後)迄は正式通報を差控えるよう更に御努力ありたい。なお先方来翰の修文についても我方国論調整を見た上ならでは最終的結論を出し得ざる次第なるに付御了承ありたい。

410　昭和30年8月9日　在マニラト部在外事務所長代理より重光外務大臣宛(電報)

書簡発出時期に関するわが方意向早期表明を希望するとのマグサイサイ大統領要望につき報告

マニラ　8月9日後5時28分発
本　省　8月9日後8時53分着

第五九四号(館長符号扱)

往電第五九〇号に関し

一、ネリは九日河野農林大臣に敬意を表したいとて飛行場に現われたが、同大臣搭乗機が更に延着することを知るや、実は本日は貴官をマラカニアンに招き、正式に申入れたき儀ありたる次第なるが幸いここでお目に掛かれ時間もあり、且つ新聞記者の目も避け得るので、ここで正式申入れを行いたいと前置して、タニアダが如何なる理由にて突然上院で賠償問題を取り上げたるやは知らざるも、タニアダが右の挙に出たことは、少くとも一般国民が賠償問題につき次第に焦り始めたことを示すものにして、大統領も自分も今や国民がその忍耐の限度に達しつつありと判断せざるを得ない次第にして、大統領は昨八日夜自分に対しタニアダには直接話をするから、貴官に対しては自分より八億弗解決案の正式通告の時期につきての、日本側の意向表明方に付き正式に要望するよう命じた。実は右正式通告については従来貴官より内報のあつた日本側修正希望点を容れ、且つ大統領より鳩山総理宛のものとすることとして大統領の署名を待つばかりの形として自分が手許に用意してある次第なりと述べた。右に対し小官は右申出は早速東京に伝達すべしと答えておいた。

二、右の際小官よりタニアダが突然本件演説をなしたる理由を問いたるところ、ネリは直接の理由は十一月の総選挙を控えての一種の選挙運動と云われ、自分もそう思うが、他方タニアダは若干自分には含むところもあるやに思われる。自分としてはラウレル内閣の官房長官としての自分が、終戦直後の対日協力者裁判の検事側証人として、当時検事総長としてのタニアダに又後にキリノ内閣の外務次官として極めて事務的な小さなことで、上院議員としてのタニアダに両度に亘り充分協力しなかつたとタニアダが思つて居るらしいと感じて居ると述べた。小官より一人一党のタニアダは一体誰の意見に耳を傾けるやと問いたるところ、ネリは勿論ラウレルでその次には大統領の意見にも従うと述べた。小官よりタニアダは経済問題が分るかと問いたるところ、ネリは経済問題に付ては、対米通商改訂の為のラウレル使節団の一員であつたフエリサルデ《(フェルナンドカ)》がタニアダの意見を聞いて居る。タニアダはラヌーサ賠償専門委員会の一員として同人を推薦したが、自分は同人が反日的なので大統領とも相談の上これを除外した経緯もある。但し同人はラヌーサとは友人なりと述べた。なおネリは鳩山総理が一旦下した決定を、最後まで守られようとするのはまことに感謝に堪えないし、又政治家として我々も見習はねばならないと述べたので、小官より大統領もその様に思われるかと問いたるところ、ネリは大統領は現在までのところ、内政外交経済等に充分の自信を有したりとは思われず、又或経済問題に付いて一旦下した決定を飜したことあり、但し次第に各般の問題に通暁し来つたので、これからはそのことなきはその性格から見ても明かなりと述べた。

411　昭和30年8月10日　重光外務大臣より在マニラト部在外事務所長代理宛(電報)

わが方態度は大統領書簡受領後に正式決定をなすべくアドバンス・コピーの修正は内容受諾の意味にあらざる点につき説明方訓令

本　省　8月10日後0時15分発

第二一三号(館長符号扱)

往電第二一四号に関し

比側よりの正式通告文の内容修正方については大蔵省に連絡中であつたが従来の経緯に鑑み同省としては之を聞知しなかつた建前で処理して貰いたい旨の回答があつた。比側の通告をまつて最近内閣に設置された請求権問題に関する閣僚協議会に付議して日本政府の正式態度を決定する運びとしたい考である。従つて今回の修正を以て直に日本側の受諾があつたものと誤解せざるようネリに説明しおかれたい。

412　昭和30年8月11日　在マニラト部在外事務所長代理より重光外務大臣宛(電報)

総理宛書簡アドバンス・コピーの修正申入れ結果につき報告

マニラ　8月11日後2時40分発
本　省　8月11日後3時41分着

第六〇三号(館長符号扱、大至急)

貴電第二一四号、第二一三号に関し

御来訓に従いフィリピン側よりする正式提案のコピイを整

理し右と小官宛書簡案コピイを持参の上十一日午前九時半ネリを往訪し右を提示せるところネリは一読の上ここまで運ばれた日本政府の努力に感謝すると述べたが(正式提案中第一パラグラフに総理との会見が特記されていないこと、第四パラグラフが修正されたことの理由については当方の説明を直ちに了承した)日付を八月とすることには難色を示し(往電第五〇八号の三、の(ロ)六月二十三日以後及び七月三十日の日付として大統領の立場をも併せて守ることを主張したが小官の説得に対しネリは日付を最近のものとすることにより閣僚審(協カ)議会の承認が容易となり一箇月以内にも正式調印の運びとなると保証してもらいたいと述べたので、小官は右については小官より日本政府に対し強く稟請するとの約束にて満足して欲しいと述べたところ、結局ネリは日付を最近のものとするよう大統領とも相談の上、本日午後か明十二日午前中に相談の結果を回答すると述べた。なおネリは借款内容に関するネリ書簡は絶対公表されては困る、小官宛の書簡(貴電第二一六号)も出したくないと述べたが、結局後者は出すことに同意し又日本政府が借款内容の大体の構想を説明することは差支えないと述べた(大統領書簡発表の時間についてはネリの回答ある際打合せる。

なお会談は一時間以上にわたつたがその大半は日付につきての押し問答に費された。)

413 昭和30年8月12日　マグサイサイ・フィリピン大統領より鳩山内閣総理大臣宛

賠償解決フォーミュラ正式提案に関するマグサイサイ大統領より鳩山総理宛書簡

付記一　昭和三十年八月十二日付ネリ・フィリピン首席代表より在マニラト部在外事務所長代理宛書簡

開発借款取扱いに関する補足説明

二　昭和三十年八月十三日、アジア局作成

「比側賠償提案の分析」

August 12, 1955

Excellency:

I have the honor to refer to the conversations on the reparations question held in Tokyo last May between the Japanese authorities and Ambassador Neri, and to confirm to Your

Excellency that the following formula of settlement is acceptable to the Philippine Government:

(a) $500,000,000 -- in capital goods;

(b) $ 20,000,000 -- in cash (pesos);

(c) $ 30,000,000 -- in services; and

(d) $250,000,000 -- in long-term development loans.

The amount of $550,000,000, that is, items (a), (b) and (c) put together, will be paid in the following manner:

1. $250,000,000 -- payable in first ten years, inclusive of item (b), which is payable in five years.

2. $300,000,000 -- payable in the next ten years or shorter by agreement between the two Governments.

I would appreciate it if Your Excellency's Government could indicate its formal acceptance of the above formula at its earliest convenience so that the final conference on a plenipotentiary level could be held in Manila very soon.

It is the understanding of my Government, however, that the details of the long-term development loans mentioned in the above formula would be the subject of further discussions at the final negotiations referred to above for the purpose of clarification.

Please accept, Excellency, the renewed assurances of my most distinguished consideration.

RAMON MAGSAYSAY

President of the Philippines

His Excellency

Ichiro Hatoyama

Prime Minister of Japan

（付記１）

Manila, August 12, 1955

Dear Mr. Counselor:

In connection with the portion relating to the long-term development loans in the letter of His Excellency, the President of the Republic of the Philippines of even date and addressed to His Excellency, the Prime Minister of Japan, regarding the proposed formula for the settlement of the reparations question, it is my understanding that the details of the said feature of the formula will not depart from what has been agreed upon between

Ambassador Tani and myself in the notes exchanged between us on May 23, 1955.

Very truly yours,
FELINO NERI
Chairman
Philippine Panel of Negotiators

The Honorable
Toshio Urabe
Counselor and Acting Chief
of the Japanese Mission
in the Philippines

（付記二）

比側賠償提案の分析

昭三〇、八、一三
アジア局

一、賠償の額

今回の比側提案中賠償は五億五千万ドルであり、残余の二億五千万ドルは民間借款である。賠償の中五億ドルは資本財、三千万ドルは役務、二千万ドルはペソ貨による現金となつている。

五億五千万ドルの賠償は大野ガルシア覚書の四億ドルに比べれば一億五千万ドルの増額であるが、比側が四億ドル案に絶対反対である以上五億ドル位までは覚悟するのでなければ話の纒まらぬことは当初から大体予想されていた。ところがネリは頑強に五億五千万という数字を死守した。これは先方の「訓令」の主要内容の一であつたと思われる。米国は戦後「比島復興法」に基き比国に戦災の補償を行つたが、十二億ドルと査定された戦災の中米国は五億二千万ドルを支払つた。従つて残余は六億八千万ドルとなり、比側としては出来ればその全額を日本から賠償として取りたい考えがあつたと思われる。少くとも米国の出した五億二千万ドル以上を日本から取ることは絶対必要と考えているようである。五億五千万ドルという数字はこの辺りから出たものと思われる。

二、支払年限と支払年額

右の五億五千万ドルの中二億五千万ドルは最初の十年間に支払われ、残りの三億ドルは次の十年間又はそれより短い期間に支払われることとなつている。ペソ貨支払の二千万ドルは最初の十年間に支払わるべき二億五千万ドルの中に含まれており、この分は五年間に支払われることとなつている。従つて年次負担額は最初の十年間は二千五百万ドルであり、十一年目からは大体三千万ドルである。

本年五月の東京交渉において日本側は年負担額は二千五百万ドルが限度であると強く主張し、その点は比側も認めた結果となる。但しビルマ賠償は十年間で終了するので十一年目からはビルマ賠償の年額二千万ドル分が助かるから多少対比賠償額が増えてもいいではないかというのが比側の考えである。

大野ガルシア覚書は俗に四億ドル二十年払といわれているが実は四億ドル十年払いであり、その際の状況により何れかの政府の要求により更に十年延長しうるものという形になつていた。従つて実施に当つては当初一年間にいくら支払うかが重大な論議の種となることが懸念されていた。日本は二千万ドルを主張し比側は四千万ドルを主張することが当然予想されていた。今回のネリ提案は五億五千万ドルを一応二十年間に支払う案であり、少くとも当初十年間は年二千五百万ドル程度の支払が保証されている。その意味では大野ガルシア覚書よりも有利ともいえよう。

三、現金(ペソ貨)

比側は現物及び役務による賠償の原則を認めつつも戦災寡婦及び孤児見舞のため二千万ドル程度の現金賠償を一貫して主張した。これは国民に対する一種の公約であると思われ今回の賠償方式の主要項目の一である。但しこの現金はドルである必要はなくペソ貨でよい。具体的には通常貿易による日本の対比輸出の価額の中一部(例えば一割)を加工費(即ち役務)と見なしてこれを賠償に繰入れ、従つてその分は日本政府が円をもつて輸出者に支払い、比国の輸入者はこれに相当するペソ貨を比国政府に支払う方式を考えている模様である。例えば十ドルの品物を対比輸出する場合比国輸入者は九ドルの為替を組み、一ドル分は日本政府が円で日本の輸出者に支払う、一方比国輸入者は一ドルに相当するペソ貨を別に比国政府に支払うことになる。この方法によれば日比貿易尻勘定において結局対比輸出の一割だけは日本側の外貨負担が加重されるが、現実には現在の対比輸出は年額約三千万ドルであり(対比輸入は約五千万ドル)比国政府が年四百万ドルのペソ貨を得るためには日本よりの輸入を現在より一千万ドルだけ増加しなければならない、又さらに輸入を増加すればそれだけ比政府のペソ貨収入は増大する結果となり、結局日本としては対比輸出を増加し外貨負担を軽減しうることとなろう。

又第二の方法としては日本より消費財を賠償として比国に投貨《(下カ)》し比国政府がこれを国内に処分してペソ貨を得ることも考えられる。但しこの方法は比側では必ずしも好んでいないようである。

四、役務

役務の三千万ドルが資本財の五億ドルに比して少なすぎるという論もあるが、比側の案も一応の目途であつて現実は多くの役務が必要となれば資本財を減らして役務に代えることも当然考えられる。現金の二千万ドルは一応別とし後の五億三千万ドルは資本財と役務とを一体としたプールと見て差支えないと思われる。その具体的内訳は結局合同委員会を通じ各年度の実施計画によつてきめることとなろう。

五、長期開発借款

マグサイサイ書翰によれば長期開発計画の細目は別に日比間の全権代表会談で協議することとなつているが、これは比国側の国内事情からこのような書き方をしているのであつて、実際には先般の東京会談でこの内容については詳細に打合せが出来ている(五月二十三日付谷ネリ交換書翰)。即ち純然たる民間ベースの借款である。

民間借款は現在でも日比間に相当行われているのであり、従つて一応の框は予定するが、その框を全部利用するかどうかは全く日比双方のビジネスマンの自由意志によつて決定される。政府としてはビジネスベースで借款を行いたい希望のある際は所要の便益を与える義務があるだけであり、現在輸出入銀行の行つている業務以上のことを行う必要はない。いわば比側の国民的要望となつている八億ドル賠償の数字を一応納得せしめるための仕掛に外ならない。このような見せかけの細工をすることの可否については議論があろうが、フィリピン賠償を妥結するためにはどうしてもこのような仕掛が必要となるのであつて昨年の大野ガルシア覚書の際は四億ドルの支払によつて十億ドルの価値を造出すべきものとされていたのも同様の考慮から出ていたものである。

六、問題処理に当つて考慮すべき諸点

(一)比側の内部事情は極めてデリケートである。今回の提案は東京会談の最後におけるネリ提案を基礎とするものであるがこの案はネリ大使の特異な人柄によつてまとめられた比国内部における相対立する各種の勢力の最小公倍数を示すものであり、これをさらに値切れば忽ち比側内部のバランスは崩れ、レクト等の反対勢力が反撃に転ずると思われる。即ち比国内政の渦中にまきこまれ拾収つかざる混乱を招来しよう。

(二)ネリも自己の将来を犠牲にする如き対日妥協は忌避すべく恐らく交渉から手を引きその結果比側においてはネリに代つて交渉を引受ける者はなく当分交渉は停頓すると思われる。

(三)マグサイサイ大統領としても国内の反対を押切つてまでも対日妥協を計ることはなかるべく結局レクト等と歩調を合せて日本の態度を非難することに転ずべく、日本のみが独り悪者とされてしまう恐れあり。

(四)一旦比国内の与論が激化すると最早従来のネリ提案程度でも満足せざる心理状況となり将来の交渉者はネリ提案よりも若干比側に有利な内容でなければ妥結を肯んじないこととなろう。右は比側の空気が道理によつて動かされず専ら感情によつて左右されることから生ずる結果であつて、昨年の大野ガルシア覚書の経緯がよくこれを証明している。

(五)賠償支払が通常貿易に如何なる影響を及ぼすかに付ては各様の議論あるも、日比貿易が急速に増大すべき趨勢にあることは米比通商協定改訂問題の経緯より見るも明白であり、比国としては米国との貿易が漸次困難化するとともに日本をその市場とする以外に方法はない。日本としても鉄鉱石、木材、マニラ麻等は同国より輸入することが最も自然である。この趨勢を妨げているのは日比国交が正常化せぬため日本の対比輸出が最恵国待遇を受け得ないのみならず各種の恣意的制限を受けているためである。賠償問題が解決し、日比国交が正常化すれば日本の対比輸出は即時倍増すべしと云うも過言でなく一年後には恐らく三倍となろう。

㈥最近の中共の平和攻勢の中には、東南アジア地域の市場獲得の狙いが含まれていることを無視することが出来ない。広大な地域と尨大な消費人口をもつ東南アジア地域は、中共のみならず、独、仏、伊などの西欧勢力にとつても好個の商業市場であり現にインドネシア、フィリピン方面にこれらの経済進出計画が動きつつある現状である。日本としてもかような必迫《(ママ)》した国際競争に対し、可及的速かに対応して将来のための地歩を固める必要がある。この意味において、フィリピン、インドネシアとの賠償妥結は絶対に急がねばならない。

414

昭和30年8月13日　在マニラト部在外事務所長代理より
重光外務大臣宛(電報)

マグサイサイ大統領書簡の受領につき報告

付　記　昭和三十年八月十五日発在マニラト部在外事務所長代理より重光外務大臣宛電報第六二五号

右書簡発出を正式決定せる大統領・議員朝食会の様子についてのネリ首席代表内話

マニラ　8月13日前11時44分発
本　省　8月13日後1時13分着

第六一五号(大至急)

往電第六一四号に関し

十三日午前一〇時招きによりネリを往訪し十二日の日付を以てする大統領の総理宛正式提案書簡及びネリの小官宛書簡を受領した。右書簡には修辞上乃至文法上の訂正ある外は貴電第二一五号、第二一六号及び第二二〇号の一、を以て御来示の通り。修正箇所別電する。発表につきてはネリはフィリピン側の解決案受諾をコンファームする大統領書簡が発出された事実を簡単に発表するに止め書簡自体の発表については同時発表の目的の下に更に協議したいと希望したので右に同意しておいた。なおネリはその小官宛書簡は極秘の取扱とし将来も発表せざることを希望したが日本政府が借款内容の説明を為すことは差支えない旨更に確認した。

(付　記)

マニラ　8月15日後3時39分発
本　省　8月15日後5時11分着

第六二五号（館長符号扱）

往電第六一八号に関し

十四日早朝ネリと会いたる際、小官より十三日の大統領朝食会の際デルガドの述べた意見内容を問いたるところネリ、デルガドは正式提案の書簡は外相たるガルシアが発出するのが筋道なりとの家言を述べたてたものにして右に対しガルシアは辞退もせず一同閉口したが最後にラウレルが一言手続の問題で大統領が書簡署名を躊躇しているとすれば自分はその理由が理解出来ないと述べた結果一度に決りがついたものなり。なおラウレルは賠償協定の調印者は大統領でも場合によればネリでも良いではないか、自分は必要ならネリを補佐しても良いとすら思つていると述べたと感激の色を浮かべて内話した。又ネリは大統領は十一月選挙後ガルシアの外相兼務を解く意向で自分に後任となるよう話があつたが、自分は海外勤務を希望して右を謝絶して置いた。大統領は目下後任外相を物色中なりと洩らした。なお同じ機会にラウレルとも出会つたが、ラウレルは敬愛する自分の友人重光外相は来比されるかと問うたので、小官は未だ分らないと答えたのに対しラウレルは頷くのみにて別れた。

以上何ら御参考まで。

415　昭和30年8月22日　重光外務大臣より在マニラ上部在外事務所長代理宛（電報）

賠償解決フォーミュラ受諾に関し自由党説得のため資本財と役務の記載方法につき折衝方訓令

本　省　8月22日後5時3分発

第二四三号（館長符号扱）

一、比側正式提案については十八日請求権問題に関する幹事会（関係省次官級の会合）に付議したが結論を得ざるまま閣僚協議会に移すこととなつた。十九日の閣僚協議会では他の案件もあつたため実質的検討に入る暇なく今週に持越された（二十三日の予定）。大蔵省側はたとえ大局的見地より本案を受諾するとしても十分の時間を与えて慎重に検討することが却つて将来国会での論議を封ずる所以であるとの態度を取り、ビルマ賠償へのはね返り、インドネシア賠償の大体の構想について外務側の見解を求めている。

二、政府としては閣内の意見一致を見た上で自由党の了解を求める考えであるが、今日まで非公式に同党外交調査会（津島、岡崎両氏等）に当つた所では㈠長期開発借款が真に政府の実質的財政負担を意味せざるものなりや㈡ペソ貨賠償の具体的構想如何㈢資本財賠償と役務賠償を別立てとし、しかも大部分を資本財賠償とすることが桑港条約十四条の立前に背馳すること等の諸点に疑念を示している。右の中㈠は谷ネリ書簡及び八月十六日の大統領府発表により手当しうべく㈡は今後比側との折衝に待つものとして説明すべきも㈢については(イ)役務三千万ドル中六百五十万ドルは既に沈船引揚に予定されおり残余の二千三百五十万ドルを以てしては五億ドルの資本財に見合う役務の予定額としては僅少に失すると思われ(ロ)実際の取扱よりするも役務と資本財の割合は現実の年次実施計画を見ざれば予定困難であり且つ(ハ)ビルマ条約においても「年二千万ドルの価値を有する役務及び生産物」と両者を一括する表現を用いていること等より説明が極めて困難である。

三、右の点については比側の真意も必ずしも役務は三千万ドルに限るとのリジッドのものではないと考えるところ将来締結さるべき賠償協定においては資本財と役務とを区別せず両者を合したものとして五億三千万ドルを掲げ要すれば別に議事録又は交換公文において資本財と役務の予定額を一応のめどとして掲げることとすれば対自由党折衝に余程好都合となるべきところ此の点ネリを御説得の上結果回電ありたい。

416　昭和30年8月23日　在マニラト部在外事務所長代理より重光外務大臣宛（電報）

資本財及び役務の記載方法に関するネリ首席代表との協議結果について

別電　昭和三十年八月二十三日発在マニラト部在外事務所長代理より重光外務大臣宛第六六六号

フィリピン側提案の右フォーミュラ記載方法

マニラ　8月23日後2時44分発
本省　8月23日後4時22分着

第六六五号（館長符号扱）

貴電第二四三号に関し

一、二十三日午前十時ネリを往訪、冒頭貴電に基ずき将来締結さるべき賠償協定においては資本財と役務とを区別せず、両者を併せ規定することに同意を求めたるところ、ネリは意外に強硬に右に反対したので、小官より説得にこれ努めたるところ、ネリは結局別電の如き表現にて賠償協定中に両者を併せ規定し、もつてビルマ賠償協定の規定に歩調を合わせることならば考慮し得べきも、議事録または交換公文による規定には反対なりと述べ、また別電の規定についても、その中の役務と生産物との順序はこれを逆にしたいと希望した。なおネリは鳩山総理の回答書簡中には大統領書簡中のフォーミュラーをそのまま繰返すことを要望し、右が政治的に絶対に必要なることを種々の角度より極力説した。よつて小官は右の御要望は政府に取次ぐべき旨を答え且つ別電の表現については政府の意見を求めるとの留保をなして、一時間半に亘る会談を打切つた。

二、ついては別電につき何分の儀至急御回電ありたい。

（別　電）

マニラ　8月23日後2時20分発

本　省　8月23日後4時3分着

第六六六号（館長符号扱）

往電第六六五号別電

-----furnish the Republic of the Philippines as reparations with the services of the Japanese people and the products of Japan in the form of capital goods, the value of which shall be ____ yen, equivalent to 530 million U. S. dollars. However, should the services of the Japanese people, which will be ____ yen, equivalent to 30 million U. S. dollars, be found by the Republic of the Philippines to be inadequate for the successful implementation of the Philippine reparations program, necessary arrangement will be made by mutual agreement of the two governments within the aforementioned total amount for the services and the products.

417　昭和30年8月24日

鳩山外務大臣臨時代理より

在マニラ卜部在外事務所長代理宛（電報）

わが方国内事情を説明し実質に影響ない資本財及び役務の記載修正につき同意するよう説得方訓令

本　省　8月24日後6時30分発

第二四七号（館長符号扱）

貴電第六六五号に関し

一、政府部内における検討及び自由党との折衝において資本財と役務との比率が難点の一となることは必至であり、従つて比側においても此の点に関しある程度ゆとりのある態度を取るに非ざれば、妥結困難と考えられるところ、貴電により比側の大体の考え方は判明せるに付、リダクシヨン及び体裁（議事録又は交換公文に譲るや否や等）の問題は賠償協定案交渉の際に譲ることとしたい。

二、日本側の回答が大統領書簡のフオーミユラをそのまま繰返すこととなるや否やは今後の政府部内の検討及び自由党との交渉の結果を待たざれば予断しえざるも恐らく(一)資本財と役務とを区別している点(二)長期開発借款の細目を（少くとも表面上は）将来の交渉に委ねている点(三)ペソ貨賠償の具体的方法が何等メンシヨンされていない点等の諸点については何等かの留保又は修正意見を付することとなると思われる。

三、以上一、二、を通じ日本側としては今回の大統領提案を受諾すべく最大の努力を傾注しているものでありそのためには実質には影響のない若干の修正に付ては比側においても大局的見地より之に同意することが望ましく右事情を十分ネリにお伝えおきありたい。

418　昭和30年8月29日　在マニラ卜部在外事務所長代理より鳩山外務大臣臨時代理宛（電報）

フィリピン側情勢を踏まえ大局的見地から早期の鳩山総理書簡発出が適当なる旨意見具申

マニラ　8月29日後8時25分発

本　省　8月30日前8時14分着

第六八三号（館長符号扱）

往電第六七一号の二、に関し

大統領正式提案の受諾に当つては十分の時間をかけ慎重に検討することが、将来国会での審議を容易ならしめるとの考え方は十分理のあるところにして、小官としても政府が右提案を容易に受諾出来ない事情を、フィリピン側に印象づけることがフィリピン側の望蜀の念を断ち、また協定案文の交渉を円滑ならしめるものと存ずる次第なるが、一方時日の経過と共にフィリピン側より往電第六八〇号の一、の如き右正式提案内容についての批判が出るを抑えることは、ネリその他関係者の努力にも拘らず漸次困難となるべく、その勢の赴くところについては憂慮に堪えないものあり。左記の諸点は既に十分御承知にて政府部内における御検討及び自由党との御折衝にあたり御指摘相成りおることとは存ぜられるも、一日も早く国論御調整の上重光外相の帰国後間もなくラウレル議長滞日中にも総理より大統領宛正式受諾の書簡発出の運びとなるよう切望する余り卑見ながら敢えて具申御参考に供したい。

㈠賠償問題解決のためのフィリピン側の空気は現在が最善のものと認められるところ、右をフィリピンの選挙後まで延期する如きはフィリピンをして日本の誠意を疑わしめ又本問題をフィリピンの政争の具に供する危険を冒すこととなるのみにて誠に面白からず、一方今回のフォーミユラによる解決に失敗せんか日本としては更に譲歩して解決を求める外なきは必定である。

㈡フォーミユラに掲げられた資本財役務及び現金の区別は結局平和条約第十四条のサーヴィス拡張解釈の結果を素人分りのするようメモの形で書き上げたものと云うべきにして右の拡張解釈については昭和二十八年六月二十九日吉田前総理が参議院において発言せられたところ(二十八年貴電第二三〇号は右発言のうち比較的無害な最初の部分に過ぎなかったと記憶する)を参照せられたい。なお現金については村田全権あて客年貴電第一七号の二、末段を参照されたい。

㈢大野ガルシア覚書の問題点は少くとも初年度は四、〇〇〇万ドルの支払いとなり日本政府が屈辱的に更に十年の延長を申出て初めて年間支払額が減少する点の外根本的には右趣においては日本政府は四億ドルにて十億ドルの経済価値を造出する義務ある点なり、当時右義務を道徳的義務のみに止め法律的義務となすことを避け得たか否かは極めて疑問にして仮にこれを避け得たにしても賠償により十億ドルの経済価値を造出したか否かにつきて将来紛争の生ずるは必至にしてその際右の如き道徳的義務を負う日本が極めて不利となるは予見され且つ憂慮されたるところであつた。

㈣右の如き大野・ガルシア覚書が事実上廃棄せられたるは（客年貴電第三二四号）、その内容をもつてしては解決不可能なるため、右を多少なりともフィリピンに有利ならしめんとの御意向に出でたるべく、その際ラウレルが村田大使に示したる五億ドル（客年村田全権発往電第九六号㈡）が考慮せられたと察せられる節なきにあらざるも、ラウレルの示した五億ドルは十億ドルの経済価値を造出のための五億ドルに過ぎざることを記憶しおく必要あり。又ネリの言に俟つまでもなく「その後多くの水が橋の下を流れた」次第である。

㈤借款については客年貴電第二八五号をもつて転電せられたところも参照ありたい。

㈥自由党としては今次正式提案の額の多きを問題とすべきも、上述の如き経緯を顧みれば今日かかる額に落着いたのはむしろ幸せともいうべきである。

㈦借款については賠償関係の結果として期待するところの一部を組入れてフィリピン側の満足する形としたものに他ならず、又二十年間になし崩しに給与せられるものにして、一部に回収不能のものが生ずるときはその後の給与の条件を厳密化して再発を防げば足るものと存ぜられ、又借款により提供される資本財の名義書替を回収後まで延ばし、又はこれを担保に取る等の方法にて回収不能を防ぐことも可能かと存ぜらる。二億五千《（万欠カ）》ドルを「現金」にて「一時」に提供するものとして回収不能を論ずるものありとせば、実態を見ざるものと言う他はない。

㈧仮りに今次正式提案受諾を以て賠償解決の方法としては寛大に過ぎざることを認めるとするも、右の結果貿易の拡大均衡が実現し東南アジア諸国との経済協力の途を開き、又斯くすることによりフィリピン人の心を把握し得べきことを勘案すれば償いてなお余りある以上のものと言う他はない。

419

昭和30年9月10日　重光外務大臣より在マニラ卜部在外事務所長代理宛（電報）

わが方回答は自由党との調整に相当程度の期間を要する見込につき連絡

本　省　9月10日後1時40分発

第二六三号（館長符号扱）

一、賠償問題解決に関するマグサイサイ大統領書翰に関しては政府部内及び与党（総務会及び政調会）においては細目は別とし大綱においては之を受諾し日比国交を正当化すべしとの意見に固りつつあるが比側に正式回答をなすためには自由党との間にある程度の了解を取付け国会通過の見透しを付けおく必要あり去る五日政府側より同党（水田、津島、岡崎三氏）に対し正式説明を行つたがその際自由党からは㈠政府は交渉妥結を急ぐの余り慎重を欠きたる懸念あること㈡役務賠償を主とする桑港条約の建前が逆転し資本財を主としおること㈢役務の予定額が資本財の予定額に比し僅少に過ぎること㈣ペソ貨によるにもせよ現金賠償の思想は桑港条約に背馳し他の求償国に悪影響を及ぼす惧れあること、㈤長期開発借款は純然たる民間商業ベースの借款なりと云うも比側ではスクリーン、課金徴収、日本側に対する推薦等の面で政府が積極的に関与する仕組となつており自然比国政府が日本側に対し相当強く要求することとなるべく日本側としても結局政治的考慮よりずるずると押され年間最高額まで支出を余儀なくされるに非ずや等の諸点につき根強く質問あり政府側の詳細な説明を以てしてもなお不満足なりとし但し自由党としての最終的意見の表示はさらに後日に譲るとの態度に終始した。同党としては今後の政局の進展とも睨み合せて慎重に賠償問題に関する態度を検討する心構えと思われる。

二、右の如き事情より見て政府の熱意にも不拘大統領書翰に対する回答の発出は相当遅延を余儀なくされると思われるに付ネリにも十分此の間の事情を説明の上了承を求めおかれたい。なお前記自由党側の態度に鑑み政府としても結局は比側提案に対し大綱は別とし具体的内容については或る程度の変更を求めざるを得ざるに至るべきところ如何なる修正を求めるやは政府のみの推測に基いて過早に之を決定することなく自由党の最終的意見の提示を求めた上之を行いたい所存であるから右御含みおきありたい。

三、滞日中のラウレル議長は目下のところ格別賠償に関する話合を行いおらざるも十四日鳩山首相と、十五日本大臣と会談の予定である。

〰〰〰〰〰〰〰〰

420　昭和30年9月12日　在マニラト部在外事務所長代理より
重光外務大臣宛（電報）

わが方回答の遅延に対し回答催促の公文を発出したいとのフィリピン側意向について

付　記　昭和三十年九月二十日受領した右口上書

マニラ　9月12日後7時28分発
本　省　9月12日後9時7分着

第七二二号（館長符号扱）

貴電第二六三号に関し

一、十一日早朝ネリと会いたる際、東京よりなんら音沙汰ありたるやとの質問に答え、小官より冒頭貴電の一、の如くあらましを伝え、且つ十二日午前中にも往訪詳細説明すべきも、結論的には日本政府としては今暫く猶予を願いたいと云うにあると述べたるところネリは今迄待ちたるものなるにつき、暫く静観するに異存なしと述べるところがあつた。

二、十二日午前前記一、の約束に従い、ネリに面会を求めつつありたるところ、十一時ネリより来訪を求めきたつたので直ちに往訪左の会談を行つた。

(イ)ネリは先ず只今大統領に呼ばれ、大統領書簡に対し回答なきまま一ケ月を経過した今日、自分より貴官に対し至急回答を要望する公文を発出せよと命ぜられたが、自分より従来通り一応貴官と協議してみたいと述べてその了解を取付けた次第なりと前置きして、書簡に大統領が署名するにあたつての経緯（往電第六〇八号及び第六一八号等）を繰返し説明の上、あまりに回答が遅れるときは大統領として軽卒に過ぎたとの非難を招く惧れあり、レクト等がこの点を攻撃するにおいては弁解の余地がないわけにて、大統領はこれを恐れているものなるところ、如何にすべきや貴見を伺いたいと述べた。

よつて小官よりその前に本件をめぐる日本側の事情を公電によつて説明したしと述べて冒頭貴電の一、の点を詳細に説明したるところ、ネリは、冒頭貴電一、の㈡及び㈢については既に了解が成立しているとも云い得るところ（往電第六七四号参照）にして、㈣については日本側が役務の形を変えたものとして説明可能なものともなし得る筈なるにつき、フォーミュラ自体はそのままのものとして欲しいとの希望を繰り返す他なし。㈤については、自由党の懸念は誤解に他ならずフィリピン政府のスクリーンも課金徴収も又仮に推薦してもその推薦自体もすべて日本とフィリピンとの個人間の商業的基礎に立つた契約が出来た後これに基づき行われるものなることの当時の了解をここに再確認する。借款につきて説明するに当つて、フィリピン側交渉者としての自分の弱みは正しく右の如く強制する権限なきことを納得させることにありと述べ、自由党が更に慎重にその態度を研究するとは何を意味し、且つ何時頃までに右研究が終るものなりやと質問した。

よつて小官より借款についての貴大使の再確認は日本政府に伝達すべしと述べたる上御質問に対し何ら公けにお答えし得ざるは残念に思うが日本の新聞より得たる自分個人の印象では結局保守合同の問題とからみ合つている様に思われると答えたるところネリは自分の情報並びに只今の自由党のあげた五点の問題点の内容は云わば形式的なものなることより見るも貴官の云われる通りと思考する。ポリテイツクスとはそうしたものなるが自分としては自由党の態度の中に、尚政治責任を重んずるところ有りと認め右に希望を託しおるものなりと述べた。

よつて小官より右の如き事情のもとにおいて貴大使が矢張りこの際大統領の希望通り公文を発出されることに決定されるならばそれも已むなしと思う。たゞ公開しないこととされたいと述べたるところネリは重光外相の立場を考えると今直ちに公文を発出するは考えものにて一つの方法は本日貴官と会談し総理の回答を催促したと新聞に発表することとなるべしと述べたので小官はフイリピン国民の注意が中間選挙に引かれているこの際右の如き新聞発表は眠る児を起す結果となる危険ありと指摘せるところネリはフイリピン国民は決して本件を忘れていない為に憂慮しているものなりと述べ結局ネリは総理の回答を催促する公文を近く発出する他なきに至りおるにつき日本政府として右につきての希望あらば至急右の回示を受けたいとの希望を東京に伝達ありたいと希望したので小官は右の伝達方を承諾した。

(ロ)次いで小官より冒頭貴電三の点をネリに伝えたるところ、ネリはラウレル議長に対しては総理より言質を得た次第ではないと強く否定しておかなかつたので、ラウレル議長が総理より言質があつたかの如く日本で言い触らしはしないかと憂慮していると述べていた。

三、前記二の(イ)に述べたネリの話し方は日本政府の困難な立場には十分理解を示しつつも、なおフォーミュラ自体を崩すこと及びこの上なおも総理の回答が遅延することがフイリピン内部に混乱を招くものなりと判断して、公文発出に当つては十分日本政府の希望を入れて問題解決促進に役立つものとしたいとの衷情を披歴(瀝カ)したるものと認められるについては、右につきての貴見何分の儀至急御回電ありたい。

(付　記)

The Chairman of the Philippine Panel of Reparations Negotiators presents his compliments to the Honorable, the Acting Chief of the Japanese Mission, and has the honor to refer to the note of the President of the Philippines to His Excellency, the Prime Minister of Japan on August 12, 1955, concerning the formula for the settlement of the reparations question.

In view of the length of time that has elapsed since the aforementioned note was transmitted to its high destination, information will be appreciated as to when a reply can be expected.

Manila, September 20, 1955

421　昭和30年9月26日　重光外務大臣より　在マニラト部在外事務所長代理宛（電報）

フィリピン下院議長ラウレル二世滞日中の政府及び与野党要人との会談結果につき通報

本　省　9月26日後4時40分発

第二八六号

一、ラウレル議長は滞京中本大臣を初め鳩山総理、高碕長官、岸幹事長、自由党側緒方総裁、津島、岡崎、石井、池田の諸氏と会談したが政府側は一致して大綱においてはマグサイサイ書翰のラインを受諾して早期賠償解決の方針にて目下自由党と折衝中なる旨を述べ「ラ」議長も政府側の熱意は十分感得したと考えられる。なお高碕長官よりは自由党の同意を得るためには㈠資本財、ペソ貨現金、役務の区分をやめビルマ協定の例にならい役務及び生産物として五億五千万ドルの枠を設けること㈡借款についてはニ億五千万ドルの数字を掲げるもその実現のための期間は明定せず、又右数字も政府の義務額ならざる趣旨をはっきりさせることの二条件がどうしても必要となるべく、その点を「ラ」議長より「マ」大統領に報告ありたき旨を強調した。

二、また自由党側よりは八億ドル案は今のままの形では呑めずとて政府側に対して述べられたと同様の疑点（往電第二六三号参照）を挙げた模様であるが、同党としても賠償問題を早期に解決して日比国交を正常化する必要は十分認めており、遅くも本年末までには全権団派遣の運びとしたい旨の発言があった模様である。

～～～～～～～～～～～～～～～～～～～～

422

昭和30年9月30日　重光外務大臣より在マニラト部在外事務所長代理宛（電報）

自由党との協議結果を踏まえた賠償解決フォーミュラ再交渉につきフィリピン側の意向確認方訓令

本　省　9月30日後4時10分発

第二九五号（館長符号扱）

一、賠償問題に関しては二十九日午后政府側（本大臣、高碕長官、大蔵大臣、谷顧問）と自由党側（水田、津島、岡崎三氏）との間に第三回の会談を行ったが自由党側は依然として㈠ペソ貨による現金賠償の観念が他の求償国及び国内の戦災者補償問題に悪影響あること㈡賠償内容が資本財を主とし役務を従とすることが桑港条約の立前を離れ又ビルマ賠償の方式に比し我方に不利なること㈢借款の性格に関する谷ネリ交換書簡を以てしては予定額に到達せざる場合にも日本政府の義務違反の問題を生ぜざる点が明確ならずとの諸点につき強く不満の意を表明し、㈠賠償は五億五千万ドルの一本の枠とし、内部の分類は行わないこと㈡借款についての谷・ネリ交換書簡を修正すること㈢出来れば賠償協定と借款協定とは別協定とすることを要請し、右修正が容れられざれば自由党の同調は期待しえざる旨を強調した。

二、よつて政府は直に請求権問題に関する閣僚協議会を開いて検討した結果、右の如き自由党側の意向が明かになつた以上そのラインにより修正方比国政府の同意を求むる外なしとの結論に達し至急比側との間に内交渉を行う方針を決定した。

三、右内交渉の方法としては一応永野護氏を非公式の資格によりマニラへ派遣し本省及び大蔵省より係官各一名を随伴せしめることに一応内定したが永野氏に付てはいわゆるロビー問題の再燃等比島側より起る危険を顧慮する必要あり或は貴電第七五七号の如く此の際ネリが再度来日することも一案かとも考えている。賠償問題の円満妥結を計るためには現段階におけるその取扱い振りに細心の注意を払う必要あるを以て比国側の意向も十分参酌の上その方法を決定したい考である。

四、ついては前記事情ネリに御説明の上同人の忌憚なき意向至急回電ありたい。なお政府としては今回の内交渉においては原則問題の外具体的な協定案についても打合を行いたい考である。

---

423 昭和30年10月1日 在マニラト部在外事務所長代理より重光外務大臣宛（電報）

フィリピン国内情勢を踏まえ再交渉の印象を与えぬ形でのフォーミュラ調整を望むとのネリ首席代表意向につき報告

マニラ 10月1日後9時26分発
本 省 10月2日前7時2分着

第七八九号（館長符号扱）

貴電第二九五号に関し

一日午前十一時半ネリを往訪（ネリは大統領よりセラノ大使問題の後始末につき命令された由にてそれ以前には会談し得なかつた）冒頭貴電の趣旨を詳細に説明せるところ、ネリは実は今朝大統領に呼ばれたる際、賠償問題についてはフィリピン側は日本の予算審議終了後なす筈の解決フォーミユラ受諾通告を国会閉会迄延期し、又通告に当つては一部上院議員の反対意見を押して大統領書簡とし、更に総理回答に対する督促を重光外相帰国迄延期し、又更に一万田蔵相帰国迄総理解（回カ）答を待つ等日本側希望の儘隠忍自重し来つたものなるのみならず、今やレクトは公然叛旗を翻えすに至つた今日解決フォーミユラを改訂するが如き話には乗るべからずと命ぜられたが、その際も大統領は斯かる話に乗つて政敵に武器を与える位ならば鳩山総理の書簡を初めとして従来の交渉経緯を明らかにして仕舞う方が望ましいとすら述べたりと告げ、更に言葉を次いで自分の観るところラウレル父子が本件につきて何処迄大統領に協力するか不明な政情となりおり、上院議員全体より承認された解決フォーミユラを変更すべからずとの大統領の訓令は誠に尤もであり、斯かるお話には耳をかし得ないと述べ、その態度及び口吻は取付く島もない有様であつた。

よつて小官はお話は今迄の努力をぶち壊す如き点を除いては一々御尤もなりとは思うも、この儘にては賠償協定を妥結しても国会の承認が得られないこと明らかな日本側の政情も考慮されたく、なんとか妥結したいがためにこそ話合をなさんとする意向は之を了解されたい。少くとも自由党の希望する修正点の一々を仔細に検討、これが解決フォーミユラとどの点においてどの程度異るかを正確に認識せられる努力だけはなされんことを衷心より希望すると述べた上、永野氏の派遣或いは貴大使の渡日につきての意見を伺いたいと一時話を逸らせるところ、ネリは永野氏の派遣は極めて危険なるにつき調印のためなら兎も角交渉のための派遣は避けられたい。併し乍ら自分が斯かる新事態の下に渡日することはその政治的影響を考えれば絶対に不可能と判断する。話合をするならば貴官との間でこれを行い、再交渉が行われる如き印象を外部に与えないことが肝要なりと述べた。

よつて小官は、右の如きは小官に過ぎたる重荷なるも再交渉の印象を与える如きことは避ける必要ありとの御意見は御尤ものように思われるが、先ず自由党の希望する三点のうち第三点は如何と切り出してみたるところ、ネリはその点はビルマとの協定が賠償と経済協力を一つにしておれば困難だが研究の余地ありと述べたので、小官は第二点は如何と問いたるところ、ネリは言葉を強くして谷、ネリ交換書簡中自由党が気にするのは(a)の第二文又は **within a fixed amount and period** とある **period** だけと思われるが右の期間の決め方は五〇年でも百年でも御希望通りにして借款については大統領からも指導者会議からも事前に全権を委ねられている次第なり、この点は幾度繰返せば足りるのか、なお本件書簡の存在は大統領にも指導者会議にも隠してある次第なるにつき、その修正をことごとしく採り上げるより具体的な協定案文を討議する際話合い通りに決めることにしたいと述べた。

依つて小官は自由党の希望する三点の中第二点については既に合意あり、第三点については研究の余地ありと云うことになれば意見の対立は第一点に絞られたと云うことも可能なりと切り出せる処、ネリはその点は話合うも無駄なりと云えるにつき、小官はここで智恵を出さねば何処で出す積りなりや、只今貴大使は第二点につき具体的な協定案文を討議しつつ話を決めたいと云われたが第一点についても具体的な協定案文を練り上げて行けば解決フォーミユラを盛り込んだものにて併も一本の枠になつている条文を考え出すことも可能なるやに認められる。解決フォーミユラは云わば期待される協定のハイライツを抜き書きしたものと考えるべきならずや、既に協定案文としては資本財と役務とを一本にして規定することにつき話合が出来ており斯る考え方をすれば何んとか纒め得る事が出来る筈なりと述べたところ、ネリは今となつてはあの様な考え方をするわけには行かない。第一に必要なのは総理回答中に解決フォーミユラがその儘繰り返えされその受諾が明示されることなるが、自由党は正しくこれに反対ならずや、然りとせば折角乍らこの御話には入るわけに行かずと述べ、再び冷淡な態度を示した。右に対し小官は押して兎に角協定文を練つて旨く解決フォーミユラを盛り込んだものが出来ればイニシアルの後調印の前に御希望の如き総理の受諾回答を発出出来るかも知れず兎に角一つここで智恵を絞られたいと述べたるところネリは散々渋りたる挙句然らば一晩考えさせて欲しいと述べた。依つて往電第七九〇号の二、の打合せを行い辞去した。会談時間一時間。

424 昭和30年10月3日 在マニラ卜部在外事務所長代理より重光外務大臣宛(電報)

永野護等わが方要人のフィリピン訪問はフォーミュラ再交渉の印象を与え好ましからずとのネリ首席代表意見につき報告

マニラ　10月3日後9時24分発

本　省　10月4日前6時32分着

第七九六号（館長符号扱）

往電第七九三号に関し

三日午後五時貴電第三〇一号御来訓の件もあり、電話をもつてネリに面会を申入れたるところ、ネリは新聞発表日時の打合せは、中間回答書簡が未到着であるのなら四日のこととせられたいと述べた。其際ネリは本日は大統領とは会い得なかつたと述べた上、在京インペリアル公使より電報を以つて、永野氏来比の目的は rewarding (rewording カ) のためなりと伝へ来つたが、此の際解決フオーミユラにつき再交渉するとの印象を与えることは絶対禁物、如何なる人が右のため来比しても失敗は必定にて、永野氏と会い其人柄及び熱意を知つた今日の自分としては、永野氏に再び汚名を着せたくないと考えている。

インペリアル公使はガルシアに呼ばれ近く一時帰国するにつき、何でも役に立ちたい旨同じ電報で申越した。但し自分は未だ右電報に回電しおらずと述べた。よつて小官より現金については交渉の経過を顧みても、ドルの支払によらず単にペソをフイリピン政府に入手せしめる意味のものなり。且つフイリピン側は over-the-counter-ratio の考えを持つておられたし。又日本側もフイリピンに提供した物資の一部を処分して、ペソ資金を作るならば差支ないとのオブザベーションをなしたと記憶するが、何れの場合も保険、船賃を含めた物資が対象となる訳にてこれを役務及び生産物として一括りにすることも可能であり、条文化がうまく行けば其処に解決の途があるやに思はれると述べたところ、解決フオーミユラそのものをいぢらずとも、何とか自由党の希望を容れ得るに非ずやとも思うに至つたが何しろ政治的な影響が大なるため、又新聞が最早自分の手に負へなくなつた為全く困惑している次第なりと述べたので、小官は何れにせよ此の際は冷静に事を進め、場合によりては藉すに時をもつてする態度に出ることが望ましいやに思われると述べた。右に対しネリは其の通りなるが、何れにせよ四日早朝ラヌーサ、アブレラを交えて貴官と会う際、も少し話をしてみたいと答えた。

425

昭和30年10月3日　在マニラト部在外事務所長代理より　重光外務大臣宛（電報）

賠償解決フォーミュラの条文化を進める中で自

由党の要求を反映することが交渉進展に必要と思われるにつき協定案文の送付につき意見具申

マニラ　10月3日後9時26分発
本　省　10月4日前6時32分着

第七九七号（館長符号扱）

往電第七九六号に関し

いわゆる再交渉に対するネリ及びフイリピン新聞の立場は累次電報の通りにして、この際フイリピン側に永野氏の派遣を押付けることは事前に事を破るに等しいと認められる。小官としては解決フオームラを条文化してみれば結局自由党の修正希望点を盛り込んだものとするも可能なることを現実に示し以て永野氏の来比を安全化するのが最善の方法なるやに思われるにつき右方向に努力中なるところ、そのためには協定案文の御送付を受け得れば好都合と存ぜられる。また現在の段階においては総理の中間回答に関する新聞発表以外には暫く表立つた動きをしないこととし、永野氏の来比についても、フイリピン側にはいまだ申入れていない建前をとることが望ましいと考えられる。右卑見に関し何分貴見御回示相成りたい。

426　昭和30年10月5日　重光外務大臣より在マニラト部在外事務所長代理宛（電報）

賠償総額及び借款の記載方法等は従来通り実務的に交渉継続方訓令

本　省　10月5日後4時29分発

第三〇六号（館長符号扱）

貴電第七九七号に関し

一、比国側の情勢にも鑑みこの際特に人を派することは見合わすこととし貴官において従来通りの目立たざる方法によりネリとの間に交渉を進められたい。

二、交渉に当つての注意すべき点左の通り

(イ)修正の第一点たる賠償を五億五千万ドルの一本の枠とし内部の分類を行わざることについては既に先方も役務と資本財の区分に融通性のあることを認めており又いわゆるペソ貨現金賠償もその実質は役務又は消費財であることは了解済であり従つて実質においては比側案と大差なく寧ろ表現の問題であると考えている。条文上はビルマ協定と同じく「役務及び生産物」の一本としその具体的内訳は個々の年次実施計画を通じ定めて行きその内の一定部分を比側の自主的措置によつてペソ貨による補償に充当すればよいのであり、この方法により実質的には比側案と同一の結果を実現しうる次第である。
(ロ)修正の第二点たる借款の性格を明確化することは先方も既に同意している実質を如何に条文上に表現するかの問題である。
(ハ)賠償協定と借款協定を切離すことについては却つて借款の重みを増す結果にならざるや等の懸念もありさらに研究の上別に訓令する。
(ニ)之を要するに今回の修正は必ずしも実質を変更せんとするものでなく主として表現の問題であり具体的内容は年次実施計画に譲ることによつてより現実に即したものにせんとするに外ならない。
(ホ)協定案は目下準備中でありなるべく速かに空送する。

4　ト部・ネリ交換公文の作成

427　昭和30年10月4日

在マニラト部在外事務所長代理より
重光外務大臣宛(電報)

現金賠償の方法を公文によって明らかにするとのネリ首席代表意見について

マニラ　10月4日後9時4分発
本　省　10月4日後10時44分着

第八〇三号

往電第八〇二号に関し

冒頭往電会談の際ネリは中間回答よりも今後の賠償交渉の進め方の方が問題なり。場合によりては貴官に報告のため東京に一時帰国してもらうのも一方法かと思われると述べたので、小官は自分としては協定案文を練り合わすことが堅実なやり方と考える。右につき東京の意向を問合せ中なりと答え、一番問題の現金につきてもフィリピンが賠償物資の一部を処分してペソ資金を作ることに同意すれば日本側は物資及び役務提供の建前を貫ぬき得る次第なりと述べたるところ、ネリはその方法については六月十四日と記憶するがその日の指導者会議において了解を取付けんとしたところプヤット、ペラルタ等何れも強硬に反対したのでその方法には依り得ない。また香港で売却その代金をペソとして提供するとの永野氏の構想も廻りくどく且つフィリピン国民に与える感触面白からず、結局 over-the-counter-ratio の方法以外にはないと思う。さりながら日本がペソを贋造せざる限り初めからペソ現金を支払うこと不可能なるは明白にして、もつてペソ現金をフィリピン政府に入手させること提供、交渉の経緯を省みるも日本側が物資及び役務を以外の話はなかつた次第なるにつき、五億五千万ドルを先ず役務及び生産物で括つた後これを区別する方法は可能なりと思われると述べた。

よつて小官は新聞は現金をもつてドルなりと思い込みおるやに思われるにつき、漸次真実を新聞発表等により伝えおくこと必要にして例えば日本側に解決フォーミュラの現金の部分に反対あるやに伝えられるが、実際は役務及び生産物のペソ換金の問題なるにつき、右に対する反対又はその部分の改訂要求は了解に苦しむ旨を新聞に語られるのも一方法と思うと述べたところ、ネリは自分もそれを考えていたところなるがそれでは公式のものとはならぬので、貴官に対し公文で右の点の外借款が日本政府の義務とはならぬこと、及び資本財五億と役務三千万とが融通可能なること（ネリは往電第六六六号の文言を挙げたが、右は往電第七八九号会談の際口走つたところの変更である）等をお伝えしてもよいと思うと述べた。よつて小官は右は妙案なるが右の如き公文を出してもらえるならば、出す前に日本政府の希望が盛り込まれるようその内容を得たいと申入れ、ネリはこれに同意した。ネリは最後に自分の知るところ、自由党が解決フォーミュラの実体についての政府側の説明を充分了解していると思われるのに、あのような修正案を主張するには政治的理由ありと思われるところ、右の如き公文中には若干譲歩の結果そうなつた如き印象を盛り込む必要ありと思うが、その点がフィリピン側には良くない印象を与えるのでなお熟考してみたいと述べた。会談時間一時間。

428　ネリ首席代表作成の公文案をめぐる協議結果につき報告

昭和30年10月5日　在マニラト部在外事務所長代理より重光外務大臣宛（電報）

マニラ　10月5日後3時5分発
本　省　10月5日後5時20分着

第八〇九号（館長符号扱）

往電第八〇三号に関し

一、五日午前九時半ネリより冒頭往電会談中述べたるところのあつた公文の内容につき相談したい旨申越したるにつき往訪、先づ総理書簡（編注）を手交せる後ネリの起案した公文案文に目を通したるところその内容は小官より提示ありたるものとして貴電第二九五号の自由党の修正三点（但し、第二点についてはネリは谷、ネリ交換書簡を秘匿しおる関係上「日本政府の義務なきことを明確にすること」としていた）を掲げ、第一点についてはは小官よりサンフランシスコ条約の規定に反するとの理由が述べられたと書きたる後、現金につきてはペソは日本の法定通貨でない。ただ日本の提供方法は如何ようにもあれ、フィリピンとしてはペソを入手すれば足るものとして、オーバー・ザ・カウンター・レイシオの構想を具体的に説明の上、資本財と役務とは必要となれば相互融通すること、従つて一応これ等を一括りとして差支えないこと、借款については長々と日本政府の義務となる筈なきこと、また借款と直接賠償とは別協定として良いことを書き連ね、右の如き交渉の経緯を顧みる時、再交渉の必要ありとは思われず、直ちに協定案文の交渉に入りたいと結んだもので、若干の修正点(ネリは直ちにこれを入れた)を除けば概ね妥当なものであつた。

然るにネリは右公文案中借款の期限は単に後日の協議に委ねたに過ぎないと述べた部分につき、やはり期限を極めない訳にはいかないと言い出し、小官は極力その阻止に努めたるも、ネリは内政上の理由をもつて納得せず、直接賠償の期限と同じ期限を採用したいと言い張つたので、小官は現状の下において日本政府がこれに同意し得るや否やは別として、交渉当時の双方の気持を想起すれば、期限は直接賠償の期限と同じものとするにしても、全額はこれを定めないこと、且つ右の期限は借款の要項なりや、状況如何により短縮或は延長出来ることを同時に明確に書くのなら交渉の実態にも合い又道徳的義務の観念すら出さずに済むと思われると述べ、右の如き書方を主張しネリも結局右に同意した。なおネリは本件公文案をラヌーサにも見せ十分に練り上げた上我方に内示し、日本政府の希望を出来る丈盛り込む用意あるものなることを重ねて約束した。会談時間約一時間。

二、右の案文は現在のところ全くネリ限りのものであり、賠償と借款とを別の協定とすることも未だ確定せる次第ではないが、我方の希望は後日機会もあるが、なるべく早目に申入れおく方が望ましいと思われるにつきては、差当りお気付きの点あらばかかる案文につき深入りすることの可否と共に至急御回電ありたい。なお資本財、役務及びペソ現金を一応一括りにすることにはネリも同意に傾いたが、その内訳を区別しないことには残念ながら同意する気配は見えない。

編　注　ネリ首席代表からの催促を受けて作成された、現在国内調整中の旨を記載したマグサイサイ大統領宛中間回答書簡。本書第420文書参照。

429　昭和30年10月7日　重光外務大臣より在マニラト部在外事務所長代理宛(電報)

賠償内訳並びに支払方法、借款期限の取扱い等についてネリ首席代表を説得方訓令

本　省　10月7日後6時40分発

第三一一号(館長符号扱)

貴電第八〇九号に関し

一、我方修正の第一点は五億五千万ドルを一つの枠とし内訳を区別しないことであり此の点に関しては往電第三〇六号二、(イ)の趣旨により此の上ともネリを説得されたい。

二、Over-the-counter-ratio 構想については更に関係省とも協議の要あるところ、仮に此の方式採用にきまつた場合にも之を賠償協定自体に規定することなく実施細目協定において役務賠償の一形式として規定したい考である。

三、借款供与の期限については之を明示しない案で交渉されたい。日本政府は借款について所要の便宜は供与するも現実に之が実現するや否やは全く日比双方当業者の発意に依存する次第にて従つて二億五千万ドルの借款が供与されるための時期を規定することは不合理と考える。

四、なお借款については日本政府は所要の便宜を供与するも日比双方民間当事者間の合意が成立せず、またその合意成立するもその条件又は内容が不適当なるため我方金融機関の協力を得られず、現実の供与額が所定の金額に達しない場合には何等政府の義務違反の問題を生ぜざる趣旨を明かにすることとしたい。

五、借款につき比国政府が比国商社より手数料又は課金を徴収する件は比国内部の国内事項なるを以て協定の表面には現わさざることとしたい。

六、借款と賠償とは一応別協定とする立前で交渉されたい。

七、以上は我方の基本的考え方であるが比側が今直に一、の点に同意し来ることは或は困難かとも考えるところ、今回ネリの発出せんとする公文が何等我方との合意を前提とせず、単に現段階における比側の解釈を明かにする意味のものであるならば、之以上先方の立場が後退することを防ぐ意味において先方の公文を受領することは差支ないと考える。但しその際も出来るだけ前記各項わが方の立場を取入れさせ、如何にするも話の合わないものは今後の交渉に譲る旨明確に留保しおかれたい。

430

昭和30年10月14日　在マニラト部在外事務所長代理より重光外務大臣宛（電報）

鳩山総理の正式回答なしに今後の賠償交渉は進め得ないとのマグサイサイ大統領意向につき報告

マニラ　10月14日後9時42分発
本　省　10月14日後11時10分着

第八五三号（館長符号扱）

往電第八三九号及び第八四七号に関し

一、ネリは十四日午前十一時電話をもつて本日朝大統領より最近の新聞の騒ぎの真相につき説明を求められたので、貴官との話合の概略を報告しエイドメモアール案のコピーを貴官に示したことは告げなかつたが右に盛り込みたる自分の「構想」につきても述べた上、新聞の騒ぎにも鑑み今後は目立たぬ方法で協定案文の交渉をやりたい考えなることを告げたところ、大統領は党要人も種々意見を具申し来ており又「構想」中心にも問題点ありと述べた上兎に角先ず鳩山総理よりの回答を取付けた上ならでは協定案文の交渉にも入るべからずと命じた。従つて今迄の話は一切御破算とされたい。又至急鳩山総理の正式回答を載けるよう東京に伝達ありたいと要望し更にパンエシア電（往電第八五二号の三）によるも東京での発言はなお「再交渉」乃至「改訂」を匂わすものあり迷惑なるにつきこれを取消す措置を執られたい。例えば自分と貴官とが新聞の報道に鑑み話合はしたが正式に改訂の申出はなかつたと述べるとか或いは日本外務省が正式申出をなさしめたる事実なしと述べることが望ましいと要望した。

よつて小官は第一の点については出来ない相談をなされるに等しくこの点は東京に伝達する前に熟考の上更に話合いたいと述べてネリの了承を得た後、第二の点については貴大使の云われるが如く新聞情報につき話合つたに過ぎないと云つてみたところでその新聞報道は「改訂」に関連しており論理的に云つて「改訂」の話合をしたことを認めることとなり御希望の如き効果は得られざるべし。又東京にての否定には政治的悪影響があるかも知れず既に中川局長談として伝えられた程度で充分と思われる。兎に角此の際は日比双方とも沈黙を守ることが一番賢明なるべしと述べたところ、ネリも結局これに賛成した。

二、ネリの要望した第一点については更に目立たざる形にて話合を重ねて結果電報する。第二点についてはこの際すべてノーコメントにて押し通されることとせられたい。なお小官の一時帰朝の件は当分見送り事態の進転振りとにらみ合せて決定されたい。

431　昭和30年10月18日　在マニラト部在外事務所長代理より重光外務大臣宛（電報）

フィリピン側は保守合同が賠償問題解決に寄与するとの観測を抱きおり対応振りにつき請訓

マニラ　10月18日後3時34分発
本　省　10月18日後6時55分着

第八六二号（館長符号扱）

往電第八五三号に関し

ネリは十七日他用にて電話を掛け来たれる際、東京より何等リスポンスありたるやと質問せるにつき、総理回答を先ず発出せよとの要請は東京に伝達しおらず、従つてリスポンスもない。右については目下小官が熟考中なるも、まだ智恵が出ないと述べたが、ネリはそれ以上追求しなかつた。

ネリは十五日会いたる際（往電第八五六号）小官の一時帰国を二十日以後とされたいと述べたがネリはインペリアルより二十日民主党の保守合同についての党議決定があることを聞きたる由にて、右に望みを託しおること明らかにして一切は右党議決定後のこととしたい考えと見受けられ、従つてそれ迄は如何なる話しを持込んでも無駄と認められる。ついてはかかる討議《（党カ）》のありたる際は、直ちにその日比賠償に及ぼす影響についてのお見透しを電報ありたい。なお先方要請に対しては小官としてはネリの出方如何にもよるが、出来るだけ早い機会に先ずネリのエード・メモアール案を基礎として意見対立の範囲を最小限度にしぼる努力をなした上ならでは、伝達し得ない旨をもつて応酬致したきところ、その他心得え《（ママ）》おくべきことあらば至急電報ありたい。

432　昭和30年10月20日　重光外務大臣より在マニラト部在外事務所長代理宛(電報)

現時点で行う総理回答は大統領書簡の内容修正を伴わざるを得ずわが方としては事前の内容調整を希望する旨説得方回訓

本　省　10月20日後3時50分発

第三四四号(館長符号扱)

貴電第八六三号に関し

一、現在の段階において鳩山総理の正式回答を出すとすればマ大統領提案中五億五千万ドルの賠償は一本の枠とし内訳は設けざることとしたしとの意見を付せざるを得ず右はネリの最も嫌いおる我方よりの改訂申出を公にする結果となる。従つて今後の交渉を進める方法としては(イ)直接条文案の審議に入るか(ロ)条文案の基礎になる実体を例の「エードメモアール」式の形のもので協議するかの何れかであると思われる。我方としてはその何れの方法でも差支ない。但し何れの場合にもマ大統領提案をそのまの形で基礎となし得ないこと勿論である。

二、民主党は二十二日両院議員総会を開き「民自両党をあげて新党準備会を結成、新党の政策・組織・主要人事を検討した上新党を結成する」旨の党議を決定する予定であるが、右新党準備会における政策、人事等の調整には今後幾多の曲折が予想せられている。右御参考迄。

433　昭和30年10月21日　在マニラト部在外事務所長代理より重光外務大臣宛(電報)

保守合同の賠償問題への影響が見通せぬ中総理回答に先立つ調整を進めたいとのわが方考えの説得結果につき報告

別電一　昭和三十年十月二十一日発在マニラト部在外事務所長代理より重光外務大臣宛第八七三号

ト部事務所長代理作成の合意文書案

二　昭和三十年十月二十一日発在マニラト部在外事務所長代理より重光外務大臣宛第八七四号

右合意文書の発表形式案

マニラ　10月21日後9時13分発

本　省　10月21日後11時51分着

第八七二号(館長符号扱)

貴電第三四四号に関し
二十一日午前十時ネリを往訪一時間半に亘り要旨左のごとき会談をなした。中途よりインペリアル参加。
先ず、小官より冒頭貴電の二、の点を説明、保守合同実現までには、なお長期間を要すべく、また保守合同が実現しても、右は自由党筋よりの抵抗が弱まることを保証するものにあらず、却つて多くの注文が出て来る惧れすらあるべきにつき、至急解決の得策なるべきを説いたが、ネリは新聞情報によれば、鳩山総理は保守合同新党の総裁を譲る条件として、日比賠償解決案受諾を自由党に求められおるやに見受けられ、感激しおる次第なり。しかも自分は去る十四日大統領より先ず鳩山総理の回答を取付けるべしとの新たな訓令を受けており、従つて日本側の出方を待つ他なしと答えた。よつて小官は前者については或いは貴大使のいわれる通りなるやも知れないが、また実質賠償の内訳けは年次計画に譲る件等については、自由党に言質を与えおるやの印象を受けており、然りとせば、鳩山総理の代償は右のごとき改訂を含む解決案受諾なるやにも思われるので、楽観を許さず後者については鳩山総理が現在の段階で正式に受諾回答をなすとすれば、右のごとき改訂を条件とする他なく、また条件を付さねば国会での否決は明らかかと思われると述べた上、(この時インペリアル入室、参加)自分の熟考の結果としては、先ず協定案文の協議に入ること、または例のエード・メモアール案に従い、双方主張の相違点をせばめる努力をなすことのいずれかを先に行う他なしと述べたが、ネリは案文の協議に入れば、すべての相違点が解決済みなるやの誤つた印象を与えることとなるべし。いずれにせよ大統領の新しい訓令の下においては、貴官のいわれる代案のいずれにも賛成し得ない。ついては大統領の要望を東京に伝達ありたいと形を正して希望した。小官はこれに対し、たつての御希望ならば、右要望を東京に伝達すべきも、その結果については確信を持ち得ないと述べたところネリは現金についても、資本財と役務との間の融通についても、借款の商業的性格についても、また賠償と借款とを別の協定にすることにも既に了解あり、自分は楽観していると述べ立てたので、小官は小官限りにおいては従来の話合いの結果を一つの書き物として見たるにつき、先ずかかる書き物を出し得るや否やにつき、慎重御研究ありたいと述べて用意しおきたる別電㈠の書き物を提示したるところ、ネリはその一については、書き方に問題あり、現金がフイリピン政府を通じて戦争寡婦、孤児に渡る意味の書き方としたい。（小官は専門家会議での話合いではそこまでコミツトし居らず、従つてその書き方は事実に反すると反駁し置いた。）その二、四及び五についてはこの通りにて差支えなしと述べ、その三特にその後半に対してかかる了解を与えた事実なしと抗議したので、小官は貴大使の抗議はごもつともながら、自分としては、これだけ長い書き物の中、只三の後半の点さえフイリピン側が、呑まれるならば問題は解決することを印象付けるためにも、この点を書き込んで見ただけのことなり、この書き物のごときものをエード・メモアール、交換公文或いは新聞発表のいずれかとして出されることを慎重に研究ありたいと述べて別電㈡を提示した。

右に対しネリはかかる書き物を出すことは、大統領の訓令の下ではまつたく不可能なりと述べたので、小官は双方意見の相違は極めて限られており、しかも合意の点は既に五月の交渉の際なされたものなるにつき、大統領に今一度このラインでの話合い進行につき説得を得たいと要望したが、ネリは日本政府としてはこれ等の合意ある点についての自由党に対する説明不充分と見受けられる。日本政府は右説明の義務あり。貴官が一時帰国せられ、自由党のみならず、実業界等に対する貴政府の説明に協力せられることを望むと述べた。よつて小官は合意点につき、何等かの書き物で明らかにしてもらわねば帰つて説明しても笑い物となるのみなりと述べたが、ネリは自由党側はいまだ党議を決定しおらず、右のごとき書き物にて相違点の極めて限られていることを明らかにして見ても、自由党側が更に新たな注文を出さないとの保証を得られない以上、無益の努力にして、大統領の自分に対する信用を失墜するのみなりと述べてこれを拒否した。

しかしながら小官は既に合意のある点は何等新たなものにあらず、しかも自分が及ばずながら説明に協力するためには是非共かかる書き物が必要なるにつき、自分の同意した書き物（別電㈠）の三の後半を抜いたものを貴大使に送り、貴大使の確認を得るのは如何と問いたるところ、ネリはそれなら考えられると口をすべらしたが、すぐに日本政府としてはかかる書き物がなくとも、鳩山総理の書簡に鑑み、信義の問題として解決案を日本政府がその儘受諾する鳩山総理の回答を発出されるよう努力せられたいとの要望を繰返した。これに対し、小官は書き物発出を是非考慮されたいと繰返し、結局ネリは不承不承考慮方を約し、小官も東京への伝達を引受けた。この間インペリアルはネリの質問に答え、実質賠償の内訳は協定付属の議定書または交換公文に譲つては如何と答え、ネリもそれを考えていたと述べたので、小官は貴電第三一五号の次第もあり、自分もこれを考えたが、日本政府としては、右にも同意し得ない旨既に訓令されていると答えておいた。なお最后にネリは小官の東京行きについては今暫く東京の事態を見極めた上のこととせられたいと述べて居つた。

（別電一）

マニラ　10月21日後2時47分発
本　省　10月21日後4時25分着

第八七三号（館長符号扱）
往電第八七二号別電㈠

1. It was the understanding of the negotiators of both sides that the payment under item (b) of the formula, representing the payment of $20,000,000 in cash in pesos which is commonly referred to as "cash reparations", would be made in terms of the services of the Japanese people and products of Japan and not in peso cash, simply because the peso is not a legal tender of Japan. It follows therefore that the item (b), although "cash reparations" to Philippine side, is reparations in services and products and is in consonance with the Treaty of Peace with Japan signed at the City of San Francisco on September 8, 1951.

It was also the understanding that such peso cash would be made available for the benefit of the Philippine war widows and orphans of the last war.

Arrangements as to how to make available such peso cash to the intended recipients through the payment of services and products were deferred to the discussions at the final negotiations to be held in Manila.

2. As for items (a) and (c) of the formula, representing the

payments in capital goods ($500,000,000) and services ($30,000,000), respectively, it is recalled that the chairman of the Philippine Panel of Negotiators, having recognized disproportion between the amount of services and that of capital goods, which, in the future, might hamper the satisfactory implementation of the Philippine programs of reparations utilization, made reservations that the Philippines, upon finding such amount of services as mentioned in the formula inadequate for the full and effective utilization of capital goods to be furnished as reparation would request an increase in the said amount within the framework of the formula.

The amounts of services and capital goods indicated in the formula, therefore, are interchangeable to one another to meet the requirements of the Philippines at the time of their actual payment.

3. It goes without saying, then, that items (a), (b) and (c) of the formula, as explained above, can be consolidated into a single item of $550,000,000 in terms of services and products in the stipulation of a reparations agreement to be concluded in accordance with the Treaty of Peace and the actual break-down of this consolidated item can well be provided at the time of determining an annual program of the reparations payment each year so that the requirements of the Philippine economy can be met more efficaciously and expediently than otherwise.

4. It was the understanding that the long-term development loans under item (d) of the formula in the amount of $250,000,000 would be advanced on a purely private and commercial basis. This was the reason why no mention of any period for the loans was made in the formula. It is recalled that the only responsibility the Japanese Government is to assume in regard to these loans is to take necessary measures to facilitate and expedite the advancement of such loans and to encourage Japanese firms to avail themselves of and use the loans profitably to the fullest amount provided for in item (d).

The latter obligation is also shared by the Philippine Government with respect to Philippine firms. The actual grant of the loans will of necessity depend on the soundness of the proposed loans which is determined, from a commercial point of view, by the Japanese lending institutions concerned. It is also recalled that it was not the understanding of the negotiators that the Japanese Government would guarantee the loans. Further details of the loans are the subject of discussions at the final negotiations.

5. In order to avoid any further misunderstanding, it is considered preferable that the direct reparations in services and products will be embodied in one agreement, distinct and separate from that which will embody the long-term development loans, since the former is on government-to-government basis while the latter on non-government one.

（別電二）

マニラ　10月21日後6時14分発
本　省　10月21日後7時41分着

第八七四号（館長符号扱）

往電第八七二号別電㈡

(A) Aide Memoire

With a view to dispelling misunderstanding and thus removing reported difficulties apparently caused thereby in Japan concerning the terms of the Formula for the Settlement of the Reparations Problem tentatively agreed upon between the Philippine and Japanese negotiators in Tokyo on May 31, 1955, Ambassador Felino Neri, Chairman of the Philippine Panel of Reparations Negotiators, made the following clarifications of them to Counselor Toshio Urabe, Acting Chief of the Japanese Mission in the Philippines:

(B) Letter

I have the honor to inform your honor, in the hope of dispelling misunderstanding and thus removing reported difficulties apparently caused thereby in Japan concerning the terms of the Formula for the Settlement of the Reparations Problem tentatively agreed upon in Tokyo on May, 31, 1955, that the following was my understanding in connection with the said formula at the time of the negotiations in Tokyo:

(C) Press Release

The reason why Ambassador Felino Neri, Chairman of

the Philippine Panel of Reparations Negotiators, could not see any necessity of "renegotiation" or "revision" of the Formula for the Settlement of the Reparations Problem question which was tentatively agreed upon between the Philippine and Japanese negotiators is that the objections against the formula reportedly raised from certain quarters in Japan had already been thoroughly discussed at the time of the negotiations in Tokyo and that there is the following understanding which covers the reported objections:

434

昭和30年10月21日　在マニラト部在外事務所長代理より重光外務大臣宛(電報)

フィリピン側はわが方のフォーミュラ修正要求の大半を実質的に認めており国内再説得を進めるべき旨意見具申

付　記　在マニラト部在外事務所長代理作成「対比賠償問題解決に当っての所感」

マニラ　10月21日前10時58分発
本　省　10月22日前6時48分着

第八七六号(館長符号扱)

往電第八七二号に関し

ネリは解決フォーミュラの改訂或いは右につきての再交渉は、頭から拒否すると高言しつつも一方では五月の交渉当時既に了解済の建前の下に、我方改訂の申出に相当歩みよつて来ており、たゞ実質賠償の内訳を年次計画決定の際に委ねるとの一点においては頑として譲らない次第である。然しながら実質賠償の中現金賠償については日本側から見て役務及び生産物賠償の形とすること及び資本材賠償及び役務賠償の額についてはフィリピン側の必要によつてはとの条件付ながら相互に許るされることを、何れも交渉当時了解済の建前にて承認しており、右最後の一点も、今や単なる形式の問題となりおり、従つて実質的には自由党の要望する三点は全部容れられたとも認められる次第である。ついてはこの上は自由党側と再度御協議の上フィリピン側の希望を入れられるよう御努力方切望に堪えない。なお右に関連し右《(左カ)》の諸点卑見ながら憂慮に堪えざる儘僭越を顧みず御参考までに申進する。

(一)ラヌーサは比較的融通の利く考え方をなしおるも、同人の親日的態度は今や著名となりおり却つて同人に余り多くを期待し得ない。

(二)マグサイサイは、生真面目で融通性無く且つ忍耐心にも欠けておりネリの常に強調しおる如くマグサイサイが賠償問題解決のために大局的見地に立つて最後の一点につきての譲歩をなすこと期待し難いものあり、しかも今回更に解決に失敗せんかマグサイサイ政権の続く限り解決は至難となり、かりに解決し得るとしても日本側が更に大きな譲歩をなすを必要とすべきは明瞭なりと認められる。

(三)大野・ガルシア覚書はフィリピンではタブーであり、且つ右には十億ドルの価値造成の少くとも道徳的義務が含まれおり将来紛争を招く危険あり、今回の解決フォーミュラはその点却つて日本にとり有利なるは往電第六八三号の(三)をもつて具申した通りである。ビルマに対しては この点をもつて十分対抗し得ると存ぜられる。

(四)現金賠償問題についてはオーバー・ザ・カウンター・レイティオの構想を採用せられるのが我が国にとり有利なりと存ぜられる。実質賠償はすべて国家の財政支出となるものにして既に財政支出となされる以上、最も有利な効果を挙げられること望ましく角をためて牛を殺すが如き原則論に捉われざるよう切望に堪えない。なお右に関連してインドネシアとの賠償が解決された際フィリピンが日本の不信を鳴らすことなきよう御考慮ありたい。

(五)フィリピンとの賠償解決は、その代償としてフィリピン人心の把握と対比貿易の拡大均衡をもたらし、東南アジア諸国との経済協力の道を開く好結果を生むべく、右は米国の大統領資金利用にもつながりおると存ぜらる。

(付記)

（欄外記入）

対比賠償問題解決に当つての所感

(一)フィリピン側としては、日本政府が解決フォーミュラを差当りそのままの形で受諾するため必要な自由党側との再協議を希望しており、自由党側の最後的態度が明確とならぬ以上、如何なる話合いにも深入り出来ないとの態度を堅持している。フィリピン側としては、自由党側は現在のところ解決フォーミュラに難癖をつけて民主党による解決を妨害することをのみ目的としていると考えて、この態度を取つている模様である。またネリ大使によれば、自由党議員にして、個人的には解決フォーミュラに賛成なりとフィリピン人に対し云う人が多数ある由である。

(二)現在のところ、フィリピン側は賠償と借款とを別協定にすること、「現金」賠償は日本側から見て役務及び生産財の提供となること、及び役務と資本財との不均衡は、フィリピンの必要に応じて協定実施の段階で調整することには異議なき模様であるが、自由党の話合いが最終的のものでない以上、これらの点も明確にコミットしたくない意向である。

(三)日本政府内部にも、如何なる「現金」賠償にも反対なりとする声があるが、対比輸出の代金の一部を、比島貿易商が比政府にペソで納入し、右に相当する分を日本政府が日本の輸出業者に円で支払うとのフィリピン側の案は、日本の対比輸出を伸長させる効果があるので、一石二鳥、且つ単に賠償として資本財を提供するよりも日本に有利な考えと認められる。この案で年間四〇〇〇万ドル相当のペソ貨をフィリピン政府に入手させるためには、対比輸出の代金の二〇パーセントとすれば、日本の対比輸出は二〇〇〇〇万ドル、一〇パーセントとすれば四〇〇〇〇万ドルなるを要する。現在の輸出量を上まわる分についてのみこの案を適用すれば、前記の金額だけ多くフィリピンは日本より輸入するを要する。なお、インドネシアとの賠償解決に当つては、結局日本の焦げつき貿易債権を少くとも相当部分棒引する必要あるべく、右は過去のものについてなすか、将来のものについてなすかの相違はあるが、基本的には正しくフィリピン側の構想に相当する次第で、これを頭から拒否すれば、インドネシアとの賠償解決は至難となる。また最後にこのラインでインドネシアとの賠償を解決した時はフィリピン側は対日不信を鳴らすこととなるは必定である。

(四)フィリピンには、日本の「役務」提供による賠償解決は、日本人労働者の大挙来比を意味すると考えており、そのためにこそ平和条約に批准して居ない次第です。フィリピン人は日本人の労働者には勝味がないと確信して居ります。従つて役務賠償により渡比する日本人は単純労働者ではなく技術者だというと少し安心する有様です。

しかしその技術者も結局フィリピンに落ついて、フィリピンの経済を壟断することになりはしないかとの不安を持つている次第です。この点子供つぽいわけですが、こうした心理を理解しなければ、日本として東南アジアとの経済提携は実行不可能と存じます。従つて賠償は役務と生産物とで行うが、その内訳は明示しないという考えは、かかるフィリピン人の心理を理解しないものです。しかも内訳を明示しても、実際には必要に応じて調整すると言つているのに、あくまでも内訳を明示しないと頑張るのは、日本側の方が少し子供つぽい感じです。

㈤フィリピンの対日感情は急速に改善して来て居りましたが、目下賠償交渉の停止で、対日感情の改善も足踏み状況です。ここで日本が一奮発すれば、対日感情は一挙に親日感情にまで進むと言う見透しです。フィリピン人の親米感情は存外底が浅いので、フィリピン人は向日一辺倒に近いものになる可能性もあります。日本は賠償という金を活かして使うか、殺して使うかの境目にあるわけです。賠償受入れの総元締めとなるモンテリバノ経済審議会議長、ラヌーサ同計画局長は親日ですし、ネリ大使も、日本に悪い人ではなく、しかもこれらの人々は何れも、腐敗してない正しい人々です。この良いお膳立てを逃すのは日本に取つてもフィリピンに取つても不幸と考えます。また今回の解決が失敗すれば、マグサイサイ政権のつずく限り解決は至難となりましよう。マグサイサイという人はそう言うタイプの人です。

㈥大野ガルシア覚書は十億ドルの経済価値を造成するという少くとも道徳義務がついております。これを正視しないのは耳を覆うて鈴を盗むものです。もつとも当時フィリピンは二十億ドル以下の解決には絶対反対と言つてた時ですから、大野ガルシア覚書も、ガルシア副大統領の好意と考えられ、日本では歓迎されたものです。そしてこれがあつたから今度の解決フォーミュラも可能となつたわけですし、この点自由党のきずいた土台の上にできたものとも言い得ます。ビルマもインドネシアも、大野ガルシア覚書は、十億ドルの経済価値を生み出すための四億ドルということを知つていたわけで(当時、覚書も、これに基いた協定案文も全部公表されました)従つて、今次解決フォーミュラとなつたからと言つてビルマが増額を要求する理由はないわけです。

(七)フィリピンでは中間選挙中解決フォーミュラを攻撃するものも、これについてフィリピン政府を攻撃するものもなく、右はこの点に関する限りフィリピン国民が大統領を支持していることを示します。真面目で生一本なのが取柄である大統領としては、この支持に背くことは出来ない従つて解決フォーミュラを改訂できまいと考えるのは当然とも考えられます。従つて選挙が終つたらフィリピン政府も態度を緩和できると考えると大間違いかと思います。またラウレル上院議員の力に期待をかける向きがあるようですが、同上院議員は自ら大統領に出る気持もあり、また長男を下院議長としておきたい出来ればゆくゆくは大統領にしたいという願望も持つており、そのために思い切つたことが出来ない人です。大統領としても日本側がラウレル上院議員に働きかけたと知れば、これを侮辱と考え、その意見に聴従しないだろうし、またその意見を撤回させるため、下院議長の方をいじめにかかることは必至です。

以上御参考までに賠償問題の現在の事情を一筆いたしました。何とか日本の名誉のため、日本の将来の発展のため、本件が至急解決するよう切願申上げます。戦争で出来なかつたことが、賠償で出来るかどうかの瀬戸際と考えております。

(欄外記入)

ト部君が昭和三十年十月二十三日高碕大臣にマニラ空港にて手交せるもの

435

昭和30年11月23日　在マニラト部在外事務所長代理より重光外務大臣宛(電報)

フィリピン当局は保守合同による局面打開を期待して国内を抑えておりこれに呼応する措置を速やかに講ずるべき旨意見具申

マニラ　11月23日後4時15分発
本　省　11月23日後5時43分着

第九四八号(館長符号扱)

一、二十三日午前十時半ネリは電話をもつて何らか新な訓令を受けたりやと問合せ来たり、その際フィリピン側は賠償解決を可能ならしめる局面を開くものとして、自由民主党内閣の成立を一日千秋の思いにて待望しおりたるものにして第三次鳩山内閣の成立を見た上は遅滞なく賠償解決の手を進められたい旨の要望を述べた。

二、フィリピン側が今日迄冷静に待ちたるはフィリピンとしては異常な忍耐心の発揮であつて、当地新聞が日本政界の動きを伝える外電を細大洩らさず連日掲載しつつも穏健な態度に終始したのもネリ等の努力に負う次第であるが新内閣成立後も何んらの動きなく時を移すにおいてはネリの努力にかかわらず新聞が騒ぎ立て、その結果賠償解決の良き雰囲気が失われることとなる危険あり、新聞記者等の言によるも下院議員の間には相当焦慮と不満が募りおる模様である。

ついてはこの際往電第八七六号をもつて稟議せるところを更めて御研究相成り、明年一月一日当国議会が開会されることをも御考慮の上、至急然るべき手を打たれ解決にまで事を進められんこと切望に堪えない。若しここ数日中に何等かの措置を講じ得ざる場合には、小官の一時帰朝を命ぜられるのも時を稼ぐ一方法と存ぜられる。なお今日の段階となつては例の書き物の話しを（往電第八九八号等）なすのは既に手遅れと認められる。またネリもラヌーサも日本側全権の派遣は下準備を充分行つた後まつたく調印のためにのみなされたいとの希望である。

436

昭和30年11月26日

「日比賠償解決要領」

日比賠償解決要領

（昭三〇、一一、二六）

一、八月十二日付マグサイサイ大統領書翰に対し二、の了解取付けたる上鳩山総理より左の趣旨の回答を発出する。

『貴翰により御申越の次第を拝承せり、ついては右貴翰の趣旨及び東京における交渉の経緯を基礎として速かに本交渉に入りたくこれがため全権団を派遣する用意あり』

二、右鳩山総理回答発出に先立ち従来よりの日比双方交渉の経緯をコンソリデートする為め卜部・ネリ間に左の了解をなすこととする、その上にて直に本取極の交渉に入る。

㈠賠償と経済協力（借款）は二本立の協定とする。

(二)二千万ドルのペソ貨現金はその実質は生産物又は役務であるから、協定文にはこれを特記せず五億五千万ドルの役務及び生産物中に含ましめる。

(三)三千万ドルの役務は協定文にはこれを特記せず五億五千万ドルの役務及び生産物中に含ましめ、附属交換公文中において一応の基準として三千万ドルの役務を予定するも右は実情に応じて両国政府の同意により増加しうる旨を規定する。

(四)借款は純然たる民間商業借款であり政府は保証の義務なく又期間も明示しない。

編注 欄外に「十一月二十六日外務大臣室で重光外相、一万田蔵相、高碕国務大臣協議三大臣同意せり」との中川アジア局長による書き込みと三大臣の花押がある。

437 昭和30年11月28日 在マニラト部在外事務所長代理より重光外務大臣宛(電報)

日比賠償解決要領に基づいた交渉実施にあたり不明事項等につき請訓

別電 昭和三十年十一月二十九日発在マニラト部在外事務所長代理より重光外務大臣宛第九六一号

フィリピン側との合意文書案

マニラ 11月28日後11時32分発
本　省 11月29日前8時26分着

第九六〇号(館長符号扱)

一、二十六日貴大臣、大蔵大臣及び経済企画庁長官の間において協議決定せられたる日比賠償解決要領に基づきネリと下交渉に入るに当り小官心得までに右要領の一、の鳩山総理回答の英文電報ありたい。

二、右要領の二、に基づき小官がネリとの間に遂ぐべく努力すべき了解の内容は別電の如きものとしまた形式はネリとの間に同文の書簡を交換する方法にて差支えなきや至急回電ありたい。

三、三千万ドルの役務につき協定付属の交換公文にて規定されることとなりたるは一つの前進にてそれだけ交渉を促進されるものなるも二千万ドルのペソ貨現金についてはネリは少くともこれをも付属交換公文に規定するを固執すべきは必定と認められるについては「フィリピン政府が戦争寡婦及び孤児のために二千万ドル相当のペソ貨を役務及び生産物賠償を通じ入手する方法については実施細目の問題にゆずるものとする」態(程カ)度の趣旨を交換公文または合意議事録に記述することを御認め相成るよう更に御協議方お願いする。

四、Over-the-counter-ratio の構想はインドネシヤ賠償解決にも関連あり、又ビルマにつきてもその賠償額の一部につき右構想を採用するも我国にとり必ずしも不利益ならずと愚考せられるについては、この採用方につき更に特段の御配慮を得たい。

五、借款につき全然期間に触れざることにはネリは承服せざるものと認められるについては、一応期間は定めるも年額を定めず、且つ右の期間は伸縮可能のものとするにより、実質的には期間を定めない構想を御採用相成りたい。借款は純然たる民間商業借款なるも、これにつき政府間にて協定する以上この程度のことは止むを得ないのみならず、又当然の議かと愚考せられる。

六、下交渉は目立たぬ方法にて進めること肝要と存ぜられるについては、東京においても余り新聞等にて書立てられざるよう御配慮願いたい。

七、下交渉に入る時期としては三十日が当国の祭日なるにつき、十二月一日の考えなるも、ネリはしきりに焦りおるため二十九日にも会談の余儀なきに至るやも知れない。

(別　電)

マニラ　11月29日前0時30分発
本　省　11月29日前7時17分着

第九六一号（館長符号扱）

往電第九六〇号別電

I have the honor (to refer カ) to our recent talks held with a view to clarifying certain features of the terms of the formula for the settlement of the reparations question embodies in the letter of the President of the Republic of the Philippines dated August 12, 1955, and addressed to the Prime Minister of Japan and to confirm that the followings are the understanding between Your Excellency and the Japanese negotiators concerning the said features of the formula:

1. The reparations in services and products, which will be paid on a government-to-government basis, to the amount of $550,000,000 consolidating items (a), (b) and (c) of the formula into one single item, can be embodied in an agreement and the long-term development loans, which will be advanced on a non-governmental basis, in another agreement distinct and separate from the said reparations agreement.

2. The payment of $20,000,000 in Peso cash (item (b) of the formula) is not required to be specifically mentioned in the text of the said reparations agreement, because this payment is to be made in services and products.

3. No mention of the payment of $30,000,000 in services (item (c) of the formula) may be made in the text of the reparations agreement. However, the said amount in services will be agreed upon, through exchange of letters to be attached to the reparations agreement, as a basic figure that may be increased within the total amount of $550,000,000 through the mutual agreement between the two governments when such an increase is found necessary for the full and effective utilization of the products to be supplied as reparations.

4. The long-term development loans will be advanced on a purely private commercial basis and the Japanese Government is not required to guarantee them and no mention of period may be made in the text of the agreement for them because of their private commercial nature.

I avail myself of this opportunity to renew the assurances of my highest consideration.

438　昭和30年11月29日　重光外務大臣より
在マニラト部在外事務所長代理宛（電報）

日比賠償解決要領に関する照会事項につき回訓

付　記　鳩山総理回答文案

本　省　11月29日前11時25分発

第四〇三号（館長符号扱）

貴電第九六〇号に関し

一、鳩山総理の回答英文案別電(省略)の通り

二、冒頭貴電二、に関しては貴電第九六一号の書簡を交換して差支ない

三、三、以下に関しては追て電報す

(付　記)

I have the honour to acknowledge the receipt of Your Excellency's letter dated August 12, 1955. In reply I should like to state that my Government is willing to go into a formal negotiation with your Government taking as its basis the line mentioned in Your Excellency's letter as well as the tenor of the negotiation held at Tokyo last May, and that we are prepared to send a full-powered delegation for that purpose.

編　注　総理回答案(別電第四〇四号)はその後文言の修正が複数回追電されたため、前掲「対フィリピン賠償交渉経緯」から最終版を付記として採録した。

439

昭和30年12月1日　在マニラト部在外事務所長代理より重光外務大臣宛(電報)

フォーミュラ修正に関する協議結果及びフィリピン側解決案の修正なき受諾回答を求めるマグサイサイ大統領意向につき報告

マニラ　12月1日後10時21分発
本　省　12月2日前7時15分着

第九六七号(大至急、館長符号扱)

貴電第四〇三号に関し

一、ネリの繰り返しての催促もあり一日午後二時半往訪、会談は五時まで二時間半に及び交渉難航を極めたが、その要領左の通り。

(イ)小官より日本の政治情勢上鳩山総理が明確なる受諾の回答をなすこと不可能なることを説明の上、貴電第四〇四号の英文の趣旨を口頭にて述べたるところネリは右は自分の立場をなくするのみならず大統領を失望させるものなり、又政界領袖の間には自分の不適任を説く者も出て来ており、旁々大統領は軍事基地問題交渉のため自分を米国に派遣方希望しおるのでかかる回答しか出されないものならば、これを機会に自分は賠償問題より手を引くこととしたい。然る時は交渉の経緯も明らかとなるべく、その結果は自分の顔は立つこととなるので、自分は寧ろこれを希望する。ただ日本を理解する者の一人として交渉の経緯が天下に発表された結果蒙むる日本の損失を考えれば、この際日本政府の再考を希望せざるを得ないと述べ、取りつく島もなかつたが小官は更に日本の与論の在り方を説明し且つ保守合同もフィリピン賠償問題に付政策の調整がなされた上実現したとは認められざることをも説明、次で斯くの如き回答でもその発出後遅滞なく全権団の派遣及び協定の調印までことが進められ且つ協定の内容が実質的には解決フオミュラに副うものなるに於ては大統領も貴大使も左程非難攻撃を受けずに済むべしと述べた上話をここで打切ることなく左記の如く速かに事を運ぶに当り必要な解決フオミュラの了解事項を書き物とする件に付話をしたいと述べ漸く書き物の話に入つた。

(ロ)小官より「日比賠償解決要領」一、の各項を逐一口頭にて説明せるところネリは(一)の協定を二本建にすることには即座に賛成し(三)の役務(四)の借款についても左程反対しなかつたが(二)の現金については絶対承服出来ないと述べ押問答を重ねたが小官より最早意見の相違はこの一点及び役務及び借款の僅かな部分に限られた以上ここで右を解決する為の智恵を出されたい実は斯る書き物が今日でも取り交し得るならば直ちに全体が動く次第なりと述べて往電第九六一号の書き物を示したるところネリは先ず第二項の現金に関する書方に反対し、更に第三項及び第四項も承服出来ない第一全体を五億五千万に纏めることすら今となつては指導者会議の賛成を得る見込なし(日本側の新聞がこれ等の点をフィリピンの譲歩と書き立てたる結果と認められた)と云い出したので小官は少くとも役務の点については既に書き物にて(往電第六六六号)確認されたるところにて右まで取消されるは迷惑なりと述べたるところネリは右は自分のエイド・メモアール案を撤回した際(往電第八三九号)併せ撤回されたるものなりと述べた。(小官は右に抗議しネリもその点は云い過ぎなりと訂正した)ネリは要するに斯かる書き物の話はなし得ないと述べ、交渉は全く行き詰つたので小官は第一(二カ)項の現金についてはオーバー・ザ・カウンター・レイシオの構想を現金の言葉を用いず表現する方法もあるべしと述べてその説明を行いたるところネリは漸くこれに興味を示し始めたので小官は右を尽した上他の点につきても少くとも修正希望は示されたい唯この際日本政府の困難なる立場を充分考慮されたい旨を述べ、ネリも極めて渋渋ながら右修正希望を出すことには同意した。なお小官は辞去に当つて大統領に対する報告は右の工夫がつくまでは差控えること及び新聞には本日の会談を極秘とすることを依頼しておいた。

（三、欠カ）ネリは右会談後六時過ぎ電話をもつて大統領が本日の会談を聞き込み電話をもつてその模様を問合せ来つたので約束通り詳細な返事は差控えたが、大統領は総理の解決フオミユラを繰返した上での受諾回答を先づ取付けた上ならでは如何なる話もなすべからずと、更めて厳命したので、自分としては最早打つべき手なし、大統領の右の立場を至急東京に充分御伝えありたいと述べたので、小官は伝達はするが、本日お渡しした書き物につき日本政府の呑み得るものが工夫されるならば又日本政府でも考えようも出て来るべく従つてその方が先決問題と答えたところ、ネリは此の上は明日午前中にも事態の詳細を大統領に報告する他なし、大統領は御承知の如き性格なるため事態は全くホープレスとなつたと述べたので小官は敗北主義に陥入らず、最善を尽して日本側の事情を大統領に了解してもらうよう努力されたいと答えておいた。

三、小官微力なるため事態は累次往電をもつて御報告せる小官の危惧の通り最悪の局面に到達するに至り大統領のネリ報告に対する反応もネリの口吻より察し期待すべからざるものあり、政府におかれても最後の肚を固められる時期が到来したやに認められる。

440　昭和30年12月2日　重光外務大臣より在マニラト部在外事務所長代理宛（電報）

日比賠償解決要領がわが方譲歩の限界であり右趣旨にてフィリピン側を説得方訓令

本　省　12月2日後6時35分発

第四一三号（館長符号扱）

貴電第九六七号に関し

一、マグサイサイ書翰の内容をそのまま受諾することは世論の一致せる反対に鑑み不可能でありその意味より十一月二十六日付「日比賠償解決要領」がわが方として歩み寄り得る限界を示すものなるに付右要領により解決するようさらに御努力ありたい

二、交渉経緯を公表することとなるべしとのネリの発言は興奮の結果なるべく特に気にする必要なしと考えるも比側において本件内容を公表すればすべて交渉は白紙に帰るべきことは五月三十一日付松本副長官のネリ宛書翰により明にしてある次第である

三、先方が飽く迄も妥協せざる場合米政府を通じ大統領を説得せしめることの可否に付貴見回電ありたい

441 昭和30年12月2日 在マニラト部在外事務所長代理より重光外務大臣宛(電報)

鳩山総理書簡発出を再度催促せんとのマグサイサイ大統領意向を踏まえ総理書簡を早期発出し協定案文交渉に進むべき旨意見具申

マニラ 12月2日後7時44分発
本 省 12月2日後9時21分着

第九七〇号(大至急、館長符号扱)

往電第九六七号に関し

一、二日午後四時ネリは他用にて電話をかけ来れる際、実は本日正午大統領より命令を受け、貴官に対し賠償問題につき書簡を発出することとなりたりと洩らしたので、その内容及び右命令発出の事情如何と問いたるところ、内容は鳩山総理の回答を催促するものにして、右命令は本日午前大統領が政界指導者と相談の結果出されたもので、自分の詳細な報告を聞いてからのものではない。報告していたらもつと激しいものとなつたとしか考えられず、自分には報告の勇気がなかつた。大統領は議会方面よりプレツシユアーをかけられている模様なり。なおインペリアル公使からも直接催促をなす様訓電することとなつている。要するにシヨーダウンの一歩手前の措置にして、自分としては必ずしも本意ではないが事情は諒とせられたいと内話した。

二、事態はかくて往電第八九八号等にて御報告の通りの経緯をたどり、しかもその間安全弁の役目を為すべき書き物を取付け得ていないという最悪の事態に立至りたる以上は兎も角鳩山総理の受諾回答を発出せられ以て協定案

文審議に入り、その上で現金についてはオーバー・ザ・カウンター・レイシオの構想を採用され役務については往電第六六六号を利用して共に百尺竿頭一歩を進めて協定案文中に書き込むことにより、円満妥結を図られることが事態を救う唯一の途なるやに存ぜられる。斯くせられることは情熱的なる当国国民性にアツピールし、結局折角の賠償支払が大きく活かされる結果ともなるべしと認められる。右卑見ながら憂慮に堪えざる儘、敢て御参考までに具申する。

442　昭和30年12月3日

重光外務大臣より
在マニラト部在外事務所長代理宛（電報）

現金賠償の取扱いに関して財界人マヌエル・エリサルデをして大統領説得を試むべく同人へ協力方訓令

本　省　12月3日後6時30分発

第四一六号（館長符号扱）

一、二日夜マノエル・エリサルデ氏高碕長官を来訪（一日着京せる由）マニラ出発直前「マ」大統領に会つた際同大統領より日本側の態度打診方依頼あり又ネリよりも日本側よりはつきりした回答なきため困りおるに付高碕長官と懇談ありたき旨の話ありたりと述べたるを以て同長官より問題は二千万ドルのペソ貨現金支払に集約されおるところネリはどうしても之を表に出すことを固執するため困りおれり、現金を表に出すことは桑港条約の立前よりも又インドネシア等他の求償国に対する手前よりも不可能にて、日本側としては結局之は物にて支払い比側で之をペソ貨に換えて適当に使用されることとしたい考なり実質は同じなるが表現の問題で難関に逢着しおる次第なりと事情を説明せるところ「エ」は自分の聞いたところでは問題はもつと複雑なるよう考えおりたるも真に右の一点のみが未解決の問題なりやと尋ねた。よつて長官より右一点のみなりと答えたところ「エ」はその程度のことならマ大統領に自分が説明すれば容易に理解して貰えると思う、自分は六日にはマニラへ帰る予定なるに付早速大統領に報告し打開を計るべしと述べ、高碕長官より本件についてはネリの面子もあるべきに付ネリ及び貴官とよく打合せの上大統領を説得されたいと述べた趣である。

二、なお右会談の際「エ」より進んで今回の借款には合弁事業による投資も含ましめたしと述べたるを以て高碕長官より実は比側で投資は好まずと考え表に出すことを遠慮しおりたるも日本側としても是非投資をも含ましめたい考なりと述べ同氏の協力を要請した趣である。

三、ついては「エ」マニラ着の際は直に同氏と面会の上前記一、及び二、のラインにより「エ」より直接大統領を説得するよう取計われたい。なおその際「エ」がネリと事前に打合すことは却つて目的達成を阻害する懸念も想像されるに付右の点も「エ」と十分慎重に協議されたい。

編注 マヌエル・エリサルデはエリサルデ商会社長で、エリサルデ前外相の実弟。

443 昭和30年12月3日 在マニラ卜部在外事務所長代理より重光外務大臣宛（電報）

マグサイサイ大統領は所信断行の自信を深めつつあり適当な人物からわが方真意を伝達すべき旨意見具申

マニラ 12月3日後9時45分発
本　省 12月3日後11時38分着

第九七六号（館長符号扱、至急）

貴電第四一三号の三、に関し

一、我国としては将来各方面に亘り緊密に提携しゆくべきアジア諸国との賠償問題は、困難なりとは云えそれぞれ相手国と水入らずの交渉により双方の納得する解決を図るべきものなりと愚考せられ従つて世論の啓発を強化せられて往電第九七〇号の二、を以つて具申し上げたるラインにての妥結を図られることを切望する次第である。

二、中間選挙後の大統領は自信を深め所信を断行して憚からぬ態度を示し始め、このことは側近をして大統領に事の真相を伝えて直言する勇気をも失わしめたるやに認められ、個人的功名心に強きネリは一つには自己の名誉欲のため、一つには大統領の寵を失わざるらんがため、名を捨てて実を取ることの必要を大統領に勧告する勇気を更に一層失いたるやに認められる。従つて我国として十一月二十六日付「日比賠償解決要領」より一歩も前進し得ないとすれば、右の事情を余人を通じ大統領に伝える他なく、かかる人物としては現在では政府部内に於てはモンテリバノ経済審議会議長、上院にてはペラエスまたはプヤット両議員、実業界にてはエリサルデ、アギナルド両氏ぐらいのものならずやと存ぜられる。但し、小官がネリを差置きこれらの人物に話をなすは、小官とネリとの関係を断つ結果ともなるべきところに困難ある次第なるが幸いエリサルデ及びアギナルドは、前者は訪日中、後者は渡米の途中十六日まで日本立寄中なるにつき、東京にてその何れかと懇談されるも一方法かと存ずる。又往電第九〇四号の遺骨収集の陳情団派遣案もその機会を与えるものと存ずる。

三、米国の日比賠償問題に対する政策は、その早急解決を待望するも日比何れかとの友好関係を毀損する惧れある交渉介入は避けんとするにあると認められるが、前記の如き事情の下においては、大統領に対し実情を伝え、名を捨てて実を取るよう勧告するには、大統領の親米的態度に鑑み、ファガソン大使が適当かとも存ぜられる。その際には駐日、駐比両大使とも介入を禁ぜられおる模様なるにつき、国務省を通ずる他なしと存ぜられる。但し、その際米国政府としては日比現在の主張の中間をとることを勧告する可能性強く、従つて我国としては、結局十一月二十六日付「日比賠償解決要領」の一又は二つ何れかにおいて妥協せざるを得ぬ羽目となる場合もあるべく、そのくらいならば前記一、にて妥結するを可とするにあらずやと愚考せられる。

444　昭和30年12月7日　重光外務大臣より在マニラト部在外事務所長代理宛(電報)

マグサイサイ大統領説得の方策に関する高碕経済企画庁長官とエリサルデの打合せ結果につき通報

別電一　昭和三十年十二月七日発重光外務大臣より在マニラト部在外事務所長代理宛第四二一号

わが方は大統領書簡内容に反対していない旨の説明案

二　昭和三十年十二月七日発重光外務大臣より在マニラト部在外事務所長代理宛第四二二号

現金賠償の取扱いに関する追加文案

本省　12月7日後4時40分発

第四二〇号（館長符号扱、至急）

往電第四一六号に関し

一、六日高碕長官は再度エリサルデに面会（中川同席）左の通り打合せた

㈠エは七日帰国八日朝マ大統領に面会（ネリ及び貴官とは事前打合せず）日本側においてはマ大統領の同意を得次第鳩山総理の返翰（「日比賠償解決要領」一、の趣旨によるもの往電第四〇四号及び第四〇八号の通り）を発出の用意ある旨を報告し、なおその際日本側の返翰が先方の書輸をそのまま受諾する形としえない理由としては別電第一の通り説明する

㈡エとしては十分大統領を説得しうる自信あるところ大統領が同意した際は直にネリを呼び入れ之を説得し同時に細目（「日比賠償解決要領」二、に相当するもの貴電第九六一号）につきネリを説得する。その際ペソ貨現金に関する第二項に別電第二の通り新センテンスを追加する

㈢右説得に成功した際はエは貴官に右結果を通報し、貴官は之を日本政府に報告する

㈣日本側は貴官より電報あり次第打合通りの鳩山返翰発出の手続をとる

二、ついては右お含みの上エよりの連絡を待たれたくエの説得工作が予定通りの運びとならざる際は改めて本省の指示を求められたい

（別電一）

本省　12月7日後4時40分発

第四二一号（館長符号扱、至急）

（別電第一）

The fact that the Prime Minister's answer does not repeat word by word the content of the President's letter does not mean that the Japanese Government is against the substance of the formula. What is implied is that it wants to reconsider the phrases and modes to be used in expressing the above-mentioned substance in the text of the agreements and the documents attached thereto.

（別電二）

本　省　12月7日後4時40分発

第四二二号（館長符号扱、至急）

（別電第二）

However, in an attached note to the agreement, an amount of $20,000,000 may be earmarked, out of the total amount of $550,000,000, paid in services and/or products within five years, to be used for specific purposes to be determined by the Philippine Government.

445　昭和30年12月8日　在マニラト部在外事務所長代理より重光外務大臣宛（電報）

賠償問題解決に対するわが方真意を理解したことから公文案についての修正討議を行いたいとのネリ首席代表意向について

マニラ　12月8日後10時2分発
本　省　12月9日前6時49分着

第九九三号（館長符号扱）

貴電第四二〇号に関し

一、十二月八日正午ネリより電話にてト部参事官に対し、エリサルデと話をなさずしては考えられない質問をなし来つたので、事重大なるにつき直接面談を希望し、午后三時往訪会談したがその内容左の通り。なおネリ電話の直後エリサルデに電話したるところ、大統領には未だ会わずも今さつきまでネリと会いたり、自分としては楽観する旨答え、ネリとの会談内容を知らされたいと要望した。

ネリは先づ総理の返簡（貴電第四〇四号及び第四〇八号及び貴電第四二一号）の書き物を提示し、右につき貴見を伺いたいと述べたので小官より本省よりの電報によればエリサルデが大統領の依頼による旨をもつて高碕長官を往訪せることが切つ掛けとなり相当突込んだ話がなされ、その際これ等の書き物が手交されたと承知しおると答えたところ、ネリはエリサルデは大統領に訪日の挨拶をなしたる際大統領より日本側の空気打診方を依頼されたに止まり、且つ持ち帰つた書き物は既に貴官より手交を受け又口頭で説明を得た以上の何物にも非らず。一方大統領の自分に対する訓令は何等変更されおらずと述べたので、小官より特に日本の政治情勢が御希望の如き総理返簡発出を許さざる以上、一日会談の際手交した書簡案の話を進め、かかる書簡を交換して現在の困難を打開する以外途なしと述べた。これに対しネリは、エリサルデの報告により貴官の説明した日本側の事情も呑み込めるに至つたし又高碕長官及び中川局長の誠意にも打たれたので、書簡案につきての自分の修正希望の点を討議したいと述べ、ようやくその討議に入つたが、ネリは先ず前文末段の書き方は『以下のクラリフィケイションを正式に提案する』と改めることを始めとし、ペソ貨現金に関する貴電第四二二号の実質的意味ある書き方への変更或いは借款に関する第四項の削除等の改訂を希望し、交渉は極めて難航、結局会談は九日続行することとして午後五時一応打切つた。ネリは最後にあたり、エリサルデの話があつたためかかる討議をなしたものならずと念を押し、且つ本件会談内容は絶対に他に洩らされざるよう、先般のエイド・メモアール案のこともあり厳重に注意されるよう東京に依頼されたい。ミラーの記事(往電第九九二号)の如きは自分の立場を甚だ迷惑させるものなりと述べ繰返し秘密厳守を要望した。

二、ネリの構想は日本政府の希望とネリの希望とを煉り合せて作成されるネリ小官間の交換書簡案を大統領に示しその承認を得れば上院議員の右に対する承認を取付けその後書簡を交換することにあり、ネリはそれまではその立場をコミツトしない旨会談中繰返し述べ且つ上院議員説得を容易ならしめるため例えば借款に関する第四項の削除その他の修正を希望しおる次第なるところ小官としては我方の立場をコミツトせずに出来る限りネリの頭をこの構想に突込ませたい考えで、九日会談の結果ネリの修正希望点が固まりたる上は電報御指示を仰ぐこととするがネリの要望通り本件交換書簡の話合につきては特に一切外部に洩らさざるよう格別の御注意を御願いする。

三、ネリとの会談直後エリサルデに対しお蔭でとに角一歩前進し得た旨を報告、九日午前面会することとした。

~~~~~~~~~~~~~~~~~~~~~~~~~~~~~

446　昭和30年12月19日　重光外務大臣より在マニラ卜部在外事務所長代理宛(電報)

オーバー・ザ・カウンター・レシオ制度による賠償支払に一定額以上の対フィリピン貿易輸出
~~~~~~~~~~~~~~~~~~~~~~~~~~~~~

を条件として課す考えにつき意見回電方訓令

本　省　12月19日後9時10分発

第四四四号（館長符号扱）

貴電第一〇一二号に関し

オーバー・ザ・カウンター・レシオ制度については関係省と協議する要あるところ、㈠右制度の採用が日本側にとり実質的外貨負担の加重を意味せずと国内的に説明するためには通常貿易による対比輸出が少くとも現在の実績（年約三千万ドル）程度を上廻る場合に初めて本制度が発動することとする必要あるべく（冒頭貴電においてネリが日比貿易拡大均衡に努力する旨言及せることも大体同思想に基くものと考えらる）㈡又日本側としては端的に「輸出額の何割を役務と見做して賠償に充てる」と云うが如き表現は貿易尻の決済がドルによって行われおる現状に照し現金賠償と紙一重なりとの非難を生ずべく従って「通常貿易による対比輸出が年三千万ドルを超える場合には別に加工による賠償を行いうるものとし、その詳細は合同委員会において協議する加工費の割合は一率に製品価格の何割とし原料費は比側が通常貿易決済方法により支払う加工による賠償は総額が二千万ドルに達した場合には終了する」と云うが如き表現を用うること適当なるべく㈢さらに本制度に関する規定は出来れば本協定又は附属交換公文に入れず（但し往電第四二二号程度のものは別とし）実施細目取極に落し国会の承認を要せざるものとしたいところ之等諸点に関する貴見回電ありたい。

447　昭和30年12月20日　在マニラト部在外事務所長代理より重光外務大臣宛（電報）

ネリ首席代表作成の新公文案に関する協議結果につき報告

別　電　昭和三十年十二月二十日発在マニラト部在外事務所長代理より重光外務大臣宛第一〇二三号

右新公文案

マニラ　12月20日後11時30分発

本　省　12月21日前8時13分着

第一〇二二号（館長符号扱）

往電第一〇一四号の三、に関し

一、ネリとは十七日求めにより会談、その際十九日更に会談を継続することとして別れたるも、ネリは国連安保理事国投票の対策に忙殺されている由を以て延期を希望、二十日午後三時半一段落つきたる旨の連絡あり往訪、一時間半に亘り会談をしたが、その要旨左の通り。

(イ)ネリは先ず十七日大統領に意見書を提出、フォーミュラの若干の改訂に同意し以て早急に賠償問題を解決することの已むを得ざる所以を具申せるが、十九日大統領は読了した旨のみを告げ、賛否を明らかにしなかつたと前置きした上別電の書き物を手交し、右書き物は只今述べたる如き事情の下において従来の貴官の意見も採り入れた上、自分が全く個人の立場にて作りたるものにしてこれに対する日本政府の同意を得たい。日本政府の同意を得たならばこれに大統領の承認を受け更に何とか政界領袖の同意を取付けた上、正式に貴官より発出を受け、これを確認する書簡を出すこととしたい。又この書き物はもとより書き物の話しをしている事実も絶対極秘とせられたく、若し万が一にも右が洩れたることあらば妥結の見込皆無となるものと了解せられたいと述べた。

よつて小官はこれを検討し、特に二の現金条項に関する項目については貴電第四四四号の趣旨を体し仮りにオーヴァー・ザ・カウンターレイショの制度が採用せられることありとするも、少くとも現在の通常貿易による対フィリピン輸出実績を年三千万程度と看做し、これを上廻るものにつき適用あるものとせざれば話しとならざるべく、貴大使の主張は今後五年間に日比間の貿易は賠償支払いのための貿易とするに等しく、換言すれば五年間は日比間に通常の貿易はないものとすることとなり、かくては国会のみならず、世論の批難を招くは必定なるべしと述べ、その改訂を求めたるも、ネリは日比間の貿易が飛躍的に増加することを思えば(ネリは貿易拡大均衡に努力すべしとの一札を入れて差支えないとの前言を繰り返えした)貴官と自分との主張の差異は四百万ドルを年度の始めに貰うか、後に貰うかの差異に外ならず、フィリピンが四百万ドルを取立てた後は通常の貿易が行われる次第なり又貴官の主張されるところは賠償に対し、貿易増大の紐をつけて事を露骨に示すものにて到底上院議員は承認せざるべしとて頑として改訂に応じなかつた。

(ロ)十七日及び本二十日の会談にて議論した点左の通り。

(一)一の項目中ネリは十五日来 however 以下の文がフィリピン側の都合上絶対に必要なりと言い張りおるためこの程度のものにトウ・ダウンすることすら相当困難であつた。なお右のトウ・ダウンのためその前の文において to be called the Reparations Agreement 及び to be called the Economic Development Loans Agreement のフレイズが付加せられたものである。

(二)二の項目及び三の項目の交換公文をそれぞれの協定の integral part とする件については日本とフィリピンとの議会政治上の慣習に相違あるべきもフィリピンとしては絶対に必要なりしと主張した。

(三)二の項目の acceptable の句は日本がフィリピンに消費財を持ち込みこれを売却してペソ貨を獲得することには上院議員筋に強い反対ありその懸念を封ずるものとして加えられた。

(四)二の項目の to this end 以下の文につきての実質的議論は前記の通りなるもこれを交換公文より取り封ずることについてもネリは難色を示し同意しなかつた。なお on the basis 以下 category までを抜きもつて一率の割合を採用することについてはネリは同じく難色を示したるも操作の困難を説きたるに対してはやや自信なき模様であつた。

(五)四の項目についてネリは日本政府の保証なきことは新聞指導者会議でも明かにしてあり之を今更書き立てたくないと述べた。Private Commercial and Non-Governmental basis と書けば充分なりと主張し期間については年額を定めず、また一応の期間は定むるも事情により延長も短縮も可能なりとすることにより実質的には期間の定めなきものと同一として差支えないと述べた。なお十七日の会談においてネリは借款の返済不可能となつた場合借款の抵当が日本人の手に帰することを防止するためフィリピンの銀行による保証を以て抵当に代える案を述べおりたるも書きものには之が落ちている。御参考まで。なおまたネリは此の項目については我方の注文にある程度は応ずる気配を示した。

二、小官としては往電第九九三号の二、末段を以て御報告の通りの心構えにてネリと折衝したる次第にてその結果引出したるネリの修正希望点には問題の個所多きこと恐縮に堪えざるもネリとしても従来の建前よりして此処まで折れて来たのはよくよくのこととも存ぜらるに付その辺の事情も充分お含みの上この書き物を土台として解決えの途を拓かれるよう切望に堪えない。なおネリの繰り返しての依頼もありかかる書き物に付て話合をなしおることは絶対に外部に洩らさざるよう切にお願いする。

（別　電）

マニラ　12月20日後9時42分発
本　省　12月21日前7時45分着

第一〇二三号（館長符号扱）

Excellency:

I have the honor to refer to our recent talks concerning the terms of the formula for the settlement of the reparations question embodied in the letter of the President of the Philippines dated August 12, 1955, to the Prime Minister of Japan and to formally propose, upon instructions of my Government, the following further clarification of said formula in order to expedite the implementation thereof and to preclude any misunderstanding in the future with regard thereto:

1. That items (A), (B) and (C) of the formula representing the reparations, which will be paid on a government-to-government basis to the amount of $550 million, be consolidated into one single item to be denominated as reparations in services and products in the form of capital goods and be embodied in one agreement to be called the Reparations Agreement; and item (D) representing the long-term development loans, which will be advanced on a non-governmental and private commercial basis to the amount of $250 million, be embodied in another agreement to be called the Economic Development Loans Agreement, distinct and separate from the Reparations Agreement. However, the total of the amounts mentioned in each of these two agreements shall represent the aggregate of Japan's reparations obligation to the Philippines.

2. That the payment of cash as provided in item (B) of the formula be not specifically mentioned in the text of the Reparations Agreement. However, in an exchange of notes to be attached to the Reparations Agreement as an integral part thereof, the amount of $20,000,000 shall be earmarked out of the $550,000,000 representing the reparations payable in services and products. The said amount of $20,000,000 shall be paid by the Japanese Government in equal annual installments within five years from the date the Reparations Agreement takes effect and in such a manner, acceptable to the Philippine Government, as will not require payment by the Japanese Government in actual cash and yet enable the Philippine Government to ultimately and actually receive pesos to be used for such purpose as it may determine.

To this end the Japanese Government is agreeable to an arrangement whereby a certain percentage of the cost of the Japanese products imported into the Philippines under the existing or future agreements governing trade between the two countries shall be determined by mutual agreement and considered as representing the cost of Japanese services used in the manufacture of such products on the basis of specific type and category and the corresponding payment for such services shall be withheld by the Philippine Government as reparations under item (B) of the formula.

3. That the payment of $30,000,000 in services as provided in item (C) of the formula also be not mentioned in the Reparations Agreement. However, the said amount in services shall be agreed upon in a similar exchange of notes attached to the agreement as an integral part thereof, as a basic figure that may be increased within the total amount of $550,000,000 if such an increase as subsequently found necessary by the Philippine Government for the full and effective utilization of the products in capital goods to be supplied as reparations.

4. That the long-term development loans will be advanced on a private commercial and non-governmental basis within the period of the Reparations Agreement and under the terms of the clarification agreed upon by the two Governments on May 23, 1955.

I am instructed by my Government to assure Your Excellency

that upon acceptance of the foregoing clarifications, the Prime Minister will be pleased to reply immediately to the note（ママ） of the President of the Philippines of August 12, 1955 and the Japanese Government will forthwith proceed to discuss with your Government the proposed draft of the agreements referred to earlier in this note.

I avail myself of this opportunity to renew the assurances of my highest consideration.

Toshio Urabe.

448　新公文案による解決方式を進めるに当たりネリ首席代表は日比賠償解決要領の諸点を了承しているかにつき回電方訓令

昭和30年12月21日　重光外務大臣より在マニラ卜部在外事務所長代理宛（電報）

本　省　12月21日後7時0分発

第四四九号（館長符号扱）

往電第四四四号に関し

関係省をしてオーバー・ザ・カウンター制度に同意せしめるためには本制度の採用により（その際表現に考慮を要すること冒頭往電の通り）他の諸点は大体問題なく片付くとの前提に立つ必要あるところ⑴役務に関する我方案（貴電第九六一号の第三項）⑵鳩山首相返翰案（往電第四〇四号及び第四〇八号）等に関してはネリにおいて大体異存なきものと考え差支なき次第なりや又⑶借款の性格に関しネリは鳩山首相返翰発出後協議する考えと思わるるも実質的には我方案（貴電第九六一号の第四項）に概ね同意しおるものなりや（我方としては借款については全く純粋の民間ベースのものとし政府の協力又は奨励等の義務も避けたい考であり従って出来れば五月二十三日の谷ネリ書翰の字句をはなれたものとしたい考である）の諸点につき併せ回電ありたい。

449　新公文案による解決方式とわが方解決要領に関するネリ首席代表認識に関する照会事項への回答について

昭和30年12月22日　在マニラ卜部在外事務所長代理より重光外務大臣宛（電報）

マニラ　12月22日後3時18分発
本　省　12月22日後6時0分着

第一〇二七号（館長符号扱）

貴電第四四九号に関し

一、オーバー・ザ・カウンター制度についてのネリの主張は往電第一〇二二号の通りにして貴電第四四四号のラインを同意させるにはなお困難ある次第なるもお問合わせの諸点については左の通り。

㈠役務についてはネリとしてはわが方案を全面的に採用している（往電第一〇二三号の三、）。

㈡鳩山首相返簡案及びその後の交渉の進め方についてはネリにおいては大体異存なく、ただ二十日の会談にて首相の返簡は今少し丁重にして欲しい旨及び taking as its basis の次を the formula as was clarified by the letters 云々としたい旨を述べたので小官は前者はとも角、後者はネリと小官との間に取交わされる書簡は発表せられざるものなるにつき無理なりと答えておいた経緯がある。

㈢借款の性格については実質的にはわが方案に同意しおるも表現は往電第一〇二三号の四、の如きものを一応の案として出して来た次第である。

なお右の案には谷ネリ書簡を引用しておりネリには谷ネリ書簡の表現より更に譲歩する考えなし。二十日の会談において谷ネリ書簡の辞句を離れるよう申入れんとしたるも、右をなせばネリは政府代表間の書簡の効力を疑い往電第一〇二三号の二、及び三、にある as an integral part thereof の句の存続を固執することとなるは必至と認められたのでこれを差控えておいた次第である。

二、ネリとしては往電第一〇二三号の書き物につき大統領以下政界領袖の同意をとりつけた後わが方に提示すれば引込みのつかなくなる事を恐れ、その前にネリ個人として日本側の意向を確め来つた次第なるもネリの右書き物に対し持ちおるゆとりは少《（小カ）》さいと認められ、この点誤算なきようお願いする。

なお現金条項については二十二日早朝ラヌーサに対し対日輸入全部に対しオーバーザカウンターを適用するのは右制度自体がドル現金賠償と紙一重の構想なる事及びネ

リの構想には日比間の通常貿易を総べて賠償支払のための貿易とするものなりとの非難生ずべき事の二点を捉えネリを然るべく指導方申入れておいた。

三、オーバーザカウンターの採用は残された困難を突破する唯一の道なるにつき基本的にはネリの主張を全面的に入れられ、もつて努力の目標を日比貿易の拡大均衡の実現に向けられる事が切望せられる。

なおフィリピンの議会は一月二十日開会せられるのでそれ迄に調印まで事を運ばれ、以て不測の紛糾を避けられる事と致したい。

450 昭和30年12月27日 重光外務大臣より在マニラト部在外事務所長代理宛(電報)

ネリ新公文案の借款及び現金賠償の条件等につき修文申入方訓令

別電 昭和三十年十二月二十七日発重光外務大臣より在マニラト部在外事務所長代理宛第四五九号

オーバー・ザ・カウンター・レシオ関連事項の修正趣旨について

本省 12月27日後3時0分発

第四五八号(館長符号扱)

貴電一〇二三号に関し

書き物案は左の通り修正方努力ありたい

(一)一の項目中 in the form of capital goods を削除(賠償が資本財を原則とすべきことは当然なるも例えば工場建設に必要なセメント、医療施設建設に伴う薬品、教育上の施設等資本財のカテゴリーに入るや疑問のものもあり協定上のエクスプレッションとしては生産物とのみしておき寧ろ附表に各種プロジェクトを列挙し「之に必要なもの」と規定し原則として純然たる消費財は含まざる趣旨を間接に表現する方が実情に適すると考える、ビルマ協定参照)

(二)同項中 the Economic Development Loans Agreement は出来れば the Economic Cooperation Agreement と修正したい所であるがこの点は固執しない。但し将来協定上の表現としては「借款等」の如き表現を用い狭義の借款に限らず比国国内法の認める限度において合弁事業等の形における投資をも含ましめることとしたい考であり（此の点エリサルデ、アギナルド等何れも当然なりとしており、現に之等の比側実業家と日本側との間に此の種契約が成立或いは進行中なること御承知の通り）ネリの云う表題に同意することによりこの点の道を封ずることなきよう特に貴官において留意しおかれたい

㈢同項中 However 以下を However, these two agreements shall represent the formula for settling the reparations problem between Japan and the Philippines. と修正（原案では八億が賠償額なりとの解釈を生じ日本側から見れば二協定に分けた趣旨が没却されるのみならず借款の二億五千万ドルは必ずしも実現を保証しえざる額であり又政府の obligation でもない）

㈣二の項の冒頭 cash の次に（pesos）を加える（マグサイサイ書翰の通りとする趣旨）

㈤同項中 in equal annual installments を削除（マグサイサイ書翰では五年間に、二千万ドルとのみ規定している。後述の通りオーバー・ザ・カウンター制度の採用に当り日本側としては通常貿易による輸出額を留保したい考であり、従つて本制度による比側取得額が毎年四百万ドルになることは確保しえない）

㈥同項中第二パラグラフを左の通り修正

To this end the Japanese Government is willing to consider, inter alia, an arrangement whereby a certain percentage of the cost of the Japanese products shall be determined by mutual agreement as representing the cost of Japanese services used in the manufacture of such products and will be borne by the Japanese Government as reparations. In order to avoid unduly affecting the normal export of Japan to the Philippines, this arrangement will operate when the amount of such export exceeds $34,000,000 in any given year. As this procedure represents a method for implementing the principle set forth in the first part of this paragraph, it will be elaborated not in the exchange of notes mentioned above but in an administrative agreement to be concluded later.（本項に関しては別電第四五九号参照）

㈦四の項中 within から 1955. までを and the Japanese Government is not required to guarantee them because of their private commercial nature. と修正（借款についてはマグサイサイ書翰でも後日詳細をきめることとなつており谷ネリ書翰は表に出さぬこととなつている。日本政府に保証義務のない点はネリが繰返し明言している所であり旧自由党の要求した重要点の一でもあるので此の際明確にしておきたい。協定文のドラフティングは谷ネリ書翰の文字を離れて行いたいことは前電の通り）

（別電）

本省　12月27日後4時0分発

第四五九号（館長符号扱、至急）

一、オーバー・ザ・カウンター制度については㈠正常貿易による輸出（本年度輸出は四、〇〇〇万ドルを越すと思われるも一応便宜上三、〇〇〇万ドルと仮定）が確保されること㈡表現上輸出と直接関連せしめる形とせず加工による賠償として表現することの二条件が充たされれば関係省を説得しうるものと考える。本電㈥の修正案は右の考慮に基くものである。

二、本制度は加工賠償たる点では桑港条約十四条の趣旨に一致するが正常貿易による輸出と直接関連せしむる点で最終決済時にはそれだけ日本のドルキャッシュ支払の増加を意味し桑港条約の「外国為替上の負担を増加せしめぬ」規定と牴触する。又現金賠償と紙一重なりとの非難を生ずる。この難点を避けるためには㈠従前に比し実質上外国為替上の負担を増加しないこと㈡形式上も輸出と直接関連せしめることを極力避け加工による賠償たる点を強調することが是非とも必要となる。

三、ネリの云う如く貿易を拡大均衡せしめる旨の一札を入れても右の拡大均衡という事実と本制度の発動とを相関関係に立たしめるのでなければ国内的に十分な説得材料とはならない。貿易の増大奨励という紐付きを嫌う先方の考え方は一応理解出来るも日本側としては貿易の増大という保証があつて始めて前記のような難点のある本制度の採用を説得する可能性が生ずる次第である。

四、ネリの云う如く個々の輸出契約につきその代価の一部を賠償として政府が負担する方法は現実問題として到底その煩に堪えず本制度を採用する場合は結局年度末貿易尻の最終決済の際一括して総輸出額の何パーセントをドルキャッシュにより比側に交付する方法による外ない。この点は現金賠償と紙一重との非難を生ずる危険がある。

五、二十三日ウェアリング参事官は中川局長に対し(イ)一月より十二月迄の暦年による日本の対比輸出額が三、四〇〇万ドルを越えた場合右総輸出額の一割を加工による賠償とする(ロ)右加工による賠償は翌年の一月から三月までの会計年度第四四半期中に支払うものとしその方法として一月以降通常貿易による対比輸出契約は全部賠償契約に切換え日本政府が賠償勘定から支払う。(ハ)右方法により所要の加工賠償額が充たされた場合は再び通常の輸出に復帰するという案をサジェストした。右は考慮に価する案と考える。

六、ネリの云う如くまず四百万ドル分を正常輸出代金中より差引く案は到底承諾出来ない。

七、今後対比輸出が増大することを予測すれば前記ウェアリング案によつても五年をまたずして二、〇〇〇万ドルを確保出来ると思うが、仮りに輸出が不振で右が不可能となる場合にはネリ案第二項第一パラグラフ(但し本電(五)で修正)の規定が充されないことになる。その場合は例えば資本財を別に比側に提供する方法を附加することにより二、〇〇〇万ドルに達せしめる要がある。本電(五)《(六カ)》の修正案中 inter alia の語を挿入したのはこの趣旨に基くものである。

八、マグサイサイ書翰ではペソ貨現金支払とのみありその具体的方法については触れていない。東京会談においてもオーバー・ザ・カウンター制度の採用が決定された事実はない。従って協定附属文書にはネリ案第二項第一パラグラフを書くに止め、それの具体化のための方法たるオーバー・ザ・カウンター制度は国会の承認を要せざる実施細目取極に譲りたい考である。

451　昭和30年12月28日　在マニラト部在外事務所長代理より重光外務大臣宛(電報)

訓令に基づくネリ新公文案修正協議結果につき報告

マニラ　12月28日後10時3分発
本　省　12月29日前7時0分着

第一〇四六号(館長符号扱)

貴電第四五八号に関し

一、二十八日午前、午後夫々一時間半に亘りネリと会談、冒頭貴電及び貴電第四五九号御来訓に従い書き物案文の修正に努めた結果、左の通り（冒頭貴電の項目に従う）

㈠ネリは右の削除に頑強に反対した。その理由としてネリは、上院議院《(員カ)》は予てより資本財獲得に執着し居るため右の削除を承認せざるべきこと及び大野、ガルシア協定案文が第一条第一項及び第四条第二項を併せて資本財提供に同意したのに比しても後退なることを挙げた。（小官は今更斯るものを引合いに出すことに反対、且つ右案文の予期した資本財提供は極めて限定されたものなることを指摘しておいた。）

なお協定附表に於て主として資本財が提供される趣旨を間接に表現し以て実情に即する途を開けておくことに対してもネリは協定文に明示したいとの理由で同意せず、六月に出来た専門家会議のアンペン《(ママ)》ディックス特に其の二の採用（小官これに反対）に言及したりした。小官はビルマ賠償協定と略々同様の案文なることが必要なることを述べ再考を求めたのに対し、ネリはビルマの例に倣《(倣カ)》う意志なしとまで述べたが、小官はネリが「主として資本財」と云う表現に若干の興味を示したのを機会に其の再考を求めおき次項に話題を転じた。

なお原文三の項目末段にも products in capital goods の文字あり削除しておいた。

《(二欠カ)》ネリは小官の説明に従い the economic development agreement と修正することに同意した。Cooperation の文字は Co-prosperity と頭文字が同じなので好まない由。尤も結局 cooperation に戻るやも知れないがネリも《(のカ)》 loans も文字は使用しない方がよいと述べていた。

㈢ネリは我方修正案文の末段 problem 以下 and 迄を obligation of Japan to とする条件にて其の修正に同意した。

㈣ネリ同意。

㈤ネリは毎年同額の分割払いは当時当然のものとして了解されていたことなりとして削除に反対したが、小官が installment の文字は現金を直接連想せしめ役務にこの文字を使う例なしと述べたるに対し、もつともなりとの顔色を示していた。

(御来示の説明をその儘伝えることは第六項とも関係あり差控えておいた)

(六)本件修正に対し、ネリは徹頭徹尾反対、午後の会談はこの修正をめぐる押問答に費された。ネリの対日輸入量が三四〇〇万ドルに達しないときには右の取極めは空に帰するとの議論に対し、小官はかかることは想像し難いと力説、仮りに万一そのことありとするも inter alia の脱け道で対策は考えられると述べたが、ネリはその脱け道も明らかにしておきたい。資本財を別に提供するとの対策には同意し難いと言いつのつていた。次いでネリは貿易の拡大均衡をオーヴァ・ザ・カウンター制度採用の前提とすることには一般に強い反対ありと強調し、且つこれまで譲歩を重ねたにも拘わらず更に難題を持ちかけ、譲歩を要求されるのは心外なりと述べ、強い不満を表明したので小官より cash (peso) と書いたことは、日本側は物資又はサーヴィス以外を提供しないことを明らかにしたもので、これをペソ貨の現金とする方法は当時討議しなかつたものなり、貴大使が指導者会議において消費財のフィリピン国内での売却による方法を示唆しプヤットの反対を受けたのも方法が決定していなかつたが故にあらずや、日本側の提案は自分の予期した以上の譲歩にして、且つかかる具体的提案は賠償物資のフィリピン政府による売却の方法以外のものとしては今回初めてなされたものなりと強調し、ネリの再考を求めた。ネリはわが方の条約上の困難はこれを充分理解し得るも上院の反対は必至なりと述べていたが、結局更に研究の上、明日にも結果を回答すべしと述べたが、多くを期待できない口調であつた。

なお、貴電第四五九号の(五)の点は勿論米国の調停を必要とする場合の方法の点も考慮し、今回の会談では一切触れないでおいた。

(七)ネリは他にネリ書簡はおもてに出さぬこととなつていること及び日本政府の保障なきことをそこまで露骨に rub in することはやめてもらいたいことを理由に原文の advanced on a private commercial and 以下を not on a government-to-government basis. と修正することにて充

分なるべしと述べていた。

二、論争点を絞る意味において前記一、の㈢及び㈦につき何分の儀御回示ありたい。

㈠㈤及び㈥については更に努力し、結果電報する。

452

昭和31年1月7日　在マニラト部在外事務所長代理より重光外務大臣宛（電報）

マグサイサイ大統領の意向を踏まえた公文修正案の協議結果につき報告

マニラ　1月7日後2時37分発
本　省　1月7日後4時10分着

第一一号（至急、館長符号扱）

往電第八号に関し

一、七日求めによりネリを往訪せるところ、ネリは只今大統領の希望により交渉の現段階特に書き物につき説明したところなるが、その意向も入れて左記の如き修正を行い度いと述べた。

㈠書き物の第一項中の mainly in capital goods の mainly 及び which shall include an annex enumerating such capital goods（往電第三号の㈠）を削除しセミ・コロンをピリオッドとして一センテンスを終る。（ネリは右が大統領が現金条項のディスガイズに同意したが、その反面資本財を明確に謳いあげることを命じたがためなりと述べた。依つて小官は mainly の語はフイリピン政府の便宜のための言葉にして、もしこゝで資本財と謳い切るなら、たとえば第三項にて資本財以外の生産物をも含み得る途を開く要あるべしと力説したるところ、ネリは）

㈡右第一のセンテンスの次に However, said capital goods may include such other products as may be mutually agreed upon at the request of the Philippine Government のセンテンスを付け加えることに同意した。

㈢セミ・コロンの次の and を削除し item (D) 以下を第二パラグラフとし、又本文の however, を削除し these 追（以下カ）加のセンテンスを第三パラグラフとして形を整える。

㈣書き物の第二項の to this end に始まるセンテンス中 to adopt an arrangement を to adopt an administrative arrangement とし、以て書き物の第二項の第二パラグラ

フは協定附属書の交換公文には書かれないことを明らかにする（冒頭往電の㈡）。

㈤書き物の第四項（冒頭往電の㈢）についてはunderwriteもやはり露骨に過ぎるので、四日の対案（往電第三号の㈤）にて同意してほしい。

二、右会談の際、ネリは大統領は書き物について合意が成立し次第、指導者会議を招集して一切を固める意向なりと告げ、貴官の東京行きまでには書き物を交換したく、貴官は条約案文を持ち帰任してもらいたい。出来ればその日にも問題等のない条文については審議を開始したく、次第によつては自分より案文を提議したいと述べたので、小官は自分の公館長会議出席は絶対必要と思われないので、書き物の交換が終り次第東京に行き、条約案文を持つて直ちに引返えしてもよいと思う。何れにせよ既に実質については合意あり、この上は余り言葉の端々に捉われないで、至急書き物を交換したいと述べたところ、ネリは上院議員の意向によつては更に修正を必要とすべく、そう早くは進むまいと述懐したので、小官よりは首席交渉者として決められたことは押し通さねば困ると申出でておいた。

453　昭和31年1月9日　在マニラト部在外事務所長代理より重光外務大臣宛（電報）

オーバー・ザ・カウンター・レシオ発動条件となる基準貿易額設定のフィリピン側同意等につき報告

マニラ　1月9日後9時40分発

本　省　1月9日後11時11分着

第一七号（館長符号扱）

往電第一一号に関し

九日午後求めによりネリを往訪せるところ、ネリは本日午前大統領より更に督促を受け、又貴官の東京行までに書き物を交換し得るよう上院議員との下打合せの開始を命ぜられたるにつき、本日デルガド、ペラエス等と昼食を共にし（プヤットとは常時連絡をとりおる由）書き物につき相談せるが、その結果三、四〇〇万ドルについては同意をとりつけたるも、なお若干の訂正を必要とすることとなつた。もつとも右の訂正は最終のものにて、右に日本政府の同意を得ればこれにて押し通し得る見込みなりと述べて左の訂正を申出た。

㈠書き物第一項の第一パラグラフの formula の次の representing the reparations を削除（reparations の文字が繰返えされ過ぎるとの理由を挙げていた）

㈡書き物第一項の第二パラグラフ末段の to be called 以下を削除（distinct 以下は念が入り過ぎていること及び development ないし cooperation の言葉にも異論が出たし development loans の言葉には日本政府の反対あることの二つの理由にて名称の問題は一応後日に譲る趣旨に出ずる由）

㈢書き物第二項以下の ,000,000 は全部 million として形を整える。

㈣書き物第二項第二パラグラフ第一センテンスの the cost of the Japanese products を the cost of Japanese exports to the Philippines と訂正し又 in the manufacture of such products 以下を in the manufacture of such exports and such percentage shall be credited to the Philippine Government as reparations under this arrangement と訂正、更に第二センテンスの最後の in any given year の given を削除（右訂正は第一センテンスと第二センテンスとの脈絡が明らかならず第一センテンス中の products が賠償として提供される一切の products を意味するものと誤解されるのを避けこのアレンジメントの適用される対象を明確ならしめる目的に出た由なるがネリは右アレンジメントの運用の実際につきての誤解ありしため当初前記 credited to の代りに retained by の言葉を主張していた、これに対し小官より直接輸出と関連せしめることも避けたいが何よりも右 retained by の言葉についてはこのアレンジメントの運用に反するものにて自分としては東京に取り次ぎ難きことを極力主張しネリはその誤解を知るに及んで漸く credited to の言葉を採用することに同意し且このアレンジメントが三、四〇〇万ドル達成後初めて働くことについて正解の上同意した。）

なお小官よりこの書き物中特にこの第二パラグラフは絶対極秘となしおく必要ありと述べたのに対し、ネリは上院議員の秘密厳守を誓約せしめた上説明した旨答えた。

㈤書きもの第四項の only be required to を削除（ネリは右の他 basis の次の and を but に変更方を主張したが小官は

政府は何等保証せずとの文言採用方につき二回にわたり強い訓電を受けおり右の変更及び削除については到底東京に取次ぎ得ないと強く主張したところ、ネリはフィリピン側としては譲歩に譲歩を重ねおるものにして世論の手前もありせめて右の削除だけにて我慢するにつき東京に取次がれたい、実質的には何等変るものにあらず言葉の上のことに過ぎずと述べていた。）

㈥末文の to reply immediately を to immediately reply affirmatively と訂正 the proposed drafts の proposed を削除、更に末段に，based on the formula subject to the foregoing clarification を追加（ネリは当初 to reply immediately の次に，accepting the formula subject to the foregoing clarification, を挿入することを主張したが、小官よりこれに反対ネリは総理の解答はフォーミュラを大体受諾する方向なること明らかにしおく必要ありと述べて右の妥協案に到達せる次第なり。）

454　昭和31年1月9日　在マニラト部在外事務所長代理より重光外務大臣宛（電報）

フィリピン側再修正内容につき早期の同意を求めたいとのネリ首席代表要望について

マニラ　1月9日後11時42分発
本　省　1月10日前7時6分着

第一八号（館長符号扱）

往電第一七号に関し

一、右会談の際ネリは書き物を小官の東京行きに間に合わせるためには大統領が指導者会議を開きその同意を求める手続を必要とするにつき至急日本政府の同意の回答を取りつけられたいと要望したので小官よりは斯くの如き次から次えと訂正の希望を出されては東京としても動きがつかざるべきことを指摘せるところ、ネリは本日の訂正はこれを最後のものと考えられたく、且つ本日の訂正を検討する必要あるべきにつき十日は待機することとし、十一日には回答を得たい。なお書き物の交換終り次第東京に行かれ一日も早く帰任ありたいと要望した。

二、ネリの修正希望点中

㈠最大の問題は第二項第二パラグラフの修正なるべきところ、予て小官より provided 以下の但書きには論理の一貫せざるものあることを指摘しおきたるが冒頭往電会談の際にも小官よりこの点につき上院議員の指摘なかりしやを質問せるところ、ネリは三四〇〇万ドルを基準とすることについては異論があり自分がその受諾が唯一の途なることを力説、ようやく説得に成功したがその反面第一センテンスにつき彼等の修正希望を容れざるを得なかつた旨を答え、且つ但し書きの意味は三四〇〇万ドルを確認同意する代りに右がフィリピンの一方的譲歩に非ざる感触を与えんがためなりとの前言を繰返した。ついては此の点につきての再修正の文言については右の事情を考慮に加えられたい。

(ロ)第二の問題は第四項の借款に付ての主張なるべきもネリは日本政府が谷ネリ書簡に触れ得ないとする理由は右が年限及び年額に触れおる点なりと了解しおり、且つネリは此の点については年限延長可能のものと見、且つ年額は定めないことに考えおるは累次往電の通りであり、日本政府は法律及び規則の定める以上のことはしないとの右書簡の保証があるのに何故に借款を保証せずとの味のない書き方を主張するものなりやと考えおる次第である。此の点は我方として先進国の襟度を示すべきところなるやに考えられる。なおネリは借款の協定の名称としてはDevelopment Loansを採用Loansの意味を広く解釈すれば足るべしとのべていたので御参考まで。

455

昭和31年1月13日　重光外務大臣より在マニラト部在外事務所長代理宛(電報)

借款を政府の義務とする記述の削除は最重要点であり必ず修正すべく交渉方訓令

付記　昭和三十一年一月十三日発重光外務大臣より在マニラト部在外事務所長代理宛電報第二三号

右修正事情に関する中川アジア局長連絡

本省　1月13日後8時40分発

第二三号(館長符号扱、大至急)

往電第一三号に関し

一、累次貴電によるネリ案に対し日本側の考え方は左の通り(関係省と協議済)

㈠借款は日本政府の義務に非ざる趣旨を是非とも明にする要あり此の点は最大の重要性を有する従って(イ)書き物第一の項の第三パラグラフは全文削除したい(ロ)四の項については shall と facilitate の間に only be required to を挿入するとともに別に何等かの形により facilitate and expedite は民間間の話合による借款につき輸出入銀行の如き金融機関の通常のベースに乗り得るものに付便宜を供与する趣旨に他ならず従って予定額全額につき予算措置を講ずる必要なく又政府保証の問題を生ずることなきものなることを明にしておきたい

㈡第二の項第二パラグラフ中 Japanese exports to the Philippines を Japanese products to be procured by the Philippines とし manufacture of such exports を manufacture of such products とする（輸出との関連性を直接表に出したくなしとの考え方に基く）

㈢同パラグラフ中 credited to the Philippines を borne by the Japanese Government とする（credited to the Philippines の書き方は現行オープン勘定の下においては帳簿上の貸方に記入する意味において妥当なるべきも右勘定廃止の場合には意味をなさず何れの場合にも妥当する表現としては borne by the Japanese Government が適当なり）

㈣同パラグラフ末尾 provided 以下を and the value of services supplied thereunder in such year shall not be less than $4 million. と訂正（理由前電の通り）するとともに別に何等かの形により加工役務の割合としては総輸出額の一割を予定し右一割が年四〇〇万ドルを越した場合は二、五〇〇万ドルの年平均額中他の分がそれだけ減るものなる旨の了解を明かにしておきたい

三、以上の修正を比側が承諾するにおいては貴官は書き物に署名交換され差支ない但しその場合も念のため将来クレリカル・ミステークは修正することあるべき旨を留保し置かれたい。先方が再修正を申出た場合は請訓の暇なかるべきに付東京より帰任後さらに交渉を継続することとし貴官は予定通り公館長会議に出席の名目により一時帰朝されたい

（付　記）

本省　1月13日後8時45分発

第二三号（大至急、館長符号扱）

往電第二二号に関し

アジア局長より

一、冒頭往電回訓は往電第一三号のラインより若干後退しおるも右は借款が全く政府の義務を伴わざるものなることを明瞭にしおく要ありとの大蔵大臣の強い要望に基くものなるに付了承ありたい

二、冒頭往電一、の(一)の(イ)については全文削除以外の妥協案もありうべきもその場合は前記大蔵大臣の意向もあり案を練る要あるに付貴官の帰朝を待って協議することとしたい

三、冒頭往電一、の(一)の(ロ)の了解は本書き物より一段軽い形の別個の書き物で差支なく已むを得ざる時は貴官よりネリに対する一方的留保の形のものでも差支ない

四、冒頭往電一、の(二)については妥協の余地なきに非ず或は比側の云う如く輸出と直接関連せしむる趣旨を表に出すことも一方法と考えている

五、冒頭往電一、の(四)の了解は已むを得ざる場合口頭で差支ない

六、ネリが直に我方修正案に同意することは困難と思われるところその際は出来るだけ先方の歩み寄りうる限度をつきとめられた上帰朝し東京において対策を練る心組とされたい

456　昭和31年1月17日　在マニラト部在外事務所長代理より重光外務大臣宛（電報）

借款を賠償と一体と表現する条項は削除し得ない等フィリピン側の再修正案につき報告

マニラ　1月17日後3時41分発

本省　1月17日後5時24分着

第四三号（館長符号扱、大至急）

貴電第二二号及び往電第三六号に関し

十七日午前十時半求めにより中川書記官ネリ大使往訪せるところ、十六日中他用に追われ飛行場におけるト部代理との約束を守り得ざりしことを詫びたる後、書き物につきてのタイプした対案を示し、これに次の如き説明を加えたる後、至急東京に伝達するよう依頼した、ネリより示された

対案左の通り、

㈠貴電一、の㈠の(イ)の削除については同意し得ず、右は既に選挙民に対し上院議員が説明致しおるところにして、内容的にはそれが仮令ドレッシングなものなりとするも、政治的には絶対に必要なり、右パラグラフなくしては上院議員説得は絶対に不可能であることを繰返し説明した。

㈡貴電一、の㈡の修正については再考の結果 Products の言葉は書き物の一の前段にある products と混乱を生ずる虞れあるをもつて、やはり exports の言葉を使用することを繰返し希望する。

㈢貴電一、の㈢の修正については日本側の主張との妥協案として credited to the Philippine Government and borne by the Japanese Government とする。

㈣貴電一、の㈣の修正については、日本側の主張を考慮せる結果として this arrangement 以下を次の如く変更する。

即ち、……, this arrangement will operate when the amount of such export reaches $ 34 million in any given year, provided that the value of such Japanese services shall not be less than $ 4 million in any year. Should such exports exceed $ 34 million in any year, the value of services shall be increased in proportion to the excess.

なお、ネリは右対案に関しト部試案を考慮したる結果とのみ述べ、別段何等の説明を加えようとしなかつた。

㈤貴電一、の㈠の(ロ)の挿入については妥協案として only を残し次の如くする。即ち、shall only facilitate and expedite となし、be required to は削除する。

㈥また、ネリは日本側より手交されたるメモ(編注)については自分の手足を完全に縛るものにして同意し難いと述べた。

編注　第455文書中の項目一、㈠(ロ)末段の facilitate and expedite の解釈について、合意議事録形式のメモとしたもの。

457

昭和31年1月30日　中川アジア局長作成

新「日比賠償解決要領」承認後の賠償交渉方針について

付記一　昭和三十一年一月三十一日、外務省作成

「日比賠償解決要領」

二　昭和三十一年二月六日付

「日比賠償交渉に関しト部参事官に対する訓令」

日比賠償の件

(昭三一、一、三〇　中川記)

一、明日閣僚懇談会提出の要領案については本日午後大蔵、経済企画、通産各事務当局と打合済です。本案は多少ゆとりを見て書かれており大体この程度なら比側の同意を取れる見込です。

二、今後の運びとしてはト部参事官が帰任(今週土曜の予定)の上先方と本要領案に則つた書き物(双方の解釈を定めるためのもの)を纏め上げ、その上で鳩山首相の返翰(別添案《(見当ラズ)》を一応用意、大体先方の同意を得られる見込)を出す。次で賠償及び経済協力協定案文の打合を行う、右打合が出来た所で全権団を派遣することとしたい考です。

三、賠償協定及び経済協力協定の案文は既に大蔵、経企、通産各省と打合せを了しました。ト部君に持つて帰つて貰う積りです。

(以上)

(付記一)

日比賠償解決要領

(昭三一、一、三一　外務省)

日比賠償問題は左の要領により解決することとしたい。

㈠賠償と経済協力(民間借款)は別個に二本立の協定とする。

㈡賠償は五億五千万ドル一本とし役務及び資本財とする。ただし両国政府の合意により資本財以外の生産物をも含ましめることができるものとする。

㈢右五億五千万ドルの役務及び生産物の中二億五千万ドル分は最初の十年間に、残余の三億ドル分は次の十年間又は両国政府の合意によりそれより多少短い期間内に支払うものとする。

㈣附属交換公文において五億五千万ドルの役務及び生産物の中二千万ドル分をイヤマークし日本側よりすれば役務又は生産物なるも比側よりすれば究極的に現金を入手しうる如き方法により五年間に支払うことを認める。

右実現のための一方法として日本側は比国の購買する生産物の価格の一部を加工役務賠償として支払うことを考慮する。

(五)附属交換公文において役務賠償の基礎額は三、〇〇〇万ドルとするも右をもつてしては役務の額が不足なりと認められる場合は五億五千万ドルの総額の中において之を増加しうる旨を規定する。

(六)賠償は通常の貿易を阻害しないように実施されるものとする。

(七)借款(二億五千万ドル)は純然たる民間商業的ベースで行われるものであり、日本政府としてはただ右借款の供与に便宜を供与し促進するに止まるものとする。(註。従つて日本政府には保証その他の義務はない。尚便宜供与及び促進のための措置については現在私企業間の貸付等について行われているもの以上に特別の措置をとる義務を負うものでないことを別途明にする)

編注　本文書は昭和三十一年一月三十一日の関係閣僚懇談会で了承された。

(付記二)

日比賠償交渉に関しト部参事官に対する訓令

昭和三十一年二月六日

一、貴官とネリ大使の間における従来よりの交渉の経緯をコンソリデートする為の諒解についての書簡に関しては、一月十七日ネリ大使より中川所長事務代理に示された修正提案を左の点につき再修正されたい。

(a)覚書案第一項第三パラグラフの

These two agreements shall represent the formula for settling the reparations obligation of Japan to the Philippines.

を削除する。

若し比側にて飽くまで此のパラグラフの挿入を主張する場合は

These two agreements shall represent the formula for solving the reparations question between Japan and the Philippines.

となすよう説得されたい。

(b)第二項第二パラグラフについては再度わが方案を押されたきも先方が飽くまでも三、四〇〇万ドルの最低輸出額を承認せざる際は次の代案を以て妥結されたい。

To this end, the Japanese Government agrees, as a means of implementing the method of reparations payment described in the preceding paragraph, to provide the Philippine Government with the Japanese services in processing raw materials to the amount of $4 million a year for the first five years of the reparations payment. In this connection, the two Governments agree to endeavor to bring about increased balanced trade between the two countries.

(c)第四項中の shall only facilitate and expedite とする比側提案は下記二、を条件として之に応ずることとして差支ない。

二、上記一、の覚書交換に当つては同時に別添Aの内容をメモ等の形にて明らかにされたい。

三、上記一、の書簡交換及び二、の諒解成立後直ちに別添附属書B（省略）の如き鳩山総理発マグサイサイ大統領宛正式回答書簡の発出につき、ネリ大使と打合せをなされたい。

四、若し上記一、及び二、による諒解の取付け不可能にして協定案の協議に入る方が早道と認められるときには附属書C（省略）の協定案文により協議を開始されたい。但し其の際は本大臣に請訓し許可を得たる上とされたい。

五、右四、の場合、上記三、の鳩山総理書簡は協定案の合意成立の後に発することと致すべし。

（別添A）

1. The Acting Chief of the Japanese Mission in the Philippines, in connection with his letter dated January __, 1956 stated as follows:

The facilitation and expedition the Japanese Government is required to offer as to the long-term development loans under item 4 of his letter referred above will be similar to those which are currently provided to those loans contracted between Japanese and Filipino private firms and financed on an ordinary commercial basis by the Japanese banking institutions like the Japan Export and Import Bank, within the then available fund.

2. The Chairman of the Philippine Panel of Negotiators, in reply, stated that he has no objection to the statements of the

Acting Chief of the Japanese Mission in the Philippines.

458　昭和31年2月8日　中川アジア局長作成

対フィリピン賠償の貿易への影響を整理すべしなど自由民主党外交調査会賠償小委員会での論議について

付　記　昭和三十一年二月九日、在マニラト部在外事務所長代理作成

フィリピン賠償問題をめぐる党内情勢に関する岸自民党幹事長内話

日比賠償に関する自民党外交調査会賠償小委員会に関する件

昭和三一、二、八(水)午后一、三〇より
院内常任委員長室にて

(出席者)床次徳二(委員長)、津島寿一、高岡大輔、北沢直吉、加藤精三、大橋忠一、小滝彬、菊池義郎、須磨弥吉郎、野村吉三郎、森下政務次官、中川アジア局長

まずアジア局長より日比賠償問題の経緯を大綱説明せるところ、左の質疑応答があった。

(菊池)対比賠償は之できまるとしてインドネシアに之と同額を払うことになりはしないか。その場合さらにビルマに又増額を必要としないか。

(中川)インドネシアに対する賠償は比国とビルマの中間にするというのが政府の考え方である。貿易尻の債権一億八千万ドルを活用する考え方によりフイリピンとは違った解決方式で行きたいと考える。ビルマのいわゆる再検討条項は法律上は日本が一方的に見直すというだけで別に増やす義務をきめたものではない。今後対ビルマ賠償を誠意を以て実施することにより先方より増額要求等を持出さないように仕向けて行きたい。

(床次)昨日石原広一郎氏の話を聞いたが石原氏は一億八千万ドルの焦付債権を五年据置き十五年賦払い位のクレディットにしてその金でインドネシアにおける賠償物資を活用するための現地資金に充てたいと云っていた。傾聴すべき意見と思う。

(中)小生も右石原氏の考を聞いた。右考は高碕長官の考とも一致する。研究したい。

(高岡)インドネシアでは賠償要求の根拠として泰緬鉄道で百万人のインドネシア人が使役されたと云っている。外務省には適確な資料ありや。

(中)いろいろ調査したが適格な資料はない。但し日本軍参謀長の話ではせいぜい十万人位だと云っている。

(津島)日比賠償で協定を二つにすることや、年四百万ドルの現金などは寧ろ枝葉末節である。大事な点は貿易との関連である。只今日比貿易が一二年中には二倍三倍になるとの御説明があったがその点についてさらに適確な資料を作って貰いたい。フイリピンにとっては日本との貿易における出超により外貨を取得しそれを以て他の地域よりの入超をカバーしているものと思う。そうであれば単に平和条約が出来ることや、又「貿易を拡大する」等の規定を条約に挿入することだけでは必ず日本の対比輸出が増大する保証にはならないかも知れない。フイリピンの貿易体制全体から見て矢張り心配ないという立論が必要である。ことに之は米比関係との関連が重要となる。アメリカがフイリピンの砂糖をどの位買ってやるかの手心でフイリピンの経済は忽ち危殆に瀕する。ペソの価格が危くなればフイリピン政府はたとえどんな条約上の保証があっても背に腹はかえられないから日本品の輸入をチェックするだろう。これらの点も考慮に入れてなお日比貿易に好影響ありとの資料を準備して貰いたい。第二の点は谷ネリ書翰である。あれには民間借款が一定の年数内に一定の金額に達するよう政府が努力するという規定がある。之は危険である。従って谷ネリ書翰は無効であることをはっきりさして貰いたい。

(中)貿易についての資料は早速準備すべし。谷ネリ書翰は無効にする考である。出来ればはっきり之が破毀された旨を明にしたいが、それが難しい場合には事実上谷ネリ書翰に代るunderstandingを作ることにより之を無に帰せしめたいと考えている。現在卜部ネリ間に行われている話合が成立すれば之が事実上谷ネリ書翰に代位することになる。

(津島)形はフイリピン側の事情もあるべく固執しない。事実上谷ネリ書翰が無に帰する措置を取って貰いたい。但し新しいものが実質上谷ネリ書翰と同じ内容のものであっては困る。われわれと雖も純粋の商業上の借款であるなら二億五千万ドルに限る必要なくもっと多くても構わないと思う。多ければ多い程結構である。しかし政府に義務を負わすものであっては困る。

(中)ト部ネリの understanding が出来れば、谷ネリ書翰の内容で多少とも心配の種となるものは皆なくなる筈である。

(津島)結局は書いた物で見てみないと判断が出来ない。先般重光大臣にも書いた物を見せて貰いたいと要望しておいたが見せてくれない。

(須磨)まだ出来ていないのだろう。

(中)その通り。書き物はまだまとまっていない。

(野村)大野ガルシアが四億ドルであったのに一躍それが倍の八億ドルになったと云われた。ところがその中本当の賠償は五・五億で二・五億は政府とは直接関係のない民間借款であるという。どうも話が曖昧で国民は判断に迷う。政府の態度も動揺している。日ソ交渉も同様である。何とかもっとはっきりした案が出来ないものか。

(中)二・五億の民間借款を付け加えることは出来れば避けたかった。しかし賠償問題は対手国の世論も考えなければならず向うはどうしても八億という数字が必要であるというので已むを得ずこういう仕掛けになった。大野ガルシアで十億ドルの経済価値を造成するというのも同様の仕掛けである。

(床次)それでは賠償と貿易に関する説明資料が出来るのを待ってさらに会合することとしたい。


(以上)

(付　記)

岸幹事長訪問の件

三一・二・九
ト部参事官

九日午后四時十五分院内に岸幹事長を訪問せるところ、十五分間に亘り左の如き談話があった。
ト部　大臣より幹事長にお目にかかるよう命ぜられたが、形勢は如何でしょうか。
幹事長　三木氏の帰国談によるも、また自分の耳にしたところによるも、日比賠償は解決すべき段階に来て居り、また今解決せざればドイツ、アメリカ等がフイリピン経済に喰いこむと判断せられるので、総理とも話をし、党内調整に乗り出したところである。旧自由党では五億五千万ドルは高いとか、また解決案の出来方に納得できないとかの声はあるが、五億ドルなら良いがもう五千万ドルそれも二十年間に亘り出せないということは通らないし、今更減額を交渉すれば、絶対こわれると認められるので、やっぱり総額はいじらずに妥結すべきだと思う。また出来方の問題については、野党として与党政府を攻撃する材料に使うのは良いが、与党となった以上そんなことを問題にすべきではない、そう言う意味で着々話を進めている。この党内調整は実は総裁問題にもつながっているわけである。今の反対論者で一番強いのは津島氏だが、あんまりこだわる必要はない。失礼ながら、この問題はもう君の領分ではない。この上は外務大臣が、池田勇人氏と院内ででも一寸話をされれば良い。自分も協力はするが、主管の大臣ではないので、池田氏との話は外務大臣にやってもらいたい。なお、自分は芦田氏にも話をし、外交調査会の方はまとめてもらうし、総理にも促進方進言する。

ト部　何分よろしくお願いします。

459

昭和31年2月14日　在マニラト部在外事務所長代理より重光外務大臣宛（電報）

新訓令に基づくネリ首席代表との公文案協議結果につき報告

付　記　昭和三十一年二月十四日発在マニラト部在外事務所長代理より重光外務大臣宛電報第一一二号

現金賠償に関連する"products"についてのネリ首席代表作成の文書案

マニラ　2月14日後5時15分発
本　省　2月14日後6時50分着

第一〇九号（館長符号扱、大至急）

十四日午前九時半ネリを往訪二月六日付訓令に基き交渉せる結果左の通り。なお会談は二時間半に及んだ。

一、訓令一、の(a)についてはネリは削除に同意せず、又我方提案の文章にも反対したが these two agreements shall represent the formula for settling the reparations claim of the Philippines. の妥協案を示し、右に対し日本政府の同意を得たいと固執した。なお、ネリは借款協定には賠償義務等の文言を使用せざることに同意した。

二、訓令一、の(b)については再度我方案を押したるもネリは右に同意せず已むを得ず代案を提示したるところ三四〇〇万ドルの数字の削除を喜びつつも、右代案はあまりに莫然としおるにつき従来の方針で固つたところを生かして行きたいと述べ、一月十五日ネリに手交せる我方提案中 to be procured by を shipped to と改め、また used in the manufacture of such products の次の and をピリオドに替え、そこでセンテンスを切り、次に such percentage in the amounts of $4 million a year shall be credited to the Philippines Government and borne by the Japanese Government as reparations under this arrangement during the first five years from the date the reparations agreement takes effect. のセンテンスを置き、次の in order to avoid（ママ）その代りに訓令一、の(b)の代案の末段を元として In this connection, the two Governments shall endeavour to bring about increased balance of trade between the two countries. のセンテンスを置くこととしたいと要望した。ネリは又右の文章中には exports の文字の使用をさけ総べて products とし、これが賠償の資本財でないことを明らかにするためメモ中にこの点を明らかにすると共に、同じくメモの形にてオープン勘定決済の際、現金の形にて加工役務代金が返えされることを明らかにしたいと述べた。ネリのメモ案追電する。

三、訓令の二、については、ネリは訓令別添Aのメモは谷ネリ書簡がある以上不必要なりと述べ、かかるメモにイニシアルするにしても少くとも within the available fund の文言は上院議員を無用に刺戟するのみなるにつき同意し難いと述べ、押問答を重ねたが、ネリは最後に若し卜部・ネリ書簡中より only(訓令一、の(c)参照)を削除されるならば右の文言採用方考慮すべしとの難題を持出し、日本政府の意向を確かめられたいと要望した。

四、ネリは本日をもつて従来の非公式の話合が正式の交渉段階に入つた旨の新聞発表をなしたいと希望せるにつき、同意しておいた。

(付　記)

マニラ　2月14日後6時13分発
本　省　2月14日後7時29分着

第一一二号（館長符号扱、大至急）

往電第一一〇号別電

"The Japanese products shipped to the Philippines" as the phrase is used in the Second paragraph of Item 2 of his letter referred to above will consist of Japanese goods shipped to the Philippines through normal trade outside of the capital goods mentioned in Item 1 of the same letter.

460　昭和31年2月17日　重光外務大臣より 在マニラト部在外事務所長代理宛（電報）

賠償と借款を一体と見なしうる表現及び借款への政府関与を示す記述修正に関して折衝方訓令

本　省　2月17日後8時40分発

第八一号（大至急、館長符号扱）

貴電第一〇九号に関し

㈠貴電㈠に関しては Settling the reparations claim of the Philippines としても依然借款について日本政府に何等かの義務あるやの感触をあたへるとの理由で大蔵省側に難色強く従つて六日附訓令の solving the reparations question between Japan and the Philippines を更に押されたい。なお solving を resolving 又は settling とし question を problem 或は issue の文字に代えることは差支ない。

㈡貴電㈡に関しては Such percentage in the amount of を This cost of Japanese services which will amount to と訂正されたい。

㈢貴電第一一二号メモについては through normal trade の文句を削除されたい。

㈣貴電㈢については貴電第一一〇号（一一一カ）のラインにより only と within the then available fund の双方を生かすよう交渉されたい若し先方にて譲らざる場合は寧ろト部ネリ書簡中の only を削除するもメモ中に within the then available fund を残す方有利と考へおれり但しこの点は更に請訓の上措置されたいなお右の the then available fund の字句はその後大蔵省で研究の結果そのままでは政府資金を意味する懸念ありとの事情より their then available fund と修正方希望ありたるに付右様措置ありたい。（先方が右修正に応ぜざる場合には少くとも解釈上はその通りなる旨の言質をとりおかれたい。）

㈤ト部ネリ書簡1の第二パラグラフ中 which will be advanced on a non-governmental...... の文句についても大蔵省は日本輸出入銀行が直接比商社に借款供与を為す如き感触を与える惧ありとの見地より advanced と on との間に by Japanese private firms to Philippine private firms の句を挿入ありたい旨希望しおるに付右措置ありたい（已むを得ざる場合は解釈上その通りなりとの言質を取りおかれたい。）

461

昭和31年2月18日　在マニラト部在外事務所長代理より重光外務大臣宛（電報）

フィリピン側の国内事情から賠償と借款を一体とする文言は譲歩できずとのネリ首席代表意向等につき報告

マニラ　2月18日後4時8分発
本　省　2月18日後6時29分着

第一一九号（館長符号扱、大至急）

貴電第八一号に関し

十八日午前十時四十五分より一時間半に亘り冒頭貴電の趣旨に従い交渉せる結果左の通り。

一、貴電㈠に関してはネリは既に十三人の上院議員に Claim of the Philippines として話をなし説得していたので、借款に関する協定には賠償義務等の文字を使用しないとの前言を繰返すにつき原案に同意されたい。右を固執するは全く上院議員説得を容易ならしめんがためにして他意なしと述べ一歩も譲歩しなかつた。

二、貴電㈡に関してはネリは我方提案の内 which 以下を shall not be less than と再訂正することを条件として同意した。

三、貴電㈢に関してはネリは削除に同意する代り Philippines と outside の間に normally and を挿入方を提案した。

四、貴電㈣に関してはネリは only は問題とせず、日本政府が前記一、につきネリの希望を容れられるならば、メモの within their then available fund につき同意方考えて見ることとしようと述べた。なおネリは上院議員説得に当り、ト部ネリ書簡4の書き方では簡単過ぎるとの声を屡々聞いたので彼等の希望も容れて次のセンテンスを追加したいと述べた。

These loans shall be advanced primarily to help promote the economic development of the Philippines and shall therefore be extended to industries approved by the Philippine Government.

右に対し小官より右文言は既に谷ネリ書簡に在るにつき不必要なりと指摘したが、ネリは日本政府は同じ理由で不必要な筈の文言を卜部ネリ書簡に盛込まんとしおる以上、自分の必要とする部分を盛り込むことに反対される理由なしと言い張つた。

五、貴電㈤に関してはネリは我方提案はその通りなりと諒解するも、斯る当り前のことを事新しく書くことには同意し難いと述べ挿入に反対した（ネリもラヌーサも「日本輸出入銀行が直接フイリピン業者に借款をなす」ものとは考えおらず、借款は日本の業者が供与するものにして、唯多くの場合市中銀行の融資を受けるものと予想しており、日本輸出入銀行はその市中銀行を援助することもあると云う程度に諒解しており、挿入には反対せるも解釈は御来示の通りなることに何等異議を申立てなかつた）。

462

昭和31年2月25日　重光外務大臣より在マニラト部在外事務所長代理宛（電報）

賠償と借款を一体と表現することは国内的に受け入れ難く当初訓令により再説得方訓令

本省　2月25日後3時25分発

第九二号（大至急、館長符号扱）

貴電第一一九号に関し

一、十八日提示のネリ案に対しては左の要領により先方の再考を求められたい

㈠書物案一の末尾に関してはわが方原案通り resolving（又は settling）the reparations issue（又は problem, question）between Japan and the Philippines とする（大蔵省及び旧自由党側の強い要望に基く）

㈡書物案二の第二パラグラフ中 which shall not be less than はわが方原案通り which shall amount to とする（ネリ案によれば一ヵ年四百万ドル以下にはなることなきも右以上になることはありうることとなり五年間には

二千万ドル以上になる可能性を生ずる又ネリ第一案によれば in the amount of $ 4 million とあり我方案は之を云い換えたものに過ぎない）

㈢書物案四の追加センテンス中前半は差支ないが後半 and shall therefore be extended to industries approved by the Philippine Government は削除する（比国政府が各個の契約につき政府の承認を要するものとするや否やは比国の国内事項であり特に本書物に規定する必要はない又日本側殊に旧自由党方面に借款契約に比国政府が関与することを危惧する空気あること御承知の通り）

㈣サイドレター中 normally and を挿入することは差支ない

㈤サイドレター中 within the を within their とすることは前記㈠に拘らず堅持されたい

二、右の他旧自由党側の要望点左の通り

㈠役務の基礎額三千万ドルは固有の役務賠償の枠であり賠償物件を輸送するための運賃、保険料等附随的役務は含まず後者は五億ドルの方に入ると了解するところ右を何等かの形で再確認すること

㈡昨年五月の谷ネリ書翰は今回のト部ネリ書翰により置き換えられるものなることを何等かの形で明かにすること

右の㈠については事情説明の上口頭にて差支なきに付ネリの確認を取付けられたく又㈡については種々デリケートな関係あるべきも今後機会を捕えて先方の同調を得るよう御努力ありたい

三、旧自由党側との意見調整はなお現在進行中であり之が最終結論を見るためにはなお若干の時日を要すべく前記旧自由党側の要望なるものは主として岡崎前大臣を通じて得たものである従って今後党内調整の過程において他の意見の出ることも予想されるところ他方貴地における交渉を之以上遷延する訳には行かざるに付政府としては前記一、及び二、のラインにより押切る考である。但し右の如き国内事情もあるに付貴電第一二三号の次第はあるも書翰に署名交換する際は別に請訓されたい

463

昭和31年2月27日　在マニラト部在外事務所長代理より重光外務大臣宛（電報）

公文交換後迅速な鳩山総理書簡発出と協定案文審議開始を保証ありたいとのフィリピン側要求について

マニラ　2月27日後3時57分発
本　省　2月27日後6時6分着

第一二七号（館長符号扱、大至急）

貴電第九二号に関し

二十六日ラウレル三世の夕食会にてネリの問い合わせに答え回電のありたることを告げ冒頭貴電の㈠、の㈢を除く三点及び㈢、の要旨を伝えたるところ、ネリは失望の意を表し特に書簡の交換が何時になるかすら見当もつかざるは最早堪え難しと述べ、且つ他に新たな難題を持出して来てはいないかと質問した経緯あるところ、二十七日午前九時半ネリは電話にてただ今大統領に呼ばれ会つて来たところなるが、約束の十時を待たず至急会談したき旨申越したので、往訪会談せる結果左の通り。会談時間約五〇分

㈠ネリは「マ」大統領がしびれを切らしここ一両日中に妥結を見ざるに於ては全体をコール・オフし其の旨発表してしまうといたく興奮の色を示めしていたところ、右はラミー関係者が賠償としてラミー工場を建設することにつき大統領を直接せつついた結果と思われるが、その性格上何をするか判らずこの際何か劇的転回をもたらし、以て大統領の興奮を鎮める必要あり、ついては卜部、ネリ書簡の問題点は今迄のものに限られおること及び右書簡交換の上は直ちに鳩山総理の回答が発せられ、時を移さず協定案文の審議に入るとの保証を二十七日中にも取付けたいと要請した。

㈡右に対し小官は大統領がいらだつていることは東京に報告すべきも右報告に当つては卜部、ネリ書簡につき全面的合意が成立したことを知らせ得れば大臣も反対を押し切り易かるべしと述べ、ネリの我方提案の諸点の意向を質さんとしたが、ネリは昨夜聞いた諸点に同意し得るや否やは東京の前記の保証を得た上のこととしたいと云い張つた。

なお冒頭貴電の㈠、の㈢についてはネリは削除に反対なりと述べた上フイリピン政府が個々の契約につき承認するのは第一には無責任なフイリピン業者を排除するため、第二には承認した契約につき他フイリピン業者よりＯＥ

Eを徴収する手掛りを作るためであり、フイリピン政府の承認した契約につき日本政府が facilitate and expedite するは当然にしてこの程度のことは日本政府も譲つて貰いたい。尤も右は商業的に「ペイ」しないものを日本政府が無理強いされる意味ならずと述べた。

㈢よつて小官はかくの如き書簡文言につき貴大使の意向が明らかとされず、且つ意向の明らかにされたものは反対なるに於ては、かりに貴大使の要望する前記の保証が得られたとするも、卜部、ネリ書簡自体が何時迄も交換されぬこととなり保証の意味が薄れるべしと指摘せるところ、ネリは右の保証が得られれば時を移さず書簡交換をなし得る自信ありと述べた。

㈣最後に小官より冒頭貴電の㈡の㈠の点を持出したるところ、ネリは役務の三千万ドルは賠償物件の運賃保険料をも含む建前にして其の様に上院方面にも説明しており五億ドルの資本財の輸送保険料をもカバーするものとしては三千万ドルは少な過ぎると思えばこそ、全体の枠内における増額を明らかにせんとするものなりと述べ、御来示の如き確認は得られなかつた。

464　わが方交渉態度に対するフィリピン側の不信感を考慮し公文交換後早期の総理書簡発出を保証すべき旨意見具申

昭和31年2月27日　在マニラト部在外事務所長代理より重光外務大臣宛（電報）

マニラ　2月27日後4時36分発
本　省　2月27日後6時43分着

第一二八号（館長符号扱、大至急）

往電第一二七号に関し

一、大統領及びネリは日本側は次から次へと難題を持出し遷延作戦に出ているやの強い猜疑心を持つに至つたと考えられ冒頭往電に示された先方の態度は先方なりの作戦に出たものとも思われるが、大統領が何を仕出かすやはその性格より見て予断し難いものあり、この際は「解決方式の解明を目的とする卜部ネリ書簡交換の上は直ちに鳩山総理の回答を発出し直ちに協定案文審議に入る」旨及び卜部ネリ書簡の問題点は協定案二の一の諸点に尽きている旨の保証を本二十七日中にも与えられるよう切望に堪えない。

二、冒頭往電の会談においては何等明確なる言質を取り得ず遺憾に堪えないが小官としては前記の保証があり、且つ小官が直ちに書簡に署名交換しうることとなればネリも大巾に我方提案を入れる用意ありとの印象を得た次第である。なお先方が我提案の重要点を入れざるにおいては書簡の交換はなされないわけにて前記一、の保証は格別我方の迷惑となる惧れなしと存ぜられる。

三、貴電第九二号の二、の㈠の点は三千万ドルが全体の枠の中において増額されることに比側が同意している以上御来示の如き再確認は最もテクニカル且つアカデミックなものと存ぜられる。

四、貴電第九二号の二、の㈡の点はこれを持出せばト部ネリ書簡自体の効力に疑問を持たせるのみなる他ト部ネリ書簡及びメモ（サイドレター）を交換すればその後はこれを力として谷ネリ書簡の援用を封ずることが出来る次第にしてこの際ト部ネリ書簡及びメモの交換が先決要件と存ぜられる。

五、貴電第九二号の一、の㈢についてのネリの差当りの意向は冒頭往電の通りにして右の削除に同意しない場合旧自由党方面の危惧に根拠が生ずる訳け合いなるもフィリピン政府が承認した契約についてフィリピン政府が日本政府の承認を強要し来たる場合には政府間の交渉によつて右契約の実施につきフィリピン政府の保証を要求する等の措置をとれば可にして結局通常の商業借款たる基本的性格を固めればさして気に病む必要なきやに存ぜられる。

465

昭和31年2月28日　重光外務大臣より在マニラト部在外事務所長代理宛（電報）

わが方修正案を受諾するなら鳩山総理書簡発出は保証すべく再度公文案につき折衝方訓令

本省　2月28日後8時20分発

第九八号（館長符号扱）

貴電第一二七号に関し

一、我方条件は往電第九二号一、及び二、に尽きており従つて右条件が満たされト部ネリ書簡が交換されれば遅滞なく鳩山書簡を発出し協定案文の審議に入ることは当然であり右趣旨の貴電第一二八号の一、に述べられおる保証をネリに与へて差支ない

二、昨二十七日自民党岸幹事長、石井総務会長、津島、岡崎、周東、北沢、芦田、須磨、松野頼三等の幹部に対し高碕大臣より日比賠償の現況を説明し賠償及び経済開発両協定の我方腹案をも内示して懇談を行つたところ大勢は右案程度のものであれば此の際妥結を計るを可とすべしとの空気であつたが一、二の反対者もあり又時期を遅らせ参議院選挙後とすべしとの意見もあつた然し乍ら政府としては概ね党内説得の目途を得たものと考え前記一、のラインにて進める決意である。右懇談会の席上においても㈠運賃及び保険料は三千万ドルに入らざるものとする点及び㈡谷ネリ書簡が無効となる点は党側から強く要望され又㈢借款は全く民間ベースのものであり従つて借款に関し協定以外に政府間に細目取極の如きものを結ばざることの要請があつた

三、書物案四の先方追加センテンスに関し我方は何も比国政府が個々の契約を承認することを不可なりとする趣旨に非ず双方の政府が承認せざれば契約が有効とならざることは当然と考えるただこの当然のことを特に書物に書くことにより日本側における反対者に何等かの口実を与へる虞あるに付之を双方の国内事項として記載する必要なしと考える次第である

四、三千万ドルに運賃保険料が入らざる点に付ては岡崎氏は先般貴官滞京中の説明により大体之が入らざるものなりとの感触を得右新事実に基き旧自由党系の説得を行つた事情ありアカデミックな懸念とは考えられるも現実の賠償契約は大部分ＣＩＦベースで行わるべく事実上運賃及び保険料を切離して計算することは困難なる事情をも説明せられネリの同意を求められたい

五、谷ネリ書簡が卜部ネリ書簡により置き換えられる点のアシユアランスは必ずしも書簡交換までに取付ける要なきも協定調印までには何等かの形で明瞭にする必要ありと考える。元来谷ネリ書簡は五月十日のネリ提案の解釈として行われたものでありその後先方からはマグサイサイ提案ありそれの公定解釈として卜部ネリ書簡が交換される以上谷ネリ書簡は既にその役割を果したものとして失効せりと考えて不都合なしとのラインにて説得されたい

六、以上各項に鑑み貴官は再度往電第九二号のラインにて交渉されたく右ラインを先方が受諾するに於ては書簡に署

名交換を了して差支ない（但しクレリカル・エラー修正を留保することとされたい）

466　昭和31年2月29日　在マニラト部在外事務所長代理より重光外務大臣宛（電報）

公文案修正に関するネリ首席代表への再説得結果につき報告

マニラ　2月29日後9時33分発
本　省　2月29日後11時43分着

第一三二一号（館長符号扱、大至急）

貴電第九八号に関し

二十九日午後三時ネリを往訪一時間半に亘り会談、要点左の通り。

一、小官より冒頭貴電の一、及び六、の点を伝達し、且つ二、の点を説明した上（五、の点はわざと触れなかつた）日本政府としてはト部ネリ書簡は現在残りおる三点につきフィリピン側の同意があり、又三千万ドルの役務には運賃及び保険料が入らず、これ等は五億ドルの資本財に含まれることについての貴大使の確認があれば反対を押切る考えにて、その意味で右の同意及び確認があれば書簡に署名交換（但しクレリカルエラー修正留保）をなし得る権限を与えられた旨を告げたるところ、ネリは又もや新らたな難題を持ち出したりと極めつけた上、貴官が東京より帰えりたる際何等かかる話がなく自分は貴官が東京より持ち帰えりたる諸点が最後のものと考え、上院議員説得に取りかかりたるものにて、今更どの面下げて又新らたな修正ありと上院議員に伝えられようかといきり立ち、取付く島もなく小官の説明に耳を藉さぬ有様であつたが、小官より三千万ドルの役務に予定せられているものは如何なるものなりやと質問せるところ、マニラ湾周辺のレクラメーション、日本人技術家の技術、フィリピン人技術者等の日本における訓練、沈船引揚を始め、賠償物件の検査設計、機械の据付、運賃、保険料、包装等なりと述べたので、小官より沈船引揚のみにて一千万ドルは使われるに非ずやと切返えせるところ、ネリは右を肯定し、且つ次第に冷静となり、マニラ湾周辺のレクラメーションをやるとせばその費用は一億ドルにも達すべく、これに日本人技術家の賠償役務を利用するとせば、これのみにても巨額のものとなるべく、従つて五億ドルの資本財の分に喰い込んで、増加される役務の費用は結局運賃保険料となるべきは only logical で、右は certainty with C in capital letter と云つてよいが、この段階において斯かる問題を提起されるのは困ると答えた。よつて小官はそのお言葉があればよいので、日本政府としても右の確認を書き物に表現することを要求しているのではないと述べたるところ、ネリはこれを聞いて漸く安堵の色を浮べ、その点は了解済みのことにて只今の段階にてこれに触れること丈けは止めて貰いたいと述べた。

二、よつて小官は右の点の確認がありたる以上書簡交換は可能なるが残された三点につきての御意見を承わりたいと述べたるところ、ネリはしきりと鳩山総理の書簡発出の時期如何とか、最早新らたな問題は出されないだろうかを聞き質した揚句、残された三点を呑むにしても本日はもう一度上院議員三人の意見を問合せる必要あり、書簡交換は三月一日午前十時となしおき、その際は書簡を念のため用意し置かれたいと述べた上、我方修正希望点を再確認した。

467　卜部・ネリ交換公文の交換完了につき報告

昭和31年3月1日　在マニラ卜部在外事務所長代理より重光外務大臣宛（電報）

マニラ　3月1日後0時49分発
本　省　3月1日後2時7分着

第一三六号（大至急、館長符号扱）

貴電第一〇一号に関し

一日午前十時半冒頭貴電接到後ネリを往訪書簡の交換及びメモのイニシアルを了した。コツピー各一部空送する。

書簡交換の事実秘匿に付ては御来示の通り打合せ済。

468　今後の交渉に関するネリ首席代表との協議結果につき報告

昭和31年3月1日　在マニラ卜部在外事務所長代理より重光外務大臣宛（電報）

マニラ　3月1日後3時6分発
本　省　3月1日後5時13分着

第一三七号（館長符号扱、大至急）

往電第一三六号に関し

一、ネリは往訪せる小官に対し、先ずキリノ前大統領の死亡等のため三人の上院議員の了承を得る暇がなかつたが、自分の責任において小官書簡中残されている三点は全部日本側修正希望の通りとする旨を述べたので用意しおきたる小官書簡に署名しネリに手交したが、これと交換にネリの手交した書簡は小官書簡の本文全体をその儘引用しその前に I refer to your note of March 1, 1956, which reads as follows: を置き、その後に I wish to inform you that my Government confirms the clarification of the formula as stated above. を置き、最後のパラグラフは I reiterate the assurances of my high regard. で結んでいる。メモに変更なし。なおネリの希望により貴電第九八号の一、の保証を文書にて与えた。コピィー空送。

二、鳩山総理の回答文案についてはネリは二月六日御訓令の付属書Bをその儘了承した上、出来る限り早くその発出を得たいと繰り返し要望、且つアドバンスド・コピィーを本日中にも欲しいと希望した。

ついてはアドバンスド・コピィーを手交して差支えなきや回電ありたい。

三、なおネリは往電第一三四号前段のその言葉を繰り返しフィリピン側全権団予定者の協力を得られる様なるべく早く日本側全権団の派遣又は少くともその任命を得たいと述べたので小官より然らば鳩山総理の回答をリファーして日本政府に対しフィリピン側全権団の氏名を通報すれば日本側全権団氏名の通報以前にも任命された全権の協力が得られるべしと示唆しておいた。

四、新聞に対してはネリより解決方式についての意見の相違点は完全に調整され鳩山総理の回答発出は時間の問題となつた程度を述べるに留めることに打合せた。

469 昭和31年3月1日

ト部・ネリ交換公文

付記一 交換公文第二項における日本製品及び第四項における借款の解釈に関する付属覚書

二 昭和三十一年三月一日付在マニラト部在外事務所長代理よりネリ・フィリピン首席代表宛

書簡

鳩山総理書簡早期発出に関するわが方回答

三　作成局課不明

「卜部、ネリ間了解事項要旨」

March 1, 1956

Excellency:

I have the honor to refer to our recent talks concerning the terms of the formula for the settlement of the reparations question embodied in the note of the President of the Philippines dated August 12, 1955, to the Prime Minister of Japan and to formally propose, upon instructions of my Government, the following further clarification of said formula in order to expedite the implementation thereof and to preclude any misunderstanding in the future with regard thereto:

1. That items (a), (b) and (c) of the formula, which will be paid on a government-to-government basis to the amount of $550 million, be consolidated into one single item to be denominated as reparations in services and products in capital goods and be embodied in one agreement to be called the reparations agreement. However, said capital goods may include such other products as may be mutually agreed upon at the request of the Philippine Government.

Item (d) representing the long-term development loans, which will be advanced on a non-governmental and private commercial basis to the amount of $250 million, be embodied in another agreement.

These two agreements shall represent the formula for resolving the reparations issue between Japan and the Philippines.

2. That the payment of cash (pesos) as provided in item (b) of the formula be not specifically mentioned in the text of the reparations agreement. However, in an exchange of notes to be attached to the reparations agreement as an integral part thereof, the amount of $20 million shall be earmarked out of the $550 million representing the reparations payable in services and products. The said amount of $20 million shall be paid by the Japanese Government within five years from the date the reparations agreement takes effect and in such a manner, acceptable to the Philippine Government, as will not require

payment by the Japanese Government in actual cash and yet enable the Philippine Government to ultimately and actually receive pesos to be used for such purpose as it may determine.

To this end, the Japanese Government agrees, as a means of implementing the method of reparations payment described in the preceding paragraph, to adopt an administrative arrangement whereby a certain percentage of the cost of Japanese products shipped to the Philippines shall be determined by mutual agreement as representing the cost of Japanese services used in the manufacture of such products. This cost of Japanese services which shall amount to $4 million a year shall be credited to the Philippine Government and borne by the Japanese Government as reparations under this arrangement during the first five years from the date the reparations agreement takes effect. In this connection, the two Governments shall endeavor to bring about increased balanced trade between the two countries.

3. That the payment of $30 million in services as provided in item (c) of the formula also be not mentioned in the reparations agreement. However, the said amount in services shall be agreed upon in a similar exchange of notes attached to the agreement as an integral part thereof, as a basic figure that may be increased within the total amount of $550 million if such an increase is subsequently found necessary by the Philippine Government for the full and effective utilization of the products to be supplied as reparations.

4. That the long-term development loans will be advanced on a private commercial and non-governmental basis and the Japanese Government shall only facilitate and expedite the advancement of said loans. These loans shall be advanced primarily to help promote the economic development of the Philippines.

I am instructed by my Government to assure your Excellency that upon acceptance of the foregoing clarification, the Prime Minister will be pleased to immediately reply affirmatively to the note of the President of the Philippines of August 12, 1955 and the Japanese Government will forthwith proceed to discuss with your Government the drafts of the two agreements referred to earlier in this note, based on the formula subject to the forgoing clarification.

I avail myself of this opportunity to renew the assurances of my highest consideration.

TOSHIO URABE
Counselor and Acting Chief
of the Japanese Mission
in the Philippines

His Excellency
Felino Neri,
Chairman, the Philippine
Panel of Negotiators
on Reparations

Manila, March 1, 1956

Sir:

I refer to your note of March 1, 1956, which reads as follows:

（Japanese Note）

I wish to inform you that my Government confirms the clarification of the formula as stated above.

I reiterate the assurances of my high regard.

FELINO NERI
Chairman, Philippine Panel of
Negotiators on Reparations

The Honorable
Toshio Urabe,
Counselor and Acting Chief
of the Japanese Mission
Manila

（付記1）

MEMORANDUM

1. The Acting Chief of the Japanese mission in the Philippines, in connection with his letter dated March 1, 1956 stated as follows:

a）"The Japanese products shipped to the Philippines" as the phrase is used in the second paragraph of item 2 of his letter referred to above will consist of Japanese goods shipped to the Philippines normally and outside of the capital goods mentioned in item 1 of the same letter.

b) The facilitation and expedition the Japanese Government is required to offer as to the long-term development loans under item 4 of his letter referred to above will be similar to those which are currently provided to those loans contracted between Japanese and Filipino private firms and financed on an ordinary commercial basis by the Japanese banking institutions like the Japan Export and Import Bank within their then available fund.

2. The Chairman of the Philippine Panel of Negotiators, in reply, stated that he has no objection to the statements of the Acting Chief of the Japanese Mission in the Philippines.

March 1, 1956

（付記二）

March 1, 1956

Excellency:

I have the honor to assure Your Excellency, upon instructions of my Government, that His Excellency Ichiro Hatoyama, Prime Minister of Japan, will be pleased to promptly answer the note of His Excellency Ramon Magsaysay, President of the Philippines, dated August 12, 1955, after Your Excellency has confirmed the contents of my letter dated March 1, 1956, and that the Japanese Government will immediately thereafter enter into discussion with the Philippine Government of the two agreements mentioned in my letter referred to above.

TOSHIO URABE

Counselor and Acting Chief

of the Japanese Mission

in the Philippines

His Excellency

Felino Neri,

Chairman, the Philippine

Panel of Negotiators

on Reparations

（付記三）

ト部、ネリ間了解事項要旨

一、比側よりマグサイサイ書簡をもつて正式提案された賠償解決方式中の資本財五億ドル、ペソ貨現金二千万ドル、役務三千万ドル合計五億五千万ドルについては、これを『役務及び資本財による賠償』として一本建にし、賠償協定とする。

但し、右資本財中にはフィリピン政府の要求に基ずき、資本財以外の生産品で相互に合意されるものを含めることができる。

また、非政府、民間商業ベースにより供与されるべき二億五千万ドルの長期開発借款については、これを別個の協定とする。

二、ペソ貨現金の支払いについては賠償協定中に明記しない。

しかしながら、賠償協定附属の交換公文において、役務及び生産品により支払われるべき五億五千万ドルの中二千万ドルをイヤーマークしこの二千万ドルは、日本政府にとつては実際の現金支払いを必要とせずしかもフィリピン政府が究極的には事実上ペソ貨を入手するような方法をもつて日本政府が、賠償協定発効の日より五年間に支払うことを明にする。

日比両国政府は、両国間の均衡貿易の増大に努力する。

三、前記一、の役務三千万ドルの支払いも賠償協定中には言及しないものとする。しかしながら、この役務の額は右協定附属の交換公文において役務額を表示する一応の基礎的数字として規定するがこの数字はフィリピン政府が賠償として供給される生産品を運用する上に増額を必要とする場合は、五億五千万ドルの総額内において、増加し得るものとする。

四、長期開発借款は民間商業、非政府ベースで供与されるものとし、日本政府は右借款供与に便宜を与え且つ促進するに止まる。この借款は主としてフィリピンの経済開発を促進するために供与される。

5　賠償協定・経済開発協定交渉

470
昭和31年3月1日
重光外務大臣より
在マニラト部在外事務所長代理宛（電報）

協定案文交渉はト部・ネリ間で進める方向にてフィリピン側を説得方訓令

本省　3月1日後7時25分発

第一〇五号（館長符号扱、大至急）

貴電第一三四号に関し

協定案文の交渉に当つてはなお相当の波瀾が予想され従つて従来同様貴官とネリ間で極秘裡に之を行うことが適当と考える（本省からは条約局黒田事務官を応援に出張せしめる予定）先方もネリにラヌーサ等少数の補佐者をつける程度にて少くとも荒ごなしを行うこととするよう説得ありたい

〰〰〰〰〰〰〰〰〰〰

471
昭和31年3月6日
重光外務大臣より
在マニラト部在外事務所長代理宛（電報）

貿易拡大問題をめぐる自民党内調整難航のため総理書簡発出は遅延する見込につき通報

本省　3月6日前11時15分発

第一一一号（館長符号扱）

貴電第一五一号に関し

自民党政務調査会の政策審議会は三日、五日の両日に亘って政府側より日比賠償問題の説明を聴取したが主として池田、周東、松野（頼三）の諸氏は賠償増額に応ずる代償として貿易拡大に関する具体的アシュアランス（例えば毎年綿製品何千万ドルを輸入する等）を取るべきなりと主張して譲らず更に首相、外相、蔵相等の出席を待って審議することを要求しそのため鳩山回答を六日の閣議に付することは延期となった。

〰〰〰〰〰〰〰〰〰〰

472
昭和31年3月6日
在マニラト部在外事務所長代理より
重光外務大臣宛（電報）

フィリピンの対日信頼感を高め長期的実利を得るため総理書簡を早期に発出すべき旨意見具申

マニラ　3月6日後5時16分発
本　省　3月6日後6時40分着

第一五三号（館長符号扱）
貴電第一一一号に関し
一、我方としては遅滞なく鳩山総理回答発出方を保証しおり、今に到つて遷延を見るは国としての威信を損ずる惧れあり、一方ネリの立場も日増しに窮境に陥りつつあるは同人の訴えにまつまでもなく明らかにして、その揚句招来することあるべき事態については憂慮に耐えざるものあり、一日も早く回答が発出されるようお取計方切望に耐えない。
二、日比貿易の拡大均衡については既に書き物にて約束済みのことにして、その実現に当つては日比双方において互に増大すべき輸入品目並びにその数量の研究を必要とし、単に一方的にフィリピンのみに輸入増大の具体的保障を求めるは合理的ならず、且つ賠償問題解決前にこれを求める如きは余りに露骨にして（クルード）、到底これをなす所以に非ざるは申すまでもなき儀と存ぜられる。もつとも賠償問題解決の後は前記の一札もありフィリピンとしても充分貿易の拡大均衡につき話合う気持ある次第にして右の気持を助長しもつて速やかに且つ快く貿易の拡大均衡を実現するためには出来るだけ遅滞なく賠償問題を解決し日本に対する信頼感を深めるようもつて来ることこそ肝要にして目先一年二年の保障を取付けるに急なる余り長期にわたる実利を失われざるよう切望に耐えない。右卑見にして僭越ながら憂慮に耐えざるまま具申する。

473　鳩山総理書簡の発出決定についてフィリピン側へ通報方訓令

昭和31年3月9日　重光外務大臣より在マニラト部在外事務所長代理宛（電報）

付　記　昭和三十一年三月九日付鳩山内閣総理大臣よりマグサイサイ・フィリピン大統領宛
フィリピンの賠償解決フォーミュラ提案受入れに関する内閣総理大臣書簡

本　省　3月9日後2時45分発

第一一七号（館長符号扱）

貴電第一五六号に関し

一、九日閣議後返簡案について総理始め関係閣僚の同意を得た内容は原案通り修正を加えず（従って settlement の文字を残したまま）本日中に書簡正文に総理の署名を取る筈右ネリに伝達ありたい

二、九日朝ネリより総理宛貴電第一五六号と同趣旨の電報あり総理より書簡は無修正にて猶予なく発出さるべき旨を回電した

三、書簡伝達の方法としては十日夜ＫＬＭにて貴地に向う小沢課長に托送の予定なるもこの点は九日午後開催の党首脳部との連絡会議を待たざれば確定しえざるに付ネリに通報することは差控えられたい

四、小沢課長携行の場合には先方への伝達は十二日午前とし同日正午（東京時間）同時に内容を発表することとしたい考である、右発表迄は絶対極秘とされたく前記一、の事実も之を外部に洩らさずネリ限りの含みに止めるよう注意しおかれたい

（付　記）

March 9, 1956

Excellency:

I have the honor to refer to my letter dated September 30, 1955, regarding my reply to Your Excellency's letter dated August 12, 1955, concerning the formula for the settlement of reparations question between Japan and the Republic of the Philippines, and to state that my Government is now ready to enter a formal negotiation with your Government, taking as its basis the formula for the reparations settlement mentioned in Your Excellency's letter and later clarified through talks at Manila, and that my Government is prepared to send a plenipotentiary delegation to Manila for that purpose.

I am happy that the efforts of our two countries towards satisfactory solution of the reparations problem are promising to be fruitful.

Please accept, Excellency, the renewed assurances of my most distinguished consideration.

Ichiro Hatoyama
Prime Minister of Japan

His Excellency
Mr. Ramon Magsaysay,
President of
the Republic of the Philippines.

474

昭和31年3月10日　重光外務大臣より在マニラ日本政府在外事務所長代理宛（電報）

日比貿易拡大具体化への自民党内の要求強き事情に鑑み意見交換のため藤山愛一郎を派遣する見込につき通報

本　省　3月10日後7時45分発

第一二一号（館長符号扱、大至急）

往電第一一七号に関し

一、総理返簡発出の準備は完了した次第であるが党内において将来の日比貿易拡大について何等かの具体的ステップを取るべしとの要望強き事情に鑑み賠償解決とは別個に経済界有力者（藤山愛一郎氏を予定）を近くマニラへ派遣し総理の信頼する個人的代表の資格において比国政府当局者と将来の貿易増進についての隔意なき意見交換を行わしめたい考である。

二、藤山氏派遣の趣旨については賠償問題に関する返簡とは別に鳩山総理よりマ大統領宛の書簡を書くこととし右両書簡は貴官より同時に先方へ伝達することとされたいが両者は全く別の物であり条件をなすものではない。

三、第二書簡の内容は総理返簡の発出により賠償問題の最終的解決は目睫の間に迫り本問題解決を機とし日比両国の関係は愈々緊密化するものと期待されるところ日本としても比国との貿易関係増進については多大の熱意を有しおりこの点の可能性をエクスプロアせしめるため最有力実業家たる藤山氏を鳩山総理の信頼する個人的代表として派遣するに付比国当局者と隔意なき意見交換の機会を与えられたいとの如き趣旨のものとなる見込である。

四、右各項につきネリの了承を求められたい。なお小沢課長は家族急病のため一便遅らせ十二日夜SASで出発する。

475　昭和31年3月11日　在マニラト部在外事務所長代理より重光外務大臣宛（電報）

藤山特使派遣に対するフィリピン国内反応報告並びに賠償解決及び特使派遣に関する総理書簡取扱いにつき意見具申

マニラ　3月11日後8時43分発
本　省　3月11日後10時29分着

第一六五号（館長符号扱、大至急）

往電第一六四号に関し

一、十一日朝刊各紙は取扱いに大小の差はあるも、藤山氏派遣に関する外電を一斉に報道しおり、ネリは右に対する世論特に上院議員筋の反応を気にしおりたるも、同氏の派遣については原則的に賛成し、冒頭往電の如くタイミングの点を繰返し強調した次第にて、事実総理の二つの書簡を同日付で同時に伝達するときは、貿易拡大が賠償解決の条件をなすやの感触を与えるのは避け難いと認められる。我方国内事情からみれば斯る感触を与えることにこそその狙いがあるやにも存ぜられるが、その結果フィリピンの世論を刺戟し貿易拡大の実を挙げるに当つての障害を招くは得策ならずと存ぜられるについては、ネリの要望通りの手筈にて書簡を発出せられたい。

なお第二書簡の内容は貴電第一二一号の三、にて差支えなき模様なるも、ネリはエクスプロラトリ・フリー・ディスカッションなら問題あるまいと述べていたので、用語選択上の御参考とされたい。

藤山氏渡比の時期については、今後ネリの要望に必ずしも従う必要なき事態も生じ得べく、又右が自然に醸成されない場合には借款に関する協定案文の交渉を促進する建前にて全権団の一員として、全権団に先行して渡比される等方法は如何ようにも工夫し得べしと存ぜられる。

二、十二日賠償解決に関する総理書簡の伝達が不可能なるにおいては、ネリの要望する如く午前十一時（マニラ時間）アドバンスト・コピーを正式に伝達することと致したい。十一日朝刊各紙の報道振りから察するも、伝達を一日延しに延し行くことは最早や許されない形勢であり、又フィリピン側期待通り右の時刻にアドバンスト・コピーなりともこれを伝達するにおいては、藤山氏派遣も総理書簡も素直に受け容れられる形勢が馴致されると認められるについては、この点国内的にはなお困難存すべきは推察に難からざるも、ここが大事の瀬戸際なるにつき特段の御英断を仰ぎたい。

編　注　昭和三十一年三月十二日午後、本省の了承を得て総理書簡のアドバンス・コピーがト部在外事務所長代理よりネリ首席代表に対して手交された。

476　昭和31年3月15日　在マニラト部在外事務所長代理より重光外務大臣宛(電報)

藤山特使のマグサイサイ大統領訪問につき報告

付　記　昭和三十一年三月十三日付鳩山内閣総理大臣よりマグサイサイ・フィリピン大統領宛
藤山特使派遣に関する内閣総理大臣書簡

マニラ　3月15日前10時30分発
本　省　3月15日後0時3分着

第一八四号

往電第一八三号に関し

藤山特使は十五日午前八時半小官を帯同、ネリの紹介のもとに大統領に面会、総理の返簡及び紹介状を手交したが、大統領は総理の健康を尋ねた後、賠償解決後は日比貿易の増大すべきことを述べ、更に砂糖、木材、鉱産物等日本に買つて欲しいものが沢山ありと述べ、特使は然るべく右に応対約十五分にして辞去した。その後ネリに電話せるところネリは大統領は特使との会見を喜んでいたこと及び紹介状の書方が時宜にかなつていたのでその一部を発表することとしたことを述べていた。

なお特使は午前十一時新聞記者会見を行う予定。

(付　記)

March 13, 1956

Excellency:

It is a matter for congratulation for both countries that the final solution of the problem which has been lying between us for many years is now definitely in prospect. The solution of this problem and the consequent normalization of our relations will undoubtedly mark a momentous landmark in the future history of the relationship between our two neighboring nations. Our economies, which are complementary and not competitive, may gain unmeasurably through freer intercourse between our respective peoples.

It is my firm belief that it means a benefit for the both countries to develop and foster our mutual trade — a sentiment, which I venture to presume, is also shared by Your Excellency. In this connection, I have asked Mr. Aiichiro Fujiyama, the most well-known and influential figure in the Japanese business circle, to visit your country as my trusted personal representative. With Your Excellency's kind help, Mr. Fujiyama can have informal and exploratory talks with the responsible people both in your Government and in the business circle of your country, on the ways and means for further developing our mutual trade. I am confident that Mr. Fujiyama's contact with your people at this juncture will have a beneficial effect on the future mapping out of our intimate relationship.

Please accept, Excellency, the renewed assurances of my most distinguished consideration.

Ichiro Hatoyama

Prime Minister of Japan

His Excellency
Mr. Ramon Magsaysay,
President of the Republic
of the Philippines

477 昭和31年3月15日 在マニラト部在外事務所長代理より重光外務大臣宛（電報）

わが方の賠償協定案及び経済開発協定案のフィリピン側への提出について

付記一 賠償協定案（C案）
二 役務賠償に関する交換公文案
三 賠償協定の実施細目に関する交換公文案
四 経済開発協定案（C案）

マニラ　3月15日後7時31分発
本　省　3月15日後9時59分着

第一八六号

貴電第一二三号の三、に関し

一、十五日午後三時半ネリを往訪、黒田事務官携行案文のコピーを手交せるところ、ネリは全部を一読の上研究した後ラヌーサに渡すにつき、今後案文の協議はラヌーサと進められたいと述べた。よつて小官より至急全権団を派遣し得るよう協議を進めるべしとの訓電もあり、自分としては日夜を問わず、協議に応じたい考えなる旨申し述べておいた。

二、(イ)ネリは、案文一読の際、賠償協定の第一条に the products of Japan とあるは、上院議員の心理も考え、the products in capital goods としたいと述べたので、その点は第三条第二項に明らかにしてあり、条約文を綺麗にする考慮からも、右にて足るべき旨述べておいた。

(ロ)附属交換公文を一つにしたことにネリは同感の意を表明していたが、その(1)の二千万ドルの説明については in processing raw materials の語葉は折角ト部ネリ書簡にてねり上げたところなるにつき、右書簡の文句を利用したいと述べたので、小官は実施細目の三とも睨み合わせ考えられたく、ト部ネリ書簡のこの部分を日本側に受入れ易い言葉で表現すれば、右のごとくなると述べておいた。

(ハ)ネリは右附属交換公文は協定調印後は発表されることとなるものなりや発表してもらえば自分の立場は楽になると述べたので、問い合わすべき旨答えておいたが、ネリは賠償問題解決のため、自分が払つた犠牲については、日本政府にお伝えありたいと述べた。

(ニ)ネリは借款に関する協定案文をもつとも重要なりと前置きして一読したが、別段のコメントはしなかつたが相当意見がある模様であつた。なお右協定案文のタイトルについては、別に合意はないが、とりあえず経済開発協定としておいた旨予め指摘しておいた。

三、右二、の(ロ)及び(ハ)についての応酬振りにつき何分の儀御回電ありたい。

（付記一）

(DRAFT)

REPARATIONS AGREEMENT BETWEEN JAPAN AND
THE REPUBLIC OF THE PHILIPPINES

Japan and the Republic of the Philippines,

Desiring to act in line with the provisions of Article 14,

paragraph (a) 1 of the Treaty of Peace with Japan signed at the city of San Francisco on September 8, 1951,

Have decided to conclude the present Reparations Agreement and have accordingly appointed as their Plenipotentiaries:

Japan:

The Republic of the Philippines:

Who, having communicated to each other their full powers found to be in due form, have agreed upon the following Articles:

ARTICLE 1

Japan shall supply the Republic of the Philippines by way of reparations with the services of the Japanese people and the products of Japan, the total value of which will be one hundred ninety-eight billion yen (¥198,000,000,000), equivalent to five hundred fifty million U.S. dollars ($550,000,000), within the period of twenty years from the date of coming into force of the present Agreement.

ARTICLE 2

The supply of services and products provided for in the preceding Article shall be made on an annual average of nine billion yen (¥9,000,000,000), equivalent to twenty-five million U.S. dollars ($25,000,000), in the first ten years, and on an annual average of ten billion eight hundred million yen (¥10,800,000,000), equivalent to thirty million U.S. dollars ($30,000,000), in the second ten years. However, this latter period may be reduced to a period short of ten years, should the Japanese Government and the Philippine Government so agree.

ARTICLE 3

1. The services and products to be supplied by way of reparations shall be determined in the Schedule mentioned in Article 4, paragraph 1 of the present Agreement, and shall as a rule be used for the execution of such projects for economic rehabilitation and development of the Republic of the Philippines as are enumerated in the Annex to the present Agreement.

2. The products to be supplied by way of reparations shall be capital goods. However, such other products as may be mutually agreed upon at the request of the Philippine Government may be included therein.

3. The reparations under the present Agreement shall be carried

out in such manner as will not produce any unfavourable effect upon the normal trade between the two countries, nor (, unless agreed to by the Government of Japan,) impose any foreign exchange burden upon Japan.

ARTICLE 4

1. The two Governments shall fix through consultation a schedule (hereinafter referred to as the "Schedule") which sets forth details of the services and products to be supplied in each year.

2. The Schedule for the first year shall be fixed as soon as practicable after the coming into force of the present Agreement; and the Schedule for each year thereafter shall be fixed as a rule by the beginning of that year.

ARTICLE 5

1. In order to have the services and products supplied as the reparations, the Mission mentioned in Article 7, paragraph 1 of the present Agreement shall conclude contracts (hereinafter referred to as "reparations contracts") with Japanese contractors, in accordance with the Schedule for each year.

2. Reparations contracts (including modifications thereof) shall be subject to verification by the Government of Japan as to the conformity of the same with (a) the provisions of the present Agreement, (b) the provisions of such arrangements as may be made by the two Governments for the implementation of the present Agreement and (c) the Schedule then applicable.

3. Notwithstanding the provisions of paragraph 1 above, the supplying of services and products as the reparations may be made without reparations contracts. Such supplying shall be effected in each case by agreement between the two Governments.

ARTICLE 6

1. In discharge of the reparations obligation under Article 1 of the present Agreement, the Government of Japan shall, through procedures to be determined under Article 11, make payments of the necessary expenses for the performance of reparations contracts verified in pursuance of Article 5, paragraph 2 and for the supply of services and products referred to in Article 5, paragraph 3 of the present Agreement. These payments shall be made in Japanese yen.

2. By and upon making a payment under the preceding paragraph, Japan shall be deemed to have supplied the Republic of the Philippines with services and products equivalent in value to the amount of such payment in accordance with the provisions of Article 1 of the present Agreement and shall be released from its reparations obligation stipulated therein to the extent of such amount.

ARTICLE 7

1. The Government of the Republic of the Philippines will establish in Tokyo as its sole and exclusive agent a Mission (hereinafter referred to as "the Mission") to be charged with the execution of the present Agreement, including the conclusion of reparations contracts and the performance within Japan thereof.

2. Such offices in Japan of the Mission as are necessary for the effective performance of its activities shall be established at places to be agreed upon between the two Governments, and on condition that they shall be used exclusively for performing the function mentioned in paragraph 1 above.

3. Subject to the provisions of paragraph 6 below, the Chief and not more than two senior officials of the Mission who are nationals of the Republic of the Philippines shall be accorded diplomatic privileges and immunities.

4. Other members of the staff of the Mission who are nationals of the Republic of the Philippines and who are not ordinarily resident in Japan shall be exempt from Japanese taxes upon emoluments which they receive in discharge of their duties, and, in accordance with Japanese laws and regulations, from customs duties and any other charges imposed on or in connection with the importation of the property which they import for personal use.

5. The office premises of the Mission shall be inviolable, but for the right of the Japanese authorities to serve process under paragraph 6 below. The real estate which is owned by the Mission and used directly for the performance of its official activities shall be exempt from the Tax on Acquisition of Real Property and the Property Tax. The property imported for the official use of the Mission shall be exempt from customs duties and any other charges imposed on or in connection with importation.

6. In respect of any disputes arising out of or in connection

with reparations contracts which are brought to the Japanese courts, the Mission and the Chief and other members thereof shall be subject to the jurisdiction of the Japanese courts for settlement of the disputes in accordance with the Japanese law, and shall waive any privileges or immunities in the legal proceedings which may be taken as to such settlement. No obligation may however be imposed upon the Chief and other members of the Mission to produce in court or elsewhere documents from the archives of the Mission or to testify regarding their contents unless such documents relate to the transaction in dispute. The Mission shall also be exempt from the obligation to give security for the costs of legal proceedings.

7. In enforcement of all final court decisions, the office premises of the Mission and the movable property contained therein shall not be subject to distraint.

ARTICLE 8

The services which have already been supplied or may hereafter be supplied in accordance with the exchange of notes effected at Manila on January 24, 1953, in connection with the survey of sunken vessels in the Philippine territorial waters or in accordance with the Interim Agreement on Reparations concerning Salvage of Sunken Vessels between Japan and the Republic of the Philippines signed at Manila on March 12, 1953, shall constitute part of the reparations under Article 1 of the present Agreement.

ARTICLE 9

1. The Republic of the Philippines shall take measures necessary for the smooth implementation of the present Agreement.

2. The Republic of the Philippines shall provide such local labour, materials, equipment and facilities as may be required in connection with the supply of services and products under the present Agreement.

3. The Republic of the Philippines shall provide the Japanese nationals visiting the country in connection with the supply of services or products under the present Agreement with all possible facilities for their entry and stay or residence, as well as travel and survey necessary for performance of their duties.

4. The Republic of the Philippines shall exempt Japanese nationals and juridical persons from taxation upon their income derived in connection with the supply of services and products under the present Agreement.

5. The Republic of the Philippines guarantees that the products of Japan supplied under the present Agreement shall not be re-exported from the territories of the Republic of the Philippines. (unless otherwise agreed between the two Governments.)

ARTICLE 10

There shall be established a joint committee to be composed of representatives of the two Governments, which shall be an organ for consultation between, and recommendation to, the two Governments on matters concerning the implementation of the present Agreement.

ARTICLE 11

Details including procedures for the implementation of the present Agreement shall be agreed upon through consultation between the two Governments.

ARTICLE 12

1. Any dispute between the two countries concerning the interpretation and implementation of the present Agreement shall be settled primarily through diplomatic channels. If the Governments of the two countries fail to reach a settlement, the dispute shall be referred for decision to a tribunal of three arbitrators, one to be appointed by each Government and the third to be agreed upon by the two arbitrators so chosen, provided that such third arbitrator shall not be a national of either country. Each Government shall appoint an arbitrator within a period of thirty days from the date of receipt by either Government from the other Government of a note requesting arbitration of the dispute and the third arbitrator shall be agreed upon within a further period of thirty days.

2. The two countries undertake to abide by any decision given under the preceding paragraph.

ARTICLE 13

The present Agreement shall be ratified. The Agreement shall enter into force either on the date of exchange of the instruments of ratification or on the date on which the Republic of the Philippines has deposited its instrument of ratification of the Treaty of Peace with Japan signed at the city of San Francisco on September 8, 1951 in accordance with Article 24 of the said Treaty, whichever date is the later.

IN WITNESS WHEREOF the undersigned Plenipotentiaries have signed the present Agreement and have affixed thereunto their seals.

DONE in duplicate, in the Japanese and English languages, both equally authentic, at Manila this _____ day of _____ of the year one thousand nine hundred and fifty _____ .

For Japan:

For the Republic of the Philippines:

（付記二）

（DRAFT）

Philippine Note concerning $50 million

I have the honour to refer to Article 1 of the Reparations Agreement between the Republic of the Philippines and Japan signed today. It is the understanding of the Philippine Government that, of the one hundred ninety-eight billion yen（¥198,000,000,000）, equivalent to five hundred fifty million U.S. dollars（$550,000,000）as referred to in the said Article, eighteen billion yen（¥18,000,000,000）, equivalent to fifty million U.S. dollars（$50,000,000）shall be allocated to payment for the supply of services of the Japanese people, and that the breakdown thereof shall be as follows:

（1）Seven billion two hundred million yen（¥7,200,000,000）, equivalent to twenty million U.S. dollars（$20,000,000）

.........for the services in processing raw materials. The services shall be supplied, within five years after the coming into force of the Agreement, in accordance with such arrangement as may be made between the Governments of the two countries.

（2）Ten billion eight hundred million yen（¥10,800,000,000）, equivalent to thirty million U.S. dollars（$30,000,000）

.........for the services which are other than those mentioned in（1）above and which are supplied under reparations contracts for supplying services. However, this amount may be increased within the total amount of reparations referred to in Article 1 of the Agreement, if such an increase is subsequently found necessary by the Philippine Government for the full and effective utilization of the capital goods to be supplied as the reparations.

If the above is the understanding of your Government also, I have the honour to propose that the present note and Your Excellency's reply in confirmation thereof should be considered as constituting an agreement between the two Governments to form integral part of the Agreement.

I avail myself ---------

（付記三）

(DRAFT)

Philippine Note concerning Details for the Implementation of the Reparations Agreement

I have the honour to refer to the Reparations Agreement between the Republic of the Philippines and Japan signed today. The Philippine Government proposes that under Article 11 of the Agreement the two Governments agree as follows:

I REPARATIONS CONTRACTS

1. Reparations contracts mentioned in Article 5, paragraph 1 shall be concluded in terms of Japanese yen and through normal commercial procedure.

2. The responsibility for the performance of reparations contracts shall rest solely with the Mission and the Japanese nationals or juridical persons who are parties thereto.

3. In case the transportation between Japan and the Republic of the Philippines of Japanese or Philippine nationals or the products of Japan, the insurance for such nationals or such products, and/or the inspection of such products are paid for under reparations contracts, such transportation, insurance or inspection shall be effected by Japanese nationals or juridical persons.

4. The disputes arising out of or in connection with reparations contracts shall be at the request of either party referred for settlement to an arbitration board of commerce in accordance with such arrangement as may be made between the two

Governments.

5. The Japanese Government may recommend to the Mission, Japanese nationals and juridical persons qualified to enter into reparations contracts. The Mission is, however, not bound to enter into reparations contracts only with persons so recommended.

II PAYMENT

1. The Mission mentioned in Article 7 of the Agreement shall enter into an arrangement with a Japanese foreign exchange bank and open a Reparations Account in its own name, authorizing such bank, among others, to receive payment from the Japanese Government, and notify the Japanese Government of the contents of such arrangement. The Reparations Account shall be a non-interest-bearing account.

2. When payment falls due under the terms of a reparations contract verified under Article 5, paragraph 2 of the Agreement, the Mission shall forward a Payment Request to the Japanese Government stating the amount of payment and the date on which the payment by the Mission shall be made to the contractor concerned.

3. Upon receipt of the Payment Request the Japanese Government shall take steps to pay the requested amount to the bank referred to in paragraph 1 above by the said date.

4. In accordance with agreement between the two Governments the Japanese Government shall also take steps to pay, in the same way as provided for in paragraph 3 above, the expenditure of the Mission, and the expenses for the education and training of Philippine technicians and students, and to pay for such other purposes as may be agreed upon between the two Governments.

5. The amounts paid under paragraphs 3 and 4 above shall be credited to the Reparations Account, and no other funds shall be credited to the Account. The Account shall be debited only for the purposes mentioned in paragraphs 2 and 4 above.

6. In case the whole or a part of the funds paid into the Reparations Account has not been drawn by the Mission because of cancellation of contracts, etc., the unpaid amount shall be applied to the payment for the purposes mentioned in paragraphs 2 and 4 above after consultation between the two Governments.

7. In case the whole or a part of the amounts paid out of the

Reparations Account has been refunded to the Mission, the amounts so refunded shall be credited to the Reparations Account, notwithstanding the provisions of paragraph 5 above. The provisions of paragraph 6 above shall apply to these amounts.

8. For the purpose of Article 6, paragraph 2 of the Agreement, "upon making a payment" means "at the time when a payment is made by the Japanese Government to the bank referred to in paragraph 1 above".

9. The computation of the amount to the extent of which the Japanese Government shall be released from the reparations obligation under Article 6, paragraph 2 of the Agreement shall be made by calculating the amount of payment in terms of the U.S. dollars at the basic exchange rate of Japanese yen to the U.S. dollar officially fixed by the Japanese Government and agreed to by the International Monetary Fund which is prevailing on the following date:

(a) In the case of payment for reparations contracts, the date of verification of the reparations contract concerned.

(b) In the case of other payment, the date of each payment concerned.

III SERVICES IN PROCESSING RAW MATERIALS

1. The Japanese Government shall supply, in the first five years after the coming into force of the Agreement, the services of Japanese people in processing raw materials, the value of which will in each year amount to one billion four hundred forty million yen (¥1,440,000,000), equivalent to four million U.S. dollars ($4,000,000).

2. Detailed procedure for the supply of these services shall be determined upon recommendation by the Joint Committee.

IV MISSION

1. Those employees of the Mission who had been residing in Japan prior to the establishment of the Mission, or those who are engaged in a private business in Japan or concurrently employed elsewhere in Japan will not be considered as the regular members of the Mission and therefore will not come within the purview of Article 7, paragraph 4 of the Agreement.

2. The Philippine Government shall advise the Japanese Government from time to time of the names of the Chief and

other members of the Mission to be authorized to act on behalf of the Mission for the conclusion or performance of reparations contracts, and shall have the aforesaid names published in the Official Gazette of Japan. The authority of such Chief and other members of the Mission shall be deemed to continue until such time as notice to the contrary is published in the said Gazette.

V SURVEY AND SALVAGE OF SUNKEN VESSELS

1. The procedure for the supply of services in the operations presently under way in accordance with the Interim Agreement on Reparations concerning Salvage of Sunken Vessels shall be the same as heretofore, unless otherwise agreed.

2. The amount which has already been paid by the Japanese Government for making the survey of sunken vessels totals seventeen million five hundred thousand yen (¥17,500,000), and the amount which has been fixed through consultation between the two Governments to be incurred by the Japanese Government for the salvage of sunken vessels mentioned in paragraph 1 above is two billion three hundred forty-three million nine hundred twenty-two thousand six hundred and eleven yen (¥2,343,922,611). Accordingly, by supplying the services of the survey and salvage of sunken vessels as mentioned above, Japan shall be released from its reparations obligation under Article 1 of the Agreement in the amount of six million five hundred fifty-nine thousand five hundred and seven U.S. dollars and twenty-five cents ($6,559,507.25), equivalent to two thousand three hundred sixty-one million four hundred twenty-two thousand six hundred and eleven yen (¥2,361,422,611).

3. The amount which has been paid by the Japanese Government for supplying the services mentioned above prior to the coming into force of the Agreement, together with the amount to be paid for supplying such services in the first year after the coming into force of the Agreement, shall be regarded, for the purpose of Article 2 of the Agreement, as the amount paid in the first year.

I have the honour to propose further that this note and Your Excellency's reply confirming the acceptance by your Government of the above proposal shall be regarded as constituting an agreement between the two Governments on details for the implementation of the Reparations Agreement under Article 11 thereof.

I avail myself of this opportunity -----------

（付記四）

（DRAFT）

AGREEMENT FOR ECONOMIC DEVELOPMENT BETWEEN JAPAN AND THE REPUBLIC OF THE PHILIPPINES

Japan and the Republic of the Philippines,

Having determined to conclude this Agreement for the mutual economic benefits of the peoples of the two countries,

Have accordingly appointed their respective representatives for this purpose, who have agreed as follows:

ARTICLE 1

Japan and the Republic of the Philippines recognize the desirability of the services of the Japanese people and the products of Japan being made available to various industries in the Republic of the Philippines in the form of long-term loans or the like（hereinafter referred to as "the loans"）, primarily in order to help promote the economic development of the Republic of the Philippines.

ARTICLE 2

The loans will be advanced by Japanese private firms to Philippine private firms on a commercial basis in accordance with the laws and regulations of the two countries concerning foreign trade and foreign exchange then applicable.

ARTICLE 3

It is hoped that the total amount of the loans will reach ninety billion yen（¥90,000,000,000）, equivalent to two hundred and fifty million U.S. dollars（$250,000,000）. It is understood, however, that the loans are to be advanced on a commercial basis and on the initiative of Japanese and Philippine private firms and that the two Governments will only see to it that, within the scope of pertinent laws and regulations in effect from time to time, realization of the loans between the private firms will be facilitated and expedited.

ARTICLE 4

This Agreement shall enter into force either on the date of exchange of notes between the Governments of the two countries establishing that all constitutional procedures necessary to give legal effect to this Agreement in each country have been completed, or on the date on which the Republic of the Philippines has deposited its instrument of ratification of the Treaty of Peace with Japan signed at the city of San Francisco on September 8, 1951, in accordance with Article 24 of the said Treaty, whichever date is the later.

IN WITNESS WHEREOF the undersigned, being duly authorized by the respective Governments of the two countries, have signed this Agreement.

DONE in duplicate at Manila, this ______ day of ______ of the year one thousand nine hundred and fifty- ______ in the Japanese and English languages, both being equally authentic.

For Japan:

For the Republic of the Philippines:

478

昭和31年3月21日　在マニラト部在外事務所長代理より
重光外務大臣宛（電報）

わが方賠償協定案に関する第一回逐条討議結果につき報告

マニラ　3月21日前1時50分発
本　省　3月21日前7時55分着

第一九六号

往電第一九二号に関し

一、比側は Lanuza 局長を長とし Fernande 大統領法律顧問、Roxas 条約課長、Marcos 中央銀行代表が出席 Abad が記録係となつた。ロドリゲスは海外出張にて欠席。まず本官より交渉の早期妥結を希望すること、ビルマ賠償協定の字句を尊重する要あることを述べラヌーサは日本側草案に不明確な表現の個所ありと述べた後案文の逐条の説明に入つた。午后の会議は午后四時より七時すぎまで行い第七条まで説明し残りは二十一日午前九時半より続行することとした。

午前午后の会議とも全体としては友好裡に進められたが比側は僅かでも国民感情を刺戟すると彼等の感じた規定及び表現については微細にわたり修正を要求し特に第七条六には根本的に反対する旨主張した。本官は一応協定案全体の説明を終りたいと繰返し述べたが、実質に変りない部分についての比側の修正の提案には本国政府の同意を得ると云う条件の下に一応同意しておいた。

二、会議の主たる論点は次の通り。

1. 前文に関しフエルナンデスはサンフランシスコ平和条約を引用したくないとか右平和条約に代えるものとして戦争終了宣言を予定した書方にしたいとか述べたが、右は当初からの交渉のベイシスに反すること及び事柄は政策事項に属し本起草委員会の権限外なることを述べておいた。次で比側は我方説明を或る程度了解し to act in line with を substantially in compliance with とすべきことを提案したが、本官は原案の方が「不明確」の様でも実体に即し且つ非難の種をきわ立たさない表現であると応酬しておいた。

1.(2.カ) 第一条に関し比側は

イ、services と products の語の順序を逆にすべきことと

ロ、products を products in capital goods とすべきこと及び

ハ、ドル基準なることを明示する字句を挿入すべきことを提案した。

本官より

イ、は卜部ネリ書簡内容検討の際既に議論済み

ロ、は三条二がある以上変更の必要はない、及び

ハ、については、支払いの実施取極案九の規定がある以上、補足の必要はないと述べた。

なおフエルナンデスはハ、についてドル基準とすべしとの意見を強く述べていた。

3. 第三条一に関し後段の経済の回復及び発展についての規定は必要なりやとの比側質問に対し、本官より日本側としては昨年三月よりの交渉中に度々繰り返されたところを取入れたに過ぎない旨を指摘しておいた。

4. 第三条三の any unfavourable effect upon the normal trade の規定はこれを拡張解釈し、賠償支払いをしない口実として使われるおそれあり、右は通常貿易なる表現が何を意味するや不明瞭なるためと考えられる。ついては、最近五箇年間の平均額というような表現はいかんと比側がただしたので、本官より具体的提案があれば検討すると答えた。

5. 第四条一に関し比側は二、三年に亘るスケジュール

が出来る可能性につき問うたので毎年のスケジユールが右に引続く一両年のスケジユールを前提して作られることはさまたげない旨答えたが、その後二の by the beginning を prior to the beginning とすることを提案したので一応同意しておいた。

6. 比側は第五条二の賠償契約の審査の文字は subject to とならぶときは日本政府が一方的にブイトーをすることを意味するとの見当違いの議論を強硬に主張し続けたので、独逸イスラエル及びギリシヤ、イタリヤ協定の先例に依ることを説明したところ比側は shall be subject to verification by を独逸イスラエルの用語に従い shall be examined by としたいと提案したので一応同意して置いた。

7. 第五条三の supplying は二つとも supply とすることに一応同意した。

8. 第六条一の the necessary expenses は the expenses necessary とすべきこと及び verified を examined とすべきことに一応同意した。

9. 第七条一に付て will establish は斯る機関の設置はコングレスの権限に属するとの議論が出る可能性あるに付その will を may とすべきことを主張したので本官より右機関は必要不可欠のものなる他コングレスが本協定を承認する以上、問題なかるべしと述べ、反対して置いた。なお最后の字句は performance thereof within Japan と変更することに合意。

10. 比側は第七条二の on condition の表現は余りに強く、フイリピン政府に乱用の意思があつた様にひゞくと反対し応酬を重ねた上 such offices of the mission in Japan as are necessary for the effective performance of its activities and used exclusively for performing the function mentioned in paragraph 1 above shall be established…… between the two Governments とすることに一応妥協した。（なお右修正案文も更に整理を要すべし）

11. 比側は第七条三の not more than two と云う人数の制限を落すべきことを主張し本官これに反対、次いで比側は各地に事務所が設けられた場合その長は少くとも外交特権を与えられたき旨要望したので此の点は了解し得るに付本国政府にリフアーした上で回答すると答えた。

12. 第七条四の最後は表現のみの理由で in connection with the importation of property for their personal use. と訂正することに一応合意。

13. 第七条六は根本的にフイリピンの国民感情に反する規定である。凡そ国家は外国の裁判所の管轄権には如何なる理由にせよ服するものでないと比側特にフエルナンデスは強硬に反対したので、本官より此の規定は直接方式の必然的帰結であつて独逸イスラエル協定その他も此の規定を含んでいることを指摘したところフエルナンデスは寧ろ直接方式を放棄し間接方式に依るべしとまで極論した、なお比国の国内法にも国家賠償法の如きものはなく、私人が政府を相手として訴訟を提起する際は一つ一つに付コングレスの承認を必要とする由である。ラヌーサ以下はフエルナンデスの激烈な調子には迷惑の色を示したが、比国のセンシテイヴな国民感情に鑑み何等か妥協の必要ありと述べマルコスは訴訟の如き場合は政府間の折衝に移すべきことを提案したが、本官は此の点は直接方式の必然的帰結であり直接方式を採用する限り妥協の余地なしと突ぱねて置いた。

14. 比側は第七条七は当然のこと故必要なしと反対した。

三、二、の各項に付何分の儀至急御回訓ありたい。

編　注　大統領法律顧問フェルナンド（Enríque Fernando）の人名表記は、原文のままとした。

479　直接方式等交渉上の中心課題に関するネリ首席代表との会談結果につき報告

昭和31年3月22日　在マニラト部在外事務所長代理より重光外務大臣宛（電報）

マニラ　3月22日後10時29分発
本　省　3月23日前0時0分着

第二〇三号

二十二日午後三時半ネリを往訪三十分間に亘り左の要談をなした御参考まで。

一、往訪せるやネリは先ず

(イ)起草委員会の討議の進捗振りは不満なり、大統領もイ

ンペーシェントになりつつあり、又

(ロ)二千万ドルに関する規定はト部ネリ書簡を無視しおり、右にも不満なり

と述べた。

よつて小官はその問題にて来訪したと前置きして、

(イ)東京よりもしばしば督促の電報を受けおり、自分も早期妥結を希望するところなるが、比側委員は本問題の真相に始めて触れる者多く、そのため時間がかかるように思われる、尤も本日午前をもつて賠償協定関係の説明は完了し、その間実質的ならざる字句の訂正案も提出されているところで、今までの交渉を顧みるに意見の鋭く対立した儘となつている点は総て賠償提供に当り直接方式を採つた論理的帰結に関するものと云うべし。本来間接方式が理論的には正しく、沈船引揚も右によつた次第なるが、その結果松庫事件があり、右事件のためビルマは直接方式を固執し六カ月以上に亘る難交渉中日本政府は直接、間接両方式のそれぞれの利害得失を慎重に比較研究した結果直接方式に同意したものなるが、斯る難交渉の結果生み出されたものを今回提案したものにて、この提案を受けたフィリピン側は右両方式のそれぞれにつきての利害得失を充分研究される暇がなかつた以上、直接方式の中のフィリピンにとり面白からざる面だけが目につき激しい反対をされることは充分理解し得る。然しながら間接方式に必然伴う不利益についてはフィリピンとしては充分経験されたところの筈なりと前置きして、両方式の利害得失を説明せるところ、ネリは結局最後に本件は政策の問題なるにつき首脳部と充分相談の上決定したいと答えた。

よつて小官は日本政府としては今となつては直接方式採用を希望するし、又フィリピンが右直接方式採用の必然の結果はこれを受入れるよう希望すると述べておいた。なおその際間接方式ならばミッションを東京に置く必要がなくなり又賠償口座利子の有無の問題も一切消滅するが松庫事件の如き不愉快は覚悟せられ度く、且つ協定案文は全部遣り直しとなるべしと述べ、直接方式採用が望ましいことを印象付けるよう努めおいた。

(ロ)ト部ネリ書簡で二千万弗につきて交換公文に書くこと

を約束したのは極めて漠然とした、然も釈明的なものであり、その後日本政府としては交換公文を国会に提出一般に公表する方針を決定した上、右文書は余りに釈明的に過ぎ、交換公文にその儘採用するは面白からず、今少しく端的に表現するとせば manufacturing service によるとすべき次第なるが、同じ事は平和条約に用いられている加工役務をもつても表現し得るにつき、右の言葉を使つたものなりと説明せるところ、ネリは釈明的なる文章を避けるなら卜部書簡の to this end のパラグラフの文章を使用すべきなりと主張したので、右は行政的取極めで決める了解であつたと指摘し、右行政的取極めをなす道は実施細目三の二に開かれており若し御希望ならば右二に関する合意議事録として卜部ネリ書簡のこの部分を再録するは可能なるやも知れないと述べておいた。

二、ネリは最後にラヌーサに対し本日中にフィリピン側ドラフト作成を命じてあると述べたので小官はフィリピンが新たな案文を作られることは交渉延引を意味し日比双方の国民の期待に反することとなるを恐れると述べたところネリはフィリピン側のドラフトは日本案文を基礎とする考えなりと答えた。

---

480 昭和31年3月26日 在マニラト部在外事務所長代理より重光外務大臣宛(電報)

フィリピン側より受領せる賠償協定修正案について

マニラ　3月26日後7時49分発
本　省　3月26日後10時11分着

第二一四号

往電第二一二号に関し

比側修正案は我方案文を基礎としてはいるが、

(イ)第三条三を削除し、又第九条二については現地費用も賠償より支払われ得る趣旨に訂正(前者の削除については、拡張解釈を危惧するとの理由の外に、前文で明らかなるにつき、更めて規定の要なしとの理由を挙げたので、後者は比側の説明による前文の解釈と正面より矛盾すると指摘し比側の再研究を求めて置いた)。

(ロ)第六条二を支払が済んでも、別途比側より供与された物資、役務に対する満足を示す受領通告までは日本政府の責任が残る趣旨に訂正（比側の説明では賠償契約に基く分割払の場合に備えるため）、第七条三についてはその人数の制限を除去、同条四以下を全部削除、第十条の合同委員会に契約に関する紛争解決を委ねることに訂正、第十二条一の末段は略々貴電第一五二号の(五)、御来示の如きものを追加。

(ハ)その他第六条一の最後の日本円による支払の条項を削除（日本円支払自体には異議なきも、その趣旨の規定は随所にあり、更めて積極的に規定の必要なしと述ぶ）。

等の主なるものの外、聊かなりとも、フイリピン政府の義務と響く如き表現はフイリピン政府の権利たるの表現に変更する等、修正は多面に亘つており、特に直接方式の比側にとり便利な点は全部採用するも、その不利益な点は全部これを避けんとしていることが注目せられる。

481　昭和31年3月28日　在マニラト部在外事務所長代理より重光外務大臣宛（電報）

フィリピン側で修正せる役務賠償に関する交換公文案及び経済開発協定案の協議結果について

付記　昭和三十一年三月三十日、作成局課不明
「賠償、借款両協定比側対案の主要難点」

マニラ　3月28日後4時34分発
本　省　3月28日後6時12分着

第二二六号（大至急）

往電第二二四号に関し

一、二十八日午前の会議において比側はその賠償協定実施細目案は本協定決定後に譲りたいと述べ、五千万弗の役務につきての交換公文案及び「借款」協定案を提示した。交換公文案、特にその二千万弗分につきてはト部ネリ書簡による了解に反するものとなつているので、小官よりその点を指摘し置いた。又「借款」協定は全然我方提案と異つたもので、先ず日本政府の義務なる建前を立て次いでこれを商業ベーシスに下す形を取りつつも、提供も期間を賠償協定と一致させ（年額は決めず）、償還期限十年以上利子四分以下と規定する等比側の思いの丈を述べたものであつたので、小官よりこれ等の個処はト部ネリ書簡の了解に反することをいちいち指摘し、その後若干

の字句の解釈を明らかにして後散会した。なお往電第二二二号の小官対案は往電第二二七号の新聞報道を指摘し誤解を避けるため提示しないと述べ、更に交渉は手間取るとしか考えられないので、小沢課長は予定通りインドネシアに本日出発することを報告しておいた。

二、散会後ラヌーサはネリと三人で相談したいと希望したので、申出があれば右に応ずると答えておいた。

（付　記）

三一、三、三〇

賠償、借款両協定比側対案の主要難点

（△印は、卜部・ネリ書簡を逸脱せる点）

一　賠償協定

1　直接方式を採用しながら、間接方式の利点のみを確保せんとしていること

(1)　賠償ミッションの請求により支払を行えば日本政府の最終的責任が解除されるとの日本案に対し、日本側責任は右の支払では暫定的にのみ解除され、比側が役務及び物資の受領を満足した旨の確認があつて初めて全面的に解除されるとなしている点（すなわち、直接方式においては、日本政府が本来介入しないたてまえであるべき賠償契約につきその履行に対して責任を持たせんとしている）―比案第六条2

(2)　賠償契約の作成に対し合同委員会が審査を行う点（日本案（第五条2）において日本政府の認証規定があつたのを削除している）―比案第五条2

(3)　賠償契約上の紛争に対し合同委員会が決定を与える点―比案第十条後段

2　賠償契約は商業契約であるから右契約より発生した紛争については日本の裁判所の管轄権を及ぼすとする日本案に対し、契約の一方の当事者たる比国政府が日本の裁判所の判決に服することには絶対応ぜられずとしていること、その結果当該条項（日本案第七条6、7）を削除し、前記1(3)のとおりとしている。

3　賠償ミッションに広範な外交特権を要求していること。ミッションの主たる職務が契約締結にあることにかんがみ、外交特権を与えられる者を限定せんとする日本案（第七条3）に対し、職員一切に対し完全な外交

特権を要求している。（事務所についても同じ。）―比案第七条3

4　わが国の外貨負担はないたてまえであるのに、これを予想せしめる規定をそう入していること。

(1)　支払は円払であるとの日本案（第六条1）の条項を削除した点

(2)　賠償契約の実施に日本で調達できない物資及び役務は比国政府が立替払をし、日本政府が償還するとしている点―比案第九条2

5　賠償が日比通常貿易を阻害しないとの原則規定を全面的に削除したこと（日本案第三条3）

6　一般的にいつて、比案による場合にはビルマとの賠償協定及び実施細目に対し著しく均衡を失するに至ること。

二　賠償協定附属交換公文

△1　役務の提供がたてまえであるのに、現金払が原則であるような書き方をしている点―比案(1)及び(2)

2　二千万ドルの役務分は通常貿易の加工役務であることを明確にしている点―比案(1)後段

三　借款協定

△1　借款は商業借款であるにかかわらず、その供与につき日本政府になんらかの義務を負わせた体裁をとらんとしていること。

(1)　協定名を借款協定としている点

(2)　借款供与の主体は日本国であるとしている点―比案第一条

(3)　日本政府は借款供与のため必要な一切の措置を執るとしている点―比案第二条2

(4)　借款の総額を確定額（日本案では希望額）とし（比案第三条1）供与期限（比案第三条2）償還の最短期限（比案第三条4）利率（比案第三条5）等を確定している点

2　借款は比国政府の一方的に承認するもののみを本協定にいう借款とし、協定で定める条件を満足するものでも先方の選択によりこれを除外する余地を設けている点―比案第二条3（第三条3）

編注　本文書は昭和三十一年三月二十八日までのフィリピン

側各修正案の内容を検討したもの。

482 昭和31年3月29日 在マニラト部在外事務所長代理より 重光外務大臣宛（電報）

賠償協定案フィリピン側第二次修正案の受領について

マニラ　3月29日後4時20分発
本　省　3月29日後5時49分着

第二三四号（至急）

往電第二二九号に関し

二十九日ラヌーサは賠償協定の第二次比側対案を小官研究の結果を承わりたいと述べて手交したが往電第二二二号後段に挙げた各条項中第二条、第三条三及び第九条二につきて我方主張を入れているだけで他は実質的譲歩を含まぬ訂正に止まつている。

483 昭和31年3月31日 在マニラト部在外事務所長代理より 重光外務大臣宛（電報）

フィリピン側修正案中わが方の受入れ困難な項目に関する協議結果について

マニラ　3月31日後6時42分発
本　省　3月31日後8時11分着

第二三八号（大至急）

貴電第一六四号に関し

三十一日ラヌーサを昼食に招き左の会談を行つた。

一、賠償交渉（協定カ）について往電第二三六号（編注）の通り要求せるところラヌーサは

(イ)第七条6及び7のそのまゝの復活には反対なり、但し契約についての紛争解決に日本政府が充分に協力した上、なお解決不可能の紛争は殆んど存在すまじく、一方直接契約の権利を認められた当然の帰結として契約についての紛争解決の責任が最終的にはフイリピン政府にありとする理論は理解出来るので日本政府の協力を得てなお解決出来ない場合においてはじめて裁判に依り解決される趣旨に改める様他の委員の説得に努力する。

(ロ)第六条2についてはフイリピン政府は日本政府と協力、友好裡に賠償を実施する積りなるにつき日本政府も契

約金の支払のみで他の責任は逃避するやの印象を与えないで欲しい。即ちフイリピン政府は契約に当り日本人業者について日本政府の推薦を求めるし又推薦は出来るだけ尊重する積りだが斯くして締結された契約が前渡金又は分割払を規定するとき、日本政府は右前渡金又は分割金について「暫定的に」責任を解除されるとする比側第二次案は公平の筈なり、尤も日本政府としてはフイリピン政府が日本政府の推せんを無視して契約を締結し、右契約に基き前渡金や分割払を要求した場合、右支払について「最終的に」責任を解除されたいと希望するは理解し得るのでこの点については更に他の委員と共に研究する。

(ハ)第三条の3については文章を若干変更すれば復活は認め得ると思う。

(ニ)第五条の2については合同委員会の日本委員が日本政府と協議して契約を承認する筈なるにつき合同委員会の検査のみにて足ると信ずる。但し日本政府そのものとして個々の契約についてその支払の義務を明らかにするため認証する必要ありとの議論は理解し得るやにも思われるので更に他の委員と協議してみる。及び

(ホ)第九条の4についてはどこかに by the Philippine Government を入れて日本政府による免税を要求していない趣旨を明らかにすると述べていた。

二、交換公文の二千万ドルの分についてラヌーサは約束された行政措置を実施細目の三の2についての合意議事録として残し得るやと問うたので小官はト部・ネリ書簡の to this end のパラグラフを略々そのまゝ、合意議事録とし且つこれを公表しないものとするなら残し得ると思うと述べておいた。

三、ラヌーサは実施細目のみ(二カ)の1末段の賠償勘定を無利子とすることは理解し得ると述べた。

四、ラヌーサが借款協定についての小官の意見を問うたので小官は比側案は第一条からして無茶なり、右は日本政府の借款供与の義務を規定しおり到底問題とならず借款につきて若し日本政府の義務ありとせば、右は facilitate and expedite に限られおるは明らかなりと述べたところ、ラヌーサは苦笑しつつ他に問題ありやと問うたので小官は償還期限や利子の規定はこれを規定すれば直ちに日本

政府の義務となるは明らかなりと指摘したるところラヌーサはこの規定は自分としては落し得ると思うと述べ更に小官が比側案の第三条の3の principally も余りに含みが多すぎるから再考慮されたいと要求せるところラヌーサは自分も合弁事業を認めないとする一部の考えには反対である。平和関係成立後も日本人だけに合弁事業を認めないと言う如き差別待遇はなし得ない、但し現在短兵急に合弁事業を認めると謳うことは賢明とも思わないと述べたので小官は日本案の loans or the like の表現採用を考慮されたいと要望しておいた。

五、以上の会談中においてラヌーサはフエルナンドはタニアバ《ダカ》系の人間で大統領の親任あるものだがその兄弟を日本軍により殺された由でありその言動はこのことを知つて始めて自分も理解し得た。但し貴官に対する発言は許し難く、あの直後自分からもネリからも良く戒しめておいたと述べていた。本電出来得る限り中川局長にお伝えありたい。

編　注　フィリピン側の第二次修正案中、原則的変更に該当するためそのまま復活すべき条項として第三条第三項、第七条第六、七項を、修正案に対しわが方C案を採用すべき条項として第五条第二項、第六条第二項、第九条第四項、第十条を申入れたい旨を請訓したもの。

484

昭和31年4月6日　在マニラト部在外事務所長代理より
重光外務大臣宛(電報)

逐条討議を通じ賠償協定案をめぐる根本的対立点が直接方式に由来することをフィリピン側が認識しつつある状況について

マニラ　4月6日後10時55分発
本　省　4月7日前7時40分着

第二五四号

往電第二五二号に関し

(以下略号)

六日午後四時より七時半迄会議した。討議の内容は次の通り。なお次回は土曜午後の予定。

一、so much in yen as shall be を入れて第一条及び第二条につき合意(六日エア・フランスにより送付した RPD-April 5

を基礎とし、第一条はそのまま、第二条は二ケ所の annual average の次にそれぞれ'C案の表現により円金額を挿入し、short of は shorter than とする)。又日英文のみを正文とする我方案に比側が賛成したので、'C案第十四条も合意。

(以下暗号)

二、主たる意見の対立点は左の通り。

1、比側はビルマとの賠償協定には我方案第三条三に相当する規定なく、且つその精神は全部(前文カ)に平和条約の規定を引用した以上不必要なりとの理由の下にその削除を強硬に要求している。

2、比側は第五条(二欠カ)の日本政府の認証はミッションによる賠償契約締結前に行われるとの構想に基ずく規定に改めること、及び認証自体につきても verification に強硬に反対、concurrence の文字を使用することを強硬に主張した。

3、第六条二につきて比側は日本政府が concurrence を与えなかつた場合は同委員会(合欠カ)に付託すること、及びその決定を拘束的とすることを主張している。

4、比側は第六条一の円払の規定の後に日本政府の支払の日の為替レートによる旨の規定を新たに追加することを提案した。

5、第六条二につき比側は依然部分払の際は日本政府はその金額については単に暫定的に免責されるにすぎない旨の規定を入れることを主張している。

6、比側は第七条の裁判管轄権関係の規定に依然強硬に反対している。

7、第一〇条につきて比側は依然合同委員会に賠償契約に関する紛争の解決の権限を与える旨の規定を入れることを主張し続け、且つ新たにかかる紛争も最終的には仲裁委員会に付託される趣旨を第十二条において明らかにすることを提案した。

三、六日までの交渉により比側はようやく彼我の根本的対立線のほとんどは、総べて直接方式採用に伴う必然的な条件に関するものなることを理解し、一方我方はこれら条件の回避は許されないことを強く主張し続けているので、比側も漸く直接方式につきてのその根本的態度の調整を考慮せざれば、極めて長期の交渉を要することになることを自覚しつつあるやに見受けられる。

編　注　本文書中の'C案は四月二日マニラに到着したわが方賠償協定C案の修正案。RPD-April 5はフィリピン側が四月五日に提出した賠償協定修正案を指す。

485　昭和31年4月8日　在マニラト部在外事務所長代理より重光外務大臣宛（電報）

フィリピン側は貿易拡大に関する賠償協定案第三条第三項他を政治決断を要する問題と認識している点につき報告

マニラ　4月8日前1時21分発
本　省　4月8日前8時13分着

第二六一号

往電第二五四号に関し

（以下暗号（略カ））

七日午後五時半より七時半迄会議した結果次の通り

なお次回は九日午後の予定

一、第九条二及び三に合意、但しRPD-April 5により二はsuch materials 以下をsuch materials, supplies and equipment not procured from Japan under reparations contract and which are readily available locally will be provided by the government of the Republic of the Philippines. と修正し三はJD-April 4（編注）によりwho may be required 以下をwho may be needed in the Philippines 以下同じとしshall be 以下をshall, during the required period of their stay in the Philippines be accorded 以下同じとしduty はwork とする。

二、先方は冒頭参照電二、の4の通り第六条一のin Japanese yen の後に, the equivalent value, which in United States Dollars shall be determined for the purposes of paragraph 2 of this article, on the date of each payment by Japan. との一節を追加すべきことを繰返し我方にこれに（ママ）反対した処、先方はこの案を日本側が受入れるならば前払に関する先方の主張（冒頭往電二、の5）を徹（撤カ）回し'C案に依る第六条二を受諾するとのべた。なお第六条一前段の字句は認証の問題が解決しなければ確定しない。

三、比側は第三条一に実施計画に含まれる品目は専門家会議の議事録及び付属書に掲げるものとし、その条件に従うものとするという規定を置き、第十四条として、これ等文書を協定の不可分の一体とするという規定を入れることを提案し我方が右文書は実施計画作成の際参考資料とする旨の合意議事録には同意するがこの協定の一部とするのは不適当であると反対した処、再考を約した。

（以下暗号）

四、比側において政策レベルの問題とする他なしと述べている点は左の通り（条項の表示は我方'C案による）

(イ)第三条三

(ロ)第五条二

(ハ)第六条

(ニ)第七条第五・六・七

編　注　わが方賠償協定'C案を四月三日及び四日の協議を経て修正した案。

486　ト部・ネリ交換公文を基礎として早期妥結に努力する旨中川アジア局長より連絡

昭和31年4月10日　在マニラト部在外事務所長代理より重光外務大臣宛（電報）

マニラ　4月10日前0時13分発
本　省　4月10日前7時41分着

第二六六号（館長符号扱）

中川より

貴電第一七四号に関し

一、往電第二六二号を以て『政策レヴェルに上げる』と述べたのは現在の専門委員間の話とは別に小官とネリとの間の交渉を開始する意味であり、日比双方の全権団間の交渉を行う如きことは全く考えていない。

二、従来一週間を費して賠償協定案を討議した結果、問題点は数点に絞られて来たところ、これらは「通常貿易を阻害することなく、又外貨負担を日本に課することなし」との趣旨を規定した第三条三項を除いては、何れも契約、支払、賠償、使節団の特権等に関する技術的事項であり、元来ト部、ネリ覚書にも言及されていない点であるから、彼我に意見の相違を生ずることは寧ろ当然である。然しながら先方も相互歩み寄りによりこれを解決する意志は十分なるものと判断される。日本側としても必ずしもビルマ方式のみに拘泥せず、先方の理のある主張はこれを容れて妥結を図るべきものと考える（この点に関する意見は随時請訓の予定）。但し、前記第三条三項は藤山特使の使命とも関連して、貿易拡張に関する比側の言質をとるための材料として最後までこれる（をカ）固守したい考えである。

三、二千万ドル分の交換公文及び借款協定は今後も大いにもめるものと思われるが、両者共日本側としては卜部、ネリ覚書以上には出られずとも（のカ）確固たる態度を固持することにより打開を計り得るものと考え、比側の空気としては対日賠償をこの際急速に解決すべしとの線に固つており、ネリとしても既に約束した卜部、ネリ覚書以上を主張することにより、これの妥結を不当に遅らすことは立場上なし得なくなつていると判断される。

四、以上の事情に鑑み、この際日本側のとるべき態度としては既に了解をみた卜部、ネリ覚書のラインを基礎とした協定案を急速に妥結するための努力を誠意を以て行ない、比側が右ラインに応ずることを拒否する場合に始めて調印遅延も止むを得ずとの毅然たる態度を明らかにすべきものと考え、現在の段階は日本側の主張にも同覚書に含まれざる事項あり又比側も本格的にはその対案を示しおらざる状況なるを以て、マニラ交渉がデッドロックに逢着せりとか、わが方全権団の構成、派遣が非常に遅延すべし等プレス・キヤンペインを行うことは時期尚早であり、反つて比側世論を不必要に刺戟する懸念ありと考えられる。御承知の通り三月九日付鳩山総理の返簡には「正式交渉のため全権代表を派遣する用意あり」とあり、現在の予備交渉で協定案を固めてから両国全権団による調印を行う段取りとすることは、単にネリとの口頭了解に基づくものに過ぎず、従つて日本全権渡比の時期につき日本側より過早に言及することは反つて比側新聞等より正式交渉のため日本全権の急速渡比を要望する声を誘発する危険ある次第なり。

編注　中川アジア局長は重要事項を除き現地での決定権を有する旨の訓令を与えられ昭和三十一年四月二日マニラに到着、翌日より協定案協議に参加していた。

487

昭和31年4月11日　在マニラト部在外事務所長代理より重光外務大臣宛（電報）

交渉状況の報告及び政府与党首脳との協議を目的として藤山特使一時帰朝の意向について

マニラ　4月11日後3時37分発
本　省　4月11日後5時35分着

第二七六号（館長符号扱、大至急）

中川より

藤山特使は交渉の現状を報告し今後の進め方について貴大臣始め政府及び党首脳部と打合せするため最近便にて一時帰国二、三日滞京の上直ちに帰比されたき御意向である。御承知の通り賠償借款両協定案に対する比側の意向も判明せるこの際同特使が一時帰国し最高首脳部と打合わされることは極めて時宜を得た措置と思われるので御承認ありたい。なお比側に対しては特に挨拶を行わず小官よりネリに対し単に已むを得ざる所用のため同特使が数日の予定で帰国する旨を通知するに止める考えである。

488

昭和31年4月11日　在マニラト部在外事務所長代理より重光外務大臣宛（電報）

協定案文中の主要対立点に関する中川アジア局長・ネリ首席代表会談につき報告

マニラ　4月11日後6時4分発
本　省　4月11日後7時30分着

第二七七号（館長符号扱）

往電第二七二号の三、末段に関し

中川より

十一日午前十時半ト部を帯同ネリを往訪ラヌーサ、アバッド立会の下に十二時半まで会談、要領左の通りた。

一、先づ本官より共通目的達成のため協力し合う精神にて話合いたいと述べたるに対し、ネリは全然同感の意を表した。

二、ネリは賠償協定案文中残されおるミッションの日本の裁判所管轄に服する点（第七条五、六、七、）を第一に取上げ契約につきての紛争は日比共同委員会による決定又は商事仲裁機関の裁定に委ねれば足ると主張したが、本官は日比共同委員会は外交機関たるをもつて商事契約の裁定を行わしめるは不適当なること、従つて商事仲裁機関の裁定に服せしめる他なきも、同機関には法律的強制力なきをもつて最終的には裁判所に訴うる他なきことを説明、ネリは稍々理解を示すに至り、契約につきての紛争は商事仲裁機関にかけられ右にて解決せざる場合においてのみ裁判所に持込まれること、且裁判管轄権は実際上は兎も角理論上は日比双方の裁判所にあることが明らかとなれば右紛争が最終的には裁判所において解決されることには反対なき旨を述べた。

三、次いでネリは貿易との関係に関する規定に移り、本案の第三条三はビルマ協定にない規定であり、且つ藤山特使が大統領と面会せる際、同特使が貿易等増進は賠償協定解決後の問題なりと述べたことに反するものにて承服し得ず、上院を始め比国与論は貿易増進を賠償の前提ないし条件とすることには絶対反対なりと述べたので、本官よりしからば問題は実質につきてでなくこれを公表する時期にありと思われるところ、協定遅延（ママ）に当つて両国政府が共同声明を発表し、その中で今後両国は貿易拡大に努力すべしと述べればこの問題は解決するにあらずやと述べたところ、ネリは右の案に賛成した。本官より桑港条約第十二条は四月二十八日をもつて失効することを指摘した上、両国政府は直ちに通商航海条約の交渉に入ること、右条約成立までは最恵国待遇を相互に与えること及び現行貿易金融協定は改訂することを前記貿易拡大に加えて共同コミュニケに織り込むことを提案し、ネリ、ラヌーサ共に右に同意した。更に本官より大統領令第三二八号に触れたるところネリ、ラヌーサは右は日本に対する差別待遇にて撤廃されることは当然なりと述べた。

四、ネリは右にて日本案第三条三が片付いたと述べたので、本官よりなお外国為替負担の問題が残りおることを指摘したところ、ネリは右は前文で桑港条約の諸規定に従う旨を述べてあることより特に否定を要せず当然なりと述べた。よつて本官より前文の書き方は極めてあいまいであり将来誤解の種となる。現地における施設資材等を比側が負担することについては一応第九条二に規定あるも、日本技術者のペソ貨については何等規定なく右外貨負担に関する一般規定を削除する場合にはこの点に関し第九条二の規定を補う要ある旨を説明せるところ、ネリは右は共同委員会の決定に委ねるべしと主張、本官はこの種当然起り得る事態については特に規定を設け将来誤解の種を封ずることが必要なる所以を説明したところ、ラヌーサこれに賛成し

五、本官より第五条、第六条についても問題は残り居るも、右についてはなお起草委員会にて十分意見を交換したいと述べた。

六、最后にネリより借款協定についてのフイリピン側の希望を詳細に伝え谷・ネリ書簡も上院議員に説明してあるので年額は規定しないことに同意するが、其の他の部分については是非採用されたしと要求したので、本官より詳細に日本側の事由を説明し本来八億ドル解決フオーミユラーは流産の運命にあつたところ、政府の努力フイリピン側の理解により谷・ネリ書簡を卜部・ネリ書簡に置き替えることにより漸く事態を救い得たものなりと述べたるところネリは谷・ネリ書簡の何処が具合が悪いのかと問うたので、本官は谷・ネリ書簡の表現は全体として日本政府に借款提供の義務ありやの感触を与え、その結果政府がこのための財政支出を余儀なくされる惧れあることとなりと答えたるところ、ネリは日本政府に特別の財政支出の義務なきことは《（がヵ）》明らかとなればよいのかと念を押し卜部・ネリ書簡付属のメモランダムを取り出しこの文書で既に日本政府の義務は現在日比間の同種借款について行われている程度の便宜供与に他ならず然もその時に於けるavailable fundの限度内に限られている。これにて十分ならずやと問うたので本官は右メモランダムが協定の合意議事録等の形により協定中に取り入れられれば大いに役立つとは思うが借款に関する日本側の立場は極めて窮屈であり、本質的には卜部・ネリ書簡以上には出られないと述べたるところ、ネリはフイリピン側の事情も考慮せられ歩み寄つて貰いたいと繰返し要望し、メモランダムを協定の合意議事録等の形とすることは考慮すると述べたので、本官は御希望は東京に伝達すべしと述べておいた。

七、なお起草委員会は十二日午前開会することに打合せた。

489

昭和31年4月12日　在マニラ卜部在外事務所長代理より重光外務大臣宛（電報）

主要対立点中賠償協定案第三条第三項を共同声明とし第七条関係はフィリピン側調整案を受け入れる方針で妥結に進みたき旨報告

マニラ　4月12日前11時41分発
本　省　4月12日後1時7分着

第二八一号

往電第二七七号に関し

中川より

一、冒頭往電会談の結果

㈠賠償協定については

(イ)日本案の第三条三の通常貿易の部分は協定調印の際の両国政府の共同声明に、外貨負担の部分は第九条二の規定を、これを含むものに変更すること。

(ロ)日本案の第七条五、六、七に関しては、賠償契約に関する紛争は建前としては日比双方の裁判所何れかにより解決されるものとして、実際にはミッションが日本の裁判所の管轄に属することとなる様にすること。

の二つの妥協案がネリにより提案され、

㈡借款協定につきては、ト部・ネリ覚書付属文書をそのまま協定の合意議事録に採用するにつき、協定本文の表現としてはネリは谷・ネリ書簡の表現を出来るだけ採用したい旨を強く要望した次第である。

二、賠償協定に付てはなお第五条、第六条ひいては第三条一、第十条等未決定のものはあるも、第三条三及び第七条五、六、七に付てはネリの妥協案を容れ、又借款協定に付ても既に合意議事録に依る保障ある以上実質上心配する必要なきに付、谷・ネリ書簡の表現中無害のものはこれを入れることに依り妥結することと致したい。

三、(イ)賠償協定の第七条関係に付ては先方の対案を見た上研究することとしたいが、第三条三の内通常貿易の部分に付ては藤山特使に托送した共同声明案の如きものに付て、先方の同意を得た後、外貨負担の部分を含めた第九条二として右の如きものを提案したい。

The Government of Japan shall not be required to make any foreign exchange allocation in connection with the supply of services and products under the present agreement.

(ロ欠カ)又は比側としてはこの様な一般的規定では満足せず、

比側が負担すべき資材施設役務等を具体的に明記することを希望するやも知れず、借款協定は藤山特使に托送した現地案を至急御検討ありたく、右案程度のものであれば比側を満足せしめるものと考える。但し比側に最初に提案するものは右案より更にコンサーバティブなものとする考えである。

490

昭和31年4月13日　在マニラト部在外事務所長代理より重光外務大臣宛（電報）

帰朝する藤山特使が携行せる経済開発借款協定現地案の基本的考え方について

付　記　経済開発借款協定及び貿易拡大に関する共同声明現地案

マニラ　4月13日後7時2分発
本　省　4月13日後8時59分着

第二八八号

往電第二八一号の三、に関し

藤山特使に托送した借款協定現地案の主要条項についての基本的考え方左の通り。

(イ)第一条は'C'案の如き定義の規定とすることに先方反対、且つ先方は本協定全体を逃げ腰でなく、積極的な立場に立つての表現とすること及びト部・ネリ書簡にも Loans to the amount of の表現となつているので、これを採用すべきことを主張しているので、これ等の先方の考え方を容れつつも日本政府の義務の感触を与えないよう苦心したものである。

(ロ)第二条二は規定するとせざるとに拘わらずフィリピン政府の必ずとる措置であり、その意味では規定の必要もない次第であるが、規定することにより、フィリピン輿論の不必要な疑惑を解消し得るものならば認めても差支えなかるべく、右は it is understood that をかぶせフィリピン側の政策の闡明の形をとるにおいて特に然りと認められる。フィリピン案の fields of investment の語はローンにインベストメントを含む意味を明示するものとして残しておきたいとの考慮もあつた。

(ハ)第三条はト部・ネリ書簡にも認めた日本政府の義務を日比両国政府の義務の形で規定したもので義務がこれに限られていることを明らかにするため特に単独の条文とし

た。なおこの条項に関しては別に合意議事録の保証あること前電の通り（尤もこの合意議事録は交換公文の形に変える考えである）

㈡第四条一は谷・ネリ書簡にある表現を或る程度採用したものでその(a)は協定に採用しておくのを寧ろ必要と考えた。なお subject to the agreement between the parties concerned とか as may be warranted on a commercial basis とかの句で政府の義務のない様考慮した。

㈭第七条二は往信第一七六号をもつて送付のフィリピン側修正提案の第三条二に相応するもので、右フィリピン案は日本政府の義務たるやの感触を与えるので、これを避けるため二十年の期間を借款供与の期間としてではなく協定の効力存続の期間の問題として規定した。しかも右期間中に二億五千万ドルの額が到達し得ないことを、寧ろ前提とし、右を理由として有効期間の延長を希望する場合にはこれを延長し得る書き方としてある。なおこの第七条二は御承認を得ても先方には最初は提示しない考えである。

（付記）

AGREEMENT CONCERNING ECONOMIC DEVELOPMENT LOANS BETWEEN JAPAN AND THE REPUBLIC OF THE PHILIPPINES

Japan and the Republic of the Philippines,

Desiring to promote the mutual economic benefits of their respective peoples,

Have accordingly decided to conclude the present Agreement and have appointed their respective plenipotentiaries for the purpose, who have agreed as follows:

ARTICLE 1

Japan and the Republic of the Philippines recognize the desirability of the services of the Japanese people and the products of Japan being made available to various industries in the Philippines in the form of long-term loans or the like (hereinafter referred to as "loans") to the amount of ninety billion yen (¥90,000,000,000) or so much in yen as shall be equivalent to two hundred fifty million United States dollars (US$ 250,000,000) and in the manner hereinafter prescribed, primarily in order to help promote the economic rehabilitation and development of the Philippines.

ARTICLE 2

1. Loans shall be advanced by Japanese private firms or nationals to Philippine private firms or nationals on a commercial basis in accordance with the laws and regulations of the two countries concerning foreign trade and foreign exchange then applicable.

2. It is understood that the Government of the Republic of the Philippines shall determine the fields of investment and the various industries for which contracts for loans may be concluded and approve each contract on a case by case basis.

ARTICLE 3

The two Governments shall facilitate and expedite the advancement of loans within the scope of pertinent laws and regulations.

ARTICLE 4

1. The terms and conditions of a loan will be as agreed upon by the parties to the contract concerned. It is understood, however, that subject to the agreement between the parties concerned,

a) loans will be repayable by installment in kind or in the usual manner; and

b) the period for redemption will be made as long and the rates of interest as low as may be warranted on a commercial basis.

2. The services of the Japanese people and the products of Japan mentioned in Article 1 shall be principally in the form of machinery and equipment as well as services incidental thereto.

ARTICLE 5

Any dispute arising out of or in connection with any contract for loans shall be settled either through arbitration by mutual agreement between the parties to the contract or in accordance with the ordinary judicial processes of the country having jurisdiction over such dispute.

ARTICLE 6

The two Governments shall jointly review from time to time the progress of the advancement of loans and repayment thereof with a view to smoothly operating the present Agreement.

ARTICLE 7

1. The present Agreement shall be ratified. The Agreement shall enter into force either on the date of exchange of the instruments of ratification or on the date the Republic of the Philippines deposits its instrument of ratification of the Treaty of Peace with Japan signed at the city of San Francisco on September 8, 1951, in accordance with Article 24 of the said Treaty, whichever date is the later.

2. The present Agreement shall remain in force for a period of twenty years. However, if, after the lapse of nineteen years from the coming into force of the Agreement, either Government desires to extend the above mentioned period in view of the unlikeliness of the amount mentioned in Article 1 being reached by the end of such period, the two Governments will enter into consultation with a view to extending the period by mutual agreement.

ARTICLE 8

The present Agreement is written in the Japanese and English languages, both being equally authentic.

IN WITNESS WHEREOF the undersigned plenipotentiaries have signed the present Agreement and have affixed thereunto their seals.

Done in duplicate at the City of Manila, this ______ day of of ______ of the year one thousand nine hundred and fifty-six.

For Japan:

For the Republic of the Philippines:

Agreed Minutes to the "Agreement concerning Economic Development Loans between Japan and the Republic of the Philippines"

(Draft)

The representatives of the Governments of Japan and of the Republic of the Philippines have reached the following understanding:

With respect to Article 3 of the Agreement concerning Economic Development Loans between Japan and the Republic of the Philippines signed today, the facilitation and expedition the Japanese Government is required to offer as to loans will be similar to those which are currently provided to those loans contracted between Japanese and Philippine private firms and financed on an ordinary commercial basis by the Japanese banking institutions like the Japan Export and Import Bank, within their then available funds.

(Signed)

(Signed)

Manila, ______________

JOINT STATEMENT

(Draft - April 11, 1956)

On the occasion of the signing of the Reparations Agreement between Japan and the Republic of the Philippines, the Plenipotentiaries of the two Contracting Parties made the following joint statement on behalf of their respective Governments:

"The Treaty of Peace with Japan, signed at the city of San Francisco on September 8, 1951, is now expected to come into force between the two countries in the very near future. With the normalization of the trade relations between the two countries resulting therefrom, both Governments will take such steps as will contribute to strengthening the commercial ties between the two nations and to increasing the volume of trade on a balanced basis.

"One of the most important of such steps will be the launching of negotiations for a Treaty of Commerce and Navigation which will embody, among others, the principle of most-favoured-nation treatment on a reciprocal basis. Pending the conclusion of such a treaty, it is the intention of the two Governments to facilitate the actual conduct of trade between the two countries in line with such principle. It goes without saying that any discriminatory measures which may be being taken against each other will be abolished. Negotiations will also be started promptly for a revision of the Trade Agreement now in force between the two countries which is to expire as of the end of May, with a view to accommodating it to the new relationship between the two countries."

491　昭和31年4月14日　在マニラト部在外事務所長代理より　重光外務大臣宛（電報）

裁判管轄権に関するフィリピン側譲歩案への対応振りにつき請訓

マニラ　4月14日後8時9分発
本　省　4月14日後9時35分着

第二九二号

往電第二八六号の三、に関し

第七条六に関し比側は最終的にはミツシヨンが日本裁判所の管轄権を認めることに譲歩して来つたが右譲歩に当つては相当先方内部においてもめた模様でもあるので比側対案中実害の無い構想及び字句を成る可く採用して左の対案を提示、もつてデッド・ロックの一つを解決したきにつき（編注一）至急御検討の上何分の儀御回訓ありたい。

（以下略号（ママ））

一、第五条三として every reparations contract shall contain provisions to the effect that any dispute in connection with the reparations contract shall, at the request of either party to the contract, be referred for settlement to an arbitration board of commerce. という新しい項を設ける。右は比側対案が第七条中に我方実施細目1の四の商事仲裁に関する規定を盛り込み日本の裁判管轄権に服する場合が極めて限られていることを印象付けもつて本件譲歩に対する非難を緩和せんとする構想となつているところ右構想を容れたものである。なお実施細目の相当条文はそのまま存置する。

二、（編注二）（第七条欠カ）Z案の六を次の通り更める。

In case any dispute arising out of or in connection with any reparations contract has not been settled by arbitration, the chief of the legal section as the representative of the mission may sue or, notwithstanding the provisions of paragraph 3 above, may be sued in the appropriate Japanese court, and his office may, notwithstanding the provisions of paragraph 3 and 5 above, be served with process by the Japanese authorities concerned. The chief of legal section will not however be compelled to produce in any court or elsewhere documents from the archives of the mission or to testify regarding their contents, unless such documents relate to the transaction in dispute. He shall also be exempt from the obligation to give security for the costs of legal proceedings. The final court decisions or cases thus brought to the Japanese court shall be accepted as binding by the mission.

編注一　本文書の請訓内容は昭和三十一年四月十八日発重光外務大臣より在マニラト部在外事務所長代理宛電報第二〇一号にて原則的に了承された。

二　Z案は四月十日までの交渉内容を反映したわが方作成の新たな賠償協定案。四月十二日より協議の対象となった。

492　昭和31年4月16日　在マニラト部在外事務所長代理より重光外務大臣宛(電報)

協定交渉の妥結後全権団派遣前に仮署名を行う必要あると考えられるにつき適当の措置を進めるべき旨中川アジア局長より意見具申

マニラ　4月16日後4時43分発
本　省　4月16日後5時34分着

第二九四号(館長符号扱)

往電第二八一号に関し

中川より

賠償解決方式に関しては冒頭往電のラインにて本省方針御決定あるよう希望するところ藤山特使携行の現地案や骨子は別とし詳細についてはネリと未打合せのものなるに付今後の交渉技術より考え我方が妥結を急ぎおる如き感触を与えるときは先方の期待を大ならしめ却つて究極の妥結時期を遅らせることとなるべきについては我方全権団の正式決定は現地交渉妥結後とせられる既定の御方針を貫くことが肝要と存ずる。また現地交渉妥結の上は比側に再変更の余地を与えざるよう全権団渡比前に仮調印を行うよう取運ぶこと必要と認められるにつき、その際は藤山特使に仮調印の権限を付与方御考慮ありたい。なお比側全権団はその後政治的理由により更に増員し上院三、下院三、政府その他より六、計十二名となる模様にて従つて釣合い上我方全権団も少くとも半数の六名程度は必要かと思われる。以上御参考迄。

493　昭和31年4月16日　重光外務大臣より在マニラ卜部在外事務所長代理宛（電報）

経済開発借款協定案等について政府与党首脳他の原則的了解を得た旨藤山特使より連絡

付　記　昭和三十一年四月十八日発重光外務大臣より在マニラ卜部在外事務所長代理宛電報第二〇二号

経済開発借款協定現地案の修正箇所に関する回訓

本　省　4月16日後8時50分発

第一八九号（至急）

藤山より

一、本使は十七日ＮＷ一にて貴地向け出発する。

二、協定草案及び貿易拡大に関する共同声明案については、政府与党首脳、財界、吉田前総理、池田、津島両氏らと懇談し概ね諒承を得た委細は貴地着の上説明する。

編　注　昭和三十一年四月十七日の閣議で藤山愛一郎はフィリピン共和国政府と賠償問題につき交渉するための日本政府代表に任命され、十八日マニラに到着した。

（付　記）

本　省　4月18日後7時30分発

第二〇二号

貴電第二八一号三、及び第二八八号に関し

御申越の借款協定案については左記の修正を加えた上で先方に提案して差支えない。

一、表題中 concerning Economic Development Loans を Philippines の後に移されたい。

二、第二条二項は一項において借款が比側関係法令に従つて行われる以上当然のことでもあり、二億五千万ドルの供与期間が不定である限り無害の規定と考えられるが、**and approve each contract on a case by case basis** は表現が不適当であるので削除されたく、先方が強く希望するときは、フィリピン政府が承認したものでも日本側の金融機関においてサプライヤーの信用状態が悪い等商業ベーシスにのらないものについては、借款供与に応じない場合があるべきことは借款供与が商業ベーシスによる以上当然であるからその趣旨を合意議事録で確認することを条件として存置することとされたい。

三、第四条一項中のIt is understoodはIt is desiredとされたい。

四、第三条に関する合意議事録に関しては先方が合意議事録は拘束力を有しないとの見解を表明していること（貴電第二八四号二）にもかんがみ、この点は重要な原則の了解であるので是非交換公文とされたい。

494　賠償専門家会議合意議事録及び外国為替負担の取扱いに関する協議結果につき報告

昭和31年4月19日　在マニラト部在外事務所長代理より重光外務大臣宛（電報）

マニラ　4月19日後7時54分発
本　省　4月19日後10時24分着

第三〇五号

往電第三〇四号に関し

一、賠償協定案第三条一については先方は専門家会議の合意議事録を協定正文中に引用することを強硬に主張し続けたが我方より言葉を尽して説明した結果先方も専門家会議に言及するのは交換公文において為すこと及び右言及に当つては同会議の合意議事録そのものは伏せておきstudies and findingsと云う表現を用いることに漸く納得した次第である。尤も右の如き表現を用いても実際上年次計画作成に当つて合意議事録を参考とすることは当然であるが元来合意議事録には多くの問題点につきて日本政府の立場を留保してあり又多くの条件を付してあるのでこれを参考とすることに合意しておくことは寧ろ我方にとり有利と考える。ついては種々御意見あるべきも本条項についいては折角合意が出来たことにてもあり、そのまゝ御承認ありたい。

二、第九条二の御来訓の第一文（貴電第二〇一号の四、(イ)）については先方がビルマの賠償協定にはかゝる趣旨の規定なきこと及び資本財を賠償として供給することは何等かの意味で日本にとつて外貨負担となり、従つてこの規定が拡張解釈されるときは賠償支払自体の停止を意味することとなるべき事の二つの理由を掲げ強く反対し、特に会議全体を通じ協力的態度に終始し来つたラヌーサ自身も真剣に反対している。

現地調達の資材、施設及び日本人技術者の現地生活費等については既に明確な保証があり又資本財中の外貨負担分については専門家会議と合意議事録に於て充分保証を得ている次第なるにつき前記の通りこれを交換公文によつて生かすことにより問題を解決し得べく右第一文は割愛することと致したい。

以上二点藤山代表と協議済み。

495 新たな経済開発借款協定案等の協議結果につき報告

昭和31年4月21日　在マニラト部在外事務所長代理より重光外務大臣宛(電報)

マニラ　4月21日前9時11分発
本　省　4月21日前11時42分着

第三〇六号

往電第三〇四号に関し

二十日午後二時半より八時まで会議した内容左の通り。尚次回は二十一日午後三時よりの予定。

一、ネリはこの会議に初めてオブザーバーとして出席し、今会期の比上院に協定(案)を提出したいとの大統領の希望並びに今会期に提出するなら早急提出を受けたいとの上院の要望を尊重、そのために今週中に協定案文につきて合意に達したいとの要請をなし、続いてラヌーサより経済開発借款協定及び賠償協定の懸案となつている各条項につきての比側対案を提示説明があり、討議に入つた。ネリはじめ比側は、結論を急ぎ、我方が難色を示し、慎重研究の上、回答方申入れても、比側は右に応ぜず、矢つき早やに対案を提示して暫定的にでも合意できる案を見い出さんとする異常な熱意を示した。

二、経済開発借款協定案の討議の結果次の通り。尚条文は藤山代表携行の現地案を貴電第二〇二号の訓令により修正したもの(以下藤山案という)を基礎とする。

1．題名は藤山案通り合意。

2．前文の respective peoples 以下は respective peoples, and recognizing the desirability of the services of the Japanese people and the products of Japan being made available to various industries in the Philippines, Have accordingly 以下同じとすることに合意。

3．第一条に関し、議論をつくした挙句、比側はその提案を private firms or nationals will, through appropriate contracts they may enter into, make available to private firms or nationals of the Republic of the Philippines long-term economic development loans, credits or similar arrangements（括弧内の字句は同じ）, up to the amount of ninety billion yen 以下 United States dollars（U.S. $250,000,000）. と変更するところまでは譲るに至り藤山案第七条二の《(中にカ)》比側案中に《(をカ)》採用した以上この妥協案が日本国民に義務を課すものにあらざるは明らかであると主張し、我方が desire とか desirability を使用することを主張したのに対し、右は上院対策上如何にするも同意し難いと述べた。

4．第二条一は loans shall be extended on a commercial basis in accordance with the applicable laws and regulations of the two countries. とすることに合意した。

5．第二条二は The Government of the Republic of the Philippines reserves the right to determine the fields of investment and the various industries of which the loans may be contracted as well as the criteria governing the eligibility of Philippine private firms or nationals desiring to contract such loans. として合意。

6．第三条は第三条一として藤山案通りとすることにつき比側は研究を約した。

7．藤山案第六条を第三条二として smoothly operating を削除しその代りに effecting smooth operation of を入れる事として合意。

8．第四条につ《(一欠カ)》いて比側は subject to the approval of the two Governments the terms and conditions of any loans shall be as agreed upon between the parties to the pertinent loan contract. However, subject to the agreement between the parties concerned, it is understood:

a) that loans will be repayable by installment in kind or in the usual manner; and

b) that the period for redemption will be made as long and the rates of interest as low as may be warranted on a commercial basis.

とすることを主張もし it is desired を残すなら warranted on a commercial basis を削除すべしと主張したが、問題点はb)にあり、ネリは日本政府が it is desired という字句と「商業利用ベイシスに基づき warrant される」という字句との二つのプロテクションを主張するは理解し難く、一つのプロテクションにて満足されたい。しかも「両当事者合意に従う事を条件として」のプロテクションもあるにあらずやと強硬に主張したので我方は考慮を約した。

9. 第四条二は the loans shall be made principally in the form of 以下藤山案に同じとして合意。

10. 第五条は disputes arising out of or in connection with any loan and shall be settled 以下 mutual を削除する外藤山案と同じとして合意。

11. 藤山案第七条一及び二は第六条一及び二として合意、但し二の第二文は表現のみの理由により However, if any of nineteen years from the coming into force of the Agreement, it appears likely that the amount mentioned in Article 1 may not be reached by the end of such period, the two Governments may, upon request of either of them, enter into consultation with a view to extending the period of the present agreement. と修正した。

12. 藤山案第八条は第七条として合意。

13. 第三条に関する交換公文は絶対必要なることにつき念を押しておいた。

三、賠償協定案の討議の結果次の通り。

1. 第五条二につきて比側は往電第三〇四号の三、の(イ) attested を verified と変更し来たり criteria の次に the government of Japan shall receive a copy of each contract from the Mission on the day following the date such contract is entered into. との一文を新に入れ次の文章の「the non-concurrence by the government of Japan,」を「non-verification,」また Article 10 below 以下を Article 10 of the present agreement and acted upon in accordance with ---- と改め次の文章を such recommendation shall be made within a period of thirty days following the receipt of the proposed contract by the committee. とし最後の文章は括弧を外し書き出しの部分を a contract which has been concluded in the manner hereinabove provided, shall

----と改めたので右に合意した。

2. 第五条三は Reparations Contracts shall contain provisions to the effect that disputes arising out of or in connection with any Reparations Contract shall, at the request of either party to the Contract, be referred for settlement to an arbitration board of commerce to be established or designated by agreement between the two governments. とした上で合意。

3. 第六条二は比側提案にかかる by and upon making a payment in yen under the preceding paragraph, Japan shall be deemed to have supplied the Republic of the Philippines with the services and products thus paid for and shall be released from its reparations obligation to the extent of the equivalent value in United States dollars of such yen payment in accordance with Articles 1 and 2 of the present Agreement. と訂正し来り。我方より実施細目二の九(a)について verification か契約締結かコピー受領の三つの日付、内の一つを選ぶことについての了解を確かめた上で我方暫定的に同意。

4. 第七条七の比側対案については議論の結果比側は In the event the Arbitration Board of Commerce fails to settle any dispute to the satisfaction of either or both parties or the award rendered has not been complied with, as a last resort, the latter may be taken to the appropriate Japanese Court. In such a case and solely for the purpose of whatever judicial proceedings may be necessary, the chief of the legal section of the mission, in his own name may sue and be sued. In that case, he may be served with process at his office in the mission. The chief of the legal section cannot however be compelled to produce in any court or anywhere else documents from the archives of the mission or to testify regarding their contents. He shall also be exempt from the obligation to give security for the costs of legal proceedings. While the mission is inviolable and immune by virtue of paragraphs 3 and 5 above, the final decision promulgated by the appropriate judicial body in such a case will be accepted by the mission as binding upon it. の処迄譲歩したが to testify regarding their contents の後に

unless に始まる句を付することについては終始反対むしろ the chief of the legal section cannot however be compelled に始まるセンテス（ン欠カ）の全文を削除、その代り第七条三の offices の次に and the archives を入れることを主張すると述べ、右の点については我方は unless の句を入れることを主張した儘別れた。

5．第九条の二については比側はいかなる形にもせよ外国為替負担に触れる事には反対、むしろ右については共同声明又は交換公文を考えたいと主張したので結局 Those materials, supplies and equipment which are necessary for the projects mentioned in article 3 but are not included in the schedule will be provided by the Republic of the Philippines. No Japanese labor will be utilized in such projects as may be undertaken in the Philippines except the services of Japanese technicians, and local labor as well as the incidental expenses in local currency for the services of such Japanese technicians shall be supplied by the Republic of the Philippines とすることに同意。

6．第九条四は先方提案の with respect to the income earned in Japan from the supply of services or products under the present Agreement, Japanese nationals and juridical persons shall be exempt from taxation in the Philippines. に当方同意。

7．第十条は我方Z案に先方同意。

四、五千万弗に関する交換公文及び実施細目については次回に討議する。

尚実施細目の交換公文は最初日本側より提出、比側がこれを確認する形としたいと要望我方これに同意しておいた。

~~~~~~~~~~~~

496

昭和31年4月22日　在マニラト部在外事務所長代理より重光外務大臣宛（電報）

経済開発借款協定案及び賠償協定案主要対立事項の協議結果につき報告

マニラ　4月22日前7時10分発
本　省　4月22日前9時10分着

第三一一号

往電第三〇六号に関し
~~~~~~~~~~~~

二十一日三時より八時までネリ大使も参加して会議した結果左の通り、なお次回は二十三日三時からの予定。

一、借款協定に関する討議の結果冒頭往電二、と相違した点次の通り

(イ)前文の recognizing 以下は recognizing the desirability of making the services of the Japanese people and products of Japan available in the form of loans to various industries in the Philippines, with a view to assisting in the further economic development----(以下同じ)と修正することに合意、make available を能動態にしたのは受動態による表現が awkward であるからである。

(ロ)第一条一は議論を尽した挙句 long-term loans or similar credit arrangements (hereinafter referred to as "loans") to the amount of ninety billion yen or so much in yen as shall be equivalent to two hundred fifty million United States dollars, will be extended by private firms or nationals of Japan to private firms or nationals of the Republic of the Philippines through appropriate contracts that may be entered into.(数字の繰返し省略)と修正されたので本省に訓令を仰ぐことに同意した。

(ハ)第二条一につきて basis の後に and を挿入した。

(ニ)第三条一は advancement を extention《(extensionカ)》として合意。

(ホ)第三条二の progress 以下を progress of the extention《(extensionカ)》 and repayment of loans with a view 以下同じに修正することに合意。

(ヘ)第四条一については更に議論が蒸し返された結果冒頭 subject to より two Governments, を削除して the terms and conditions of any loan shall be as agreed upon between the parties to the loan contract, it being understood: 以下同じに修正することに合意した。但し a) の中の loans を the loan と単数にし b) の中の the period for redemption を the period for repayment とし the rates を単数とすることに修正した。

(ト)第五条の最後の dispute は複数とした。

(チ)第三条一に関する藤山案の合意議事録は次の通りの交換公文として合意した。

I have the honor to refer to the agreement between Japan and the Republic of the Philippines concerning economic development loans signed today, and to confirm, on behalf of my Government, the understanding that, with respect to Article 3, paragraph 1 of the Agreement, the facilitation and expedition the Government of Japan is required to offer as to loans will be similar to those which are currently provided to those loans contracted between Japanese and Philippine private firms and financed on an ordinary commercial basis by the Japanese banking institutions like the Export-Import Bank of Japan, within their then available funds.

I have further the honor to propose that the present note and Your Excellency's reply confirming the above understanding on behalf of your Government be regarded as constituting an agreement between the two Governments in this matter.

二、賠償協定案検討の結果次の通り。

(イ)我方より冒頭往電三の5に基き第三条三を削除し、而も第九条二に外国為替負担につきての規定を織り込まざる代償としての交換公文案を第三条一の交換公文（往電第二八七号の三）の第二項とする形として、It is also the understanding of my Government that those items, the supply of which by way of reparations will necessitate an additional and specific foreign exchange allocation, will not be included in the annal schedule. との一文を設けることを提議せるところ、先方は右の内容はなお拡張解釈の余地あり、又交換公文の形を好まず共同声明にこれを織込むことを研究したいと主張して譲らず、先方が共同声明案を提示すると述べた。

(ロ)第七条七として我方より In the event any dispute arising out of or in connection with a reparations contract has not been settled by arbitration or the arbitration award rendered has not been complied with, the matter may be taken, as a last resort, to the appropriate Japanese court. In such a case and solely for the purposes of whatever judicial proceedings may be necessary, the chief of the Legal Section of the mission, on behalf of the Mission, may sue or be sued. In that case, he will take necessary steps to enable the questions involved in the proceedings to be determined by the court, and he may be served with process at his office in the mission. However, he shall be exempt from the obligation to give security for the costs of legal proceedings. While the mission enjoys inviolability and immunity as provided for in paragraphs 3 and 5 above, the final decision rendered by the appropriate judicial body in such a case will be accepted by the mission as binding upon it. を提議せるところ、先方は第七条三の第一文 the mission in Japan の後に including archives を挿入すること及び我方提案中の in that case に始まる一文の削除を主張し、又法務部長の提訴又は応訴については「使節団長の明示の承認あるときは」との限定を付することを主張した。当方は三への挿入文は認めたが、他の先方の主張は受諾し得ずと強硬に突つぱつた結果、先方は比国内法上政府が相手となる際政府代表は in his own name で法廷に立つこととなつているので、本項においても on behalf of the mission の代りに in his own name と修正するならば当方提案を全面的に受諾すると譲歩し来たつたので当方は暫定的にこれに合意した。

(ハ)第九条二の第一文の The Republic of the Philippines の前に the Government of を入れること及びその第二文を except the services of Japanese technicians. で打切り、and local labor as well as を削除、第三文は the incidental expenses in local currency for such Japanese technicians as well as the expenses for local labor shall be borne by the Government of the mission とすることに合意。

(ニ)第九条三の最後の in the Philippines は無駄な繰返しなる理由で削除に合意。

~~~~~~~~~~~~

497　昭和31年4月22日　在マニラ卜部在外事務所長代理より重光外務大臣宛(電報)

フィリピン側は最大限の譲歩を行ったと考えられ現時点の合意内容にて妥結する旨藤山政府代表より連絡

マニラ　4月22日前5時15分発
本　省　4月22日前8時7分着

第三一五号(館長符号扱)

藤山代表より
~~~~~~~~~~~~

往電第三一四号(編注)に挙げられた諸点に関して詳細に報告を受けたが本代表の見るところフィリピン側は最早最大限の譲歩を為し切つたものであつて、これ以上時を与えるにおいては却つて後退してくる可能性すらありと思われる。一方我方としては念を押すべきところは充分念を押してあり、交渉の余地ありと思われたところは充分に交渉し尽したと思われる。賠償協定第六条第二項の免責の問題(充分念が押されてある)第七条第七項の裁判管轄権の問題(フィリピン側も最後の譲歩をなしたと思われる)及び第三条第一項と第九条第二項とに関係のある外貨負担の問題(この問題についてはビルマとの協定にこのような規定はないのに実際上は年次計画と賠償契約認証との二段階において拒否している由)又借款協定の第一条の二億五千万ドルの規定の承諾方の問題(日本側の保護は第三条第一項につきての交換公文さえあらば充分足りると思われるのに他の条項たとえば第二条第一項の保護もある)及び第四条第一項の借款期限と利率の問題(商業的基礎の上に立つてwarrant されるとの規定をフィリピン側が呑んでいる)はいずれもこれ以上を望むのは無理と思われる。ついては二十一日の会議で固まつたところで一応妥結しておくこととするから御了承ありたい。

編注 本書第496文書の合意に至るまでの交渉経過を詳述した電報。

498 昭和31年4月23日 在マニラ卜部在外事務所長代理より重光外務大臣宛(電報)

仮署名及び全権派遣に向けた所定の手続きを進めるべき旨中川アジア局長より意見具申

マニラ 4月23日後9時25分発
本 省 4月23日後10時51分着

第三一九号(大至急)

中川より

一、二十三日の会議をもつて調印にあたつての共同声明案を除いて賠償協定五、〇〇〇万ドルの役務につきての附属交換公文実施細目につきての交換公文及び経済開発借款協定における夫々の条文が全部内定したゞ一つ残された共同声明案文も二十四日午前十時に予定したネリとの会談において確定し得る見込である。先方に対しては賠償協定及び経済開発借款協定案文については日本政府に請訓中との理由を以て未だ正式態度を表明していないが、往電第三一五号の如き藤山代表の御意向もあり共同声明がほゞ我方案文の如く決定するにおいては二十四日午後三時に予定してある次回起草委員会において正式に合意の旨通告、よつて

二、右通告の上は先方が現在よりも後退する余地をなからしめる為至急確定案文によつて仮調印をなしおくことが必要と存ぜるについては藤山代表に右の権限を与えられる様至急所要の措置を進められたい。尚国会に対する中間報告の時期は仮調印と同時、又はその直前とせられたく又その内容については比側を「エンバラス」せざる様御配慮相成りたい。

三、仮調印後時を移さず正式調印のはこびに持ち込むこと然るべしと存ぜるについては全権団の組織並びに派遣につき所要の措置を進められたい。

499　昭和31年4月24日　重光外務大臣より在マニラ卜部在外事務所長代理宛（電報）

関係省庁の意向を踏まえ賠償協定案文につき修正方訓令

本　省　4月24日後3時55分発

第二一四号（大至急）

賠償協定に関し

一、第一条の the total value of which 以下は大蔵省の強き希望があるので the total value of which will be so much in yen as shall be equivalent to five hundred fifty million United States dollars which is at present one hundred ninety-eight billion yen, within the period 以下同じとされたい。（括弧内の数字は省略、なお、第二条借款協定その他同様の箇所についてもすべて同じとする）

二、第五条三項末尾の to be established or designated by agreement between the two Governments は、条約上は不特定の仲裁機関を政府が指定して契約当事者に強制することについては契約自由の原則に照し憲法上問題があり、また実際問題として、かかる仲裁機関を両政府間で合意する

ことは困難を伴うと思われるので、ビルマの例にならいboard of commerce の後を in accordance with such arrangement as may be made between the two Governments とされたい。

三、第七条三項の the income of the mission 以下の一文は不必要の規定であり、且つ関係省において削除の希望が強いところ、右取扱は貴官に一任する。なお、貴電第三一二号二(ロ)の including archives が挿入されているか否か回電ありたい。

四、第七条七項については

(イ) in his own name は、末尾の裁判所の決定をミッションが受諾する旨の規定と明らかに矛盾するので削除を希望する。尚その場合、比側が個人の資格で出訴又は応訴する旨を国内的に説明することは自由である。

(ロ) In the event -- the arbitration award rendered has not been complied with ---- は、仲裁判断の不履行があったときは、その執行判決を裁判所に求めるのであり、紛争について提訴することではないと了解しおるところ、この点確認しおかれたい。また、第五条三項に基く仲裁判断の効力については比国においても、わが国におけると同様その不履行についても裁判所の執行判決に基いて強制執行が行われるとの法律的拘束力を認められていると考えるが、念のため先方に照会しおかれたい。

三(五カ)、第九条四項の earned in Japan from は derived from とされたい。本項が比国において生じた課税源泉についての免税を目的とする規定であることは御承知のとおりで、in Japan は日本国で生じた源泉と解されるので受諾し難い。

右に対し先方が実質問題として強硬に反対したときは、本件は今後の交渉による含みで四項全部を削除されたい。

500

昭和31年4月25日　在マニラ卜部在外事務所長代理より
重光外務大臣宛(電報)

訓令の修正内容を修文の問題として提起し条文確定を完了した旨報告

第三三三号(館長符号扱)

マニラ　4月25日後11時7分発
本　省　4月26日前7時36分着

中川より

賠償協定案文については貴電第二一四号をもつて数点につき修正方御訓令あつたところ、今更修正を持ち出さば比側も修正を持ち出す惧れあり最早修正を要求すべきに非ずとの藤山代表の強い御意向あり、従つて二十五日の会議においてはこれを修正として要求せず専ら修文の問題として討議し、その結果御来示の各項につき別に電報の通り概ね御訓令の趣旨を達成した次第である。なお第七条三項の the income of the mission の箇所については比側は将来万一の場合に備えて是非これを残したいとの意向であるので存置を認めた。又第七条七項については先方は in his own name を落すことにはあくまでも反対し、漸く別電の通りの妥協案を提出し来つた次第であるが、右妥協案を採用することによつても御訓令の趣旨は達し得るものと認めてこれに同意した。以上により賠償協定案文は全部確定する旨先方へ伝達した。

501　昭和31年4月27日　在マニラト部在外事務所長代理より 重光外務大臣宛(電報)

賠償協定及び経済開発借款協定の仮署名を了した旨報告

マニラ　4月27日後5時11分発
本　省　4月27日後6時10分着

第三四七号(至急)

貴電第二二三号に関し

二十七日午後四時半(マニラ時間)仮調印を了した。

6　署名・発効

502

昭和31年5月1日　情報文化局発表

「日比賠償全権団の任命について」

記事資料

外務省情報文化局

昭和三十一年五月一日

日比賠償全権団の任命について

本五月一日の閣議において、日本国とフィリピン共和国との間の賠償協定および経済開発借款協定につき交渉し、かつ署名するため左の通りの全権委員およびその随員を任命することを決定した。全権委員および随員は五月四日空路東京を出発する予定である。

日比賠償全権団名簿

全権委員　高碕達之助（国務大臣、経済企画庁長官）
〃　松本滝蔵（内閣官房副長官）
〃　水田三喜男（衆議院議員、自由民主党政務調査会長）
〃　藤山愛一郎（日本商工会議所会頭）
〃　永野　護（社団法人アジア協会副会長）
全権委員代理　中川　融（外務省アジア局長）
〃　卜部敏男（在マニラ日本政府在外事務所参事官）
随　員　酒井俊彦（経済企画庁長官官房長）
〃　藤崎万里（外務省アジア局賠償部調整課長）
〃　中川豊吉（在マニラ日本政府在外事務所一等書記官）
〃　影井梅夫（在マニラ日本政府在外事務所一等書記官）
〃　黒田瑞夫（外務省条約局第一課事務官）
〃　本野盛幸（外務省情報文化局第一課事務官）
〃　石野信一（大蔵省理財局次長）
〃　山本　廉（農林大臣官房参事官）

〃　松村敬一（通商産業省企業局次長）
〃　多田寿夫（運輸大臣官房首席考査官兼参事官）
〃　岸本吉右衛門（株式会社岸本商店副社長）
〃　小谷淡雲（日本商工会議所嘱託）
〃　高碕芳郎（東洋製罐株式会社取締役総務部長）

503　昭和31年5月2日　在マニラト部在外事務所長代理より重光外務大臣宛（電報）

フィリピン全権団会議の結果仮署名済協定内容の修正を求めたいとのネリ首席代表連絡について

マニラ　5月2日前9時35分発
本　省　5月2日前11時47分着

第三七〇号（大至急）

往電第三六九号に関し

二日午前六時半ネリは、電話をもつて、一日の比側全権団の協議は十二時過ぎまで続けられたが、ネリ・ラヌーサ等の説得の努力も空しく、

(イ)賠償協定については、若干の修文上の変更の他第七条七につきてフイリピン政府が、日本の裁判所に訴えられることは、絶対に容認し難く若しこれが直接方式採用の必然の結果で回避不可能ならば、むしろ間接方式を採用すべしとの協議も出た次第なるが、直接方式の下で何んとか妥協案を見出したく、又

(ロ)借款協定は、日比両国政府共義務を負はないことが内容となつている以上、協定の形式によらず、せいぜい交換公文の形式によるを適当とするとの意見が圧倒的であつたと報告し来り、且つ一日の協議にはラウレルが日取りを誤解したため、参加しなかつたので、二日昼食を共にして報告且つ協議するが、その前にラヌーサと会い又できれば、その後ラウレルと会う前に、藤山代表と会いたいと要望した。

よつて小官より既にイニシアルした案文に対してかかる変更を申出でられるは、理解に苦しむところであり、イニシアルについての日本政府の考え方は、充分説明し且つ比側全権予定者とは、随時協議して交渉を進められるよう兼ねて、サジエストしおきたるところならずや。イニシアルの意味を理解されざるは、遺憾なりと述べたるところネリは事柄の重要なるは、充分理解しおるもイニシアルした案文

は、起草委員会でのものに過ぎず、又日本側でも谷・ネリ書簡等署名した文書の内容を変更した例もあるにつき、特に午前十時ラヌーサと会つて何とか話しあつて欲しいと要望したので、小官は取敢ずラヌーサとは会つて見るべしと述べておいた。

〰〰〰〰〰〰〰〰〰〰〰

504　情勢急転を受けわが方全権団出発を見合わせるべき旨藤山政府代表より意見具申

昭和31年5月2日　在マニラト部在外事務所長代理より重光外務大臣宛(電報)

マニラ　5月2日後2時41分発
本　省　5月2日後4時1分着

第三七二号(大至急)

藤山より

事態の逆転に鑑み、静観の態度にて、今後の発展を見極めたく、従つて全権団の出発は暫く延期されたい。

なおこの際比側が国際信義を破りたり等フイリピン世論を刺戟する惧れある発言は厳に差控える様御配慮ありたい。

〰〰〰〰〰〰〰〰〰〰〰

505　ラウレル上院議員との協議結果に関するネリ首席代表内話

昭和31年5月2日　在マニラト部在外事務所長代理より重光外務大臣宛(電報)

マニラ　5月2日後10時10分発
本　省　5月2日後11時44分着

第三七六号(大至急)

往電第三七三号に関し

二日午後三時半ネリは電話をもつてラウレルとはラヌーサと共に会い事情を説明せるところ、ラウレルはかかるconfusionが起つた理由を問うたのでネリより日本側は閣議決定の上仮調印し且つ仮調印したものは動かせないとしているのに対しフィリピン側は起草委員会の作業の結果を確認するだけの意味で仮調印した訳で日比両国政府の仮調印に対する考え方の相違に出たものなりと説明したところラウレルは仮調印した案文を受諾するようタニアダ、デルガド、プヤット等比側全権団の一人一人に個別的に会つて説得することを約束し三日午後十二時半より第三回比側全権団の会議を開き第二回会議における修正希望点の再検討を行うこととなつたと報告してきた。よつて小官より賠償協定の第七条七の点につきこのラウレルの考え方如何と探りをいれたところ、ネリはラウレルもこの条項は容易に emotional issue となされうるものなるにつき取扱は慎重を要すとの意見であつたと述べ且つ日本側においてもこの際新聞等の取扱いに慎重を期されたいと要望した。なおその際のネリの口吻ではラウレルは場合によれば借款協定を交換公文の形に落すこと又は第七条関係を賠償協定より外しビルマの例により交換公文で規定することによりタニアダ等の顔を立て事態を収拾する考えなるやに受取られた。

506　昭和31年5月3日　在マニラト部在外事務所長代理より重光外務大臣宛(電報)

フィリピン側申出は国際慣習及び信義に背くものなるも先方事情を考慮し理解ある態度を採るべき旨藤山政府代表より意見具申

マニラ　5月3日後3時27分発
本　省　5月3日後4時55分着

第三八一号

往電第三七九号に関し

藤山より

比側が仮調印した協定案文について修正を申出るのは国際慣習に反し、又国際信義を破るものと云うべきであるが独立以来、年浅きフイリピンとしては、イニシアルした後ガルシア覚書を破棄し又昨年一月インドネシアと仮調印した移民協定をインドネシア全権が調印の為来比した後破棄した例あり右はフイリピンが米国式三権分立の憲法を持ち又行政府に対し立法府の権限が強いこと、又立法府が行政府に対しジエラシイーを有する事等より出ずる結果なる処、ネリは右の気風を熟知し、且つト部に対し、かねがねこれ等の実例を挙げて、ガルシア外相の無能振りを攻撃しおり、又ト部よりは、つねづね日本側の仮調印についての考え方を、ネリに伝えおりたる由にて、且つ本件協定仮調印に当つては中川よりも右日本側考え方を事前に強調していた次第である。

右の如き事情にも拘わらずネリが仮調印前にフイリピン全権団と事前に協議する事なく、今日の事態を招きたるは、若し事前に協議せば収拾不可能な修正要求が出される事必至と見てあえて、仮調印を為し置き出来れば修正要求を抑えんとし若し抑えきれない場合にも最少限のものに喰い止めんとした苦肉の策をとりたる為なるべく、ネリの現在の地位に鑑み右もやむを得ざる次第であつたと認められる。この点に就いては日本側に於ても充分理解ある態度を採られ度い。

507 昭和31年5月3日 在マニラト部在外事務所長代理より重光外務大臣宛(電報)

第三回フィリピン全権団会議結果に関するネリ首席代表連絡について

付記 昭和三十一年五月四日発在マニラト部在外事務所長代理より重光外務大臣宛電報第三九四号

右会議の模様に関するフィリピン側全権団関係者内話

マニラ 5月3日後6時1分発
本省 5月3日後7時45分着

第三八三号(大至急)

往電第三八〇号に関し

三日午后四時ネリは電話を以て第三回全権団会議は只今終了したがラウレルの絶大な努力の結果

(一)賠償協定は第七条七、八を含めそのままの内容及び形式で受諾但し若干の条項に付ては合意議事録で必要な日比両国政府の了解を明かにする又

(二)借款協定は交換公文の形に下す

との妥協案が出され票決に問うたところタニアダのみが反対し十二対一で採択されたに付ては日本政府も是非右妥協案に同調せられ予定通り調印のため日本全権団を派遣されたいと要望し来つた。なおネリは合意議事録案の内容その他必要な調整に付ては四日午前ラヌーサより協議せしめたき旨併せ述べた。

(付記)

マニラ 5月4日後6時5分発
本省 5月4日後7時36分着

第三九四号

往電第三九二号に関し

一、冒頭往電会議の際ラヌーサ及びマルコスはこもごも三日の比側全権団会議の模様を語つたが、右によれば全権側からは仮調印後の案文は変えられないとすれば、盲判を押せと言うに等しいということに根本的な不満を持つもので賠償協定第三条当りより修正希望点が出始め事前に協議がなかつた事を非難する空気が高まり、ネリを始めラヌーサ、マルコス等一時は絶望に陥つたが、最後にそれ迄沈黙を守つていたラウレルが、自分は対日協力者として知られ自分の敵は今もそういうだろうが、外国との交渉では good faith が基礎たるを要し、それがある以上 details は問題ではない。自分は大局的見地より本案文を支持する旨を述べ、次いで投票による採択を提議し、右が容れられるや率先して無条件賛成を発言しラウレルの右ボートが全体の空気を完全に変えたものなる由である。なおラヌーサはレクトの動向につきてネリはレクトとは随時連絡協議していたしラウレルとの関係もあり心配なかるべしと述べた。

二、ネリに対し四日午後一時貴電第二五〇号の趣旨を伝えた際ネリはタニアダがその発言を控目にするよう手は打つてあるが上院での審議の際反対投票するは略々既定の事実であると述べた。なおこの点に関しラヌーサは前記一の会議の際更にタニアダを説得するに努めると述べていた。

右御参考まで。

508　昭和31年5月4日

重光外務大臣より
在マニラト部在外事務所長代理宛（電報）

経済開発借款協定の交換公文への切替の了承並びにそれに伴う修文につき訓令

本　省　5月4日後5時0分発

第二五二号（大至急）

貴電第三八九号に関し

借款協定を交換公文とすることは了承した。なお比側においてコングレスの承認を求めないとの事情も考慮し、わが方においても国会に参考として提出し報告を行うに止め、国会の承認は求めないとの方針を決定した。よつて次の点を留意の上先方と交換公文の案文について話合われたい。

一、前文においては、経済開発借款に関する両政府の代表者間の会談の結果作成された次の取極(arrangement)を確認する趣旨をそう入する。

二、各条項のArticleは削除して1. 2. 3. ――とする。

三、各条項のAgreementはarrangementとする。

四、第六条中第二項の有効期間規定は存置して差しつかえないが第一項の効力発生の規定は末文に入れる。

五、第七条は削除し来往簡とも英文のみとする。

六、末文は往簡及び取極の内容を確認する相手方の返簡が、比国の桑港条約批准書寄託の日に効力を発生する両政府間の合意を構成する趣旨をそう入する。

509 経済開発借款に関する交換公文の文案合意につき報告

昭和31年5月5日　在マニラ卜部在外事務所長代理より重光外務大臣宛(電報)

マニラ　5月5日後3時25分発

本省　5月5日後5時4分着

第四〇〇号(大至急)

貴電第二五二号に関し

五日会議の結果借款に関する日本側交換公文を左の通りとすることに合意した。比側の返簡は追電する。

一、I have the honor to confirm the following arrangement which embodies the understanding reached between the representatives of the two Governments concerning loans which will be advanced by Japanese private firms to Philippine private firms with a view to assisting in the further economic development of the Republic of the Philippines:

二、1として借款協定案第一条を入れる。

三、2として協定案第二条1及び新章として同条2を入れる。

四、3として第一文を協定案第三条1の通りとし、その後に第二文として協定付属交換公文案の the facilitation and expedition the Government of Japan 以下 their then available funds. 迄をそのまま続ける。新章である。第三文として協定案第三条2を入れる。但し最後の agreement は arrangement とする。

五、4として協定案第四条1及び新章として同条2を入れる。

六、5として協定案第五条を入れる。

七、6として協定案第六条2を入れる。但し三ケ処の agreement は何れも arrangement とし article 1 は 1 above とする。

八、末文

I have the honor to propose that the present note and Your Excellency's reply confirming the contents of the arrangement as stated therein shall be regarded as constituting an agreement between the two Governments which shall come into force on the date the Republic of Philippines deposit(s欠カ) its instrument of ratification of the treaty of peace with Japan signed at the city of San Francisco on September 8,1951, in accordance with Article 24 of the said treaty. I avail ......

510　昭和31年5月9日　在マニラト部在外事務所長代理より重光外務大臣宛(電報)

賠償協定の署名を了した旨報告

マニラ　5月9日後8時44分発
本　省　5月9日後10時17分着

第四三四号

往電第四三三号に関し

高碕より

調印は極めて友好的雰囲気裡に午後五時無事終了した。比側はコングレスの現会期中に承認の手筈にて日本側も同様措置をとることを熱心に希望しているので、政府においても現国会による承認の手続を至急進められたい。

511　昭和31年5月9日　署名

日本国とフィリピン共和国との間の賠償協定

付記一　第一条に関する交換公文
二　第三条に関する交換公文
三　実施細目に関する交換公文
四　賠償協定及び実施細目に関する交換公文についての合意議事録
五　貿易拡大に関する両国全権共同声明

REPARATIONS AGREEMENT BETWEEN JAPAN AND THE REPUBLIC OF THE PHILIPPINES

Japan and the Republic of the Philippines,

Desiring to act in line with the provisions of the Treaty of

Peace with Japan signed at the city of San Francisco on September 8, 1951,

Have decided to conclude the present Reparations Agreement and have accordingly appointed as their Plenipotentiaries:

Japan:

TATSUNOSUKE TAKASAKI, Minister of State

TAKIZO MATSUMOTO, Deputy Director of Cabinet Secretariat

MIKIO MIZUTA, Member, House of Representatives

AIICHIRO FUJIYAMA

MAMORU NAGANO

The Republic of the Philippines:

FELINO NERI, Ambassador

JOSE P. LAUREL, Senator

FRANCISCO A. DELGADO, Senator

LORENZO M. TAÑADA, Senator

GIL J. PUYAT, Senator and Acting Presiding Officer, National Economic Council

ARTURO M. TOLENTINO, Member, House of Representatives

MIGUEL CUENCO, Member, House of Representatives

CORNELIO T. VILLAREAL, Member, House of Representatives

MIGUEL CUADERNO, Sr., Governor, Central Bank of the Philippines

CAESAR Z. LANUZA, Director of National Planning

EDUARDO QUINTERO, Minister-Counselor

ALFONSO CALALANG

FRANCISCO ORTIGAS, Jr.

VICENTE FABELLA

Who, having communicated to each other their full powers found to be in due form, have agreed upon the following Articles:

ARTICLE 1

Japan, by way of reparations, shall supply the Republic of the Philippines with the services of the Japanese people and the products of Japan in the form of capital goods, the total value of which will be so much in yen as shall be equivalent to five hundred fifty million United States dollars ($550,000,000) at present computed at one hundred ninety-eight billion yen (¥198,000,000,000), within the period and in the manner hereinafter prescribed.

ARTICLE 2

The supply of the services and products referred to in the preceding Article shall be made on an annual average of so much in yen as shall be equivalent to twenty-five million United States dollars ($25,000,000) at present computed at nine billion yen (¥9,000,000,000), during the ten-year period from the date of coming into force of the present Agreement; and on an annual average of so much in yen as shall be equivalent to thirty million United States dollars ($30,000,000) at present computed at ten billion eight hundred million yen (¥10,800,000,000), during the succeeding ten-year period. However, by agreement between the two Governments, this latter period may be reduced to a period shorter than ten years, provided the outstanding balance is settled in full within the remainder of the reduced period.

ARTICLE 3

1. The services and products to be supplied by way of reparations shall be those requested by the Government of the Republic of the Philippines and agreed upon between the two Governments. These services and products shall consist of such items as may be needed for projects to be chosen from among those enumerated in the Annex to the present Agreement, provided that such items as may be requested by the Government of the Republic of the Philippines for projects other than those listed in the aforesaid Annex may, by agreement between the two Governments, be included in the services and products to be supplied by way of reparations.

2. The products to be supplied by way of reparations shall be capital goods. However, products other than capital goods may, by agreement between the two Governments, be supplied by Japan at the request of the Government of the Republic of the Philippines.

ARTICLE 4

1. The two Governments shall fix through consultation an annual schedule (hereinafter referred to as the "Schedule") specifying the services and products to be supplied by Japan each

year.

2. The Schedule for the first year shall be fixed within sixty days from the date of the coming into force of the present Agreement. The Schedule for each succeeding year shall, until the reparations obligation specified in Article 1 above shall have been fulfilled, be fixed prior to the beginning of that year.

ARTICLE 5

1. Japan agrees that the Mission mentioned in Article 7, paragraph 1 of the present Agreement shall have the authority to conclude, in behalf of the Government of the Republic of the Philippines, contracts directly with any Japanese national or any Japanese juridical person controlled by Japanese nationals, in order to have the services and products supplied in accordance with the Schedule for each year.

2. Every such contract (including modifications thereof) shall conform with (a) the provisions of the present Agreement, (b) the provisions of such arrangements as may be made by the two Governments for the implementation of the present Agreement and (c) the Schedule then applicable. Every proposed contract shall, before it is entered into, be verified by the Government of Japan as to the conformity of the same with the above-mentioned criteria. The Government of Japan shall receive a copy of each contract from the Mission on the day following the date such contract is entered into. In case any proposed contract can not be entered into due to non-verification, such proposed contract shall be referred to the Joint Committee mentioned in Article 10 of the present Agreement and acted upon in accordance with the recommendation of the Joint Committee. Such recommendation shall be made within a period of thirty days following the receipt of the proposed contract by the Joint Committee. A contract which has been concluded in the manner hereinabove provided, shall hereinafter be referred to as a "Reparations Contract".

3. Every Reparations Contract shall contain a provision to the effect that disputes arising out of or in connection with such Contract shall, at the request of either party thereto, be referred for settlement to an arbitration board of commerce in accordance with such arrangement as may be made between the two Govern-

ments.

4. Notwithstanding the provisions of paragraph 1 above, the supply of services and products as reparations may be made without Reparations Contracts, but only by agreement in each case between the two Governments.

ARTICLE 6

1. In the discharge of the reparations obligation under Article 1 of the present Agreement, the Government of Japan shall, through procedures to be determined under Article 11, make payments to cover the obligations incurred by the Mission under Reparations Contracts and the expenses for the supply of services and products referred to in Article 5, paragraph 4 of the present Agreement. These payments shall be made in Japanese yen.

2. By and upon making a payment in yen under the preceding paragraph, Japan shall be deemed to have supplied the Republic of the Philippines with the services and products thus paid for and shall be released from its reparations obligation to the extent of the equivalent value in United States dollars of such yen payment in accordance with Articles 1 and 2 of the present Agreement.

ARTICLE 7

1. Japan agrees to the establishment in Japan of a Mission of the Government of the Republic of the Philippines (hereinafter referred to as "the Mission") as its sole and exclusive agent to be charged with the implementation of the present Agreement, including the conclusion and performance of Reparations Contracts.

2. Such office or offices of the Mission in Japan as are necessary for the effective performance of its functions and used exclusively for that purpose may be established at Tokyo and/or other places to be agreed upon between the two Governments.

3. The premises of the office or offices, including the archives, of the Mission in Japan shall be inviolable. The Mission shall be entitled to use cipher. The real estate which is owned by the Mission and used directly for the performance of its functions shall be exempt from the Tax on Acquisition of Real Property and the Property Tax. The income of the Mission which may be derived from the performance of its functions shall be exempt from taxation in Japan. The property imported for the official use

of the Mission shall be exempt from customs duties and any other charges imposed on or in connection with importation.

4. The Mission shall be accorded such administrative assistance by the Government of Japan as other foreign missions usually enjoy and as may be required for the effective performance of its functions.

5. The Chief and two senior officials of the Mission as well as the chiefs of such offices as may be established in pursuance of paragraph 2 above, who are nationals of the Republic of the Philippines, shall be accorded diplomatic privileges and immunities generally recognized under international law and usage. If it is deemed necessary for the effective performance of the functions of the Mission, the number of such senior officials may be increased by agreement between the two Governments.

6. Other members of the staff of the Mission who are nationals of the Republic of the Philippines and who are not ordinarily resident in Japan shall be exempt from taxation in Japan upon emoluments which they may receive in the discharge of their duties, and, in accordance with Japanese laws and regulations, from customs duties and any other charges imposed on or in connection with importation of property for their personal use.

7. In the event any dispute arising out of or in connection with a Reparations Contract has not been settled by arbitration or the arbitration award rendered has not been complied with, the matter may be taken, as a last resort, to the appropriate Japanese court. In such a case and solely for the purpose of whatever judicial proceedings may be necessary, the person holding the position of Chief of the Legal Section of the Mission may sue or be sued, and accordingly he may be served with process and other pleadings at his office in the Mission. However, he shall be exempt from the obligation to give security for the costs of legal proceedings. While the Mission enjoys inviolability and immunity as provided for in paragraphs 3 and 5 above, the final decision rendered by the appropriate judicial body in such a case will be accepted by the Mission as binding upon it.

8. In the enforcement of any final court decision, the land and buildings, as well as the movable property therein, owned by

the Mission and used for the performance of its functions shall in no case be subject to execution.

ARTICLE 8

1. The services which have already been supplied or may hereafter be supplied in accordance with the exchange of notes effected at Manila on January 24, 1953, in connection with the survey of sunken vessels in Philippine territorial waters or in accordance with the Interim Agreement on Reparations Concerning Salvage of Sunken Vessels between Japan and the Republic of the Philippines signed at Manila on March 12, 1953, shall constitute part of the reparations under Article 1 of the present Agreement.

2. The supply of the above-mentioned services after the coming into force of the present Agreement shall be subject to the provisions of the Agreement.

ARTICLE 9

1. The two Governments shall take measures necessary for the smooth and effective implementation of the present Agreement.

2. Those materials, supplies and equipment which are necessary for the projects mentioned in Article 3 but are not included in the Schedule will be provided by the Government of the Republic of the Philippines. No Japanese labor will be utilized in such projects as may be undertaken in the Philippines except the services of Japanese technicians. The incidental expenses in local currency for such Japanese technicians as well as the expenses for local labor shall be borne by the Government of the Republic of the Philippines.

3. Japanese nationals who may be needed in the Philippines in connection with the supply of services or products under the present Agreement shall, during the required period of their stay in the Philippines, be accorded such facilities as may be necessary for the performance of their work.

4. With respect to the income derived from the supply of services or products under the present Agreement, Japanese nationals and juridical persons shall be exempt from taxation in the Philippines.

5. The products of Japan supplied under the present

Agreement shall not be re-exported from the territories of the Republic of the Philippines.

ARTICLE 10

There shall be established a Joint Committee to be composed of representatives of the two Governments as an organ of consultation between them, with powers to recommend on matters concerning the implementation of the present Agreement.

ARTICLE 11

Details including procedures for the implementation of the present Agreement shall be agreed upon through consultation between the two Governments.

ARTICLE 12

1. The two Governments shall endeavor, through constant consultation, to preclude the likelihood of disputes arising out of or in connection with the implementation of the present Agreement.

2. Any dispute between the two Governments concerning the interpretation and implementation of the present Agreement shall be settled primarily through diplomatic channels. If the two Governments fail to reach a settlement, the dispute shall be referred for decision to a tribunal of three arbitrators, one to be appointed by each Government and the third to be agreed upon by the two arbitrators so chosen, provided that such third arbitrator shall not be a national of either country. Each Government shall appoint an arbitrator within a period of thirty days from the date of receipt by either Government from the other Government of a note requesting arbitration of the dispute and the third arbitrator shall be agreed upon within a further period of thirty days. If, within the periods respectively referred to, either Government fails to appoint an arbitrator or the third arbitrator is not agreed upon, the President of the International Court of Justice may be requested by either Government to appoint such arbitrator or the third arbitrator, as the case may be. The two Governments agree to abide by any award given under this paragraph.

ARTICLE 13

The present Agreement shall be ratified. The Agreement shall enter into force either on the date of exchange of the instruments of ratification or on the date the Republic of the

Philippines deposits its instrument of ratification of the Treaty of Peace with Japan signed at the city of San Francisco on September 8, 1951, in accordance with Article 24 of the said Treaty, whichever date is the later.

ARTICLE 14

The present Agreement is written in the Japanese and English languages, both being equally authentic.

IN WITNESS WHEREOF the undersigned Plenipotentiaries have signed the present Agreement and have affixed thereunto their seals.

DONE in duplicate at the city of Manila, this ninth day of May of the year one thousand nine hundred and fifty-six, Anno Domini, corresponding to the ninth day of the fifth month of the thirty-first year of Showa; and of the Independence of the Republic of the Philippines, the tenth.

For JAPAN:

Tatsunosuke Takasaki

Takizo Matsumoto

Mikio Mizuta

Aiichiro Fujiyama

Mamoru Nagano

For the REPUBLIC OF THE PHILIPPINES:

Felino Neri

J. P. Laurel

Francisco A. Delgado

Gil J. PT

Arturo M. Tolentino

Miguel Cuenco

C. T. Villareal

M. Cuaderno

Lanuza

Francisco Ortigas, Jr.

A. Calalang

Eduardo Quintero

Vicente Fabella

ANNEX

I. AGRICULTURAL AND FISHERY DEVELOPMENT PROJ-

ECTS

1. Irrigation Gates and Pumping Equipment
2. Agricultural Equipment and Machineries
3. Logging Equipment
4. Saw Mill Equipment
5. Fishing Boats
6. Floating Canneries
7. Food Processing Plants
8. Animal Feed Plants
9. Salt Making Plants
10. Coconut Processing Plants
11. Wheat Flour Mills
12. Cassava Flour Mills
13. Rice Mills
14. Ramie and Abaca Decorticating and Degumming Plants
15. Tobacco Processing Plants
16. Baking Powder Plants
17. Sugar Refineries

II. ELECTRIC POWER DEVELOPMENT PROJECTS

1. Hydroelectric Plants
2. Steam Electric Plants
3. Diesel Electric Plants
4. Substation Equipment
5. Transmission and Distribution Lines

III. MINERAL RESOURCES DEVELOPMENT PROJECTS

1. Coal Mining Equipment
2. Iron, Chrome and Manganese Mining Equipment
3. Iron, Chrome and Manganese Beneficiation Plants
4. Copper Mining and Beneficiation Equipment

IV. INDUSTRIAL DEVELOPMENT PROJECTS

1. Alcohol Plants
2. Briquetted Semi-coke Plants
3. Coke Making Plants
4. Charcoal Making Plants
5. Integrated Iron and Steel Mills
6. Ferro-alloy Plants
7. Sulphur Refinery Plants
8. Copper Smelting and Refining Plants

9. Copper Rolling and Drawing Plants
10. Soda Ash-Caustic Soda Plants
11. Sheet Glass Plants
12. Calcium Carbide Plants
13. Industrial Explosives Plants
14. Munitions Plants
15. Industrial Carbon Plants
16. Portland Cement Plants
17. Industrial Lime Plants
18. Asphalt Plants
19. Cotton Textile Mills
20. Rayon Plants
21. Ramie Plants
22. Pulp and Paper Plants
23. Celluloid Plants
24. Absorbent Cotton Plants
25. Paper Products Plants
26. Building Hardware Plants
27. Wall Board Plants
28. Plywood and Hardwood Plants
29. Light Chemicals Plants
30. Pharmaceuticals Plants
31. Blood Plasma Plants
32. Insecticides Plants
33. Ceramics Plants
34. Paints, Pigments and Varnish Plants
35. Resin Processing Plants
36. Photo Film Plants
37. Synthetic Leather Plants
38. Rubber Goods Plants
39. Rubber Reclaiming Plants
40. Ammonia Plants
41. Various Chemical Fertilizer Plants
42. Fertilizer Mixing-granulating Plants
43. Electrical Manufacturing Plants
44. Agricultural Machinery and Implement Plants
45. Bicycle Plants
46. Sewing Machine Plants

47. Ball and Roller Bearing Plants

48. Cottage Industries Equipment

V. TRANSPORTATION AND COMMUNICATION DEVELOPMENT PROJECTS

1. Railroad Equipment
2. Ocean-going Ships
3. Interisland Vessels
4. Telecommunication Equipment

VI. PUBLIC WORKS PROJECTS

1. Artesian Well Pipes and Equipment
2. Flood Control Gates
3. Water Supply Filters, Pipes and Equipment
4. Public Housing Equipment and Materials
5. Warehousing Equipment and Materials
6. Airfield and Airport Equipment
7. Port Equipment and Facilities
8. Construction Equipment and Materials for Public Buildings
9. Road and Bridge Construction Equipment and Materials

VII. OTHER PROJECTS

1. Education, Health and Social Welfare Facilities
2. Research Laboratory and Equipment
3. Survey and Salvage of Sunken Vessels
4. Coast and Geodetic Survey Equipment
5. Reclamation of Foreshore Land and Swamps
6. Training of Filipino Technicians and Craftsmen in Japan
7. Transportation, Insurance, Packing, Handling and Inspection of Reparations Machineries, Equipment, etc.

日本国とフィリピン共和国との間の賠償協定

日本国及びフィリピン共和国は、

千九百五十一年九月八日にサン・フランシスコ市で署名された日本国との平和条約の規定の趣旨に従つて行動することを希望して、

この賠償協定を締結することに決定し、よつて、次のとおりそれぞれの全権委員を任命した。

日本国

国務大臣　　高碕達之助

内閣官房副長官　松本滝蔵
衆議院議員　水田三喜男
　藤山愛一郎
　永野護

フィリピン共和国
大使　フェリノ・ネリ
上院議員　ホセ・P・ラウレル
上院議員　フランシスコ・デルガド
上院議員　ロレンソ・M・タニアダ
上院議員　国家経済審議会会長代理　ヒル・J・プヤット
下院議員　アルトゥロ・M・トレンチノ
下院議員　ミゲル・クェンコ
下院議員　コルネリオ・T・ヴィラレアル
フィリピン中央銀行総裁　ミゲル・クァデルノ・シニア
国家計画局長　セサール・Z・ラヌーサ
　エドゥアルド・キンテロ
公使参事官　アルフォンソ・カララン
　フランシスコ・オルティガス・ジュニア
　ヴィセンテ・ファベラ

これらの全権委員は、互に全権委任状を示してそれが良好妥当であると認められた後、次の諸条を協定した。

第一条

日本国は、現在において千九百八十億円(一九八、〇〇〇、〇〇〇、〇〇〇円)に換算される五億五千万合衆国ドル(五五〇、〇〇〇、〇〇〇ドル)に等しい円の価値を有する日本人の役務及び資本財たる日本国の生産物を、以下に定める期間内に、及び以下に定める方法により、賠償としてフィリピン共和国に供与するものとする。

第二条

前条に定める役務及び生産物の供与は、この協定の効力発生の日から十年の期間においては、現在において九十億円(九、〇〇〇、〇〇〇、〇〇〇円)に換算される二千五百万合衆国ドル(二五、〇〇〇、〇〇〇ドル)に等しい円の年平均額により、次の十年の期間においては、現在において百八億円(一〇、八〇〇、〇〇〇、〇〇〇円)に換算される三千万合衆国ドル(三〇、〇〇〇、〇〇〇ドル)に等しい円の年平均額により行うものとする。ただし、この後の期間は、両政府間の合意により十年より短い期間に短縮することができるが、未供与分は、その短縮された期間が満了するまでに完全に供与されなければならない。

第三条

1　賠償として供与される役務及び生産物は、フィリピン共和国政府が要請し、かつ、両政府が合意するものでなければならない。これらの役務及び生産物は、この協定の附属書に掲げる計画の中から選択される計画に必要とされる項目からなるものとする。ただし、フィリピン共和国政府が附属書に掲げる計画以外の計画に充てるため要請する項目は、両政府間の合意により、賠償として供与される役務及び生産物に含めることができる。

2　賠償として供与される生産物は、資本財とする。ただし、フィリピン共和国政府の要請があつたときは、両政府間の合意により、資本財以外の生産物を日本国から供与することができる。

第四条

1　両政府は、各年度に日本国が供与する役務及び生産物を定める年度実施計画(以下、「実施計画」という。)を協議により決定するものとする。

2　第一年度の実施計画は、この協定の効力発生の日から六十日以内に決定するものとする。その後の各年度の実施計画は、第一条に定める賠償義務が履行されるまでは、当該年度が始まる前に決定するものとする。

第五条

1　日本国は、第七条1の使節団が、各年度の実施計画に従つて役務及び生産物の供与が行われるため、フィリピン共和国政府に代つて、日本国民又はその支配する日本国の法人と直接に契約を締結する権限を有することに同意する。

2　すべてのそのような契約(その変更を含む。)は、(a)この協定の規定、(b)両政府がこの協定の実施のため行う取極の規定及び(c)当該時に適用される実施計画に合致するものでなければならない。すべての契約案は、その契約の締結前に、これらの基準に合致するものであることを日本国政府により認証されなければならない。日本国政府は、各契約書の写しを、その契約が締結された日の翌日に使節団から受領するものとする。契約案に認証が得られなかつたためその契約を締結することができなかつたときは、その契約案は、第十条の合同委員会に付託され、合同委員会の勧告に従つて処理されるものとする。その勧告は、合同委員会がその契約案を受領した後三十日以内に行われるものとする。前項及びこの項に定めるところに従つて締結された契約は、以下「賠償契約」という。

3　すべての賠償契約は、その契約から又はこれに関連して生ずる紛争が、一方の契約当事者の要請により、両政府間で行われることがある取極に従つて商事仲裁委員会に解決のため付託される旨の規定を含まなければならない。

4　1の規定にかかわらず、賠償としての役務及び生産物の供与は、賠償契約なしで行うことができる。ただし、各場合について両政府間の合意によらなければならない。

第六条

1　日本国政府は、第一条の規定に基く賠償義務の履行のため、賠償契約により使節団が負う債務並びに前条4の規定による役務及び生産物の供与の費用に充てるための支払を、第十一条の規定に基いて定められる手続によつて、行うものとする。その支払は、日本円で行うものとする。

2　日本国は、前項の規定に基く円による支払を行うことにより、及びその支払を行つた時に、その支払に係る役務及び生産物をフィリピン共和国政府に供与したものとみなされ、第一条及び第二条の規定に従い、その円による支払金額に等しい合衆国ドルの額まで賠償義務を履行したものとする。

第七条

1　日本国は、フィリピン共和国政府の使節団（この協定において「使節団」という。）が、この協定の実施（賠償契約の締結及び実施を含む。）を任務とする同政府の唯一かつ専管の機関として日本国内に設置されることに同意する。

2　使節団の任務の効果的な遂行のため必要であり、かつ、もつぱらその目的に使用される使節団の日本国における事務所は、東京及び（又は）両政府間で合意することがある他の場所に設置することができる。

3　使節団の日本国における事務所の構内及び記録は、不可侵とする。使節団は、暗号を使用することができる。使節団に属し、かつ、直接その任務の遂行のため使用される不動産は、不動産取得税及び固定資産税を免除される。使節団の任務の遂行から生ずることがある使節団の所得は、日本国における課税を免除される。使節団が公用のため輸入する財産は、関税その他輸入について又は輸入に関連して課される課徴金を免除される。

4　使節団は、他の外国使節団に通常与えられる行政上の援助で使節団の任務の効果的な遂行のため必要とされるものを日本国政府から与えられるものとする。

5　フィリピン共和国の国民である使節団の長、使節団の上級職員二人及び2の規定に従つて設置される事務所の長は、国際法及び国際慣習に基いて一般的に認められる外交上の特権及び免除を与えられる。使節団の任務の効果的な遂行のため必要があると認められたときは、前記の上級職員の数は、両政府間の合意により増加することができる。

6　フィリピン共和国の国民であり、かつ、通常日本国内に居住していない使節団のその他の職員は、自己の職務の遂行について受ける報酬に対する日本国における課税を免除され、かつ、日本国の法令の定めるところにより、自用の財産に対する関税その他輸入について又は輸入に関連して課される課徴金を免除される。

7　賠償契約から若しくはこれに関連して生ずる紛争が仲裁により解決されなかつたとき、又は当該仲裁判断が履行されなかつたときは、その問題は、最後の解決手段として、日本国の管轄裁判所に提起することができる。この場合において、必要とされる訴訟手続上の目的のためにのみ、使節団の法務部長の職にある者は、訴え、又は訴えられることができるものとし、そのために使節団における自己の事務所において訴状その他の訴訟書類の送達を受けることができるものとする。ただし、訴訟費用の担保を供する義務を免除される。使節団は、3及び5に定めるところにより不可侵及び免除を与えられてはいるが、前記の場合において管轄裁判所が行つた最終の裁判を、使節団を拘束するものとして受諾するものとする。

8　最終の裁判の執行に当り、使節団に属し、かつ、その任務の遂行のため使用される土地及び建物並びにその中にある動産は、いかなる場合にも強制執行を受けることはない。

第八条

1　フィリピン領海における沈没船舶の調査に関して千九百五十三年一月二十四日にマニラで行われた交換公文又は千九百五十三年三月十二日にマニラで署名された日本国とフィリピン共和国との間の沈没船舶引揚に関する中間賠償協定に従つてすでに供与され、又は今後供与される役務は、第一条の規定に基く賠償の一部を構成するものとする。

2　この協定の効力発生の後における前記の役務の供与は、この協定の規定に従うことを条件とする。

第九条

1　両政府は、この協定の円滑なかつ効果的な実施のため必要な措置を執るものとする。

2　第三条にいう計画のため必要であるが、実施計画に含まれていない資材、需品及び設備は、フィリピン共和国政府が提供するものとする。フィリピンにおいて実施される計画においては、日本人の労務は、使用されないものとする。ただし、日本人技術者の役務は、この限りでない。これらの日本人技術者のための現地の通貨による必要経費及び現地の労務のための費用は、フィリピン共和国政府が負担するものとする。

3　この協定に基く役務又は生産物の供与に関連してフィリピンにおいて必要とされる日本国民は、フィリピンにおける所要の滞在期間中、その作業の遂行のため必要な便宜を与えられるものとする。

4　日本国の国民及び法人は、この協定に基く役務又は生産物の供与から生ずる所得に関し、フィリピンにおける課税を免除される。

5　この協定に基いて供与された日本国の生産物は、フィリピン共和国の領域から再輸出してはならない。

第十条

この協定の実施に関する事項について勧告を行う権限を有する両政府間の協議機関として、両政府の代表者で構成される合同委員会を設置する。

第十一条

この協定の実施に関する手続その他の細目は、両政府間で協議により合意するものとする。

第十二条

1　両政府は、常に協議することにより、この協定の実施から又はその実施に関連して生ずる紛争のおそれを除くことに努めなければならない。

2　この協定の解釈及び実施に関する両政府間の紛争は、まず、外交上の経路を通じて解決するものとする。両政府がこうして解決することができなかつたときは、その紛争は、各政府が任命する各一人の仲裁委員とこうして選定された二人の仲裁委員の合意により定める第三の仲裁委員との三人の仲裁委員からなる仲裁裁判所に決定のため付託するものとする。ただし、第三の仲裁委員は、いずれか一方の国の国民であつてはならない。各政府は、いずれか一方の政府が他方の政府から紛争の仲裁を要請する公文を受領した日から三十日の期間内に各一人の仲裁委員を任命しなければならない。第三の仲裁委員については、その期間の後の三十日の期間内に合意されなければならない。一方の政府が当該期間内に仲裁委員を任命しなかつたとき、又は第三の仲裁委員について当該期間内に合意されなかつたときは、いずれか一方の政府は、それぞれ当該仲裁委員又は第三の仲裁委員を任命することを国際司法裁判所長に要請することができる。両政府は、この項の規定に基いて与えられた裁定に服することを約束する。

第十三条

この協定は、批准されなければならない。この協定は、批准書の交換の日又はフィリピン共和国が千九百五十一年九月八日にサン・フランシスコ市で署名された日本国との平和条約の自国の批准書を同条約第二十四条の規定に従つて寄託した日のいずれかおそい日に効力を生ずる。

第十四条

この協定は、ひとしく正文である日本語及び英語により作成される。

以上の証拠として、下名の全権委員は、この協定に署名調印した。

千九百五十六年五月九日（昭和三十一年五月九日及びフ

イリピン共和国独立第十年五月九日に相当する。）にマニラ市で、本書二通を作成した。

日本国のために

高碕達之助
松本滝蔵
水田三喜男
藤山愛一郎
永野護

フィリピン共和国のために

Felino Neri
J. P. Laurel
Francisco Delgado
Gil J. PT
Arturo M. Tolentino
Miguel Cuenco
C. T. Villareal
M. Cuaderno
Lanuza
A. Calalang
Francisco Ortigas, Jr.
Eduardo Quintero
Vicente Fabella

附属書

I　農業水産開発諸計画

1　かんがい用水門及びポンプ設備
2　農機具
3　原木伐採設備
4　製材設備
5　漁船
6　かんづめ工船
7　食糧加工工場
8　飼料工場
9　製塩工場
10　ココナット加工工場
11　小麦製粉工場
12　カサバ製粉工場
13　精米工場

14 ちよ麻及びアバカはく皮精練工場
15 たばこ加工工場
16 ベーキング・パウダー工場
17 精糖工場
Ⅱ 電源開発諸計画
1 水力発電所
2 汽力発電所
3 ディーゼル発電所
4 変電所設備
5 送配電線
Ⅲ 鉱産資源開発諸計画
1 炭鉱設備
2 鉄、クローム及びマンガン採鉱設備
3 鉄、クローム及びマンガン選鉱工場
4 銅採掘選鉱工場
Ⅳ 工業開発諸計画
1 アルコール工場
2 乾りゅう練炭工場
3 コークス製造工場
4 木炭製造工場
5 銑鋼一貫工場
6 フェロアロイ工場
7 硫黄精製工場
8 銅精練工場
9 銅圧延工場
10 ソーダ灰及びか性ソーダ工場
11 板ガラス工場
12 カーバイト工場
13 産業用爆薬工場
14 弾薬工場
15 産業用炭素製品工場
16 セメント工場
17 産業用石灰工場
18 アスファルト工場
19 綿紡織工場
20 レイヨン工場
21 ちよ麻紡織工場
22 紙パルプ工場

23　セルロイド工場
24　脱脂綿工場
25　紙製品工場
26　建築金物工場
27　壁板工場
28　合板及び堅材工場
29　軽化学品工場
30　製薬工場
31　血清工場
32　殺虫剤工場
33　陶磁器工場
34　塗料、顔料及びワニス工場
35　樹脂加工工場
36　写真フィルム工場
37　人造革工場
38　ゴム製品工場
39　再生ゴム工場
40　アンモニア工場
41　各種化学肥料工場
42　肥料混合成粒工場
43　電気機械工場
44　農機具工場
45　自転車工場
46　ミシン工場
47　軸受工場
48　家内工業設備

Ⅴ　運輸通信開発諸計画

1　鉄道設備
2　外航船
3　内航船
4　電気通信設備

Ⅵ　公共事業諸計画

1　掘抜井戸用パイプ及び設備
2　こう水調節水門
3　水道用フィルター、パイプ及び設備
4　公共住宅用設備及び資材
5　倉庫用設備及び資材
6　飛行場及び空港設備

7　港湾設備

8　公共建物建設用設備及び資材

9　道路及び橋りよう建設用設備及び資材

Ⅶ　その他の諸計画

1　教育、衛生及び厚生施設

2　研究施設及び設備

3　沈没船舶の調査及び引揚

4　沿岸及び陸地測量設備

5　沿岸及び湿地埋立

6　フィリピン人技術者及び職人の日本国内における訓練

7　賠償機械設備等の輸送、保険、包装、荷役及び検査

（付記一）

Manila, May 9, 1956

Excellency:

I have the honor to refer to Article 1 of the Reparations Agreement between the Republic of the Philippines and Japan signed today and to confirm the understanding between our two Governments that, of such amount in yen as shall be equivalent to five hundred fifty million United States dollars（$550,000,000）at present computed at one hundred ninety-eight billion yen（¥198,000,000,000）mentioned in said Article, such amount in yen as shall be equivalent to fifty million United States dollars（$50,000,000）at present computed at eighteen billion yen（¥18,000,000,000）shall be allocated in the following manner:

（1）Such amount in yen as shall be equivalent to twenty million United States dollars（$20,000,000）at present computed at seven billion two hundred million yen（¥7,200,000,000）for the services of the Japanese people in processing the products of Japan other than those supplied as such under the Reparations Agreement which may normally be shipped to the Philippines. These services shall be supplied within five years after the coming into force of the Agreement, each year to such amount in yen as shall be equivalent to four million United States dollars（$4,000,000）at present computed at one billion four hundred forty million yen

(¥1,440,000,000). The additional details of this arrangement, acceptable to the Government of the Republic of the Philippines, shall be determined by both Governments upon recommendation of the Joint Committee mentioned in Article 10 of the Agreement.

(2) Such amount in yen as shall be equivalent to thirty million United States dollars ($30,000,000) at present computed at ten billion eight hundred million yen (¥10,800,000,000) for services other than those mentioned in (1) above, which are supplied under Reparations Contracts. However, this amount may be increased within the total amount of reparations referred to in Article 1 of the Agreement, if such an increase is subsequently found necessary by the Government of the Republic of the Philippines for the full and effective utilization of the capital goods to be supplied as reparations.

If the above is also the understanding of your Government, I have the honor to propose that the present note and Your Excellency's reply in confirmation thereof be considered as constituting an agreement between our two Governments to form an integral part of the Agreement.

Accept, Excellency, the assurances of my highest consideration.

FELINO NERI

Plenipotentiary of the Republic of the Philippines

His Excellency
Tatsunosuke Takasaki,
Plenipotentiary of Japan

Manila, May 9, 1956

Excellency,

I have the honor to acknowledge receipt of Your Excellency's note of today's date, which reads as follows:

(Philippine Note)

I have the honor to confirm, on behalf of my Government, that the understanding as stated in Your Excellency's note is also the understanding of my Government. Accordingly, Your Excellency's note and the present reply shall be considered as constituting an agreement between our two Governments to form an integral part of the Agreement.

I avail myself of this opportunity to extend to Your Excellency the assurance of my highest consideration.

Tatsunosuke Takasaki
Plenipotentiary of Japan

His Excellency
Felino Neri,
Plenipotentiary of the
Republic of the Philippines

(付記一一)

Manila, May 9, 1956

Excellency,

I have the honor to refer to the Reparations Agreement between Japan and the Republic of the Philippines signed today. The Annex to the Agreement is composed of those projects which were studied by the Technical Conference on Reparations between the Government of Japan and the Government of the Republic of the Philippines in 1955. Accordingly, it is the understanding of my Government that the studies and findings of the aforesaid conference, including various terms and conditions relative to the supply of items required for the execution of those projects, should be used as reference in the preparation of the annual Schedules mentioned in Article 4, paragraph 1 of the Agreement.

It is also the understanding of my Government that foreign products which are not normally being imported into Japan or which, if supplied by way of reparations, would necessitate additional and specific foreign exchange allocation of a special or exceptional character, will not as a rule be included in the annual Schedules.

I should be grateful if Your Excellency could confirm the above-mentioned understanding on behalf of your Government.

I avail myself of this opportunity to extend to Your Excellency the assurance of my highest consideration.

Tatsunosuke Takasaki

Plenipotentiary of Japan

His Excellency

Felino Neri,

Plenipotentiary of the

Republic of the Philippines

Manila, May 9, 1956

Excellency:

I have the honor to acknowledge the receipt of your note of today's date, which reads as follows:

（Japanese Note）

I have the honor to confirm that the above note is a correct statement of the understanding of my Government on the matter.

Accept, Excellency, the renewed assurances of my highest consideration.

FELINO NERI

Plenipotentiary of the Republic of the Philippines

His Excellency

Tatsunosuke Takasaki,

Plenipotentiary of Japan

（付記三）

Manila, May 9, 1956

Excellency,

I have the honor to refer to the Reparations Agreement between Japan and the Republic of the Philippines signed today. The Government of Japan proposes that under Article 11 of the Agreement the two Governments agree as follows:

I REPARATIONS CONTRACTS

1. Reparations Contracts mentioned in Article 5, paragraph 2 shall be concluded in terms of Japanese yen through normal commercial procedure.

2. The responsibility for the performance of Reparations Contracts shall rest solely with the Mission and the Japanese nationals or juridical persons who are parties thereto.

3. The Government of Japan may recommend to the Mission

Japanese nationals and juridical persons qualified to enter into Reparations Contracts. However, the Mission is not bound to enter into Reparations Contracts only with such nationals or juridical persons so recommended.

II PAYMENT

1. The Mission mentioned in Article 7 of the Agreement shall have the authority to enter into any arrangement with a Japanese foreign exchange bank of its own choice and open a Reparations Account in its own name, authorizing such bank, among others, to receive payment from the Government of Japan, and notify the Government of Japan of the contents of such arrangement. It is understood that the Reparations Account shall not bear interest. The Mission may, if it deems it necessary, designate additional foreign exchange banks for the same purpose.

2. Within a reasonable period before any payment falls due under the terms of a Reparations Contract, the Mission shall forward a Payment Request to the Government of Japan stating the amount of such payment and the date on which the Mission has to make the same to the contractor concerned.

3. Upon receipt of the Payment Request, the Government of Japan shall pay the requested amount to the bank referred to in paragraph 1 above before the said date of payment by the Mission.

4. Upon agreement between the two Governments, the Government of Japan shall also pay, in the same way as provided for in paragraph 3 above, the expenses of the Mission, the expenses for the training of Filipino technicians and craftsmen, and such other expenses as may be agreed upon between the two Governments.

5. The amounts paid under paragraphs 3 and 4 above shall be credited to the Reparations Account, and no other funds shall be credited to the Account. The Account shall be debited only for the purposes mentioned in paragraphs 2 and 4 above.

6. In case the whole or a part of the funds paid into the Reparations Account has not been drawn by the Mission because of cancellation of contracts, etc., the unpaid amount shall be applied for the purposes mentioned in paragraphs 2 and 4 above, after appropriate arrangements are made with the Government of

Japan.

7. In case the whole or a part of the amounts paid out of the Reparations Account has been refunded to the Mission, the amounts so refunded shall be credited to the Reparations Account, notwithstanding the provisions of paragraph 5 above. The provisions of paragraph 6 above shall apply to these amounts.

8. For the purpose of Article 6, paragraph 2 of the Agreement, "upon making a payment" means "at the time when a payment is made by the Government of Japan to the bank referred to in paragraph 1 above".

9. The computation of the amount to the extent of which the Government of Japan shall be released from the reparations obligation under Articles 1 and 2, shall, pursuant to Article 6, paragraph 2 of the Agreement, be made by determining the equivalent value in terms of United States dollars of the yen payment at the basic exchange rate of Japanese yen to the United States dollar, officially fixed by the Government of Japan and agreed to by the International Monetary Fund, which is prevailing on the following date:

(a) In the case of payment for a Reparations Contract, the date of receipt by the Government of Japan of a copy of the pertinent Contract.

(b) In other cases, the date to be agreed upon between the two Governments in each case; however, if there is no agreement on the date, the date the Payment Request is received by the Government of Japan shall apply.

III MISSION

1. Only those Filipino nationals who enter and reside in Japan solely for the purpose of working with the Mission shall be exempt from taxation in Japan as coming within the purview of Article 7, paragraph 6 of the Agreement.

2. The Government of the Republic of the Philippines shall advise the Government of Japan from time to time of the names of the Chief and other members of the Mission who are authorized to act on behalf of the Mission in connection with Reparations Contracts, and the Government of Japan shall have the aforesaid names published in the Official Gazette of Japan. The authority of such Chief and other members of the Mission shall be deemed to

continue until such time as notice to the contrary is published in the said Gazette.

IV SURVEY AND SALVAGE OF SUNKEN VESSELS

1. The procedure for the supply of services in the operations presently under way in accordance with the Interim Agreement on Reparations Concerning Salvage of Sunken Vessels shall be the same as heretofore, unless otherwise agreed.

2. The amount which has already been paid by the Government of Japan for making the survey of sunken vessels totals seventeen million five hundred thousand yen (¥17,500,000), and the amount which has been fixed through consultation between the two Governments to be incurred by the Government of Japan for the salvage of sunken vessels mentioned in paragraph 1 above is two billion three hundred forty-three million nine hundred twenty-two thousand six hundred and eleven yen (¥2,343,922,611). Accordingly, by supplying the services of the survey and salvage of sunken vessels as mentioned above, Japan shall be released from its reparations obligation under Article 1 of the Agreement in the amount of six million five hundred fifty-nine thousand five hundred and seven United States dollars and twenty-five cents ($6,559,507.25), equivalent to two thousand three hundred sixty-one million four hundred twenty-two thousand six hundred and eleven yen (¥2,361,422,611).

3. The amount which has been paid by the Government of Japan for supplying the services mentioned above prior to the coming into force of the Agreement, together with the amount to be paid for supplying such services in the first year after the coming into force of the Agreement, shall be regarded, for the purpose of Article 2 of the Agreement, as the amount paid in the first year.

I have further the honor to propose that this note and Your Excellency's reply confirming the acceptance by your Government of the above proposal shall be regarded as constituting an agreement between the two Governments on details for the implementation of the Reparations Agreement under Article 11 thereof.

I avail myself of this opportunity to extend to Your Excellency the assurance of my highest consideration.

Tatsunosuke Takasaki
Plenipotentiary of Japan

His Excellency
Felino Neri,
Plenipotentiary of the
Republic of the Philippines.

Manila, May 9, 1956

Excellency:

I have the honor to acknowledge the receipt of your note of today's date concerning details for the implementation of the Reparations Agreement, which reads as follows:

（Japanese Note）

I have the honor to agree on behalf of my Government to the proposal embodied in the note under acknowledgement and to further agree that the same, together with this note, shall be regarded as constituting an agreement between the two Governments on the details for the implementation of the Reparations Agreement.

Accept, Excellency, the renewed assurances of my highest consideration.

FELINO NERI
Plenipotentiary of
the Republic of the Philippines

His Excellency
Tatsunosuke Takasaki,
Plenipotentiary of Japan

（付記四）

AGREED MINUTES TO THE REPARATIONS AGREEMENT BETWEEN JAPAN AND THE REPUBLIC OF THE PHILIPPINES AND THE EXCHANGE OF NOTES CONCERNING DETAILS FOR THE IMPLEMENTATION THEREOF

The Plenipotentiaries of Japan and of the Republic of the Philippines wish to record the following understanding which they have reached during the negotiations for the Reparations Agreement between Japan and the Republic of the Philippines signed today:

1. Re Article 3 of the Agreement:

"Agreed upon between the two Governments" or "agreement between the two Governments" as mentioned in Paragraphs 1 and 2 of this Article means fixing through consultation the Schedule as provided for in Article 4, paragraph 1.

2. Re Article 4, paragraph 2 of the Agreement:

The two Governments will endeavor to fix the Schedule for the second year and each year thereafter at least sixty days prior to the beginning of the year concerned. For this purpose the Government of the Republic of the Philippines will forward its proposed Schedule to the Government of Japan not less than one hundred and twenty days prior to the beginning of that year.

3. Re Article 5, paragraph 2 of the Agreement:

a) The arrangements referred to in (b) means arrangements existing at the time a Reparations Contract is verified. An arrangement will not apply retroactively to a Reparations Contract which has been duly verified prior to the conclusion of such arrangement.

b) At least three copies of every proposed contract will be furnished by the Mission to the Government of Japan for the purpose of verification.

c) The verification by the Government of Japan will as a rule be effected within fourteen days.

4. Re Article 5, paragraph 3 of the Agreement:

The two Governments will take measures necessary to make final and enforceable all arbitration awards duly rendered.

5. Re Article 9, paragraphs 2, 3 and 4 of the Agreement:

It is understood that Japanese nationals who may be needed in the Philippines in connection with the supply of services or products under the Agreement will be Japanese technicians or experts only.

6. Re Article 9, paragraph 4 of the Agreement:

The Japanese juridical persons mentioned in this paragraph are those who undertake reparations projects in the Philippines or those who provide services under Reparations Contracts.

7. Re Chapter II PAYMENT, paragraph 4 of the Exchange of Notes Concerning Details for the Implementation of the

Agreement:

With respect to the expenses of the Mission and the expenses for the training of Filipino technicians and craftsmen, "upon agreement between the two Governments" means "upon the completion of necessary arrangements between the two Governments concerning the specific details" of such expenses.

Manila, May 9, 1956

Tatsunosuke Takasaki

Felino Neri

（付記五）

May 9, 1956

JOINT STATEMENT

On the occasion of the signing of the Reparations Agreement between Japan and the Republic of the Philippines, the plenipotentiaries of the two countries made the following joint statement on behalf of their respective Governments:

"We expect that the conclusion of this agreement and the eventual ratification by the Republic of the Philippines of the Peace Treaty with Japan, signed at San Francisco on September 8, 1951, will pave the way for the restoration of normal relations between the two countries and for the promotion of those relations on the basis of friendship mutual respect and common understanding.

"With the resumption of normal relations, the two countries expect to be able to devote their attention to matters of common interest, such as the development of trade on a balanced basis. For this purpose, the two countries look forward to the early initiation of negotiations for a treaty of friendship, commerce and navigation as well as such revision of the present Trade and Financial Agreements as may be necessary.

"We believe that with the normalization of their relations with each other, our two countries will be able to contribute more effectively to the promotion and preservation of peace in this part of the world."

編　注　付記五は前掲「対フィリピン賠償交渉経緯」より抜粋。

昭和31年5月　外務省作成

「日本国とフィリピン共和国との間の賠償協定説明書」

昭和三十一年五月

日本国とフィリピン共和国との間の賠償協定説明書

外務省

目次

一　経緯

フィリピン共和国は、昭和二十六年九月にサン・フランシスコ市で開催された対日平和条約に関する会議に参加し、同平和条約に署名したが、賠償問題が解決されるまでは同条約の批准を行わず、したがつてわが国との平和関係を回復しないとの方針を執つたため、わが国としてはあらゆる努力を払つて賠償問題の早期解決を図るべくフィリピン政府との間に数次にわたる交渉を行つた。この間、昭和二十八年三月十二日に沈没船舶引揚に関する中間賠償協定を締結してわが国のフィリピンに対する賠償の一部に資することとしたが、さらにその後両政府間で最終的な賠償取極を行うための折衝を重ねた結果、本年三月その大綱について意見の一致を見るに至つた。よつて、直ちに協定文及び関係文書についての具体的交渉を開始し、双方とも互譲の精神をもつて話合いを行つた結果、四月末に至つて双方が満足する案文を得たので四月二十七日にマニラにおいて仮調印を行い、次いで五月九日にマニラにおいてわが全権団とフィリピン全権団との間で正式署名が行われた。

二　内容

この協定は、前文、本文十四箇条及び末文からなるほか、第一条に関する交換公文及び第三条に関する交換公文が附属している。

(1)　前文

前文は、両国が日本国との平和条約の規定の趣旨に従つて行動することを希望してこの協定を締結するものである旨を述べている。

(2)　本文

第一条

日本国が現在千九百八十億円に換算される五億五千万ドルに等しい円の価値を有する日本人の役務及び日本国の生産物を賠償としてフィリピンに供与することを定めている。

第二条

賠償供与の期間及び年平均額を定めている。

第三条

第一項は、供与される役務及び生産物は、附属書に掲げる計画の中から選ばれる計画に必要なもので両政府の合意によつて決定されるものとなること、また、合意があるときは右以外のものも供与されうることを定めている。

第二項は、供与される生産物が資本財であり、合意があるときは、それ以外のものが含まれうることを定めている。

第四条

毎年供与される役務及び生産物を掲ぐべき年次計画の決定に関する規定である。

第五条

フィリピン政府が日本人業者と直接に賠償契約を締結すること、日本国政府は賠償契約の締結前にその契約が賠償協定、実施細目及び年次計画に合致していることを認証すること並びに賠償契約は紛争を商事仲裁に付託する旨の規定を含むべきことを定めている。また、両政府の合意により賠償契約によらない賠償供与が行われうることを規定している。

第六条

日本政府が役務及び生産物供与のための経費を円で支払い、その支払によつてかつその支払を行つた時に賠償義務をその限度まで履行したものとされることを定めている。

第七条

賠償協定の実施の任に当るフィリピン使節団の設置及びその待遇に関する規定である。

第八条

沈没船舶引揚に関する中間賠償協定による役務の提供が、本協定の賠償に含まれることを定めている。

第九条

両政府が協定の実施に必要な措置を執ることを規定し、また、賠償に関連して現地に派遣される日本人技術者並びに現地で調達される労務及び資材その他について規定しているほか、日本人技術者及び法人は賠償に伴う所得についてはフィリピンで課税を免除されること及び賠償として供与される生産物はフィリピンから再輸出してはならないことを定めている。

第十条

協定の実施について勧告を行う合同委員会の設置に関する規定である。

第十一条

協定の実施細目を両政府間で合意することを定めている。

第十二条

この協定の解釈及び実施に関する紛争解決のための仲裁裁判所の設置に関する規定である。

第十三条

協定の批准及び効力発生に関する規定である。

第十四条

協定の正文が日本語及び英語であることを定めている。

(3) 末文

末文は、署名の日及び場所を掲げている。

(4) 附属書

附属書は、協定第三条に関連して、役務及び生産物が充当されるべき具体的な事業計画を列挙している。

(5) 第一条に関する交換公文

協定第一条に定める額のうち、現在百八十億円に換算される五千万ドルに等しい円の(イ)加工のための役務及び(ロ)賠償契約によるその他の役務に対する割当に関する両政府の了解を明らかにしている。

(6)　第三条に関する交換公文

協定第三条1に関し、(イ)附属書は一九五五年に行われた両政府間の専門家会議で検討された計画からなり、したがつて、同会議の検討及び調査の結果は年次計画の作成の際に参照されるべきこと及び(ロ)日本が通常は輸入していない外国の生産物又は特例的な外貨割当を要する外国の生産物は、原則として年次計画に含まれない旨の両政府の了解を明らかにしている。

513

昭和31年5月9日

経済開発借款に関する日本国政府とフィリピン共和国政府との間の交換公文

付　記　右和訳文

Manila, May 9, 1956

Excellency,

I have the honor to confirm the following arrangement which embodies the understanding reached between the representatives of the two Governments concerning loans which will be advanced by Japanese private firms to Philippine private firms with a view to assisting in the further economic development of the Republic of the Philippines:

1. Long-term loans or similar credit arrangements (hereinafter referred to as "loans") to such amount in yen as shall be equivalent to two hundred fifty million United States dollars ($250,000,000) at present computed at ninety billion yen (¥90,000,000,000) will be extended by private firms or nationals of Japan to private firms or nationals of the Republic of the Philippines through appropriate contracts that may be entered into.

2. Loans shall be extended on a commercial basis and in accordance with the applicable laws and regulations of the two countries.

The Government of the Republic of the Philippines reserves the right to determine the fields of investment and the various industries for which the loans may be contracted as well as the criteria governing the eligibility of Philippine private firms or nationals desiring to contract such loans.

3. The two Governments shall facilitate and expedite the

extension of loans within the scope of pertinent laws and regulations. The facilitation and expedition the Government of Japan is required to offer as to loans will be similar to those which are currently provided to those loans contracted between Japanese and Philippine private firms and financed on an ordinary commercial basis by the Japanese banking institutions like the Export-Import Bank of Japan, within their then available funds.

The two Governments shall jointly review from time to time the progress of the extension and repayment of loans with a view to effecting the smooth operation of the present arrangement.

4. The terms and conditions of any loan shall be as agreed upon between the parties to the loan contract, it being understood:

a) that the loan will be repayable by installment in kind or in the usual manner; and

b) that the period of repayment will be made as long and the rate of interest as low as may be warranted on a commercial basis.

The loans shall be made principally in the form of machinery and equipment as well as the services incidental thereto.

5. Disputes arising out of or in connection with any loan contract shall be settled either through arbitration by agreement between the parties to the contract or in accordance with the ordinary judicial processes of the country having jurisdiction over such disputes.

6. The present arrangement shall remain in force for a period of twenty years. However, if, after the lapse of nineteen years from the coming into force of the arrangement, it appears likely that the amount mentioned in 1 above may not be reached by the end of such period, the two Governments may, upon request of either of them, enter into consultation with a view to extending the period of the present arrangement.

I have the honor to propose that the present note and Your Excellency's reply confirming the contents of the arrangement as stated therein shall be regarded as constituting an agreement between the two Governments which shall come into force on the date the Republic of Philippines deposits its instrument of ratification of the Treaty of Peace with Japan signed at the city of San Francisco on September 8, 1951, in accordance with Article

24 of the said Treaty.

I avail myself of this opportunity to extend to Your Excellency the assurance of my highest consideration.

Tatsunosuke Takasaki

Plenipotentiary of Japan

His Excellency

Felino Neri,

Plenipotentiary of the

Republic of the Philippines

Manila, May 9, 1956

Excellency:

I have the honor to acknowledge receipt of your note of today's date, which reads as follows:

(Japanese Note)

I have the honor to confirm the contents of the arrangement as stated in your note under acknowledgment, and to agree that the same and the present reply shall be regarded as constituting an agreement between the two Governments which shall come into force on the date the Republic of the Philippines deposits its instrument of ratification of the Treaty of Peace with Japan signed at the city of San Francisco on September 8, 1951, in accordance with Article 24 of the said Treaty.

Accept, Excellency, the renewed assurances of my highest consideration.

FELINO NERI

Plenipotentiary of the Republic of the Philippines

His Excellency

Tatsunosuke Takasaki,

Plenipotentiary of Japan

(付　記)

書簡をもつて啓上いたします。本全権委員は、フィリピン共和国の経済開発の促進に資するため日本国の民間商社がフィリピンの民間商社に提供する借款に関して、両政府の代表者が到達した了解を明かにする次の取極を確認する光栄を有します。

1　現在において九百億円（九〇、〇〇〇、〇〇〇、〇〇〇円）に換算される二億五千万合衆国ドル（二五〇、〇〇〇、〇〇〇ドル）に等しい円の額までの長期貸付又は類似のクレディット（以下「借款」という。）が、日本国の民間商社又は国民により、締結されることがある適当な契約に基いて、フィリピン共和国の民間商社又は国民に対し行われるものとする。

2　借款は、商業上の基礎により、かつ、両国の関係法令に従つて行われるものとする。

　フィリピン共和国政府は、借款の契約をすることができる投資部門及び諸産業を決定し、並びにその契約をしようとするフィリピンの民間商社又は国民の適格性を定める基準を決定する権利を留保する。

3　両政府は、借款の提供を、関係法令の範囲内で容易にし、かつ、促進するものとする。

　借款について日本国政府が行うことを必要とする容易化及び促進の措置は、日本国及びフィリピン共和国の民間商社相互間の契約による借款であつて、日本輸出入銀行のような日本国の金融機関から、通常の商業上の基礎により、当該時においてこれらの金融機関が振り向けることができるその資金の範囲内において、融資を受けているものにつき、現に行われている措置と同様とする。

　両政府は、この取極の円滑な運用のため、借款の提供及び返済の進ちよく状況を随時共同で検討するものとする。

4　借款の条件は、当該借款契約の当事者間で合意されるものとする。なお、次のことが了解される。

(a)　借款は、現物又は通常の方法による分割払で返済するものとする。

(b)　商業上の基礎において正当と認められるところに応じ、返済の期間は長いものとし、利率は低いものとする。

　借款は、主として、機械及び設備並びにこれらに附随する役務の形で行われるものとする。

5　借款契約から又はこれに関連して生ずる紛争は、当該契約の当事者間の合意に基く仲裁によつて、又はその紛争について管轄権を有する国の通常の訴訟手続に従つて解決されるものとする。

6　この取極は、二十年間効力を有する。ただし、この取極の効力発生の日から十九年が経過した後、借款がその二十年の期間の末までに1に定める金額に達しないと認められたときは、両政府は、いずれか一方の政府の要請により、この取極の有効期間を延長するため協議を行うことができる。

本全権委員は、この書簡及びこの書簡に述べた取極の内容を確認される閣下の返簡を、フィリピン共和国が千九百五十一年九月八日にサン・フランシスコ市で署名された日本国との平和条約の自国の批准書を同条約第二十四条の規定に従つて寄託した日に効力を生ずる両政府間の合意を構成するものとみなすことを提案する光栄を有します。

本全権委員は、以上を申し進めるに際し、ここに閣下に向つて敬意を表します。

千九百五十六年五月九日にマニラで

日本国全権委員　高碕達之助

フィリピン共和国全権委員　フェリノ・ネリ閣下

書簡をもつて啓上いたします。本全権委員は、本日付の閣下の次の書簡を受領したことを確認する光栄を有します。

〔日本側書簡〕

本全権委員は、閣下の書簡に述べられた取極の内容を確認し、かつ、閣下の書簡及びこの返簡を、フィリピン共和国が千九百五十一年九月八日にサン・フランシスコ市で署名された日本国との平和条約の自国の批准書を同条約第二十四条の規定に従つて寄託した日に効力を生ずる両政府間の合意を構成するものとみなすことに同意する光栄を有します。

本全権委員は、以上を申し進めるに際し、ここに重ねて閣下に向つて敬意を表します。

千九百五十六年五月九日にマニラで

フィリピン共和国全権委員　フェリノ・ネリ

日本国全権委員　高碕達之助閣下

514　昭和31年6月5日　重光外務大臣より在マニラト部在外事務所長代理宛（電報）

賠償協定批准書交換の日程につき同意取り付け方訓令

本　省　6月5日後8時0分発

第三一七号

賠償協定は比国上院通過直後の閣議において批准の手続をとり直ちに陛下の認証を仰ぐ予定なるも批准書の交換はインド、ビルマの先例にならい東京に於て行い時期は比側の平和条約の米政府えの寄託と時を合せ七月一日(日曜日)と致したき処右につき比国政府の同意をとりつけられたい。

又貴事務所の大使館昇格も之と同日に致したき考であるので先方と打合せられたい。

515　わが方の賠償支払と米国の対アジア援助を協調して進めるとの米国政府内構想について

昭和31年6月7日　在米国谷大使より重光外務大臣宛(電報)

ワシントン　6月7日後7時30分発
本　省　6月8日前9時20分着

第一一四二号

一、フイリピン賠償支払に関連してアメリカの対アジア援助資金を利用すべきではないかとの意見が我国各方面から提唱されている模様であるが渡辺公使が六日ドッジ大統領特別顧問と会談した際米国の対アジア援助資金を日本の賠償支払いに関連させて支出する事について相当興味を示し、若し渡辺公使の試案としてでも意見を出せばホリスター長官に対しドッジから話をして研究したいとの話があつた。

二、米国の対アジア援助資金の使途についてはー方に於て米国議会との関係上有効なる使用方法が立証せられる事を必要とする所、具体的にはアジア諸国の実状は資金を有効に使用し得るだけの経営能力、技術等を欠如しており、さりとて米国が自ら運営に乗出すと反感を買う恐れあり、名案が出ないのが実状である、ソ連の経済攻勢に対応し、何らかの手を打つべき事は自覚し乍らも国柄の相違から、思切つた手段を行政部として執り得ない次第である。エリークジヨンストンの構想も、ドッジは聞いてはいるが実現性のあるものとは考えられてはおらない。

三、日本の賠償の支払が単に日本に負担を課するだけに終らず、受入国に於て活用され其の経済の強化に役立つ事は日米両国の一般的利益に合致する事であるので、若し日本の賠償支払計画と、米国の援助計画とが相補完して効果を挙げ得る様 co-ordinate される事は望ましいと思われる。然し乍ら他方フイリピンとの関係に於ては米国の一般の関心は寧ろ賠償に依つて日本にマーケットを荒されるのではないかとの点にあるから、米国の援助資金と関連をつける事がかえつて日本の商業上の利益を害する惧れもないとは云えない事は注意を要する。

四、以上の情勢から判断して此の際政府として賠償に関連して米国の対アジア援助資金の使用方法につき我方の意見を纏め之を申入れる事とすれば良い機会と考えられる所、当方として心得べき事あれば何分の儀御指示ありたい。

516　昭和31年7月9日　在マニラ卜部在外事務所長代理より重光外務大臣宛(電報)

フィリピン上院が賠償協定はサンフランシスコ平和条約第十四条の拡張解釈である旨の明示を承認条件とする可能性について

マニラ　7月9日後7時16分発
本　省　7月9日後8時57分着

第五六四号(大至急)

往電第五六二号に関し

上院において賠償協定承認に当りなんらかの留保を付する公算ありその一つとして日比賠償協定は平和条約第十四条の拡張解釈を意味することを明らかにする趣旨のものが予期される。右は上院では日本が賠償協定の重要部分を平和条約第十四条に反するとの理由で骨抜きとせざるやとの疑惑が表明されたことあるをもつてである。かかる留保に対しては必要あらば新聞に対し右は全く日本政府の考えに一致する旨答えることとし度いが若し万一賠償協定の規定に反する如き留保を付するにおいては小官としては必要に応じフイリピン政府(行政府)の公式申出ある迄はコメントの要無き旨をもつて応酬しおくべきと認められるところ、右にて差支え無きや、至急御回電ありたい。

517　昭和31年7月10日　在マニラ卜部在外事務所長代理より重光外務大臣宛(電報)

フィリピン上院による賠償協定内容訂正の動きに関するネリ首席代表内話

マニラ　7月10日後8時8分発
本　省　7月10日後10時7分着

第五六八号

貴電第三六四号に関し

一、十日ネリにそれとなく様子を探つたところネリは上院議員の留保乃至了解は賠償協定批准承認決議案文の「訂正」の形をとつてなされるもので、その内容は協定の解釈を明確ならしめる趣旨であり協定の実質を変更又はこれに付加することにはならないと確信しており上院議員中にもソーバーエレメントありと内話したので冒頭貴電三、の点についてはー応深入りを避けておいた。協定の実質を変更する留保に対しては国会の承認を要するとの点は上院への伝り方如何によつて右の如き留保の採決を奨励する結果とならざるを保証し得ないと認められたからである。

二、タニアダはその長い反対論開陳中にも客年往電第四三五号の事情あるため総額、期限については反対出来ず又マグサイサイ攻撃となるを避けた結果その舌鋒はフィリピンの実際の交渉者の不手際攻撃に向けられ、その間ネリに個人的に含むところあるやを思わしめた。（客年往電第五九四号参照）又、十日の審議では協定支持派は上院の権限は締結された条約を承認するか拒否するかに限られていると主張、タニアダは修正権ありと主張して条約締結につきての行政府と上院との権限の争いに発展している。かかる情勢のもとにおいてはネリの力は極めて限られたものとなつている次第である。

三、今日フィリピンにおいては何人も正面よりマグサイサイに楯つき得るものなくマグサイサイが賠償協定で一敗地にまみれるを欲せざる以上賠償協定の承認は時日の問題であるが別に平和条約承認の問題もあり批准書交換はなお遅れる公算が大である。

〰〰〰〰〰〰〰〰〰〰〰〰〰〰〰〰〰〰

518　昭和31年7月16日　重光外務大臣より在米国谷大使宛

「賠償と米国対外援助の調整に関する件」

亜協第六八四号

昭和三十一年七月十六日

外務大臣　重光　葵

在アメリカ合衆国
　特命全権大使　谷　正之殿
　　賠償と米国対外援助の調整に関する件
電報をもつてお申し越しの本件について左のとおり通報する。

一、賠償によつて供与さるべき資本財、役務の内容は、フィリピン側の要請に基き両国政府の合意によつて決定されるわけであるからフィリピン側が如何なる事業に賠償を利用せんとするかはまずフィリピン側が決定するものであり日本としてはフィリピン側から要求された資本財及び役務が支障なく供給しうるや否やの見地からフィリピン側と打合せの上年次賠償計画を合意決定することとなる。従つて賠償協定自体から日本側がフィリピンの経済計画の策定に参与する途は開けておらず、又実際問題としても適当でないと考える。しかしながら他面日本からの賠償がフィリピン経済開発のため最有効に使用されることは日本としても希望するところでありそのためには米国の対比援助がわが国の賠償と相互補完的な役割を果すよう調整されることが望ましいことはいうまでもない。現在米国の対比援助はフィリピンにおいて米国のＩＣＡ機関とフィリピン側の政府機関（ＰＨＩＬＣＵＳＡ）との間で常時協議して具体的プロジェクトを決定しているが、その際日本からの賠償によるプロジェクトとの調整を考慮して貰いたい。現地において日本側代表者をも加えて三者間で協議する仕組を考えることも一案と考える。

二、わが国からの賠償による、例えば鉱工業部門のプロジェクトの実施に伴い、またはこれに関連して必要となる公共事業で、賠償では実施されないものを米国の援助をもつて実施することとすれば賠償の効果も挙り受取国側の経済発展が促進されることとなるので、このような調整を考慮されることを希望する。

また道路建設の如き公共事業は賠償協定の附属表にも含まれているが、賠償のみでは賄い切れない尨大な資材を要するのでこの種のプロジェクトについては米国の援助も併行して行われることが望ましい。

519

昭和31年7月17日　在マニラ卜部在外事務所長代理より重光外務大臣宛（電報）

わが方の賠償協定不履行を防止すべく批准書で本件交渉関係文書一切を批准する形としたいとのフィリピン上院要求につき報告

マニラ　7月17日後1時33分発
本　省　7月17日後4時36分着

第五九〇号（大至急）

往電第五八九号に関し

十七日求めによりネリを往訪（影井帯同）せるところネリは（ロハス及びブスエゴ同席）上院は批准書には⑴賠償協定その付属書⑵五千万ドル交換公文及び⑶付属書に関する交換公文の他⑷合意議事録⑸実施細目⑹専門家会議の合意議事録とその付属書一、及び二、⑺フィリピン全権団に対するネリの協定及び他の付属文書の説明書並びに⑻三月一日付ト部ネリ書簡をリプロヂユースしてこれらが批准せられる事としたいとの強い要求なるにつきこの旨東京に御伝達の上準備を整えられたいと述べたるにつき、小官は斯る変則な要望を出される理由を問いたるところネリは率直に言つて上院は協定には多くの抜道あり日本が右抜道を利用して協定を履行しない惧れありとの印象をもち斯る抜道を塞ぐ方法の一つとしてこれらの文書を批准書に掲げることを固執しおるものなりと述べた。よつて小官は先ず⑺の説明書の存在は本日始めて自分の知るところとなつたものに過ぎず斯るものを批准書に掲載するは全然問題とならずと述べたるところ、ネリは直ちにその責任に於てこれを削除すべしと述べた。

次いで小官より⑻のト部ネリ書簡は極秘の約束なりしことを指摘し且つその内容は今や協定の不完全な重複に過ぎないものになりたること⑹は当初より国会に提出せざる旨を明らかにしていたことを指摘せる後、自分の理解するところで左《ママ》批准書に明記するためには明記される文書のそれぞれにつき国会の承認を必要とする筈なるにつき日本政府としては右要望に従うためには憲法上の規程に従い国会の承認を必要とすべくその場合、批准書の交換は大幅に遅延することとなるべしと述べ再考を求めたが、ネリは上院には協定履行につきての日本の誠意につき疑念を持ちおるは御承知の通りなるにつき、この際延引するは真に芳しからず是非円満に運ぶよう希望すると述べたが、小官は日本政府は憲法に反することあたわず、もし自分の理解するところが正しければ延引は必至なりと押返し且つ上院を満足させる方法の一つとしては批准書の他に別途の文書の交換、右をもつて必要なる文書の再確認を行うことが（二語不明照会中）と示唆せるもネリは兎も角上院の希望を日本政府にお伝えの上その意向を確められたいと希望して譲らなかつた。

520　批准書交換に進めるためフィリピン上院の要求に対してどの程度まで応じ得るかにつき請訓

昭和31年7月17日　在マニラト部在外事務所長代理より重光外務大臣宛（電報）

マニラ　7月17日後1時42分発
本　省　7月17日後3時1分着

第五九一号（至急）

往電第五九〇号に関し

冒頭往電のフィリピン上院の要求は理不尽な難題と云う他なきも一方此の際批准書交換が遅れることは、上院に於て繰返し協定の忠実なる履行につきての日本政府の誠意に関し、疑念が表明されたばかりなる今日、真に具合悪く、一方ネリも上院に於て充分フィリピンの利益を擁護しなかつたとの非難を浴びた事情もあり、此の際出来るだけ上院の要求を容れて、円滑に批准書交換迄事を進めるのが得策と存ぜられる。ついては至急どの程度迄上院の要求を容れ得るかにつき御研究の上結果御回電相成りたい。

521　批准書内容の変更には同意し得ざるも他の手段にて先方の要求に対応方回訓

昭和31年7月18日　重光外務大臣より在マニラト部在外事務所長代理宛（電報）

別　電　昭和三十一年七月十八日発重光外務大臣より在マニラト部在外事務所長代理宛第三五九号
批准書交換調書への挿入文案

本　省　7月18日後9時15分発

第三五八号（至急）

（以下略号）

貴電第五九一号に関し

一、賠償協定（附属書を含む）以外の文書を批准文に掲げ或は批准書中にとぢ込むことに建前上同意できないことは貴官の応酬どおりであり且つわが方批准書は既に作製の手続を了したので新たな文書を追加することは実際上不可能である。

二、よつてわが方の批准書には貴電第五九〇号の(2)、(3)、(4)及び(5)の文書（(6)以下は問題外）の写を挿み込むこととし、批准交換調書中にこれらの文書を添付した旨及び比側批准書は協定及び前記の文書を含む旨の別電第三五九号の趣旨の文言を第二文として挿入することにより本件を解決することといたしたい。

（以下暗号）

三、ネリが伝えた上院の要求は累次の貴電による上院の討議の内容に含まれていない処、決議その他上院の正式の意志表示に基くものであるか事情回電ありたい。

本省　7月18日後8時55分発

（別　電）

第三五九号（至急）

The instrument of ratification of the Government of Japan for the Agreement was accompanied with a copy each of the following documents, exchanged between or signed by Minister of State Tatsunosuke Takasaki, Plenipotentiary of Japan and Ambassador Felino Neri, Plenipotentiary of the Republic of the Philippines at Manila on May 9, 1956:

(1) notes concerning fifty million dollars,

(2) notes concerning the annual Schedules mentioned in Article 4, paragraph 1 of the Agreement,

(3) notes concerning details for the implementation of the Agreement, and

(4) Agreed Minutes to the Reparations Agreement between Japan and the Republic of the Philippines and the Exchange of Notes concerning Details for the Implementation thereof;

while the instrument of ratification of the Government of the Republic of the Philippines contained the text of the Agreement as well as those of the above-mentioned notes and agreed minutes.

522　昭和31年7月20日　在マニラト部在外事務所長代理より
重光外務大臣宛（電報）

批准書内容等に関するフィリピン側との協議結果につき報告

別　電　昭和三十一年七月二十日発在マニラト部在外事務所長代理より重光外務大臣宛第六〇三号

フィリピン側の提示せる批准書交換調書文案

マニラ　7月20日後3時5分発
本　省　7月20日後4時52分着

第六〇二号（大至急）

往電第五九八号に関し

一、二十日午前九時〇五分求めによりネリを往訪せるところ（影井帯同）ネリ（ロハス、ブスエゴ及びフエルナンド同席）と左の会議をなした。

(一)ネリは十九日ロハス、ブスエゴ及びフエルナンドの助を受けて日本側提案の採用につきプリミシアス以下の上院議員の説得に努めたが、彼等は最も強硬に専門家会議合意議事録及びその付属書をも批准書そのものに織込むことを主張して止まず、国際法の慣習に必ずしも従う必要なかるべしとの極論まで持出す次第にて如何ともし難く、何んとか妥協して欲しいと訴えたが、小官は右が問題外なることを主張し押問答を重ねたが、結局最後に彼我の批准書の内容が違つてもよいとのロハスの進言に基きフィリピン政府の批准書の末尾に専門家会議の合意議事録とその付属書を添付するが、日本政府の批准書にはこれを添付しなくともよいとの妥協案を出した。

(二)次いでネリは我方の賠償協定批准書が五千万ドル交換公文年次計画につきての交換公文実施細目の交換公文及び合意議事録の写を accompany するだけなることに異議を申立又押問答を重ねた揚げくネリは最後に他については譲るとしても少くとも賠償協定の不可分の一体をなす五千万ドル交換公文は協定付属書と共に批准書に明記されるのが当然なりと主張し、小官より交換公文は通例批准の対象とならぬこと従つて批准書にこれを明記することに日本政府が同意するや否やは不明なるも同意するとしても国内手続の必要より二十三日の交換は延期するの止むなきに至る惧れあることを指摘したところネリは是非明記されることとせられたくその為に若干交換が延期されても止むを得ずと述べ譲歩しなかつた。

㈢以上の如き会談の結果ネリの提案した批准書交換調書案の第二文(貴電第三九五号)以下は別電の通り。

二、正午会談を終え辞去したがネリは追つかけて電話をもつてプリミシアスは略々妥協案に満足したが、たゞ批准書交換調書に触れなくともよいからフィリピン政府の批准書の末尾に卜部、ネリ書簡を添付すべしと主張して譲らないので右につきても日本政府の了解を得て欲しいと申越した。

三、小官の説得効を奏せず申訳なき儀ながらネリも上院の主張が必ずしも妥当ならずと認めながら、なお且つその譲歩し得るのは、上記のところまでなりとなしおる次第なるについては、この際この程度の妥協案にて批准書交換を行うこととせられるようお願いする。

(別　電)

マニラ　7月20日後1時59分発
本　省　7月20日後3時33分着

第六〇三号(別電、大至急)

往電第六〇二号別電

The instrument of ratification of the Government of Japan of the Reparations Agreement, the Annex thereto and the notes exchanged concerning the allocation of the amount mentioned in Article 1 of the Agreement, was accompanied by a copy each of the following documents signed by Minister of State, Tatsunosuke Takasaki, Plenipotentiary of Japan, and by Ambassador Felino Neri, Plenipotentiary of the Republic of the Philippines, at Manila on May 9, 1956:

(1) The notes exchanged concerning the annual schedules mentioned in Article 4, paragraph 1 of the Agreement;

(2) The notes exchanged concerning details for the implementation of the Agreement, and

(3) The "Agreed Minutes to the Reparations Agreement between Japan and the Republic of the Philippines and the Exchange of Notes concerning Details for the Implementation thereof."

The instrument of ratification of the Government of the Republic of the Philippines embodied the text of the Agreement, the Annex thereto and the notes exchanged concerning the allocation of the amount mentioned in Article 1 of the Agreement and the supporting documents mentioned above, including the "Agreed Minutes of the Technical Conference on Reparations between Japan and the Philippines", together with their appendices, signed in Tokyo on June 14, 1955.

The respective instrument of ratification of the Agreement aforesaid, the Annex thereto and the notes exchanged and other supporting documents, having been examined and found to be in due form, the exchange thereof took place this day.

523

昭和31年7月20日　重光外務大臣より
在マニラト部在外事務所長代理宛(電報)

フィリピン側批准書の内容に同意するもわが方批准書の修正は行い難き事情につき再説得方訓令

別　電　昭和三十一年七月二十日発重光外務大臣より在マニラト部在外事務所長代理宛第三六四号
フィリピン側批准書交換調書案の修正箇所について

本　省　7月20日後8時40分発

第三六三号(至急)

貴電第六〇二号に関し

一、比側がその批准書の末尾に専門家会議の合意議事録とその付属書を添付することに同意する。

二、協定附属書は日本側批准書に挿入するが、五千万ドル分交換公文を日本側批准書にembodyすることはできない。

三、比側がその批准書の末尾にト部ネリ書簡を添付するは止むを得ないが、その内容及び添付の事実は極秘とせられたい。

四、貴電第六〇三号の比側案に対し別電第三六四号の修正を提案せられたい。

五、日本政府としては既に批准書作成手続を了しておりこれを変更することは極めて困難であり、法制局及び内閣はこれに強硬に反対すると予想される。(国際慣例上もまたわが国の先例上も交換公文を批准したことはない。)批准書交換が多少、延引するも止むを得ないからこの上とも比側を説得に努められたい。

右貴方お含みまで

（別　電）

本　省　7月20日後8時53分発

第三六四号（至急）

貴電第六〇三号に関し

一、冒頭貴電の第一文は the instrument of ratification of the Government of Japan of the Reparations Agreement and the Annex thereto was accompanied by 以下同じとし⑴として the notes exchanged concerning the allocation of the amount mentioned in Article 1 of the Agreement; をかかげ、冒頭貴電の⑴⑵⑶を夫々⑵⑶⑷とする。

二、従って冒頭貴電の第二文の embodied 以下は embodied the text of the Agreement, the Annex thereto, the supporting documents mentioned above, and the "Agreed Minutes" 以下同じとする。（専門家会議の合意議事録は第一文の supporting documents には含まれていないから including の語を落した。）

三、冒頭貴電の第三文の instrument を複数とする。

524

昭和31年7月21日　在マニラ卜部在外事務所長代理より重光外務大臣宛（電報）

批准書及び交換調書内容に関するネリ首席代表との協議結果につき報告

マニラ　7月21日後1時38分発

本　省　7月21日後3時21分着

第六〇七号（大至急）

貴電第三六三号に関し

一、二十一日影井を帯同ネリを往訪貴電一、二、三、の点を伝えるところネリは批准書は公表されないので卜部・ネリ書簡関係も極秘となるので御心配なきも二、の点は何んとかならないかと問うたので我国にその先例なく、国際慣例上もその例なく、問題外なりと突き放したところ、ネリはこの点も了承した。

よつて往電第六〇三号に貴電第三六四号の修正を施して作つた交換調書案を示したところネリは第三文即ち比側批准書に関するセンテンスより五千万ドル交換公文をおとし、これを the supporting documents mentioned above に含ませることに難色を示し、このセンテンスは比側批准書に関するものなるにつき右交換公文を特記したいと主張したが小官は、他の文章と区別せんとせばこのライセンス《（センテンスカ）》がきたなくなること及び効果には何等相違無きことを指摘、ネリも時間節約のためと称して同意した。

なお、このセンテンスのin Tokyoはat Tokyoと変更。

（以下暗号）

比側の感情を殊更刺戟されないよう御配慮相成りたい。

二、我方批准書に付属文書の写しをさしはさむにあたつては本文とは区別しても、余り本文と切離されていることが顕著でないようにせられたい。

525　昭和31年7月21日　在マニラト部在外事務所長代理より重光外務大臣宛（電報）

批准書内容の変更を要求せるフィリピン側内部事情について

マニラ　7月21日後2時35分発
本　省　7月21日後4時40分着

第六一〇号

貴電第三五八号の三、に関し

批准は行政府の権限であり立法府は行政府の批准に承認を与えるのが立権《（憲カ）》主義の原則であり、フィリピン憲法第七条第十款(7)も当然右の如く解釈すべきものなるところフィリピン上院はかねてより大統領の権限を嫉妬隙あらばこれを制限し、又は簒奪せんとする傾向あるは御承知のとおりなるところ今回の賠償協定可決に当つても上院は可決決議文中に賠償協定及びその付属文書を上院が批准するとの文句を挿入した次第で右の如き事情のため批准書には可決決議文の触れた一切の文書の明記を要求したものと認められる。二十日或るパーティで外務省某局長はロハス大統領時代にもかかる動きあり、これを事前に封じた旨内話していた。従つてネリも上院の要求が理不尽なることを充分熟知していたと認められ、ネリが当初より大統領教書をドロップし、又賠償協定説明書を（いづれも比側の一方的文書）ドロップすることにつき上院を説得したのはその証左と存ぜられる。又ネリはいたずらに事柄を遷延するのみならず最悪の場合賠償協定の承認を得られなくなるを惧れて大統領の拒否権発動はもとより上院の再考慮を求めることすらなさなかつたのが実情と認められる。屢次往電のネリの説明はいかにも苦しいものあり、納得しかねたが、ネリとしてはその個人的利害関係に繋ながる真相は外国使臣に洩し得なかつたにあらざるやと存ぜられる。

右御参考まで。

526　昭和31年7月23日

日本国とフィリピン共和国との間の賠償協定の批准書交換調書

PROTOCOL OF EXCHANGE OF INSTRUMENTS OF RATIFICATION

The undersigned, Mamoru Shigemitsu, Minister for Foreign Affairs of Japan, and Jose F. Imperial, Chief of the Philippine Mission in Japan, being duly authorized by their respective Governments, have met for the purpose of exchanging the instruments of ratification by their respective Governments of the Reparations Agreement between Japan and the Republic of the Philippines, signed and sealed at Manila on May 9, 1956.

The instrument of ratification of the Government of Japan of the Reparations Agreement and the Annex thereto was accompanied by a copy each of the following documents signed by Minister of State Tatsunosuke Takasaki, Plenipotentiary of Japan, and by Ambassador Felino Neri, Plenipotentiary of the Republic of the Philippines, at Manila on May 9, 1956:

（1）the notes exchanged concerning the allocation of the amount mentioned in Article 1 of the Agreement;

（2）the notes exchanged concerning the annual schedules mentioned in Article 4, paragraph 1 of the Agreement;

（3）the notes exchanged concerning details for the implementation of the Agreement; and

（4）the "Agreed Minutes to the Reparations Agreement between Japan and the Republic of the Philippines and the Exchange of Notes concerning Details for the Implementation thereof".

The instrument of ratification of the Government of the Republic of the Philippines embodied the text of the Agreement, the Annex thereto, the supporting documents mentioned above, and the "Agreed Minutes of the Technical Conference on

Reparations between the Philippines and Japan", together with their appendices, signed at Tokyo on June 14, 1955.

The respective instruments of ratification of the Agreement aforesaid, the Annex thereto and the notes exchanged and other supporting documents, having been examined and found to be in due form, the exchange thereof took place this day.

IN WITNESS WHEREOF, they have signed the present Protocol.

DONE in duplicate, in the Japanese and English languages, both texts being equally authoritative, at Tokyo this twenty-third day of July, 1956.

FOR THE GOVERNMENT OF JAPAN:

Mamoru Shigemitsu

FOR THE GOVERNMENT OF THE REPUBLIC OF THE PHILIPPINES:

José F. Imperial

批准書交換調書

下名の日本国外務大臣重光葵及び日本国駐在フィリピン共和国使節団長ホセ・F・インペリアルは、各自の政府により正当に委任を受け、千九百五十六年五月九日にマニラで署名調印された日本国とフィリピン共和国との間の賠償協定の各自の政府の批准書を交換するため会同した。

賠償協定及びその附属書の日本国政府の批准書には、千九百五十六年五月九日にマニラで日本国全権委員高碕達之助国務大臣及びフィリピン共和国全権委員フェリノ・ネリ大使によつて署名された次の文書の写各一部が添附されていた。

(1)協定第一条に定める額の割当に関する交換公文

(2)協定第四条1に定める年度実施計画に関する交換公文

(3)協定の実施に関する細目に関する交換公文

(4)「日本国とフィリピン共和国との間の賠償協定及び同協定の実施に関する細目に関する交換公文についての合意議事録」

フィリピン共和国政府の批准書には、協定、その附属書、前記の補足文書並びに千九百五十五年六月十四日に東京で署名された「フィリピン共和国と日本国との間の賠償に関する専門家会議の合意議事録」及びその附属文書の正文が入れられていた。
前記の協定の批准書、その附属書及び交換公文その他の補足文書は、相互に点検され、かつ、妥当であると認められたので、その交換は、本日行われた。
以上の証拠として、下名は、この調書に署名した。
千九百五十六年七月二十三日に東京で、ひとしく正文である日本語及び英語により本書二通を作成した。
日本国政府のために
重光葵
フィリピン共和国政府のために
José F. Imperial

527 昭和31年7月25日　外務省告示

日本国とフィリピン共和国との間の賠償協定の発効及びフィリピンのサンフランシスコ平和条約批准書寄託について

外務省告示第七十七号
昭和三十一年五月九日にマニラで署名調印された日本国とフィリピン共和国との間の賠償協定の批准書の交換は、昭和三十一年七月二十三日に東京で行われ、かつ、フィリピン共和国は、千九百五十一年九月八日にサン・フランシスコ市で署名された日本国との平和条約の批准書を昭和三十一年七月二十三日にアメリカ合衆国政府に寄託した。よつて、同協定は、その第十三条の規定に従い、昭和三十一年七月二十三日に効力を生じた。
昭和三十一年七月二十五日
外務大臣　重光　葵

五　対ベトナム賠償交渉

1　沈船引揚協定交渉の開始

528

昭和26年9月7日

サンフランシスコ講和会議におけるトラン・バン・ヒュー・ベトナム代表演説

○トラン・バン・ヒュー氏(ヴィエトナム代表)　議長、代表各位、紳士並びに淑女諸君、われわれが日本との平和会議の仕事に参加するため今日サン・フランシスコに参りましたことは感激の至りであります。われわれが今日ここに出席し得たのは偏に戦死者並びに背後に四千年以上の歴史を有するわが民族の将来を守護することができるように苦難に耐え忍んできたわが国民の偉大な犠牲的精神に負うものであります。その抱懐するイデオロギーがいかなるものにせよ過去二日間ここで発言したすべての者が一致して承認したとおり、日本の占領により被害を受けたすべての国民がこの会議に列席する権利を持つているとするならば対日平和条約に関し、ヴィエトナムが一言を述べる権利を有することは論議の余地なき所であります。何となればヴィエトナムは、アジア全民族中物質的のみならず、その人民の生命においても最大の戦禍を蒙つたものであることは誰しも否めないところであるからであります。そして占領の悲劇的環境が悲惨な結果に陥し入らしめた幾多ヴィエトナム人に対し私が今日敬虔な思いを致さなかつたならば、私はわれわれの死者に対する追悼の義務に欠くることになるでありましよう。わが国の蒙つた物質的損失もこれに劣らず甚大であり、且つわが経済は、今もなお困苦の裡にあります。道路、橋梁は断たれ、村々は破壊され、病院、学校は損失を蒙り、港湾、鉄道は爆破された。すべては再建されなければならず、しかも不幸にもわれわれが現在可能以上の資源を必要としております。

この故にこそ、この条約起草者の寛容を称賛しながらも、われわれは、今や見解を披瀝しなければならず、この見解を本会議が記録することを要請するものであります。

アジア人としてわれわれはこの平和条約締結の後にアジア国民に対し新たな前途が開かれていることを衷心より喜ぶものであります。われわれは、日本のように真面目で勤勉なアジア国民の再建のため貢献する上に努力することを吝むものではなくアジア人は、われわれ共通の繁栄の主たる担い手でなければならず、且つすべての帝国主義の一掃に対し自分自身でこれに当らなければならないこと、そして世界新秩序樹立のためアジアの団結は、ヨーロッパの団結に劣らず重要であることを確信するものであります。このことは、この二つの団結がいつか対立するであろうことを意味するものではなく一度び西欧諸国が平和到達のためアジア人を援助し、一度びアジアに平和が樹立された暁には、アジア人は、もはや他人に頼ることなく逆に自分自身の生活を確保するため努力しなければならないことを意味するだけであります。すなわちこれが少くともヴィエトナムの抱負であり、且つ苛酷な変化に拘らず、わが国の厳たる国風であります。しかし独立民族は、誇り高き民族でなければならないしまたここに再び意義深く且つ立派な国民生活を始めようとしてこの会議で五一ヵ国の調印を要請するためここに来ている日本の矜持を傷つけるようなことは何もしないというのがわが民族が高く評価している誇りだからであります。それにも拘わらずこの条約草案は、日本の手により被害を蒙つたものに対する賠償を受ける権利を明示していますが主として労務提供の形式により与えられる賠償は、原料を殆ど持つていないヴィエトナムには、余り役に立たないのであります。日本と同様ヴィエトナムは、その経済再建のため大量の資本導入を必要とします。この故をもちまして、主として労務提供による賠償を受けることとは法定通貨でない貨幣を受取ることと同じようなものであります。

故にわれわれは他のもつと有効な支払形式が研究され規定された手段に加うるに通常の賠償を特に期待していることを要請しなければならない、そしてわれわれは、その時期の早急に来ることを希望すると共にその時には復興した日本経済がその義務の履行を可能にするに至るでありましよう。

この要求がわが国の経済復興達成及びわが国民の真の社会改善実現のための必要以外の他の何等かの感情に基くか

のごとく取られることはヴィエトナムとして遺憾の極みであります。この目的は、現在われわれの自由の擁護及び平和の奉仕のため大部分供せられている莫大な資源の活用によつてのみ達成しうるのであります。

故に、われわれの地域に関しては、集団的安全保障の方式が望ましいものであり、これによりわれわれの努力を完成させうるとわれわれには思われます。

この問題に対するわれわれの考えは昨日この演壇において秀れたフランス代表が述べられました所と同様であることが判り欣快に堪えません。

同一の危険に脅かされているすべての国の防衛のための相互援助条約は世界の該地域に安定した平和を確保する性格をもつたものであります。

ヴィエトナムはかかる平和の仕事に熱烈に賛意を表する次第であります。また不和の芽を刈取るためわれわれに提供されたあらゆる機会を率直に利用しなければならないので終始ヴィエトナムに所属していた新南群島及び西沙群島に対するわが国の権利を確認するのであります。

以上の諸点を指摘した後にわれわれは、国連憲章の精神に一致して起草され、何等の制限的若しくは懲罰的性質を帯びないこの条約草案は歴史上前例のない和解に対する称賛すべき努力の生きた表現であることを認識したいのであります。われわれは世界平和を鞏固にさせるために日本がこれから充分に利益を受けることを衷心より希望してやまないのであります。

編　注　右演説は昭和二十六年九月二十日、外務省編「サン・フランシスコ会議議事録」より抜粋。

529

昭和27年1月28日　条約局第三課作成

日本とフランス及び仏印間の戦争の始期並びに賠償範囲に関する条約局第三課見解

日本、フランス（及び仏印）間の戦争の始期等に関する若干の問題について

五二、一、二八（条三）

一、日本、フランス関係の概観

今次大戦中日本とフランスとの間に生じた重要事件

は、次の通りである。

(1)一九四〇年六月一七日、フランスの対独降伏後、ヴィシーにペタンを首席とする政府が成立したが同政府は仏国内法上、合法的に成立したものであつて当然フランスを代表し、両国間の国交は従来の如く維持された。

(2)一九四〇年八月三〇日の松岡・アンリー協定により九月二三日日本軍は北部仏印に進駐した。この進駐にあたつて、日本軍、仏印軍間に軽微な戦闘が行われた。

(3)一九四一年七月二九日、仏印の共同防衛に関する日本国、フランス国間議定書が成立、これに先立ちヴィシー政府との合意の上同二六日日本軍は南部仏印に進駐した。

(4)一九四四年九月四日、駐日仏大使は、ペタン首席の独側による連行のためペタン政府は存在せず、仏国正統政府が成立すれば、これに服従せざるを得ず、仏印も同様正統政府の対日関係に従うことになるとの見解を披瀝した。

(5)一九四五年三月九日、日本は仏印における「フランス出先官憲の態度が共同防衛の実を示さざるに至つた」(帝国政府声明)ことを理由として、仏印単独防衛の措置をとることに決し、二時間を期限とする通ちようを発し、全仏印を日本軍の管理下に置いた。この武力処理に当つて、仏印軍の軽微な抵抗が行われた。

(6)一九四五年九月二日、連合国の一員としてフランスは降伏文書に調印した。

以上が第二次大戦終結に到るまでの日本・フランス関係の経緯であり、日本は最後までフランスを敵国として取扱わず、終戦に際して在仏印日本軍は英国軍に降伏した。

二、問題点

以上の日本・フランス関係をめぐつて現在生じている問題は次の通りである。

(Ⅰ)日本とフランス間には何時戦争状態が発生したか。

(Ⅱ)日・仏印共同防衛は有効であつたか。もし有効であつたとすれば、それは何時までか。日仏間に戦争状態が発生した日までか、ド・ゴールの仏臨時政府が連合国により承認された日までか、あるいは日本軍が仏印をその管理下に置いた日までか。

(Ⅲ)日・仏印共同防衛下の日本軍の与えた損害はサンフラ

ンシスコ平和条約による賠償に含まれるべきものか。

三、問題点の検討

(I)日本・フランス間の戦争状態の始期について

通説によれば戦争状態は宣戦布告、最終通牒(後カ)、敵対行為等によつて開始する。敵対行為による場合は戦争と同様な程度の大規模なもので、戦争の意思を必要とする。

今次大戦を通じて日本側及びヴィシー政府側に互に戦争を行う意思がなかつたことは明らかである。しかしフランスは連合国の一国として降伏文書及び平和条約に調印しているので日仏間に戦争状態がなかつたと主張することは不可能である。従つて日仏間に戦争状態が存在したことを前提として、次の二つの点を明かにする必要がある。

(a)ド・ゴール政権は果して日本に対して国際法上の戦争を行いうる政府であつたか。即ち同政府の事実上及び法律上の地位如何。

(b)同政府は対日戦争を行う意思を有効に表示したか。

ここでは便宜上(b)を先に検討し、次いで(a)に移ることにする。

(一)ド・ゴール政府の対日戦争の意思表示

ド・ゴール政府が対日戦争の意思を表示したのは次の三回である。

(1)一九四一年一二月一〇日当時ロンドンにあつたド・ゴール政府は、英国と共に対日戦争宣言を行つた。

(2)一九四三年一二月頃ド・ゴールは、「フランスは一九四一年一二月七日以来日本と交戦関係にある」と宣言した。(講和資料第二六号一一頁)

(3)ド・ゴール政府は一九四四年八月パリを回復後同月二九日、フランスは一九四一年一二月八日以来日本と戦争状態に在ることを重ねて明らかにした。

注　仏臨時政府は二九日ラヂオニ依リ左ノ通リ声明セリ

仏国ハ一九四一年一二月八日以来日本ト戦争状態ニアリ。現ニ海上ニ於イテ日本ト戦争シツツアリ。而シテ連合諸国側ニ組シテ仏国領土ガ解放セラルルノミナラズ、亜細

亜及欧洲ニ於ケル仏国ノ敵ヲ撃退スル迄全力ヲ以テ戦争ヲ継続スベシ。（ロイター電）

（八月三〇日　在ストックホルム岡本公使発公電）

猶ディリー・テレグラフ紙三〇日記事は次の通りである。

France intends to fight on against Japan, it was declared in a statement issued by the French Provisional Government and in the broadcast last night by Radio France.

戦争は国家の一方の意思によつて開始することが出来る。故に国家間の平常関係が戦争状態に変化するためには当事者の一方のみに此の意志があるを以て足りる。前述の三要件はこの国家意思が外部に何らかの形をとつて表示されることを必要としたものである。

ド・ゴール政府によつて行われた以上三つの戦争宣言を検討すると(1)及び(2)は後述する如くフランス国を正式に代表したものの宣言ではないからフランス国の対日宣戦としては無効である。(3)は当時ド・ゴール政府が首都を回復し実効的な支配を仏本土に及ぼさんとしていたことに鑑み、検討に価すると思われる。

一九四四年八月二九日のド・ゴール政府の対日戦争宣言は開戦の手続としての戦争宣言の厳格なる要件、即ち理由を付すること、或は外交使節を経て文書を以て通告すること（この点学説は一致していない）等を満たすものではないが、上述の理由により戦争状態を有効に発生せしめるに充分と解するのも無理ではないであろう。但しこの声明は戦争の開始を一九四一年一二月八日に遡及させているが、かかる長期の遡及は認められていない。開戦前に既に何等かの敵対行為が存在し、開戦後の敵対行為と有機的連絡がある場合でも、学説は遡及を認めていない。開戦の効果は常に宣言の事後に適用さるべきものであり、従つて戦争状態の開始を遡及させたことは無効である。但し声明そのものが無効であるのではなく、その対日戦争意思表示はその時から効力をもつものと解する余地がある。

猶同声明中の海上に於いて既に日本と交戦中云々とあるのは普通開戦の要件と認められる敵対行為の存在には一国の戦意の表示と考えられるに足る程度のものでなくてはならない点に鑑み、日仏間に戦争状態を発生せしめるには到らないものと考える。

従つて、今暫くド・ゴール政府の事実上、法律上の地位を不問に付するならば、この八月二九日の声明はそれ以後日仏間に戦争状態を発生させたと解する余地がある。

(二)ド・ゴール政府の事実上及法律上の地位

ド・ゴール政府は、一九四〇年六月二二日前仏国国防次官ド・ゴールによりロンドンに設置された「臨時フランス国民委員会」に起源を有する。同委員会は、一九四一年九月二五日その構成を発表し政権としての性格を明らかにした。

英国はフランス降伏直後フランス(ヴィシー政府)との国交を断絶したが、米国はこれと正常の国交を維持した。しかし太平洋戦争勃発後、米国はド・ゴール支持に傾き、一九四二年三月三日南太平洋の仏領諸島の共同防衛協定をド・ゴール政権との間に締結し、同年四月四日には同政権との正式協力の態度を明らかにした。

この間におけるド・ゴール政権の国際法上の地位はフランス本国の正統政府たるヴィシー政府に反抗する叛乱団体であることは問題ないが、連合国はこれを交戦団体として取扱うわけでもなく、またフランス政府として看做したわけでもなかつた。単に地方政権として取扱つたようである。

従つて米国がド・ゴール政権との間に取極めた協定は地方政権との協定と考えられる。

一九四二年一一月北アフリカの仏領に連合軍が進撃するやフランス政府(ヴィシー政府)は一一月八日米国との国交を断絶した。同月一五日ダルラン(後ジロー)を首席とする政権がアルジェリーに樹立され、十二月七日米国はこの政権と軍事協定を締結した。

一九四三年六月三日、ド・ゴール派とジロー派の合流成り解放フランス国民委員(Comité français de la

Libération nationale)会が設置された。同年八月二六日、米英ソはこの解放委員会に承認を与えたが、その際米大統領は左記声明においてこの承認が政府の承認でない旨を明らかにした。

The Government of the United States takes note, with sympathy, of the desire of the committee to be regarded as the body qualified of French interests.

The Government of the United States recognizes the French Committee of National Liberation as administering those French overseas territories which acknowledge its authority. This statement does not constitute recognition of a government of France or of the French Empire, by the Government of the United States.

当時同委員会は未だ政府としての承認を要求していなかつた。すなわちフランス国の利益の管理及び保護を確保する権能ある団体として承認されることを希望しているに過ぎないのであつて、その地位は依然事実上の地方政府 Gouvernement de fait local に留つたと考えられる。

一九四四年六月三日解放委員会は共和国臨時政府 Gouvernement provisoire de la République と改称した。委員会と政府との間には、その権限、機構、また実力において根本的変化は認められないが、ド・ゴール政権が始《(初カ)》めて自ら仏国の政府であることを主張した点は注目すべきところである。

この臨時政府は連合軍のパリ回復と時を同じくして八月末パリに移つたのであるが、米英はこの政府を仏国における事実上の政権(de facto Authority in France)と考える旨発表した(八月二五日)が一〇月二三日に至りこの事実上の政権を仏共和国政府として承認した。この承認は完全な意味の政府の承認(法律上の承認)であり、仏国を代表すべき適法なる政府と認めたものである。以上がド・ゴール政権がフランスを国際法上正統に代表する政府として連合国に承認されるに至つた経緯である。同政権と日本との関係は次のように解するのが適当である。すなわち一九四五年九月二日の降伏文書によつて日本の降伏は正式に法的効力を生じたのであるが、この文書にはフランスも調印しているので日本はこの文書に調印することによつてフランスの政府に対して黙示的承認を与えたことになる。この承認は法律上の承認であるからその効果は政府が事実的に確立した時まで遡及する。すなわちこの時以後の同政府の行為は日本との関係において適法のものとして認められるのである。

しからば一九四四年八月パリに入つた臨時政府は当時既に実効的な統治を行い得る政府であつたか。すなわち連合国から未だ国際法上の承認は受けていないにせよ、上述の意味での戦争を開始し得るに足る確立した政府であつたか、もしそうであつたとすれば何時からかと云う困難な問題が生ずる。当時ヴィシー政府は仏本国に対して何等統治権を有しなかつたのみならず、ペタン首席が一切の公職を退き全く消滅状態にあつたのであるが、この点に関しボルドー大学法学部教授Duvergerは一九四四年八月に唯一のフランス国政府がパリに樹立(s'installer)されたと記している。(Les Constitutions de la France, p. 102)ド・ゴールは二五日パリに入り二九日には臨時閣議を開いた。従つて二九日には臨時政府は既に政府としての機能を果し始めていたと見ることが出来よう。従つて二九日の対日戦争宣言は日本との間に戦争状態を発生せしめたと解するのも強ち無理ではない。

(Ⅱ)仏印共同防衛の有効性について

仏印共同防衛議定書が有効に成立したことは明瞭である。何となればその成立当時(一九四一年七月二九日)ヴィシー政府はフランスを正統に代表する政府であり、それは米国によつても認められていた。ただ問題はその終期であるが、これは日仏間に戦争状態が発生した時とすべきである。何となれば戦争状態は二国間の政治的条約の効力を失わせるものであるからである。

(Ⅲ)仏印共同防衛と賠償問題

仏印共同防衛議定書が有効であつた期間に日本軍が与えた損害は平和条約第十四条(a)の「戦争中に生じさせた損害」ではない。従つて本条に基き支払うべき賠償には入らない。「この戦争中に」と云う言葉は次の「連合国」という語と相関連しているのであつて、即ち当該連合国との関係に於いて日本がその連合国との戦争中に生じさせた損害を賠償するの意である。故に日本軍が仏印においてフランスとの戦争状態が発生する前に与えた損害はたとい日本が対米英戦中に生じさせたものであつても対仏戦争中に生じさせたものでないから第十四条の「損害」に入らないと解する。

次に第十四条(a)1の「現在の領域が日本国軍隊によつて占領され、且つ、日本国によつて損害を与えられた連合国」にヴェトナム、ラオス、カンボディアが入ることは明らかである。従つてこの三国に対しては「与えた損害を修復する費用をこれらの国に補償することに資するため」に、これらの連合国が希望するときは、賠償を行う義務が生ずる。しかしフランスとの関係においてはそういう意味における賠償の義務は生じない。但し戦争状態が発生する前に生じさせた共同防衛下の損害から生じた請求権は平和条約第十八条の問題として残る。

四、結論

㈠日仏間の戦争状態は一九四四年八月二九日に発生した。

㈡仏印共同防衛は有効に成立した。その終期は戦争状態の始期と一致する。

㈢共同防衛下に日本がフランスに与えた損害は平和条約の賠償には入らないが、戦争状態の存在前に存在した請求権として残つている限り平和条約第十八条の問題として残る。

猶前記ド・ゴールの対日宣戦にあるように一二月八日説をとつた場合の賠償関係は次の通りである。即ち八月二九日説をとつた場合、戦争状態の存在前に存在した請求権として戦後も存続する筈であつたフランス側の債権が、開戦を一二月八日に遡らせることによつて第十四条(b)において放棄される請求権に入ることになる。その点日本側に有利であるが、同時に第十四条(a)の「戦争中に生じさせた損害」の時期が拡張される。この損害は所謂役務賠償によつて損害修復の費用の補償に資すべきものであるが、これはフランスに対して賠償すべきものではない。従つてフランスとの関係においては一二月八日説をとる方が我方に遙かに有利となることは明らかである。

530

昭和27年4月30日　シューマン仏国外務担当国務大臣より吉田外務大臣宛

サンフランシスコ平和条約締結による外交関係再開にあたり在仏国日本大使館再設置を承認する仏国側書簡

LIBERTÉ·ÉGALITÉ·FRATERNITÉ
RÉPUBLIQUE FRANÇAISE
MINISTÈRE DES AFFAIRES ÉTRANGÈRES

PARIS, LE 30 avril 1952

Monsieur le Ministre,

Par lettre en date du 21 de ce mois, Votre Excellence a bien voulu me faire connaître la décision prise par le Gouvernement japonais de rétablir l'Ambassade du Japon en France à partir de la date de la mise en vigueur du Traité de Paix signé entre nos deux pays à San Francisco, le 8 septembre 1951, et me demander d'accorder à M. Toru HAGIWARA, désigné pour la gestion de l'Ambassade en qualité de Chargé d'Affaires du Japon, les facilités nécessaires à l'accomplissement de sa mission.

J'ai l'honneur d'accuser réception de cette communication dont j'ai pris bonne note.

Je saisis cette occasion pour renouveler à Votre Excellence les assurances de ma plus haute considération.

Maurice Schumann

Son Excellence
Monsieur Shigeru YOSHIDA
MINISTRE DES AFFAIRES ETRANGERES
TOKIO

531

昭和27年6月4日　アジア局第三課作成

インドシナ三国の対日外交関係設定に関する仏国参事官の内話について

インドシナ三国との外交関係に関する件

昭二七・六・四

インドシナ三国中、カンボディアは六月二日桑港平和条約の批准書を米国国務省に寄託したが、本件に関連し、三日夕在日仏大使館にル・ジュニツセル参事官を往訪したところ、同参事官はインドシナ三国との外交関係その他について要旨次の如く談話した。

一、インドシナ三国中、ラオスは三月二十七日（議会の承認を得て国王が）、カンボディアは四月九日（同上）、ヴィエトナムは五月九日（閣議の承認を得て皇帝が）にそれぞれ対日平和条約を批准している。

二、カンボディアが今般最も早く批准書を寄託したのは、三国中同国のみがワシントンに公使館を設置しているためである。

ヴィエトナムとラオスに関しては、近くヴィエトナムの前経済相トラン・ヴァン・カー（Tran Van Kha）が初代の駐米大使としてアメリカに赴任することになつているので、その際ヴィエトナム及びラオス両国の批准書を携行寄託する筈である。その時期は二、三週間後となるであろう。

三、三国との外交関係開始については、日本側が非常に急ぐのでない限り、三国側のイニシアティヴを待つていてよいのではないかと自分は考える。

なお、本件に関連し、サイゴン駐在のフランス外交顧問（Diplomatic Councillor）が近く（七、八月頃）訪日する予定であるから、その際は日本側とも充分打合せをしたい。

四、日本側がサイゴンに公使館を設置し、これを以て三国に対する公使館とする意向であることは了承している。三国側について云えば、カンボディアは本年二月日本に領事館を開きたい旨言明したことを非公式に聞いている。しかし、領事館では仏大使館に従属（depend）することになるので、われわれとしては同国が独立国として公使館を開くよう希望している。また、ラオスは貧しい小国であるから、恐らく日本に在外公館を開かないものと思われる。（外交事務に関しては他の二国の何れかに委託することになるであろう。）

五、外交関係開始に関しては賠償の話もでるであろうが、自分としては、賠償に関しては日本側に非常なトラブルをかけることはないと考える。ことにカンボディアは富める国であり、先に来朝した国王は親日家である。（同国王を聡明有能な青年として激賞し、且つ来朝の際の日本側の配慮を謝していた。）また、ラオスは、あまり賠償問題に関心をもつているとは見受けられない。

〰〰〰〰〰〰〰〰

532　昭和27年10月9日　在仏国西村（熊雄）大使より　岡崎外務大臣宛

インドシナ三国の対日外交関係設定に関する仏国国務大臣の内話について

第五〇〇号

昭和二十七年十月九日

在フランス

特命全権大使　西村　熊雄〔印〕

外務大臣　岡崎　勝男殿

ルトウールノー大臣との会談の件

八日仏印三国担当 Letourneau 国務大臣との会談要旨左のとおり御参考まで

一、仏印三国の現状

仏印の状況は大体満足である併し今日フランスが軍隊をひきあげれば仏印は無政府状態になり現に仏軍のため敗者となっているものが勝者となること確実である、仏国は越南国軍の育成強化に努めておりその成果は満足すべきものがある国軍の強化につれ仏軍を徐々に撤退する方針である、他面政治担当の現地人の育成に努めているが、これには多大の困難を感じている。

二、公使交換問題

仏印三国担当国務大臣はかつての英国における自治領省に該当する、仏印三国の外交関係設定は自分の主管である。日本との外交使節交換についてはいまだ考慮決定したことはないが、日本政府から提議されれば考える、人と財政関係から多少の時日を要するし、又、越南は使節を派遣することが考えられるが他の二国は従前どおり仏本国において代行されたと（ママ）いうことになろう、又外交開始に関連し賠償を考えてほしいとの要請がでるであろう、日本の使節がサイゴンにいて三国を兼任することは米国の例もあり支障ない。

三、経済問題

日本と経済関係の増進は最も希望するところで仏印側も努力している、最近の稲垣使節団の来訪は現地に頗るいい印象を与えた旨電報に接した。

同大臣は十三日仏印へ出発、十一月帰巴の予定その節再会を約しておいた。

533 対日外交関係設定及び賠償問題に関するベトナム高等弁務官の見解につき報告

昭和27年12月4日　在仏国西村大使より岡崎外務大臣宛

第六八四号（至急情報）

昭和二十七年十二月四日

在フランス
特命全権大使　西村　熊雄〔印〕

外務大臣　岡崎　勝男殿

在仏ヴイエトナム高等弁務官 Buu Luc 殿下と会談報告の件

十二月二日在仏ヴイエトナム高等弁務官 Buu Luc 殿下（保大帝の従弟）を往訪し、「最近ヴイエトナム政府が日本と外交関係を設定することに方針を決定された趣を知り欣快とする。日本は、ヴイエトナムが独立国として平和と繁栄を速かに取り戻すことを衷心希望する。日ヴイ相互の関係は、歴史的にも、政治的にも、経済的にも親近たるべき運命にある。特に経済の面においては、相互補完の関係にあつて、ヴイエトナムにおける国内安定の回復は、必然に、日ヴイ交易の増進を招来する。ヴイエトナムが共産軍に対する戦争において勝利を得んことを切望する。」との趣意を述べたところ、同弁務官は、「ヴイ日両国の親善関係増進の重要性と必然性とは、同様、自分の信念である。日本が不幸な戦争にかかわらず、天皇制を保持し、且つ、同族相討つ悲惨事を体験することなくして、独立回復までに至たられたことを、日本のため、心からよろこびたい。ヴイエトナムは、今、共産軍と戦いつつあり、事態は安易でないけれども、支那からくる外寇を撃退して独立を守りおおせたものは、日本と、ヴイエトナムあるのみである。ヴイエトナムの歴史と国民性からみて、最後の勝利がヴイエトナムの手にあると信じている。」と答えた。仏印について互に懐旧談を交えた後、話題は十一月二十日巴里で開催された仏連合最高会議に移し（同高等弁務官は、ヴイエトナムの代表の一人として出席した。）本使から同会議の議事に関し、質問を発し次のような説明を得た。

(イ)席上発言者の多数は、日本と仏印三国との間の諸懸案（そのうちに通商居住条約も含まれる）が解決をみた上で日本と外交関係を設定すべきだと主張したが、自分は、断乎として、それは主客転倒で先ず外交関係を設定した上で外交機関を経由し二国間で懸案を解決すべきであると主張し、オリオール大統領も自分を支持してくれ、最高会議は自分の説を採用した。

(ロ)通商居住条約の共同研究の問題については条約の内容にわたるような議論は全然なく四国が一団となり日本と交渉すべきだとの意見も出たが、上述のように自分の説が通つて外交関係設定を先決問題とすることになつたので、外交関係設定後順次通商居住条約の話もしうるようになるであろう。その際も仏印三国対日本というような交渉にはならずに、三国は三国の間で連絡研究はするが、条約は二国間で締結することになる。そういう意味での「共同研究」である。

(ハ)賠償という言葉を発言した者はあつたが賠償問題について何も議論されなかつた。ヴイエトナムは日本から多額の償金を貰うとか又は賠償で建造物を建てようとかいつた考はない。今国力の全部をあげて対処している共産軍との戦争においてヴイエトナムの軍事力を補強するという線で対日賠償問題を解決する途がありはしまいかと自分達は考えている。

（同殿下は巴里で勉強した政治経済学博士である。今後密接な接触を保つことを約して別れた。対ヴイエトナム関係で先方に連絡する必要が生ずる場合には、同高等弁務官を経由することも一方途かと存ずる。右申し添える。）

534　昭和28年1月13日　岡崎外務大臣より倭島アジア局長宛

インドシナ三国が日本との外交関係樹立を希望する旨の仏国通報について

亜三第三号

昭和二十八年一月十三日

外務大臣　岡崎　勝男

在タイ大使館気付

アジア局長　倭島　英二殿

インドシナ三国との外交関係に関する件

一月十日在京仏国大使より九日付書簡(写、別添一および附属文書写別添二、三(省略)何れも訳文附)をもつて、インドシナ三国との外交関係の樹立を承認してきたから、右書簡写および同訳文を別添送付する。委細右によつて御承知ありたいが、特にヴィエトナムは原則的に承認、外交使節交換の条件は日越両国間において詳細研究されるであろうと述べおることにかんがみ、サイゴン御往訪に当つてはヴィエトナム外務省に就いて右の条件が如何なるものか、又如何にして研究するかの二点をお確めありたく、又設置の時期についてもなるべく早きことを望む旨お申入れありたい。

なお、カンボディアは旧臘在タイ国大使館を通じ、十二月八日付書簡(写および訳文、別添四(省略))を寄せ、同国におけるわが公使館の設置方を要望してきたので大蔵省と接衡(衝カ)の結果、明会計年度においてこれを設置することの了解を得たから左様御承知ありたい。

(別添一)

N° 10

Tokyo, 9 Janvier 1953

Monsieur le Ministre,

J'ai l'honneur de faire savoir à Votre Excellence que les Gouvernements du Vietnam, du Cambodge et du Laos qui avaient été saisis par mon entremise du désir du Gouvernement Japonais de nouer avec eux des relations diplomatiques viennent de me transmettre leurs réponses favorables à ce projet.

1°- Le Gouvernement du Vietnam m'a chargé de remettre à Votre Excellence la note ci-jointe par laquelle il donne son accord de principe à l'échange de représentations diplomatiques entre le Japon et le Vietnam pour le mois d'Avril 1953.

2°- Le Gouvernement Cambodgien a exprimé au Représentant de la France à Phnom Penh son désir d'établir, dans les meilleurs délais possibles, des relations diplomatiques avec le Japon et son souhait de recevoir, à la convenance du Gouvernement Japonais, une demande d'agrément pour le futur représentant de Sa Majesté l'Empereur du Japon auprès de Sa Majesté le Roi du Cambodge.

3°- Le Ministre des Affaires Etrangères du Gouvernement Royal du Laos m'a chargé de remettre à Votre Excellence la note ci-jointe par laquelle il Lui marque combien l'établissement de relations diplomatiques avec le Japon lui paraît souhaitable.

Le Gouvernement du Laos serait heureux que le Ministre du Japon à Saïgon fût accrédité auprès de Sa Majesté SISAVANG VONG. Il n'a pas l'intention lui-même d'établir, pour l'instant, une représentation à Tokyo et souhaite confier la charge de ses intérêts à l'Ambassade de France au Japon.

En portant ces diverses réponses à la connaissance de Votre Excellence, je tiens à Lui marquer combien le Gouvernement Français se félicite du prochain établissement de relations officielles entre le Japon et les trois Etats Associés d'Indochine.

Le Vietnam, le Cambodge et le Laos y verront une nouvelle consécration de leur souveraineté au sein de l'Union Française et un encouragement dans la lutte qu'ils mènent aux confins du Monde Libre contre les forces du communisme.

Veuillez agréer, Monsieur le Ministre, les assurances de ma plus haute considération.

M. DEJEAN
Ambassadeur de France au Japon.

Son Excellence Monsieur OKAZAKI
Ministre
Ministère des Affaires Etrangères
TOKYO

一九五三年一月九日付岡崎大臣あてドジャン仏国大使書簡

ヴィエトナム、カンボディアおよびラオス政府は、私を通じ、外交関係樹立に関する日本政府の希望を通告されていた処、今般本件に関し好意的回答がもたらされた旨を御通報するの光栄を有する。

㈠ヴィエトナム国政府は別添書簡の閣下への伝達方を依頼してきたが、右書簡において同国政府は一九五三年四月に日本とヴィエトナム間に外交代表を交換することを原則的に同意している。

㈡カンボディア政府はプノンペン駐在仏国代表に対し、可及的速かに日本と外交関係を樹立する希望およびカンボディア王の許への日本皇帝陛下の未来の代表に関するアグレマンの申請を接受したき旨の願望を表明した。

㈢ラオス王国政府外務大臣は別添書簡の閣下への伝達方を私に依頼し、右書簡において同大臣は、日本との外交関係の樹立は望ましいと思う旨を述べている。

ラオス政府はサイゴン駐在日本公使が、シサヴァン・ヴォン陛下に信任されることを幸甚としている。同国政府は現在、東京に代表部を設置する意図を有さず、日本駐在仏国大使館にその事務を委託することを望んでいる。

これらの回答を閣下に御通報申し上げるとともに、私は仏国政府がいかに日本とインドシナ三国間の公式関係の樹立について喜んでいるかについて述べたい。

ヴィエトナム、カンボディアおよびラオスは、これによりフランス連合内におけるその独立について認識を新たにし、かつ共産勢力に対する自由世界防衛の戦いに勇気を得るであろう。

(別添二)

ÉTAT DU VIÊTNAM

MINISTÈRE DES AFFAIRES ÉTRANGÈRES

Saigon, le 27 Décembre 1952.

N° 2318_DAP

NOTE

Le Ministère des Affaires Étrangères du Viet-nam présente ses compliments au Ministère des Affaires Étrangères du Japon et a l'honneur de se référer à une communication de l'Ambassade de France à Tokio lui faisant part du désir du Gouvernement impérial japonais d'établir des relations diplomatiques avec le Viet-Nam.

En faisant cette communication, l'Ambassade de France a indiqué que le Gouvernement impérial serait heureux de pouvoir accréditer un Ministre plénipotentiaire auprès de Sa Majesté, Chef de l'Etat du Viet-Nam, et installer, avant le 1er avril 1953, la Légation japonaise à Saigon.

Ce Département a l'honneur de faire savoir au Ministère des Affaires Etrangères du Japon que le Gouvernement du Viet-Nam souhaite également que des relations s'établissent le plus rapidement possible sur la base d'une mutuelle amitié et dans le cadre de l'étroite solidarité unissant les nations éprises de paix et de liberté.

En conséquence, le Gouvernement du Viet-Nam donne

volontiers son accord au principe de l'échange de missions diplomatiques entre le Japon et le Viet-Nam. Les conditions de cet échange seront étudiées ultérieurement dans le détail entre le Gouvernement Impérial et le Gouvernement du Viet-Nam.

MINISTERE DES AFFAIRES ETRANGERES
DU GOUVERNEMENT IMPERIAL DU JAPON
TOKIO.

一九五二年十二月二十七日付ヴィエトナム国外務省書簡

ヴィエトナム国外務省は日本外務省に敬意を表すると共に、ヴィエトナムとの外交関係樹立の日本帝国政府の希望について東京駐在仏国大使館から寄せられた通告に関し、御回答するの光栄を有する。

右の通告において仏国大使館は、帝国政府がヴィエトナム国元首の許に全権公使を派遣し、かつ一九四三(五カ)年四月一日以前にサイゴンに日本公使館を設置する希望をもつている旨を述べてきた。

ヴィエトナム国外務省は日本外務省に対し、相互的友好の基礎において、かつ平和と自由の念に燃える国家を結ぶ狭い連帯の範囲内で、可及的速かに関係を樹立することを同様に望んでいる旨を御通報するの光栄を有する。

従つてヴィエトナム国政府は、日本とヴィエトナム間の外交使節の交換の原則に喜んで同意するものである。この交換の条件は、今後帝国政府とヴィエトナム国政府の間で詳細研究されるであろう。

535　昭和28年3月6日　岡崎外務大臣より
在仏国西村大使宛

商業契約による沈船引揚はサンフランシスコ平和条約に基づく賠償請求権を毀損せずとの見解に同意するようベトナムより要請

付記　昭和二十八年二月二十三日付在本邦仏国大使館より外務省宛口上書第八八／ＡＥ号

右要請につき通報

亜三第九六号

昭和二十八年三月六日

外務大臣　岡崎　勝男

在仏国

特命全権大使　西村　熊雄殿

インドシナ三国との外交関係樹立と賠償問題に関する件

倭島外務省アジア局長はフランス側の希望により一月下旬公館長会議の帰途プノンペン及びサイゴンに立寄り、カンボデイア、ヴイエトナム及びフランス官憲側と種々懇談した。右懇談の要旨並びにその後の経緯左の通り、御参考まで通報する。

一、カンボデイア、ヴイエトナム両政府当局者及びフランス側は何れも

(イ)賠償問題の正式交渉が開始せられざる限り公使館設置には同意しがたきこと、

(ロ)賠償交渉は仏印三国とフランスとの四ケ国にて日本に当ることに決まり居ること

の二点を述べた。又フランス側は三国及び三国にありたるフランスの財産等をも含む戦争損害については既に計数的調査を終りパリーにて研究中であり、近く日本側と話を始め得る運びとなつて居ると述べたので、同局長から、平和条約第十四条(a)1冒頭の「whose present territories」の文言から見るにフランスに賠償請求権ありや大いに疑わしいことを指摘しておいた。

二、またフランス側は訓令に基く趣をもつて仏印戦争にて使用される軍需品にして目下日本にてプロセスせられ居るものの経費を第十四条に基く加工の一部として日本側にて支払うことの可能性を問いただした。アジア局長は、右についてはなんらコミットしなかつたが、帰国後フランス大使に対し、問題の軍需品の種類及び金額につき質問したが、今日に至るもなんら回答がない。なお右の質問は必ずしもこれが支払いを引受ける意図に出たものではなく、わが方の調査では現在かかるものが存在しないはずなので、参考までになしたものである。

三、北川産業海運(サルベージ業者)は、ローランなる者を仲介としてヴイエトナム政府とヴイエトナム領海中の沈船引揚げの商業ベーシスによる契約を進め、既に引揚船をサイゴンに派遣したが、ヴイエトナム側は調印に当り、(イ)本件契約はヴイエトナムの賠償請求権毀損を意味しないこと、(ロ)本件契約により日本側に引渡されるスクラッ

プが、第十四条に言う原材料の提供と見なされることあるべきを希望するとの二つの留保項目につき日本政府の同意を取り付けたいとの希望を在京フランス大使館を通じ申出て来た。右に対しては(イ)は外務省の記録に留め置くこと、(ロ)は、将来ヴイエトナムとの賠償交渉の際討議したいとの趣旨を回答したが、スクラップを第十四条の原材料と見なすとの希望は、前記二の軍需品のプロセス云々に関連するものかとも見られる。

本信写送付先
在米大使
在タイ大使

（付　記）

AMBASSADE DE FRANCE AU JAPON

Tokyo, le 23 Février 1953

N° 88/AE

L'Ambassade de France au Japon présente ses compliments au Ministère des Affaires Etrangères et, sur la demande du Gouvernement Vietnamien, a l'honneur d'appeler son attention sur la question suivante :

Monsieur Edmond ROLAND, représentant la société japonaise de renflouement KITAGAWA INDUSTRIAL MARINE TRANSPORTATION Company, et le Représentant du Gouvernement du Vietnam ont mis au point un projet de marché en vue de l'enlèvement et du renflouement des épaves de navires coulés pendant la guerre dans les eaux territoriales du Vietnam.

La ferraille récupérée dans ces opérations par la compagnie japonaise doit être dirigée sur le Japon et vendue à des entreprises privées.

Bien que les clauses du marché aient été approuvées dans leur ensemble par le Gouvernement Vietnamien, ce dernier désire, avant d'autoriser la signature du contrat, formuler les deux réserves suivantes :

1° - La passation d'un tel marché ne préjuge en rien le règlement ultérieur du problème des réparations dues par le Japon. Le Gouvernement du Vietnam réserve tous ses droits à ce sujet.

2° - Le Gouvernement du Vietnam désire que les métaux

ferreux et non ferreux exportés au Japon à l'occasion de l'exécution de ce marché soient pris en compte au titre de fourniture de matières premières, conformément à l'article 14 du Traité de San Francisco.

L'Ambassade de France serait donc reconnaissante au Gaimusho de bien vouloir lui faire savoir s'il admet les réserves formulées par le Gouvernement Vietnamien préalablement à la conclusion du marché qu'il est prêt à passer avec la Société Kitagawa Industrial Marine Transportation par l'entremise de Monsieur ROLAND.

MINISTERE DES AFFAIRES ETRANGERES

Tokyo

仮訳

「一九五三年二月二十三日附在日仏国大使館ノート」

在日仏国大使館は外務省に敬意を表すると共に、ヴィエトナム政府の要請に基き、左記の問題に関し同省の注意を喚起するの光栄を有する。

日本のサルベージ会社の北川産業海運会社《（株式欠カ）》代表エドモン・ド・ローランド氏とヴィエトナム政府代表との間で、ヴィエトナム領海で戦争中沈没した船舶の残骸の除去および引揚に関する契約案が成立をみた。

日本の会社の右の引揚によつて回収された屑鉄は、日本に送られ、私企業に売却されねばならない。

本契約の約款はその全体にわたつてヴィエトナム政府により承認されているが、同政府は契約の調印を許可するに先立ち、左の二つの留保を表明することを希望している。

㈠このような契約の締結は、日本の負う賠償問題の今後の取極めを予測させるものではない。ヴィエトナム政府は本件に関し、一切の権利を留保する。

㈡ヴィエトナム政府は右の契約の実施によつて日本に輸出される鉄金属および非鉄金属が、サンフランシスコ条約第十四条にいう処の原材料の供給の項目にみなされることを希望する。

従つてフランス大使館は、ローランド氏の仲介で北川産業海運会社と締結しようとしている契約の調印に先立ち、ヴィエトナム政府が表明した前記留保を、外務省が承認するか否かを、お知らせ戴ければ幸甚と存ずる。

536　昭和28年4月20日　岡崎外務大臣より在仏国西村大使宛

商業契約による沈船引揚を賠償全般の中で取扱うとの態度をベトナムが改めるよう仏国政府へ斡旋方要請した旨通報

亜三第一六三号

昭和二十八年四月二十日

外務大臣　岡崎　勝男

在仏国

特命全権大使　西村　熊雄殿

ヴイエトナム領海における沈船引揚に関する件

本件に関してはすでにアジア局執務月報第十一号(三十二頁以降)によつて御承知のことと思うが、その後の経緯について貴使の参考までに左の通りお知らせする。

(一)ヴイエトナム政府が北川産業海運株式会社による今回の沈船引揚について表明した二つの留保条項については、在京仏国大使館あて三月四日付口上書を以て、第一の留保は『外務省の記録に留めおき』、第二の留保は『将来の賠償交渉の際にこれを討議する』むねの回答を行つた。

(二)ヴイエトナム政府は三月二十三日に北川産業に対し、『本件は対日賠償の全般に関する問題として考慮することに決定したので、交渉を中絶する』むねを一方的に通告した。

(三)然し賠償問題と今回の沈船引揚問題は全然別箇の問題であり、ヴイエトナム政府の態度はきわめて不当であるので別紙三月三十日付在京仏国大使館あて口上書(省略)を以てヴイエトナム政府の再考を強く促すと共に、本件の円満解決のために同国大使館にその好意あるあつ旋方を要請した。

〜〜〜〜〜〜〜〜

537　昭和28年6月5日　岡崎外務大臣より在仏国西村大使宛(電報)

商業契約による沈船引揚の即時実施を条件に賠償協定の交渉開始に応じる意向をベトナム側へ伝達した旨通報

付　記　昭和二十八年五月二十八日付在本邦仏国大使館より外務省宛口上書第二六三／ＡＥ号

右交渉開始に関するベトナム側申入れ

本　省　6月5日後8時20分発

第二五五号

往電第二一五号に関し

一、ヴイエトナム側は北川との契約を五月十九日調印したが（契約写は六月一日付往信ア三第二一七号にて送付ずみ）五月二十九日に至り(イ)賠償とくに沈船引揚の協定締結の交渉開始申入れのノート及び(ロ)北川との契約は(イ)に対する回答を得た上実施される旨を述べたノートの二つを齎した。右に対しアジア局長より右は五月二日の会談内容に相違することを指摘した結果、フランス大使館は六月二日改めて賠償交渉のノート(イ)と切離し、且つ三月四日の我方ノートに表明された我方見解の説明を求めるとの形とした新たなノートを持ち込みたるにつき（右に回答した場合(ロ)のノートは単に契約が調印実施されたことを報告するものと取りかえる諒解がある）、我方は五日之に答えてアジア局長よりルジエニセル参事官に対し「北川との契約を同国総理大臣が直ちに承認し右承認を北川会社に通達し以て契約を即刻実施せしめる（この点契約第十七条参照）との了解の下において、(一)日本政府はヴイエトナム国領海の沈没船舶引揚に関する賠償協定を平和条約第十四条に基いて締結するためにできるだけ早い時期にヴイエトナム政府と交渉を開始することに同意する(二)ヴイエトナム国領海の沈没船舶引揚作業によつて回収され又は回収されるべきスクラップの取扱い方法については、右会談中に日本及びヴイエトナム代表間において平和条約第十四条の条項に基き討議せられるであろう」との回答を行つた。（委細空送）

二、ルジエニセル参事官はアジア局長に対し右にて満足なるにつき直ちに実施する様手配すべき旨を約したが、貴大使においても本件契約は即刻実施させるようフランス側にお申入れあいなりたい。なお沈船引揚協定締結のための交渉は出来るだけ早く開始する心組みにて目下準備を進めている。この点お含みまで。

（付　記）

AMBASSADE DE FRANCE AU JAPON

Tokyo, le 28 Mai 1953

N° 263/AE

L'Ambassade de France au Japon présente ses compliments au Ministère des Affaires Etrangères et a l'honneur de lui faire savoir que le Gouvernement Vietnamien est désireux d'entreprendre dès maintenant des pourparlers avec le Gouvernement Japonais pour le règlement des réparations que le Vietnam se propose de demander au Japon, conformément aux termes de l'article 14 du Traité de Paix de San Francisco.

Le Gouvernement Vietnamien souhaite en particulier que le Gouvernement Japonais veuille bien accepter de conclure avec lui en premier lieu et aussi rapidement que possible un accord particulier relatif au renflouement des épaves se trouvant dans les eaux territoriales du Vietnam. Cet accord pourrait être inspiré des termes de l'arrangement conclu récemment entre le Japon et le Gouvernement des Philippines.

Dès que les autorités japonaises donneront leur accord à l'ouverture immédiate d'une telle négociation, le Gouvernement Vietnamien se propose d'envoyer à Tokyo une délégation d'experts pour prendre part à la discussion dans le cadre de l'Ambassade de France actuellement chargée des intérêts vietnamiens au Japon.

L'Ambassade de France serait reconnaissante au Gaimusho de lui faire savoir s'il est d'accord pour l'ouverture des pourparlers demandés par le Gouvernement Vietnamien et de lui indiquer la date à laquelle la première réunion pourrait avoir lieu.

MINISTERE DES AFFAIRES ETRANGERES

Tokyo

538

昭和28年6月22日　岡崎外務大臣より在仏国西村大使宛（電報）

沈船引揚に関する賠償協定交渉開始に伴いベトナムがサイゴンへの日本公使館開設に同意するよう仏国政府へ斡旋依頼方訓令

付記　昭和二十八年六月十八日付外務省より在本邦仏国大使館宛口上書

右交渉開始に関するわが方意向

本　省　6月22日後6時35分発

第二八三号

往電第二五五号に関し

ヴイエトナム領海の沈船引揚に関する賠償交渉を来る二十五日に開始する用意がある旨、十八日ノートを以て通告した。その際サイゴンに公使館を直ちに開設する件につきヴイエトナム政府の同意を求めるノートを併せ伝達した（委細空送する）。幸いに沈船引揚協定が早急に妥結され、実施に取りかかることとなれば、現地に公使館が開設されている必要があることをフランス政府に説明せられ、ヴイエトナム政府が右の開設に同意するよう斡旋方申入れられたい。

（付　記）

口上書

外務省は、在本邦フランス大使館に敬意を表するとともに、ヴイエトナム国政府が賠償交渉とくにまずヴイエトナム領海の沈没船舶引揚に関する賠償協定を平和条約第十四条に基いて締結するために、できるだけ早い時期に日本国政府と交渉を開始することを希望し、かつ日本国政府が右の交渉の第一回の会合日を指定することを希望した一九五三年五月二十八日付フランス大使館書翰第二六三号ＡＥに関し、日本国政府は来る六月二十五日に右交渉を開始する用意がある旨を同大使館に通報し、かつ右の日本国政府の意向をヴイエトナム国政府に伝達方、同大使館に依頼するの光栄を有する。

539　昭和28年7月11日　岡崎外務大臣より在仏国西村大使宛

戦争の始期及び賠償範囲等に関する見解の提示をベトナム側へ要請した旨通報

亜三第二六八号

昭和二十八年七月十一日

外務大臣　岡崎　勝男

在仏国

特命全権大使　西村　熊雄殿

ヴイエトナムとの賠償交渉の件

㈠往電第二八三号に関し、ヴイエトナムとの賠償会談は予定通り二十五日より開始したが、当方は沈船引揚の交渉に入るに先立ち、先方にまず左記の賠償交渉の基本的問題について、先方の見解を明かにすることを要求した。

すなわちヴイエトナム側に対しては、

(イ)求償権は平和条約を調印、批准した事実によつて当然発生するものでなく、平和条約第十四条の要件、すなわちその現在の領土が日本軍に占領されたこと、損害を蒙つたこと、および損害を補修すること等の条件を満たす必要があるが、これに対するヴイエトナム政府の見解

(ロ)ヴイエトナムはフランスおよび他の二国とは別箇に求償するのか、又は沈船引揚の利益はヴイエトナムのみにて享有するのか

(ハ)沈船引揚のほかに役務賠償を求めるか、然りとすればその範囲と程度

(ニ)戦争始期に関するヴイエトナム政府の見解

(ホ)ヴイエトナム政府の推定する沈船の隻数

(ヘ)本会談におけるフイン・ヴアン・デイエム代表の資格と権限を問い、

またフランス側に対しては、

(ト)フランス共和国はインドシナ三国に対してその賠償交渉を援助するだけのものであるか、またフランス共和国は平和条約第十四条に基いて求償権を有すると考えているか、

(チ)戦争始期に対するフランス共和国の見解、

についてその見解の提示方を求めた。

(二)右の諸点のうち、ヴイエトナム側は(ロ)については「然り」と答え、また(ホ)は約七十隻の見込みと述べ、一方フランス側は(チ)について「一九四一年十二月八日を以て開戦日とする」と回答したが、他の諸点については先方は本国の訓令を求めることを約束した。

(三)その後先方は各々の政府より旬日を経るも回訓なき由にて、その間沈船引揚交渉を進めたき旨の意向を示したが当方がこれに難色を示したので、デイエム代表は一旦帰国の上、政府の訓令を仰ぐことが事態を促進する最善策なる旨を申出で来り、我方も右に賛成したため、八日夜エール・フランス機で帰国した。

(四)なお公使館開設については往電第三〇四号の通りデイエム代表を通じヴイエトナム政府に重ねて申入れたが未だに回答がないので御来示の如く平野書記官、荒木書記を取りあえずバンコツクに派遣し、在タイ大使館員の資格

でサイゴンに出張させることに決定し、その旨を八日付公文を以て在京フランス大使館を通じ、ヴィエトナム政府に通告した。両名は十五日東京出発の予定であるが、ヴィエトナムへの入国日は在タイ大使館より同地駐在ヴィエトナム公使館を通じヴィエトナム政府に通報することになつているから、右の点お含みおきの上、両名のサイゴン滞在中の便宜供与および早期に公使館開設に同意取付けの斡旋方をフランス政府に申入れられたい。

(五)インドシナ三国に対し、一層広般な独立を与えるためのフランスと三国との交渉経過については、できるだけ詳細に御報告ありたい。

540 昭和28年8月11日　岡崎外務大臣より在仏国西村大使宛

戦争の始期及び賠償総額等に関するベトナム側見解について

亜三第三一六号

昭和二十八年八月十一日

外務大臣　岡崎　勝男

在仏国

特命全権大使　西村　熊雄殿

ヴィエトナムとの賠償交渉の件

一、本件に関しては昭和二十八年七月十一日付亜三第二六八号往信をもつて申進の次第ある処、本件その後の経緯は左の通りである。

(一)フイン・ヴァン・デイエム、ヴィエトナム代表は七月十五日に再び来日し、二十日、二十七日、三十日と会談が行われ、先方はこれらの会談においてさきの我方質問点に関し、左のごとき回答を行つた。

(イ)ヴィエトナムは日本軍に占領され、またこの事実に基き多大の損害を受けた。

(ロ)ヴィエトナムは戦争始期をフランスと同様、一九四一年十二月八日とする。

(ハ)現在の段階ではヴィエトナムは単独で求償を行つているが、その要求の一部については将来三国が一緒に求償することも起るかも知れない。

(ニ)求償総額は最高限を二億五〇〇〇万ドルとし、十年間の分割払いを要求する。またこの額はヴィエトナムの受けた戦争損害の四分ノ一以下である。

(ホ)デイエム代表はヴイエトナム政府の正式代表で、沈船引揚協定に調印する権限をもつ。

(ヘ)フランスはヴイエトナムの賠償交渉を援助する立場にある(なおフランスの求償権の問題については、先方は正式の見解を表明していない)。

(二)右に対し我方は「損害」は第十四条に「日本国によつて与えられた損害」と規定してあることを指摘し、日本による占領の事実に伴う損害、すなわち米機の爆撃等による損害は平和条約の対象外であることを述べ、求償額積算の基礎と方法について明確なる回答を求め、結局デイエム代表は更に本国に訓令を仰ぐことを約束した。なお先方の賠償請求額については我方よりその余りに巨額なることを指摘して再考慮を求め、先方から右総額の取扱ひに関しなんら申出があるまでその数額は当分の間は外務省内の直接関係者以外には知らせないことに打合せたから、お含みありたい。

(三)先方は前述の原則問題に関してヴイエトナム政府より、何分の訓令接到を待つ間並行して沈船引揚協定の交渉を進めることを要望したが我方はこれに難色を示しヴイエトナム政府から、何分の訓令が接到するまで休会することになつたが、八月十日前後頃から会議を再開することになるかも知れない。

二、なお公使館開設については平野書記官および荒木書記は七月二十四日バンコックより空路サイゴンに到着したが、平野書記官よりの報告によればヴイエトナム側は賠償問題の解決を公使館開設の前提条件としているもののごとくであり(デイエム代表も開設は幾らかでも賠償を得ることになつた後のことなりと述べている)、開設まではなお相当の日数を要すると思われるので、公使館開設の同意取付のあつ旋方を適時フランス政府および貴地駐在ヴイエトナム高等弁務官に申入れられたい。

〰〰〰〰〰〰〰〰〰〰

541　昭和28年8月28日　岡崎外務大臣より在仏国西村大使宛

賠償総額要求を撤回するまで沈船引揚協定交渉を中断するとベトナム側へ通知

付　記　作成日不明、アジア局第三課作成

「日本、ヴイエトナム沈船引揚交渉中における注目すべき事項」

亜三第三三七号

昭和二十八年八月二十八日

外務大臣　岡崎　勝男

在仏国

特命全権大使　西村　熊雄殿

ヴイエトナムとの賠償交渉の件

本件に関しては昭和二十八年八月十一日付亜三第三一六号を以て申進の次第ある処、本件その後の経緯は左の通りである。

㈠会談は八月十三日再開されたが、デイエム代表は求償総額の算定の基礎に関し現段階でこれを討議することを拒否し、直ちに沈船引揚協定の交渉に入ることを強く要求した。

㈡右に対し我方は、㈠総額に関する先方数字の撤回、㈡従来、デイエム代表が屢々沈船引揚に要する費用は二〇〇万ドル止まりであると述べていた点をとりあげ、右見積りの確認、㈢日本側が支払いうる金額は極めて少額であることのテーク・ノートを合意議事録として残すことを了承すれば、沈船引揚協定の交渉に入る用意がある旨を述べた処、先方は沈船引揚費用の最高限度を確認することについては極めて強い難色を示したが、結局十四日の会議においてデイエム代表は改めて本国に訓令を仰ぐことになり、本国よりなんらかの訓令があるまで休会することにし、現在に至つている。

㈢なお八月十四日の第十次会談において、フランス側は我国に賠償を要求しない旨を正式に確認した。

(付　記)

日本、ヴイエトナム沈船引揚交渉中における注目すべき事項

㈠一九五三年七月二十七日の第七次会談で、フイン・ヴアン・デイエム代表(当時、土木局長、目下ECAFE代表として来日中)は対日賠償請求額は二億五千万ドル(推定損害の四分ノ一)で、十年間の分割支払いを要求することに決定したと述べた。

右について大野参事官ら、日本側代表はその算定の根拠

を追及したところ、デイエム代表は『公共施設に対する米国の爆撃がある』と述べたので、日本側は、『米軍の与えた損害は、平和条約第十四条により、わが方の関知するところでない』と反撃した。

㈡デイエム代表は八月十三日の第九次会談で、『ヴイエトナム政府は現在、賠償総額の討議を欲せず、沈船引揚協定の締結のために交渉せよとの訓令を受けた』と述べた。

㈢大野代表は八月十四日の第十次会談で、『ヴイエトナムが賠償請求の根拠を明かにせず、またイヤマーク金の引渡などでフランスが実質的な利益を得ているため、日本の官辺筋はヴイエトナムに賠償を支払う必要があるか、どうかさえ疑つている。従つて二〇〇万ドルの沈船引揚役務を提供すれば、日本の支払うべき金額の major part を支払うことになるものとすら考えている』と述べた。

~~~~~~~~~~~~~~~~

542　賠償総額要求の撤回と沈船引揚経費の上限に関する合意議事録にイニシャルし沈船引揚協定交渉を再開した旨通報

昭和28年9月5日　岡崎外務大臣より在仏国西村大使宛(電報)

付　記　右合意議事録

本　省　9月5日後5時0分発

第三六三号

往信第(亜三欠カ)三三七号に関し

会談は二日に再開され、四日、左記要旨のアグリードミニツにイニシアルした後、当方準備の沈船引揚協定原案を検討した。

(イ)日本代表は、ヴィエトナムに支払うべき賠償額は極めて少額である旨述べた。

(ロ)ヴィエトナム代表は右をテーク・ノートし、過般ヴィエトナム代表が提示した求償総額(二億五千万ドル)および求償総額と沈船引揚経費との割合(総額の二%)に関する言明を撤回する旨を言明した。

(ハ)ヴィエトナム代表は日本政府の負担すべき沈船引揚経費が二百二十五万ドルを超えないことを確認した。

酒井理財局次長へも伝えおかれたい。

(付　記)
~~~~~~~~~~~~~~~~

THE AGREED MINUTES OF THE TWELFTH SESSION OF THE JAPAN-VIETNAM REPARATIONS TALKS ON SALVAGE AGREEMENT

September 4, 1953.

1. The Japanese representatives stated that the amount of reparations that could be apportioned to Vietnam by Japan would be very small.

2. The Vietnamese representatives took note of the above statement and proposed not to discuss the matter of the total amount of reparations at this stage of the negotiations. They withdrew the figure of Vietnam's total reparations claim against Japan, which had been introduced as a figure to start with at the seventh session, July 27, 1953, as well as their views as to the approximate percentage the salvage services in terms of the expenses to be borne by Japan will constitute in that figure, which had also been expressed at the same session.

3. The Vietnamese representatives then confirmed that the expenses of the salvage operations would in no case exceed two million two hundred and fifty thousand U. S. dollars.

4. The Japanese representatives took note of the above statement.

（訳文）

沈船引揚協定に関する日本ヴィエトナム賠償第十二次会談合意議事録

一九五三、九、四

一、日本代表は、日本がヴィエトナムに振り向けることができる賠償額は、非常に少額であろうと述べた。

二、ヴィエトナム代表は、前記の陳述をテイク・ノートし、かつ、交渉の現段階においては、賠償総額の問題は討議しないことを提案した。ヴィエトナム代表は、一九五三年七月二十七日の第七次会談において、出発点の数字として提起したヴィエトナムの対日賠償請求総額の数字及び同会談において表明した日本の負担すべき沈船引揚役務の費用が前記の数字の中で占める概略の百分比に関するヴィエトナム代表の見解を撤回した。

三、ヴィエトナム代表は、次いで、沈船引揚作業の費用がいかなる場合にも二二五万米ドルを超えないものであることを確認した。

四、日本国代表は、前記の陳述をテイク・ノートした。

543　昭和28年9月16日　岡崎外務大臣より在仏国西村大使宛（電報）

沈船引揚協定及び実施細目等の案文につきイニシャルした旨通報

本省　9月16日後6時20分発

第三八八号

往電第三六三号に関し

本十六日沈没船引揚協定および実施細目等の案文全部を妥結した。デイエム代表は本国政府の訓令を仰ぐため今夕帰国の途についたが、今月末再び来日、十月始めに正式調印の予定。委細公信。

右酒井大蔵省理財局次長えも御伝えありたい。

544　昭和28年9月16日

日本国とベトナムとの間の沈没船舶引揚に関する賠償協定案

付記　右付属議定書案

日本国とヴィエトナムとの間の沈没船舶引揚に関する賠償協定

日本国政府は、千九百五十一年九月八日にサン・フランシスコ市で署名された日本国との平和条約第十四条(a)1に規定された義務を履行するために、公の秩序と安全が維持されているヴィエトナム領海の掃海完了区域にある沈没船舶の引揚における日本人の役務をヴィエトナム政府の利用に供する用意があるので、

よつて、日本国政府及びヴィエトナム政府は、前記の役務を提供する条件を定めるため、次のとおり協定した。

第一条

1　日本国政府は、この協定の規定に従い、ヴィエトナム領海にある沈没船舶の引揚のため必要な作業設備及び需品を含む日本国民の役務をヴィエトナム政府の利用に供するものとする。

2　前項に規定する役務をヴィエトナム政府の利用に供するため日本国政府が負担すべき費用の総額は、いかなる場合においても、八億一千万円（すなわち二百二十五万

アメリカ合衆国ドルと等しい額)をこえないものとする。

第二条

1　ヴィエトナム政府は、日本国民に対し、引揚作業を実施するために現地で利用することができる便宜及び現地で入手することができる物品を供与することについて、日本国政府に協力するものとする。

2　ヴィエトナム政府は、引揚作業に従事する日本国民の生命及び財産を保護するため適切な措置を執るものとする。但し、この責任は作業上の通常の危難から生ずる危険に関する責任を含まないものとする。

第三条

この協定の実施のための細目は、日本国及びヴィエトナムの権限のある当局の間の協議によつて合意されるものとする。

第四条

この協定は、各締約国によつて、それぞれ国内法上の手続に従つて承認されるものとする。この協定は、その承認を通知する外交上の公文が交換された時に効力を生ずる。

以上の証拠として、両政府の代表者は、このために正当な委任を受け、この協定に署名した。

昭和二十八年　月　日すなわち千九百五十三年　月　日に東京で、ひとしく正文である日本語及びフランス語により、並びにヴィエトナム語及び英語により本書二通を作成した。

日本国のために

ヴィエトナムのために

編注　付記を含め、本案は昭和二十九年二月、アジア局第三課作成「日本国とヴィエトナムとの間の沈没船引揚に関する賠償協定交渉の経緯」より抜粋。

(付記)

議定書

日本国とヴィエトナムとの間の沈没船引揚に関する賠償協定(以下「協定」という。)に署名するに当り、下名の両政府の代表者は、協定の不可分の一部である次の条項を協定した。

1　協定の実施に当つては、日本国政府は日本国民と契約を結ぶことによつて引揚作業の役務をヴィエトナム政府の利用に供するものとする。

2　ヴィエトナム領海内にある附表に掲げる沈没船舶のうち、その引揚作業がヴィエトナム政府と引揚作業に従事する特定の日本人請負業者との間の私契約の目的となつているが、協定の効力発生の時までにまだ完了していない部分について、ヴィエトナム政府が協定の適用を希望するときは、ヴィエトナム政府はその旨を日本国政府に通告する。この場合には、日本国政府はヴィエトナム政府と協議の後、協定に従つて前記の請負業者と契約を結ぶことができる。

以上の証拠として、両政府の代表者は、この議定書に署名した。

昭和二十八年　月　日すなわち千九百五十三年　月　日に東京で、ひとしく正文である日本語及びフランス語により、並びにヴィエトナム語及び英語により本書二通を作成した。

日本国のために

ヴィエトナムのために

引揚げられる沈没船舶の表

サイゴン港にあるもの

海興丸

生田川丸

干珠丸

タイ・プウ・セク

キャプ・サン・ジャックにあるもの

広隆丸

飯田丸

明石丸

神靖丸

山水丸

長田丸

ろんどん丸

球磨川丸

コンツン

ちぶり丸

護衛艦第十七号

護衛艦第十九号

トラン・ニン

〰〰〰〰〰〰〰〰〰〰〰〰〰〰〰〰〰〰〰〰

545 昭和28年10月14日

岡崎外務大臣
ドジャン・フランス連合インドシナ総弁務官 会談

ベトナム公共事業相の沈船引揚協定案修正要望に関する岡崎外相・ドジャン・インドシナ総弁務官会談

インドシナ側との会談要旨

二八、一〇、一五
倭島記

十四日、バンコックにてドジャン仏印総弁務官並びにオフロア外交顧問一行の出迎えを受け、ドジャン氏専用機にてハノイにむかい、十五日ホンコンに出発したが、その間大臣とドジャン氏、倭島局長とオフロア氏との間に左の如き会談が行われた。

(イ) バンコックにて、

ドジャン氏より、今回はサイゴンより書き物を持参したるに付、右に付、オフロアをして事務的に話させたい旨を述べ、大臣より然らば倭島をして話させることに致すべしと述べた。

(ロ) 専用機上において、

オフロアより、ヴィエトナムの沈船引揚協定案はフィリピンの沈船引揚協定とは大分相違している点がある。右はなるべく比島のものと同様のものとして欲しいと述べ、(丁一)の文書を示し、例えばヴィエトナムの協定案には「中間」(Interim)の文字がなく、また前文には十四条の義務の実施とあり、また第一条第二項には総額の文字があり、全体を疑つてかゝれば、賠償の全部の義務を沈船の引揚のみにて済ますような印象を与えることは甚だ困ると述べたので、

倭島より、その心配はないと答えた。

オフロアは次いでフィリピンの場合には第二条第一項においてフィリピンの法律が許す限度において各種の便宜を供与するに協力するとあるのに対し、ヴィエトナムの場合には、かゝる条件なくして提供に協力することとしてあり、また実施細目によれば一切無料で提供すること、なつており、余りに違いすぎると述べた。

倭島は右に対し、実質的には何ら違いのないもので、ヴィエトナムが損をすることはない。即ち日本政府が支払う費用は全部決定した総額或いは決定すべき総額より支払われることとなるのは当然であり、フィリピンの場合も将来、総額が決定したならば日本政府の負担した費用は、一切右総額より落ちることとなる訳であり、フィリピン政府も決定した総額を最も有効に使用するためには一部の費用を自ら負担し、また不経済なものは引揚げないことにするものと予測されることをくり返し力説した処、

オフロアは然らばものによつてはヴィエトナムの選択する余地があるようにして欲しい旨述べたので、倭島は、何れ研究してみるべき旨を答えた。

オフロアは次いで当地に出発の前、ドジャン氏がタム総理と話をした処、タムより沈船引揚協定の諸疑問点のクラリフィケーションのほか、公使館の設置問題についてはかねて提出中の賠償要求品目リストの交渉開始について(必ずしも右を条件とする次第ではないが)グッド・ウイルを示して貰いたいと云つていたと述べたるに付、倭島より、クラリフィケーションは結構なるも、交渉開始によつてグッド・ウイルを示せというは甚だ了解に苦む次第である。公使館の設置は、元来、賠償とは全然無関係のことであり、右は双方の利益の問題である。リストの件は交渉事項(matter of negotiation)であり、右は誠意の問題(matter of good will)とは違うものである。右の如きことをいわれるのは日本人のセンス・オブ・オナーに反し、徒らに我々をイリテートするものである。かゝることを云われるのは、寧ろヴィエトナムよりはフランスのやつていることではないかと疑われると述べた処、

オフロアは、右はお考え違いであり、ヴィエトナムに公使館を開くことについては日仏間の利益は衝突しない次第である。寧ろ、カンボディアについてこそ、日仏間の利害が衝突する可能性があり得るものであつて、即ちカンボディアは同国の産業開発に日本の技術資本等を利用する考えがあるからである。然るにフランスは、右の如きカンボディアに日本の公使館設置に賛成している次第である、従つてサイゴン公使館の問題については、ヴィエトナム側が種々難色を示しているものであると述べ

た。

倭島は右に対し、公使館設置問題はヴィエトナム及び日本の相互に利益の問題であり、然も日本としては左程サイゴンの公使館開設を熱望している次第ではないから、ヴィエトナムが頼んでくる迄は公使館設置問題はドロップしても差支えないと述べ、話を打ち切つた。

(ハ) ハノイにて、

ディナーの後、ドジャン氏は倭島に対し、引揚協定のクラリフィケーションは、大体了承したが、公使館問題については誠意の問題と交渉の問題を混同することは避けるべきことは了解し得るも、ヴィエトナム側は沈船引揚以外の賠償についても日本側が逃げてしまうかもしれないことを心配しているのであるから、クラリフィケーションを文書でして戴きたい、賠償の残りのものについても交渉すると書いて欲しい旨を述べたので、

倭島は、お話の次第は了承したるに付、大臣の処にてお話したいと述べ、オフロア氏を伴い、大臣との話に入つた。

大臣より、協定案のクラリフィケーションについては技術的のものなら差支えはないが、交渉を続けていく件については一つ確めたい点がある。それは問題のリストは、そも〳〵三国に共通のものであらうかと問いたるに、オフロアは、共通のものである、即ちリスト中の軍事的のものは三国共通のものであり、民間用のものはヴィエトナムのみのものであつて、カンボディアの民間用のものは先程在京フランス大使館を通じ提出したと述べた。

依つて倭島より、右以外には無いかと問いたるに、ドジャン及びオフロア両氏共「無し」と断言した。更にドジャンはインドシナ三国側としては、最初自分より大臣にお話して同意を得ている件、即ち三国の戦争努力に何かなしの貢献をして欲しいと考えている次第であると述べたので、倭島より賠償で更に破壊をもたらす如き武器、弾薬などを生産し、提供することは困ると述べたる処、

ドジャン氏は、平和が破壊されているのを恢復するための努力なるに付、差支えないのではないかと述べ、

(一同笑声)

次いでオフロアより、先にリストに基いて交渉して欲

しいと述べたが、リストを基本として話をする必要はない、要するに別に合意される時と場所において沈船引揚以外の賠償について交渉する同意があると回答に附記して貰えば結構であると述べた。

大臣は右は差支えなかるべしと述べたる後、先程リストは三国に共通のものと伺つたが、東京に三ヶ国の代表をおく考え方であるのか、日本としてはサイゴンに公使をおいて交渉するのを便利と心得ていると述べたる処ドジャン氏は、それは充分了解するが、交渉に当つてはフランス側を、例えばラオスの代表との資格としてでも入れて話をすることが便利と考えているが、よく研究してみたいと述べた。

次いで倭島より「北川」はヴィエトナムのために種々の制限を受けており、甚だ困惑しており、右の如き状況にては国会等において思わぬ支障が生ずべきことを述べたるに、ドジャン、オフロア両氏共、お話しの如き事例があれば、直ちに訂正すべきに付、右事例に付お知らせ願いたいと述べた。

(二)　ハノイ飛行場にて、倭島より、オフロア氏より受け取りたる質問書を提出した資格につき問い合わせたる処、

ドジャン氏は、右質問書はヴィエトナムの公共事業大臣が提出したるものなる旨確言した。

編　注　前掲「岡崎外務大臣東南アジア諸国出張記録」より抜粋。

546　昭和28年10月26日　岡崎外務大臣より在仏国西村大使、在サイゴン平野（重平）一等書記官宛

ベトナム公共事業相の沈船引揚協定案修正申入れに対しわが方見解の口上書を送付した旨通報

亜三合第一一六〇号

昭和二十八年十月二十六日

外務大臣　岡崎　勝男

在仏国

特命全権大使　西村　熊雄殿

在サイゴン

一等書記官　平野　重平殿

ヴイエトナム外務省あて口上書(写)送付の件

一、在京フランス大使館を通じて送付した昭和二十八年十月二十二日付ヴイエトナム外務省あて口上書(写)及びその仏訳文各一部を御参考までに別添送付する。

二、本件口上書発出の経緯は、去る九月十六日イニシアルされた沈没船舶引揚に関する日本、ヴイエトナム賠償協定案は先方の都合によりいまだ正式調印の運びに至つていないところ、本大臣が去る十月十四日ハノイを訪問した際ドジヤン在インドシナ総弁務官は調印遅延の理由としてヴイエトナム土木、運輸、通信大臣が本協定案に対し左記の見解を有することを本大臣に説明したので、これらの諸点に対する日本政府の見解を文書をもつて述べることとしたのによるものである。

記

㈠沈没船舶引揚に関する日比協定は「中間賠償協定」といつているが、日本、ヴイエトナム協定案には『中間』という言葉がない。

㈡日本、ヴイエトナム協定案は前文で『…義務を履行するために云々』と規定しているが、日比協定は『…賠償支払いに寄与するために云々』とあり、右の前文は日本との賠償問題が本協定で解決されることを意味するものといえる。

㈢日比協定は「総額」に触れていないが、日本、ヴイエトナム協定案は第一条第二項でこれを規定している。

㈣日本、ヴイエトナム協定案第二条は、ヴイエトナム政府が日本人業者に対し、無償で資材、施設、物産などを提供しなければならないと規定している。

㈤日比協定附属の実施細目は、ヴイエトナム側に示されていない。

三、なお口上書の㈡末段の「沈没船舶以外の賠償については……交渉が行われるものである」との文言は、これを加えることによりヴイエトナム側が、サイゴンに公使館設置を許可するとの約束により特に附記したものであるから念のため申しそえる。

(別　添)

口上書

日本国外務省はヴイエトナム国外務省に敬意を表すると

ともに、日本国とヴィエトナムとの間の沈没船舶引揚に関する日本、ヴィエトナム間賠償協定案(以下協定案という)に関し、十月十四日ドジヤン総弁務官を通じてヴィエトナム公共事業大臣の提起された諸点は、いずれも本協定案作成の交渉中明かにされたものであるが、左記のごとく更めて右諸点についての日本政府の見解を申し述べる光栄を有する。

記

(一)フィリピン共和国は未だにサンフランシスコにおいて調印せられた日本国との平和条約を批准していないため、日本国はフィリピンに対して賠償支払いの条約上の義務を負うものではない。従って日本人の沈没船舶引揚役務の提供を規定した日比間賠償協定(以下「日比協定」という)は、特に「中間」賠償協定と称する必要があった次第である。これに反し、条約で既に確立された義務に基いて作成された協定案は「中間」と称する必要がない。

(二)日比協定の前文においては、協定締結の目的として日本国との平和条約第十四条(a)と同内容の文言を掲げる必要があったが、ヴィエトナムとの協定案においては平和条約該当条項との関係を明かにする必要がある。「日本国との平和条約第十四条(a)に規定せられた義務を履行するために」とはこの関係を規定したに過ぎず沈船引揚以外の賠償がないことを意味するものではない。沈没船舶以外の賠償については日本政府とヴィエトナム政府との間に合意された時日と場所とにおいて交渉が行われるものである。

(三)協定案第一条第二項に規定した「総額」は、日本政府の負担する沈没船舶引揚に要する経費の限度を示したものであることは条文上明かである。フィリピンについても将来、日比両国の協議によって賠償総額を決定する場合は、沈没船舶引揚のために日本政府が負担すべき額の限度についても規定する予定であるから、結局同様の構想となる。

(四)日本人業者に対する便宜(facilités-Equipements-Installations、英文では「facilities」の語で表現される)供与は、日比協定においてもこれを規定している。便宜の利用がヴィエトナム政府がその経費を負担して行われる時は、当然右の費用は協定案第一条第二項に云う「日本政府が負担すべき費用の総額」とは無関係のものとなる。

なお、日比協定の実施細目はフィリピン政府の希望により公表せられないが、協定案の実施細目はこれが「北川会社」の問題を考慮した点を除いては右と殆んど差別のないものである。

No. 51/A3

NOTE VERBALE

Le Ministère des Affaires étrangères du Japon présente ses compliments au Ministère des Affaires Etrangères du Vietnam et a l'honneur de lui communiquer ci-après formellement les opinions du Gouvernement japonais sur les questions posées le 14 octobre par le Ministre des Travaux Publics du Vietnam par l'intermédiaire du Commissaire général Dejean, au sujet du projet de l'Accord de Réparation sur le Renflouement des Epaves entre le Japon et le Vietnam (ci-après désigné comme, le "projet de l'Accord"). Ces opinions ont été d'ailleurs rendues claires au cours des négociations entamées pour la rédaction dudit projet d'accord.

1. La République des Philippines n'ayant pas encore ratifié le Traité de Paix avec le Japon signé à San-Francisco, le Japon n'a pas l'obligation de lui payer des réparations en vertu de ce traité. En conséquence, il était nécessaire que l'accord de réparation entre le Japon et les Philippines stipulant l'offre des services du peuple japonais pour le renflouement des épaves (ci-après désigné comme l'Accord nippo-philippin) fût appelé l'accord intérimaire de réparation. Par contre, il n'est pas nécessaire d'appeler "intérimaire" le projet de l'Accord fait en vertu des obligations déjà établies par le Traité de Paix.

2. En ce qui concernait l'Accord nippo-philippin, il était nécessaire d'y insérer au préambule, comme le but de la conclusion de cet Accord, un passage ayant le même contenu que l'Article XIV (a) du Traité de Paix avec le Japon tandis que dans le projet de l'Accord il est nécessaire de rendre clair le rapport entre cet Accord et les dispositions déjà effectives de l'article en question du Traité de Paix. Le passage "en vue de remplir les obligations stipulées dans l'Article XIV (a) du Traité de Paix avec le Japon" n'a d'autre but que de préciser ce rapport et ne

veut pas dire qu'il n'existe aucune autre réparation en dehors du renflouement des épaves. Pour les réparations autres que le renflouement des épaves, des négociations s'ouvriront à un lieu et à une date dont le Gouvernement du Japon et le Gouvernement du Vietnam auront été convenus ultérieurement.

3. Il est clair que le montant total stipulé dans l'Article I（2）du projet de l'Accord indique, par les termes mêmes de cet article, la limite des frais dont le Gouvernement du Japon se chargera pour le renflouement des épaves. A l'égard des Philippines aussi, le Gouvernement japonais a l'intention de stipuler, quand il aura à décider à l'avenir le montant total des réparations par une négociation entre le Japon et les Philippines, la limite du montant des frais à supporter par le Gouvernement du Japon pour le renflouement des épaves, l'idée en étant la même à l'égard des Philippines qu'à l'égard du Vietnam.

4. Les facilités-Equipements-Installations（en anglais exprimées par "facilities"）à accorder aux ressortissants japonais sont également stipulées dans l'accord nippo-philippin. Au cas où ces facilités seront utilisées à la charge du Gouvernement du Vietnam, les frais en sont naturellement indépendants du "montant total des frais à supporter par le Gouvernement du Japon", mentionné l'Article I（2）du projet de l'Accord.

Le Ministère croit devoir ajouter que les détails pour l'exécution de l'Accord nippo-philippin ne sont pas publiés conformément au désir du Gouvernement philippin, mais que les détails pour l'exécution du projet de l'Accord sont presque les mêmes, à l'exception de la considération prise à l'égard de la "Compagnie Kitagawa".

Tokio, le 22 octobre 1953.

547　昭和29年1月30日　在サイゴン平野一等書記官より岡崎外務大臣宛（電報）

沈船引揚協定の署名をサイゴンにて行いたいとのベトナム側意向について

サイゴン　1月30日後0時30分発
本　　省　1月30日後5時32分着

第一一号

本三十日午前十時外務大臣と会見し、貴電第三号の趣旨を申入れたところ、外相は九月十六日仮調印した沈船引揚げ協定案にヴエトナム側は或種の修正を加えることを希望して居り、これに日本政府が同意するならば正式調印はサイゴンに於て行いたいと語つた。委細郵報。

548 昭和29年6月10日　在サイゴン平野一等書記官より岡崎外務大臣宛

沈船引揚協定案の修正は公使館開設後に検討するとのベトナム外務省政務局長の発言について

ヴィ秘第八二号

昭和二十九年六月十日

在西貢

一等書記官　平野　重平

外務大臣　岡崎　勝男殿

ヴィエトナム外務省政務局長と会談の件

本十日午前十時、外務省にラム政務局長(次官に相当する)を往訪し、会談したところ、同局長は、ヴィエトナムは近く東京に公使館を開設する事を語ったが、当地においては、ブーロック内閣は、近く退陣するであろうとの風説頻りであるから、実現迄には、尚相当の曲折あるものと想像される。会談要領左記の通り報告する。

記

我「六月四日付大臣宛公文をもって、申入れた暗号の使用、身分証明書の発給の件につき、伺いたい。(六月九日付ヴィ秘第七九号参照)」

彼「身分証明書は発給する事になった。暗号の使用は、目下内務省と共に検討中である。」

我「此の頃の様に、大砲の音が毎晩聞えるサイゴンでは、身分証明書は必要であり、又、任務遂行上、暗号の使用は許されねばならない。(駐日韓国ミッションの例を引き、国交関係のない韓国にさへ日本は特典を与えている事を説明した。)ところで、沈船引揚協定正式調印に先立ち、日本政府に対する修正要求は何時頃発送される見込であるか。(往電第二一号参照)」

彼「ヴィエトナムは、近く公使館を東京に開く事になったので、沈船引揚協定修正問題は、開館後東京で行はれる事となった。」

我「それは欣ばしい事であるが、何日開設の運びとなるか。」

彼「近い内に開設の運びとなるであらう。」
我「ヴィエトナムプレスによると、数日前ジュネーヴで西村駐仏大使は、ブーロック殿下と会見しているが、公使館開設問題でも話し合ったのか。」
彼「総理から何の話もない。（六日ブーロックはパリより帰ったが、七日ハノイに赴き、現在同地滞在中）」
（注）
（沈船引揚協定正式調印と公使館開館問題と別箇に考える様になった事は、ヴィエトナム政府の一歩前進と見做される）
（本信写送付先　タイ）

549　昭和29年8月18日　外務省より ベトナム外務省宛

公使館開設に関するベトナム側申入れに対するわが方同意の口上書

付　記　昭和二十九年六月十四日付ベトナム外務省より外務省宛口上書第一七八六／ＤＡＰ号
右申入れ

ノート
日本国外務省はヴィエトナム外務省に敬意を表するとともに、同外務省が、在本邦フランス大使館を通じ差出された、ヴィエトナム政府が日本公使館をサイゴンに開設することに同意するとともに、同時にヴィエトナム公使館を東京に開設する旨の申出をなした一九五四年六月十四日付ノート第一七八六―ＤＡＰ号に関し、日本政府は右のヴィエトナム政府の申出に対して、完全に同意する旨を回答する光栄を有する。
可及的すみやかに日本・ヴィエトナム両国間に公使が交換され、両国の親善関係が益々強化されることを真摯に希求する日本政府は、追つて近い将来、日本公使のアグレマンを貴政府に対し求める予定なることをあわせて通報する光栄を有する。

編　注　本文書の仏語は省略。

（付　記）
ÉTAT DU VIETNAM

MINISTÈRE DES AFFAIRES ÉTRANGÈRES

Saigon, le 14 Juin 1954

N° 1786_DAP

NOTE

Le Ministère des Affaires Etrangères du Viêt-Nam présente ses compliments au Ministère des Affaires Etrangères du Gouvernement impérial du Japon et a l'honneur de se référer à la Note N° 2318_DAP en date du 27 Décembre 1953 qu'il a adressée au Ministère par l'intermédiaire de l'Ambassade de France à Tokio.

Par ladite Note, ce Département a fait savoir au Ministère des Affaires Etrangères du Gouvernement impérial que le Gouvernement du Viêt-Nam accueillit favorablement la proposition du Gouvernement impérial relative à l'échange de missions diplomatiques entre le Japon et le Viêt-Nam et que les conditions de cet échange seraient étudiées ultérieurement dans le détail entre les deux Gouvernements.

Le Gouvernement du Viêt-Nam a également acquiescé à la demande du Gouvernement impérial tendant à l'envoi au Viêt-Nam d'une mission composée de fonctionnaires du GAIMUSHO, en vue de préparer l'installation d'une Légation japonaise à Saigon.

La mission en question se trouvant effectivement à Saigon depuis plusieurs mois et ayant pris les contacts nécessaires avec les autorités vietnamiennes, le Gouvernement du Viêt-Nam estime que le moment est venu de réaliser l'échange de missions diplomatiques entre le Japon et le Viêt-Nam. Il espère fermement, par ailleurs, que la réalisation de cet échange facilitera le règlement des questions pendantes entre les deux pays.

En conséquence, le Gouvernement du Viêt-Nam est heureux de confirmer son accord quant à l'ouverture d'une Légation japonaise à Saigon, et se propose d'ouvrir simultanément une Légation vietnamienne à Tokio.

Le Ministère des Affaires Etrangères du Viêt-Nam serait reconnaissant au Ministère des Affaires Etrangères du Japon de bien vouloir porter ce qui précède à la connaissance du Gouvernement Impérial et saisit cette occasion pour lui renouveler les assurances de sa haute considération.

MINISTERE DES AFFAIRES ETRANGERES
DU GOUVERNEMENT IMPERIAL DU JAPON
TOKIO

550　昭和30年3月14日　在ベトナム小長谷大使より重光外務大臣宛

サンフランシスコ平和条約批准書寄託につきベトナム官報にて公布

第八七号

昭和三十年三月十四日

在ヴィエトナム
特命全権大使　小長谷　綽〔印〕

外務大臣　重光　葵殿

対日平和条約（一九五一年九月八日桑港において署名）公布の件

ヴィエトナム政府は一九五二年六月十八日付をもって本件条約の批准寄託を了し居るところ今般一九五五年二月八日付政令第四一号（別紙参照）をもって右条約テキスト（議定書、声明と共に）が官報に公布せられたるにつき右報告する。

（別　紙）

DECRET N° 41-NG du 8 Février 1955 portant promulgation et publication du traité de paix avec le Japon signé à San-Francisco le 8 Septembre 1951.

SA MAJESTE BAO DAI, CHEF DE L'ETAT,

Vu l'ordonnance n° 1 du 1er Juillet 1949 fixant l'organisation et le fonctionnement des institutions publiques,

Vu l'ordonnance n° 2 du 1er Juillet 1949 portant organisation du statut des administrations publiques,

Vu l'ordonnance n° 15 du 19 Juin 1954 portant délégation des pleins pouvoirs au Président du Gouvernement,

Vu le décret n° 94-CP du 24 Septembre 1954 fixant la composition du Gouvernement, modifié et complété par les textes subséquents,

Sur la proposition du ministre des affaires étrangères,

DECRETE :

Article premier. - Est publié au Journal officiel de l'Etat du

Viet-Nam, le texte du traité de paix avec le Japon signé à San-Francisco le 8 Septembre 1951 et dont les instruments de ratification ont été déposés par le Gouvernement du Viet-Nam le 18 Juin 1952.

Article 2. - Le Président du Gouvernement, le ministre des affaires étrangères et le ministre des finances sont chargés, chacun en ce qui le concerne, de l'exécution du présent décret.

Fait à Saigon, le 8 Février 1955

Pour le Chef de l'Etat

et par délégation :

Le Président du Gouvernement

NGO DINH DIEM

Par le Chef de l'Etat :

Le ministre des affaires étrangères

TRAN VAN DO

２　沈船引揚協定の棚上げ

551　昭和30年4月4日　アジア局第三課作成

「対ヴィエトナム通商、賠償交渉に関する件」

付　記　昭和三十年四月五日、アジア局第三課作成
「ヴィエトナム賠償問題処理方針」

対ヴィエトナム通商、賠償交渉に関する件

昭和三十年四月四日
アジア三課

本日午後三時外務省に於て、ＥＣＡＦＥのヴィエトナム代表として来日中のグェン・ヴァン・トアイ計画相と佐藤参事官との間に日本・ヴィエトナム通商協定に関する会談が行われたが、本会談においてヴィエトナム側より凡そ次の如き提案が行われた。

一、ヴィエトナムはアメリカとの話合によりＦＯＡ資金による買付はヴィエトナムと通商協定ある国より行う。よってＦＯＡ資金による日本よりの買付けのためには、日本・ヴィエトナム間に通商協定の締結が必要とせられ、右資金による買付は六月までに決定する必要があるので、日本・ヴィエトナム通商協定も、それまでに成立させる必要がある。（日本がＦＯＡ資金による買付を希望する場合）

二、ヴィエトナムとしてはＦＯＡ資金による日本からのプラント輸出等の場合に、技師の派遣等に関しては日本が役務サーヴィスとして賠償の対象とすることを希望しているので、賠償交渉は通商交渉として切り離して行うも異存はないが、通商協定と同時に賠償交渉を行うことを望んでいる。

（付　記）

ヴィエトナム賠償問題処理方針

三〇、四、五
アジア三課

目下ＥＣＡＦＥ総会にヴィエトナム代表として来日中の

同国トアイ計画相より明六日午后賠償問題につき話合致したき申出ありたるにより本件に対する我方処理方針を不取敢左の如く致したい。

一、ヴイエトナムはＦＯＡ資金による対日買付の前提要件として貿易協定の締結を必要となし右貿易協定締結に関聯し役務賠償問題を提起する態度をとつてゐる。

二、よつて我方が右賠償問題を無下に一蹴することはＦＯＡ買付の面に面白からざる影響ありと認められる。

三、よつて一昨年沈船引揚協定協議の際右が対日賠償要求のメイジヤーパートを占めるものなりとの了解ありたるを理由とし今更めて役務賠償要求を受けることは我方として重大なる事態の変化なる為即答し得ずとし、

四、我方としては同沈船引揚協定の批准発効を先ず期待するものなるも、

五、一応ヴイエトナム側に右役務賠償計画に関する構想を問ひコロンボ計画或はプラント輸出に絆(伴カ)ふ技術者派遣の可能性を研究することとし、

六、我方回答は追てサイゴンに送付することとする。

552

昭和30年6月30日　在ベトナム小長谷大使より重光外務大臣宛（電報）

賠償総額交渉を再び要請するベトナム土木相への応酬振りにつき請訓

サイゴン　6月30日前11時30分発
本　省　6月30日後3時6分着

第一一三号

往電第一一一号及び往電第九六号に関し

二十七日「ゴ」総理の命に基く趣をもつて土木（運輸、通信、漁業）大臣来訪、実は財政経済省の事項もあるが、自分の所管する問題が多いので説明の便宜のためお尋ねした次第であるが、これに対する日本側の回答は外務大臣にされたいと前置きし先ず賠償問題に関するヴェトナム政府の意見を左の通り開陳した。

(一)一九五三年仮調印の儘となつている沈船引揚げ協定は次の二点が明らかになれば速かに本調印したい意向である。

(イ)引揚費用二二五万米ドルは賠償の一部をなすものであること。

(ロ)引揚げた鉄屑はサンフランシスコ条約第十四条による

原材料として取扱われること。

㈡賠償総額は昨年の東京交渉において一億—二億米ドルの線が出たが、最近フィリピンとの交渉において八億が決定した旨報道されている。ヴェトナム側としては最初は?九億から切り出した関係もあり、この線より多少増額致したい意向であると述べたるにつき本使より八億の数字は未だ確定したものでないこと、ヴェトナムとフィリピンは戦争被害の程度、範囲についても比較にならぬことをとくと説明し次いで総額の問題はドロップされたと本使は承知している旨指摘したるに同大臣はヴェトナム側としては沈船協定交渉の過程においてはその妥結を急ぐため一応触れないこととしたのであつて決して放棄した次第ではないと答え、ヴェトナム政府としては総額問題を重要視しており、至急この点に関する交渉を開始されたい希望であると述べた。よつて本使は本件につき未だ訓令を受けていないが総額交渉は頗る難しい問題である。日本政府が如何なる意見を有するか予断を許さないが御申出の次第は早速東京に伝達することを約した。

㈢ついては㈠及び㈡の点に関する我方の応酬振り至急回電ありたく、又先方は本件交渉を当地において進めたく考えているところ総額問題は政治折衝を必要とする要素多きに鑑み出来得れば東京と致す方諸事が好都合かと存ぜらるるところこの点に関する御貴見も併せて御回示ありたい。

553

昭和30年7月4日　在ベトナム小長谷大使より重光外務大臣宛（電報）

賠償総額交渉をベトナムが再び要請する理由について

サイゴン　7月4日後4時0分発
本　　省　7月5日前7時7分着

第一一七号

往電第一一三号に関し

ヴェトナム側が総額問題を持ち出すに至つた理由及びこれに対処する我が方態度に関する卑見御審議の参考まで左の通り

㈠北川契約延長問題に関連し我方より一昨年仮調印の協定に対する先方の意向を訊ねたことが直接の原因であろう

が、先般来関係庁との接触において先方がフィリピン八億ドル説に強き衝動を受けていることが看得せられた。恐らくヴェトナム新内閣はこの機会を失すると対日賠償要求競争から取残されることを惧れ交渉開始希望を申越すに至つたものと観察せられる。

㈡「ゴ」総理は四月ビンヘイウエン《ビン・スエンカ》軍との戦闘に勝ち、五月Hoahao軍を打倒して内政上の地歩を固め、今又仏国交渉により軍事(仏国駐屯軍撤収)、外交(仏国連合離脱)面においても独立の実を得んと努力している。対日賠償の解決と同時に日本との通商協定、航空条約締結は対内的にも対外的にも現政府のPrestigeを高める所以である。

㈢ジュネーヴ協定の実施、アフリカ情勢の悪化に伴い、仏国駐屯軍は逐次引揚げつつあるが、これは仏国民間資本の仏国本国及び植民地への移動と共に、手持フランの激減、失業の増加となり、ヴェトナムの財政経済に大きく響いて来ている。米国の軍事援助、FOA資金の放出により財政危機を漸く切り抜けているが、政府当局は将来のため小国は小国並みの規模において、財政の均衡化と経済の正常化を図らんと苦心している。賠償の解決はこの財政安定の経済再建に貢献するものである。

㈣仏国勢力の減退に比例し米国勢力が進出しつつあるも、地政学的に見て今後最も緊密な関係に立つべきは我国である。然るに現実において国交回復日浅き上、相互理解薄きため、通商、技術、文化面における両国協力は未だ足踏み状態にある。

賠償はこの停頓に交流を促す誘い水と存ぜらるるにつき、この際大局的見地より同情と理解を示し、急速に本問題の解決を見ること切望に堪えない。因みに一時憂慮された攪乱も「ゴ」総理の勝利に期し、現政府の地歩は殆んど固まつたものと認められるので、本件交渉を開始し差支えないと判断せられる。

〰〰〰〰〰〰〰〰

554

昭和30年7月6日　重光外務大臣より
在ベトナム小長谷大使宛(電報)

沈船引揚以外の賠償請求権を放棄させ経済協力に応じるよう説得方回訓

本　省　7月6日後8時7分発

第六七号

貴電第一一三号に関し

一、対ヴィエトナム賠償問題に関する政府の基本的考方は往信第八九号の通りであり殊に明年の総選挙を控え責任国の政情明確化せぬ今日総額問題に深入りすることは避けたき考えである。

二、一昨年仮調印の沈船引揚協定については先方が希望すれば之に正式調印することは已むを得ないと考へるが土木大臣の述べた二条件については(イ)引揚費用二二五万米弗が賠償の一部なりとの点については一昨年交渉の際我方としては右金額は対ヴィエトナム賠償の「メイジャー・パート」と考へ居りたるものであり此の趣旨は合意議事録にも「対ヴィエトナム賠償はVery Smallなり」との形で明確に表現されてゐる。

従つて土木大臣の云ふ如く単に漫然と賠償の一部をなすとの表現は了承出来ない。又(ロ)引揚屑鉄を桑港条約第十四条の原材料として取扱ふことは賠償総額の問題が決つて始めて考慮し得る処であり今日よりかかる約束をすることは出来ない。

三、以上の事情に鑑み土木大臣の申出に関しては沈船協定については新な条件を付せざるに於ては本調印に異存なきも総額問題についてはカンボディアとの権衡問題もあり沈船引揚以外の賠償請求権については出来得れば之を放棄しコロンボプラン等を通ずる経済協力に切換えることを考慮ありたき旨を以て応答されたい。

555

昭和30年7月10日　在ベトナム小長谷大使より重光外務大臣宛（電報）

沈船引揚協定細目交渉開始の可否及び賠償総額に関する応酬振りにつき請訓

別　電　昭和三十年七月十日発在ベトナム小長谷大使より重光外務大臣宛第一一九号

右交渉開始に関するベトナム側申入れ

サイゴン　7月10日後3時30分発
本　　省　7月10日後8時8分着

第一一八号

貴電第六七号に関し

一、九日外務大臣を往訪冒頭貴電(二)の趣旨を答えたるところ、同大臣は実は土木大臣の本件申入れの後、書類研究に依り一九五三年十月二十二日付口上書ア三第五一号第二項後段(写念のため空送する)を以て、日本外務省は沈船引揚協定の外にも賠償事項は存在する旨を明かにせられて居るので、ベトナム側がclarificationを求めた二点は既に明確になつた(右口上書写は御送付を受けて居ない。当館には「日本ベトナム沈船引揚に関する賠償協定交渉経緯」の調書一部あるのみ)それ故七月七日付口上書(要旨別電第一一九号の通り写空送する)を以て沈船引揚協定の細目交渉を八月上旬より西貢に於て開始したき希望を御伝えした次第であると語つた。

二、依つて本使より右十月二十二日の口上書に付ては早速東京に電照して見るが、日本側二二五万弗は賠償の殆んど大部分をなすものと考えているから、何れにしても総額は極僅少となると思われる点を重ねて説明すると共に、オフ・レコとしてカンボジヤとの権衡問題、日本軍占領期間の短かかつたこと、ベトナム側に与えた日本軍の損害は極めて僅少なること、両国民は占領中も極めて友好関係にあつたこと、ベトナムの独立に日本は直接間接に寄与して居ること等を語り、出来得れば賠償は本件沈船引揚協定の範囲に止め、他は経済協力の方式を採ることの考慮を求めたるところ同大臣は自分は未だコミット出来ないが、ベトナムとしては日本に外貨の負担をかけることを好まないから、役務の方式にてこれを要求することとなると了解して居ると述べた。

三、次いで同大臣より一昨年の交渉に於てベトナム側は二億五千(万欠カ)の数字を出したのに対し、日本側は一億を出されたと聞くが、貴使の持たれる書類には如何に記録されあるやと質問ありたるに付、自分は総額に関しては話合をする権限を未だ任されて居ないので、御答え出来ないのは残念であるが、既に申上げた通り仮令十月二十二日の口上書の通りとしても、総額は極少額と考えられる旨を繰返し、深入りするのを避けた。然し彼我との総額問題は今次交渉の要であることを認めるに一致したが、妥協点発見は楽観を許されないが、交渉を重ねれば必ずしも不可能ではないとの印象を受けた。

四、就いては別電第一一九号先方申入れに対する回答振り及び総額問題に関し交渉を進めるべきや否や、往電第一一三号㈢末段の点と併せて御審議の上何分の儀御回電ありたい。

（別　電）

サイゴン　7月10日後6時59分発
本　省　7月11日前7時21分着

第一一九号

往電第一一八号(一)後段に関し

一、貴電第六七号と同時に要旨左の通りの七日付当国外務省口上書に接した。（写空送する）

(イ)ベトナム国政府は桑港条約第一四条規定の賠償の枠内に於て日越間沈船引揚協定を調印するための交渉を完了したく希望する。

(ロ)本件に関する実施細目文書作成の為の交渉は本年八月上旬西貢に於て開始し右交渉の結果として出来上つた協定は同地に於て署名されるべきことを提議する。

(ハ)右二項に日本政府が同意を与えられたく代表団の構成を通報ありたい。

556　昭和30年7月13日　重光外務大臣より在ベトナム小長谷大使宛（電報）

総額問題へ深入りせずベトナムが経済協力に応じるよう説得方回訓

本　省　7月13日後8時45分発

第六九号

貴電第一一八号及一一九号に関し

（欄外記入）

一、ヴィエトナム側口上書に関しては左の趣旨にて回答されたい。

(イ)沈船引揚協定に関しては一昨年九月イニシヤルした内容のものを正式調印することには異存ない。

(ロ)実施細目については同じく一昨年九月イニシヤルしたものがあり更めて実施細目作成のため交渉する必要なしと考へるがヴィエトナム側にて修正希望ある場合にはその具体的内容を申出られたい。

二、沈船引揚が対ヴィエトナム賠償の必ずしも全部でないことは合意議事録において「賠償金額が Very Small なり」と述べた時より我方も了承してゐたものであり十月二十二日附口上書もその趣旨を繰返したものである。ただ我方としては往電第六七号一及往信第八九号の見地より此の際総額問題に深入りすることは適当ならずと考へ居り出来ればカンボジヤの例に做《(倣カ)》ひ沈船引揚以外の賠償請求は放棄せしめコロンボプラン等を通ずる経済協力を以て之に代へたい考なるにつき此の上とも右ラインにより先方説得に努められたい。なお一昨年の交渉において我方が一億ドルの数字を出した如きことは全くない。

三、二十八年十月二十二日の口上書は別途空送する。

（欄外記入）

七月十三日大蔵省石野理財局次長に電話連絡了承取付済

557

昭和30年12月11日　在ベトナム小長谷大使より重光外務大臣宛（電報）

ベトナムの意向を踏まえ沈船引揚協定は棚上げとし総額交渉を開始することの可否につき請訓

サイゴン　12月11日後0時15分発
本　省　12月11日後4時40分着

第二一七号（極秘）

往電第二〇二号に関し十日外務長官と沈船引揚協定をめぐる諸問題につき話合つた結果。

一、ヴエトナム側は沈船引揚はこれを商業ベースにて日本商社と契約する方が利益と認める意見を再度明らかにしたので、同国側があくまでそう考えられるならば日本側は強いて反対するものでない趣旨を御訓令に基き伝えた。

二、協定は仮調印のままなので廃棄問題は生じない。しばらく三、及び四、の結果を見るまでねかせておくことに双方一致。

三、商業ベース契約の話は東京にて採り上げられ、関係業者は日本におるをもつてその交渉は在京ヴエトナム大使館を通じ速かに行われることが望ましい。本件商議と四、の交渉とは別個のものであるから関連せしめないことに意見一致。

四、新規に役務供給（ヴエトナム側は「エキプマン」も多少入れたい意向の如し）を内容とする交渉を両国政府間に開始する。東京サイゴン何ずれにおいて行うかはこれをそれぞれの政府に請訓する。この交渉は結局総額の問題に及んでくるので、日本側としては沈船引揚に約した金額が大部分と解している次第も重ねて説明したところ、同長官は意見表明を留保し法外なことは決して要求しないから安心ありたいとしきりに弁明していた。何れにしても今や中間賠償の時ではなく決定的に賠償問題を解決する時期であると認めるに一致した。

五、以上各点をそれぞれ本国政府に報告、請訓しその結果を次回に持ち寄ることと致したるにつき特に三、四、に関し何分の儀御回電ありたい。

558

昭和30年12月27日　重光外務大臣より在ベトナム小長谷大使宛（電報）

役務賠償を原則とする総額交渉は異存なきも沈船引揚費用が総額の大半を占める線にて折衝方回訓

本　省　12月27日後0時25分発

第一二五号

貴電第二一七号に関し

一、貴電㈠㈡㈢各項につき原則として異存ない、なお沈船引揚を商業ベースで行う場合ヴィエトナム政府が北川との従来の経緯に鑑み下請等の形により事実上同社を参加せしめるよう考慮を加えることを希望する。

二、㈣の賠償交渉については役務賠償の原則により此の際総額問題をディスカスすることに異存なきもその金額は大なることを期待しえざるに付差当り二二五万米ドルが総額の大半を占める線で応酬され、その間先方の希望総額の打診に努められたくその上で貴使に一時帰朝を命じ、とくに本件打合せを行いたい意向である。なお政府としては賠償に代るものとしての経済協力についてはその性格につき種々誤解を生じ将来に問題を残す虞もあるためヴィエトナムの如く賠償が少額で片付く見込ある場合には経済協力は純粋に民間に任せ賠償一本の形で解決することを希望している。なお本件については貴地滞在中の横山氏とも十分打合せられたい。

559

昭和30年12月31日　在ベトナム小長谷大使より重光外務大臣宛（電報）

役務賠償の原則及びわが方総額案に対するベトナム側の態度について

サイゴン　12月31日後8時25分発
本　省　1月1日前9時25分着

第二三八号(極秘)

貴電第一二五号に関し

三十日外務長官と会談したがその要領左の通り

一、先づ往電第二一七号一、二、三、の各項を相互にconfirmしたのち、

二、我方より総額の問題は役務賠償の原則により討議したい旨述べたるに、長官は

(イ)ヴェトナムは桑港条約署名の際に付した留保により資本財を希望する趣旨を明らかにしている点を引用し

(ロ)ビルマ、フィリピンに対して資本財も約しておられるのにヴェトナムに対してのみ役務原則を主張せられる理由を解するに苦しむと不満の意を表明したので、この点は後日に譲ることとした。

三、次いで本使より総額問題は余り大きな数字に上ると直接間接にカンボジァ、ラオスにも影響が出て来るので自ら限界がある所以を説明したところ、長官はこれを諒としつつも右両国の被害は殆んど皆無と云うべきをもつて、これを引合に出されることは好まない旨を率直に述べた。

四、よつて本使より累次会談の議論を更に念のため繰返したのち、二二五万米ドルが大半を占める額四、〇〇〇、〇〇〇米ドルを切り出したるに長官は一寸驚きたる様子を示したるも具体的な提案がなされたことを喜び公理?が下されたことは何よりであると答え早速関係閣僚と協議の上、対案数字を出すべき旨約した。

五、次いで長官はこれは別の問題だがと断つて、我方が仏側に引渡した四〇トンの金塊の件に関し詳細な情報を要求されたので、ノートを頂ければ本省に問合せ回答方取計うべき旨答えた。その際ヴェトナムとしては近く仏国にその一部を要求する意向であると語つたので、日本側においては本件引渡しによつてインドシナ賠償は当時解決したと思つていた次第を説明し、我方に多額を主張せられるより仏国にこれを求められる方が法律上も筋が通る旨を私見として述べておいた。

560

昭和31年1月7日　在ベトナム小長谷大使より重光外務大臣宛(電報)

仏印特別円の請求額を含むベトナム側総額対案及びその積算根拠について

付記一　昭和三十一年一月九日付ベトナム外務省より在ベトナム日本大使館宛書簡第一二八／ＤＡＰ号

仏印特別円の返還名義に関するベトナム側照会

二　昭和三十一年一月九日付ヴ・ヴァン・マウ・ベトナム外務大臣より在ベトナム小長谷大使宛書簡第一三五／ＤＡＰ号

仏印特別円におけるベトナム側債権の留保について

サイゴン　1月7日後2時30分発
本　　省　1月7日後9時19分着

第七号（至急、極秘）

往電第二三八号に関し

六日求めに応じ外務長官を往訪したところ、賠償閣僚協議会、議会の決定であるとして二億五千万米ドルの提案があつた。よつて数次の会談において貴長官よりヴィェトナム側の対案はリーズナブルな額であるとの言を信じ総額問題交渉に這入ることを本国政府より許されたるに、斯る法外の数字に接しては失望を感ぜざるを得ない。本使としてはこの儘本国政府に取次ぎ得ない旨述べたところ、同長官は協議会の決定にて大統領の了解も得おるものであるとて、主として左の二点からヴィェトナム側の賠償に対する考え方を説明した。

一、ヴィェトナムは賠償総額は

(イ)掠奪（Spoliation）
(ロ)破壊
(ハ)生命財産に対する損害

の諸要素から決定さるべきものと思う。然しこれに対する立証資料は揃つていないが、その一部で割合に明確である(イ)についてみても、戦争中横浜正金銀行がスポリエートした金額は一六億八千九百万ピアストルに達する。これは一九三九年の価格計算であるから、これに一〇の指数を乗じてみれば現在では一六八億九千万ピアストルで、これを一ドル対三五ピアストルの比率にて換算してみれば四億八千二百万米ドルに当る(これはカンボジャ、ラオスも含んでいるが、ヴィェトナムが大部分を占めている)、二億五千万ドルはこれの半額に過ぎない。(ロ)及び(ハ)についてはこれを計算にも入れていない。

二、ビルマ、フィリピンに比して四二五万《(四〇〇カ)》ドルは余りに少額過ぎる。ヴィェトナムはパリティーを要求する訳ではないが、戦争被害補償は精神的(consolation)要素も含んでいるのであるから平等に取扱わるべきである、そうでないと国民的感情が満足されない云々。

よつて本使より一、に関しては三三トンの金塊問題と同様日仏間或いは仏越間の問題であり、日越間の問題と思われない点、二、に関しては戦争中インドシナに三年も在勤した体験からしても、又ビルマに戦後在勤して実地に見た被害からしても公平に判断して両国の程度は比較にならないこと、即ちヴィエトナムには所謂戦争らしき戦闘行為はなく、ドクー総督の下に平穏な状態を保持した点、軍票が発行されなかつた点、三月九日事件が契機となつてヴィエトナムが独立した点、両国民間には敵対感情のない点を挙げこれを反駁、長官は国際法的見地(安南は保護国で完全ではないが宗主権を持つている点)よりこれを反論、長時間に亘つたので双方他に約束あり一応会談を打切つた。

(付記一)

REPUBLIQUE DU VIETNAM

Secrétariat d'Etat aux Affaires Etrangères

Saïgon, le 9 Janvier 1956

N° 128/DAP

NOTE

Le Secrétariat d'Etat aux Affaires Etrangères du Viêt-Nam présente ses compliments à l'Ambassade du Japon et a l'honneur de recourir à l'obligeance de l'Ambassade pour obtenir les renseignements ci-après :

Il est parvenu à la connaissance de ce Département que dans le cadre de l'article 15 du Traité de paix de San-Francisco sur les restitutions, la France comptait, en 1950, réclamer du Japon deux créances en dollars et en yens s'élevant respectivement à 479.651$ USA et 1.315.275.818 yens créances appartenant à l'ancien Office Indochinois des Changes.

Le Gouvernement vietnamien serait vivement désireux de connaître si ces créances ont bien existé, et dans l'affirmative, à quel titre, la restitution en a été faite à la France.

Le Secrétariat d'Etat aux Affaires Etrangères attache le plus grand prix à recevoir dès que possible ces renseignements et en exprime, à l'avance, ses sincères remerciements à l'Ambassade.

Le Secrétariat d'Etat aux Affaires Etrangères du Viêt-Nam saisit cette occasion pour renouveler à l'Ambassade du Japon les assurances de sa haute considération.

VU VAN MAU

(cachet)

AMBASSADE DU JAPON

SAIGON

一九五六年一月九日付ヴィエトナム外務省書簡

（No.一二八／ＤＡＰ）—仮訳

ヴィエトナム外務省は日本大使館に敬意を表し、左記情報の入手に関し貴大使館の御配慮を依頼するの光栄を有する。

本外務省は、返還に関するサンフランシスコ平和条約第十五条のわく内で、フランスが一九五〇年に旧インドシナ為替局に属する四七万九六五一米ドルおよび一三億一五二七万五八一八円にのぼる二つの債権の返済を日本に要求したことを承知するに至つた。

ヴィエトナム政府はこれら債権が存在したかどうか、また存在したとすれば、いかなる名義で右の返還がフランスに対してなされたかを承知したい。

外務省は本件に関する情報ができるだけ早く入手することを希望すると共に、予め貴大使館の御厚意に感謝の意を表する次第である。

ヴ・ヴァン・マウ〔印〕

日本国大使閣下（ママ）

（付記二）

REPUBLIQUE DU VIETNAM

Département des Affaires Etrangères

Le Secrétaire d'Etat

Saigon, le 9 Janvier 1956

1198

N° 135/DAP

Excellence,

Le Gouvernement vietnamien vient d'apprendre que des négociations franco-japonaises vont se dérouler prochainement à Tokio pour le règlement des questions pendantes relatives à l'occupation japonaise en Indochine.

Le Viêt-Nam ayant signé et ratifié le Traité de Paix de San-Francisco avec le Japon, est directement intéressé à ces questions.

Mon Gouvernement souhaite donc vivement obtenir des informations précises sur l'objet et la date des futures négociations franco-japonaises.

Il fait les plus expresses réserves en ce qui concerne tous les droits qui appartiennent au Viêt-Nam dans ce domaine et qui devront faire l'objet des négociations directes entre le Japon et le Viêt-Nam.

En vous exprimant, à l'avance, mes sincères remerciements pour les renseignements qu'il vous sera possible de me donner, je vous prie d'agréer, Excellence, les assurances de ma haute considération.

VU VAN MAU
(avec cachet)

Son Excellence
Monsieur l'AMBASSADEUR DU JAPON
SAIGON

一九五六年一月九日付ヴィエトナム外務省書簡
（№一三五／ＤＡＰ）―仮訳

ヴィエトナム政府は、日仏交渉がインドシナにおける日本占領に関する懸案問題の解決のために、近く東京で開かれるとの情報を入手した。

対日サンフランシスコ平和条約に調印し、これを批准しているヴィエトナムは、直接本問題に利害関係を有する。

従つてわが政府は、日仏交渉の目的および時期に関し、正確な情報を入手することを切望している。

本件に関しヴィエトナムに帰属し、かつ日本、ヴィエトナム間の直接交渉の対象たるべきすべての権利に関し、明確なる留保を明らかにする次第である。

閣下が私に右に関する情報を与えられることを期待し、

予めお礼を申し上げる。

日本国大使閣下

ヴ・ヴァン・マウ〔印〕

561　ベトナム側の賠償総額及び役務賠償の考え方はわが方と格段の相違があるため交渉中止方訓令

昭和31年1月9日　重光外務大臣より在ベトナム小長谷大使宛（電報）

本　省　1月9日後3時0分発

第四号（至急、極秘）

貴電第七号並に第八号に関し

一、政府は累次貴電により先方が㈠役務賠償を原則とすることと㈡金額は極めてモデストなるものなることの二点を前提とするものと了解しその基礎の上に従来の沈船引揚を御破算とし新に役務を内容とする本格的賠償の交渉開始に同意したものである。しかるに、先方はまず役務賠償の原則を否認し（客年貴電第二三八号）次に二億五千万ドルの尨大なる金額を主張し来つたことは従来の先方言明に全く背馳して居り我方の理解し得ざる処である。

二、二百二十五万ドルを以て対ヴィエトナム賠償の「メイジヤー・パート」とする我方の考方と今回先方提案の数字とは格段の差異あり到底円滑なる交渉は不可能なるにつき本件交渉は中止されたい。

3　植村特使による総額交渉

562

昭和31年3月1日　中川アジア局長作成

賠償問題に関する意見交換のためわが方有力経済人と懇談したいとのゴ・ディン・ジエム首相の希望について

ヴィエトナム賠償問題につき植村甲午郎氏と会談の件

昭三一、三、一、(木)

中川記

一、先般(二月十六日)植村経団連副会長より小生に対し、ヴィエトナムにいる松下氏(実業家にてゴ・ディン・ディエム首相と戦争中より昵懇の間柄)よりゴ首相の希望として賠償問題につき隔意なき意見の交換をするため日本の有力経済人(政府にも財界にも影響力ある人)が内密にヴィエトナムに来ることを希望しおり自分(植村氏)に来ないかとの連絡あり、自分としては三月には石炭価格の決定をする仕事あるため長く東京を離れることは困るも一週間位なら何とか都合出来るかも知れない、本件については最近ヴィエトナムを訪れた自民党福永一臣代議士よりも話あり同氏より或は重光大臣に話あるやも知れず、外務省としては如何考えられるやと内話せるを以て小生(中川)より極めて結構な考と思うさらに具体的発展あればお知らせ乞うと述べておいた。

二、同様の構想については之より先(一週間位前か)永野護氏よりも話ありゴ首相より自分(永野)がマニラへ行く際(日比賠償の関係か?)サイゴンへ寄つてくれないか、その際賠償及び、経済協力の話をしたしとの申入ありと内話せることあり。

三、その後二月二十一日頃院内において福永一臣代議士より先般サイゴンにおいてゴ首相に面会の際賠償問題が行詰つているが之はヴィエトナム政府部内では外相一人が折衝する訳に行かず四人の経済関係の合議を要するのでどうしても窮屈な話になる。それで日本から有力な経済人がブラリと来て直接自分（ゴ首相）と話してくれれば自分の方としても腹を打明けて話が出来る、その外経済協力の話もしたいとの希望があつた。自分は既に岸幹事長や重光大臣にもこの報告をしたとの内話があつた。右に対しては中川より結構な話と思う、実は自分も既に永野、植村の両氏よりその話を聞いている、ところで具体的人選について何等か御考ありやと尋ねたところ福永氏は自分は植村氏が適任と思うと述べていた。

四、然るに最近に至り松永安左衛門氏より門脇次官に対し同一構想の話あり松永氏は最近カンボヂアの都市建設計画の調査団長として赴く岩田喜雄氏（アジア協会副会長）を帰途サイゴンに立寄らしめ既に現地にある久保田豊氏（日本工営社長）と共にゴ首相に接触せしめては如何との考を持つていることが分つたので先般の植村氏の話との調整を必要と感じ三月一日植村氏を往訪その後の模様を尋ねたところ左のような話があつた。

『先般より米国側の希望により東南アジア各国に軍需資材売込の使節団を出す計画がある。表向きは単なる経済調査団ということであるが東南アジアの各国を廻るのでどうしても三週間かかる。自分は石炭価格決定の関係上三週間は日本を明けられないので、結局稲垣氏に団長を頼んだ。ところが稲垣氏も三週間は困ると云うので自分が最初のヴィエトナムとカンボヂアを受持ちその後は稲垣氏に頼むこととなつた。それで自分は三月二十一日に出発してヴィエトナムへ行くが第一日に政府要路への挨拶が済めば自分はもう用は無くなり後はそれぞれの専門家同士の話になる。その暇にゴ首相との話をしてもよいと考えている。ヴィエトナムには四日程いてカンボヂアへ行くがもしゴ首相との話が長くかかるようならカンボヂアの帰途又ヴィエトナムに寄つてもよい。なお自分のヴィエトナム行きを聞いて伊藤述史氏が一緒に行きたいと云つている。同氏は仏語に堪能であると共にヴィエトナムにもいろいろ知人がいるらしい、同氏を連れて行くことの可否について外務省の意向を知らして貰いたい。松永氏の話は初めて聞いたが正直の所松永氏が入ることにはプラスの面とマイナスの面と両方ある。岩田氏については財界における貫禄という点で不足がある。従つて岩田氏はカンボヂアだけにしてヴィエトナムには行かない方がよいと思う。久保田氏が帰京すればいろいろ意見を聞きたい。しかし久保田氏が現地にいなければ自分の話が支障を来すということはない。松下氏がいれば用が足りると思う。久保田氏が東京に帰る時は松下氏も一緒に帰ると思う。松下も久保田氏も東京で打合をして又現地へ帰つたらいいと思う。松永氏には自分も腹を打開けて話をして見たい』

五、本件については別に二月二十九日北沢直吉代議士より次のような話があつた。

『福永代議士よりヴィエトナムに有力経済人を派遣する話あるところその際与党代議士も之に参加することがよいと考え岸幹事長に話したところ賛成を得た。ところで党内の適任者として君(北沢)に行つて貰いたいと思うがどうか、君が行くなら自分(福永)も同行してもよいとの話があつたが一体どんな事態になつているのか』

よつて中川より従来の概要を話し本件は民間経済人が目立たざる形でヴィエトナムを訪問するという所に重要点があるので国会議員が同行することは適当でないと考える。もしどうしても行かなければならないのなら全然別個のものとし偶然現地で落合つた形とする必要があろう、何れにせよ更に具体化するような際は連絡ありたい旨を述べておいた。(植村氏にこの話をしたところ同氏は最初は経済人のみとし議員団は次の段階に譲ってはどうかとの感想を洩していた)

(以上)

563

昭和31年3月17日　重光外務大臣より在ベトナム小長谷大使宛(電報)

植村経済親善使節団長とゴ・ディン・ジエム首相との非公式会談における援助方訓令

本　省　3月17日後9時30分発

第二八号(館長符号扱)

貴電第四六号に関し

植村氏一行の貴地訪問は往電合第六六号の趣旨に基くものであるが別に貴電第二三号の次第もありまた在貴地松下氏を通じゴ首相よりも直接植村氏に対し賠償問題解決の糸口を見出すため来訪を希望する旨の伝言ある趣なるに付植村氏が今次貴任国訪問の機会にゴ首相と面会本問題につき忌憚のない非公式会談を行うことは機宜に適せる措置と考え、

右同氏に依頼済である。就ては右事情御含みの上側面より同氏を援助ありたい。なお植村氏には伊藤述史氏同行するところ右は植村氏との特殊関係に基き自発的に同行するものであり特に本省より事務を依嘱したものではない。

564　昭和31年4月5日　森（治樹）外務参事官作成

「植村経団連副会長のヴィエトナムおよびカンボディアよりの帰朝談の件」

植村経団連副会長のヴィエトナムおよびカンボディアよりの帰朝談の件

（昭三一、四、五　森参事官記）

ヴィエトナムおよびカンボディアを往訪し（昭和三一年三月下旬より四月初旬）帰朝した経団連植村副会長は四日門脇次官を来訪しヴィエトナムおよびカンボディアに対する賠償および経済協力について左のように語つた。

一、公共土木経済大臣と会談せる際同大臣は十四種の業種を掲げこれについての日本との合弁形式による経済開発を希望する旨語つたが、右の中電力、木炭自動車（二百台）、沈船引揚の三つは特に至急着手したいとの希望を表明した。この三つに比較的実現し易い製紙工場を併せて実現するとすれば、自分の概算推定額では約二千六百万弗を要する。

二、自分は右二千六百万弗を日本の投資借款として提供しこれにより経済開発を進むることがヴィエトナムにとつて最も実際的の措置で賠償をヴィエトナム側が要求することになれば中々解決が困難乃至時日を要するだろうと述べておいた。

三、賠償についてはゴ大統領も自分は賠償総額を指示したことはないと述べていた。

四、経済協力の部面については償還期限、利率等のフォーマリティ・オブ・エクゼキューションを至急通報を受けたい旨要請があつたがフォーマリティ・オブ・エクゼキューションも賠償の総額が決らなければ決定が中々困難であろうがこの点は事務的に至急作成して欲しい。

五、ヴィエトナム側では賠償乃至経済協力の協定を日本と結ぶことによつてそのフランスに対する特別円関係の請求権に影響を及ぼされないようにしたいとの強い希望を表明した。

六、自分としてはインドシナ三国に対する賠償および経済協力は約五千万弗(中一千万弗をカンボディア向の経済協力)で何とか片付け得るのではないかと思う。

七、ヴィエトナムではコンサルティング・エンジニアーを米国等では常駐せしめているが日本も派遣方考慮されては如何とサジェストしたがこの点は十分検討して見たいと思う。

565

昭和31年6月27日　アジア局第三課作成

「インドシナに関する賠償及び経済援助処理要領に関する件」

インドシナに関する賠償及び経済援助処理要領に関する件

昭和三一、六、二七

アジア局第三課

一、対ヴィエトナム賠償に関し、ヴィエトナム側は、本年一月七《(六カ)》日沈船引揚中間協定を棚上げにし、一般的賠償として、二億五千万ドルを要求して来たが、これに対し、わが方は、沈船引揚協定交渉中に表明した立場、すなわち、「二二五万ドルをもつて賠償のメジヤー・パートとする」との立場を堅持して、ヴィエトナム側が、より現実的、合理的提案をなすまで交渉を中止するよう一月九日小長谷大使に訓令して今日に到つている。

しかるにヴィエトナムは、最近、賠償とか借款とか言つた方式に必ずしも固執せず、その経済開発のためには一刻も早く日本よりの援助を期待するとの態度に変りつつあるやの情報あり。

二、従つて、賠償については、その基礎を仏印特別円におかず、精神的苦痛に求め、「二二五万ドルをメジヤー・パートとする」金額に抑え、他方、賠償で実現し得ない計画について政府借款を与えることとして、次の方針で進むものとする。

1．特別円以外の戦争損害及び精神的苦痛に対する賠償として五〇〇万ドルを払う。

2．経済開発援助のため二千万ドル程度の政府借款を与える。

三、カンボディアは賠償請求権を放棄し、ラオスは、これを放棄する可能性があるからと言つて、これら諸国を無視しておき、賠償請求権を主張しているフィリツピン、ビルマ、インドネシア、及びヴィエトナムのみをとり上げることは公正な態度とは考えられない。むしろ、賠償請求権を放棄した国々にこそ、賠償請求権を主張する国に優先して、自発的に、それ相応の援助を与えることが公正な態度であり、また、かくしてこそヴィエトナムとの賠償交渉にも、わが方に有利な気運を醸成しうるものである。

この見地より、その国土開発乃至経済建設計画を援助する目的をもつて、とりあえず次の額の政府借款又は投資を行うこととする。

カンボディア　一千万ドル

ラオス　五百万ドル

566　仏印特別円債務は交渉対象外とする等対ベトナム交渉方針に関する小長谷大使への訓令

昭和31年8月23日

付記　昭和三十一年四月四日、アジア局第三課作成

「仏印特別円問題の一つの解決策」

ヴィエトナム賠償交渉方針に関する小長谷大使に対する訓令

昭和三十一年八月二十三日

貴使は、サイゴン帰任後左の方針に基いてヴィエトナム政府と交渉されたい。

一、仏印特別円の問題は、次の理由により、賠償問題の対象とならぬことをヴィエトナム側に納得せしめること。

1、仏印特別円債務は、インドシナ銀行に対する旧横浜正金銀行の帳簿上の債務を如何に決済するかの問題であり、従つて、日本政府は、フランス政府と交渉して、妥結したところにより、直接インドシナ銀行に対する債務を清算する考えである。

2、インドシナ銀行の資産に対し、ヴィエトナム政府が、如何なる権利を有するかは、フランス政府とヴィエトナム政府との間の問題であり、両国間で解決すべきものである。

3、ビルマ、フイリピンの前例にみるも、戦時通貨の調達は、賠償の対象とならず、賠償額は、別に政治的に決定されている。

二、日本は、ヴイエトナム政府に対し、ダニム電源開発事業に協力するものとし所要資金約三千万米ドル中一千万米ドル分はヴイエトナム政府が調達することとし二千万米ドル分は賠償及び借款により必要な役務および資材を提供するものとする。右の内八百万米ドル分は賠償として日本国民の役務および日本の生産財をもつて五年間に支払うこととし、残余の千二百万米《(ドル欠カ)》分については商業ベースによる借款として日本国民の役務および日本の生産財が五年間に提供されることが可能となるよう日本政府の所要の便宜を供与するものとする。右借款の条件は、同様の借款に対する国際金利その他国際的に行われる条件を参考として別に当事者間の合意により定めるものとする。

三、本件賠償措置はヴイエトナム全国民に対する最終的賠償解決なる趣旨を賠償協定中に織込むよう留意すること。

編注 昭和三十一年十月、アジア局作成「アジア局執務月報第五十四号 昭和三十一年九月分」及び、昭和三十六年九月十五日、アジア局南東アジア課作成「対ヴィエトナム賠償交渉経緯」によれば、一時帰国をしていた小長谷大使は本訓令を携行し、昭和三十一年八月三十日、ベトナム外務長官との交渉にあたった。

(付記)

仏印特別円問題の一つの解決策

昭三一・四・四
アジア第三課

一、日仏交渉

仏印特別円問題に関する日仏交渉は、去る二月下旬以来東京において開催され、仏側は、ドル勘定残高約四十七万ドル及び円勘定残高約十三億円を、円のピアストルに対する交換比率の変更率に基き十倍した金額の約百三十億円の支払を要求して来た。

これに対して、わが方は、ドル勘定残高約四十七万ドルは戦前債務であるので支払に異議ないが、円勘定残高分については、戦前債務残高たる約九千万円を名目額で支払う旨提案し、交渉は行きなやみの段階にある。

二、ヴィエトナム及びカンボディアの留保

(1)右の日仏交渉に関して、ヴィエトナムは、一月九日付小長谷大使あて書簡をもつて、「ヴィエトナムに関する権利は、日本・ヴィエトナム間の直接交渉の目的となるべきものであるから、右につきヴィエトナムは明確なる留保を行う」旨申し越した。また、ヴィエトナムは仏高等弁務官あて二月十七日付書簡においては「日仏交渉の対象となつている債権の一部についでは権利を主張する資格を有するにつきヴィエトナム代表の出席なくして、交渉は行いえないと考える」旨を申し送つている。さらにまた、植村経済親善使節団長が三月二十九日官房企画長官と会談の際、同長官は、速かな賠償問題解決を希望するとともに「日本がＳＣＡＰの命令で仏側に引渡した金塊はヴィエトナムに属するものと考えるので、本件権利を留保したい。さらに、日仏間に行われている交渉についても、自国の立場を留保する」との趣旨の発言を行うところがあつた。

(2)カンボディアについては、二月十八日付吉岡大使あて書簡をもつて「カンボディア政府は(日仏)交渉の対象となつている問題についてカンボディアの有するすべての権利を留保する旨を日本政府に公式に通告する・・・交渉の結果とられることのあるべきすべての決定に対するカンボディア政府の留保に関して日本政府が、これをテーク・ノートすることを要求する」旨申し越した。

(3)従つて、わが方としては、日仏交渉を妥結せしめても、ヴィエトナム・カンボディア両国から同一債務について支払を要求され、かくては二重払いとなる危険性があるので、前記日仏交渉中において、わが方は、仏側に対して右の事実を指摘し、本件に関して「日仏間に満足な合意が得られた場合には、わが方債務を支払う」べき旨を明かにするところがあつた。

三、一つの解決策

本件に関する日仏交渉のわが方対策として、戦前債務ドル勘定残高分約四十七万ドルと円勘定残高分の十倍約九億円を仏に対して支払う案を仏に提案する考えが存する。この案は確かにわが方の法律的立場に則り、戦前債務のみを承認し、一方金約款を否定するが、実際的解決として円とピアストルとの金価値比率の変動を基準としたものであつて、わが国が仏国に対して提案し得る案として極めて適当なものである。然しながらこの案では前記のインドシナ三国との間の仏印特別円の問題及び賠償の問題は全然片付かない。賠償はおそらくヴィエトナムだけとの問題であるが、特別円の方はインドシナ三国が関係する。これらの問題の交渉は極めて困難であろう。さらにまた根本的にはわが方の戦前債務の十倍案を仏国が受諾しない可能性が極めて大である。仏国との間に合意が成立せねば一方においてヴィエトナムと賠償交渉をなすことも困難である。

このような事情の下に仏及びインドシナ三国との特別円問題及びヴィエトナム(ラオス)の賠償問題を一挙に片付ける一つの解決策として次のような方法が考えられる。

「日本は仏及びインドシナ三国の四ケ国に対して、仏印特別円及び賠償の最終的解決として、四十七万弗及び百三十億円を支払う。その分け前は四ケ国の合意に基き日本が支払い(合意が成立せねば支払わない)その方法は、日本と四ケ国との間の協定に定める」

A、この解決策の長所

a、先ず第一にこの解決策は、対仏、インドシナ三国の特別円賠償を全面的に片付ける所に長所がある。この点を国別に検討すれば

(i)仏国

仏印特別円問題は終局的に解決される百三十億円の中いくらインドシナ三国に行くか、即ち仏本国の取り前がどれだけとなるかは日本の関知する所ではない。しかも仏国は日本に対し仏印銀行の債権(後に仏国政府が肩代りした)総額として百三十億円日本に要求しているのであるから、仮りに分け前が少くなつても日本に新たな請求をなし得ない。

(ii)ヴィエトナム

ヴィエトナムの対日賠償要求の根拠及び基礎は、現在までのところでは仏印特別円に基く所謂スポリエーションが主である。従つて、特別円を

支払えば、賠償要求の基礎が弱くなる。特別円に関するリザーブは勿論解決する。

(iii)カンボディアは賠償請求を放棄したので、特別円の分け前のみ問題となる。一定額の分け前を得られたならば、これをキリロム計画の資金の一部に廻すことも考えられる。

b、この解決策を提示することによつて、仏国は日本を国際司法裁判所に呼び出すことはできなくなるであろう。何故ならばこの解決策によつて解決に至らない場合は、これが仏国と仏印諸国との間に合意が成立せぬからであり、日本は要求総額を一定条件の下に支払う用意がある旨意思表示をしているから、仏国として訴訟技術的にいつても提訴は不可能と思われる。

c、インドシナ三国は今次日本側が支払うべき四十七万ドル及び百三十億円の分前を要求しうるのみならず既にフランスに引渡した三十三トンの金塊（ドル換算約三千七百万ドル）について要求することになろうからヴィエトナムに対する賠償額は右に基き算定されることとなる。

B、問題点

(a)支払額の基礎として十三億を認める点

支払額の基礎として十三億を認めることは、我方の法律的立場である協定が戦争開始とともに失効し、戦時中の債務は平和条約第十四条(b)により放棄されたとなす点と矛盾する。

但し、この点については協定は失効したが実際上、終戦時に十三億円の債務が残つており、この十三億は特別円債務の支払の基礎としてでなく、特別円債務を含む賠償の支払の基礎の一つの参考として採用したと説明することもできよう。

(b)十三億を十倍とする点

協定は失効したのであるから協定に基いたのではなく、両国の為替レートの戦前との比較が十倍となつているのでこれを基準とした equity に基く計算方法であると説明すべきである。

(c)金塊の問題

仏国とインドシナ三国との間で解決さるべきで四

国の間では百三十億と三十三屯の金塊の分け前の合意は仲々困難と思われる。しかし、その分け前の問題は日本の関知する所でない。

(d)イタリア特別円

イタリアの場合同一方式により円のリラに対する交換比率を基礎として解決すれば名目額の三倍となる。又仏印特別円は特別円としてのみでなく賠償として解決したので問題はちがうと主張できる。

(e)タイ特別円

仏印特別円は特別円としてのみでなく賠償としても解決したので問題は違うと主張できる。

(f)支払方法の問題

四国間に合意が成立しなければ支払わない。支払手段及び具体的方法は四国間の分配額が決定されたあとで日本と関係国との合意による。支払手段として一定の割合を日本の役務又は物資で支払うことが考えられる。(特にインドシナ三国の分について)

---

567 仏印特別円債務を賠償交渉の対象外とするわが方新総額案を提示した旨報告

昭和31年8月31日　在ベトナム小長谷大使より高碕外務大臣臨時代理宛(電報)

サイゴン　8月31日後5時10分発
本　省　8月31日後9時11分着

第一二二号(館長符号扱、極秘)

往電第一一六号に関し

三十日外務長官を往訪

一、まず一月六日の会談において貴長官はヴエトナム側の賠償請求を spoliation に求められ旧正金のインドシナ銀行に対する債務を基礎として二億五千万米ドルの数字を提示されたが(往電第七号参照)、これはいわゆる特別円問題として日仏交渉懸案となつている次第を述べ我方としては右貴方の original な請求は賠償交渉から外されたいとて、御訓令一、の1及び2の御趣旨を説明し、日本側としては決して貴方の要求を reject する次第ではなく、日仏交渉の結果フランスに支払うこととなつた場合には、貴方が右につきフランスと交渉に入られることに異存なく、また日仏交渉中にも貴方の本件につきなされた留保は常に考慮に入るべき旨説きたるに、同長官は一応これを諒解した。その際御訓令一、の3戦時通貨の調達は、ビルマ、フイリツピンの前例に見るも賠償の対象とならず賠償額は政治的に決定されたことを明らかにし、以上各点を要約した書き物を念のため手交した。

二、次いで、本使より一、にもかかわらず、日本政府としては、日越友好関係増進のため貴方の経済建設に協力したく考えおるところ、幸いに日本工営が調査設計を依嘱されているダニム電源開発は総額約三千万米ドル(中一千万米ドルは現地支弁二千万米ドルが所要外貨)位にて第一期工事の竣工を期待し得る趣ある。我方としては南北に二分されおる貴国の現状にも鑑み、賠償は将来に残し、且つ住民の生活向上福祉増進、経済再建に寄与し得る事業に協力したく思つているので、ダニム計画は最も恰好のものと認められるとて、御訓令二、の御趣旨(八、○○○、○○○《(ママ)》万米ドルは賠償(二、○○○、○○○《(二二、○○○、○○○カ)》万米ドルは商業ベースによる借款)を敷衍説明しこれを一、と同じく書き物にしたものを残したるに、

三、同長官は具体案の提示を喜び早速大統領にも報告、関係閣僚と検討の上当国政府の見解を回示すべき旨約した。

(書き物写空送する)。

568　昭和31年9月19日　在ベトナム小長谷大使より重光外務大臣宛(電報)

わが方申入れ新総額案は受諾できないとしてベトナム側が提示せる対案について

付　記　昭和三十一年九月十八日付

右対案の積算根拠に関するエイド・メモワール

サイゴン　9月19日後3時43分発

本　　省　9月19日後9時10分着

第一四一号

往電第一二二号に関し

八《(十八カ)》日求めに応じ外務長官を往訪したるに貴方提案はその後関係閣僚会議において数次にわたり慎重検討した結果

㈠右は当国戦争被害に比し僅少に過ぎること

㈡一月提示した二億五千万米ドルは全く symbolique の数

字にとどまること

㈢掠奪、生産、通商に対する被害、人命の損害等を総計すれば二十億にも達すること

等の考慮から当国政府としては賠償として依然一月の数字を固執することとなつたとて長文の Aide Memoire を本使に示し右を敷衍しつつ自国側主張の説明を行つた。よつて本使より右は交渉の後退であつて折角わが方が誠意を尽して提示した案に対し何等現実的考慮と建設的努力が加えられていないことは甚だ遺憾であり本国政府に取次ぐこともできないと受領を拒みたるところ、同長官は大統領の決裁も経ているものであり貴方において異見あれば更に申出ありたく当国側としてはこれを傾聴する用意あるとて、余り小額にて賠償を決定するときは対内関係上政府の立場を危くする惧れがあるとその苦衷を述べ時余にわたり議論を交したるも結局先方は人命被害(殊に北部において終戦間際日本軍による米の徴発のため百万の餓死者を出したことを強調)は他請求国に比し当国が最たるものだとの被害妄想的議論を繰返して譲らず在留商社問題、その他の懸案を控えおる折柄感情的対立を惹起しても如何かと存じ難きを忍んで今後の対策(使節団の東京派遣等)を論じ合つて別れた。右様の次第にて重ね重ねの交渉不調の段誠に申訳なし。前記 Aide Memoire 対談要領とともに空送すべきも右取敢えず。

(付　記)

RÉPUBLIQUE DU VIÊTNAM
SECRÉTARIAT D'ÉTAT AUX AFFAIRES ÉTRANGÈRES

Saigon, le 18 Septembre 1956

AIDE MÉMOIRE

Dans son entretien du 30 août 1956 avec le Secrétaire d'Etat aux Affaires Etrangères, S.E. M. l'Ambassadeur KONAGAYA a fait savoir que le Gouvernement du Japon se propose de collaborer avec le Gouvernement du Vietnam pour la construction de la centrale hydro-électrique de DANHIM dont le coût est évalué approximativement à 30 millions de dollars U.S. Estimant que les dépenses locales, qui s'élèvent à 10 millions de dollars U.S., pourraient être fournies par le Gouvernement du Vietnam, le Gouvernement du Japon prendrait en charge les vingt millions de dollars U.S. restants dont une partie à titre de réparation et dont l'autre, à titre de crédit et le tout, sous forme de services et de biens d'équipement.

Sur ces 20 millions de dollars U.S., huit millions seraient payés en cinq annuités sous forme de prestation de service des nationaux japonais et de fourniture de biens d'équipement d'origine japonaise.

Le Gouvernement du Japon serait prêt, d'autre part, à favoriser la réalisation, en cinq ans, des prestations de service des nationaux japonais et de la fourniture des biens d'équipement d'origine japonaise jusqu'à concurrence de douze millions de dollars U.S., à titre de crédit à base commerciale, selon les taux d'intérêt et les conditions en vigueur au marché financier international pour les crédits analogues. Enfin, le Gouvernement du Japon ferait de son mieux au cours d'une éventuelle négociation franco-japonaise, pour que soit prise en considération la réserve formulée par le Gouvernement du Vietnam quant aux droits de ce dernier sur les avoirs de la Banque de l'Indochine provenant de la liquidation des dettes dues par la YOKOHAMA SPECIE BANK, dettes résultant du débit de compte dans les livres tenus par celle-ci.

En prenant connaissance de ces contre-propositions, le Gouvernement de la République du Vietnam regrette cependant qu'elles sont par trop inférieures aux dommages subis par le Vietnam. Il a l'honneur de rappeler, en effet, que le chiffre de dommages avancé au cours de l'entretien du 6 Janvier 1956 entre le Secrétaire d'Etat et l'Ambassadeur du Japon, soit 250 millions de dollars U.S., est un chiffre tout à fait symbolique.

En ajoutant au poste de dommage : les "spoliations", les deux autres postes de dommages que constituent les dommages à la production et au commerce d'une part, les pertes humaines provenant des opérations de guerre et de leurs séquelles d'autre part, l'ensemble des dommages subis par le Vietnam s'élève à deux milliards de dollars U.S. au moins.

Le Gouvernement de la République du Vietnam insiste pour que le chiffre symbolique de 250 millions de dollars U.S. soit adopté par le Gouvernement du Japon comme montant des réparations de guerre au Vietnam.

DOMMAGES ET SOUFFRANCES SUBIS PAR LE VIETNAM DU FAIT DE L'OCCUPATION JAPONAISE

Il est évidement impossible de détailler les dommages et souffrances subis par le Vietnam du fait de l'occupation japonaise. Nous essayerons seulement, dans la présente note, de donner une idée de l'importance de ces dommages, telle qu'elle se reflète dans les rares statistiques disponibles.

Nous nous placerons successivement aux points de vue :

– de la production

– du commerce

– de la monnaie

– et de la population.

§ 1 – PRODUCTION –

A – Les statistiques relatives à la production minière publiées dans l'annuaire statistique de l'Indochine (années 1943-1946 page 280), bien qu'incomplètes, restent néanmoins très précises. Elles prouvent une baisse spectaculaire de la production minière, notamment à partir de 1943. Cette baisse provenait d'une part des bombardements et d'autre part des interdictions d'exportation imposées par les autorités japonaises. Si nous prenons comme base de comparaison l'année 1939, il est possible d'évaluer les pertes subies par notre économie du fait de cette chute de production.

Charbon

Années	Production (en tonnes métriques)	Pertes par rapport à 1939
1939	2.615.500	
1940	2.500.000	– 115.000 T
1941	2.329.000	– 286.000 T
1942	1.243.000	– 1.372.000 T
1943	1.020.000	– 1.595.000 T
1944	537.000	– 2.078.000 T
1945	231.000	– 2.384.000 T
	Total des pertes :	7.830.000 T

Minerais de Zinc

Années	Production (en tonnes métriques)	Pertes par rapport à 1939
1939	13.360	
1940	15.340	+ 1.980
1941	18.170	+ 4.810

1942	16.100		+ 2.740
1943	12.900	− 460	
1944	3.087	− 10.273	
1945	876	− 12.484	
		− 23.217	+ 9.530

Total des pertes : 13.687 Tonnes

Minerais d'étain

Années	Production（en tonnes métriques）	Pertes par rapport à 1939
1939	3.037	
1940	2.869	− 168
1941	2.527	− 510
1942	1.967	− 1.070
1943	1.102	− 1.935
1944	647	− 2.390
1945	160	− 2.877

Total des pertes : 8.950 Tonnes

Minerais de fer

Années	Production（en tonnes métriques）	Pertes par rapport à 1939
1939	138.200	
1940	33.100	− 105.100
1941	53.300	− 84.900
1942	64.500	− 73.700
1943	82.000	− 56.200
1944	29.700	− 108.500
1945	7.900	− 130.300

Total des pertes : 558.700 Tonnes

La chute de la production minière avait entrainé une réduction brutale de la main-d'œuvre.

Le nombre total d'ouvriers employés dans les mines avait évolué comme suit :

1939	55.200 ouvriers	
1940	49.400	−
1941	49.600	−
1942	44.300	−
1943	35.000	−
1944	25.000	−
1945	4.000	−

Ainsi entre 1939 et 1945, 51.200 familles d'ouvriers avaient perdu leur gagne-pain, et cela, rien que dans le secteur de l'exploitation minière.

B – Les industries de transformation ont subi également de lourdes pertes.

Nous n'en citons que quelques exemples :

(source : Annuaire statistique de l'Indochine 1940-1946).

1er exemple : Rizeries de la Région Saigon-Cholon nombre d'usines en marche et nombre des journées de fonctionnement par mois.

Années	Nombre des usines	Nombre de journées de fonctionnement par mois	Pertes (en journées de fonctionnement) par rapport à 1943 :
1943	24	465	
1944	16	240	225×12=2.700
1945	3	34	431×12=5.172

Pertes totales (en journées de fonctionnement) : 7.872

Ces pertes provenaient des bombardements.

2ème exemple : Production des allumettes.

Années	Production en millions de boîtes	Pertes ou gains par rapport à 1939 :	
1939	324		
1940	277	– 47	
1941	523		+ 199
1942	193	– 131	
1943	134	– 190	
1944	91	– 233	
1945	28	– 296	
		– 897	+ 199

698 millions de boîtes.

Ces pertes provenaient des bombardements.

3ème exemple : Production de ciment.

Années	Production (en tonnes)	Pertes ou gains par rapport à 1939 :
1939	306.000	
1940	278.000	– 28.000
1941	270.000	– 36.000
1942	153.000	– 153.000
1943	149.000	– 157.000
1944	0	– 306.000
1945	5.000	– 301.000

Pertes totales : 981.000 Tonnes

Ces pertes provenaient des bombardements.

C – Il est difficile d'apprécier les pertes subies par la

production agricole, par suite de l'absence ou de l'imprécision des statistiques de production. Toutefois, l'examen des statistiques des exportations de produits agricoles prouve indubitablement une perte substantielle de revenus des agriculteurs.

Prenons, par exemple, les deux articles les plus importants : le riz et le caoutchouc.

Riz

Années	Exportations (en tonnes d'équivalent en paddy – Poids net)	Pertes ou gains par rapport à 1939 :
1939	2.210.000 T	
1940	2.260.000 T	+ 50.000
1941	1.400.000 T	− 810.000
1942	1.450.000 T	− 760.000
1943	1.510.000 T	− 700.000
1944	740.000 T	− 1.470.000
1945	68.000 T	− 2.142.000
	Pertes totales :	− 5.832.000 Tonnes

Caoutchouc

Années	Exportations (en tonnes)	Pertes ou gains par rapport à 1939 :
1939	68.000 T	
1940	64.600 T	− 4.300 T
1941	50.300 T	− 18.600 T
1942	37.800 T	− 31.100 T
1943	36.100 T	− 32.800 T
1944	200 T	− 68.700 T
1945	100 T	− 68.800 T
	Pertes totales :	− 224.300 T

§ 2 – COMMERCE –

L'occupation japonaise avait eu pour effet de réduire considérablement le volume du commerce extérieur du Vietnam. Les chiffres suivants, extraits de l'Annuaire Statistique de l'Indochine 1943-1946 le prouvent amplement (Ces chiffres concernent l'Indochine dans son ensemble, mais les milieux compétents s'accordent pour admettre que 80% au moins du commerce Indochinois revenaient au Vietnam).

Indices du volume du commerce extérieur

Années	Exportations (Base 100 en 1925)	Pertes ou gains par rapport à 1939	Importations (Base 100 en 1925)	Pertes ou gains par rapport à 1939

1939	163		162	
1940	151	– 12	108	– 54
1941	106	– 57	78	– 84
1942	73	– 90	42	– 120
1943	74	– 89	37	– 125
1944	24	– 139	11	– 151
1945	3	– 160	3	– 159
Pertes totales :		– 547		– 693

En 1925 la valeur des exportations indochinoises était de 600.000.000 francs-or 1913 et celle des importations était de 440.000.000 francs-or 1913.

La perte de revenus provenant de la réduction des exportations pouvait donc se chiffrer à :

$600.000.000f \times \frac{547}{100} = 3.282.000.000$ francs-or 1913

soit : 1.073.214.000 US $ (valeur 1956).

La part du Vietnam dans ce montant serait de :

0,80×1.073.214.000=858 millions de US $ environ.

A cette perte de revenus, il faut encore ajouter celle provenant de la diminution des recettes douanières, consécutive à la réduction du volume des importations. En évaluant les recettes douanières à 15% du montant des importations, nous pouvons chiffrer les pertes du budget de l'Indochine à :

$440.000.000f \times \frac{693}{100} \times 0{,}15 = 457.380.000$ francs-or 1913

soit : 150 millions de US $ environ.

La part du Vietnam dans ces pertes serait de :

0,80 × 150 = 120 millions de US $

En résumé, les dommages subis par le Vietnam du fait de la réduction des échanges extérieurs durant les années 1940, 1941····1945, atteindraient la somme totale de :

858 + 120 = 978 millions de US $.

§ 3 – MONNAIE –

L'occupation japonaise avait provoqué une inflation dangereuse en Indochine.

De 1939 à 1945, la masse de monnaie émise par la Banque de l'Indochine avait évolué comme suit :

Banque de l'Indochine (I)

Années	Circulation fiduciaire	Comptes courants créditeurs	Total
1939	216.300.000 $	53.200.000 $	269.500.000 $
1940	280.400.000 $	122.300.000 $	402.700.000 $

1941	346.700.000 $	158.900.000 $	505.600.000 $
1942	494.200.000 $	195.800.000 $	690.000.000 $
1943	740.400.000 $	215.500.000 $	955.900.000 $
1944	1.052.300.000 $	252.100.000 $	1.304.400.000 $
1945	1.988.300.000 $	376.800.000 $	2.365.100.000 $

(I) source : Annuaire Statistique de l'Indochine 1943-1946.

Ainsi donc, en l'espace de 6 ans, la masse de monnaie émise par la Banque de l'Indochine s'est accrue de 800%.

Cet accroissement provient d'une part des avances faites aux troupes d'occupation japonaises, d'autre part du blocage des yens, représentant la contrepartie des exportations indochinoises vers le Japon.

Il résulte d'une note remise le 13 Octobre 1954 par la Délégation française aux délégations Vietnamienne, Cambodgienne et Laotienne à la Conférence économique et monétaire de PARIS, que la "YOKOHAMA SPECIE BANK" doit encore rembourser aux gouvernements indochinois :

1.315 millions de yens (représentant la contrepartie de 1.360 millions de piastres), et 480.000 US dollars.

Compte tenu de la dépréciation du yen depuis 1945, il faudrait que le Japon verse un supplément aux Gouvernements Indochinois pour les dédommager des pertes provenant du retard de paiement.

En tout état de cause, l'inflation des années 1940-1945 avait affaibli considérablement le pouvoir d'achat de la piastre.

L'indice du coût de la vie de la classe ouvrière indochinoise à Saigon (calculé sur la base de 100 en 1925) a passé de 110 en 1939 à 506 en 1945.

A Hanoi, le même indice, calculé de la même manière, a passé de 118 en 1939 à 2.866 en 1945 (cf. Annuaire statistique de l'Indochine 1943-1946).

§ 4 – POPULATION –

L'occupation japonaise et les événements militaires qui en étaient la conséquence, avaient provoqué non seulement des dégâts matériels (destructions des usines, des maisons, des ponts, des routes, des bateaux etc…) mais encore des pertes humaines, sur lesquelles nous n'avons malheureusement aucune statistique.

Nous voulons insister seulement sur un fait des plus douloureux : c'est la famine de 1945 qui avait entraîné la mort de plus d'un million de personnes dans le Nord et le Centre Vietnam.

L'origine de cette famine se trouve dans les ramassages de paddy effectués par l'armée japonaise en 1943, 1944 et 1945, en prévision d'un débarquement éventuel des troupes alliées.

Ainsi, bien que la récolte n'ait pas été mauvaise（17.620.000 quintaux de paddy au Nord Vietnam – ce qui aurait dû suffire à faire face à des besoins évalués en temps normal à 17 millions de quintaux）la famine éclata dès le mois de Novembre 1944.

Cette famine était donc une famine artificiellement provoquée.

Le Vietnam est en droit de réclamer une réparation pour ces pertes humaines. En comptant seulement 1.000 dollars par victime（ce qui serait une réparation bien dérisoire）le montant de la somme à payer par le Japon devrait déjà atteindre :

1.000 $ × 1.000.000 = 1 milliard de US $.

CONCLUSION

En définitive, les dommages et souffrances subis par le Vietnam du fait de l'occupation japonaise sont extrêmement importants. On pourrait les évaluer, au moins, à deux milliards de dollars US. En fixant ses prétentions à 250 millions de dollars, notre Gouvernement reste bien en deçà de la réalité.

エード・メモアール（仮訳）

一九五六年九月十八日

サイゴン

一九五六年八月三十日、外務長官との会談において、小長谷大使閣下は、日本政府としては、ダニム水力発電所建設のため、ヴィエトナム政府に協力する方針であり、その経費は約三千万米ドルに達する旨述べられた。すなわち、一千万米ドルのローカル・エクスペンスはヴィエトナム政府が提供し得るものとして、日本政府は、残りの二千万米ドルにつき、その一部を賠償として、他は借款として、すべて役務及び資本財によつて負担するであろう。

右の二千万米ドルのうち、八百万米ドルは、日本人の役務の提供及び日本国の資本財の供給により五年間に支払われるであろう。

日本政府は、他方、同様の借款につき、国際金融市場で現在行われている利率及び条件による商業ベースの借款をもつて、五年間にわたり千二百万米ドルまで、日本人の役務の提供及び日本国の資本財の供給を行うことを容易ならしめる用意がある。最後に、日本政府は、来る日仏交渉においては横浜正金銀行の債務、すなわち同銀行の保有する帳簿中の借方から生じた債務の清算によつて得るインドシナ銀行の資産に対するヴイエトナム政府の権利に関して同政府の行つた留保を考慮に入れるよう最善をつくすであろう。

これらの反対提案を受領し、ヴイエトナム共和国政府は、これらがヴイエトナムの受けた損害に比して余りにも僅少なものであることを遺憾とする。一九五六年一月六日の外務長官と日本国大使間の会談中に提示された損害額、すなわち二億五千万米ドルは、全くシンボリツクな数字たることに注意を喚起したい。

「掠奪」という損害項目に加えて、そのほかに二つの損害項目がある。その一つは生産及び貿易に対する損害であり、他は戦斗行為及びその結果に依る人的損害であつて、ヴイエトナムのうけた損害総額は少くとも二十億米ドルに達するものである。

ヴイエトナム共和国政府は、日本国政府が、二億五千万米ドルのシンボリツクな数字をヴイエトナムの戦争賠償の総額として採用されんことを主張する。

日本の占領によりヴイエトナムの受けた損害及び苦痛日本の占領によつてヴイエトナムの受けた損害と苦痛を詳かにすることは明かに不可能なことである。この覚書においては、入手可能な数少い統計に表れているところにより、損害の重要性について一つの概念を与えることだけに止めよう。

以下、次の観点について順次ふれることとする。

生産
貿易
通貨
住民

㈠生産

(A)インドシナの統計年鑑(一九四三年―一九四六年、第二八〇頁)に示された鉱業生産に関する統計は、不完全なものではあるが、しかし、極めて正確なものである。統計によればとくに一九四三年以来鉱業生産は著しく低下したことが分る。この低下は、一つには、爆撃によるものであるが、他方では日本官憲による輸出禁止によるものである。一九三九年を基準として比較すれば、この生産低下によるわが経済の損失を評価することができる。

石炭

年	生産量(メトリック・トン)	一九三九年に比べた損失
一九三九	二、六一五、〇〇〇	
一九四〇	二、五〇〇、〇〇〇	(−) 一一五、〇〇〇
一九四一	二、三三九、〇〇〇	(−) 二八六、〇〇〇
一九四二	一、二四三、〇〇〇	(−) 一、三七二、〇〇〇
一九四三	一、〇二〇、〇〇〇	(−) 一、五九五、〇〇〇
一九四四	五三七、〇〇〇	(−) 二、〇七八、〇〇〇
一九四五	二三一、〇〇〇	(−) 二、三八四、〇〇〇

損失計　七、八二〇、〇〇〇トン

亜鉛

年	生産量(メトリック・トン)	一九三九年に比べた損失
一九三九	一三、三六〇	
一九四〇	一五、二四〇	(+) 一、八八〇
一九四一	一八、一七〇	(+) 四、八一〇
一九四二	一六、一〇〇	(+) 二、七四〇
一九四三	一二、九〇〇	(−) 四六〇
一九四四	三、〇八七	(−) 一〇、二七三
一九四五	八七六	(−) 一二、四八四

損失計　一三、六八七トン

錫

年	生産量(メトリック・トン)	一九三九年に比べた損失
一九三九	三、〇三七	
一九四〇	二、八六九	(−) 一六八
一九四一	二、五二七	(−) 五一〇
一九四二	一、九六七	(−) 一、〇七〇
一九四三	一、一〇二	(−) 一、九三五
一九四四	六四七	(−) 二、三九〇
一九四五	一六〇	(−) 二、八七七

損失計　八、九五〇トン

鉄鉱

年	生産量(メトリック・トン)	一九三九年に比べた損失
一九三九	一三八、二〇〇	

一九四〇	三三、一〇〇	(−)一〇五、一〇〇
一九四一	五三、三〇〇	(−)八四、九〇〇
一九四二	六四、五〇〇	(−)七三、七〇〇
一九四三	八二、〇〇〇	(−)五六、二〇〇
一九四四	二九、七〇〇	(−)一〇八、五〇〇
一九四五	七、九〇〇	(−)一三〇、三〇〇
	損失計	五五八、七〇〇トン

鉱業生産の低下の結果、労働数も著しく低下した。鉱山雇用労働者数総計は次の如く推定される。

一九三九	五五、二〇〇人
一九四〇	四九、四〇〇
一九四一	四九、六〇〇
一九四二	四四、三〇〇
一九四三	三五、〇〇〇
一九四四	二五、〇〇〇
一九四五	四、〇〇〇

かくして一九三九年と一九四五年との間に五一、二〇〇の労働者家族がその生活の糧を失つたが、これは鉱山開発部門においてだけである。

(B)製造業の損失もまた甚大であつた。ここでは若干の例を挙げるに止める。（インドシナ統計年鑑一九四〇年—一九四六年）

(例一)サイゴン、ショロン地区の精米業の操業精米所数及び一カ月当り作業延日数は次のとおり

年	精米所数	一カ月当り作業延日数	一九四三年に比べた損失(作業延日数)
一九四三	二四	四六五	
一九四四	一六	二四〇	二二五×一二＝二、七〇〇
一九四五	三	三四	四三一×一二＝五、一七二
		損失計(作業延日数)	七、八七二

この損失は爆撃による。

(例二)　マッチ製造業

年	生産量(百万箱)	一九三九年に比べた損失
一九三九	三二四	
一九四〇	二七七	(−)四七
一九四一	五二三	(+)一九九
一九四二	一九三	(−)一三一
一九四三	一三四	(−)一九〇
一九四四	九一	(−)二三三

一九四五	二八	(—)	二九六
	損失計		六九八百万箱

この損失は爆撃による。

(例三)　セメント製造業

年	生産量(トン)	一九三九年に比べた損失
一九三九	三〇六、〇〇〇	
一九四〇	三七八、〇〇〇	(—)　二八、〇〇〇
一九四一	二七〇、〇〇〇	(—)　三六、〇〇〇
一九四二	一五三、〇〇〇	(—)　一五三、〇〇〇
一九四三	一四九、〇〇〇	(—)　一五七、〇〇〇
一九四四	〇	(—)　三〇六、〇〇〇
一九四五	五、〇〇〇	(—)　三〇一、〇〇〇
	損失計	九八一、〇〇〇トン

この損失は爆撃による。

(C)農業生産の損失を見積ることは、生産統計の欠如及び不正確さのために困難なことである。しかし、農産品の輸出統計を検討すれば、農民の収入の相当程度の損失は、これを正確に知り得ることである。一例として、最も重要な二品目たる米及びゴムをとり上げよう。

米

年	輸出(籾換算トン)	一九三九年に比べた損失
一九三九	二、二一〇、〇〇〇	
一九四〇	二、二六〇、〇〇〇	(+)　五〇、〇〇〇
一九四一	一、四〇〇、〇〇〇	(—)　八一〇、〇〇〇
一九四二	一、四五〇、〇〇〇	(—)　七六〇、〇〇〇
一九四三	一、五一〇、〇〇〇	(—)　七〇〇、〇〇〇
一九四四	七四〇、〇〇〇	(—)　一、四七〇、〇〇〇
一九四五	六八、〇〇〇	(—)　二、一四二、〇〇〇
	損失計	五、八三二、〇〇〇トン

ゴム

年	輸出(トン)	一九三九年に比べた損失
一九三九	六八、〇〇〇	
一九四〇	六四、六〇〇	(—)　四、三〇〇
一九四一	五〇、三〇〇	(—)　一八、六〇〇
一九四二	三七、八〇〇	(—)　三一、一〇〇
一九四三	三六、一〇〇	(—)　三二、八〇〇
一九四四	二〇〇	(—)　六八、七〇〇

一九四五　一〇〇　(−)　六六、六〇〇

損失計　三二四、三〇〇トン

(二)貿易

日本の占領の結果、ヴイエトナムの外国貿易量は相当減少した。インドシナ統計年鑑一九四三年—一九四六年から抜萃した次の数字は、これを充分に示している。(この数字はインドシナ全域に関するものであるが、インドシナ貿易の少くとも八十%がヴイエトナムたることは、関係方面の認めるところである。)

外国貿易量指数

年	輸出(一九三五年=一〇〇)	一九三九年比損失	輸入(一九三五年=一〇〇)	一九三九年比損失
一九三九	一六三		一六二	
一九四〇	一五一	(−)一二	一〇八	(−)五四
一九四一	一〇六	(−)五七	七八	(−)八四
一九四二	七三	(−)九〇	四二	(−)一二〇
一九四三	七四	(−)八九	三七	(−)一二五
一九四四	二四	(−)一三九	一一	(−)一五一
一九四五	三	(−)一六〇	三	(−)一五九
損失計		(−)五四七		(−)六九三

一九二五年には、インドシナの輸出額は、一九一三年の金フランで六〇〇、〇〇〇、〇〇〇であり、輸入額は同じく四四〇、〇〇〇、〇〇〇であつた。

従つて輸出の減少による収入減は次のとおりである。

$600.000.000 \times \frac{547}{100} = 3.282.000.000$ francs-or 1913

(1.073.214.000 $ 1956年価格)

右の額中ヴイエトナムの占める額は

0,80×1.073.214.000＝約 858.000.000 $

この収入減に対して、さらに輸入量の減少に基く関税収入の削減によるものを加えねばならない。この関税収入を輸入額の十五%と見積れば、インドシナの予算に及ぼした損失は次のとおりとなる。

$440.000.000 \times \frac{693}{100} \times 0{,}15 = 457.380.000$ francs-or 1913

(約 150.000.000 $)

この損失中ヴイエトナムの占める額は

0,80×150.000.000=120.000.000 $

かくて一九四〇年、一九四一年、、、、一九四五年にわたる外国貿易の減少によるヴイエトナムのうけた損害の総額は次のとおりとなる。

858 + 120 = 978 百万 $

㈢通貨

日本の占領は、インドシナにおいて、危険なインフレをひきおこした。一九三九年―一九四五年のインドシナ銀行発行通貨量は次の如く見積られる。

インドシナ銀行（インドシナ統計年鑑一九四三―一九四六年による）

年	流通量（弗）	当座勘定（弗）	計（弗）
一九三九	二二六、三〇〇、〇〇〇	四三、二〇〇、〇〇〇	二六九、五〇〇、〇〇〇
一九四〇	二八〇、四〇〇、〇〇〇	一二二、三〇〇、〇〇〇	四〇二、七〇〇、〇〇〇
一九四一	三四六、七〇〇、〇〇〇	一五八、九〇〇、〇〇〇	五〇五、六〇〇、〇〇〇
一九四二	四九四、二〇〇、〇〇〇	一九五、八〇〇、〇〇〇	六九〇、〇〇〇、〇〇〇
一九四三	七四〇、四〇〇、〇〇〇	二一五、五〇〇、〇〇〇	九五五、九〇〇、〇〇〇
一九四四	一、〇五二、三〇〇、〇〇〇	二五二、一〇〇、〇〇〇	一、三〇四、四〇〇、〇〇〇
一九四五	一、九八八、三〇〇、〇〇〇	三七六、八〇〇、〇〇〇	二、三六五、一〇〇、〇〇〇

かくして六年の間にインドシナ銀行発行通貨量は八〇〇％に増加した。

この増加は、一つには、日本の占領軍に対して行われた貸付により他は日本向インドシナ輸出の対価たる円のブロックによるものである。

「横浜正金銀行」が、依然インドシナ政府に一、三一五百万円（一、三六〇百万ピアストルの対価）及び四八〇、〇〇〇米ドルを返済しなければならないということは、一九五四年十月十三日、パリ経済通貨会議においてフランス代表団が、ヴイエトナム、カンボデイア及びラオスの代表団に送つたノートから結果するものである。

一九四五年以来の円価値の下落を考慮すれば、日本はインドシナ政府に対して追加金を支払い、もつて支払遅延から来る損失を補塡しなければならないであろう。

いずれにしても、一九四〇年―一九四五年のインフレはピアストルの購買力を相当弱めたのである。

サイゴンにおけるインドシナ労働階級の生計費指数（一九二五年を一〇〇とする）は、一九三九年の一一〇から、一九四五年には五〇六となつた。

ハノイにおいては、この指数は一九三九年の一一八から一九四五年には二、八六六となつた。（インドシナ統計年鑑一九四三年―一九四六年参照）

㈣住民

日本の占領と、その後の軍事上の出来事は、物的損害（工場、住宅、橋梁、道路、船舶等の破壊）のみならず、人的損害をひきおこしたのであるが、これについては不幸にして何の統計もない。

最もいたましい事実についてのみふれよう。それは一九四五年の飢餓であつて、ヴイエトナムの北部と中部においては百万以上の人が死亡したのである。

この飢餓の原因は、連合軍の上陸を予想して日本軍が一九四三年一九四四年及び一九四五年におこなつた米の徴発によるものである。

かくして収穫高は悪くはなかつたのであるが（北ヴイエトナムにおいては一七、六二〇、〇〇〇キンタル―平時においては一七百万キンタルと見積られた需要を充する（ママ）充分であつた）、飢餓は、一九四四年十一月からはじまつた。

従つて飢餓は人為的にひきおこされた飢餓であつたわけである。

ヴイエトナムには、人為損失についての賠償を要求する権利がある。犠牲者一人当り千ドルと計算して（全くリデイキユラスな賠償であろう。）日本の支払うべき額は

＄一、〇〇〇×一、〇〇〇、〇〇〇＝＄一、〇〇〇、〇〇〇、〇〇〇

に達する。

結論

結論として、日本の占領によるヴイエトナムのうけた損害と苦痛は極めて甚大であり、少くとも二十億米ドルと見積ることができよう。わが政府が二億五千万ドルを主張しているのは実際よりもはるかに下廻つているのである。

編注　付記の数字には一部誤りと思われる箇所があるがそのままとした。

569　昭和32年1月13日　在ベトナム小長谷大使より岸外務大臣宛（電報）

ベトナムは経済建設計画策定に向けて賠償問題の急速な解決を希望している旨報告

サイゴン　1月13日後11時15分発
本　省　1月14日前9時0分着

第九号（極秘、至急）

㈠十二月二十九日副大統領の就任祝賀に往訪したるに、同副大統領は単刀直入に賠償問題を行詰りの現状に放擲しおくことの両国関係に及ぼす悪影響を説きヴイエトナム側としては一億五千万ドルまで譲る意向なる旨述べた。よつて本使より右は貴国政府の正式の申出として受取つて差支えなきやと尋ねたるに、副大統領は公式ではないがこの程度ならば自分の所信としては妥結に達し得る見込があると答えたので、その程度の話なら正式に本国政府にも伝達出来ないし、又自分の感じでは日本政府は他国との振り合上、かかる高額の数字を呑むとも思われない旨述べて辞去した。

㈡その後年末年始の諸会合、支払協定、電源開発、沈船引揚、在留商社滞在問題等の折衝において外務、内務、大蔵、公共事業各長官等と話合う機会があつたが、いずれも口を揃えて賠償問題急速解決の要を説き（客年往電第二一三号御参照）、ここ二、三ケ月の間に妥結に達する見込が立たなければ当国政府としては相当思い切つた手段（最高税率の適用、在留制限措置）に出る可能性も生ずることあるべきを仄した向もあつた（内務長官）。

㈢貴電第三号の祝賀メッセージを伝達のため十二日往訪したる際、副大統領はまたまた賠償問題に話題を移し一億五千万ドルの数には大統領もこれを認めたものであるから貴使が近く一時帰朝される際この線にて妥結方尽瘁せられたいと語つた。よつて本使よりかかる膨大な数字はこれを取次ぐも問題の解決に資せないこと、もつと貴国の経済建設計画に基礎をおいた具体的内容のあるリーゾナブルな対策なら喜んで伝達する用意あることを述べ、何故貴国側が急に本件に積極性を示されるに至つたかと尋ねたるに副大統領は当国の政治建設は一段落を告げ今年よりは経済建設に踏出す計画である。米国、仏国より多額の援助を受けているが時間的にも実質的にもどの程度までこれに頼つて行かれるか不明、不安である。真に経済建設計画を樹立するには矢張り条約なりに基礎をおいた事業計画が望ましい。その意味において対日賠償を急速に解決しようとの声が政府内に強くなつて来ている次第であると説明し、次いで自分を含めて各閣僚は行政事務の処理に手一杯である。一方賠償の如き政治問題に関しては無力であるので貴使の出発前、是非大統領に会見し卒直に胸襟を開いて本件を話合われんことをお勧めするとの強い要請があつた。

㈣副大統領の当国政界における勢力、その他に関しては往信第一号に詳報の通りであるが、前記㈠㈡㈢の事情、経緯もあり、この際大統領の意見を聴取し、その真意を探りおくことも一策と考え、会見を申入済につき前顕往電㈢稟中の点に対する御回示と共に心得おくべきことあらば大至急御電報賜りたい。

570

昭和32年2月1日　外務省作成

賠償二千万ドル、経済協力三千万ドルを落着点とする対ベトナム賠償解決方針について

対ヴィエトナム賠償解決方針に関する件（案）

（昭三二、二、一）

ヴィエトナム国に対する賠償問題は可及的速かに、これが解決を図る。但し、ヴィエトナム側が当初よりの二億ない至一億五千万弗の要求を終始固持し、わが方よりの再三の対案についても何等考慮又は歩み寄りを示さず、常にわが方新提案が、新なスターティング・ポイントとされて来ている経緯にかんがみ、さし当り左の方針で対処することとする。

一、賠償二千万弗、経済協力三千万弗を大体わが方の最終目標の腹づもりとする。但し、今直ちにこれを日本政府側よりの新提案とすることは、同様内容の植村私案が、ヴィエトナム側に一蹴されたことにもかんがみこれを差控える。小長谷大使より、ヴィエトナム首脳部に対し、日本政府は賠償問題の速かなる解決を希望してはいるがヴィエトナム側の考えている如き額は他に賠償義務を多く負つている日本として、応じ得る所に非ざること、又帰国の際知つたところでは植村私案の如きも、日本政府として決定したわけでない模様であり、これすら相当困難があると考えるが、とも角、ヴィエトナム側が、この程度まで下りて来ないと中々解決が困難なる旨強調する。同時に、賠償解決促進のためヴィエトナム政府首脳者の訪日方をサッジェストする。

二、対ヴィエトナム賠償問題の解決のためには、ヴィエトナム側の態度の緩和が必要であるが、差当りインドネシア

賠償が解決、ラオスに対する経済援助が決定されることがヴィエトナムの早期解決意欲に油を注ぎ一つの機会となるであろうと考えられるので、これを念頭におきつつ今よりその気運醸成に努めることとする。

又、ICA等米国側にも働きかけ、兎も角ターニムダム等一応経済協力でその建設を急ぐことの有利なる所以を説得せしめる。（賠償問題をもつと現実的に考えさせる方向づけをする意）

編注 本文書の欄外に「小長谷大使二月四日持帰る」の書込みあり。

571 昭和32年3月23日 岸外務大臣より在ベトナム小長谷大使宛（電報）

わが方解決方針に対するベトナム経済計画局長の意向聴取結果について

本省 3月23日後11時0分発

第四五号

去る十八日中川局長及植村甲午郎氏は、ディエム経済計画局長と約一時間にわたり賠償問題につき会談したが、その要旨左のとおり。

㈠ディエムより、賠償問題を片付けないと対日貿易につき思い切つた措置をとらざるをえないが、日本は、ヴィエトナムの二億ドル案に対し対策を出す番だとのべ、わが方の出し得る限度を知りたいと希望したので、わが方よりは、すでに二千万ドル案を出しているので、今度はヴィエトナム側が対案を出す番だと応酬、植村私案五千万ドルは政府案でなく、政府に勧告してもよい案で、それ以上は絶対に出しえない旨答えた。

㈡植村私案五千万ドルの内訳については、一応賠償二千万借款三千万の組合せが考へられてゐるがこれは必ずしも固定的でない旨説明しておいたが、先方は、何れにせよ五千万では不足なる旨くりかえしたので、日本としては、各求償国間のバランスを考えなくてはならず、それは結局各国に与えた実損害を考えざるをえぬが、ヴィエトナムでは戦争はなかつた。他国では物資調達、経済混乱のほかに戦争行為があつた旨説明し、先方の掛値なき数字を質問した。

㈢先方は私案として一億五千万ドルが最少限なる旨のべたので、わが方よりは、これではビルマから増額を要求されるし、インドネシアにも影響するとのべ、今回の交渉にわが方が応じた所以は、ヴィエトナムが役務を内容とするモデストな賠償を考えているとの申出があつたからで、大統領も植村氏に対してリーズナブルな数を考えているとのべられたのに、二億ドルをスティックしているヴィエトナムの真意をはかりかねる。総額が決定されないなら再び中間賠償を考えたら如何と述べた。これに対し、先方はダニムの五千万を中間賠償としてやつてもらえるやと質問したので、そのような多額を中間賠償として考えるわけにはゆかずと答え会談を終えた。

~~~~~~~~~~~~~~~~~~~~

572　賠償交渉促進のため植村大使派遣につき通報

昭和32年9月17日　岸外務大臣臨時代理より在ベトナム小長谷大使宛(電報)

付　記　昭和三十二年九月二十七日付岸外務大臣臨時代理より植村(甲午郎)大使宛訓令第二一号
右交渉に関する訓令

本　省　9月17日後7時15分発

第一一一号(至急)

賠償交渉促進のため貴任国首脳と直接会談を行わしめる目的をもつて植村甲午郎氏(本省より事務官一名随行)を九月二十八日東京発(日程は確定次第追電す)、貴地に派遣する予定につき、宿舎その他諸般の手配をなし置かれたい。

同氏の資格は、外務省顧問とし、同時に交渉期間中は、大使の称号を与えることとし、本大臣の外務長官あて書簡をもつて交渉委任状にかえる予定である。なお通訳には貴地在留の小田(大南貿易《公司カ》)に依頼し、交渉期間中は外務省調査員を命ずることといたしたく、予め同人の承諾を得おかれたい。

(付　記)

訓令第二一号

植村　甲午郎

貴使は左記の基本方針に基いてヴィエトナム政府と交渉の上、対ヴィエトナム賠償問題を速かに円満解決に導く様極力御努力ありたい。
~~~~~~~~~~~~~~~~~~~~

右訓令する。

昭和三十二年九月二十七日

外務大臣臨時代理

内閣総理大臣　岸　信介

記

(一)日本政府は両国間の懸案たる賠償問題の早期妥結が真に両国間の政治的、経済的協力関係の確立に資することを念願して最大の努力を払いつつあるが日本としてもその財政的能力に限度があり従来のヴィエトナム側の要求をそのまま容認することは他の賠償請求国との関係上不可能なことをヴィエトナム側に了解せしめられたい。

(二)ヴィエトナム側が右事情を了解しその従来の賠償要求を固執せず合理的な額まで引下げる場合には日本側においても従来の主張に捉われず交渉を円満妥結せしめる熱意を有することをヴィエトナム側に説明ありたい。

573　ベトナム経済建設五ヶ年計画に適うダニム発電所第一期の外貨所要部分を役務等にて提供するとの植村メモを手交した旨報告

昭和32年10月5日　在ベトナム小長谷大使より藤山外務大臣宛(電報)

サイゴン　10月5日前1時30分発

本　省　10月5日前9時0分着

第一八六号(至急)

植村より

往電第一八三号に関し

三日午前九時半より午後一時までトー副大統領と非公式に会談したが、当日は交渉の促進を図る目的をもつてわが方の考えの全貌を明らかにし、この説明及び質疑応答にもつぱら終始した。その模様左の如し。

(一)当方より討議に資するため次の内容の私的メモを手交した。

1. 総額に関する抽象的論議は行わないこととしたい。

2. 賠償については次の二つを実施する。

(イ)ダニム水力発電所第一期計画の外貨所要部分を資材、機械、役務の形にて提供する。

(ロ)機械修理、部品の製造等のため既存施設を利用し、工業のセンターを作り、機械整備を行う。

(ハ)右は十年賦、二十年賦という長期でなくヴイエトナムの経済建設五ケ年計画に寄与するため、概ね三年間に建設整備することを目途とする。

3．経済協力は機械設備の形において投資又は借款を行う対象は、例えばダニム水力発電所第二期計画、製紙工場、織物工場を考えているが、これはヴイエトナムの希望による。

更に右に付言してダニムには二千五百万ドル、機械工業センターには二百万ドル、経済協力はヴイエトナムの経済事情を考慮せねばならなぬ《（ママ）》が、三千万ないし四千万ドル位が適当であろうと述べた。

(二)右に対し、トーはダニム第一期の現地通貨七五〇万ドルの調達は困難であると思うが、これができない時は日本側で用意して呉れないかと要望したのに対し、本使よりそれはヴイエトナムが用意すべきであると答えたが、トーは繰り返えし重ねて要望したので、本使よりその問題は最終会談においてこれだけが未解決の問題として残つた時にとても全額とはゆかないが、せいぜい二百万か三百万ドル程度捻出の方法がないか研究してみようが、これとても相当強く要望せねば困難であろう。なお現地通貨の調達のため通常貿易に影響のあるような物資を賠償で供与することは困ると述べた。

(三)経済協力に関してはトーはヴイエトナムの経済建設に役立つものはなんでも協力して貰いたいと一例として水道事業を挙げ、この種のものの経済協力を希望したいと述べたのに対し、本使より本来経済協力は商業ベースで成り立つ事業につき両国の事業家が提携して行うのが本旨であることを指摘したが、水道、鉄道、道路、電信電話等の公益事業に対する経済協力の要望は相当強いように見受けられた。

(四)本会談においては先方は現地通貨の問題と経済協力の対象をなす具体的事業につき非常な関心を示しているので、次回において再びこの問題が取上げられるものと考えられる。賠償についてはヴイエトナム側は直ちにリアクシヨンを示さなかつたが、経済協力については今後相当の意見の対立が予想される。

なお次回は五日午後四時から行われる。

574 昭和32年10月8日 在ベトナム小長谷大使より藤山外務大臣宛(電報)

ダニム発電所第一期・第二期計画等の賠償繰入れを要望するベトナム側対案につき報告

サイゴン　10月8日後11時56分発
本　省　10月9日前9時36分着

第一九二号(至急)

往電第一八六号に関し

植村より

㈠七日午後四時より七時まで本使トー副大統領と第三回目の会談を行つたところ、その模様左のとおり御報告する。

一、副大統領よりヴィエトナム側の対案としてダニム発電所第一期、第二期工事、機械工業センター、尿素及び燐酸《ソカ》ボーダー工場、紡績、紙工場、漁船及び水産加工施設、米貯蔵庫、計六、六〇〇万ドルを賠償とし、また燐酸、織物、ウォール・ボード、砂糖、陶器、蓄電池、自転車タイヤ、各工場、車輛バス、小船舶、塩田の十一業種計四、〇一五万ドルを経済協力とするよう反対提案があつた。

二、右に対し本使より本来経済協力として望ましいものが賠償の方に繰り入れられている理由を質したところ、副大統領は民間資本がないためそれ等の事業は官業としてスタートせざるを得ず、またその場合も政府として十分の資本を持つていないので賠償に繰り入れた次第であると述べた。

三、さらに本使より三日の本使の提案は第一回目の会談の際の約束に従い全く掛け引きのないところを申上げた次第で、ヴィエトナム側の反対提案は本使の提案と相隔たること甚しい、勿論双方の提案は交渉の基礎となるものではあるがこれでは本使として本国政府を説得する自信は全くなく本使の任務これをもつて終了したと考えざるを得ないと突つぱねたところ副大統領はヴィエトナム側の反対提案をそのまま日本側に呑んで貰おうとは考えていない、ついては本使においても暫らく再考されたくその後再び会談したいと述べるに至つた。そこで本使より自分としては勿論お互に喧嘩別れをする積りはなく再び会談することには異議はない旨を述べ、九日午前九時より第四回の会談を行うこととした。

㈡次の会談においては本使が自ら今次提案を作成した背景につき再度詳細に説明の予定であるが、先方より当方に大巾な歩み寄りを示す誠意ある提案がなされない限り当方より新提案はなさざる所存である。

575　ダニム発電所第一期・第二期計画のみを賠償とすることを条件に交渉に応じる旨ベトナム側へ回答

昭和32年10月10日　在ベトナム小長谷大使より藤山外務大臣宛（電報）

サイゴン　10月10日前0時20分発
本　省　10月10日前8時58分着

第一九四号（大至急）

往電第一九二号に関し

植村より

㈠九日午前九時より約一時間半に亘りトー副大統領と会談したが、その模様左の通り御報告する。

一、本使より従来の本使の主張を繰返し説明の上前回のヴィエトナム側提案は尨大であつて全く不可能と云う他ない。従つて私は対案の提示をすることは出来ない旨述べ、但し自分は協定の成立を希望するのであるから若しヴィエトナム側として我方が検討するに価すると考える案を提示するならこれを研究することは出来ると督促した。

二、これに対しトーは除々（徐カ）にその考えを明らかにするに至り、まず三日の本使提案（三、〇〇〇（二、七〇〇カ）万ドル）の外にダニムの第二期計画を賠償に入れることを持出したので、本使よりそれで全部であると云うのなら可能、不可能は別として極力研究してみようが、七日のトーの提案中賠償の他のものを全部経済協力に移されるのは困る、経済協力は四、〇〇〇万ドル以内に収めたいと答えたところ、トーは更に尿素及びソーダ工場も賠償でやつて欲しいと云い出した。そこで本使よりダニムの第二期計画を純賠償に入れることが既に大問題であるのに更に尿素及びソーダ工場をこれに加えることは全く不可能である（ダニム第二期計画だけであれば賠償総計四千四百万ドルとなる）。

然し本使としてはトーが七日の提案よりもつと現実的

な新提案をしたことをアプリシエートすると共に、ダニム第二期計画だけを入れてこれなら日本政府を説得出来ると云う案が出来るかどうか真剣に研究してみるが、それにはダニムの計画全体については研究仕直してみ、又久保田氏の作つたエスチメートの内容にまで入つた深刻な検討もしてみなくてはなるまいと述べ、又念のため申上げるがとダニムの第二期計画は外貨分のみについては考えている旨付言したが必ずしもトーの十分な納得を得たと思われない。

三、トーは自分としてはこれが最後のチヤンスと考えるので一生懸命努力しているが、政府部内には自分に批判的な者もいると云つて自分以外にこの問題を押し切つてまとめる者がいないので非常に辛い立場にあると苦衷を述べたのに対し、本使より実は今日のお話によつては日本に帰る決心をしようと思つたがもう一度努力してみようと述べた。先方もなんとか妥結したいとの意向強くトーも相当真剣に努力しているよう見受けられた。

(二)第五回の会談は十二日午前九時より行う予定である。

(三)トーの提案に対する本使の所見は別途追電する。

576　昭和32年10月10日　在ベトナム小長谷大使より藤山外務大臣宛（電報）

ダニム発電所第一期・第二期計画等を含む賠償四千万ドル、経済協力四千万ドルとするわが方提案につき植村大使より請訓

サイゴン　10月10日後11時18分発
本　省　10月11日前8時43分着

第一九六号（大至急、館長符号扱）

往電第一九四号に関し

植村より

本使の所見左の通り申進める。

(一)九日の会談にて先方及び当方何れもぎりぎりの線に近づいた感が深くなつたが、本使としてはこの辺りで時期を見て日本政府としての最後の線を打ち出し極力その線にて妥結するよう努めたく、右最後案として賠償四、〇〇〇万ドル（ダニム第一期及び第二期・機械工業センター）及び経済協力四、〇〇〇万ドル計八、〇〇〇万ドルを提示

したい考えである。

(二)賠償四、〇〇〇万ドルの内ダニム計画は合計三、八〇〇万ドルで、右には現地通貨調達の困難な事情を考慮しそのための資本財及び消費財三〇〇万ドルが含まれている。ダニム計画は一・二期併せて外貨分三、八〇〇万ドルのところ、当地滞在中の久保田氏と打合せの結果ダニムのエスチメートには借款を基礎としてつくられたため、その利子と物価の値上りを見込んだ予備費を含んでいるので、これを除外又は査定すれば外貨分のみで三、五〇〇万ドル程度でなんとかなるとの見透しを得た。ダニム第一期計画は着手後概ね三年にて完成、第二期は第一期完成後電力自給の情勢を検討、両国協議の上その着手の時期を決めることとする。

(三)ダニム計画実施のため現地通貨不足の実情は極めて深刻で賠償による現地通貨調達の要望は極めて強いと思われるところ、その手段として賠償により調達された物資の民間払い下げを示唆したい。右物資は通常貿易を阻害しない種類のものである旨を明らかにせしめ、且つ出来得る限りバス、トラックその他機械類にて現に日本の市場となつていない物資を選らばしめるよう努力する。

(四)経済協力は期限十年民間事業家間の商業ベースによる投資又は借款とする。

前記内容による交渉妥結の成否についてはなお相当の迂余曲折あるべく、殊に肥料工場の追加は最後まで執拗に要請するものと思われるが、前記最後案にて結局五五パーセント乃至六〇パーセントの確立《(率カ)》はあると感ぜられる。万一決裂の場合を予想すれば本使としては右最後案が本当に精一杯の努力を示すものであると云う印象を当国に残すこと将来の両国関係のために重要なりと考える。前述の案を最後案として提示したいと考えた訳である。本件最後案による交渉の可否につき至急何分の儀御回電ありたい。

577　昭和32年10月16日　藤山外務大臣より在ベトナム小川(清四郎)臨時代理大使宛(電報)

植村大使請訓に対する各省事務当局との協議状況について

本　省　10月16日後7時0分発

第一四六号(至急)

貴電第二〇七号に関し

植村大使へ板垣より

貴電第一九六号請訓の内容については各省事務当局と協議中なるも大蔵省は賠償三、〇〇〇万弗に対してさえ反対の空気強く消費物資供与の点については大蔵通産共事務レベルでは未だ踏切り兼ねている状況であり右は予想されていた所である。

然し藤山大臣としては貴使請訓の線で本件交渉を纏める様閣僚レベルの討議に臨まれる意向の趣である。右の場合如何なるプロヂエクトを盛るかが問題となるが当方試案としては、ダニム第一期工事、工業センター、消費物資若干を充て、残金を第二期工事の一部に充当することとしては如何かと考え居るも貴見御回電あり度い

以上中間状況御内報まで

---

578 日・ベトナム間諸懸案の早期解決を条件に賠償五千万ドルを最高限度額として折衝することにつき植村大使より請訓

昭和32年10月17日　在ベトナム小川臨時代理大使より藤山外務大臣宛（電報）

サイゴン　10月17日後10時35分発
本　省　10月18日前8時33分着

第二一二号（大至急、館長符号扱、極秘）

往電第二一〇号に関し

植村より

左の通り本使の所見申進する。

㈠冒頭往電をもつて御報告の通りヴィェトナム政府としては、純賠償五、〇〇〇万ドルを何とか獲得したいとの要望が極めて強いと察知され、往電第一九六号をもつて請訓した賠償四、〇〇〇万ドル経済協力四、〇〇〇万ドルの線をもつても妥結の可能性はむしろ乏しいとの感を深くするに至つた。

㈡よつて本使としては日本政府として最終的な態度を決定する時機が到来したものと考えるところ、その態度として次ぎの三つが考えられる。

1、四、〇〇〇万ドルの線を堅持し、先方がこれに同意せざれば直ちに東京に引揚げる。

2、右の場合、更に本使が日本政府を説得のため東京に

帰る形をとり懸案とする。

3、条件によつては（たとえば現在日本・ヴィェトナム間に懸案となつている諸事項の早期解決の約束の如き）最高限五、〇〇〇万ドルまでは認める肚をもつて、その中間に収めるよう努力をする。

㈢本使としては、従来より右いずれに決定されるも後味を悪くせざるよう行動しおるも、トウ副大統領の交渉態度は極めて誠意あるものと認められ、且つ彼も政府部内取纏めに苦慮しおるものと察せられるをもつて他に重大なる支障なき限り、この際思い切つて第三案をとることを適当と考える。

次ぎの会談（一応二十二日の予定）には最後的な肚をもつて交渉に当りたく、往電第一九六号本使所見の外、前記諸点お含みの上次回会談に臨む本使の態度につき何分の儀御回電請う。

579　昭和32年10月21日　藤山外務大臣より在ベトナム小川臨時代理大使宛（電報）

総額交渉を中断し一時帰朝方植村大使へ回訓

本　省　10月21日後7時30分発

第一五三号（館長符号扱、大至急）

貴電第二一二号に関し

植村大使へ

総理及大蔵大臣とも協議の結果貴使段々の御努力により先方の態度も或る程度判明したるも此の際、之以上深入りすることは諸般の事情より避くること得策なりとの結論に達したるを以て先方に対しては「日本政府に於て種々妥協策につき検討中なるも彼我の懸隔尚大きく急速に結論に達すること困難の模様であり本使も東京に用件あるを以て一応懸案の形にして帰国することと致し度く尚貴方に於て何等か妥協案あらば承はり東京に於て努力を継続することと致度し」との趣旨を述べ御引揚げ相成ることと致し度し此の機会に於て貴使の御尽力に対し満こうの謝意を表す

580　昭和32年11月21日　在ベトナム小川臨時代理大使より藤山外務大臣宛（電報）

植村再派遣を岸総理よりゴ・ディン・ジエム大統領に申入れた旨報告

サイゴン　11月21日後7時57分発
本　　省　11月21日後11時51分着

第二六六号（大至急、館長符号扱）

往電第二六二号に関し

本二十《昨カ》日午後岸総理と大統領との間に余人を交えずして（通訳として本官同席）約一時間半にわたり率直な意見交換が行われたが双方共に相手方の立場において理解を深めた点において本日の会談は相当有益であつたと考えられる。

特に岸総理より賠償総額の高が問題ではなく、むしろその対象となるプロジェクトが特に当国再建に寄与する経済的意義を尊重したく、この意味において当国の最も必要とするダニム電源の早急開発に対しては、十分の考慮を払いたき旨強調せられたるに対し、大統領は農業開発に絶対に必要と認められる肥料工場についても考慮せられたき旨を固執した。これに対し岸総理はわが国及び欧米諸国における過去の経験に徴しても肥料工場の如き十分なる関連産業発達の基盤なくしては成り立ち得ない。プロジェクトについては軽々に結論を出さずして慎重考慮の後に決定せらるるを賢明と思考する旨を力説せられた。

最後に岸総理より到着以来、大統領はじめとして当国首脳部と隔意なき懇談をすることができ、その結果当国が現在置かれておる種々微妙なる立場についても更に認識を深くしたので、本件賠償問題の早期解決を図るため（この方針については往電第二六二号共同声明において確認せられた）帰国後速やかに植村特使を再度当国に派遣し、本件の最終的解決に努力せしめたきにつき、大統領におかれてもこの点とくと御配慮を煩わしたい旨を述べて会談を終つた。なお詳細については帰国の際総理よりお話ある筈なるも本日の会談の骨子と考えられる点につきとりあえず、御報告申上げる。

編　注　岸内閣総理大臣は、第二次東南アジア諸国歴訪における最初の訪問地として、昭和三十二年十一月十九日から同月二十一日までサイゴンを訪れた。

581　昭和32年12月13日　藤山外務大臣より植村日本政府代表宛

総額四千万ドルを最高限度額とする三案をも

ってベトナムと交渉方植村政府代表へ訓令

訓令第三〇号

日本国とヴィエトナム国との賠償交渉における

日本政府代表　植村　甲午郎

一、ヴィエトナム賠償に関し貴代表は概ね左記要領をもつて交渉に当られ、本件の早期妥結を図ることに努められたい。

(1)第一案

日本政府は賠償としてダニム第一期工事分二、四五〇万ドル及び工業機械センター分として二〇〇万ドル合計二、六五〇万ドルに相当する日本の生産物及び役務を三カ年にわたり供与する。

右の外、日本政府はダニム第二期工事分として一、一五〇万ドルに相当する日本の生産物及び役務を第一期工事完了後の二カ年にわたつて政府借款をもつて供与する。

(2)第二案

右第一案をもつて先方が合意せざる場合は、上記二、六五〇万ドル及び一、一五〇万ドルの合計額、即ち三、八〇〇万ドルを賠償として五カ年にわたり供与する。

(3)第三案

上記第一案又は第二案をもつてなお合意に達せざる場合は最終案として総額四、〇〇〇万ドルの範囲内において第一案又は第二案の方式による限度まで譲歩するものとする。

二、ヴィエトナム側の要求する現地通貨はＩＣＡの見返資金の活用等により調達する方法をヴィエトナム側に納得せしめ、このため適宜現地米国側と折衝すること。

三、以上の要領をもつて交渉し妥結し得ざる場合は爾後の方針につき御請訓ありたい。

四、賠償解決方式につき妥結するに当つては、その協定成立と同時に通商航海条約の速かな締結及びその締結に至る間は、通常の通商航海条約中に規定さるべき重要事項、とくに出入国、滞在、事業活動、関税、船舶の出入港等に関し相互に最恵国待遇を付与する旨の原則的合意を規定した協定(又は交換公文)を締結するよう文書による合意をとりつけることに努力ありたい。

右訓令する。

昭和三十二年十二月十三日

外務大臣　藤山　愛一郎

582　現地通貨調達にICA見返資金流用は困難とする米国対ベトナム経済援助使節団局長の意見

昭和32年12月17日　在ベトナム小川臨時代理大使より藤山外務大臣宛(電報)

サイゴン　12月17日後10時15分発
本　　省　12月18日前8時24分着

第二九一号(館長符号扱、極秘)

植村代表より

㈠本十七日午前中トー副大統領、マオ外務長官およびゴ大統領の順序にてそれぞれ往訪し、一応儀礼的訪問を了した。

㈡今回の交渉相手は前回同様トー副大統領に決定し、速やかに交渉を開始することを相互に約した。日取りは追って御報告する。

㈢訓令第三十号㈡に関し、当地駐在米国大使多忙のため、とりあえず本日午後USOM、バロース局長に面談し、ICAの見返資金利用の可能性につき打診したるところ、バ局長はICA資金は年間の計画に基づいて各プロジェクトごとに詳細予定表を組んでおり、それ以外のアイテムについては考慮の余地なしとて全然問題にせず、ついては現地資金調達方法は再考せざるを得ざるものと思料せられる。

右とりあえず。

583　賠償・政府借款合計四千五百万ドルを骨子とする植村試案を提示しベトナム側態度を見究めることにつき請訓

昭和32年12月18日　在ベトナム小川臨時代理大使より藤山外務大臣宛(電報)

サイゴン　12月18日後7時59分発
本　　省　12月18日後11時25分着

第二九二号(館長符号扱、至急)

植村より

㈠明十九日午後四時よりトウ副大統領と第二回会談を行う

予定。

(二)非公式会談において打診したるところによれば、訓令の段階を追つて低額より出発し交渉を重ねて見てもなんら甲斐なきのみならず、むしろ相手国側を刺戟して結局不利なる結果を招く惧れ多分にあることを看取したるにつき、この際急速に話をつけるため第二回会談において賠償三、一五〇万ドル(ダニム・機械工業センターおよび第一期現地通貨調達分を含む)政府借款(ダニム第二期外貨分)一、三五〇万ドルならびに経済協力約三、二〇〇万ドル合計七、七〇〇万ドルを内容とする本代表試案を提示して反応を見ることと致したるにつき、多少訓令を離脱するきらいあるも御了承相なりたい。

(三)なお昨日の会談において、副大統領より日本側新聞に賠償額につき想像記事が掲載せられるため当国政府部内を抑えるのに苦慮しおり、自分としてははなはだ困惑する次第なるをもつて、今後の交渉に妨げにならざるようこの点特に考慮を煩わしたき旨強調したるにより、念のため右御報告申上げる。

~~~~~~~~~~

584

昭和32年12月20日　藤山外務大臣より　在ベトナム小川臨時代理大使宛(電報)

植村試案を限度額として交渉妥結方回訓

本　省　12月20日後5時20分発

第二〇五号(館長符号扱、大至急)

貴電第二九二号に関し

植村代表へ

賠償及政府借款の合計の枠については四、五〇〇万ドルの貴代表試案を最後の線として交渉の妥結を図られ度く尚如何なる場合に於ても純賠償については最大限度四、〇〇〇万ドルの線を堅持せられ度い

~~~~~~~~~~

585

昭和32年12月20日　在ベトナム小川臨時代理大使より　藤山外務大臣宛(電報)

植村試案の提示に対し賠償六千三百万ドルの要求を譲歩しないベトナム側の強硬な態度につき報告

サイゴン　12月20日後6時41分発

本　省　12月20日後10時0分着

第二九三号(大至急、館長符号扱)

植村代表より

往電第二九二号に関し

十九日午後トー副大統領往訪、会談の要旨左のとおり。

冒頭本代表より先般会談後帰国して以来の国内情勢につき縷々説明した。ヴィエトナム国賠償問題については、インドネシアに比較し政、財界および政府部内等各方面とも関心薄きこと、カンボディア、ラオスが進んで賠償を放棄したること、また北ヴィエトナムが請求権留保の声明を行いおること等、国内世論が必ずしも貴国に充分好意的とは云えない状況の下に種々啓発の労をとらざるを得なかつた苦心を申し聞けたる後、もし近き将来において総選挙でも行わるることとならば、最近のソ連側平和攻勢の影響もあり多少社会党の議席がふえるやも知れず、保守党政権にゆるぎなしとするも、本件賠償問題に対する反対党の圧力が加わる公算なしとせず。従つて以上の如き諸般の情勢を考慮すれば、本件を早急に妥結する要ありと述べたるに対し、副大統領はこれを首肯した。

次いで本論に入り、副大統領より冒頭往電本代表試案の説明を求めたるにより、本代表より純賠償、政府借款および経済協力の三項目につきかねて用意したるところにより説明を加え、先方の意見を聞きたるところ、副大統領より

(一)ダニム第一期現地通貨分は七五〇万ドルを要求したきこと(当方試案においては五百万ドル分の物資を売却すれば、当国において公定率換算七五〇万ドル分のピアストル調達可能と見込提案した)

(二)政府借款の償還条件はダニム一期、二期完成(五カ年)後二カ年据置き、十カ年賦償還、年利ピアストル貨の場合四%、ドル貨の場合三%としたるに対し、償還の可能性を確実にするため条件を緩和されたきこと

(三)経済協力がいかなる形で実施されるか具体的に承知したきこと

の三点につきとりあえず私見として開陳するところがあつた。

右三点のうち(一)については本代表より五百万ドルにて必要にして充分なるピアストル貨を調達することが出来る所以を強く主張したるも、先方は容易に納得せず議論対立のまま次回以降に持越すこととなつた。(二)については多少考慮の余地あることを匂わした。(三)については従来の先例等を

参酌して考慮し得る二、三の例を挙げて説明したが、先方の要望もあり文書として出来るだけ速やかに手交することを約した。

なお最後に副大統領は賠償六、三〇〇万ドルの要求はゴ大統領が元首として自己の口より云い出したることなるをもつて、今更容易に引込める訳に行かざるべしと述べたるにより、本代表よりわが方において右金額を承認したる訳でもなく、また貴方より一方的に押付けられる理由は毫もなし、本件はあくまでネゴシエーションにより妥結に到着すべきものであると一蹴しおいた。

次回会談は二十一日午前八時半の予定。

目下のところ二十三日帰国予定は多少延びる見込。

586　昭和32年12月22日　在ベトナム小川臨時代理大使より藤山外務大臣宛（電報）

わが方総額修正二案をベトナム側へ提示することにつき植村政府代表より請訓

別　電　昭和三十二年十二月二十二日発在ベトナム小川臨時代理大使より藤山外務大臣宛第二九六号

右修正二案

付　記　昭和三十二年十二月二十三日発在ベトナム小川臨時代理大使より藤山外務大臣宛電報第二九八号

右修正二案に関する訂正

サイゴン　12月22日前2時0分発
本　　省　12月22日前9時0分着

第二九五号（大至急、館長符号扱）

植村代表より

二十一日午前八時半より十二時半までトー副大統領との第三次会談を行つた。本日の会談においては経済協力の一般形態を説明せる後、尿素肥料工場の問題に移り当国が農業国たる関係より肥料工場の設立を熱望する趣旨を述べ、賠償としてこれを日本において是非とも設立してもらいたい、その運転についてはイタリア会社よりの協力の申出もあり当方において運転をなし得る自信ありと述べた。よつて本代表より本件については日本においても新しい工業にて経済協力において行うとしても事実上東洋高圧会社の協力を得、技術者および熟練工の所要数を送るにあらざれば順調な運転は到底不可能と思われ、現に朝鮮において米国側が現地の熱望に応じ工場を設立せるも三年を経てなお順調なる運転を行うを得ず今に困難なる問題となりおる例もある。また本件は東洋高圧のパテントの事業でありこれら技術上の点とまた日本の支払い能力より言うも日本政府としては当国の熱望もあることであり経済協力として東洋高圧が協力し得る如く可能な限りの条件を整える努力はしてもよいが賠償として計上することは到底容認するを得ずと述べ、今や賠償問題の結末をつけるべき時期に来ているが当方の提案に対して如何なる所見を有するやと問いたるに対し副大統領は賠償問題についての自分の所見は前回貴代表当地に来訪せられたる際最後に大統領より述べたる純賠償六、三〇〇万ドル、経済協力五、〇〇〇万ドル程度の要求にして今に至るもその所見を変えず結局尿素工場の問題にしても一、〇〇〇万ドルの外貨支払いを踏み切ることにより日本の当国並びに東南ア全域に対する経済的利益は将来極めて大なりというべく対日本との貿易並びに経済協力についても大統領は特別の好意ある措置を考えるに至るであろうし、この一、〇〇〇万ドルを惜しむのは政治の大局を忘れるものである等各種の角度より主張を繰返したるに対し、当方また日本国としては純経済的見地より言えば卒直に言つて当国の経済の将来について貴方の言う如き期待を持つ訳でない、また日本の国内与論より言うも現に自分の提案しておる案についてすら相当の批判のあることは事実であり、また国際的に言つても貴国が尿素工場の建設をめぐる要求を固執せるために不成立に終ると言うことになればこれまた政治の大局を忘れたるものと批評されよう、これらの点は双方議論のあるところであるが何れにせよ貴方がなお六、三〇〇万ドルの線をとつて一歩も譲らずと言うならば自分としては極めて遺憾であるが交渉を打切り東京に引揚げる請訓をするより方法はない、なお引揚げの請訓をするに当つては自分としては直接大統領に面会を求め自分の所見を述べ大統領の大局的考慮を求める積りであると述べたるに対し副大統領は若干余裕を持つものの如く自分もここまで来て決裂に終るのは非常に遺憾であると述べたので本代表としても更に幾分でも貴方の要望に近ずく努力をしてみようが貴方においても当方の主張は今までに判明しているのであるから歩み寄りについて研究をされたいと述べたるに対し副大統領は自分も大統領に会見の経過を報告し大統領と協議をしようと述べた。

以上の会談の経過より受けた印象は或いは尿素工業《(場カ)》については経済協力として日本政府が相当努力してくれるならばこれを譲りダニムの第二期分も賠償に繰入れる程度で折合うことを考えているのではないかと感ぜられた。よつて別電の如き最後提案を行いもし先方においてこれを了解せざるときは交渉不成立のまま帰国することが適当と考えられる。

右請訓する。

（別　電）

サイゴン　12月22日前5時20分発
本　　省　12月22日前8時42分着

第二九六号（大至急、館長符号扱）

別電

左記二案を用意し同時に提示して先方の選択に任せるものとする。

第一案

㈠賠償三五《(千欠カ)》百万ドル（三箇年間）

一、ダニム第一期工事機械設置役務外貨分二、三五〇万ドル及び現地通貨調達用消費物資等七五〇万ドル計三、一〇〇万ドル

二、機械工業センター、機械設置二百万ドル

三、尿素工場設備機械の一部二百万ドル

㈡政府借款一、三五〇万ドル（完成後三箇年据置き、十五年賦償還。金利、ドル償還の場合は年三パーセント、物資またはピアストル償還の場合は年四パーセント）

㈢経済協力三、五〇〇万ドル（十箇年間）尿素工場、製紙、塩田、製糖、Wallboard、自転車タイヤ、チューブその他。

第二案

㈠賠償四、〇〇〇万ドル

一、ダニム第一期及び第二期外貨分三、六〇〇万ドル（五箇年間）

二、機械工業センター二百万ドル（三箇年間）

三、尿素工場の一部二百万ドル（三箇年間）

㈡現地通貨分政府借款七五〇万ドル（三箇年、完成後三箇

年据置き、五箇年賦、ドルまたは物資償還金利四パーセント）

㈢経済協力（第一案と同じ）

註一、ダニム工事につき金利分等の査定を行つた結果、第一案については二〇〇万ドル第二案については百万ドルの減額となりおるも、二十二日夕刻当地到着予定の久保田氏と打合わせの上確定致したい。

二、尿素工場施設につき強き主張あるに鑑み、政府としても業者に協力を勧説するため、二百万ドルの機械設備を賠償にて負担することとした。

三、第一案借款分の条件は賠償に代わる意味において対米借款の金利等を参酌して決定した。

四、第二案現地通貨分借款は金額其（並カ）びに性質に鑑み、金利も四パーセント、三箇年据置き、五箇年賦償還とし、且つドルまたは物資による償還のみを認めた。

五、機械工業センター並びに尿素工場機械の一部は合算計上し、先方との打合わせの結果、極力その一部（百万ドル程度以内）を沈船引揚に充当する場合あるものとする。

（付　記）

サイゴン　12月23日前1時45分発
本　省　12月23日前8時36分着

第二九八号（大至急、館長符号扱）

往電第二九六号別電に関し

久保田氏と打合せた結果、冒頭往電をもって請訓した二案を左のとおり訂正ありたい。

（イ）第一案の㈠賠償の一、外貨分二、三五〇万を二、四〇〇万とする、従って第一期工事関係総額は三、一五〇となり、賠償総額は三、五五〇となる。また㈡借款は一、三五〇を一、二三〇とする、従って賠償および借款の合計は四、八八〇となる。

（ロ）第二案の㈠の一、三、六〇〇万を三、七〇〇万とする、従って賠償総額は四、一〇〇となり㈡の借款を含めた総額は四、八五〇万ドルとなる。

587

昭和32年12月23日　藤山外務大臣より在ベトナム小川臨時代理大使宛（電報）

わが方最終態度の決定前にベトナム大統領と副大統領の協議結果による先方対案が判明次第報告方回訓

本　省　12月23日後２時35分発

第二〇七号（大至急、館長符号扱）

貴電第二九五号に関し

植村代表へ

貴電第二九六号及び第二九八号による請訓に対する当方の決定を行う前に先方の最後の腹を確める必要ありと思考するので冒頭貴電後段の副大統領と大統領の協議の結果による先方対案を判明次第御報告あり度い

588　昭和32年12月23日　在ベトナム小川臨時代理大使より藤山外務大臣宛（電報）

修正第一案を提示しベトナム側態度を見究めることにつき請訓

サイゴン　12月23日後６時38分発
本　省　12月23日後11時８分着

第三〇一号（大至急、館長符号扱）

貴電第二〇七号に関し

当方より先方に対し大統領との協議の結果を質問すれば、先方従来の遣口よりみて、かりに尿素工場を断念する場合は五千一百万程度の純賠償が最後の線なりと主張することが予想せられ、一旦言い出したる額を更に引下げしむることは相当困難と思われる。従つて本代表の考えとしては、自分として考え得る最大の案と称して相当歩み寄れる一案を提示し、これを基礎とし、先方の最後の腹を確かめ、先方の申出が問題となり得る程度と信ずる場合には訓令第四の受諾を条件として貴大臣の決裁を仰ぐことと致したく、この意味において冒頭貴電の次第もあり、まず往電第二九八号の訂正第一案を提示し、かつその内の尿素工場関係は先ず口頭にて触れて見ることと致したい。

冒頭貴電の次第はあるも交渉の経緯に鑑みこの際枉げて御承認を得たく、右につき折返し御回訓を賜わりたい。

589　昭和32年12月24日　藤山外務大臣より在ベトナム小川臨時代理大使宛（電報）

修正案を示す前に当初案にてさらに折衝の上

ベトナム側態度を見究めるべき旨回訓

本　省　12月24日後6時45分発

第二一〇号（大至急、館長符号扱）

貴電第三〇一号に関し

植村代表へ

当方としては、先ず貴電第二九二号の試案（賠償、借款四千五百万ドル）に対する先方の態度を今少しく確め度くその前に貴電第二九八号に対する決定をなすことは困難な事情があるから、副大統領と前記試案につき更に御折衝の上、先方の出方御回電ありたい。

〰〰〰〰〰〰〰〰〰〰〰

590

昭和32年12月25日

在ベトナム小川臨時代理大使より
藤山外務大臣宛（電報）

尿素工場の一部を賠償ないし政府借款とする妥協案にてゴ・ディン・ジエム大統領と直接交渉を試みることにつき請訓

サイゴン　12月25日前2時35分発
本　省　12月25日前10時10分着

第三〇三号（大至急、館長符号扱）

植村代表より

本日午後三時半より五時四〇分まで副大統領と会見、本代表より尿素工場をやるとすれば経済協力の方法以外に実際上行い得る途なき旨を繰返し説明したる後、賠償問題も双方の意見交渉がほぼ終りたるをもつて、もし貴方にて六、三〇〇万の線を下らず、ネゴシエーションの意思なしとすれば、当地に滞在の必要なしと思うが貴見いかんと直接法にて数回にわたり質問したが、副大統領は、自分としては前に述べたる六、三〇〇万の線を主張するほかなしと言いながら、やむを得ないから袂を別つ以外に方法なしとも言わず、またネゴシエートする意思なしとの表明も言を左右にして避けたるにつき、本代表より更にこの上は大統領にも直接会見したしと言いたるに対し、副大統領は、大統領もそれを希望せりと答えおりたるが、本代表は本日の会談において副大統領より六、三〇〇万の線を下る意思を表明することを要求するも無理なる点を明らかに印象づけられた。しかしてその間しきりに東京よりのわが方回訓を気にしているような気配を示していたが、本代表としてはいずれにせよ二十七日夕刻サイゴンへ帰来する大統領と速やかに会見をなし、最後の打開を試みる所存であるが、大統領と会見の際には、真に大筋としての最後の腹をもつて交渉に当る必要ありと考えられる。すなわち往電第二九二（五カ）号をもつて御報告した通り、当初の本代表提案の線は副大統領より大統領に説明されており、既にこれに対する要求的質問をなしおる次第もあり、今更副大統領にその反応を試みても無駄であるのみならず、大統領にその案そのものをもつて当ることも適当ならずと考えられる。今回大統領と面談の場合には相当の腹をもつて交渉の必要あり。しかして交渉の最も困難なる点は大統領が尿素工場の設置に極めて熱心にして、仮りにこれを経済協力に譲るとしても、単に業界の意思にまかせず、政府も積極的措置により実際に協力の実を示さざるにおいては、口先だけの協力として甚だしく不満を抱くに至る恐れがあることである。

よつて左記程度の最後の腹をもち大統領との直接交渉を行いたきにつき、至急何分の儀御回訓ありたい。

㈠ダニム第一期に尿素工場の半額を加え三、五〇〇万程度を賠償とし、ダニム第二期分一、三三〇万を政府借款とするか、或いは

㈡ダニム第一期、第二期外貨分計四、四五〇万を賠償とし、尿素工場外貨分の半額四六〇万を政府借款とするか

いずれかの線で妥結する。

591　昭和32年12月25日　藤山外務大臣より在ベトナム小川臨時代理大使宛（電報）

わが方最終態度の決定前に妥結の見通しがつく総額までベトナムを譲歩させるべく説得方回訓

本　省　12月25日後7時50分発

第二一二号（館長符号扱、大至急）

貴電第三〇三号に関し

植村代表へ

ヴィエトナム側が六、三〇〇万ドルの線を固執する気配の現在貴電案の如き賠償及政府借款合計五、〇〇〇万ドルに近き数字を我方の最終案と決定することは極めて困難な事情にある。依てこの際時日の遷延を防ぐ上からも何とか先方より六、三〇〇万の線を崩さしめ最終的妥結の見通しのつく数字を確めて而る上我方の最終態度を決定することと致したいから右の趣旨にて今一応打診方御努力相成り度い。

尚尿素工場の件は岸総理訪問の際強く之を反対したる経緯もあり我方より之を取上げることは避けたきにつき右御含み置きありたい。

又冒頭貴電御請訓の最終案の㈠に於いて従来の工業センター案は放棄せるものなりや、更に㈡の第一期及び第二期工事外貨分計四、四五〇万ドルの内訳には、現地貨調達分を算入せるものなりや若し然る場合は第一及び第二期分として夫々如何程の見当なりや当方参考迄御回電ありたい。

592 昭和32年12月26日 在ベトナム小川臨時代理大使より藤山外務大臣宛（電報）

わが方修正案の賠償にベトナム側要望の尿素工場を一部繰入れた理由について

サイゴン　12月26日後7時58分発
本　　省　12月26日後10時57分着

第三〇四号（大至急、館長符号扱）
植村代表より
貴電第二一二号に関し
㈠本二十六日午後五時半よりトー副大統領と第五回会談を行い更に打診をして来る予定であるが、副大統領が具体的妥結の数字について意見を開陳するや否やは相当疑問である。
㈡往電第三〇三号の最終案の数字に関しお問合せの件㈠は尿素工場を認める場合には、機械工業センターを犠牲にするも可なる口振りをもらしたるによるものである。㈡の四、四五〇万ドルの内訳は、第一回分調査現地通貨分七五〇万ドルを含むものであつて、第二期の現地通貨分は自己調達可能なりとの当方主張に基き削除したものである。しかして七五〇万ドルは公定換算率による計算なるをもつて実際にはある程度余裕ありと認められるも、先方は取極上公定換算率を動かし難しとする強き主張ありたるにつき、一応計上した。
㈢尿素工場の件につき、先方が極めて強く主張しおるのは、経済建設計画中農業部門として米作地を減反し砂糖等他の作物を多角的に栽培する計画あり、その場合少なくとも同量の米の生産を確保するためと、また他の作物の栽培用に供するために従来に比し躍進的に肥料を使用せしめようと考えているが、この計画の実施上の眼目として官営または公社等の公的組織により肥料を供給することとしたく、これなきにおいては計画実施にそごをきたすという理由によるものであり、累次電報のとおり技術的困難性より見るも、また仮りに実施可能の場合においてもパテント技術の見地よりして経済協力にあらざれば事実上不可能なる点を充分説明せるも、なおなんとか希望実現の方法なきやと食い下りおる次第である。実際問題として製造の方法その他より尿素肥料によるべきか、または硫、燐安を可とするか等の根本問題より工場立地条件の検討を加えざれば、いずれにせよ実施の可能性を判定することを得ず、この調査を日本側において行い経済協力の一段として可能なる場合に協力をなすこととし、政府においても可能なる限りの配慮をなすにやぶさかならざる旨の公文交換をすることが可能ならばそれも一方法と考えられる。

なお先方と更に意見交換を行い、極力経済協力に繰り入れしめることを引続き努力する所存なるが、先方が五カ年計画実施に不可欠なりとして、あくまで肥料工場を固執する場合、先方の強き希望（最近大統領が農民政策にことのほか力を注ぎおることはあらゆる点より観察される）をなんらかの形において一応満足せしむることにより本件賠償問題が妥結する見通しがあれば、若干の金額を賠償または借款に繰り入れることも考慮して可ならずやと考え一応当方最終案に計上した次第である。

593　昭和32年12月27日　在ベトナム小川臨時代理大使より藤山外務大臣宛（電報）

わが方最終案の提示につき請訓

サイゴン　12月27日前6時15分発
本　　省　12月27日前9時4分着

第三〇六号（大至急）

往電第三〇四号に関し

植村代表より

本二十六日午後五時半より九時までトー副大統領と懇談、当所《(初カ)》尿素工場の問題を取上げ、経済協力として取上げることが実現上最も妥当なる旨を技術上その他より力説せるも、先方はこれを官業として実施したき希望を明確にし、従つて関係業者との協力関係は単なる技術協力の関係となる筋合なること明確となつた。しかる場合は賠償にて行うかまたは政府借款にて行う以外に方法なく、また業者の技術協力を得る面についても困難なる問題を生ずる恐れあり、本代表としてはこれでは到底東京と電報往復にては解決困難なること明らかであり、帰京後政府に説明するも日本政府の賛成を得ることは極めて困難なる旨を申し述べた。次にダニムの水力発電の各項目につき本代表提案と先方の今までに希望せる事項とを照合し、本代表がダニム第二期を借款とする主張を強く述べたるに対し、先方はこれを純賠償にてやつてもらいたき旨を再度主張した。現地通貨分についても一応一期、二期全部を主張したが、本代表よりこれはまだ日本政府の承認を受けていないが、全くの例外措置であるので、ダニム第一期の所要分だけは現地の実情に鑑み例外的措置をなすことに日本政府の承認を得るよう努力してよろしいと申述べた。

これらの論議の末最後に大統領と相談するから貴代表の考える最後案とも云うべきものを提示してくれと要求した。

これに対しては尿素工場の先方主張については本代表として具体的な意見は述べられない、ただ一応貴方の意見を日本政府に伝達することしかできない、しかしてその実現については極めて困難と思うと述べたるに対し、その点についてはそれでもよろしいと云うので、では一応東京に請訓の上本代表の考える最後案を提示しようと答えた。

交渉はいよいよ最後の段階に来り、予想せるとおり副大統領は六、二〇〇万の線を必ずしも固執するようには見受けられないが、まだはつきりとその線を下りるとも云わず、要するに単独に何事もコミットできない立場にあると認められるのであるが一応先方の代表たる副大統領の立場を考え大統領との会見の際の当方主張の概要を左記によりまず副大統領に明二十七日夕刻提示したいと思うので、これに是非とも間に合うよう何分の儀折返し御回訓を願いたい。

記

㈠賠償

ダニム第一期工事外貨分	二、四〇〇万ドル
現地通貨調達用	七五〇万ドル
工業センター用機械設備	二〇〇万ドル
計	三、三五〇万ドル

㈡政府借款

ダニム第二期外貨分　一、三三〇万ドル
以上総計　四、六八〇万ドル
(三)経済協力
尿素関係を除き、これに代る繊維工業を加え三、五〇〇万ドル
(四)尿素工業《（場カ）》関係
経済協力の場合にはなんらか実現の工夫を研究し得るやも知れないが官業にてこれが実現を希望せられ、かつ純賠償またはこれに代わる借款を要求せられても、これは極めて困難である。

なお、本代表の意見としては先方案尿素工業《（場カ）》を思い止まる場合には、ダニム第二期分一、三〇〇万ドルを純賠償に加え、賠償総計四、六五〇万ドルを認むるも可なりと信ずるが、この点についても最後の腹を御回示願いたい。

594　わが方最終案を纏めるに際し賠償六千三百万ドルの要求をゴ・ディン・ジエム大統領が譲歩する意向ありや確認方回訓

昭和32年12月27日　藤山外務大臣より
在ベトナム小川臨時代理大使宛（電報）

本　省　12月27日後8時25分発

第二一五号（館長符号扱、大至急）
貴電第三〇四号に関し
植村代表へ板垣より
貴使段々の御苦心は推察するに余りあるも大蔵省は去る十九日の貴使提案に対しヴィエトナム側は何等具体的提案をなさず我方のみ譲歩する形となることは面白からず冒頭貴電御来示の提案をなすも先方が之に応ぜざる場合は更に譲歩せざるを得ないこととなり先方の思う壷にはまるおそれありとして貴使請訓案の審議に応ぜざる実情なる処藤山大臣の御意向としては最終的に総理の御決裁を仰ぐにしても先方が六千三百万ドルの線よりおりる気持ありや否や又その場合どの位なら妥結の可能性があるかについて目途をつけ度しと考え居られるについては折衝技術上相当困難ありとは想像せらるるも此の際場合によつては直接大統領に対し先方の最後の腹をお確め出来まじくや右命によつて御連絡申上ぐ。

595 昭和32年12月28日 在ベトナム小川臨時代理大使より藤山外務大臣宛(電報)

尿素工場の賠償又は政府借款への繰入れにベトナム側が固執している旨報告

サイゴン　12月28日後8時59分発
本　省　12月28日後11時44分着

第三〇八号(大至急、館長符号扱)

植村より

本二十八日午前九時半より十二時半までトー副大統領と第六回会談を試み、誠意を尽して種々説得に努めたるも依然として尿素工場にこだわり、ついに意見の一致を見るに至らなかつた。

今晩明日にかけ更に努力を続けるとともに最後に明二十九日午後五時半に大統領と会見し大局的見地より今一度懇談してみるつもりなるが、もし歩寄り不可能ならば遺憾ながら三十日の飛行機にて引揚げる予定である。右御了承を請う。

なお委細は帰京の上御報告申し上げる。

---

596 昭和32年12月29日 在ベトナム小川臨時代理大使より藤山外務大臣宛(電報)

ベトナム側が賠償・政府借款合計五千五百六十万ドルまで譲歩したので大局的見地から妥結すべき旨意見具申

サイゴン　12月29日後5時55分発
本　省　12月29日後9時16分着

第三〇九号(大至急、館長符号扱)

植村代表より

往電第三〇八号に関し

本日午前九時半より十時半まで副大統領と会談したるところ先方は賠償として

(一)ダニム第一期分三、一五〇万、第二期分一、三〇〇万(外貨分のみ)計四、四五〇万

(二)機械工業センター二百万　合計四、六五〇万

次に借款として尿素工場外貨分九一〇万総計五、五六〇万までおりたるも賠償額を四、〇〇〇万以内とするためダニム現地通貨分七五〇万を借款に移す主張を強硬に申入れおるも、反対強くこれ以上の譲歩は今夕の大統領との会見に

おいてもこれを期待することはまず見込薄と思われる。しかる場合本件賠償問題の解決を政府としていかに取扱わるるか慎重なる考慮を要すべく、かねて懸案の通商航海条約締結の前段階たる入国、居住、事業活動等に関する最恵国待遇確保問題、沈船引揚げ問題、航空機相互乗入れ問題、文化協定締結問題等諸般の重要案件のスムースなる解決を図る意味においてこの際七五〇万ドルを借款より純賠償に移すことの犠牲をはらうも大局的見地より国家百年の計を立てられること肝要と存ぜらる。当国在住の邦人代表が先般石井副総理並びに岸総理来訪の際縷々として窮状を訴えたる由を聞きおよびおるところ、本件妥結を旱天の慈雨の如く待ち焦がれおる在留邦人および将来当国に進出する事業家の安心して活動できる基盤を作る意味においても、また米国、フランス、ドイツ、イタリー等の群雄犇めく当国において文化宣伝活動の面に十分なる活躍を期する意味においても、この際本件の早急なる妥結を図ることが絶対に得策と信ずるものにして貿易の現実面においてのみこれを見るも十分に保証される見込みありと考えられる。大統領との会談において更に最後の説得に努力する所存なるも、如上の大局的判断についてあらかじめ深甚なる御検討を御願い申上げたい。

なお先般本代表が在当地米国大使に確めたるところによるも、米国側はどっしりと腰をおろしおる模様につきなんら御参考までに御報告申上げる。

597　昭和32年12月29日　在ベトナム小川臨時代理大使より藤山外務大臣宛(電報)

ダニム発電所第一期計画現地通貨分の政府借款への繰入れにゴ・ディン・ジエム大統領が応じない旨報告

サイゴン　12月29日後10時35分発
本　　省　12月30日前8時10分着

第三一〇号(大至急)

往電第三〇九号に関し

大野次官へ植村より

本夕約一時間にわたり、ダニム第一期分現地通貨分七五〇万ドルを政府借款に繰入れることにつき大統領に対し各種の観点より特別の考慮を求めたるも、ついにその応諾を得ず、とも角一応日本政府に対し、当方の前回申入れの駈引きなしの数字より相当譲歩せる誠意を伝達の上、なんとか当方の要求を認めてもらえるよう努力して欲しい旨懇請ありたるにつき、本代表は、実は電報の往復のみをもつてしては本国政府との間に十分に意を尽さざる点あり、明三十日帰国してヴイエトナム側の事情をも篤と説明したき旨を述べたるに、大統領はでき得れば年内に最終的に解決を図りたいので、今しばらく滞在を延期してもらいたい旨要請があつた。

右の要請に対しては、むげにこれを拒否するも如何と考え、元日のＡＦ機にて出発帰国することを承諾しておいたので御了承を請う（本代表の帰国延期の件留守宅へ御連絡おきありたい）。

なお、明三十日午後本代表より藤山大臣（私邸）に電話致したく存ずるので、あらかじめ同大臣に御連絡おき相煩わしたい。

598　昭和32年12月30日

藤山外務大臣より
在ベトナム小川臨時代理大使宛（電報）

ダニム発電所第一期計画現地通貨分及び尿素工場の一部を政府借款とする合計四千八百五十万ドルをわが方総額案として折衝方訓令

本省　12月30日後6時0分発

1258

第二一六号（館長符号扱、大至急）

貴電第三〇九号並に第三一〇号に関し

植村代表へ

総理大蔵大臣とも打合せ慎重研究したるも当方としては諸般の事情より先方新提案の受諾は困難なるを以て我方最終案としては賠償三、九〇〇万ドル（ダニム第一期及第二期外貨所要分並びに機械工業センター）政府借款九五〇万ドル（ダニム第一期現地貨分及び尿素工場の一部二〇〇万ドル）総計四、八五〇万ドルを以て妥結方折角御努力願いたい但し先方が政府借款を一、一〇〇万ドルとし総計五、〇〇〇万ドルにて妥結の意思明となつた場合は右の線まで譲歩することは差支ない

若し先方が右にても応諾の模様なき場合は、政府との打合せを口実として帰国せらるることと致し度い

599　昭和32年12月30日　在ベトナム小川臨時代理大使より藤山外務大臣宛(電報)

ダニム発電所第一期計画現地通貨分を賠償に繰入れた総額にて妥結すべき旨意見具申

サイゴン　12月30日後6時27分発
本　省　12月30日後9時37分着

第三一一号(大至急、館長符号扱)

植村より

(一)今次の交渉においては累次の御訓令の次第もあることながら、時間的制約もあり先方の最後の腹をさぐるため懇談の形式にて時に本代表の考えとして数字も示しつつ意見の交換を行いたる結果、最終段階に至りようやく先方の最後の主張を明瞭ならしめ得た次第である。すなわち往電第三〇九号をもつて御報告の通り賠償および借款合計五、五六〇万であるが、ただ借款の条件は前電ダニム第二期分を借款とせる場合の条件とは事業の性質より異なるものと考えられると主張しおるも、最後には先方の主張もあり結局ダニム第二期外貨分を借款とする場合と同様の条件を認めざるを得ないと思われる(なお、尿素工場については日本専門家において現地の各種条件を検討の上、操業の可能性を研究したる上、着手すべく、もし非常に無理なる時は他の肥料その他の経済開発か有意義な工業の建設にあてることとする旨説明している)。よつて本代表は先方の案にては日本政府を受諾せしむること極めて困難であるから純賠償中、現地通貨用七五〇万ドルを政府借款に移し、純賠償額を三、九〇〇万ドルに引下げるべく、大統領とも一時間にわたり懇談し、これを主張せるも受諾に至らず、その理由として大統領はヴイエトナム側としては前回本代表の来たりたる際、最後に六、三〇〇万ドルの純賠償を要求せるが、これは全く駈引のない数字である。しかしながら今次の数次の会談により更にダニム第一期以外の現地通貨分を削減し、また尿素工場外貨分九一〇万ドルにつきこれを政府借款とすることを認めたる次第にて、当国としての誠意は相当尽した積りである。よつてこの当国の最後的主張を是非とも日本政府に伝えられたいと述べ、本代表の最後の提案を遂に受諾せず、本代表の三十日出発の予定を延期し出来れば年内早期妥結のため努力してくれまじやと主張した。本代表としては貴提案を日本政府をして速やかに受諾せしめる自信はないが、大統領の折角のお話につき一月一日発の次便まで出発を延ばし東京に連絡の労は厭うものにあらずと答えた。

(二)今回の交渉の経緯にかんがみ、このところ一週間もしくは十日滞在を延期し交渉を続けるも更になんらかの修正案で妥結する見込みはないものと考えられる。よつて往電第三〇九号の趣旨により大局的にこの際妥結するかあるいは従来にも増して居留民に対する圧迫、貿易上の制限を覚悟して見送るかいずれかを選ぶより方法なしと考えらる。本代表の意見としては繰り返し申上げるようで恐縮ながら、もし大局的に見てこの際妥結を図るとすればまた結局はこの程度の額を取られるに至るとすれば、通商上の最恵国待遇その他の懸案の適当なる処理を条件として早急にあつさり妥結するを得策と考えられる。本代表としてはいずれにせよ問題は煮詰まつているので一月一日には報告のため帰朝致したく何分の御指示を明三十一日中に頂きたし。

600　昭和32年12月31日　在ベトナム小川臨時代理大使より藤山外務大臣宛(電報)

ダニム発電所第一期計画現地通貨分を政府借款とする案では妥結困難であり交渉を打切り帰国を希望する旨植村政府代表より請訓

サイゴン　12月31日前1時5分発
本　省　12月31日前8時29分着

第三一二号(大至急、館長符号扱)

貴電第二一六号に関し

植村より

従来の交渉の経緯に鑑み、冒頭貴電の内容をそのまゝ先方に申入れることはその反応極めて面白からざるものあるのみならず、わが方主張の趣旨が、たゞ総額を数字的に譲らしめんと欲するのみにて理論の体系を欠く憾みあり、将来のため適当ならずと思料せらるるにつき、本代表は先方に対しては日本政府の現在の段階における考えの抽象的輪郭を述ぶるに止め、先方の提案の受諾は困難なる通報ありた《(マヽ)》りと述べ電報または電話往復をもつて十分なる説明を尽し得ざる次第につき、この際至急帰国して現地情勢につき、日本政府に説明の徹底を期したしと申述べ、帰国致すべきにつき、右御了承を請う。

601　昭和32年12月31日

藤山外務大臣より
在ベトナム小川臨時代理大使宛（電報）

わが方総額案における譲歩し得る限度額内にて折衝方訓令

本　省　12月31日後4時32分発

第二一七号（大至急）

貴電第三一二号に関し

植村代表へ

冒頭貴電の次第はあるも日本政府としては今後共往電第二一六号の線を譲り得べき最大限と思考し居るにつき右の点を徹底しおかれたい

602　昭和32年12月31日

在ベトナム小川臨時代理大使より
藤山外務大臣宛（電報）

妥結に至らず帰国する旨植村政府代表より報告

サイゴン　12月31日後10時10分発
本　省　1月1日前8時23分着

第三一三号

植村代表より

本三十一日午後五時半トー副大統領を往訪、御訓令の趣旨に基づき日本政府の意向を伝え、年内妥結ができなかったことは遺憾であるが、この際報告のため一応帰国せざるを得ない旨の帰国挨拶を述べて辞去した。委細は帰国の上御報告申上げる。なお本代表は松本事務官帯同一月一日当地発のAF一九〇機にて予定通り帰国する。

603　昭和33年1月9日

藤山外務大臣より
在ベトナム小川臨時代理大使宛（電報）

ダニム発電所第一期計画現地通貨分を政府借款とする総額五千五百六十万ドルの植村最終試案につきベトナム側の意向打診方訓令

本　省　1月9日後7時0分発

第二号（館長符号扱）

客年貴電第三一一号に関し

植村代表より

帰国後先方主張につき委曲を尽して各方面を説いたが容易に其の諒解を得るに至らず局面の打開に苦慮しつつある処本代表の今日迄得た印象によれば早期妥結を計る為には純賠償を三、九〇〇万としダニム現地通貨七五〇万及び尿素工場外貨分九一〇万は政府借款とする本代表の最終案を以てすれば日本政府を説得する見込ありと思はれる。此の案にて先方を動かし本件交渉を妥結に持込む何等かの方途なきや松下氏とも打合せの上(本代表構想の詳細はエールフランス十一日発便にて同氏宛空送)然る可き方法により本代表よりとして先方の意向を打診の上結果御回電ありたい。

604 植村最終試案に対してダニム発電所第一期計画現地通貨分を賠償として要求するベトナム側の意向につき報告

昭和33年1月14日　在ベトナム小川臨時代理大使より藤山外務大臣宛(電報)

サイゴン　1月14日前1時20分発
本　　省　1月14日前8時37分着

第六号(館長符号扱)

貴電第二号に関し

植村代表へ

㈠本十三日午前トー副大統領を往訪し、まず貴代表帰国後関係各方面説得の並々ならぬ御努力の次第を伝え、ようやく貴代表最終案をもつて日本政府案とする段階にまで漕ぎつけるに至つた経緯を説明したる後、冒頭貴電の数字を正式に提示し、これに対する先方の意向をサウンドしたるところ、副大統領は当国としては諸般の状況上七五〇万ドルの現地通貨分は是非とも純賠償として要求したき旨を繰返し申述べたので、ダニム発電所のみならず、わが方において最初より強く反対した尿素工場まで一応考慮を約しおる以上、わが方案をもつてすれば実質上貴方の要望はともかく達成出来る筈であるとして、縷々先方の反省を促しつつ再考を求めて本日は軽く辞去した。

㈡冒頭貴電接受後直ちに松下氏の来訪を求めて対策を協議し、主としてわが方国内情勢よりして早期妥結の必要なるゆえんを強調するとともに、当国政府としても自説を固持するのあまり虻蜂とらずの結果に陥るの愚を侵さざるよう猛省を促す趣旨にて側面より副大統領説得方を依頼し、同氏は連日副大統領に面会し十一日夜接到の貴簡の趣旨をも参照して如上の趣旨にてそれとなく説得工作に努力中である。

(三)先般の交渉経緯に鑑みるも、副大統領は最後まで自説を固持して譲らざるの態度を示すことが予想せられるので、時間的に切迫しおる事情は重々了解しおるも、この際短兵急に攻め立てても先方は面子に拘わり、却つて固く殻に閉じこもる恐れもあり、理非曲直を説いて飜意を促すためには多少の時間を要すべく一両日先方の出方を見守りたいと存ぜられる。

右取りあえず中間報告申上げる。

605　昭和33年1月15日　在ベトナム小川臨時代理大使より藤山外務大臣宛(電報)

ベトナム側には譲歩の意向が全くなく当面静観し適時翻意を促すべき旨意見具申

サイゴン　1月15日後10時0分発
本　　省　1月16日前7時3分着

第八号(至急、館長符号扱)

往電第六号に関し

大野次官へ

その後松下氏がトー副大統領と数次にわたり会談したる結果、報告を総合判断すれば、副大統領は「ゴ」大統領とも相談したるが、七五〇万ドルの現地通貨分については譲歩する意思毫もなく今度は日本側の降りる番なりと称し態度すこぶる強硬の模様にて、この分にては当分冷却期間をおかなければ話合いにならざるものと存ぜられる。本日も滞在査証の切れたる在留邦人リストを送付越し至急帰国を要求し来たりたるが、早速かかる児戯に類する措置をとるようにてはあきれて物が言えず、本使としても今更副大統領を再度往訪して説得に努むるも無駄のように考えられるので、ここしばらく状況を見たる上、適当な時機に翻意を促すことと致したきにつき御了承賜わりたく、委細は藤山大臣当地にお立寄りのみぎりお話し申上ぐべきも、右取敢えず。

606

昭和33年2月20日　在米国朝海大使より藤山外務大臣宛（電報）

ダニム発電所の現地通貨調達にICA見返資金流用を事前に確約することは不可能とする米国政府の協議結果について

ワシントン　2月20日後8時10分発
本　　省　2月21日前10時58分着

第四二五号

客年往電第二八五六号および第二八九六号に関し

十九日下田他用パーソンズを往訪の際、「パ」はさきに日本側より要請のあつたダニム発電所工事のため現地ICA資金をリリーズする件につき、その後米政府部内で協議の結果到達した結論なりとして左のとおり述べた趣である。

一、ダニム・プロジェクトはあくまで日本単独の賠償工事として実施したしとの日本側意向である以上、日本とヴェトナム間の賠償交渉が妥結し本件に関する両当事者間の話がまとまる以前に、米側が資金提供につきてなんらかのコミットをすることは不可能である。

二、もつとも右一、の回答は決して米側がこの種プロジェクトに興味を感じていないことを意味するものではない。すでにしばしば日本側に説明した如く、かつ現にイ□（一字不明）ドの鉄鉱石開発のプロジェクトについて適用されおる如く、この種プロジェクトに米国が援助を与えるか否かはケース・バイ・ケースにそのメリットを検討した上で決定しようとするのが米政府の政策であり、この政策には変更がない。

お見込によりヴェトナムへ転電ありたい。

607

昭和33年2月28日　在ベトナム小川臨時代理大使より藤山外務大臣宛（電報）

植村最終試案にて妥結の意向をベトナム副大統領が非公式に表明した旨報告

サイゴン　2月28日後7時15分発
本　　省　2月28日後10時14分着

第三一号（至急、館長符号扱）

往電第八号に関し

大野次官へ

予算委員会における本件に関する質疑応答の経緯に対して

は当国首脳部も深甚なる関心を示し、最近在京チン大使を招致して種々事情を聴取した模様であるが、本二十八日副大統領は松下の来訪を求め植村案にて妥結の意思ある旨を非公式に表明した趣である。一両日中に副大統領にヴイエトナム米買付けの件につき面会を求めておるので、その際本件についてもなんらか意思表示があると思われるが、その場合には先方の申出を聞きおくに止め、公館長会議にて帰国の予定につき、日本政府の回答は本使帰任後となるべしとのみ申しおきたいと存ずる。

右取敢えず。

608　昭和33年3月4日　在ベトナム小川臨時代理大使より藤山外務大臣宛（電報）

植村最終試案の受諾をベトナムが正式に表明した旨報告

サイゴン　3月4日後0時28分発
本　　省　3月4日後3時34分着

第三二号（至急、館長符号扱）

往電第三一号に関し

大野次官へ

三日副大統領を往訪したるところ、先方より正式に植村案受諾の意思表明あり、日本政府に伝達の上速やかに回答ありたい旨を述ぶるところがあつたので、これを了承しておいた。委細は帰国の際御報告申上ぐべきも取敢えず。

4 賠償協定・借款協定交渉

609

昭和33年6月　アジア局作成

「ヴィエトナム賠償交渉方針」

ヴィエトナム賠償交渉方針

昭三三、六
アジア局

(一)最近の推移

昨年末植村大使が現地に赴き先方代表たるトー副大統領と数次にわたり交渉を行つたが遂に妥結に至らず本年一月一日交渉を一応打ち切り同大使は帰国したが、その後国会において本件賠償の是非につき激しい論争が戦わされ、結局政府としても総選挙を控えて暫く静観することとなつた。

他方、ヴィエトナム側においては右国会における質疑応答の経緯から本件に関する日本国内の世論の動向を再認識した模様で、三月三日に至り、昨年末交渉の際には応じなかつた植村試案受諾の意思表明があり、これに対する日本政府の回答を求めてきたが、わが方としては前述の如きわが国政情にかんがみ、総選挙前に植村試案の線で解決する旨コミツトすることは困難であるので、総選挙後の新内閣において方針決定の上交渉を進めることとし、小川臨時代理大使からトー副大統領に対し日本国内全般の動きを詳細説明し、本件交渉再開は新内閣成立を待つこと最善の方策であると申し入れ、先方もこれを了承した。

なお、植村最終試案の内容は次の点のとおりである。

(1)賠償

(イ)総額　三、九〇〇万ドル

(ロ)内訳及び期間

ダニム第一期工事外貨所要分　二、四〇〇万ドル　三ケ年

ダニム第二期工事外貨所要分　一、三〇〇万ドル　二ケ年

（欄外記入）

機械工業センター　二〇〇万ドル

(2)政府借款

(イ)総額　一、六六〇万ドル

(ロ)内訳

ダニム第一期工事現地通貨調達分　七五〇万ドル

尿素工場外貨所要分　九一〇万ドル

(二)今後の方針

(1)賠償総額及び政府借款総額は植村最終試案の線で妥結をはかる。

(2)ダニム第一期工事現地通貨調達分に対する政府借款の条件

(イ)輸銀法第十八条第三号又は／及び第八号により、設備資金等として貸付ける。(消費財の輸入資金として貸付けることは輸銀法上全く不可能)

(ロ)この方法で貸付ける場合も、ヴィエトナム政府は受入れ円貨によりわが国から消費物資を輸入し、これを国内で売却して現地通貨を調達しえることとなるが、右の物資としては家庭用電気機器、電気資材、バス、トラック、乗用車等を供給する。(先方は最近、前二者及び肥料をあげて来ているし、バス等も考慮の余地がありそうである)。

(ハ)見返りの現地通貨は、物資をヴィエトナムあてに発送する前に国立銀行に積立てしめる。(経済計画局長官は、賠償協定が締結され、国会の批准を了えれば一億ピアストル＝公定換算約三百万ドルを前以って積立てる用意がある旨言明している由)

(ニ)返済条件は、ドル返済、金利五—五、五％(世銀借款並みで、対印借款もこの辺で決定される見込)三年据置、七年年賦償還とする。

(ホ)右によるも、なお問題点として、ヴィエトナム側が金利三、五％を主張していること、及び輸銀法第十八条三号又は／及び八号による貸付は設備の日本からの輸入資金、設備稼動のための長期運転資金を予想しているので、人件費等に対する貸付は極めて困難なりと解されること等があげられるが、これに対処するためには、財政資金(一般会計、産投会計、資金運用部等)より輸銀に対し、特に別枠の資金を供給する必要がある。

(ヘ)更に問題点としてドルによる償還能力の問題がある。よつてヴィエトナム中央銀行が返済を保証し、ドル償還につき米国との間に何らかの了解に達しおく要あり(例えば米国の開発借款の一部を返済に充てる)。

(3)肥料工場外貨所要分に対する政府借款の条件

肥料工場は抽象的には輸銀ベースに乗せうる事業であるが果してヴィエトナムで事業として動くかどうか全く疑問であり、返済手段として先方は、物資又は現地通貨による返済及び一部再投資等を主張しているように思われるところに問題がある。よつて本件については とりあえず日本人とヴィエトナム政府又は国民との間の合弁事業に対し、国際開発銀行借款の条件を考慮して両政府の合意で決定される条件により政府財政資金より貸付ける旨を取極めるにとどめる。

(4)沈船引揚

現在見積られているダニム工事費は若干節約される見込につき、その部分を沈船引揚にあてることとし、賠償協定中には沈船引揚実施に関する一カ条を設けることとする。

(5)賠償協定調印と同時に入国、滞在、営業活動、関税、貿易、航海に関する最恵国待遇の取極を締結する。

(欄外記入)

岸総理の言「外国の借款より条件はゆるくするから、借款でいいではないか。」

これが賠償となつたら肥料工場は賠償に近いものと先方は考えている。

---

610 昭和33年7月25日 藤山外務大臣より 在ベトナム久保田(貫一郎)大使宛

植村最終試案に基づく賠償交渉方針につき訓令

訓令第二〇号

在ヴィエトナム共和国

特命全権大使 久保田 貫一郎

ヴィエトナム賠償に関し、貴大使は、左の要領をもつて交渉に当られ、本件の早期妥結を図ることに努められたい。

右訓令する。

昭和三十三年七月二十五日

外務大臣　藤山　愛一郎

記

1、新に賠償交渉を開始するに先立ち、植村最終試案に対する回答として先方が本年三月三日正式に受諾の意思表示を行つてきた総額は、賠償三、九〇〇万ドル、借款一、六六〇万ドルなる旨を再確認する。

2、先方が右総額を再確認した場合には、わが方は、賠償総額及び借款総額につき、右植村最終試案の線で妥結をはかる。

3、植村最終試案中、賠償三、九〇〇万ドル及び政府借款七五〇万ドル分は一本の協定の形とし、政府借款九一〇万ドル分については交換公文の形式とする。

4、政府借款七五〇万ドルの条件は、ヴィエトナム共和国政府と日本輸出入銀行との間で取り極められるが、日本国政府は、ヴィエトナム共和国政府が日本輸出入銀行より貸付をうけることを可能ならしめるよう、輸出入銀行に対して資金上必要な措置を講ずることにより、政府借款の形をとる。

ダニム水力発電所の建設計画に直接必要とされる資財及び設備以外の生産物であつて同計画の実施に関連して必要とされる生産物のうち、この借款の対象となり難い生産物の調達は賠償によりこれを賄う。

5、政府借款九一〇万ドル分は、日本国の関係法令に従い商業上の基礎により日本国の国民又は法人からヴィエトナム共和国政府又はその機関に対して行われるが、日本輸出入銀行が貸付を行う場合に必要とするときは、日本国政府は輸出入銀行に対し資金上必要な措置を講ずることにより政府借款の形をとる。

6、沈船引揚については先方の意向を打診し、極力その解決を計るよう努める。

7、賠償協定調印と同時に入国、滞在、営業活動、関税、貿易、航海に関する最恵国待遇の保証及び仏印特別円に関するヴィエトナム共和国の権利留保の撤回については、あくまでその実現に努力する。

8、なお、本件交渉方針の詳細は、別添「ヴィエトナム賠償処理方針(腹案)」のとおり。

以上の要領をもつて交渉し、妥結し得ざる場合は、爾後の方針につき請訓ありたい。

(別　添)

ヴィエトナム賠償処理方針(腹案)

(昭和三三、七、二五)

一、賠償及び借款中七五〇万ドル分

(1)日本国は、総額三、九〇〇万ドルに等しい円の価値を有する日本人の役務及び日本国の生産物を協定発効後五年の期間内に賠償としてヴィエトナム共和国に供与する。

　上記の役務及び生産物の供与は、最初の三年間において(九〇〇万ドル)に等しい円の年平均額により、次の二年間において(六〇〇万ドル)に等しい円の年平均額により行う。

(2)日本国は、総額七五〇万ドルに等しい円の価値に達する日本人の役務及び日本国の生産物を、協定発行(効カ)後三年の期間内にヴィエトナム共和国政府に対する貸付の形式で同政府の使用に供する。

(3)右記(1)及び(2)により供与され又は使用に供される役務及び生産物は、協定付属書に掲げる計画の中から両政府の合意により選択される計画に必要な項目からなるものとする。

　協定付属書に掲げる計画は、次のとおりとする。

1　水力発電所の建設
2　機械工場の建設
3　両政府間で合意されるその他の生産物及び役務の供与

(4)賠償として供与される生産物は資本財とする。但しヴィエトナム共和国政府の要請があつたときは両政府間の合意により資本財以外の生産物を七五〇万ドルを限度として日本国から供与することができる。

(5)日本国政府は、ヴィエトナム共和国政府が日本輸出入銀行から、別に両者の間で取り極められる条件により、前記(2)の貸付を受けることを可能ならしめるよう、日本輸出入銀行に対し資金上必要な措置を講ずるものとする。

二、対ヴィエトナム共和国借款中九一〇万ドル分(交換公文の形式による)

(イ)日本国は、総額九一〇万ドルに等しい円の価値に達する日本人の役務及び日本国の生産物を、協定発効後五年を経過した日以後ヴィエトナム政府又はその機関に対する貸付（類似のクレヂットを含む。以下同じ）の形式で、これらのものの使用に供する。

(ロ)上記の役務及び生産物は、左の計画に必要な項目からなるものとする。

1　肥料工場の建設

2　両政府間で合意されるその他の計画

(ハ)前記(イ)の貸付は、当該時における日本国の関係法令に従い、商業上の基礎により、日本国の国民又は法人からヴィエトナム共和国政府又はその機関に対して行われる。この場合において、日本輸出入銀行が貸付を行う場合に必要とするときは日本国政府は輸出入銀行に対し資金上必要な措置を講ずるものとする。日本輸出入銀行の行う貸付の条件（償還の条件及び利率を含む。）は、同様の貸付に対して同行が当該時に定めているところによる。

三、その他

(1)賠償協定調印と同時に、入国、滞在、営業活動、関税、貿易、航海に関する最恵国待遇の許与につき同意をとりつける。

(2)賠償協定調印と同時に、一九五六年一月九日付日本大使館あてヴィエトナム外務大臣ノートその他により、「仏印特別円問題」に関しヴィエトナム側が日本に対し行つた請求権留保の主張を撤回する旨のヴィエトナム側の同意を取りつける。

別　紙

一、(5)により日本輸出入銀行とヴィエトナム共和国政府との間で取極められることあるべき条件は、つぎの各項を基礎として、その他必要な事項とともに定められるよう、日本国政府において配慮するものとする。

1　貸付の利率は、国際復興開発銀行が定めている通常利率を基準として決定される。

2　貸付は三年据置後七年間に返済される。

3　元本の返済及び利子の支払は、ヴィエトナム国立銀行により保証される。

4　元本の返済及び利子の支払は米ドルとする。

611

昭和33年8月15日　在ベトナム久保田大使より
岸外務大臣臨時代理宛(電報)

植村最終試案に基づくわが方正式提案に対するベトナム側要望につき報告

付記　昭和三十三年八月十四日付
右わが方正式提案覚書

サイゴン　8月15日後4時20分発
本　　省　8月16日前7時42分着

第一一三号(至急、館長符号扱)

往電第一一〇号に関し

一、九日午前マオ外務大臣を正式に訪問しあいさつを述べると共に、賠償交渉再開に当り何人と折衝すべきやと問い質したところ、外務大臣は従来通り副大統領と御交渉願いたく、実質的に話合いがまとまつた暁においては外務省がこれを引継いで条文化に当ることと致したいと答えた。よつて十二日副大統領を儀礼的に訪問したるとき、今回本使が賠償交渉に当ることとなりたるにつき貴副大統領におかれても従来と同様互譲の精神に基づき、問題の速やかなる解決のため御協力願いたき旨を述べたるところ、副大統領も異議なくこれに同意し、早速十四日に第一回会談を行うことを提議したので、これを応諾して辞去した。

二、本《(昨カ)》十四日午後四時本使は従来の経緯もあるので、小川公使を帯同して副大統領を往訪し、交渉再開に至るまでの日本国内事情を縷縷説明したる後、本使《(件カ)》を早急に解決し、十月はじめに予定されている臨時国会の承認を得るためには少くとも今月中にはその大綱につき双方の合意に達する必要あり、特に国会の論議をスムーズにするためにも細目の点においてあまり貴方の主張を固持せざるよう希望する次第であると前置して、先般内示した覚書を正式に提案し、先方のこれに対する意見を求めた。これに対し副大統領は七五〇万ドルも九一〇万ドルも政府借款と心得ていたが貴方の案ではそうでないように思えるがと質したので、本使よりいずれも日本の輸出入銀行が日本側の当事者となるのであるが、輸銀はすなわち政府と考えて差支えない旨やや詳細に説明し、先方は一応納得した。次いで副大統領は次の諸点につき意見を開陳した(次回に文書として提出される筈)。

㈠ダニム建設工事は当国五カ年計画の根幹をなすものとして最優先順位におかれているので工事が順調に進捗して、たとえば四カ年以内に完成する場合に賠償を繰上げ支払つてもらいたい。

㈡借款の利率は七五〇万ドル分については三分五厘を、九一〇万ドル分については四分を希望する。

㈢償還期限についてはいずれも五カ年据置、十年払いを希望する。

㈣支払方法については現物支払いを原則とし、これに米ドルおよび現地通貨支払いを加味することと致したい（いずれ具体的提案がある筈）。

㈤最恵国待遇問題については、いわゆる通商航海条約的なものをいずれの国との間にも締結していないので研究を要するが、参考にするため日本国と他国との間の同種取極のテキストを入手したい（日本、フイリピン間の暫定取極を手交する筈）。

㈥特別円に対する請求権留保の撤回問題に関しては、ヴエトナム国として別の解釈を有しているから再検討願いたい（本件については別電する）。

㈦賠償協定がヴエトナム国全域（北越を含む）に適用されることは当然と考える。

三、本日の第一回会談はわが方正式提案を説明するために行われたものであり、その際ついでに先方の意見を聴いた次第であるから、前記二、の先方の意見に対しては一応聞きおくにとどめ、貴見は極めてむずかしき注文にして日本政府として到底受入れ難い問題が多いと思われるが、とにかく本国政府に伝達して見ることにすると応答しておいた。

四、交渉の促進を図るため来週より火曜日および金曜日の両日、すなわち週二回会談することに打合わせた。

（付　記）

NOTE

A. Réparations et Prêts de 7.500.000 U.S. dollars

1) Le Japon fournira à la République du Vietnam à titre de réparations les produits du Japon et les services des ressortissants japonais dont la valeur totale équivaut à la contre-valeur en yens de trente-neuf millions U.S. dollars dans une période de cinq ans

à compter du jour de l'entrée en vigueur du présent Accord.

La fourniture annuelle des produits et des services susmentionnés équivaudra en moyenne à la contre-valeur en yens de neuf millions U.S. dollars pour les trois premières années et à celle de six millions U.S. dollars pour les deux dernières années.

2) Le Japon fournira à la République du Vietnam à titre de prêts les produits du Japon et les services des ressortissants japonais dont la valeur totale équivaut à la contre-valeur en yens de sept millions cinq cents mille U.S. dollars dans une période de trois ans à compter du jour de l'entrée en vigueur du présent Accord.

3) Les produits et les services qui seront fournis par le Japon conformément à 1) et 2) précédents consisteront en tels éléments qu'exigent les projets choisis d'un commun accord entre les deux Gouvernements parmi ceux énumérés en annexe au présent Accord.

Les projets énumérés en annexe porteront sur :

a. Construction de la centrale hydroélectrique

b. Construction de l'usine de machinerie

c. D'autres projets qui pourront être adoptés d'un commun accord entre les deux Gouvernements

4) Les produits fournis à titre de réparations consisteront en biens d'équipement. Cependant, des produits autres que des biens d'équipement dont la valeur totale ne dépasse pas la contre-valeur en yens de sept millions cinq cents mille U.S. dollars pourront, après commun accord entre les deux Gouvernements, être fournis par le Japon à la demande du Gouvernement de la République du Vietnam.

5) Le Gouvernement du Japon s'engage à prendre des mesures financières nécessaires à la faveur de l'Export-Import Bank of Japan afin que soient accordés au Gouvernement de la République du Vietnam les prêts prévus à 2) à des conditions qui feront l'objet d'un accord ultérieurement conclu entre le Gouvernement de la République du Vietnam et l'Export-Import Bank of Japan.

B. Prêts de 9.100.000 U.S. dollars (sous forme d'échange des Notes)

1) Le Japon fournira à la République du Vietnam ou à ses

organismes désignés à titre de prêts les produits du Japon et les services des ressortissants japonais dont la valeur totale équivaut à la contre-valeur en yens de neuf millions cent mille U.S. dollars à partir de la sixième année à compter du jour de l'entrée en vigueur du présent Accord.

2) Les produits et les services susmentionnés seront ceux qui sont exigés pour réaliser les projets désignés ci-après :

a. Construction de l'usine d'engrais

b. D'autres projets à fixer d'un commun accord entre les deux Gouvernements

3) Le prêt mentionné à 1) sera effectué par les nationaux ou sociétés Japonais au Gouvernement de la République du Vietnam ou à ses organismes désignés sur la base commerciale et conformément aux lois et règlements du Japon qui seront en vigueur au moment de l'exécution du prêt.

Le Gouvernement du Japon s'engage à prendre des mesures financières nécessaires à la faveur de l'Export-Import Bank of Japan si ce dernier le demande pour exécuter le prêt. Les conditions de prêt (y compris celles de remboursement et du taux d'intérêt) seront celles en application pour le prêt de la même nature à ladite Banque au moment de l'exécution du prêt.

C. En même temps que la signature du présent accord

1) Les deux Gouvernements concluront un arrangement accordant l'un à l'autre le traitement de la nation la plus favorisée concernant l'entrée, le séjour, des activités commerciales, la douane, le commerce et la navigation.

2) Le Gouvernement de la République du Vietnam consentira à retirer les réserves sur son droit aux "Yens Spéciaux" de l'Indo-chine qu'il a faites dans la note du Secrétaire d'Etat aux Affaires Etrangères en date du 9 janvier, 1956 et la note du Secrétariat d'Etat aux Affaires Etrangères du 23 mars, 1957 respectivement adressées à l'Ambassade du Japon à Saigon.

3) Les deux Gouvernements entendent que le présent Accord et ses Annexes s'appliqueront à tout le territoire du Vietnam qui comprend les régions du Nord au-dessus du 17ème parallèle.

ANNEXE à la Note concernant les conditions de base

du prêt de 7.500.000 U.S. dollars

Le Gouvernement du Japon s'engage à assurer que les conditions et d'autres dispositions concernant les prêts qui seront déterminés entre le Gouvernement de la République du Vietnam et l'Export-Import Bank of Japan conformément à 5) de A de l'Accord soient fixées sur la base des principes suivants :

1) Le taux d'intérêt du prêt sera fixé d'après celui de la Banque Internationale pour Reconstruction et Développement.

2) Les prêts seront, après trois ans de sursis, remboursés à partir de la quatrième année dans une période de sept ans.

3) La Banque Nationale du Vietnam doit garantir le remboursement du principal et le paiement des intérêts.

4) Le remboursement du principal et le paiement des intérêts doivent s'effectuer en U.S. dollars.

612 借款の形態及び条件等に関するベトナム側対案覚書について

昭和33年8月19日　在ベトナム久保田大使より岸外務大臣臨時代理宛(電報)

付記　昭和三十三年八月十九日付

右ベトナム側対案覚書

サイゴン　8月19日後11時59分発

本　省　8月20日前6時43分着

第一一五号(至急、館長符号扱)

往電第一一三号に関し

一、本十九日求めにより往訪した小川に対し、外務省総務局長は副大統領の命による趣をもつて、ヴイエトナム側の対案を覚書として手交するとともに、本日午後の会談は取止め、次回はヴイエトナム側提案に対する日本政府の見解到着を待つて金曜日に行いたい旨を付言した(わが方提案仏文テキストとともに十九日付往信第四六五号をもつて空送した)。右覚書は大体において先般の第一回会談における先方の主張を文書をもつて提案越したものであるが、冒頭往電をもつてとりあえず御報告したところに対し、修正された点および追加された点を念のため列記すれば左のとおりである。

(1)七五〇万ドル分の利率を三分に訂正。

(2)償還期限については十年賦のうち最初の五カ年は元本

のみを支払い、最後の五カ年に元利共償還とする旨、ならびに支払方法については年賦償還額の半分を対日輸出物資をもつて支払い（日到《（ママ）》の外貨払い分がそれだけ減るから、ヴィエトナム側から見れば事実上米ドル払いと同様となる）、残余はピアストル払いとする旨を提案する。

(3)七五〇万ドル分の対日輸入物資品目は、消費財五分の三、資本財五分の二を希望する。

(4)最恵国待遇に関する取極は建前上賠償協定と切り離して検討したい。

(5)仏印特別円については、依然として従来の主張を維持するものであり、金利についても同様である。

二、次回会談においてわが方提案を更に強く主張する所存であるが、借款の金利について先方が四パーセントと三パーセントを固持する場合、わが方はあくまでわが方提案の如き表現をもつて押すべきや、または具体的に何パーセントと要求すべきや、この場合何パーセントと切り出すべきや、その他の応酬振りとともに御回電ありたい。

（付　記）

NOTE

La présente note a pour objet de préciser les observations vietnamiennes concernant les différents points de la Note remise le 14 août 1958 à M. le Vice-Président NGUYEN-NGOC-THO par S. Exc. KANICHIRO KUBOTA, Ambassadeur du Japon.

A. – OBSERVATIONS GENERALES

Au cours des conversations préliminaires entre le Vice-Président NGUYEN-NGOC-THO et S. Exc. UEMURA, puis M. OGAWA, il a été entendu que le montant total des réparations sera fixé à 55.600.000 U.S. $ se décomposant comme suit :

39.000.000 de réparations pures,

7.500.000 sous forme de prêt,

9.100.000 sous forme de prêt.

Les deux prêts de 7.500.000 et 9.100.000 ne doivent donc pas être considérés comme des prêts ordinaires, mais comme une forme de réparations.

En conséquence, les conditions afférentes à ces deux prêts (taux d'intérêt, délai de remboursement, mode de remboursement, etc...) seront à déterminer en fonction de leur nature particulière (réparations) et non d'après les conditions applicables aux prêts ordinaires.

D'autre part, le problème des réparations n'étant que l'application normale du Traité de Paix de San-Francisco, son règlement ne saurait être lié à d'autres problèmes intéressant les rapports nippo-vietnamiens, lesquels seront réglés séparément et dans le cadre général des relations entre les deux pays.

B. – OBSERVATIONS PARTICULIERES

1) Réparations proprement dites

Le délai de paiement des réparations pures est prévu pour 5 ans. Ce délai correspond certes à la durée des deux étapes (1re étape : 3 ans, 2e étape : 2 ans) de construction du Barrage de Danhim, projet auquel sera consacré la plus grosse partie des réparations (37 millions).

Tout en acceptant ce délai comme un délai-limite, le Gouvernement de la République du Viet-Nam demande que soit prévue la possibilité de la ramener éventuellement à 3 ans au cas où il se révèlerait après le commencement des travaux, que ceux-ci pourraient être terminés avant l'expiration dudit délai de 5 ans, si des moyens techniques et financiers adéquats étaient disponibles.

2) Prêt de 7.500.000

Compte tenu de ce qui a été exposé au chapitre A (Observations générales), le Gouvernement de la République du Viet-Nam demande que ce prêt soit assorti des conditions les plus favorables possibles.

a) Taux d'intérêt : 3% au maximum

b) Délai de paiement :

- un sursis de paiement de 5 ans (au lieu de 3 ans)
- paiement en 10 annuités
- remboursement du capital à partir de la 6ème année
- paiement des intérêts à partir de la 11ème année seulement.

c) Moyen de paiement : les annuités seront payées

- soit en monnaie locale,
- soit en matières premières,
- soit par combinaison entre les deux systèmes.

Au cas où le paiement s'effectuera en matières premières, 50% de la contre-valeur de ces matières premières devront être reversées en U.S. $ au Viet-Nam, quitte à celui-ci de compléter l'annuité en monnaie locale.

Il en sera de même si la valeur des matières premières dépasse le montant de l'annuité, auquel cas la partie des exportations excédant les 50% de l'annuité sera payée au Viet-Nam en U.S. $.

3) Prêt de 9.100.000

Mêmes observations que pour le prêt de 7.500.000.

Le Gouvernement de la République du Viet-Nam demande que le taux d'intérêt pour ce prêt soit fixé à 4% au maximum.

4) Importation des biens de consommation au titre des réparations

Ainsi qu'il a été précisé au cours des conversations préliminaires, le prêt de 7.500.000 sera consacré à l'importation de marchandises destinées à générer des piastres pour couvrir les dépenses locales nécessitées par l'exécution des projets inclus dans le futur accord.

Sous réserve des estimations plus précises quant à l'importance et au rythme des besoins en monnaie locale aux fins susvisées, la proportion des biens de consommation devra atteindre au minimum 3/5 du crédit de 7.500.000, le reste, soit 2/5, étant destiné à l'importation des biens d'équipement.

C. – QUESTIONS SOULEVEES PAR LE GOUVERNEMENT JAPONAIS

1) Conclusion d'un arrangement relatif à l'octroi réciproque du traitement de la Nation la plus favorisée

Pour les raisons déjà exposées au Chapitre A (Observations générales), le Gouvernement de la République du Viet-Nam estime qu'il conviendrait de traiter cette question en dehors du problème des réparations.

Le Gouvernement de la République du Viet-Nam n'a d'ailleurs encore signé aucun traité général d'amitié, de commerce et de navigation avec aucun autre pays.

Il est à rappeler que sans attendre l'aboutissement des conversations sur le problème des réparations, le Gouvernement de la République du Viet-Nam a déjà accordé au Japon le bénéfice du tarif douanier minimum pour les produits japonais importés au Viet-Nam.

Quant aux conditions d'entrée et de séjour des ressortissants japonais au Viet-Nam, elles sont actuellement les mêmes que celles applicables aux autres étrangers.

Si quelques difficultés se présentent à ce sujet sur le plan pratique, la question pourrait faire l'objet d'une étude entre l'Ambassade du Japon et les autorités vietnamiennes intéressées, mais le règlement d'une telle question n'est pas nécessairement concomitant avec celui du problème des réparations.

2) Yens spéciaux

Le Gouvernement de la République du Viet-Nam regrette que, malgré les réserves qu'il avait formulées, le Gouvernement japonais a signé le Protocole du 27 Mars 1957 avec le Gouvernement français, Protocole en vertu duquel le Japon acceptait de verser immédiatement à la France les "yens spéciaux" représentant partiellement la contrepartie des avances effectuées aux troupes japonaises d'occupation par l'ancienne Banque de l'Indochine.

Par Note en date du 17 avril, 1957 le Gaimusho a fait savoir à l'Ambassade du Viet-Nam à Tokio que le Gouvernement japonais avait obtenu du Gouvernement français l'assurance formelle que le montant perçu par celui-ci serait reversé au Viet-Nam au cas où il aurait été établi que la France n'était pas véritable titulaire de la créance.

Le Gouvernement de la République du Viet-Nam ne peut que prendre acte de la garantie mentionnée dans la Note du Gaimusho. Il se réserve le droit d'engager ultérieurement la procédure nécessaire pour se faire rembourser la somme indûment perçue par le Gouvernement français, étant bien entendu que le Gouvernement japonais demeure intéressé dans cette affaire.

La position du Gouvernement de la République du Viet-Nam est la même que pour la quantité d'or déposée à la Yokohama Specie Bank au nom de la Banque de l'Indochine et qui a été remise au Gouvernement français par le Gouvernement japonais en 1945.

3) Applicabilité de l'Accord de réparations au territoire

vietnamien situé au-dessus du 17e parallèle

Le Gouvernement de la République du Viet-Nam apprécie la déclaration faite récemment par S. Exc. FUJIYAMA, Ministre des Affaires Etrangères du Japon selon laquelle le Gouvernement du Japon ne reconnaît qu'un seul Gouvernement légal au Viet-Nam, celui de la République présidé par le Président NGO-DINH-DIEM.

Un échange de notes pourrait intervenir au moment de la signature de l'Accord de réparations pour concrétiser le point de vue du Gouvernement japonais à ce sujet et préciser ainsi la portée de l'accord.

Le Gouvernement japonais ferait savoir qu'en signant l'accord de réparations avec le Gouvernement de la République du Viet-Nam, il considère celui-ci comme étant seul qualifié pour bénéficier des réparations prévues par le Traité de Paix de San Francisco en faveur du peuple vietnamien.

Le Gouvernement vietnamien prendra alors acte de cette déclaration.

（仮訳）

南東アジア課

対越賠償問題に関するヴィエトナム側反対提案

この口上書は久保田貫一郎日本国大使閣下よりグェン・ゴク・トー副大統領に手交された一九五八年八月十四日付覚書の諸点に関するヴィエトナム側の見解を詳述するものである。

Ａ　総論

グェン・ゴク・トー副大統領と植村特使及び小川公使との間の予備会談において、賠償総額は五千五百六十万米弗であり、純賠償三千九百万弗並びに二種の借款七百五十万弗及び九百十万弗よりなる旨の了解が成立した。

従つて、それぞれ七百五十万弗及び九百十万弗の借款は通常の借款としてではなく、賠償の一形態と考えられるべきである。

よつて、右二種の借款の諸条件（利率、償還期限、償還方法等）は本件借款の特殊性（即ち、賠償であること）にかんがみて決定さるべきで、通常の借款に適用される条件を基準にして定められるべきではないと考える。

他方、賠償の問題はサンフランシスコ平和条約の当然なる適用に過ぎないのであるから、本件の解決は日越関係に関する他の諸問題とは切離して考慮されるべきである。他の諸問題は、別途、両国関係の一般的枠内で解決されるべきであろう。

Ｂ　各論

(一)純賠償

純賠償の支払期間は五年とする。この期間は、賠償の最大部分(三千七百万弗)が充当されるダニム・ダム建設第一期(三年)及び第二期(二年)工事の期間と合致するものである。

ヴィエトナム共和国政府は、右期間を最高限度として受諾するが、工事を始めて後、若し技術上、財政上の余悠(裕カ)が有り、五年の期間終了前に工事を完成し得る見通しがついた場合には、右賠償支払期間を三カ年に短縮することが出来るよう要請する。

(二)借款七百五十万弗

Ａ(総論)に記述したところにかんがみ、ヴィエトナム共和国政府は本件借款が最も有利な条件にて行われることを要請する。

(a)利率、、、最高三分

(b)返済期限

○五カ年据置(三カ年の代りに)

○十カ年賦

○元金返済は第六年目より

○利子返済は第十一年目より

(c)返済方法

年賦返済は

○現地通貨によるか

○原材料によるか

○或は右両者を組合せた方式による。

返済が原材料により行われる場合には、その対価の五割を米弗にてヴィエトナムに返却する。但しヴィエトナムは年賦未返済額を現地通貨により支払うものとする。

右原材料の対価が年賦額を超える場合も同様であり、この場合年賦額の五割を超える部分は米弗にてヴィエトナムに支払われるものとする。

㈢借款九百十万弗

本件については、借款七百五十万弗についてと同一見解を有する。

但し、ヴィエトナム共和国政府は、本件借款については最高四分の利率を要求する。

㈣賠償としての消費財輸入

予備会談において明らかにされたとおり、借款七百五十万弗は、将来締結さるべき協定に規定される諸計画に必要とされる現地支出に充てるピアストル貨を調達するための商品輸入に充当される。

上記諸目的に必要とされる現地通貨の額及び需要頻度に関するより詳細な見積については留保するが、消費財輸入の割分は最少限七百五十万弗の3/5に達せしめ残り2/5は設備財の輸入に当てられるものとする。

C　日本政府により提起された諸問題

㈠最恵国待遇の相互付与に関する取極の締結

ヴィエトナム共和国政府は、A章（総論）に述べた理由から本件は賠償問題とは切離して取扱うのが適当であると認める。

なお、ヴィエトナム共和国政府は、未だ、如何なる他の国とも一般友好、通商、航海条約を締結していない。ヴィエトナム共和国政府が、賠償問題に関する交渉の妥結を待たず、すでに日本に対しヴィエトナムに輸入される日本産品に最低税率の利益を付与していることを想起さるべきである。

日本国民のヴィエトナムへの入国及び滞在の要件は、他の外国人に現在適用されているものと同一のものである。

本件に関し、実際面において何らかの困難が生じた際には、本件は、日本大使館とヴィエトナム関係当局との間で検討され得るが、しかし、かかる問題の解決は、賠償問題の解決に必ずしも付随するものではない。

㈡特別円

ヴィエトナム共和国政府は、留保をなしたにも拘わらず、日本政府がフランス政府との間に、日本は旧インドシナ銀行により占領日本軍に対しなされた立替金の対価としてそれに部分的に対応する特別円を直ちにフランスに支払うことを受諾した一九五七年三月二十七日付議定書に調印したことを遺憾とするものである。

一九五七年四月十七日付口上書により、外務省は在京ヴィエトナム大使館に対し、日本政府は、フランス政府が受領した金額はフランスが真の債権者でないことが明らかになつた場合にはヴィエトナムに振替える旨フランス政府から正式の保証を得た旨通報した。

ヴィエトナム共和国政府は、外務省口上書に述べられた保証をテーク・ノートしえるにすぎない。日本政府が本問題になお関係を有するものと了解し、フランス政府が不当に受領した金額を償還せしめるため追つて必要な手続をとる権利を留保するものである。

ヴィエトナム共和国政府の立場は、インドシナ銀行の名において、横浜正金銀行に預託され且つ一九四五年日本政府によりフランス政府に引渡された金分量についても同様である。

(三)賠償協定の十七度線以北のヴィエトナム領域への適用

ヴィエトナム共和国政府は、藤山日本国外務大臣閣下が最近行われた「日本政府はゴー・ディン・ジエム大統領を首班とする共和国政府のみをヴィエトナムにおける唯一の正当(統カ)政府と認める」旨の宣言を感謝している。

本件に関する日本政府の観点を具体化し、且つ協定の効力範囲を明確にするため、覚書の交換が賠償協定調印の際行われるものとする。

日本国政府は、日本国政府がヴィエトナム共和国政府と賠償協定に調印することによりヴィエトナム共和国政府を、桑港平和条約に定められた賠償をヴィエトナム国民のために受取る唯一の有資格者とみなすことを発表するものとする。

その時ヴィエトナム政府はこの宣言をテーク・ノートするものとする。

613

昭和33年8月24日　在ベトナム久保田大使より藤山外務大臣宛(電報)

沈船引揚の経費を賠償総額から捻出することにつきベトナム側の意向を打診した旨報告

サイゴン　8月24日後5時30分発
本　　省　8月24日後9時19分着

第一一一八号(至急、館長符号扱)

往電第一一五号に関し

二十三日午前十一時半トウ副大統領を往訪、三十分間会談した。

東京からいまだ返事がないが、東京出発前受取つた訓令の範囲内でお話ししておいた方がよいと思われることがあるので参上した次第であると前提して、

一、金利の点であるが、貴方の書き物では三％となつている点は前回会談の時には確か三・五％と承つたがと尋ねたに対し、副大統領は三％と確認したので、三％でも三・五％でも現在日本の輸銀法の予見する最低利率四％よりなお低い。わが方は賠償交渉を早く妥結するために二つの点を考慮しなければならない。その一つは先例に従うこと、すなわち日本はビルマその他と既に賠償協定を結んでいるが、いまここで貴国に対してかりにビルマより有利な条件を許与すれば早速ビルマから協定の改訂を申込まれる恐れがある。その二は国会における反対の点であるが、かりに最低利率四％以下を貴方に認めればそのために法律の改正を必要とし、その改正案が国会に出た機会に反対にあうことを予想しなければならない。従つて現行法の範囲内で前例に従うという建前で、わが方の提案には利率は具体的に示さずに抽象的な表現を用いた次第であると申述べたところ、副大統領はそれにしても他の国よりも一番有利な利率にしてもらわねば困る。一体社会党は何故に反対するのかと反問したから、本使は社会党の数名の議員は先年北ヴイエトナムを訪問してホー主席と会談した場合、ホー主席は北ヴイエトナムと交渉すれば日本は賠償を払わなくて済むであろうと云つたそうで、そのようなことも反対の一の根拠であろうと答えておいた。

二、次は沈船の問題であるが、これについて貴方はいかに考えておるかとの問に対し、副大統領はこの問題は土木省の主管であり、つい二カ月前にも土木相から話があつたが、賠償問題がはつきりするまで待つてくれと云つておいた次第であるが、本件については自分も日本にいたとき関係したことがあり、北川産業がアイゼンベルーグ商会と提携しておつた当時、自分の考えたとおり事が運べば日本は賠償を今のように多額に払わなくともすみ、沈船の問題もかたずいていたと今でも思つていると答え

た。本使はその北川の問題であるが、北川は技術的にも優秀で信用もあるが、種々不利な条件のために仕事にかからないうちに非常な損害を蒙つて苦境にあるので、日本側としてはなんとかして北川に引揚げ作業をやらせたいと思つておる。わが方の書き物には沈船のことは書いてないが、Aの㈢の(C)にその他の事業とあるのは主に沈船引揚げのことを考えおる次第であつて、万一材料の値下り等のために発電工事用の機械が安く手に入り、予定の資金に余剰が生じたような場合、その余剰を沈船引揚げに使つたらどうかと思うと語つたところが、副大統領はわれわれ素人は工事の内容もわからないから、スペシフイケイシヨンを変更されてそれで工事が安く上ると云うのでは発電所の安全が害されるわけで、そのようなことが起らないことが前提であると云つたから、それは勿論論外で、予定どうりのスペシフイケイシヨンでも機械の値下りのために余剰の出る場合があるが、その場合のみのことを考えているのであると申し述べたところ、副大統領はそれならばそのような見積りを具体的に提示してくれればそれに基づいて土木相と話合いを行うにやぶさかではない。東京から返事があればいつにてもお会いする、この交渉は掛引きなしに早くまとめなければならないと答え会談を終つた。

614 ベトナム側対案は受諾し得ないので植村最終試案の線で妥結方訓令

昭和33年8月26日　藤山外務大臣より在ベトナム久保田大使宛(電報)

本省　8月26日発(編注)

第六二号(大至急、館長符号扱)

貴信第四六五号及び貴電第一一八号に関し

冒頭貴信によるヴィエトナム側提案を検討したが、受諾し得ないので、七月二十五日付訓令第二〇号の線で妥結方更に努力ありたい。その理由を補足説明すれば次の通り。

㈠借款につき先方は通常の意味の借款でなく賠償に近いものを考えているが、すでに純賠償三、九〇〇万ドルについてさえ強い反対論のある国内情勢に鑑み、さらに借款についても通常の経済協力ベース以上に賠償に近いものとすることは不可能である。また、他の求償国との経済協力に波及するおそれもあり、金利及び償還期限等について、輸銀の直接貸付の先例たる対インド円借款以上に有利な条件を与えることは出来ず、従つて前記訓令の条件は当方の最終的条件である。

なお、技術的問題としては、(1)七五〇万ドル借款の返済は輸銀に対して行われるにつき現物をもつて返済されても輸銀としては受けとれないし、現地通貨払とすることはピアストルが指定受領通貨(designated currency)でないから現行為替制度上不可能である。

(2)七五〇万ドルの借款を現地通貨調達用の消費財の輸入にあてることは輸銀法上できないので、さきの植村提案にもかかわらず反つて先方の当初提案を採用し、消費財は純賠償三、九〇〇万ドルのうち七五〇万ドル(借款の七五〇万ドルと混同せざること)の範囲内で賄うこととした次第である。よつて借款七五〇万ドルの使途は前記訓令の通り、ダニムに必要なプラント類に限るも先方は何ら支障なしと考える。

(3)七五〇万ドル借款の金利については、前記訓令に「国際復興開発銀行が定めている通常利率を基準として」決定されるものとしているが、これは担保、返済資力、事業の適格性等を総合勘案し、当該時における世銀金利(最近はコミッションを含め五・五%程度)を最低の線として輸銀とヴィエトナム政府との間で定められるとの趣旨である。

(4)九一〇万ドル借款は、輸銀の直接貸付に限らず、民間貸付、延払等適宜の形式により商業ベースで行われるものであつて、その金利、償還期限、担保、返済手段等の条件は貸付の当事者たる日本の国民又は法人(輸銀を含む)がその都度ヴィエトナム側と具体的にきめる問題であるので政府間で予め取極めおくことは適当でないし又必要でもない。

(二)賠償期限の短縮については、これを認める場合は、ビルマ及びインドネシアとの権衡もあり、財政上の観点からも応じられない。(フィリピンについては最後の十年を短縮しえる旨の規定があるが、右は賠償期限は二十年という長期のものであるからである。)

(三)最恵国待遇の取極は桑港条約の適用とは別問題なること先方指摘の通りなるも、国内反対輿論を幾分なりとも緩和するための政治的考慮から、当方としては、本件取極は賠償交渉妥結の絶対的前提条件である。

㈣特別円(二十二トンの金塊はすでに戦時中横浜正金とインドシナ銀行間ですでに決済ずみであつたが、戦争のためこれを輸送しえざりしを以て、正金で保管していたものにすぎず。特別円は両銀行間で未決済のものを昨年決済したもので、いずれも一九四一年の日仏金融協定に基くものである)に関してはヴィエトナムが権利留保したままで賠償協定を締結すれば、賠償と特別円の二重払の疑問を起し、賠償協定の国会承認を不可能ともしかねないので、同協定を成立せしめるためには是非その権利留保を撤回せしめる要あり。なお、ヴィエトナムが行う今後の対仏交渉において日本が証人として関心を払うよう要請している点については、日本は、ヴィエトナムが真正な権利国なる旨をヴィエトナムのためにフランスに対して主張する立場にない点は、明かにしおかれたい。

㈤冒頭貴電第一項末尾に関し、社会党のみならず自民党の一部の反対理由の一つは、戦争損害が他の賠償請求国に比し殆んど無に等しいというにある。当方としてもこの点国会に対する説明上最も困惑しおる次第につき、具体的な戦争の「直接損害」に関する資料は貴大使においても極力収集しおかれたい。

編注 昭和三十三年八月二十六日、アジア局南東アジア課作成「対ヴィエトナム賠償問題」によれば、本訓令は発電時間は不明なるも同年八月二十六日に発電された。

615 賠償支払期間短縮及び借款条件の緩和等に関するベトナムの再要請につき報告

昭和33年8月30日　在ベトナム久保田大使より藤山外務大臣宛(電報)

サイゴン　8月30日後3時0分発
本　省　8月30日後10時35分着

第一二一号(大至急、館長符号扱)

往電第一二〇号に関し

一、二十九日午後四時、本使(小川帯同)副大統領(外務省総務局長同席)を往訪して貴電第六二号の趣旨により作成したるメモランダム(九月一日便にて空送の予定)を手交し、約一時間半にわたり討議を行つた。前日求めにより往訪したる小川をして予めわが方の意向を伝達せしめておいたので、先方もわが方の提案がほとんど譲歩の余地なき最終的なものであることをようやく認識したとみえ、争点はすこぶるしぼられてきたが、副大統領は現在ヴィエトナム国(共和ヵ)がおかれている内外の立場を日本側において真剣に、かつまた十分なる理解と同情をもつて検討願いたいと前置きして特に左の諸点につき切に日本国政府の好意ある考慮を要請したので、本使は最後の要望として一応本国政府に請訓してみようと答えた。

(イ)従来繰返し御説明したるとおりダニム水力発電は、当国経済開発計画の根幹をなすものであつて、特にゴ大統領の意向に基づき当国政府が何をおいても一日も早く完成したい工事であるので、半年でも一年でも予定より早く工事を推進させたいと考えている。日本側の説明によるも第一期工事と第二期工事を区別しないで一体として工事にかかれば期間短縮ができると聞いている。その場合必要ならばヴィエトナム側はなけなしの手持ちドルを持出しても日本よりの送付資材購入にあてて、工事完成を急ぎたい意気込みでいるが、日本側はかかる立替払いの方法を認められるかどうか、またその場合賠償繰上げ支払いを要求するものではないが、それに相当する賠償額を次年以降において外貨払いにしてもらえないか(ドル払いで立替えておくから後でドルで返してもらえるかとの意)。

(ロ)当国は独立後日なお浅く、インドの如き大国とは異なり、経済的にもまだ力が足りないので七五〇万ドル借款につき三年据置き、七年償還の条件をせめて三年据置き、十年償還に緩和できないか。

(ハ)原則としてドル払いの償還はやむを得ないとしても対日輸出代金分については、たとえば日本の為替銀行が中に入り、振替え勘定にて輸銀に返済する便法を講じてもらえば手数が省けてよいが、この点は如何。

(ニ)近い将来において日本が本件借款よりも一層有利な諸条件で東南アジア等の後進国に対し対外借款を与えるような場合または金利が低下した場合これに均霑することが認められるかどうか(いわゆる再検討条項の問題と思われる)。

二、右諸要請のうち幾分でも認められるものがあればこの際多少色をつけてやることが将来のため得策にあらずやと思料せられるので、できれば今一度特別の御詮議をもつて御再考を煩わしたいと存ずる。

なお大統領に対する説明の必要がある趣につき九一〇万ドル借款の如き場合における輸銀の現在の貸付け諸条件を御回示願いたい。

三、最恵国待遇の取極については、当国として初めてのこと、主国際約束であること、また実質的には片務的であることを理由に慎重を期したき意向を示したので、日本側で考えているのは正式の通商航海条約締結(ノールウェーとの通商航海条約テキストを参考として手交)に至るまでの間の暫定的取極であつて、近く本国政府より取極案を送付越すはずであるから右案文到着をまつて審議してはいかんと申したところ、先方もこれを応諾した。

ついては貴電第六〇号の案文至急御送付願いたい。

四、特別円問題については、わが方も先方の他意なき理由の説明を聞き、先方もわが方の意図を十分了解したので、日本に対する請求権留保の撤回に関する交換公文案を作成して提示したいと申入れたところ、ぜひそう願いたいと答えた。

本件交換公文案をなるべく速やかに作成して御送付願いたい。

五、最後に副大統領は交渉妥結を急ぐ意味において、できるだけ速やかに協定および交換公文を含む付属文書の案文を全体的に検討したいと申出たので(内容が決まれば案文の如きはすぐにできるではないかとの本使の反問に対し、先方は全体の案文を手にしないとヴィエトナムでは話がはじまらないのだと繰返した)、本使も本国政府にその旨を伝達し、なるべく速やかに貴意にそうよう努力すべしと答えておいた。

六、以上のとおり本日の会談において双方とも議論すべき点はほぼ議論し尽した感あり。この上はむしろ先方の希望する如くなるべく早くレダクションの段階に入る方得策にあらずやと思考せられ、本省において至急仏語案文を作成せられ、できれば担当官をしてこれを携行せしめていただければ非常に好都合と存ぜられる(出張担当官はそのままレダクション・コミティーに参加し得る次第であるので、手不足の当館にとつても極めて願わしいことである）ので、右特に御高配願い上げたい。

616　昭和33年9月3日　岸外務大臣臨時代理より在ベトナム久保田大使宛（電報）

沈船引揚経費は賠償実施段階において外交交渉で決定することにつき合意取付け方訓令

本省　9月3日後3時40分発

第六七号（大至急、館長符号扱）

貴電第一一八号三、及び第一二〇号に関し

賠償総額は実際上はプロジェクト・ベーシスで決定されているので、沈船引揚げの経費をどこからねん出するかについては当方に於ても現在のところ見込がつきかねる次第である。しかも、この問題は賠償協定の起草のためには直接必要な問題でもないので、協定の作成を急がねばならない現在においては、賠償協定に「両政府間で合意されるその他の生産物及び役務の供与」と規定するに止め、この規定に基いて将来沈船引揚を実施する場合の資金の問題等は、将来賠償実施の段階において他の計画の実施状況ともにらみ合せた上、具体的な賠償実施の問題として外交ルートで交渉の上決定することとしたく、その旨先方の合意をとりつけられたい。

なお北川の見積によれば、百万ドルで引揚を行うとすれば、サイゴン港内一隻、キャプサンジヤック周辺五隻（計二七、五九四トン）の引揚による一一、五二〇トンの鉄屑回収が可能である。

617　昭和33年9月4日　岸外務大臣臨時代理より在ベトナム久保田大使宛（電報）

ベトナムの再要請には応じられず賠償と借款の形態及び条件はわが方案にて説得方訓令

本省　9月4日後7時45分発

第七一号（大至急、館長符号扱）

貴電第一二一号に関し

一、賠償期間についてはダニム計画の工事が建設技術的に丸五年を要せずして完了することが可能な場合には協定発効後第五年目分の支払を最終の会計年度の頭初に完了するよう措置すれば実際上は協定発効後四年余にして支払を行うことが出来ることになるので、この旨先方に説明の上、原案で進めるよう取計われたい。なお先方提案の立替払いの方法をとれば、ドル現金の流出を生じ、従つて金銭賠償となるので受諾し難い。

二、ドル償還に関する先方提案の方式による場合は、ヴィエトナム側の対日輸出代金（米ドル）は、輸銀への返済が行われるまでの間ヴィエトナム名儀の外貨建非居住者預金とされるわけであるが、現行のわが為替管理制度では非居住者預金の開設、貸記及び借記には、いずれも為替管理当局の許可を要し、却つて通常の手続よりも煩雑となり、而もヴィエトナム側としても対日輸出代金が一時ブロツクされることとなる。これに反し、日本側が通常の手続により輸入代金の決済を行い、ヴィエトナム側がこれにより入手した米ドルを対日送金して輸銀への返済に充てることは、それほど複雑であるとは考えられない。従つて冒頭貴電一(ハ)のごとき先方提案の方式による場合、ヴィエトナム側として手数が省けるということは、わが方として理解に苦しむところであり、従つて、先方はこの方式によつて日本の対ヴィエトナム輸入を強制的なものとしたいとの意図を有するのではないかとも疑われる次第につき、先方の意図の打診につとめられたい。

三、償還期限及び金利についてはビルマより申入れのありたる二千万ドル貸付問題（賠償及び経済協力に関する協定第一条2に関する交換公文による貸付。但し合弁条件を落す）その他諸国に及ぼす影響を考慮し、対印度借款以上に有利な条件を与えることは目下の情勢では不可能である。

さらに金利については、輸銀とヴィエトナム側との契約締結時の世銀金利が、他の東南アジア諸国との契約当時の金利より低下しているような場合には、担保、返済資力、事業の適格性等が同一条件である限り、理論的に言つて他の東南アジア諸国に比し低い金利となりえるも、先方提案の如き、常に最も低い金利にスライドするような金利条件は、国際的銀行慣習にはないことであり、且つ、輸銀の収支計算上の見込もつかず、技術的に不可能である。

618　昭和33年9月6日　岸外務大臣臨時代理より在ベトナム久保田大使宛（電報）

わが方案における借款の具体的形態及び条件に関する補足説明

本　省　9月6日後3時0分発

第七二号（大至急、館長符号扱）

貴電第一二一号三、に関し

一、輸銀よりの貸付については、輸銀法第十八条3によつて輸銀が外国の政府、政府機関、地方公共団体又は輸入業者に対して直接貸付（prêt）を行い得る旨の規定はあるが、現在までこれに基いて貸付を行つた具体的事例はない。ただ対インド円借款だけは本方式によりこれを実施することとなつており、また、ヴィエトナムに対する七五〇〇万ドルの借款も本方式によることを予定している次第である。なお、インド円借款の条件は世銀金利を基準とし且つ据置期間を含め償還期間十年を最長とすることとなる見込なること随時往電で説明のとおりである。

二、しかし九一〇万ドル借款の場合は、現状では狭義の貸付（prêt）でなく、訓令第二〇号の別添『処理方針（腹案）』第二項(イ)の『類似のクレディット』、すなわち、日本の製造業者、輸出業者等が日本側当事者として輸出代金の延払（paiement différé）を行い、輸銀は、右の日本側当事者に、必要な資金を、民間金融機関と協調の上、次の如き条件で、融資する形でなされるのを原則としている。

(1)融資額

延払にて輸出しえる分は輸出代金の八十％以下であり（二十％以上はイニシアル・ペイメントとして支払われることを要す）、融資は、この延払分のうちの融資所要額に対して行われるのであるが、その際輸銀より融資するのは、右融資所要額の八十％であり、残り二十％は民間金融機関が融資する。

(2)償還期間

対象品目により異るが、据置期間を含め最長七年以内

(3)金利

年四％ないし七％、但し四％の場合でも民間金融機関との協調融資があるので実質的な金利は年五・五％程度となる。

三、但し右は原則であつて具体的には借款実行の際における

日本側当事者とヴィエトナム側の輸入者たるヴィエトナム政府又はその機関との間の商業ベースの契約によつて定まるものであるので、現在融資の具体的態様及び条件（利率及び償還期間を含む）を予見することは困難なこと勿論であり、また右の諸条件は現状におけるものであるので将来日本国内の情勢により変更されるものであることも勿論である。

619

賠償繰上げ支払並びに借款供与開始年度等に関するベトナム側新提案につき報告

昭和33年9月13日

在ベトナム久保田大使より
藤山外務大臣宛（電報）

サイゴン　9月13日後4時30分発
本　　省　9月13日後7時46分着

第一三一号（至急、館長符号扱）

往電第一二九号に関し

一、十二日午前九時より約一時間半にわたり第三回正式会談（出席者従前どおり）を行つたが、先般手交しておいたわが方メモに対し、先方は新たにノートを提出し来たつた（わが方メモと共に十三日便にて空送する）。

右先方ノートにおいて新しい問題を提起しているのは左の四点である。

(一)ダニム工事が四年で完成する場合に純賠償第五年度分をわが方会計年度の当初に繰上げ支払いする旨を何等かの形で約束して貰いたい（本協定でなくとも交換公文でよろしい）。

(二)七五〇〇万ドル借款は当初の二カ年は各々三〇〇万ドルづつ、最後の年は一五〇万ドル供与方を希望する。

(三)九一〇万ドル借款については輸銀の条件と世銀の条件とを比較して世銀の条件の方が有利なる場合にはこれに均霑することを希望する。

(四)九一〇万ドル借款については協定発効後三カ年を経た日からすなわち第四年目から供与して貰いたい（その理由は工事が四年で完成する場合には肥料工場に真先きに余剰電力を廻したく、そのためには一年位い前に工場建設にとりかかる必要があるということである）。

二、先方の新提案のうち(一)および(二)については大した問題はなく、(三)および(四)については検討を要する点があると考えられるが、なるべく好意的に御考慮の上㈠より㈣までにつき至急御研究の上御回電ありたい。

三、沈船引揚げについては議事録案(ダニムおよび機械工業センターの実施状況を勘案しつつ、いわゆる他のプロジェクトとして沈船引揚げを取上げることを了解するという趣旨のもの)を作成して先方の意見を求めたところ、先方はダニム工事に手を抜かれると困ると考えたものか、従来の態度をやや後退させ、いわゆる他のプロジェクトの中に解釈上包含されるから何等文書としてはコミツトしたくないと拒否した。この点の応酬振り御回電ありたい。

四、通商に関する議定書案に対しては相当の時間を費やして議論を闘わしたが、この点については更に先方の真意を突き止めた上追電する。

620　わが方借款案で想定する輸銀と市中銀行の協調融資及びその金利等に関する補足説明

昭和33年9月17日　岸外務大臣臨時代理より在ベトナム久保田大使宛(電報)

本　省　9月17日後5時40分発

第七四号(大至急、館長符号扱)

貴電第一二八号に関し

九一〇万ドル及び七五〇万ドルの借款の性質については山本課長より詳細説明をうけられたきも、訓令第二十号の趣旨は、七五〇万ドル借款については、ヴィエトナム政府又はその機関であつて計画の実施に当るものが、輸銀と貸付契約を締結することになつているので、輸銀の直接貸付なる点が明確にされているに反し、九一〇万ドル借款については(1)「日本の国民又は法人」たるシッパー、メーカー等が商業上の基礎によりヴィエトナム政府又はその機関と「類似のクレヂット」(のべ払い)の契約を行い、こののべ払い分について輸銀と市中銀行が協調融資するか(2)「日本の法人」たる輸銀が商業ベースで貸付契約を行うかいずれかの方法によるとしたものである。しかして往電第七二号は、九一〇万ドルは(1)の方法によらねばならないとしたものではなく、単に現在までの実績では(1)がとられてきており、(2)の事例は、対インド円借款がこれにより実施することとなつているのを除き存在しない旨の現状で主としてとられている形態を説明せるものにすぎず、従って九一〇万ドルについても輸銀に於て適当と認める限り(2)の途が開かれていることは勿論である。ただ具体的にいずれの形態をとるか将来の問題として残したのは、本件実施が五年後のことでもあり現在予見しえないからである。而も実際的な観点よりするも輸銀と民間の協調比率を八対二とし、輸銀の融資分の金利を四%とすれば、全体の金利負担は五・五%となるので、インド円借款協定に基く直接貸付の金利五・五%と比較すれば、のべ払いが直接貸付よりも先方にとり特に不利ということにはならない。

621

わが方賠償交渉団の派遣予定につき通報

昭和33年9月17日　岸外務大臣臨時代理より
在ベトナム久保田大使宛(電報)

本　省　9月17日後7時20分発

第七六号(大至急、館長符号扱)

貴電第一二九号に関し

諸協定案の起草は賠償実施細目を除き関係各省よりなる起草委員会で概ね完了したので、各省は右により今週一杯を目途として省内の了解をとりつける予定。条約交渉団としては二十三日山本賠償部経理課長及び電信官一名を先発せしめる予定であったが、小川参事官の帰国のため、右は二十七日中江条約局事務官、小林アジア局事務官、大蔵通産事務官各一名、タイピスト一名とともに貴地に派遣の予定。なお貴電第一三一号による先方提案(貴電第一二一号による提案は撤回されたものと了解する)を審議しておれば右のスケジュール通りには到底運び得ないので、当方案文は訓令第二十号の線で作成した。

622

高裁案「日本ヴィエトナム賠償交渉団派遣の件」

昭和33年9月24日　アジア局南東アジア課起案

高裁案

昭和三十三年九月十七日　起案
昭和三十三年九月二十四日決裁

日本ヴィエトナム賠償交渉団派遣の件

日本国とヴィエトナム(共和欠カ)国との賠償問題については植村甲午郎政府代表を屡々サイゴンに派遣し、賠償問題解決に努力してきたが最近、在ヴィエトナム久保田大使とトー副大統領との間の交渉により本件は解決に向つて著しい進展をしめした。よつて当方では賠償協定案その他の諸協定案を作成し、ようやく一応の案文をえたが、これに基いて直ちに先方と交渉を行うにあたり、久保田大使を補佐するため左記の者を別添(省略)の日程によりサイゴンに出張せしめることとし、右に要する経費一金二、二五五、三〇〇円也(別添(二)(省略)内訳のとおり)を国際会議、外国旅費(アジア局分)より支出することと致したく。

右高裁を仰ぐ

記

山本　　靖　　賠償部経理課長
中江　要介　　条約局条約課
高橋　　元　　大蔵省理財局外債課
小林　智彦　　アジア局南東アジア課
中沢　忠義　　通産省企業局賠償室
村田　　久　　大臣官房電信課
村松千恵子　　大臣官房総務参事官室
平岡　鈴子　　条約局条約課

623

昭和33年9月27日　外務省作成

政府借款及び経済開発借款等に関する対ベトナム交渉方針

ヴィエトナム賠償今後の方針

昭三三、九、二七
外務省

一、七五〇万ドル借款協定の年度額

先方は最初の二年については三〇〇万ドル、次の一年については一五〇万ドルの年度額を明確にすることを希望している。当方としては少くとも第一年度の限度額については先方の希望通り三〇〇万ドルとし、第二、第三年度については毎年先方と協議の上決定する方針で進むこととする。

二、九一〇万ドルの経済開発借款に関する交換公文

1. 本借款の性質

本借款については、輸銀によるヴィエトナム政府等への直接貸付方式のみならず、輸銀の民間との協調によるのべ払い金融方式をも想定している。

今後の交渉に当つては右の方針で進むこととするも肥料工場建設の先方の希望を実現するためには政府が輸銀に対して何らかのあつせんを行う要あるべしと考えられるにつき、外務、大蔵両省は別添の如き了解事項をとりかわし置くものとする。

なお、先方が従来の交渉経緯に鑑み強く、「政府借款」を主張するときは、右の了解事項の趣旨を何らかの方式で先方に明かにし置くこととする。

2. 借款の時期

先方は賠償協定発効後三年を経過した日以降この借款が行われることを希望している。

従来の当方の方針は五年であつたが、場合によつては先方の希望通り三年とする。

三、一般の経済協力

前記一、及び二、の借款は、民間の商業ベースによる経済協力を排除するものではない。従つて先方が希望する場合には、金額及びプロジエクトを明確にせず、今後の民間対民間の商業ベースによる経済協力の促進は日本政府の方針なる旨を議事録に止めおくこととする。

（別　添）

経済開発に関する日本国政府とヴィエトナム共和国政府との間の交換公文に関する外務省と大蔵省との間の了解事項

昭和三十三年　月　日付『経済開発に関する日本国政府とヴィエトナム共和国政府との間の交換公文』に関し、両省は、九一〇万ドルに等しい円の額までの借款の提供が、関係法令の範囲内でできる限り長期且つ低利の条件により、日本輸出入銀行からの融資によつて実現されるよう、日本輸出入銀行に対してあつせんするものとする。

～～～～～～～～～～～～～～～～～～～～～～～～

624

わが方通商議定書案を受諾すれば賠償及び借款供与条件を譲歩する意向をベトナム側へ伝達した旨報告

昭和33年10月18日　在ベトナム久保田大使より藤山外務大臣宛（電報）

サイゴン　10月18日前0時0分発
本　　省　10月18日前4時11分着

第一七三号（大至急、館長符号扱）

一、本十七日午前十一時半外務大臣を往訪、まず本使よりラム局長の言によれば、藤山大臣がチン大使に対し通商議定書は賠償交渉と別に取扱つて宜しい旨言明せられたとかにて貴方は通商議定書の審議に応ぜられないが、東京に事情を照会した結果藤山大臣は左様な言明はされなかつたのみならず、通商議定書も同時に調印せられるべきであるとの考えを持つておられることが確認されたと前提して予め用意しておいたメモ（追つて郵送する）を読み上げ

㈠通商議定書はインドネシアとの規定のその儘の飜訳であつて近代国家間の関係を律する普通の文書であること

㈡ヴイエトナムとの賠償については日本の内外に反対があるから、通商議定書と同時でなければ国会が通りにくいこと

㈢サンフランシスコ条約第十二条に規定される四カ年の期間が過ぎた今日ではサンフランシスコ条約締結国との間でもかかる議定書が法的には必要であること

㈣議定書はなんらヴイエトナムに新しい義務を課さないこと

㈤逆に第三国がヴイエトナムに対し特殊地位を要求する場合にはこの議定書をもつて反対の口実となし得ること

㈥最恵国待遇には通常認められる例外があるから、この種議定書に調印しても、ヴイエトナムの行動の自由は束縛されないこと

を説明した。

マオ大臣はこれに対しお説は良く判つたがヴイエトナムはいまだいずれの国ともかかる協定を結んでおらず、打明けて申せば米国は二年前から同様の文書の締結方を望んでおるが、ヴイエトナムとしては当分一切かかる文書に署名しないという方針を取つておるとの理由で断わつておる関係上日本とだけ締結することは今のところ不可能であると答えた。

本使は近代国家として一切通商条約を持たないということは考えられない、貴国も進んでどんどん協定を結ぶべきではないかと反問したところ、大臣は目下申入れ中の

ものは日本、米国のほか仏国、タイ、台湾政府、フイリピン、韓国等多々あり、今のところは締結しないことがヴイエトナム（共和欠カ）国の政治上の要請であつて、もし貴使が自分の地位におられれば良く了解せられるであろうといつたので、本使は一向了解ができない、自分がもし貴大臣の地位にあれば逆にどんどん署名して新しい国家の国際的地位を固めることに努めるであろう、いずれにしてもインドネシアが受諾したものをヴイエトナムが受諾できないということは到底理解できないと述べたところ、大臣はインドネシアと違つて自分の国は二分せられ、北方から共産主義者があらゆる破壊工作をなしつつある現状を前にして、わが方は賠償協定締結は一つの大きな外交的勝利として国民に示したいと思つておるのであるが、その前提条件に通商議定書があつては折角の外交的勝利がなくなつてしまうと述べた。

本使は議定書は並行的に署名されるもので、なにも前提ではなくまた二国間の極く普通の取極であるから外交的マイナスと考えられるものではないと答えた。大臣は半分独り言のように賠償協定調印の際の演説の中に議定書の趣旨を謳つてはいかんといつたから、本使はそれは一方的になるではないかと反問した。大臣はいや双方の全権が言明すればよからんと答えたが、本使はその程度では仲々東京が満足しないだろうと答え、議論が尽きないから持参したメモを手交してとにかく再考して貰いたいといつておいた。

二、ついで本使より賠償協定の方はワーキング・グループにおいて二、三問題を残すのみとなつたが、日本側は貴方において通商議定書に同時にワーキング・グループが現在到達した程度を呑むという前提の下に二つの譲歩、すなわち

(一)準（純カ）賠償の年度額九、九、九、六、六を一〇、一〇、一〇、四・五、四・五とすること。

(二)九一〇万ドルの始期は五年後としておくが、三年を経過した時に更めて相談することに同意する用意がある。

これで貴方さえ異議がなければ本日でも一切の文書にイニシアルできる、ただし仮に今明日中に一切の文書がまとまつたとしても、もはや日本の臨時国会には間に合わず、また藤山大臣も臨時国会中は外国へ出張できなくな

つたので、諸協定は十二月に開かれるべき通常国会に提出する以外に方法はなくなつた、しかしそれでも発電所の工事の方は予備的な措置を予定通り取れば予定通り捗取り得ると只今も会つたばかりの久保田豊氏も述べておつたと説明したところ、先方は予期しておつた模様で別に驚ろいた様子も見せなかつた。

会談一時間に及んだのであらかじめ用意した別のエード・メモアール（追つて郵送）を手交し、この書き物にもある通り賠償協定は通常国会にかけることになろうがなるべく早く妥結を図る要あることには変りなく、できれば交渉団の帰京前にイニシアルしたいと考えておつたが、貴方において議定書案に難色を示す限りそれも困難となるであろう、しかしとにかくこの二つの書き物を研究願いたいといつて退室した。

三、以上通商議定書に対する先方の態度に鑑み（この点については今少し先方の腹を探つて見るつもりであるが）、わが方が五年に固執する以上、交渉はなお相当長くかかるものと予期せざるを得ない。マオ大臣のいわれた演説中で言及するという案は到底取るに足りないと思われるが、他になんらかの便法があるかどうか当方も研究致すつもりであるが、貴方においても御研究の上御回示願いたい。

四、交渉団諸君には連日、連夜奮闘を願つたのに妥結にまで至らなくて残念であるが、以上の事情に鑑みここしばらく先方の反応を見極めるため二日予定を延ばして来週水曜日（十月二十二日）出発せしめたく御許可を請う。

〰〰〰〰〰〰〰〰〰〰〰〰〰〰〰

625　昭和33年10月18日　藤山外務大臣より在ベトナム久保田大使宛（電報）

わが方賠償交渉団の帰国につき了承

付　記　作成日不明、外務省作成「専門家派遣による対ヴィエトナム賠償交渉」

本　省　10月18日後5時30分発

第一二三号（大至急）

交渉団の二十二日帰国の件承認する

（付　記）

専門家派遣による対ヴィエトナム賠償交渉

〔I〕（1958年9月27日～10月22日）

1958年初頭以来殆んど中絶状態にあつた対ヴィエトナム賠償交渉は、同年7月末サイゴンに赴任した久保田大使及び在ヴィエトナム小川公使とヴィエトナム共和国グエン・グオック・トー副大統領との間で同年8月より再開されたが、その結果、さきに同年3月3日に在ヴィエトナム大使館を通じて先方より通報越してきた植村試案受諾が再確認され、交渉も細部にわたり著しい進展を示し賠償協定等の案文作成の段階に入つたので、久保田大使及び小川公使を補佐する目的をもつて、9月27日山本賠償部経理課長他4名の事務官から成る専門家団に賠償協定等のわが方案を携行せしめて現地に派遣し、約3週間交渉せしめた。

上記専門家団が出発の際携行した書類は次のとおりである。

(1) 賠償協定(案)
(2) 賠償協定実施細目に関する交換公文(案)
(3) 生産物に関する交換公文(案)
(4) 借款に関する協定(案)
(5) 借款に関する協定第一条及び第二条に関する交換公文(案)
(6) 借款に関する協定第三条1に関する交換公文(案)
(7) 経済開発に関する交換公文(案)
(8) 経済関係に関する議定書(案)
(9) 経済関係に関する議定書についての正式交渉の合意議事録(案)
(10) 仏印特別円問題に関する在京ヴィエトナム大使館発日本国外務省あて口上書(案)
(11) (後送さる。)入国滞在手続の簡易化に関する取極(案)

〔II〕 交渉経緯

(1) 経緯

わが方は、本件賠償協定等の提出を11月8日閉会予定の臨時国会に間に合わせるため、遅くとも10月8日には交渉妥結の要ある旨先方に説明を行つたが、貿易議定書及び入国滞在取極に関しては先方が審議に応ぜず、賠償協定自体についても多くの不一致点があつて予定期日までに妥結する見込がなくなつたので、今回は調印を見送ることとし、先方にも日本の国内政情等、上記臨時国会上提に間に合わない諸事情を説明して、交渉団は10月22日に引揚げ、それ以後は現地大使館とヴィエトナム政府側との間に個々の問題につき交渉を行うこととなつた。

(2)　交渉内容

わが方提出の賠償協定案等に関し問題となつた点次のとおり。

(A)　賠償協定案関係

(i)　先方は、前文の「平和条約の規定の趣旨に従つて」の「趣旨」を削除することを主張したが、わが方が事情説明し「Désirant agir en se basant sur les dispositions du Traité de Paix ....」とするよう提案した。(交渉団帰国後先方同意す。)

(ii)　先方は、第5賠償年度支払が第5会計年度の初頭に行われる旨文書で規定したいと申し出たので、わが方はその必要なしとしたが結局先方の一方的発言として「議事録」(サマリー・オブ・ディスカッション)に入れることに合意。

(iii)　第2条1項につき、先方は「、、、両国政府の合意により、、、」及び「、、、の中から選択される計画」の両文言の削除を要求したが、わが方反対の結果、本件を「議事録」に入れることとした。

(iv)　第2条3項につき、先方は「生産物品目リスト」並びに「通常貿易阻害及び追加外貨負担に関する解釈ノート」の添付を要求し来つたが、インドネシア方式のとおりの抽象的表現で「議事録」に採録することに合意した。

(v)　第3条につき、先方は実施計画の作成をサイゴンで行う旨の文書を交換したい旨提案越したが、わが方反対の結果、合同委員会の問題とともに、サイゴンで行われ得る旨「議事録」中に記述することに合意した。

(vi)　第4条1項につき、先方は東京には使節団を設置せず、小規模な bureau de liaison を置きたい旨要請越したが、わが方説明の結果、使節団東京設置に同意した。

(vii)　第4条3項につき、先方は契約紛争を国際商業会議所の仲裁を最終的なものとする旨提案越したが、わが方が反対した結果、インドネシア方式（賠償契約中に関係条項を挿入する）を「議事録」に採択することに合意した。

(viii) 第4条4項につき、先方の希望により、使節団経費及び技術者訓練費を実施細目交換公文中に明記することに合意した。

(ix) 第7条1項に関し、ヴィエトナム政（府欠カ）が賠償事業主体なる旨の規定の附加を要請越したが、結局、同趣旨を「議事録」に記載することに合意した。

(B) 実施細目交換公文案関係

先方は認証期限「14日」の明記を要求し、わが方は「できる限り速かに」を固持して合意に達しなかつた。（交渉団帰国後、妥協案を「議事録」に入れることに合意）

(C) 生産物交換公文関係

先方は、消費財供与を確定的なものとし、品目に関する交換公文案を提出越したが、わが方反対し、結局「議事録」中に双方意見を記載するに留めることに合意した。

(D) ７５０万ドル借款協定関係

(i) 先方は、年割額を3、3、1.5（U.S.$ millions）明記を主張したが、わが方は、第1年目を2.5として時宜により変更し得るものとし、その代りに賠償年割額を10、10、10、4.5、4.5とするよう提案した。（交渉団帰国後、先方は本件に同意）

(ii) 先方は紛争につき賠償契約紛争の場合と同様とする旨要求したが、わが方は原案を維持。

(iii) 先方は利率を、国際復興開発銀行の利息又は日本輸銀の利息より不利でないものとする旨明記（交換公文）するよう要求し来つたが、わが方説明の結果、先方はインシストしなかつた。

(E) ９１０万ドル経済協力交換公文関係

(i) 先方は始期につき「3年後」とするよう主張したが、わが方は「5年以下3年以上」とするよう反対提案し、先方これに同意。

(ii) 先方は、「本件借款が日本輸銀により行われる」旨の明記を主張したが、わが方は少々文言を削除

はするが、市銀との協調融資の可能性をも残した含みのある表現を用いることを反対提案した。（交渉団帰国後、本件削除）

(iii) 第5項に「尿素工場」を明記することに合意した。

626

「ヴィエトナムとの通商取極に関する協議の件」

昭和33年12月2日　外務省作成

ヴィエトナムとの通商取極に関する協議の件

昭三三、一二、二

外務省

一、経緯

1、賠償協定調印と同時に、入国滞在、営業活動、関税、貿易、航海に関する最恵国待遇の保証をとりつける方針をもつて、インドネシアとの平和条約第三条及び合意議事録と全く同文の通商議定書案を先方に提出した。

しかし、先方は、十月の賠償協定案文等の作成交渉の際も、これに反対し、内容審議にさえ入ることが出来なかつた。（なお、右通商議定書とは別に、入国滞在手続簡易化取極をも提案したが、先方は、内容はともかく、その締結自体については現在まで正式に反対を表明していない）

2、その後先方は、通商議定書案の内容を賠償協定調印の際の代表の演説の中に入れる方式を提案してきたが、右方式は何ら法律的拘束力を伴わず、したがつて、事実問題として当方がその提案を撤回したのと同様の結果となるので、これに反対した。

3、しかし、当方は久保田大使からの請訓もあり、先方がわが方案に基く議定書締結に同意するならば、賠償問題の解決を特に北ヴィエトナムに対し外交的勝利として誇示したいとの先方の意思を尊重して、これを満足せしめるフォーミュラをとることとし、従つて、(イ)本件の署名時期は、次期通常国会上提に間に合う範囲内においてずらせることとし、必ずしも賠償協定調印と同時たるを要せず、又(ロ)その内容が法律的拘束力のあるものであれば、形式は、議定書、交換公文、あるいは共同宣言（日ソ共同宣言的なもの）何れにても差支

えない旨先方に申入れた。（共同宣言案は別添資料(一)）

4、これに対し、先方は、演説方式による案から歩み寄つて、『将来通商航海に関する条約締結交渉を開始する』とのみ規定した共同宣言の形式の案（別添資料(二)）を提案している。

二、久保田大使からの請訓

久保田大使よりは最近、前記一、4に関連して左の三案につき請訓越している。

(1)今回の交渉を賠償関係のみに限り、通商条約の如きものの締結の交渉は後日に譲る。

(2)ヴィエトナム側の共同宣言案（実体的規定なし）をそのまま受諾し、通商条約の締結に至るまでの経過期間中、無差別待遇を保証する規定等をこの共同宣言に付属するサマリー・オヴ・ディスカッション又は合意議事録の中に織り込む。

(3)右の(2)が受け入れられない場合には、先方の共同宣言案で満足する。

なお(2)(3)いずれの場合も入国滞在手続簡易化に関する暫定取極は、必ずとりつける。

三、事務当局の一般的見解

(一)わが方の通商議定書案はインドネシアとの平和条約第三条と内容的に全く同一であり、インドネシアに受諾させせることが出来たものを、ヴィエトナムに受諾させることが出来ないとは考えられない。

(二)桑港条約第十二条は、日本に対してのみの義務を規定したものであり、しかも発効後四年間のみ（すなわち昭和三十一年六月十七日まで）有効であつた規定に過ぎない。現在の両国通商関係は、何ら法的基礎のない事実上の関係にすぎず、従つて、先方の政策如何により、一方的にいかようにも変更されうるので、これを安定した法的基礎の上に置くことが緊要である。

(三)ヴィエトナムはインドネシアと異り二分されているから、南ヴィエトナムが日本から賠償協定の交換条件として通商議定書を無理に呑まされたとの印象を諸外国に与えるのは困る、との論を受け入れ当方がその提案を撤回すれば、賠償は南北ヴィエトナム全領域に対して支払うとの日本政府の見解と矛盾し、統一まで賠償を支払うべからずとの社会党の主張に対して弁明の余地がなくなる。

㈣通商航海条約又は類似の協定の締結は、わが国の東南アジア通商政策の基本であり、この意味においてインドネシアとの場合の如きものは、たとえ十分満足すべき条約でないにしても、右通商政策の一環として極めて有意義なものである。従つて本件議定書案は、ヴィエトナム自体に対して経済的意義を有するということもさりながら、ヴィエトナムとこの絶好の機会においてこの程度の条約すら締結しえなかつた場合、その他の東南アジア諸国との通商条約締結の前途に与える影響を無視することは出来ない。

四、今後の方針についての協議事項

前記二、の久保田大使の三案中、⑴は当方提案の全面的撤回となる。⑵及び⑶については、この共同宣言中には実体的規定は何ら含まれておらず、又⑵の場合作成されるサマリー・オブ・ディスカッション又は合意議事録も法律的拘束力を伴わない関係上、当方は、事実上、その主張を撤回したこととなる。よつて、わが方としては、その国内情勢にも鑑み、今一度前記一、3の方針で接渉を重ねることとしたい。

しかしながら、賠償協定等の国会上提までに先方がどうしても、右わが方提案を受諾しない場合につき前記久保田案の内⑵又は⑶で妥結することの可否についておはかりしたい。(編注二)

資料㈠

共同宣言(日本案)

(昭三二、一〇、三一　提出)

日本国外務大臣藤山愛一郎及びヴィエトナム共和国外務大臣ヴュ・ヴァン・マウは、

両国間の経済関係をさらに緊密にするために、それぞれの政府の名において、次のとおり宣言した。

1　両政府は、その貿易、海運、航空その他の経済関係を安定したかつ友好的な基礎の上に置くために、条約又は協定を締結するための交渉をできを(るカ)限りすみやかに開始するものとする。

2　該当する条約又は協定が締結されるまでの間、両国は、両国間の貿易、海運その他の経済関係の分野において、いかなる第三国に与える待遇に比較しても無差別な待遇を相互に与えるものとする。

(編注二)
3　この議定書は、両国のおのおのにより、その憲法上の手続に従つて承認されなければならない。この議定書は、その承認を通知する公文の交換の日に効力を生ずる。

(共同宣言に対する合意議事録)(日本案)

両政府の代表は、千九百五十八年　月　日付の共同宣言(両国間の経済関係に関する交換公文)の署名に際し、次の了解を記録した。

同共同宣言(交換公文)2に規定された無差別待遇は、入国、滞在、居住、事業活動及び職業活動に関して他方の締約国の国民に与えられるべき無差別待遇並びに他方の締約国の船舶に与えられるべき無差別待遇を含む。

千九百五十八年　月　日にサイゴンで

(署名)

(署名)

資料(二)

共同宣言(ヴィエトナム案)

日本国外務大臣藤山愛一郎及びヴィエトナム国外務大臣ヴュ・ヴァン・マウは、それぞれの政府の名において、次のとおり宣言した。

ヴィエトナム共和国政府及び日本国政府はサン・フランシスコ平和条約の趣旨に基き、両国間の関係を安定したかつ友好的な基礎の上に置くために、貿易、海運、その他の分野における条約又は協定を締結するための交渉を、事情の許す限りすみやかに開始するものとする共通の希望を表明する。

編注一　本件に関して藤山外務大臣は昭和三十三年十二月二日の閣議で関係閣僚と協議した。

二　第三項は、昭和三十三年十一月十一日発藤山外務大臣より在ベトナム久保田大使宛電報第一三四号の訓令により追加した項目であり、従ってベトナム側に手交した昭和三十三年十月三十一日付共同宣言(日本案)にはないと思われる。

627　昭和33年12月3日　在ベトナム久保田大使より藤山外務大臣宛（電報）

最恵国待遇を明記したわが方の共同宣言案をベトナム外相に手交した旨報告

付　記　右共同宣言案

サイゴン　12月3日後3時30分発
本　省　12月3日後7時13分着

第一九七号（大至急、館長符号扱）

往電第一九三号に関し

マオ外務大臣が留守であり、かつ冒頭往電に対する貴見を心待ちの意味において交渉を暫時差控えていた次第であるが、マオ大臣は去る二十九日帰国せるにつき、わが方共同宣言案に貴電第一三四号の一を挿入せる共同宣言案（追って郵送）を作成の上、三日午前十一時マオ大臣を往訪して提出し、次のとおり説明を加えておいた。

すなわち貴大臣出発前貴方より受領した共同宣言案は、日本政府の受諾するところとならず、唯今提出の案を改めて提出する訓令を受けた次第であるが、政治的にも技術的にもタイム・リミツトが切迫しつつあり、なんら協定妥協に至らないまま年末を越すが如き事態とならば、日本政府としては貴大臣も御承知のとおりの社会党その他の反対により、日一日と賠償締結の困難が増すだけであるのでぜひ本案を御研究の上御採択ありたいと述べたところ、大臣は政府と共に研究方を約した上、日本の通常国会の日取り等につき質問応答の後、本使の質問に対しカンボデイアはタイとは国交を断絶したが、ヴイエトナムに対しては同様の措置に出ないであろうと答えた。

（付　記）

(Projet japonais)

DECLARATION CONJOINTE

En vue de resserrer davantage les relations économiques entre les deux pays, Monsieur Aiichiro Fujiyama, Ministre des Affaires Etrangères du Japon et Monsieur Vu Van Mau, Secrétaire d'Etat aux Affaires Etrangères de la République du Viet-Nam ont déclaré au nom de leur Gouvernement respectif :

1.　Les deux Gouvernements entreront en négociations, aussitôt que possible, en vue de la conclusion de traités ou conventions destinés à asseoir sur une base stable et amicale les relations commerciales, maritimes et aériennes ainsi que d'autres relations économiques entre les deux pays.

2. En attendant la conclusion du traité ou de la convention susvisés, les deux Gouvernements s'accorderont un traitement non-discriminatoire par rapport à celui accordé à tout pays tiers dans le domaine des relations commerciales et maritimes ainsi que dans le domaine d'autres relations économiques entre eux.

3. La présente Déclaration sera soumise à l'approbation de chacun des deux pays conformément à leurs règles constitutionnelles. Elle entrera en vigueur à la date de l'échange de notes confirmant cette approbation.

Saigon, le 1958.

(Signature)

(Signature)

628

昭和33年12月9日　在ベトナム久保田大使より藤山外務大臣宛(電報)

最恵国待遇に応じないベトナムの政治的理由に関する同国副大統領の内話について

サイゴン　12月9日後5時0分発
本　　省　12月9日後8時0分着

第二〇一号(至急、館長符号扱)

往電第一九七号に関し

一、外務大臣と会談後適当の機に副大統領と懇談したく考えおりし折から数日前他用をもつて経済省に出頭した松下大南社長に対し副大統領は日本案に反対の旨るる語つた由松下から内報ありしにつき、八日午後四時往訪し、本日は交渉のためというよりもむしろ日本案をヴイエトナム政府が呑むように貴副大統領もインフルエンスを用いられたい旨お願いに参上したと述べたところ、彼は実を申せば先日のヴイエトナム案はギリギリの線で、あれまで持つて行くに自分としては最大の努力をしたつもりである。日本案をアクセプトしないのは、欲つしないからではなくてできないからである、日本だけならばとにかく米国、フランス、その他あらゆる国から同様の申込みがあり、日本側に non-discriminatoire の取扱を許せば他の国に断るわけにゆかず収拾がつかなくなる、ヴイエトナム国（共和欠カ）としては一たん約束したことは正直に実行したく、約束した上あれが例外であるとか、これが例外であるとか云い逃れをするような不まじめな立場に追い込まれたくないからであると述べた。

本使は non-discriminatoire の待遇は当初から種々なる例外を予定するものであつて、それが一般国際法の通則であるから例外措置を援用することは何も不まじめなことではない、貴国の政策を批判するわけではないが、いずれの国とも約束しないとの政策は理解に苦しむ、日本のみならず他の国にもすべて同様の待遇を約束したとしても貴国になんら実際上の不便起らざるべし、それが故にこそ本使としては日本案を固執するわけであると述べたところ、副大統領はいずれにしても左様な約束をしないことがヴイエトナムの国策である、何故に日本が賠償と直接関係なく実際上損にも得にもならない通商事項につき左様に頑張るのかと逆襲し来たれるにつき、本使は最近日本の政情をお考えになれば、元来ヴイエトナム賠償に反対しておる向きが賠償協定の国会通過を妨げるためにいかに策動するかがお判りになることと思う、日本が賠償に関連してヴイエトナムより得たものがインドネシヤ、フイリピンより得たるところより少いことが判れば、賠償協定は国会を通過しないかも知れないと答えた。

副大統領はこれに対し、日本側には日本側の政治的な理由があろうが、ヴイエトナム側にも同様な政治的理由がある。あれほど援助を受けている米国に対してさえ断り続けていることを御了解願いたいと述べたるにつき、本使は重ねてヴイエトナム側の政治的理由は極めて了解し難く、国際関係の通例から見てもプラテイツクとは思えないと答えた。

副大統領が、現在日本よりの輸入が相当あるが経済大臣として自分が押えておる輸入許可が相当にある、賠償協定がまとまればこれら制限を撤去するつもりであるから、日本の輸出は更に増大することが明らかであるが故に、実際上意味のない通商事項を頑張らないで、自分の立場を察して貰いたいと繰返したので、既に議論が長くなつていたから打切つて辞去した。

事務所に帰り貴電第一四三号を接受した。

二、副大統領は当国知日派の頭目であるから、この際彼の主張に耳を藉し、政府部内(反対派は大統領の実弟ニュー)における彼の立場を強めてやることは一片の議定書を手に入れる以上にわが方に有利ならんかとも思料せらるるにつき、この点もとくと御勘案仰ぎたし。

629 昭和33年12月15日 在ベトナム久保田大使より藤山外務大臣宛(電報)

最恵国待遇を共同宣言に明記することには応じられないとのベトナム側回答について

サイゴン 12月15日後4時25分発
本　省 12月15日後7時14分着

第二〇三号(至急、館長符号扱)

往電第一九七号に関し

本十五日求めにより外務大臣を往訪、大臣は、既に副大統領よりお聞きのとおりヴイエトナム政府としては再検討の結果、遺憾ながら日本案は受諾できないという結論に達したが、理由は既に縷々申上げたとおりであつて、実際上差別待遇はしないのだから日本としてはなんら不利益を蒙らないと述べたるにつき、本使は日本においては御承知のとおり反対論があるほか、貴方の拒否により賛成派も賠償解決の熱意を喪失し、熱いうちに打つべき鉄が冷却することを恐れるものであるが、貴大臣のただ今の御回答を東京へ伝達することは本使の義務であると考える、東京からなんら指示が来ればまた参上すべしと述べて辞去した。

630 昭和33年12月20日 藤山外務大臣より在ベトナム久保田大使宛(電報)

最恵国待遇を明記した交換公文案にて妥結すべく折衝方訓令

別　電　昭和三十三年十二月二十日発藤山外務大臣より在ベトナム久保田大使宛第一五一号

右交換公文案

本　省 12月20日後6時0分発

第一四九号(大至急、館長符号扱)

貴電第二〇三号に関し

一、総理とも協議の結果、通常国会再開後できるだけ速かに本件を上提できるようにすることに決定をみたので、次の方針により、この上とも局面打開に御努力ありたい。

（本大臣は、諸般の事情により一月十日以降の海外出張は困難と予想されるにつき、もしこれまでに協定案等がまとまらない場合は、東京において署名するか又は現地において貴大使が署名するほかないと思われる。）

二、入国滞在手続簡易化取極については従来の先方の口約もあり、特別円の権利留保については、本件が直接賠償問題と関連せる問題なるに鑑み、国会対策上、是非右留保を撤回せしめることが必要であるから、この二件については賠償と同時解決を計る。なお、入国取極は十月三日付大統領令に合わせて別電(一)(省略)の通り修正を加えた。

三、通商関係取極については、賠償協定の速かな妥決をはかるため、別電(二)の通りとする。最終案文確定次第仏文にて追電する。但し、ヴィエトナムのフランスに対する特恵事項に関しては、これをサマリー・オヴ・ディスカッション（結カ）に入れる用意がある。

四、賠償協定、借款協定等については、すでに先方に提出済みの当方案により直ちに字句の最終的整理を進める。

（別　電）

本　省　12月20日後6時25分発

第一五一号（大至急、館長符号扱）

往電第一四九号別電の(二)

（日本側書簡案）

書簡をもつて啓上いたします。本大臣は、日本国政府及びヴィエトナム共和国政府が、それぞれ相手国の国民及び法人の自国内における事業活動及び職業活動並びに両国間の貿易、海運、航空その他の経済関係を安定したかつ友好的な基礎の上に置くため、条約を締結するための交渉をできる限りすみやかに開始するよう日本国政府が希望することを閣下に通報する光栄を有します。

（ヴィエトナム側書簡）

書簡をもつて啓上いたします。本大臣は、本日付の閣下の次の書簡を受領したことを確認する光栄を有します。

〔日本側書簡〕

本大臣は、閣下の前記の書簡に述べられた日本国政府の希望がヴィエトナム共和国政府の希望でもあることを確認する光栄を有します。

したがつて、両国間の通商航海条約締結交渉は、両政府の合意するところによりできるだけ早い時期に開始されることとなるでありましよう。

本大臣は、さらに、ヴィエトナム共和国内における事業活動及び職業活動並びに貿易、海運その他の経済関係に関して、ヴィエトナム共和国が日本国に対して他のいかなる第三国に対して与えている待遇に比しても不利でない待遇を与えていることをヴィエトナム共和国政府が確認し、かつ、今後も右のヴィエトナム共和国政府の立場を変更する意思を有しないことを閣下に通報する光栄を有します。

631 通商に関する交換公文案をベトナム側へ提示した旨報告

昭和33年12月23日　在ベトナム久保田大使より藤山外務大臣宛(電報)

サイゴン　12月23日後5時10分発
本　　省　12月23日後7時59分着

第二一一号(至急、館長符号扱)

貴電第一四九号に関し

本二十三日小川と共に外務大臣を往訪、本使より前回の会談において貴大臣の述べられたことおよびその数日前副大統領が云われたことは詳細日本政府に報告し、この間東京からの二、三の新聞通信は日本政府がヴィエトナム案を呑んだ旨を報じたが、本使の最近受取つた訓令は右の通信とは異なり、日本政府は前の提案よりも軽い形式ではあるが、無差別待遇の一項を含む交換公文案を提出するよう訓令越したのでここに提出する(郵送する)。なおそのほかに入国簡易査証に関する交換公文および特別円に関するわが方提案についても話を決めたいと思つて、小川公使を同道したわけであると前提して、簡易査証に関するわが方修正案(別電する)を提出し、これ等二の問題については従来主として小川公使とラム局長との間に話合いが行われたが、本使の了解するところでは両者間にほとんど意見が一致していたようであると述べたところ、大臣は両案を受取つて研究を約したが、ラム局長が当方の予期に反して同席しなかつたため深い議論には入らず、特別円に関する従来のいきさつを述べたに過ぎなかつた(簡易査証および特別円については別途小川をしてラム局長と最後的に話合いさせるつもり）。

なお本使より、藤山大臣は一月十日以前なればともかくその以降となれば国外出張不可能の由につき、サイゴンで貴大臣と本使の間で署名するか、または東京で署名するほかに方法はないと申入れておいた。

632　昭和33年12月24日　藤山外務大臣より
在ベトナム久保田大使宛（電報）

通商に関する交換公文修正案をベトナム側へ再度提示方訓令

本　省　12月24日後8時15分発

第一五三号（大至急、館長符号扱）

往電第一四九号に関し

一、通商関係交換書簡については、その後更に検討の結果往電第一五一号の日本文案によらず別電一（省略）（日本側書簡）及び別電二（省略）（ヴィエトナム側書簡）の仏文案の方が望ましいとの結論に達した。けだし前記往電のヴィエトナム側返簡後段においては、ヴィエトナムが現在日本に与えている事実上の無差別待遇をヴィエトナム政府が確認し、かつ、今後も右の立場を変更する意思がない旨を謳つたが、検討の結果、当方としては、現在ヴィエトナムの関係法令等が手許になく、また、具体的に個々の問題につきヴィエトナムがわが国に無差別待遇を与えているかどうか確認し得ないのが実情であり、もし現実には差別待遇をしている場合にはわが方が今次往復書簡の結果としてこの事実を黙認し、将来その改善を求める意思がないと解される惧れがあるためである。よつて貴電第二一一号によれば、すでに前記往電を仏訳の上提出済みの由なるも、適当な機会に本案をも先方に提案されたい。

二、本案は左の如き理由により、ヴィエトナム側により受諾不可能でないと考えられる。

(イ)協定、議定書、交換公文等の合意の形式をとらず、単に一方的に意思を相手に通報する書簡としたこと

(ロ)わが方よりの書簡には単に通商航海条約交渉を開始する希望のみを述べていること

(ハ)ヴィエトナム側書簡中の今後の待遇の点は(イ)に述べた如く一方的意思表示であり、これに対してわが方より accuser réception をも発しないこと

(ニ)しかもヴィエトナム側書簡の用語はconfirmer l'intentionとして表現上も義務的感覚を軽くしてあること

(ホ)なお、待遇の点につきヴィエトナム側のみがこれに触れ、わが方が与えることに触れていないのは、双方で待遇を与え合うということとなると、どうしても合意の形式をとらざるを得ず、これは貴大使従来の交渉によりヴィエトナム側において受諾の可能性がないことが明かになったためである。

三、入国滞在取極は、元来ヴィエトナム側が通商議定書乃至は通商議定書合意議事録中の入国滞在に関する部分を受諾するか否か不明であったので、通商議定書とは切離して、これを前提とせず起案したものであるが、ヴィエトナム側が今次提案の通商関係往復書簡を受諾するならば、ヴィエトナム側書簡中に入国滞在に関する規定があるので、入国滞在取極につき実質的合意が成立し、レダクシヨンの段階に達したとき、同取極の中に何らかの意味で書簡と連絡をつける文言を挿入する必要があると考えている。

---

633 昭和33年12月25日 在ベトナム久保田大使より藤山外務大臣宛(電報)

ベトナムは交換公文案に同意せずベトナム側共同宣言案に固執している旨等報告

サイゴン　12月25日後7時12分発
本　　省　12月25日後10時35分着

第二一四号(至急)

往電第二一一号に関し

一、二十四日午後小川がサマリー・オブ・デイスカッシヨン等につき打合わせのためラム局長を往訪したところ、同局長の方よりマオ大臣の命によりお話しする次第であるから久保田大使に伝達願いたいと左のとおり述べた。

(イ)通商に関する公換公文案には同意し難くヴィエトナム側の提案した共同宣言案をあくまで固執する。

(ロ)簡易査証取極案については仏国人の特権を一般外国人並に引き下ろすために折角十月三日付の大統領令を公布した矢先であるので、今直ちに賠償協定と同時には考慮し難い。

(ハ)特別円留保撤回については今更面子上からいつても政

府の公文を引込めるわけには行かないし、客年四月十七日付の在京ヴィエトナム大使館あて日本外務省口上書で事実上問題は解決されたものと思考する。従つてこの際はなんらヴィエトナム側から措置をとりたくない。

二、これに対し小川より前記(イ)に関しては従来副大統領および外務大臣より度々言明のあつたヴィエトナム政府の対日方針を確認したものに過ぎないのに何故反対するや、(ロ)に対しては通商議定書案は困るがその代り本件は考慮してもよいという前言と食い違うが何故なりや、(ハ)に関しては前記日本外務省口上書に対しなんらヴィエトナム側の回答がなされていないから国会答弁上必要な何らかの文書をぜひもらいたいという趣旨でそれぞれ反論を加えたが、ラム局長は本日は外務大臣の命令を伝達するだけだから自分としては何とも返答しかねるというだけで議論にならず、一応話を打切り辞去した由である(右応酬については委細公信する)。

三、クリスマス休暇明けに本使より更にマオ大臣ないしは副大統領に会見を求め先方の腹を探る心づもりであるが取りあえず以上御報告する。

四、なお先般来東京よりしきりに日本側譲歩との外電(例えば最も新しい二十二日付UPI東京電の如きは外務省筋の情報として日本側は最恵国待遇に関する要求を撤回したので近いうちに本件交渉は妥結し、一月十日前後には署名の運びとなるべく、藤山大臣が署名のためサイゴンに赴くことになろうと伝えている)が入るので、わが方が完全に折れて妥結を急いでおるという印象をヴィエトナム側が持つていることは確実であり、そのため先方の態度は何でも日本案を蹴飛ばせばわが方は譲歩すると足許を見ておるものか、全然歩寄りの誠意が見受けられないのみか、先に口約したことをも事情変更を理由に破棄しかねまじき状況である。前項三の会見後卑見具申すべきも右の状況特に御留意おき相成りたい。

五、本電発電間際に貴電第一五三号、第一五四号および第一五五号接到したるにより通商関係交換書簡案仏文テキストを検討したが、現地作成仏文テキストに比して往来簡とも入国、滞在の項目が追加され、特に書簡案中に先方の最もいやがつておる en attendant la conclusion du traité

……が新たに挿入されているので現地案ですら拒否している先方が新提案を率直に受入れることは到底期待し難いと存ぜられる。今となつては問題は理論や形式ではなく先方の意図が賠償協定だけで逃げようとするところにあり、わが方としても交渉の最終段階における態度を決めるべき時期に来ておると考えられるので、新提案提出については本使が外務大臣ないし副大統領との会見の際の情勢を見た上での裁量に御一任願いたい。

634

昭和34年1月10日　藤山外務大臣より
在ベトナム久保田大使宛(電報)

最恵国待遇の取極に関する方針は検討中のため賠償協定及び借款協定に関する残された問題につき合意取付け方訓令

本　省　1月10日後5時30分発

第二号(館長符号扱、大至急)

客年貴電第二一九号及び第二二〇号に関し

通商関係に関する冒頭貴電案については、なお慎重検討中なるも、本件は賠償本体に対する先方の態度と密接な関連を有するにつき、本件に関するわが方の最終的態度決定に先立ち、すでに先方に提示ずみの賠償協定、借款協定の残された問題点(客年貴電第一九八号)につき至急先方の合意を取付けるよう交渉ありたく、右結果をみて次第によつては貴大使に帰朝を命ずることもあるにつき、お含みありたい。

特別円問題については追電する。

635

昭和34年1月15日　在ベトナム久保田大使より
藤山外務大臣宛(電報)

経済開発借款における輸銀融資の形態に関するベトナム側修正案への応酬振りにつき請訓

別　電　昭和三十四年一月十五日発在ベトナム久保田大使より藤山外務大臣宛第六号

右修正案

サイゴン　1月15日前6時10分発
本　省　1月15日前9時11分着

第五号(館長符号扱、大至急)

往電第四号二、に関し

一、十二日午前小川がラム局長を往訪し、客年往信第六六八号をもつて報告した同局長に手交した四文書のうちサマリー・オブ・デイスカツシヨンを除く他の三文書に対するヴイエトナム政府の正式の回答を求めたるところ、ラム局長は上記往信別添の乙号（賠償年度割の変更案）および丁号（九一〇万ドル交換公文修正案）は異議なし、また丙号㈠（十四日認証期限問題）はサマリー・オブ・デイスカツシヨンにて解決済、丙号㈡については字句修正案中《ママ》（本問題については追電する）にて、いずれも問題なしと考えおる旨を確言したが、小川は念のため後刻電話にて確認を得たいと述べて辞去した。同日夕刻小川より回答を催促したところ副大統領不在の故をもつて翌十三日午前中に返事したいということであつた。

二、十三日午前ラム局長より電話があつたが前日の確言と違う様子なので小川は直ちに外務省に同局長を往訪したところ、ラム局長は副大統領の意向により

(イ)前記丁号㈠（五年の後を三年以上の後に繰上げる修正案）の字句を多少修正して欲しい（別電第六号一、）。

(ロ)同号㈡によれば輸銀の融資がいかにも逃げ腰であるから左《ママ》の点今少し明瞭に表言《ママ》してもらいたい。

という二点につき修正方を提案したいと申出たので小川は昨日の話と全然違うし異議があるならば客年十二月四日に提出した直後に何故に申出をしなかつたかと強く反駁を加え、この上は最後の話をするために副大統領に直接面談したいと申し残して辞去した。

三、本十四日午前八時半約束により小川がトー副大統領を往訪し（ラム局長が同席し、後半中座す）、前日ラム局長に申述べたと同様の論議を加え、この期に及んで修正案を出されては東京の空気が一ぺんに冷却することは目に見えており、通商待遇に関する妥協案も引込めざるを得なくなるし交渉は再び暗礁に乗上げることは必定であると率直に見解を申述べ、副大統領の深甚なる再考を求めた。副大統領は本件借款については植村特使と交渉以来自分が最後まで固執した点であり、ことに輸銀直接融資を最初より希望しておることは貴官も十分に御承知の通りであると思うし、今突如として提案するわけではないと弁明したので、小川は従前から何度も御説明した通り日本側提案は対印借款以来のプリンシプルを表現したもので

貴国政府に対して特例を設けるわけには行かないし、また実際問題として、ことプラント輸出に関しては輸銀と市中銀行との協調融資の形態が最も実際的であり、終局において金利の点においても不利にはならないことを縷々説明して、副大統領も経済大臣として這般の消息には十分通じておられるはずだし必要ならば金融専門家たる国立銀行総裁に諮問されれば、おのずから氷解すると思うと説得に努めたが、副大統領は『必要ならば』（s'il s'avère nécessaire）という字句がどうしても気になる、すなわち日本政府は辞を設けて輸銀側をプッシュすることを怠るのではないかと心配する次第であるといい出したので議論をしても始まらぬと考え、日本側提案を修正することは日本政府は頑として承諾しないであろうとつつぱねた。副大統領は内心輸銀の単独融資に見切りをつけたものか最後に然らば別電第六号二、の如き案にて妥協したいから今一度本国政府に請訓してみて欲しいと申入れて来たので、協調融資も場合によつてはやむを得ないということを承諾されるならば久保田大使とも相談した上で本国政府に最後の請訓を試みようと答えて約二時間にわたる会談を終え辞去した。

四、今回先方が提示して来た前記二、修正案を通じて窺われることは協定調印後、実施段階において日本政府がなんらかの理由により義務履行を怠る恐れがあるのではないかという猜疑心を当国側が持つていることであり、これはいかに説明しても安心できない小国側の不安感を端的に表明したものと考えられる。従つて当国の如き国と協定を結ぶ場合には本質的にさしたる影響がない限りある程度まで条文上の表現において多少の考慮を加えてやることはやむを得ないと思われるので、別電第六号の先方修正案御検討の上でき得る限り先方の希望を入れたわが方対案を至急御回示願いたい。

なお先方修正案は一見甚だしくわが方提案と乖禽(離カ)する印象を与えるかも知れないが、実質的には両者に大なる食違いはなく、場合によつては協調融資もやむを得ないという前提に立つていることを御承知の上で御検討願いたく、ただ表現を解りやすくして欲しいという強い希望に基づくものであることを申添えたく、仏文についても十分に推敲してないと思われる節もあるが、そのまま電報するにつき字句の点において十分に御検討願いたい。

(別　電)

サイゴン　1月15日前6時10分発
本　省　1月15日前10時19分着

第六号(大至急、館長符号扱)

一、九一〇万ドル借款交換公文第一項中わが方修正提案たるカッコ内挿入仏文 Cette période de cinq ans pourra être remplacée--------の字句を次の仏文の通り修正する(本文の中にカッコ挿入することが好ましくなければ本文はそのまま五年後としておき、サマリー・オブ・ディスカッション中に同趣旨の註釈を謳うことにしても差支えない)

Cette période sera ramenée à moins de cinq ans, mais à plus de trois ans au cas où les projets auxquels les crédits en question sont destinés pourront être entrepris avant l'expiration de cinq ans

二、(イ)同上交換公文第三項第一段の末尾に、すなわち dans le cadre des lois et règlements applicables の次に et dans les conditions et délai prévus dans le présent échange de note の字句を追加する。

(ロ)同項第二段全部を削除し、その代りにサマリー・オブ・ディスカッション中において本借款が輸銀の直接融資もしくは市中銀行との協調融資のもとに行われるよう日本国政府は配慮するものとするという趣旨を明らかにする。すなわち

Sous la forme du prêt direct de la banque d'export-import ou bien du prêt combiné de ladite banque et d'autres banques privées.

636

昭和34年1月26日　藤山外務大臣より在ベトナム久保田大使宛(電報)

経済開発借款における輸銀融資の形態に関するベトナム側修正案への対処方針につき回訓

本　省　1月26日後3時0分発

第七号(大至急、館長符号扱)

貴電第五号、第六号及び第七号に関し

一、賠償年度割額変更に関する当方案は七五〇万ドル借款協定案第一条及び第二条に関する交換公文案第二項を原案

のままとすることを前提としているが、ヴィエトナム側が後者について従来の主張（年限度額三、三、一・五百万ドル）を撤回するや否やを確認されたい。

二、冒頭貴電第六号二、の先方反対提案に関しては、(1) "Cette période sera ramenée ..." では一定の客観情勢の到来とともに本件変更を義務づけられることとなるので sera は pourra être とし、(2)誰れが本件計画は五年以前に実施可能となつたかを判断するか、その主体が不明確であるのでこれを明確にすることとして、先方提案を次の通り修正の上交換公文本文カッコ内に挿入する。

Cette période pourra être ramenée à moins de cinq ans, mais à plus de trois ans, s'il y a un accord à cet effet entre les deux Gouvernements.

而して先方の意向を容れて、サマリー・オヴ・ディスカッション中に IV. Echange de notes relatives aux prêts commerciaux の(1)として、次の文言を挿入する。

La Délégation japonaise a déclaré que le Gouvernement du Japon serait prêt à donner son accord à ce que la période de cinq ans soit ramenée à une période de plus de trois ans, au cas où les projets auxquels les prêts en question sont destinés pourraient être entrepris avant l'expiration de la période de 5 ans.

三、冒頭貴電第六号三、(イ)の先方追加修正案については、「本件借款の条件は将来、借款の当事者間で定められる」べきものである（公文案第四項）以上、「この交換公文に定める条件及び期間に基いて」という文言の挿入は無意味である。

四、冒頭貴電第六号三、(ロ)に関しては、先方案の通り本件交換公文案第三項第二段全部を削除し、かつ、サマリー・オヴ・ディスカッション中にIV. の(2)として次の文言を挿入することとする。

En réponse à la question posée par la Délégation vietnamienne au sujet des paragraphes 2 et 3 de l'Echange de notes, la Délégation japonaise a indiqué qu'il y a deux façons de financement qui pourrait être effectué par la Banque d'Export-Import du Japon :

(a) financer, avec le concours de banques privées, les entreprises privées japonaises qui accordent des crédits.

(b) accorder des prêts directs.

La Délégation japonaise a ajouté que, au cas où le financement serait effectué au sujet des prêts par la Banque d'Export-Import du Japon, le Gouvernement du Japon faciliterait et activerait ledit financement dans le cadre des lois et règlements applicables.

五、冒頭貴電第七号一、に関しては、

(1)本件は、賠償協定第四条第四項にいう「契約によらない生産物及び役務の供与」の内容を先方が誤解していることに由来するものと思われるが、わが方としては次の理由から先方案は受け入れ難く、客年往電第一四五号のわが方原案通りとする。すなわち、賠償として供与される生産物及び役務のうち、契約により供与され得るものはすべて契約によらなければならず、従って、「charges accessoires」(当方としては、この表現は、運賃保険料等を意味すると解する)を要する生産物の供与はすべて賠償契約を必要とする。よつて、賠償協定第四条第四項にいう「契約によらない生産物」は、例えば賠償使節団がその職務遂行上必要とする物品或いは日本において訓練を受ける技術者等に必要な物品(紙、鉛筆等)を意味するものであるから、右の旨ヴィエトナム側に説明されたい。

(2)先方が右を了承しない場合は、実施細目交換公文案Ⅱ、支払第四項と賠償協定第四条第四項との関係を明文化するため、右の支払第四項を初期のわが方原案に戻し、加うるに、サマリー・オヴ・ディスカッションわが方案Ⅱ、(2)を次の文言に変更する案を先方に提示されたい。

Les "frais" mentionnés au paragraphe 4, II. Paiement, de l'Echange de notes comprendront les frais de la Mission et ceux d'entraînement de techniciens et artisans vietnamiens.

六、サマリー・オヴ・ディスカッションのわが方修正案については追電する。

637 政府借款供与年度額の変更要求をベトナムが撤回した旨報告

昭和34年1月28日　在ベトナム久保田大使より藤山外務大臣宛(電報)

サイゴン　1月28日後4時0分発
本　　省　1月28日後7時10分着

第一一号（大至急、館長符号扱）

貴電第七号に関し

一、本二十八日午前小川はラム局長を往訪し、冒頭貴電の御訓令を左のとおり執行した。

(イ)七五〇万ドル借款の年限度額先方主張（三・三・一、五）は当然撤回されたものと了解しておるが如何と駄目押しをしたところ、ラム局長は賠償年度割増額提案の際の貴官の説明により、賠償による消費財輸入の方がベターであることを了解したので、既に納得済であると答えた。

(ロ)貴電二、三、及び四、についてはそれぞれタイプに打つてラム局長に手交し、わが方修正案提出の理由を詳細説明したところ、先方は一応了解し副大統領に伝達することを約した。

(ハ)貴電五、については先方の誤解を解くため種々実例をあげて説明を加えたところ、『賠償契約によらない生産物及び役務の供与』の範囲がそれほど狭いものならば余り興味がないではないかと述べたので、小川はまさにそのとおりであり、契約なしの例外供与を広範囲に認められないのは常識上当然ではないかと応酬し、さらにかくなればサマリー・オブ・ディスカッションにd'autres frais の字句の解釈に関する一項を入れることすら不要であろうと申入れたが、ラムは一度副大統領とも相談してみると答えた。

二、本件に関する副大統領の反応あり次第最終的に報告すべきも右取りあえず。

638

昭和34年1月30日　在ベトナム久保田大使より藤山外務大臣宛（電報）

経済開発借款の始期繰上げ及び輸銀融資の形態に関してわが方案に同意した旨報告

サイゴン　1月30日前2時0分発
本　　省　1月30日前9時1分着

第一二号（大至急、館長符号扱）

往電第一一号に関し

一、本二十九日午後ラム局長より小川に対し、副大統領の命による趣をもつて左のとおり電話回答があつた。

(イ)商業借款の始期繰上げに関する規定(五年後を三年以上後に短縮の件)についてはわが方修正案に同意する。

(ロ)輸銀融資態様に関する規定についてもわが方案にて結構だが、サマリー・オブ・ディスカッションの最後にヴィエトナム側の一方的希望表明(déclaration unilatérale とラムは電話にて断つていた)として、次の文句を追加してもらいたい。

La Délégation vietnamienne prend acte des précisions fournies par la Délégation japonaise et déclare que le Gouvernement vietnamien accorde la préférence à la formule de prêts directs.

(ハ)「契約によらない生産物および役務の供与」については、d'autres frais の解釈に関する一項目をサマリー・オブ・ディスカッション中に挿入する案を撤回する。即ち他のフィリピン、インドネシアなみにわが方原案通り本件交換公文Ⅱ支払第四項の規定だけで結構である。

二、前記一、(ロ)の先方希望表明追加の件は先方も気休めと申しておるのであるから、この際同意方御考慮願いたい。

三、以上にてサマリー・オブ・ディスカッション案を除き、賠償協定関係は一応問題点の整理を終つた次第であるが、各般の事情につき電信にては十分に意を尽さぬ点も多々あり、かつ内地の政情についても認識を新たにする必要があると考えられるのみならず、先方は出先にていかに否定しても、とかく外電その他の誤つた情報を信用しがちであるので、これをはつきり否認して日本政府の真の意図を伝達する必要からいつても、この際ぜひとも短期間の本使一時帰朝至急発令方まげて御考慮願いたくこの段りん申する。

639　昭和34年2月4日　藤山外務大臣より　在ベトナム久保田大使宛(電報)

久保田大使一時帰国の了承について

本　省　2月4日後3時0分発

第一二号(大至急)

貴電第一二号に関し

貴大使は往返二週間の予定をもつて一時帰国されたい。

編　注　久保田大使は昭和三十四年二月六日から同年三月五日まで一時帰国した。

640　昭和34年3月2日　藤山外務大臣より在ベトナム久保田大使宛

請求権に関する書簡案の送付について

亜東第二五号

昭和三十四年三月二日

外務大臣　藤山　愛一郎

在ヴィエトナム

特命全権大使　久保田　貫一郎殿

請求権に関する書簡案送付の件

(一)請求権に関するヴィエトナム側書簡案（省略）

(二)請求権に関する日本側書簡案及びこれに対するヴィエトナム側返簡案

別添のとおり送付する。

本件に関しては右の二案のいずれかにより妥結を図るよう極力交渉に努められたく、右にて妥結し得ざるときは、あらためて訓令を求められたい。

（昭三四・二・二六）

（別　添）

（請求権に関する日本側書簡）（案）

書簡をもつて啓上いたします。本　　は、日本国政府の次の了解を確認する光栄を有します。

千九百五十九年　月　日に署名された日本国とヴィエトナム共和国との間の賠償協定に定める場合を除き、第二次世界戦争の遂行に関連して日本国及びその国民が執つた行動から生じたヴィエトナム共和国及びその国民の請求権は存在しない。

閣下が、前記の了解をヴィエトナム共和国政府に代つて確認されれば幸であります。

本　　は、以上を申し進めるに際し、ここに重ねて閣下に向つて敬意を表します。

千九百五十九年　月　日にサイゴンで

（ヴィエトナム側返簡）（案）

書簡をもつて以上《(啓カ)》いたします。本　　　は、本日付の閣下の次の書簡を受領したことを確認する光栄を有します。

〔日本側書簡〕

本　　　は、本国政府に代つて、前記の閣下の書簡における了解がヴィエトナム共和国政府の了解でもあることを確認いたします。

千九百五十九年　月　日にサイゴンで

641　通商に関する共同宣言案（第一案・第二案）の送付について

昭和34年3月2日　藤山外務大臣より在ベトナム久保田大使宛

亜東第二七号

昭和三十四年三月二日

外務大臣　藤山　愛一郎

在ヴィエトナム
特命全権大使　久保田　貫一郎殿

通商に関する共同宣言案送付の件

通商に関する共同宣言日本案（第一案及び第二案）別添のとおり送付する。

わが方としては、第一案で妥結することが望ましいと考えているので、できれば同案で妥結するよう努力されたい。ただし、已むを得ない場合には第二案によるも差支えない。

（第一案）

通商に関する共同宣言（案）

日本国とヴィエトナム共和国との間の賠償協定の署名に当り、両国の全権委員は、それぞれの政府に代つて次の共同宣言を行つた。

同協定の締結は、両国間の友好関係をますます強化するとともに、一方の国の国民による他方の国における入国、滞在、居住、事業活動及び職業活動並びに両国間の貿易（関税を含む。）、海運及び航空その他の経済関係をますます密接にするものである。

両国政府は、通商航海条約を締結するための交渉を早期に開始するであろう。

（第二案）

通商に関する共同宣言(案)

日本国とヴィエトナム共和国との間の賠償協定の署名に当り、両国の全権委員は、それぞれの政府に代つて次の共同宣言を行つた。

同協定の締結は、両国間の友好関係をますます強化するとともに、経済関係をますます密接にするものである。

両国政府は、通商航海条約を締結するための交渉を早期に開始するであろう。

〰〰〰〰〰〰〰〰〰〰〰

642 簡易査証と特別円に関するわが方主張を撤回し通商に関する共同宣言案(第一案)をベトナム側へ提示した旨報告

昭和34年3月7日

在ベトナム久保田大使より
藤山外務大臣宛(電報)

サイゴン　3月7日後6時0分発
本　　省　3月7日後9時56分着

第三五号(至急、館長符号扱)

六日午後外務大臣を往訪、日本においては賠償問題に関し種々な潮流および逆流があるが、岸総理、藤山外相の本件妥結の決意に変わりはない、本使は東京滞在中各方面に働きかけ、その結果今回新しい訓令を受けて帰任した次第であるが、それは以下申述べるとおりわが方の非常な譲歩であると前提し

一、簡易査証取極に関してはわが方案を撤回し、本件は後日の交渉案件とする。

二、特別円に関するわが方案も撤回する。その理由はわが方の最終書簡から既に二年も時日が経過している今日、今更これに言及するのは適当でないとも考えられるからである。ただし旧仏印地区に関しては他の国と異なりドゴール政権、ヴィッシー政権、わが軍の進駐等法律関係が錯雑しておつたので、わが方としては二重払い(具体的なケースではなく漠然たるもの)とならない保証を要求する空気が各方面にあるので、この案を提出するとて貴信亜東第二五号の第二案を読み上げて文書に書くと固い表現となるが、要するに日本としては賠償支払い以外になんら支払うべきものがないという保証が欲しい訳であると説明したところ、マオはそれは当然のことではないかと繰返した(原案の第二次大戦関係云々のところを日

本軍の仏印進駐以降云々と書き換えて提出のつもりであつたが、七日午前中として申込んだ会見が六日午後となつたので書き換える時間がなくて原案通り提出した)。

三、大問題であつた通商関係の議定書《(共同宣言カ)》についてもわが方は実質上九〇パーセント貴方の案を受入れる。ただし最恵国とか無差別待遇とかの表現を伴わず、単なる希望の表明に過ぎない一句を付加して、ここに本案を提出すると述べて貴信亜東第二七号第一案の仏文を読み上げて提出したところ、研究方を約して受取つた。

本使はこの十六日に再び東京に出発する予定であるので、来週中に貴政府の意向を伺いたいと述べ、藤山大臣は国会の関係で四月一杯は国外へ出られないが、五月になれば適当な時期に調印に来られることが可能であろうと述べたところ、大臣は五月なれば当政府としても好都合であるといつた。

なお本七日午後四時副大統領と会見の予定。

643　昭和34年3月12日　在ベトナム久保田大使より藤山外務大臣宛(電報)

通商に関する共同宣言ベトナム側修正案の受領につき報告

付　記　右修正案

サイゴン　3月12日後6時27分発
本　　省　3月12日後10時43分着

第四〇号(至急、館長符号扱)

往電第三五号に関し

本十二日午前十一時求めにより外務大臣を往訪、大臣は先日御提出の日本案(請求権に関する往復書簡案および共同宣言案)を実質的にはそのままとし、単に形式的な補足を加えたヴィエトナム案をここと《(にカ)》提出するといつて、かねて用意の文書を手渡した。一読したところ別に重要な変更がないと思われたから受取つた。

マオは実は共同宣言案の第一項は複雑に過ぎて、大統領ももつと簡単にしたらとの意向であつたが、自分が反対して日本原案を存置した次第である、これで長い交渉も実際上終つたことと了解すると述べた。

本使は御提案は直ちに本国に報告する、サマリー・オブ・ディスカッションはなるべく早く小川公使とラムの間で決定せしめたいといつたところ、大臣は飜訳の都合もあるからなるべく早く最終案を決定したいと述べた。

ヴィエトナム提案（十三日便にて空送の予定）と日本原案の相違点および右に関する本使の意見は追電する。

（付　記）

(Projet vietnamien)

(le 12 Mars 1959)

DECLARATION CONJOINTE

A l'occasion de la signature de l'Accord de Réparations entre le Japon et la République du Viet-Nam, les Plénipotentiaires des deux pays ont fait, au nom de leur Gouvernement respectif, la déclaration conjointe suivante :

La conclusion et la réalisation de l'Accord de réparations resserreront encore davantage les liens d'amitié qui unissent les deux pays et rendront plus étroites leurs relations économiques notamment dans les domaines du commerce, de la navigation maritime et aérienne, ainsi qu'en ce qui concerne l'entrée, le séjour, la résidence et la conduite d'affaires et l'exercice d'activités professionnelles par les nationaux d'un pays dans l'autre.

Les deux Gouvernements entreront en négociation aussitôt que possible en vue de conclure un traité de commerce et de navigation.

Saigon, le

644　請求権に関する書簡案及び通商に関する共同宣言案のベトナム側修正要求箇所について

昭和34年3月12日　在ベトナム久保田大使より藤山外務大臣宛（電報）

サイゴン　3月12日後10時55分発

本　　省　3月13日前7時8分着

第四一号（至急、館長符号扱）

往電第四〇号に関し

一、請求権に関する往復書簡案についての先方対案は「日本国およびその国民がとつた行動」の字句の代わりに「日本国および日本占領軍のとつた行動」(mesures quelconques prises par le Japon et par les forces japonaises d'occupation)

の字句に変更されている点が主な相違点で、他に多少の字句の修正があるがほとんど問題とするに足りない。先方案に従えば、理論的には日本占領軍に所属する軍人、軍属以外の日本国国民が、かりに戦争遂行に関連すると称してとつた行動（詐欺行為その他）によりヴィエトナム側に与えた損害があつた場合、ヴィエトナム側は請求権を放棄しないことになり、桑港条約第十四条(B)の規定より範囲が狭くなるが、かかる事例は従来も提起されおらず、将来もほとんど起り得ないと考えられるので、この際先方案を御受諾相成りたい。

二、共同宣言案については日本案第一項において貿易（関税を含む）とあるを、先方はカッコ内の字句を削り貿易のみにした点を除き多少順序を入れ換えただけで、ほとんどわが方案を採用している。貿易という字句は広義において関税事項を含むものと解せられるので、先方修正案にて差支えないと考えられる。

三、以上請求権および共同宣言について大体妥結の見通しがついたので、賠償協定案の字句整理、ならびに議事録案の意見調整を近く開始するつもりである。

645　昭和34年3月30日　藤山外務大臣より在ベトナム小川臨時代理大使宛

共同宣言案から関税の文言を削除したベトナム側の修正意図につき確認方訓令

亜東第四三号

昭和三十四年三月三十日

外務大臣　藤山　愛一郎

在ヴィエトナム

臨時代理大使　小川　清四郎殿

通商に関する共同宣言案に関する件

三月十二日付第一四五号貴信、別紙乙号に関し、ヴィエトナム側で「関税を含む」の一句を削除した理由が、貿易という字句の中には当然関税も含まれるから特記する必要はないといつた軽い程度のものであれば、わが方としてもこれを削除することに反対はない。よつて先ず先方の意図を充分確認されたく、結果回電ありたい。

646　昭和34年4月2日　在ベトナム久保田大使より藤山外務大臣宛（電報）

共同宣言案へのベトナム側修正意図につき報告

サイゴン　4月2日後7時0分発
本　　省　4月2日後9時37分着

第六一号（至急、館長符号扱）

四月二日午前十一時半外務大臣を往訪、帰任のあいさつを述べ、藤山大臣の五月上旬賠償調印のためサイゴンに来られる希望には変りないことを告げ、次のような応酬をした。

一、通商に関する共同宣言に関し、貴方案はわが方案にあつた「関税を含む」という文句を削除しておるがいかなる理由によるものなりやと質したるに対し、マオはcommerceは当然にdroit de douaneを含むので、いわずもがなであるから削除したのであると答えたから、わが方も実はそのとおり解釈しておつたので、この点は誤解の余地ないと考えると答えておいた。

二、請求権放棄の共同宣言（ママ）に関し、わが方は三月十二日の貴方対案中よりpour les dommagesとd'occupationを削除したい、その理由は前者に関しては桑港条約第十四条A項は損害および苦痛となつており、同条B項には損害という字も苦痛という字もないのでわが方としてはこのB項に調子を合わせたい。また後者についてはこのoccupationという字を使えばそれがいつから開始されたかといつたふうな法律論がこんがらがるおそれがあるのみならず、共同宣言（ママ）にはかようなぎらぎらした言葉を使わない方がいいと思うからであると説明した。大臣は即座にd'occupationの削除に賛成し、前者については一応研究すると答えたので、本使は実質になんら変化がないのだから受諾されたい旨重ねて述べておいた。

647　昭和34年4月9日　藤山外務大臣より在ベトナム久保田大使宛（電報）

通商に関する共同宣言ベトナム側修正案にて妥結方訓令

本　省　4月9日後4時50分発

第四五号（大至急、館長符号扱）

往電合第二五二号に関し

本大臣は今度の時期を失すれば、いつ調印に赴き得るか分らないので、次により大至急交渉をまとめた上、協定最終案文は遅くとも二十五日迄に本省に必着するよう送付ありたく、日本文及び仏文の調印本書は本省において作成の上携行する(ヴィエトナム語調印本書作成のための用紙は直ちに送付する)。

一、貴電第六一号第一項については、文面からは、「関税を含む」は削除することに合意せるものと了解する。第二項についてはpour les dommagesを削除し、亜東第四四号により妥結されたい。

二、貴電第五九号に関しては異議ない。

三、貴電第六〇号については、速かに副大統領と折衝の上往信第四二号のラインにて妥結されたい。

648

昭和34年5月1日　外務省作成

「ヴィエトナム共和国とこの際賠償協定を締結せねばならない理由の説明資料」

付　記　昭和三十四年三月、アジア局南東アジア課作成

「ヴィエトナム賠償問題に対する横田喜三郎氏の見解」

ヴィエトナム共和国とこの際賠償協定を締結せねばならない理由の説明資料

昭和34．5．1

1．政治的理由

「ヴィエトナム共和国」の前身たる「ヴィエトナム国」が1951年9月8日桑港条約に調印し、1952年4月28日に効力を発生しており、わが国としては、わが国が全ヴィエトナムを代表する正統政府として承認しているヴィエトナム共和国政府を相手として条約上の義務を果す責任がある。

桑港条約が発効して以来既に7年、沈船引揚協定の調印(ママ)以来6年、一昨年植村特使を派遣して本交渉を始めてからでも二年半を経過している。(その間一昨年秋岸総理がヴィエトナム訪問の際も交渉を速かにまとめるよう努力方コミットしておられる)。その間交渉は一進一退の状況であったが、今回は、先方も、わが方が呑める線まで折れて来ているので、慢然と妥結を延ばす訳には行かない。

理想論からいえば、南北統一が実現した後に、統一政府を相手に協定を結ぶに越したことはないが、現実問題

として、近い将来に南北統一が実現する見込は無く、わが国としては、信義の問題としても、条約義務の履行をこれ以上、何時までも遷延すべきでない。

（注）(1)　反対論の一つは『桑港条約を締結したのはヴィエトナム国であつて、ヴィエトナム共和国ではない』というにあるが、ヴィエトナム共和国は1955年1月23日行われた国民投票の結果ゴー首相が大統領となり共和制を宣言し、わが国は『新政府との外交関係を維持する』旨通告しているので、ヴィエトナム共和国に対して桑港条約の義務を履行するのは当然のことである。

(2)　南北統一後に賠償を支払うべしとの論は、理想であるが、現実問題として統一の見透がない現在は、次善の策として、わが国が全ヴィエトナムを代表する正統政府として認めているヴィエトナム共和国と賠償協定を結び、桑港条約の義務を履行することは当然である。

(3)　統一政府と今回の賠償協定との関係については、賠償協定の権利義務は全ヴィエトナムに効力をもつものであるから、統一後あらためて北に賠償を支払うという問題は生じない。前の政府が国家を代表して負担した債務及び法律関係は、後の政府が当然継承するというのが国際法の一般原則であり、それを統一政府が一方的に破棄することは法律的には出来ない。（横田先生の見解）

2．経済的理由

さらに、南ヴィエトナムと北ヴィエトナムとの統一の時期の見透しが立たない現在、賠償協定の調印を遷延することにより生ずる経済的実質的不利な事項として、次の事実を挙げることができる。

(1)　日本からの輸出に及ぼすべき影響

南ヴィエトナムが日本からの輸入数量を全面的に皆無とまではせざるも、相当に削減すべきことは明らかである。

日本からの輸出額は、年額5千万ないし6千万ドルに及んでいる（先方支払源の大部分は米国のＩＣＡ資金）。一方、北ヴィエトナムに対する輸出額は、年額50万ない至100万ドル程度であつて、南ヴィエトナムに対する輸出額の１ないし２％に過ぎない。

なお、北ヴィエトナムからの輸入は、年額７００万ドルないし１２００万ドルで、その主要品は、ホンゲイ炭であるが、他国産の石炭でも代替出来るから、不可欠のものとは考えられていない。

(2)　南ヴィエトナム政府の同国在留邦人商社員に対する入国、滞在、営業等の規制ぶりを見ると、従来賠償協定交渉の消長に応じて緩厳を手加減していた。したがつて、この際、協定を結ばなければ、邦人商社員の活動はもちろん、在留も不可能となる公算が大きい。

(3)　賠償によるダム、水力発電所の建設を日本の手で施行すれば、その後の送配電を始めとする電気事業面で日本の産業技術陣が発展する素地を築くことになる。日本が、これを行わなければ、代りに欧州の国(主としてフランスを指す)が進出し、日本の進出が阻止される結果となる。

電気事業面のみならず、一般的経済技術協力の面においても、日本は閉め出され、進出のチャンスを失うことになる。

編　注　本文書は付記に採録した横田喜三郎の法律的見解を踏まえて、国会審議用の説明資料として作成されたものと思われる。

（付　記）

南東アジア情報第九十一号

ヴィエトナム賠償問題に対する横田喜三郎氏の見解

昭和三十四年三月

南東アジア課

昭和三十四年三月十六日の第三十一回国会、衆議院外務委員会は、ヴィエトナム賠償問題について参考人として植村甲午郎(経団連副会長)、横田喜三郎(東大名誉教授)、久保田豊(日本工営社長)、坂本徳松(愛知大学教授)及び中川武保(日・越貿易会専務理事)の諸氏の出席を求め、それぞれの意見を聴取したが、そのうち横田喜三郎参考人の法律的見解の要旨を次ぎにかかげる。

一、(ヴィエトナムは一つの国家である)

(1)南北双方のヴィエトナムの人々は南北二つのヴィエト

ナムということは考えておらず、全ヴィエトナムを一つの国として取扱うことを希望している。

(2)南北の政権そのものも、それぞれヴィエトナム全体の政権であると主張している。

その権力の及ぶ範囲は事実上区別されているが、いずれの側の政府も、ヴィエトナムは国としては一つであり、政府はその一つの国家を代表するという立場をとつている。

(3)諸外国も、同じ立場をとつており国家としては一つであるとの立場をとつている。一九五四年のジュネーヴ会議で十七度線を境に一つの境界線が引れたが、この軍事境界線はいかなる意味においても、政治的領土的境界と解することを許さずとの了解がはつきりジュネーヴ協定にも書いてある。従つて諸外国も、ヴィエトナムを二つの国と見ていない。

従つてヴィエトナムという国は国民の意思からも政府の立場からも、また諸外国の立場からも一つの国家として取扱わざるをえない。

二、(日本の立場からは南ヴィエトナムが全ヴィエトナムを代表する)

このようにヴィエトナムが一つの国家であれば、少くとも外国に対して一つでなければならない。

どの政府を代表的政府とみるかはそれぞれの国の立場、政策によつて決定されるものである。

日本の場合について云えば、桑港条約会議には、南ヴィエトナム政府の(をカ)代表者と認めてこれと平和条約に署名、批准し、これと国交を樹立した。従つて日本からすればヴィエトナム共和国政府がヴィエトナムの正統政府であり、ヴィエトナム全体を代表するという立場にあることは法律上からみて疑を入れない。そうすれば、ヴィエトナム賠償問題を処理するに当つて日本政府としてはヴィエトナム共和国政府を相手に交渉し、賠償協定を結ぶことは当然である。

三、(賠償が南、北いずれに行くかはヴィエトナムの国内問題)

この賠償協定は勿論ヴィエトナム全体に対しての賠償であるから、この意味で北部も、もちろん含まれているわけで、どういうように使われるかは、ヴィエトナムの国内問題であり、日本としてとやかく云うべきでない。

四、（統一政権と賠償協定との関係）

(1)南北統一が実現した場合も、日本の賠償協定は、右の権利義務は全ヴィエトナムについて効力をもつものであるから、統一後更めて北に賠償を支払うとか、賠償交渉をしなければならぬという問題は起る余地がない。

統一の際、国内的に調整されるであろう。ヴィエトナム国家がそれまでに負つていた権利義務関係、債務関係は当然新しい政府が継承すべきものであるから、日本とヴィエトナムとの賠償協定は当然この統一政府が継承すべきものである。これは要するに国家継承のヴィエトナムの内部の問題であり、日本とヴィエトナムとの関係では、今回の賠償で、問題は完了するものである。

(2)統一政府としては、今回の協定を破棄する権限があるではないかの疑問についていては、先方が破棄する権限があるということは相手国にそれを承認すべき義務があるということを意味する。しかし国際法上から言えば前の政府が国家を代表して負担した債務及び法律関係は、あとの政府が当然これを継承するというのが、国際法の一般原則であつて、それを一方的に破棄することは法律上からいえば出来ない。事実上破棄することはありうるがこの点については統一政府と、日本との外交交渉によつて双方の合意に基いてのみ解決されるべきである。もしそれで話合いがつかなければ、国際司法裁判所の判決を求めるということとなる。その場合は前記の国際法の原則に基いて判断されるから日本の立場は是認され、日本が勝つとの見透しである。

五、（国家継承の問題）

桑港条約に調印したのは「ヴィエトナム国」で現在のゴー・デイン・ジエム政権は「ヴィエトナム共和国」であるが、この二つは全く別のものではないか。ジュネーヴ協定によつて、ヴィエトナムと日本との関係における権利義務は、ここで一応切れたと解釈されるのではないか。（日本が更めてそこで承認するなら別だが）―の問題についていては、「ヴィエトナム国」が「ヴィエトナム共和国」となつたのであるから桑港条約当時の正統政府たる「ヴィエトナム国」は現在の「ヴィエトナム共和国」に正統政府として継承されていることとなる。ジュネーヴ協定との関係であるが、国際法上からみれば、国民と領土が同じでただ政体が変つたときには国家は同一性を保つとみるのが、国際法の通説である。従つてジュネーヴ協定が出来ても、その人民、領土が同じであるから政治体制が「ヴィエトナム国」から「ヴィエトナム共和国」にかわつてもそれは単に政治体制が変つたのみで国家としては同一である。従つて日本はそれまでヴィエトナムを代表していたヴィエトナム国の政府を承認しており、それを承継したヴィエトナム共和国の政府をヴィエトナムの正統政府として承認しているわけであるからそれはジュネーヴ協定によつて左右されない。

649 賠償協定文等すべてについて合意した旨報告

昭和34年5月5日　在ベトナム久保田大使より
藤山外務大臣宛(電報)

サイゴン　5月5日後0時35分発
本　省　5月5日後3時54分着

第九四号(大至急、館長符号扱)

貴電第五九号に関し

1. 議事録案については第1案 elle a ajouté que..... 採用に同意した。
2. 資材リストに関する書簡案についても異議ない。
3. 議事録案の表題について同意。
4. 請求権放棄に関する交換公文および議事録を不公表とすることに異議ない。
5. 以上にて関係文書全部について合意が成立した。

5　署名・発効

650

昭和34年5月13日

日・ベトナム賠償協定調印式共同コミュニケ

昭和三十四年五月十三日

サイゴンにおいて発表された賠償協定調印式共同コミュニケ(訳)

一九五九年五月十三日午前十一時ヴィエトナム共和国経済省において、日本国とヴィエトナム共和国との間の賠償協定の調印式が行われた。

全権委員は次の通り。

日本国

外務大臣　藤山愛一郎

ヴィエトナム共和国駐在特命全権大使　久保田貫一郎

外務省顧問　植村甲午郎

ヴィエトナム共和国

外務大臣　ヴ・ヴァン・マオ

日本国駐在特命全権大使　ブイ・ヴァン・テイン

外務省総務局長　ファム・ダン・ラム

この協定に基いて、日本国は、現在において百四十億四千万円に換算される三千九百万アメリカ合衆国ドルに等しい額の賠償を、五年の期間内に、同協定に掲げる計画(水力発電所の建設を含む)の中から選択されるものの実現のために、日本国の生産物及び日本人の役務の形で、ヴィエトナム共和国に対して支払うこととなる。

賠償協定のほかに、全権委員は、借款協定にも署名した。この協定の規定により、日本国は、両政府が合意する計画の実施に必要な日本国の生産物及び日本人の役務の調達に充てられる七百五十万アメリカ合衆国ドルに等しい円の額までの貸付を、ヴィエトナム共和国に対して行うこととなる。

他方、九百十万米ドルに等しい円の額までの借款が、尿素製造工場の建設のため、商業ベーシスにより、日本国からヴィエトナム共和国に対して与えられる。

この機会に、共同宣言が発表された。同宣言の中で、日本国およびヴィエトナム共和国の両全権団は一方において賠償協定の締結及び実施は日本国とヴィエトナム共和国との間に現に存在する友好関係を一層強化し、且つ両国間の経済関係を一層密接にするであろうとの希望を表明し、他方において両国間の通商航海条約の締結についてできる限りすみやかに交渉を開始するとの意思を表明した。

651 昭和34年5月13日 署名

日本国とベトナム共和国との間の賠償協定

付記一 実施細目に関する交換公文

二 第二条2にいう生産物に関する交換公文

三 共同宣言

ACCORD DE REPARATIONS ENTRE LE JAPON
ET LA REPUBLIQUE DU VIET-NAM

Le Japon et la République du Viet-Nam,

Désirant agir en se basant sur les dispositions du Traité de Paix avec le Japon signé en la ville de San-Francisco le 8 septembre 1951,

Ont décidé de conclure le présent Accord de Réparations et ont, en conséquence, désigné comme leurs Plénipotentiaires :

Le Japon :

Aiichiro Fujiyama, Ministre des Affaires Etrangères

Kanichiro Kubota, Ambassadeur Extraordinaire et Plénipotentiaire à la République du Viet-Nam

Kogoro Uemura, Conseiller du Ministère des Affaires Etrangères

La République du Viet-Nam :

Vu Van Mau, Secrétaire d'Etat du Ministère des Affaires Etrangères

Bui Van Thinh, Ambassadeur Extraordinaire et Plénipotentiaire au Japon

Pham Dang Lam, Secrétaire Général du Ministère des Affaires Etrangères

Lesquels, après s'être communiqué leurs pleins pouvoirs

respectifs, reconnus en bonne et due forme, sont convenus des Articles suivants :

Article 1

1. Le Japon fournira à la République du Viet-Nam à titre de réparations les produits du Japon et les services du peuple japonais, dont la valeur totale équivaudra à la contre-valeur en Yens de trente-neuf millions de dollars des Etats-Unis (U.S. $39.000.000), soit calculés au taux actuel à quatorze milliards quarante millions de Yens (¥14.040.000.000), pendant une période de cinq ans à compter du jour de l'entrée en vigueur du présent Accord et selon les modalités prescrites ci-après.

2. La fourniture des produits et services mentionnés au paragraphe précédent sera effectuée, pour les trois premières années, à une moyenne annuelle équivalant à la contre-valeur en Yens de dix millions de dollars des Etats-Unis (U.S. $10.000.000), soit calculés au taux actuel à trois milliards six cents millions de Yens (¥3.600.000.000), et, pour les deux dernières années, à une moyenne annuelle équivalant à la contre-valeur en Yens de quatre millions cinq cent mille dollars des Etats-Unis (U.S. $4.500.000), soit calculés au taux actuel à un milliard six cent vingt millions de Yens (¥1.620.000.000).

Article 2

1. Les produits et services à fournir à titre de réparations seront ceux demandés par le Gouvernement de la République du Viet-Nam et déterminés d'un commun accord par les deux Gouvernements. Ces produits et services consisteront en items nécessaires aux projets choisis parmi ceux énumérés à l'Annexe du présent Accord.

2. Les produits à fournir à titre de réparations seront des biens de capital. Cependant, des produits autres que des biens de capital pourront, d'un commun accord entre les deux Gouvernements, être fournis par le Japon sur la demande du Gouvernement de la République du Viet-Nam.

3. Les réparations aux termes du présent Accord seront effectuées de telle manière qu'elles ne porteront pas préjudice au courant normal du commerce entre le Japon et la République du Viet-Nam, et qu'elles n'imposeront au Japon aucune charge additionnelle en matière de changes.

Article 3

Les deux Gouvernements fixeront par consultations et d'un commun accord un programme annuel d'exécution spécifiant les produits et services que le Japon fournira chaque année (ci-après dénommé "Programme d'exécution").

Article 4

1. La Mission mentionnée au paragraphe 1 de l'Article 6 du présent Accord conclura des contrats, au nom du Gouvernement de la République du Viet-Nam, directement avec des personnes physiques japonaises ou des personnes morales japonaises contrôlées par les Japonais, afin que soit effectuée la fourniture des produits et services conformément au Programme d'exécution de chaque année.

2. Tous ces contrats (y compris leurs modifications) devront être conformes (a) aux dispositions du présent Accord, (b) aux termes des arrangements qui pourront être conclus entre les deux Gouvernements pour l'application du présent Accord et (c) au Programme d'exécution applicable à l'époque. Ces contrats devront être vérifiés et visés par le Gouvernement du Japon en ce qui concerne leur conformité avec les critères sus-mentionnés. Le contrat vérifié et visé conformément aux dispositions du présent paragraphe sera ci-après dénommé "Contrat de Réparations".

3. Chaque Contrat de Réparations doit contenir une clause stipulant que les différends qui pourraient provenir de ce Contrat ou surgir à propos de ce Contrat seront, sur la demande d'une des parties intéressées, soumis à une commission d'arbitrage du commerce conformément à un arrangement qui serait conclu entre les deux Gouvernements. Les deux Gouvernements prendront des mesures nécessaires pour rendre final et exécutoire tout arbitrage dûment formulé.

4. Nonobstant les dispositions du paragraphe 1 du présent Article, la fourniture des produits et services à titre de réparations pourra être effectuée sans Contrat de Réparations, chaque fois qu'il y aura un accord à cet effet entre les deux Gouvernements.

Article 5

1. En vue de s'acquitter de l'obligation de réparations stipulée à l'Article 1 du présent Accord, le Gouvernement du Japon effectuera, suivant les procédures à établir conformément

aux dispositions de l'Article 9 du présent Accord, des versements pour couvrir les obligations dont la Mission mentionnée au paragprahe 1 de l'Article 6 du présent Accord se trouve redevable en vertu des clauses de Contrats de Réparations et pour couvrir les frais pour la fourniture des produits et services effectuée conformément aux dispositions du paragraphe 4 de l'Article précédent. Ces versements se feront en Yens japonais.

2. Par le fait et au moment des versements en Yens effectués conformément aux dispositions du paragraphe précédent, le Japon sera considéré comme ayant fourni à la République du Viet-Nam les produits et services faisant l'objet de ces versements et comme s'étant acquitté de son obligation de réparations jusqu'à concurrence de la contre-valeur en dollars des Etats-Unis du montant de ces versements en Yens conformément aux dispositions de l'Article 1 du présent Accord.

Article 6

1. Le Japon donne son accord à l'établissement au Japon d'une Mission du Gouvernement de la République du Viet-Nam (ci-après dénommée "la Mission") comme son agent unique et exclusif chargé de l'application du présent Accord, y compris la conclusion et l'exécution des Contrats de Réparations.

2. Le bureau au Japon de la Mission sera établi à Tokio. Ce bureau sera utilisé exclusivement pour l'exercice des fonctions de la Mission.

3. Les locaux du bureau, y compris les archives, de la Mission au Japon seront inviolables. La Mission sera admise à employer des codes. Les biens immobiliers appartenant à la Mission et utilisés directement pour l'exercice de ses fonctions seront exempts de l'Impôt sur l'Acquisition de la Propriété Immobilière et de l'Impôt sur la Propriété. Le revenu de la Mission qui pourrait provenir de l'exercice de ses fonctions sera exempt de toute imposition au Japon. Les biens importés pour usage officiel de la Mission seront exempts des droits de douane et de toute autre redevance perçus à l'importation ou à l'occasion de l'importation.

4. Le Chef et deux membres supérieurs de la Mission, qui sont des ressortissants de la République du Viet-Nam, se verront accorder les privilèges et immunités diplomatiques généralement

reconnus par la coutume et le droit internationaux.

5. Les autres membres de la Mission qui sont des ressortissants de la République du Viet-Nam et qui ne sont d'ordinaire pas des résidents au Japon seront exempts de l'imposition au Japon sur les émoluments qu'ils recevront dans l'exercice de leurs fonctions, et, conformément aux lois et règlements japonais, des droits de douane et de toute autre redevance perçus à l'importation ou à l'occasion de l'importation des biens destinés à leur usage personnel.

6. Au cas où les différends provenant d'un Contrat de Réparations ou surgissant à propos d'un Contrat de Réparations n'auraient pas été réglés par arbitrage, ou que l'arbitrage rendu à cette fin n'aurait pas été exécuté, la question pourra être portée, en dernier ressort, à une cour japonaise appropriée. En pareils cas, et uniquement aux fins des procédures judiciaires nécessaires, le Chef de la Mission et les membres supérieurs mentionnés au paragraphe 4 du présent Article pourront poursuivre ou être poursuivis, et, en conséquence, recevoir la sommation et d'autres documents de procès à leur bureau de la Mission. Cependant, ils seront exempts de l'obligation de déposer la caution judiciaire pour les frais des procès. Bien que la Mission jouisse de l'inviolabilité et de l'immunité comme il est prévu aux paragraphes 3 et 4 du présent Article, la décision finale prononcée en pareils cas par la cour appropriée sera acceptée par la Mission comme décision l'engageant.

7. Dans l'application de la décision finale de la cour, le terrain et les bâtiments, ainsi que les biens mobiliers qui s'y trouvent, appartenant à la Mission et utilisés directement pour l'exercice de ses fonctions ne feront en aucun cas l'objet de mesures d'exécution.

Article 7

1. Les deux Gouvernements prendront des mesures nécessaires à l'application régulière et efficace du présent Accord.

2. La République du Viet-Nam fournira la main-d'œuvre et les matériels et équipements locaux disponibles, en vue de permettre au Japon de fournir les produits et services prévus à l'Article 1 du présent Accord.

3. Les ressortissants japonais dont la présence au Viet-Nam

sera nécessaire à la fourniture de produits ou de services aux termes du présent Accord, se verront, au cours de la période requise de leur séjour au Viet-Nam, accorder toutes facilités nécessaires à l'accomplissement de leur travail.

4. En ce qui concerne les revenus provenant de la fourniture de produits ou de services aux termes du présent Accord, les personnes physiques ou morales japonaises seront exemptes de l'imposition au Viet-Nam.

5. La République du Viet-Nam s'engage à ce que les produits du Japon fournis conformément aux dispositions du présent Accord ne seront pas réexportés du territoire de la République du Viet-Nam.

Article 8

Il sera créé une Commission Mixte composée de représentants des deux Gouvernements comme organisme de consultations entre eux ayant le pouvoir de formuler des recommandations sur des questions relatives à l'application du présent Accord.

Article 9

Les détails, comprenant les procédures, relatifs à l'application du présent Accord seront fixés par consultations et d'un commun accord entre les deux Gouvernements.

Article 10

Les différends entre les deux Gouvernements concernant l'interprétation et l'application du présent Accord seront réglés en premier lieu par voie diplomatique. Si les deux Gouvernements ne parviennent pas à un règlement par cette voie, les différends seront soumis pour décision à un tribunal de trois arbitres, un arbitre étant nommé par chaque Gouvernement et le troisième étant désigné d'un commun accord entre les deux premiers arbitres ainsi choisis, à condition que ce troisième arbitre ne soit pas un ressortissant de l'un ou de l'autre des deux pays. Chacun des deux Gouvernements nommera un arbitre dans un délai de trente jours à compter de la date de réception par l'un des deux Gouvernements d'une note de l'autre demandant l'arbitrage du différend. Le troisième arbitre devra être désigné d'un commun accord dans un nouveau délai de trente jours. Si l'un ou l'autre des deux Gouvernements n'a pas nommé son propre arbitre dans le délai indiqué ou si le troisième arbitre n'a pas été désigné d'un commun accord dans le délai indiqué, l'un ou l'autre des deux Gouvernements pourra saisir le Président de la Cour Internationale de Justice qui désignera l'arbitre ou le troisième arbitre selon les cas. Les deux Gouvernements s'engagent à se conformer à tout arbitrage rendu en application des dispositions du présent Article.

Article 11

Le présent Accord sera ratifié et entrera en vigueur à la date de l'échange des instruments de ratification, qui aura lieu à Tokio aussitôt que possible.

EN FOI DE QUOI, les Plénipotentiaires soussignés ont signé le présent Accord et y ont apposé leurs sceaux.

FAIT à Saigon, le treizième jour du mois de mai 1959, en double exemplaire, en langues japonaise, vietnamienne et française. En cas de divergence d'interprétation, le texte français fera foi.

POUR LE JAPON :	POUR LA REPUBLIQUE DU VIET-NAM :
Aiichiro Fujiyama	Vu Van Mau
Kubota	Bui Van Thinh
K. Uemura	Pham Dang Lam

ANNEX

1. Construction d'une centrale hydroélectrique
2. Equipement d'un centre industriel mécanique
3. Fourniture d'autres produits et services déterminés d'un commun accord par les deux Gouvernements

日本国とヴィエトナム共和国との間の賠償協定

日本国及びヴィエトナム共和国は、

千九百五十一年九月八日にサン・フランシスコ市で署名された日本国との平和条約の規定の趣旨に従つて行動することを希望して、

この賠償協定を締結することに決定し、よつて、次のとおりそれぞれの全権委員を任命した。

日本国

外務大臣　藤山愛一郎

ヴィエトナム共和国駐在特命全権大使　久保田貫一郎

外務省顧問　植村甲午郎

ヴィエトナム共和国
外務大臣　　ヴ・ヴァン・マオ
日本国駐在
特命全権大使　　ブイ・ヴァン・ティン
外務省総務局長　　ファム・ダン・ラム

これらの全権委員は、互に全権委任状を示してそれが良好妥当であると認められた後、次の諸条を協定した。

第一条

1　日本国は、現在において百四十億四千万円(一四、〇四〇、〇〇〇、〇〇〇円)に換算される三千九百万アメリカ合衆国ドル(三九、〇〇〇、〇〇〇ドル)に等しい円の価値を有する日本国の生産物及び日本人の役務を、この協定の効力発生の日から五年の期間内に、以下に定める方法により、賠償としてヴィエトナム共和国に供与するものとする。

2　前項に定める生産物及び役務の供与は、最初の三年の期間において、現在において三十六億円(三、六〇〇、〇〇〇、〇〇〇円)に換算される一千万アメリカ合衆国ドル(一〇、〇〇〇、〇〇〇ドル)に等しい円の年平均額により、次の二年の期間において、現在において十六億二千万円(一、六二〇、〇〇〇、〇〇〇円)に換算される四百五十万アメリカ合衆国ドル(四、五〇〇、〇〇〇ドル)に等しい円の年平均額により行うものとする。

第二条

1　賠償として供与される生産物及び役務は、ヴィエトナム共和国政府が要請し、かつ、両政府が合意するものでなければならない。これらの生産物及び役務は、この協定の附属書に掲げる計画の中から選択される計画に必要な項目からなるものとする。

2　賠償として供与される生産物は、資本財とする。ただし、ヴィエトナム共和国政府の要請があつたときは、両政府間の合意により、資本財以外の生産物を日本国から供与することができる。

3　この協定に基く賠償は、日本国とヴィエトナム共和国との間の通常の貿易が阻害されないように、かつ、外国為替上の追加の負担が日本国に課されないように、実施しなければならない。

第三条

両政府は、各年度に日本国が供与する生産物及び役務を定める年度実施計画(以下「実施計画」という。)を協議により決定するものとする。

第四条

1 第六条1の使節団は、各年度の実施計画に従つて生産物及び役務の供与が行われるため、ヴィエトナム共和国政府に代つて、日本国民又はその支配する日本国の法人と直接に契約を締結するものとする。

2 すべてのそのような契約(その変更を含む。)は、(a)この協定の規定、(b)両政府がこの協定の実施のため行う取極の規定及び(c)当該時に適用される実施計画に合致するものでなければならない。これらの契約は、前記の基準に合致するものであることを日本国政府により認証されなければならない。この項に定めるところに従つて認証を得た契約は、以下「賠償契約」という。

3 すべての賠償契約は、その契約から又はこれに関連して生ずる紛争が、一方の契約当事者の要請により、両政府間で行われることがある取極に従つて商事仲裁委員会に解決のため付託される旨の規定を含まなければならない。両政府は、正当になされたすべての仲裁判断を最終的なものとし、かつ、執行することができるものとするため必要な措置を執るものとする。

4 1の規定にかかわらず、賠償としての生産物及び役務の供与は、賠償契約なしで行うことができる。ただし、各場合について両政府間の合意によらなければならない。

第五条

1 日本国政府は、第一条の規定に基く賠償義務の履行のため、賠償契約により第六条1の使節団が負う債務並びに前条4の規定による生産物及び役務の供与の費用に充てるための支払を、第九条の規定に基いて定められる手続によつて、行うものとする。その支払は、日本円で行うものとする。

2 日本国は、前項の規定に基く円による支払を行うことにより及びその支払を行つた時に、その支払に係る生産物及び役務をヴィエトナム共和国に供与したものとみなされ、第一条の規定に従い、その円による支払金額に等しいアメリカ合衆国ドルの額まで賠償義務を履行したものとする。

第六条

1　日本国は、ヴィエトナム共和国政府の使節団（以下「使節団」という。）が、この協定の実施（賠償契約の締結及び実施を含む。）を任務とする同政府の唯一かつ専管の機関として日本国内に設置されることに同意する。

2　使節団の日本国における事務所は、東京に設置されるものとする。この事務所は、もつぱら使節団の任務の遂行のためにのみ使用されるものとする。

3　使節団の日本国における事務所の構内及び記録は、不可侵とする。使節団は、暗号を使用することができる。使節団に属し、かつ、直接その任務の遂行のため使用される不動産は、不動産取得税及び固定資産税を免除される。使節団の任務の遂行から生ずることがある使節団の所得は、日本国における課税を免除される。使節団が公用のため輸入する財産は、関税その他輸入について又は輸入に関連して課される課徴金を免除される。

4　ヴィエトナム共和国の国民である使節団の長及びその上級職員二人は、国際法及び国際慣習に基いて一般的に認められる外交上の特権及び免除を与えられる。

5　ヴィエトナム共和国の国民であり、かつ、通常日本国内に居住していない使節団のその他の職員は、自己の職務の遂行について受ける報酬に対する日本国における課税を免除され、かつ、日本国の法令の定めるところにより、自用の財産に対する関税その他輸入について又は輸入に関連して課される課徴金を免除される。

6　賠償契約から若しくはこれに関連して生ずる紛争が仲裁により解決されなかつたとき、又は当該仲裁判断が履行されなかつたときは、その問題は、最後の解決手段として、日本国の管轄裁判所に提起することができる。この場合において、必要とされる訴訟手続上の目的のためにのみ、4に定める使節団の長及び上級職員は、訴え、又は訴えられることができるものとし、そのために使節団における自己の事務所において訴状その他の訴訟書類の送達を受けることができるものとする。ただし、訴訟費用の担保を供する義務を免除される。使節団は、3及び4に定めるところにより不可侵及び免除を与えられてはいるが、前記の場合において管轄裁判所が行つた最終の裁判を、使節団を拘束するものとして受諾するものとする。

7　最終の裁判の執行に当り、使節団に属し、かつ、直接その任務の遂行のため使用される土地及び建物並びにその中にある動産は、いかなる場合にも強制執行を受けることはない。

第七条

1　両政府は、この協定の円滑なかつ効果的な実施のため必要な措置を執るものとする。

2　ヴィエトナム共和国は、日本国が第一条に定める生産物及び役務を供与することができるようにするため、利用することができる現地の労務、資材及び設備を提供するものとする。

3　この協定に基く生産物又は役務の供与に関連してヴィエトナムにおいて必要とされる日本国民は、ヴィエトナムにおける所要の滞在期間中、その作業の遂行のため必要な便宜を与えられるものとする。

4　日本国の国民及び法人は、この協定に基く生産物又は役務の供与から生ずる所得に関し、ヴィエトナムにおける課税を免除される。

5　ヴィエトナム共和国は、この協定に基いて供与された日本国の生産物が、ヴィエトナム共和国の領域から再輸出されないようにすることを約束する。

第八条

この協定の実施に関する事項について勧告を行う権限を有する両政府間の協議機関として、両政府の代表者で構成される合同委員会を設置する。

第九条

この協定の実施に関する手続その他の細目は、両政府間で協議により決定するものとする。

第十条

この協定の解釈及び実施に関する両政府間の紛争は、まず、外交上の経路を通じて解決するものとする。両政府がこうして解決することができなかつたときは、その紛争は、各政府が任命する各一人の仲裁委員とこうして選定された二人の仲裁委員の合意により定める第三の仲裁委員との三人の仲裁委員からなる仲裁裁判所に決定のため付託するものとする。ただし、第三の仲裁委員は、いずれか一方の国の国民であつてはならない。各政府は、いずれか一方の政府が他方の政府から紛争の仲裁を要請する公文を受領した日から三十日の期間内に各一人の仲裁委員を任命しなければならない。第三の仲裁委員については、その期間の後の三十日の期間内に合意されなければならない。一方の政府が当該期間内に仲裁委員を任命しなかつたとき、又は第三の仲裁委員について当該期間内に合意されなかつたときは、いずれか一方の政府は、それぞれ当該仲裁委員又は第三の仲裁委員を任命することを国際司法裁判所長に要請することができる。両政府は、この条の規定に基いて与えられた決定に服することを約束する。

第十一条

この協定は、批准されなければならない。この協定は、批准書の交換の日に効力を生ずる。批准書の交換は、東京でできる限りすみやかに行われなければならない。

以上の証拠として、下名の全権委員は、この協定に署名調印した。

千九百五十九年五月十三日にサイゴンで、日本語、ヴィエトナム語及びフランス語により本書二通を作成した。解釈に相違があるときは、フランス語の本書による。

日本国のために

藤山愛一郎

久保田貫一郎

植村甲午郎

ヴィエトナム共和国のために

Vu Van Mau

Bui Van Thinh

Pham Dang Lam

附属書

1　水力発電所の建設
2　機械工業センターの設備
3　両政府間で合意されるその他の生産物及び役務の供与

編注　ベトナム語は省略。

（付記一）

Saigon, le 13 mai 1959.

Excellence,

J'ai l'honneur de me référer à l'Accord de Réparations entre le Japon et la République du Viet-Nam signé ce jour. Le Gouvernement du Japon propose qu'en vertu de l'Article 9 dudit Accord les deux Gouvernements conviennent de ce qui suit :

I. Contrats de Réparations

1. Les contrats seront soumis pour vérification et visa aux autorités japonaises compétentes ainsi qu'il a été stipulé à l'Article 4, paragraphe 2 dudit Accord. La procédure de vérification et visa sera effectuée en principe dans un délai de quatorze jours.

2. Les Contrats de Réparations seront conclus en termes de Yens japonais selon les procédures commerciales normales.

3. La responsabilité concernant l'exécution des Contrats de Réparations incombe uniquement à la Mission et aux personnes physiques ou morales japonaises qui en sont des parties.

4. Le Gouvernement du Japon pourra recommander à la Mission des personnes physiques ou morales japonaises qualifiées pour conclure des Contrats de Réparations. Toutefois, la Mission n'est pas tenue de conclure des Contrats de Réparations uniquement avec les personnes physiques ou morales ainsi recommandées.

5. Tous Contrats de Réparations aux termes desquels des services accessoires et supplémentaires tels que transports, assurances ou inspection seront à fournir et à payer à titre de réparations doivent comporter des dispositions stipulant que tous ces services doivent être fournis par des personnes physiques japonaises ou des personnes morales japonaises contrôlées par les Japonais.

II. Paiement

1. La Mission conclura un arrangement avec une banque, intermédiaire agréé du Japon de son choix, y ouvrira en son propre nom un Compte de Réparations autorisant ladite banque, entre autres, à recevoir les versements du Gouvernement du Japon, et informera le Gouvernement du Japon de la teneur dudit arrangement. Il est entendu que le Compte de Réparations ne portera pas d'intérêts. La Mission pourra désigner d'autres banques, intermédiaires agréés du Japon, pour le même but, si elle le trouve nécessaire.

2. Dans une période convenable avant que tout paiement ne

vienne à l'échéance aux termes d'un Contrat de Réparations, la Mission adressera au Gouvernement du Japon une Demande de Paiement précisant la somme à payer et la date où la Mission doit effectuer le paiement au contractant intéressé.

3. A la réception de la Demande de Paiement, le Gouvernement du Japon versera la somme demandée à la banque prévue au paragraphe 1 ci-dessus avant la date sus-mentionnée du paiement par la Mission.

4. Le Gouvernement du Japon effectuera, d'un commun accord entre les deux Gouvernements, de la même façon que celle prévue au paragraphe 3 ci-dessus, des versements des frais de la Mission, des frais d'entraînement de techniciens et artisans vietnamiens et d'autres frais dont les deux Gouvernements seront convenus.

5. Les sommes versées conformément aux dispositions des paragraphes 3 et 4 ci-dessus seront créditées au Compte de Réparations, et aucun autre fonds n'y sera crédité. Ledit Compte ne sera débité que pour les buts mentionnés aux paragraphes 2 et 4 ci-dessus.

6. Au cas où la totalité ou une partie des fonds versés au Compte de Réparations n'aurait pas été retirée par la Mission à cause d'une annulation de Contrats, etc., la somme impayée sera employée pour les buts mentionnés aux paragraphes 2 et 4 ci-dessus, après que des arrangements appropriés auront été faits avec le Gouvernement du Japon.

7. Au cas où la totalité ou une partie des sommes payées du Compte de Réparations aurait été remboursée à la Mission, les sommes ainsi remboursées seront créditées au Compte de Réparations, nonobstant les dispositions du paragraphe 5 ci-dessus. Les dispositions du paragraphe 6 ci-dessus seront appliquées à ces sommes.

8. Pour l'application du paragraphe 2 de l'Article 5 dudit Accord, l'expression "au moment des versements" signifie "au moment où les versements sont effectués par le Gouvernement du Japon à la banque prévue au paragraphe 1 ci-dessus".

9. Le calcul de la somme jusqu'à concurrence de laquelle le Gouvernement du Japon sera considéré, conformément aux dispositions du paragraphe 2 de l'Article 5 dudit Accord, comme s'étant acquitté de l'obligation de réparations stipulée à l'Article

1 dudit Accord, sera fait en déterminant la valeur équivalente en dollars des Etats-Unis du paiement en Yens au taux du Yen japonais par rapport au dollar des Etats-Unis officiellement fixé par le Gouvernement du Japon et consenti par le Fonds Monétaire International, taux qui sera en cours aux dates suivantes :

(a) En cas de paiement pour un Contrat de Réparations, la date de vérification et visa par le Gouvernement du Japon de ce Contrat.

(b) Dans d'autres cas, la date dont les deux Gouvernements conviendront dans chaque cas ; toutefois, s'il n'y a aucun accord sur la date, la date à laquelle la Demande de Paiement sera reçue par le Gouvernement du Japon sera appliquée.

III. Mission

1. La Mission se verra accorder par le Gouvernement du Japon toute assistance de nature administrative dont jouissent les autres missions étrangères et qui sera nécessaire à l'exercice efficace de ses fonctions.

2. Seuls les ressortissants vietnamiens qui entrent et séjournent au Japon pour le seul but de travailler à la Mission bénéficieront des dispositions du paragraphe 5 de l'Article 6 dudit Accord et seront exempts de l'imposition au Japon.

3. Le Gouvernement de la République du Viet-Nam mettra le Gouvernement du Japon toujours au courant des noms du Chef et des autres membres de la Mission ayant qualité pour agir au nom de la Mission relativement à la conclusion ou à l'exécution de Contrats de Réparations, et le Gouvernement du Japon fera publier lesdits noms dans le Journal Officiel du Japon. Les pouvoirs desdits Chef et autres membres de la Mission seront censés continuer jusqu'à ce qu'un avis contraire soit publié dans ledit Journal.

J'ai encore l'honneur de proposer que cette note et la réponse de Votre Excellence confirmant l'acceptation par Son Gouvernement de la proposition ci-dessus soient considérées comme constituant l'accord entre les deux Gouvernements sur les détails relatifs à l'application de l'Accord de Réparations aux termes de l'Article 9 dudit Accord, et qui entrera en vigueur à la date de l'entrée en vigueur de l'Accord de Réparations.

Veuillez agréer, Excellence, les assurances de ma très haute considération.

Aiichiro Fujiyama

Plénipotentiaire du Japon

Son Excellence

Monsieur Vu Van Mau,

Plénipotentiaire de la République

du Viet-Nam

Saigon, le 13 mai 1959.

Excellence,

J'ai l'honneur d'accuser réception à Votre Excellence de Sa note en date de ce jour sur les détails relatifs à l'application de l'Accord de Réparations, dont teneur suit :

"(note japonaise)"

J'ai l'honneur d'accepter, au nom de mon Gouvernement, la proposition formulée dans la note de Votre Excellence et de consentir à ce que ladite note et la présente soient considérées comme constituant l'accord entre les deux Gouvernements sur les détails relatifs à l'application de l'Accord de Réparations aux termes de l'Article 9 dudit Accord, et qui entrera en vigueur à la date de l'entrée en vigueur de l'Accord de Réparations.

Veuillez agréer, Excellence, les assurances de ma très haute considération.

Vu Van Mau

Plénipotentiaire de

la République du Viet-Nam

Son Excellence

Monsieur Aiichiro Fujiyama,

Plénipotentiaire du Japon

(付記11)

Saigon, le 13 mai 1959.

Excellence,

Me référant aux dispositions du paragraphe 2 de l'Article 2 de l'Accord de Réparations entre le Japon et la République du Viet-Nam signé ce jour, j'ai l'honneur de confirmer l'entente de nos deux Gouvernements sur ce qui suit :

Au cas où des produits autres que des biens de capital seront fournis conformément aux dispositions dudit paragraphe, la valeur totale de ces produits ne dépassera pas la contre-valeur en Yens de sept millions cinq cent mille dollars des Etats-Unis (U.S. $7.500.000), soit calculés au taux actuel à deux milliards sept cents millions de Yens (¥2.700.000.000).

Je serais heureux si Votre Excellence pouvait me confirmer au nom du Gouvernement de la République du Viet-Nam l'entente ci-dessus.

Veuillez agréer, Excellence, les assurances de ma très haute considération.

Aiichiro Fujiyama
Plénipotentiaire du Japon

Son Excellence
Monsieur Vu Van Mau,
Plénipotentiaire de la République
du Viet-Nam

Saigon, le 13 mai 1959.

Excellence,

J'ai l'honneur d'accuser réception à Votre Excellence de Sa note en date de ce jour par laquelle Elle a bien voulu porter à ma connaissance ce qui suit :

"(note japonaise)"

Je suis heureux de confirmer au nom de mon Gouvernement l'entente dont fait état la note ci-dessus mentionnée de Votre Excellence.

Veuillez agréer, Excellence, les assurances de ma très haute considération.

Vu Van Mau
Plénipotentiaire de
la République du Viet-Nam

Son Excellence
Monsieur Aiichiro Fujiyama,
Plénipotentiaire du Japon

（付記三）

DECLARATION CONJOINTE

A l'occasion de la signature de l'Accord de Réparations

entre le Japon et la République du Viet-Nam, les Plénipotentiaires des deux pays ont fait, au nom de leur Gouvernement respectif, la déclaration conjointe suivante :

La conclusion et la réalisation de l'Accord de Réparations resserreront encore davantage les liens d'amitié qui unissent les deux pays et rendront plus étroites leurs relations économiques notamment dans les domaines du commerce et de la navigation maritime et aérienne, ainsi qu'en ce qui concerne l'entrée, le séjour, la résidence et la conduite d'affaires et l'exercice d'activités professionnelles par les nationaux d'un pays dans l'autre.

Les deux Gouvernements entreront en négociation aussitôt que possible en vue de conclure un traité de commerce et de navigation.

A.F.　　V.V.M.

Saigon, le 13 mai 1959.

652　昭和34年5月13日　署名

日本国とベトナム共和国との間の借款に関する協定

付記一　第一条及び第二条に関する交換公文

二　第三条1に関する交換公文

ACCORD SUR LES PRETS ENTRE LE JAPON ET LA REPUBLIQUE DU VIET-NAM

Le Gouvernement du Japon et le Gouvernement de la République du Viet-Nam,

Désireux de resserrer davantage les liens de coopérations économiques entre les deux pays et de conclure en conséquence un Accord ayant pour objet l'octroi des prêts par le Japon en vue de contribuer à la réalisation du plan d'industrialisation de la République du Viet-Nam,

Sont convenus de ce qui suit :

Article 1

1. Le Japon octroiera à la République du Viet-Nam, conformément aux dispositions du présent Accord, des prêts jusqu'à concurrence de la contre-valeur en Yens de sept millions cinq cent mille dollars des Etats-Unis（U.S. $7.500.000）, soit calculés au

taux actuel à deux milliards sept cents millions de Yens (¥2.700.000.000), dans une période de trois ans à compter du jour de l'entrée en vigueur du présent Accord.

2. Les prêts prévus au paragraphe précédent seront utilisés, conformément aux dispositions du présent Accord, pour l'acquisition par la République du Viet-Nam des produits du Japon et des services du peuple japonais, nécessaires à l'exécution d'un ou des projets déterminés d'un commun accord par les deux Gouvernements.

Article 2

Les deux Gouvernements fixeront chaque année par consultations et d'un commun accord les montants limites annuels des prêts prévus à l'Article précédent.

Article 3

1. Le Gouvernement de la République du Viet-Nam ou les personnes morales appartenant à lui ou contrôlées par lui, qui se chargeront de l'exécution des projets déterminés conformément aux dispositions du paragraphe 2 de l'Article 1, concluront des contrats avec la Banque d'Export-Import du Japon afin d'emprunter le fonds nécessaire à l'acquisition des produits et services pour l'exécution desdits projets jusqu'à concurrence du montant total prévu au paragraphe 1 de l'Article 1 et des montants limites annuels fixés conformément aux dispositions de l'Article précédent.

2. Le Gouvernement du Japon prendra des mesures nécessaires afin que la Banque d'Export-Import du Japon puisse disposer du fonds nécessaire pour effectuer les prêts conformément aux clauses des contrats conclus suivant les dispositions du paragraphe précédent.

3. Le Gouvernement de la République du Viet-Nam prendra des mesures nécessaires pour que le remboursement du principal et le paiement des intérêts, qui seront effectués conformément aux clauses des contrats conclus suivant les dispositions du paragraphe 1 du présent Article, se fassent en Yens en conformité avec les dispositions des lois et règlements japonais. Ces Yens s'acquerront par le moyen de la cession de dollars des Etats-Unis faite par le Gouvernement de la République du Viet-Nam ou par les personnes morales appartenant à lui ou contrôlées par lui à une banque,

intermédiaire agréé au Japon.

4. Le Gouvernement de la République du Viet-Nam garantira le remboursement du principal et le paiement des intérêts qui seront effectués par les personnes morales appartenant au Gouvernement de la République du Viet-Nam ou contrôlées par lui, conformément aux clauses des contrats conclus suivant les dispositions du paragraphe 1 du présent Article.

Article 4

Les deux Gouvernements établiront chaque année par consultations et d'un commun accord des programmes annuels d'acquisition suivant lesquels le Gouvernement de la République du Viet-Nam ou les personnes morales appartenant à lui ou contrôlées par lui se procureront des produits et services en vue de l'exécution des projets déterminés conformément aux dispositions du paragraphe 2 de l'Article 1.

Article 5

Les différends entre les deux Gouvernements relatifs à l'interprétation et à l'application du présent Accord seront réglés, en premier lieu, par voie diplomatique. Si les deux Gouvernements ne parviennent pas à un règlement par cette voie, les différends seront, afin d'être réglés, soumis à l'arbitrage conformément à un arrangement qui serait conclu entre les deux Gouvernements.

Article 6

Le présent Accord sera ratifié et entrera en vigueur à la dernière des deux dates, soit la date de l'échange des instruments de ratification du présent Accord, soit la date de l'échange des instruments de ratification de l'Accord de Réparations entre le Japon et la République du Viet-Nam signé à Saigon le 13 mai 1959.

EN FOI DE QUOI, les Plénipotentiaires soussignés ont signé le présent Accord.

FAIT à Saigon, le treizième jour du mois de mai 1959, en double exemplaire, en langues japonaise, vietnamienne et française. En cas de divergence d'interprétation, le texte français fera foi.

POUR LE GOUVER- NEMENT DU JAPON :	POUR LE GOUVERNEMENT DE LA REPUBLIQUE DU VIET-NAM :

Aiichiro Fujiyama Vu Van Mau

Kubota Bui Van Thinh

K. Uemura Pham Dang Lam

日本国とヴィエトナム共和国との間の借款に関する協定

日本国政府及びヴィエトナム共和国政府は、

両国間の経済協力関係を一層緊密にすることを希望し、

よつて、ヴィエトナム共和国の産業開発計画の実現に寄与するため、日本国による借款の供与を目的とする協定を締結することを希望して、

次のとおり協定した。

第一条

1 日本国は、現在において二十七億円（二、七〇〇、〇〇〇、〇〇〇円）に換算される七百五十万アメリカ合衆国ドル（七、五〇〇、〇〇〇ドル）に等しい円の額までの貸付を、この協定の規定に従い、この協定の効力発生の日から三年の期間内に、ヴィエトナム共和国に対して行うものとする。

2 前項の貸付は、この協定の規定に従い、両政府が合意する計画の実施に必要な日本国の生産物及び日本人の役務のヴィエトナム共和国による調達に充てられるものとする。

第二条

両政府は、前条の貸付の各年度の限度額を毎年協議により決定するものとする。

第三条

1 ヴィエトナム共和国政府又はその所有し、若しくは支配する法人で第一条2の規定に従つて決定される計画の実施に当るものは、その計画の実施に必要な生産物及び役務を調達するために必要な資金を、第一条1の総額及び前条の規定に従つて決定される毎年度の限度額の範囲内で貸付を受けるため、日本輸出入銀行と契約を締結するものとする。

2 日本国政府は、日本輸出入銀行が前項の規定に従つて締結される契約に基いて貸付を行うために必要とする資金を確保することができるように、必要な措置を執るものとする。

3　ヴィエトナム共和国政府は、1の規定に従つて締結される契約に基いて行われる元本の償還及び利息の支払が日本国の関係法令の規定に従つて円貨で行われるように、必要な措置を執るものとする。この円貨は、ヴィエトナム共和国政府又はその所有し、若しくは支配する法人がアメリカ合衆国ドルを日本国における外国為替公認銀行に売却して取得されるものとする。

4　ヴィエトナム共和国政府は、同政府が所有し、又は支配する法人が1の規定に従つて締結される契約に基いて行う元本の償還及び利息の支払を保証するものとする。

第四条

両政府は、ヴィエトナム共和国政府又はその所有し、若しくは支配する法人が第一条2の規定に従つて決定される計画を実施するために調達する生産物及び役務の各年度の調達計画を毎年協議により作成するものとする。

第五条

この協定の解釈及び実施に関する両政府間の紛争は、まず、外交上の経路を通じて解決するものとする。両政府がこうして解決することができなかつたときは、その紛争は、両政府間で行われることがある取極に従つて解決のため仲裁に付託されるものとする。

第六条

この協定は、批准されなければならない。この協定は、批准書の交換の日又は千九百五十九年五月十三日にサイゴンで署名された日本国とヴィエトナム共和国との間の賠償協定の批准書の交換の日のいずれかおそい日に効力を生ずる。

以上の証拠として、下名の全権委員は、この協定に署名した。

千九百五十九年五月十三日にサイゴンで、日本語、ヴィエトナム語及びフランス語により本書二通を作成した。解釈に相違があるときは、フランス語の本書による。

日本国政府のために

藤山愛一郎

久保田貫一郎

植村甲午郎

ヴィエトナム共和国政府のために

Vu Van Mau

Bui Van Thinh

Pham Dang Lam

編　注　ベトナム語は省略。

（**付記Ⅰ**）

Saigon, le 13 mai 1959.

Excellence,

Me référant aux Articles 1 et 2 de l'Accord sur les Prêts entre le Japon et la République du Viet-Nam signé ce jour, j'ai l'honneur de confirmer l'entente des deux Gouvernements sur ce qui suit :

1. Pour ce qui concerne l'Article 1 dudit Accord, les prêts seront destinés au financement du projet de construction de la centrale hydroélectrique du Danhim.

2. Pour ce qui concerne l'Article 2 dudit Accord, le montant limite de prêts pour la première année équivaudra à la contre-valeur en Yens de deux millions cinq cent mille dollars des Etats-Unis (U.S. $2.500.000), soit calculés au taux actuel à neuf cents millions de Yens (¥900.000.000). Toutefois, ce montant limite pourra être modifié d'un commun accord entre les deux Gouvernements par suite d'examen des détails du projet.

Je serais heureux si Votre Excellence pouvait me confirmer au nom du Gouvernement de la République du Viet-Nam l'entente ci-dessus.

Veuillez agréer, Excellence, les assurances de ma très haute considération.

Aiichiro Fujiyama

Plénipotentiaire du Japon

Son Excellence

Monsieur Vu Van Mau,

Plénipotentiaire de la République

du Viet-Nam

Saigon, le 13 mai 1959.

Excellence,

J'ai l'honneur d'accuser réception à Votre Excellence de Sa note en date de ce jour par laquelle Elle a bien voulu porter à ma connaissance ce qui suit :

"(note japonaise)"

Je suis heureux de confirmer au nom de mon Gouvernement l'entente dont fait état la note ci-dessus mentionnée de Votre Excellence.

Veuillez agréer, Excellence, les assurances de ma très haute considération.

Vu Van Mau
Plénipotentiaire de
la République du Viet-Nam

Son Excellence
Monsieur Aiichiro Fujiyama,
Plénipotentiaire du Japon

(付記二)

Saigon, le 13 mai 1959.

Excellence,

J'ai l'honneur de me référer au paragraphe 1 de l'Article 3 de l'Accord sur les Prêts entre le Japon et la République du Viet-Nam signé ce jour. Le Gouvernement du Japon propose que les deux Gouvernements conviennent de ce qui suit :

Les deux Gouvernements veilleront à ce que les contrats qui seront conclus entre la Banque d'Export-Import du Japon et le Gouvernement de la République du Viet-Nam ou les personnes morales appartenant à lui ou contrôlées par lui comprennent des conditions basées sur les dispositions des paragraphes suivants :

1. Les taux d'intérêts seront fixés suivant le niveau normal des intérêts imposés par la Banque Internationale de la Reconstruction et du Développement.

2. Les prêts seront remboursés dans une période de dix ans. Le remboursement commencera à l'expiration de trois ans et se terminera au cours de sept ans qui suivent.

3. Le remboursement du principal et le paiement des intérêts se feront en Yens en conformité avec les dispositions stipulées par la Loi concernant le contrôle des changes et du commerce extérieur du Japon et les décrets et règlements afférents. Ces Yens s'acquerront par le moyen de la cession de dollars des Etats-Unis faite par le Gouvernement de la République du Viet-Nam ou par les personnes morales appartenant à lui ou

contrôlées par lui à une banque, intermédiaire agréé au Japon.

4. Le remboursement du principal et le paiement des intérêts qui seront effectués par les personnes morales appartenant au Gouvernement de la République du Viet-Nam ou contrôlées par lui seront garantis par le Gouvernement de la République du Viet-Nam.

J'ai encore l'honneur de proposer que cette note et la réponse de Votre Excellence confirmant l'acceptation par Son Gouvernement de la proposition ci-dessus soient considérées comme constituant l'accord entre les deux Gouvernements qui entrera en vigueur à la date de l'entrée en vigueur de l'Accord sur les Prêts.

Veuillez agréer, Excellence, les assurances de ma très haute considération.

Aiichiro Fujiyama

Plénipotentiaire du Japon

Son Excellence

Monsieur Vu Van Mau,

Plénipotentiaire de la République

du Viet-Nam

Saigon, le 13 mai 1959.

Excellence,

J'ai l'honneur d'accuser réception à Votre Excellence de Sa note en date de ce jour, dont teneur suit :

"(note japonaise)"

J'ai l'honneur d'accepter, au nom de mon Gouvernement, la proposition formulée dans la note de Votre Excellence et de consentir à ce que ladite note et la présente soient considérées comme constituant l'accord entre les deux Gouvernements qui entrera en vigueur à la date de l'entrée en vigueur de l'Accord sur les Prêts.

Veuillez agréer, Excellence, les assurances de ma très haute considération.

Vu Van Mau

Plénipotentiaire de

la République du Viet-Nam

Son Excellence

Monsieur Aiichiro Fujiyama,

Plénipotentiaire du Japon

653 昭和34年5月13日

経済開発借款に関する日本国政府とベトナム共和国政府との間の交換公文

付記　右和訳文

Saigon, le 13 mai 1959.

Excellence,

J'ai l'honneur de confirmer l'arrangement suivant qui formule l'entente parvenue par les représentants des deux Gouvernements au sujet des prêts que des personnes physiques ou morales japonaises mettront à la disposition du Gouvernement de la République du Viet-Nam ou des personnes morales appartenant à lui ou contrôlées par lui en vue d'aider la République du Viet-Nam dans son développement économique :

1. Des prêts à long terme ou des crédits similaires jusqu'à concurrence de la contre-valeur en Yens de neuf millions cent mille dollars des Etats-Unis（U.S. $9.100.000）, soit calculés au taux actuel à trois milliards deux cent soixante-seize millions de Yens（¥3.276.000.000）, seront, aux termes des contrats appropriés qui pourraient être conclus, effectués, à l'expiration de cinq ans（cette période pourra être ramenée à moins de cinq ans, mais à plus de trois ans, s'il y a un accord à cet effet entre les deux Gouvernements）à compter de la date de l'entrée en vigueur de l'Accord de Réparations entre le Japon et la République du Viet-Nam, par des personnes physiques ou morales japonaises au Gouvernement de la République du Viet-Nam ou aux personnes morales appartenant à lui ou contrôlées par lui, en conformité avec les dispositions du présent arrangement.

2. Les prêts à long terme ou les crédits similaires prévus au paragraphe 1 ci-dessus（ci-après dénommés "les prêts"）seront effectués sur la base commerciale et en conformité avec les lois et règlements applicables des deux pays.

3. Les deux Gouvernements faciliteront et activeront la réalisation des prêts dans le cadre des lois et règlements applicables.

4. Les conditions des prêts seront fixées d'un commun

accord entre les parties de chaque contrat.

5. Les prêts seront effectués sous forme de services du peuple japonais et de produits du Japon, nécessaires à l'exécution du projet de construction d'une usine pour la fabrication de l'urée et d'autres projets.

6. Le présent arrangement demeurera en vigueur pour une période de dix ans. Toutefois, si, neuf ans après l'entrée en vigueur du présent arrangement, il apparaît probable que le montant total des prêts ne puisse atteindre, à la fin de ladite période, la somme mentionnée au paragraphe 1 du présent arrangement, les deux Gouvernements pourront, sur la demande de l'un des deux, entrer en consultation en vue de prolonger la durée du présent arrangement.

J'ai l'honneur de proposer que la présente note et la réponse de Votre Excellence confirmant la teneur de l'arrangement exposée dans la présente note soient considérées comme constituant l'accord entre les deux Gouvernements qui entrera en vigueur à la date de l'entrée en vigueur de l'Accord de Réparations entre le Japon et la République du Viet-Nam.

Veuillez agréer, Excellence, les assurances de ma très haute considération.

Aiichiro Fujiyama

Plénipotentiaire du Japon

Son Excellence

Monsieur Vu Van Mau,

Plénipotentiaire de la République

du Viet-Nam

Saigon, le 13 mai 1959.

Excellence,

J'ai l'honneur d'accuser réception à Votre Excellence de Sa note en date de ce jour, dont teneur suit :

"(note japonaise)"

J'ai l'honneur de confirmer, au nom de mon Gouvernement, la teneur de l'arrangement dont fait état la note ci-dessus mentionnée de Votre Excellence et de consentir à ce que ladite note et la présente soient considérées comme constituant l'accord entre les deux Gouvernements qui entrera en vigueur à la date de l'entrée en vigueur de l'Accord de Réparations entre la République du Viet-Nam et le Japon.

Veuillez agréer, Excellence, les assurances de ma très haute considération.

Vu Van Mau
Plénipotentiaire de
la République du Viet-Nam

Son Excellence
Monsieur Aiichiro Fujiyama,
Plénipotentiaire du Japon

（付　記）

書簡をもつて啓上いたします。本全権委員は、ヴィエトナム共和国の経済開発の促進に資するため日本国の国民又は法人がヴィエトナム共和国政府又はその所有し、若しくは支配する法人に提供する借款に関して、両政府の代表者が到達した了解を明らかにする次の取極を確認する光栄を有します。

1　現在において三十二億七千六百万円（三、二七六、〇〇〇、〇〇〇円）に換算される九百十万アメリカ合衆国ドル（九、一〇〇、〇〇〇ドル）に等しい円の額までの長期貸付又は類似のクレディットが、この取極の規定に基いて、日本国とヴィエトナム共和国との間の賠償協定の効力を生ずる日から五年（この期間は、三年以上五年以下の期間に短縮することができる。ただし、両政府間にこのための合意がなければならない。）を経過した日以後、日本国の国民又は法人により、締結されることがある適当な契約に基き、ヴィエトナム共和国政府又はその所有し、若しくは支配する法人に対し行われるものとする。

2　前項にいう長期貸付又は類似のクレディット（以下「借款」という。）は、商業上の基礎により、かつ、両国の関係法令に従つて行われるものとする。

3　両政府は、借款の提供を、関係法令の範囲内で容易にし、かつ、促進するものとする。

4　借款の条件は、当該契約の当事者間で合意されるものとする。

5　借款は、尿素製造工場の建設その他の計画の実施に必要な日本人の役務及び日本国の生産物の形で行われるものとする。

6　この取極は、十年間効力を有する。ただし、この取極の効力発生の日から九年が経過した後、借款がその十年の期間の末までに1に定める金額に達しないと認められたときは、両政府は、いずれか一方の政府の要請により、この取極の有効期間を延長するため協議を行うことができる。

本全権委員は、この書簡及びこの書簡に述べられた取極の内容を確認される閣下の返簡を、日本国とヴィエトナム共和国との間の賠償協定の効力発生の日に効力を生ずる両政府間の合意を構成するものとみなすことを提案する光栄を有します。

本全権委員は、以上を申し進めるに際し、ここに重ねて閣下に向つて敬意を表します。

千九百五十九年五月十三日にサイゴンで

日本国全権委員　藤山愛一郎

ヴィエトナム共和国全権委員　ヴ・ヴァン・マオ閣下

書簡をもつて啓上いたします。本全権委員は、本日付の閣下の次の書簡を受領したことを確認する光栄を有します。

〔日本側書簡〕

本全権委員は、本国政府に代つて、前記の閣下の書簡における取極の内容を確認し、かつ、前記の書簡及びこの書簡を、ヴィエトナム共和国と日本国との間の賠償協定の効力発生の日に効力を生ずる両政府間の合意を構成するものとみなすことに同意する光栄を有します。

本全権委員は、以上を申し進めるに際し、ここに重ねて閣下に向つて敬意を表します。

千九百五十九年五月十三日にサイゴンで

ヴィエトナム共和国全権委員　ヴ・ヴァン・マオ

日本国全権委員　藤山愛一郎閣下

654

昭和34年5月13日

請求権に関する日本国政府とベトナム共和国政府との間の交換公文

Saigon, le 13 mai 1959

Excellence,

J'ai l'honneur de vous communiquer le texte de l'entente suivante qui a reçu l'agrément du Gouvernement du Japon :

Sous réserve des dispositions de l'Accord de Réparations entre le Japon et la République du Viet-Nam signé le 13 mai 1959, il n'existe pas d'autres demandes de la part de la République du Viet-Nam et de ses ressortissants à l'encontre du Japon résultant de mesures quelconques prises par le Japon et par les forces japonaises en relation avec la conduite de la deuxième grande guerre mondiale.

Je serais heureux si Votre Excellence pouvait me confirmer également l'agrément du Gouvernement de la République du Viet-Nam sur le texte de l'entente ci-dessus mentionnée du Gouvernement du Japon.

Veuillez agréer, Excellence, les assurances de ma très haute considération.

Aiichiro Fujiyama

Plénipotentiaire du Japon

Son Excellence

Monsieur Vu Van Mau,

Plénipotentiaire de la

République du Viet-Nam

Saigon, le 13 mai 1959

Excellence,

J'ai l'honneur d'accuser réception à Votre Excellence de Sa note en date de ce jour, dont teneur suit :

"(note japonaise)"

Je suis heureux de confirmer l'agrément du Gouvernement de la République du Viet-Nam sur le texte de l'entente dont fait état la note sus-mentionnée.

Veuillez agréer, Excellence, les assurances de ma très haute considération.

Vu Van Mau

Plénipotentiaire de la

République du Viet-Nam

Son Excellence

Monsieur Aiichiro Fujiyama,

Plénipotentiaire du Japon

655 昭和34年6月20日 藤山外務大臣より 在仏国古垣（鉄郎）大使宛

フランスと北ベトナム間協定のテキストを入手しその効力に関する仏国見解につき報告方訓令

亜東第二三〇号

昭和三十四年六月二十日

外務大臣　藤山　愛一郎

在仏国

特命全権大使　古垣　鉄郎殿

仏・北ヴィエトナム間協定文テキスト入手方に関する件

1、ヴィエトナムとの賠償協定は去る5月13日サイゴンで調印を了し、今秋の臨時国会に提出の予定であるが、本協定交渉にあたつて、政府は南ヴィエトナム政府がヴィエトナム全体を代表する正統政府であり、またこのことについては国際社会の大多数の国もわが国と同一の立場をとつているとしてきているところ、これと関連し、フランスは１９４６年３月６日の仏越予備協約（Convention Préliminaire Franco-Viêtnamienne）及び同年9月14日の仏越暫定協定（Modus Vivendi Franco-Viêtnamien）において、ホー・チー・ミン北越政権を正統政府と認めたかの如きことがあり、フランスはその後も引き続き同政権を承認していてこれを取り消していないのではないかとの議論も生じてくる可能性も考えられるので、参考のため上記2協定の仏文テキスト（全文）入手の上遅くとも7月末までに到着するよう送付ありたい。

2、なお、予備協約は46年3月8日の仏閣議で承認された後、直ちに実施され、また、暫定協定は46年10月30日に発効する旨規定されていた模様であるが、実際にこれらの協定は効力を発したものか否か仏側の見解その他参考となるべき事項をもあわせて7月末までに報告ありたい。

---

656 昭和34年8月13日 在仏国古垣大使より 藤山外務大臣宛

フランスと北ベトナム間協定の効力に関する仏国見解につき報告

仏第七九八号

昭和34年8月13日

外務大臣　藤山　愛一郎殿

在フランス

特命全権大使　古垣　鉄郎〔印〕

仏・北ヴィエトナム間協定文テキスト入手に関する件

貴信亜東第二三〇号及び三〇四号に関し

仏外務省係官（本人休暇中のため報告が延引した）につきたしかめたところ下記の通り報告する。

(1)　仏越予備協約及び仏越暫定協定（何れも別添㈠写真版参照）はあく迄将来全ヴィエトナムを代表すべきものとしてホー・チーミン政権との間に署名を了したものであり、その規定するところに従い（法律上）発効したわけであるが、1946年暮からは仏印戦争がはじまり事実上の実施はなされなかつた。

(2)　その後、1948年6月5日付の仏印駐在高等弁務官とヴィエトナム中央政府仮主席との間に署名調印された共同宣言（別添㈡のⅧ）により、仏は正式に現ヴィエトナム（南ヴィエトナム）政府を全ヴィエトナムを代表するものとして承認した。

(3)　従つて、仏としては上述の宣言により国際法上当然に(1)の2つの協約及び協定は特別の意思表示をしなくとも法律上無効となつたものと考えている。

編　注　本文書の別添はすべて省略。

657　昭和34年10月17日　藤山外務大臣より在ベトナム久保田大使宛（電報）

ベトナム全領域を代表する正統政府としてベトナム国を各国が承認した文書の入手方訓令

付　記　昭和三十四年十月二十八日、アジア局作成

「バオダイ政権承認国」

本　省　10月17日後10時30分発

第一一〇号

ヴイエトナム賠償協定に関連し、1950年2月在米（ママ）初め30数ケ国がヴイエトナム国（L'Etat du Viet-Nam）を承認したが、その際同国をもつて全ヴィエトナム領域をカバーする正統政府なる旨明示しているか否か調査する必要あるにつき責任国外務省にて各国が与えた承認文書写を入手の上大至急送付ありたい。

（付　記）

バオダイ政権承認国

昭34・10・28

アジア局

（日付中には、未確認のものあり）

1950・2・7　イギリス
8　オーストラリア
〃　ベルギー
〃　ルクセンブルグ
9　アメリカ
〃　ニュージーランド
12　ギリシア
18　イタリア
20　ヨルダン
25　ブラジル
27　ホンジュラス
28　タイ
3・3　スペイン
〃　韓国
1950・3・11　エクアドル
12　南ア連邦
〃　ヴァチカン
13　ヴェネズエラ
14　キューバ
15　ボリヴィア
〃　コスタリカ
4・5　ルクセンブルグ
11　オランダ
13　パラグァイ
5・1　コロンビア
4　アルゼンティン
22　リベリア
6・2　チリ
〃　サルヴァドル
23　ハイチ

(1)明示している国

国名	備考
ベルギー	1950年2月2日(8カ) バオダイ帝のヴィエトナム国をその全領域をカバーするものとして承認する。(但し、1955年10月16日のゴ政権承認に当つては同政権は南ヴィエトナムのみをカバーするものとして République du Sud Viet-Nam と明示して承認す)

(2) 明示していない国

国名	備考
オーストラリア	1950年2月8日付 Spender 外相発 Nguyen Phan Long首相兼外相あて電報： "I have the honour to inform your Excellency that His Majesty's Government in Australia recognises the State of Viet-nam as an associate state within the French Union in accordance with the terms of the Agreement 8th March 1949 between President Auriol and His Majesty Bao Dai and recognises the Government of His Majesty Bao Dai as the Government of that State."
米国	1950年2月9日付在サイゴン総領事発バオ・ダイ帝あて書簡＝トルーマン大統領発バオ・ダイ帝あて電報： "Your Imperial Majesty: I have Your Majesty's letter in which I am informed of the signing of the Agreements of March 8, 1949 between Your Majesty on behalf of Vietnam and the President of the French Republic on behalf of France. My Government has also been informed of the ratification on February 2, 1950 by the French Government of the Agreements of March 8, 1949. Since these acts establish Vietnam as an

英国	independent state within the French Union, I take this opportunity to congratulate Your Majesty and the people of Vietnam on this happy occasion. The Government of the United States of America is pleased to welcome Vietnam into the community of peace-loving nations of the world and to extend diplomatic recognition to the Government of Vietnam. I look forward to an early exchange of diplomatic representatives between our two countries. I take this opportunity to extend my personal greetings to Your Majesty with my best wishes for the prosperity and stability of Vietnam. (Signed) Harry S. Truman" "I have the honour to inform Your Excellency that His Majesty's Government in the United Kingdom recognise the status of Viet Nam as an associate state within the French Union in accordance with the terms of the Agreement dated March 8th 1949 between President Auriol and His Majesty BAO DAI, and recognise the Government of His Majesty BAO DAI as the Government of that state, in order to mark the increased importance which, in these circumstances, will attach to His Majesty Consulate-General at Saigon. It has been decided to give Mr. Frank Stannard Gibls《(ママ)》 the President incumbent of this post, the personal rank of minister:"
タイ	タイ王国首相、P. Pigalsongram《(Phibunsongkhram カ)》 元帥発 Nguyen-Phan-Long 首相兼外相あて電報 "Afin de donner son Appui à l'indépendance et la liberté de tous les peuples en

オランダ

conformité avec la Charte des Nations-Unies et afin que les peuples de l'Asie du Sud-Est soient assurés de la paix et de la tranquillité, le Gouvernement de Sa Majesté veut porter à la connaissance de Votre Excellence avec son entière sympathie pour l'accession à l'indépendance du peuple de Vietnam comme celui avec lequel le Gouvernement de Sa Majesté《ママ》.

Entretiendra dès maintenant des relations d'amitié pour le développement de l'indépendance et de la liberté ainsi que de la paix et de la prospérité du peuple de Vietnam.

Je saisis cette occasion pour exprimer à Votre Excellence les assurances de ma plus haute considération."

⑴１９５０年４月11日付オランダ外相発ヴィエトナム国外相あて電報：

"ai l'honneur de faire savoir à Votre Excellence que le Gouvernement Royal des Pays-Bas reconnaît l'Etat du Vietnam comme Etat Associé au sein de l'Union Française, conformément aux articles de l'Accord du 8 mars 1949 entre le Président Auriol et Sa Majesté Bao Dai et reconnaît le Gouvernement de Sa Majesté Bao Dai comme le Gouvernement de cet Etat."

⑵１９５０年４月12日付在サイゴン・オランダ総領事発ヴィエトナム国外相あて書簡

"Je suis heureux d'avoir reçu des ordres de mon Gouvernement, m'autorisant à communiquer à Votre Excellence la reconnaissance de l'Etat du Vietnam, comme Etat Associé, dans l'Union Française, par le Gouvernement des Pays-Bas.

C'est ma ferme opinion que cette déci-

"sion mènera au resserrement des liens de l'amitié cordiale existant si heureusement entre nos deux pays.

Veuillez agréer, Monsieur le Ministre, l'assurance de ma plus haute considération."

編注一 付記は昭和三十四年十月十日、アジア局作成「ヴィエトナム賠償協定及び仏印特別円に関する基本問題についての疑問擬答　一般問題」より抜粋。

二 付記の承認国においてルクセンブルグが重複しているが、日付不明のためそのままとした。

658　フランスとベトナム国との関係に関する実態調査につき訓令

昭和34年11月7日　藤山外務大臣より在仏国古垣大使宛（電報）

本　省　11月7日後3時45分発

第三五七号（大至急）

貴信第七九八号に関し

対ヴィエトナム賠償協定関係国会審議に必要なるにつき、次の事項に関し大至急調査の上、東京時間9日午前10時よりの国会審議に間に合うよう回電ありたい。

1、１９４７年2月13日ラマディエ首相が行つたと言われる「ホー・チ・ミン政権を相手にせず」との声明は、閣議決定によりなされた公式声明か、また、新聞発表その他如何なる形式でなされたものか。

2、１９４６年の Convention Préliminaire 及び Modus Vivendi が「法律上発効したが、事実上の実施はなされなかつた」と言われ、上記二協定は「法律上無効になつた」と言われるが、その根拠は前記1、の声明に基くのか、又はその他の根拠によるものかにつき、貴任国政府の見解如何。

3、１９４９年3月8日の「エリーゼ協定」は１９５０年1月20日（ママ）に至つて、ようやく仏連合議会により承認されたが、この承認がかくも遅れた理由並びに承認に至る経緯如何。

4、バオ・ダイ帝は１９４９年6月14日サイゴン市役所において仏高等弁務官との間に「エリーゼ協定」たる公文を《（のカ）》交換を行うとともに、ヴィエトナム国の元首に就任した由であるが、この事実の確認並びにその際の声明又は演説等の記録。

5、1954年ジュネーヴ会議前后のフランス議会におけるインドシナ休戦関係議事録(大至急空送ありたい。)

6、1954年6月4日ラニエル首相との間に「Traité d'Indépendance」に署名を行ったBuu Loc ヴィエトナム国首相の国籍如何。

659　昭和34年11月7日　在仏国古垣大使より 藤山外務大臣宛(電報)

フランスとベトナム国との関係に関する実態調査は国会審議までに間に合わない旨報告

パリ　11月7日後1時30分発
本省　11月7日後10時14分着

第四四〇号(大至急)

貴電第三五七号に関し

フランス外務省係官に直ちに連絡したが、先方は御来示の諸点はいずれも過去の記録を調べる必要があり、できるだけ取急ぐも調査に多少の時日を要する旨答えた趣であり、当方としてもでき得る限り調査致すべきも遺憾ながら御要望の時間には間に合わぬと思われるので右御了承ありたい。

660　昭和34年11月10日　藤山外務大臣より 在仏国古垣大使宛(電報)

フランスとベトナム国との関係に関する実態調査は解明し得たものから逐次回電方訓令

本省　11月10日後9時20分発

第三六一号(大至急)

往電第三五七号及び貴電第四四〇号に関し

照会事項につき、日本時間11日午後1時よりの国会審議に間に合うよう、解明し得たものから逐次回電ありたい。

661　昭和34年11月10日　在仏国古垣大使より 藤山外務大臣宛(電報)

フランスとベトナム国との関係に関する仏国係官の説明について

パリ　11月10日後8時0分発
本　省　11月11日前4時29分着

第四四四号(大至急)

貴電第三六一号に関し

フランス係官の説明するところ次の通り。

1. ラマデイエ首相の声明に関しては該当のものは見当らない(当館においても現在なお調査中)。

2. 1946年の2協定が無効になつた法律的根拠は1948年7《6カ》月5日付の Accord de la Baie d'Along であり、これによりフランスは現ヴイエトナム(南ヴイエトナム)を全ヴイエトナムを代表する政府として正式に承認し、従つてヴイエトミンとの間の前2協定は法律上当然無効となつたものと考えている(8月13日付往信第七九八号御参照)。

3. いわゆるエリゼー協定(Accord Franco-Vietnamien du 8 mars 1949)の細目を取極めた Convention d'application の交渉が長引き、同年12月30日に至りようやくサイゴンにてバオダイ国家主席とピニオン・フランス高等弁務官の間に署名された経緯のある一方、国会における条約の批准は通常相当遅れるものであり1月2日《ママ》にその承認を得たものである。

4. バオダイ帝は1949年6月13日サイゴン着、ついで14日サイゴン市役所においてピニオン高等弁務官と会見した後、市役所のバルコンから要旨次の如き声明を行つた。

"Je garde provisoirement le titre de mpeteur《d'empereur カ》 à fin d'avoir une position internationale légale, mais le peuple décidera de sa constitution"

5. 1952《4カ》年3月5日より7月24日に至るフランス国会議事録12日空送する。

6. Buu Loc 首相はヴイエトナム国籍を有しており、フランス国籍は持つていない。

662

昭和34年11月17日　藤山外務大臣より
在ベトナム久保田大使宛(電報)

各国のベトナム共和国承認形式等につき回電方訓令

付　記　昭和三十三年八月七日にベトナム共和国外務

省が発表した同政府承認国リスト

本　省　11月17日後3時15分発

第一二九号（大至急）

1．賠償協定の国会審議に当り、南北政府の列国による承認ぶりが問題となり、南については貴信昭和33年8月27日付四八六号附属のリスト（同年8月7日ヴィエトナム外務省発表）により答弁しているが、同リストの各国による承認に関し

(1)法律上の承認のみか、事実上の承認（たとえば、パキスタン、インドネシアは南北を同時に事実上（用語は不正確と認められるが）承認する旨明らかにしている）が同列に記載されていないか

(2)いずれも文書による通告か、又は他の形式によるものか

(3)南部地域のみの政府と限定したものなきや（ベルギーによる承認はその例ならずや）逆にヴィエトナム全体の代表政府として承認する旨明示したものありや

2．当方調査によればバオダイ政府を承認せる国の数は1950年6月23日までに30となつているが、前記期日以後ゴー政府樹立までの間にこれを承認した国あらばその名と日付調査ありたく上記1および2折返し回電ありたい。

（付　記）

〝ヴィエトナム共和国政府承認国リスト〟

（1958年8月7日ヴィエトナム外務省発表）

承認国名	承認日付
1．米国	1955年10月26日
2．フランス	〃
3．英国	〃
4．オーストラリア	〃
5．ニュージランド	〃
6．タイ	〃
7．日本	〃
8．イタリー	〃
9．中華民国	1955年10月27日
10．大韓民国	〃
11．オランダ	1955年11月1日

12. フィリピン 〃 〃 2日
13. スペイン 〃 〃 3日
14. キューバ 〃 〃 3日
15. ハイチ 〃 4日
16. ボリビア 1955年11月6日
17. エクアドル 〃 〃 6日
18. ブラジル 〃 〃 8日
19. リベリア 〃 〃 8日
20. ニカラガ 〃 〃 8日
21. チリー 〃 〃 10日
22. ギリシヤ 〃 〃 10日
23. ルクサンブルグ 〃 〃 11日
24. アルゼンティン 〃 〃 12日
25. コスタリカ 〃 〃 13日
25.(26カ) カナダ 〃 〃 14日
27. ラオス 〃 〃 15日
28. トルコ 〃 〃 18日
29. ベルギー 〃 〃 22日
30. オーストリア 〃 〃 23日

---

31. 西独 〃 12月5日
32. ヴァチカン 〃 〃 9日
33. 南阿連邦 〃 〃 14日
34. ホンジュラス 1955年12月12日
35. ヴェネズエラ 〃 〃 15日
36. ガテマラ 〃 〃 〃
37. コロンビア 1956年1月6日
38. スーダン 〃 2月5日
39. ヨルダン 〃 〃 21日
40. ポルトガル 〃 5月24日
41. デンマーク 1957年3月1日
42. レバノン 〃 〃 5日
43. ガーナ 〃 〃 6日
44. モロッコ 〃 6月18日
45. チュニジア 〃 8月3日
46. マレー 〃 〃 31日
47. スイス 1958年4月1日
48. スウェーデン 〃 7月3日
49. イラク 〃 8月2日

50. インドネシア
51. ノールウェー
} 在サイゴン総領事及び領事認可状を申請

52. アイルランド
53. エル・サルヴァドル
54. ペルー
55. パナマ
56. ウルグァイ
57. イラン
58. エティオピア
59. ドミニカ
} 南ヴィエトナムの国連加盟に賛成投票を行った

60. インド　サイゴン総領事派遣（認可状なし）
61. ビルマ　ラングーンに総領事派遣
62. カンボディア　代表部を交換

編　注　付記は前掲「ヴィエトナム賠償協定及び仏印特別円に関する基本問題についての疑問擬答　一般問題」より抜粋。

663

昭和34年11月17日　在ベトナム久保田大使より藤山外務大臣宛（電報）

各国のベトナム共和国承認形式等に関するベトナム外務省への照会結果につき報告

サイゴン　11月17日後10時50分発
本　　省　11月18日前1時46分着

第一八八号（大至急）

貴電第一二九号に関し

参事官をして外務省総務局長に確かめしめたるところ、同局長の答え下記の通り。

記

1．⑴(イ)客年往信第四八六号付属甲号リスト中、50のインドネシアが在サイゴン総領事館に対する領事認可状（exequatur）を要求したとあるは誤りにて、領事認可状を要求したのは51のノールウエーのみである故左様訂正ありたく、この訂正以外は上記リスト説明の通りである。

(ロ)従つてリストの1（米国）より49（イラク）までの49カ国は法律上承認した。またノールウエーの場合は法律上の承認とみなされる。

(ハ)パキスタンの承認はない。

(ニ)インドネシアおよびインドは領事認可状のない総領事を当地に置くとともに、ハノイにも同様の総領事を駐在させている由。

(ホ)52(アイルランド)以下は日本とともに国連加盟を支持した故暗黙の承認とみなされる。

(2)上記49カ国の大多数の承認は1955年10月ヴィエトナム共和国成立に際し世界各国に発せられた通告に対して文書または電報によつてなされたものである(イラクは親善使節を派し、またスイスは正式に領事認可状を与えた)。

(3)南部地域、または特にヴィエトナム全体の代表政府と明示したものはない。ベルギーの場合も単にヴィエトナム共和国としてある故この例外ではない(在英ヴィエトナム大使がベルギーを兼任する)。

2. 国連においては1953年以来 L'Etat du Vietnam より La République du Vietnam への合法的な継続が認められていることは国連記録に明白である。

664　昭和35年1月8日　情報文化局発表

日・ベトナム賠償協定及び借款協定の批准書交換について

付記一　昭和三十四年十月、外務省作成
右賠償協定の説明書

二　昭和三十四年十月、外務省作成
右借款協定の説明書

外務省情報文化局発表

昭和三十五年一月八日

ヴィエトナム賠償協定等批准書交換について

一、「日本国とヴィエトナム共和国との間の賠償協定」及び「日本国とヴィエトナム共和国との間の借款に関する協定」は、一九五九年五月十三日サイゴンで調印されたが、ヴィエトナム側においては同年七月二日議会の承認を得た後同年十二月三十日大統領により批准され、また、日本側においては同年十二月二十三日に国会の承認を得た。よつて本年一月八日内閣はこれら両協定を批准した上批准書に天皇の認証を得る予定である。

三、よつて、これら二協定の批准書交換式は、来る一月十二日(火)午前十一時三十分から外務省において藤山外務大臣とティン在京ヴィエトナム大使との間で行われる予定である。

(付記一)

昭和三十四年十月

日本国とヴィエトナム共和国との間の賠償協定の説明書

外務省

目次

一　経緯

ヴィエトナムは、昭和二十六年九月にサン・フランシスコで対日平和条約に署名し、翌二十七年六月にその批准書を寄託したので、わが国はヴィエトナムに対して平和条約第十四条(a)項1に基いて賠償履行の義務を負うものであつた。

この賠償に関する交渉は、双方の見解に相当の隔りがあつたため、昭和二十六《(八カ)》年六月に沈船引揚に関する中間賠償交渉として開始されて以来、断続的に数年にわたつたところ、昭和三十三年三月に至りヴィエトナム側が賠償三千九百万ドルのわが方案を受諾したので、こゝに基本的了解が成立し、同年八月以降、賠償の実施方式、協定案文等につき交渉を行つた結果、本年五月に入り双方合意に達し、五月十三日にサイゴンで両国全権委員により、本件賠償協定の署名調印が行われた。

二　内容

この協定は、前文、本文十一箇条、末文及び附属書からなる。

(1)　前文

前文は、両国が一九五一年九月八日のサン・フランシスコ平和条約の規定の趣旨に従つて行動することを希望してこの協定を締結するものである旨を述べている。

(2) 本文

第一条

日本国が現在百四十億四千万円に換算される三千九百万ドルに等しい円の価値を有する日本国の生産物及び日本人の役務を賠償としてヴィエトナム共和国に供与することを定め、さらに、賠償供与の期間及び年平均額を定めている。

第二条

第一項は、供与される生産物及び役務は、附属書に掲げる計画の中から選ばれる計画に必要なもので両政府間の合意によつて決定されるものであることを定めている。

第二項は、供与される生産物が資本財であり、合意があるときは、それ以外のものが含まれうることを定めている。

第三項は、賠償を、両国間の通常の貿易が阻害されないように、かつ、外国為替上の追加の負担がわが国に課されないように、実施すべきことを定めている。

第三条

毎年供与される生産物及び役務を掲ぐべき年度実施計画の決定に関する規定である。

第四条

ヴィエトナム共和国政府が日本人業者と直接に賠償契約を締結すること、日本国政府は賠償契約が賠償協定、実施細目及び年度実施計画に合致していることを認証すること並びに賠償契約は紛争を商事仲裁に付託する旨の規定を含むべきことを定めている。また、両政府間の合意により賠償契約によらない賠償供与が行われうることを規定している。

第五条

日本国政府が生産物及び役務供与のための経費を円で支払い、その支払によつてかつその支払を行つた時に賠償義務をその限度まで履行したものとされることを定めている。

第六条

賠償協定の実施の任に当る使節団の設置及びその待遇

に関する規定である。

第七条

両政府が協定の実施に必要な措置を執ることを規定し、また、ヴィエトナム共和国による現地の労務、資材及び設備の提供並びに賠償に関連して現地に派遣される日本人技術者に対する便宜供与について規定しているほか、日本人技術者及び法人は賠償に伴う所得についてはヴィエトナムで課税を免除されること及び賠償として供与される生産物はヴィエトナムから再輸出してはならないことを定めている。

第八条

協定の実施について勧告を行う合同委員会の設置に関する規定である。

第九条

協定の実施細目を両政府間で合意することを定めている。

第十条

この協定の解釈及び実施に関する紛争解決のための仲裁裁判所の設置に関する規定である。

第十一条

協定の批准及び効力発生に関する規定である。

(3)　末文

末文は、署名の日及び場所を掲げ、また、日本語、ヴィエトナム語及び仏語が本書であるが、解釈に相違があるときは、仏語の本書によることを述べている。

(4)　附属書

附属書は、協定第二条に関連して、生産物及び役務が充当されるべき計画を掲げている。

（付記二）

昭和三十四年十月

日本国とヴィエトナム共和国との間の借款に関する協定の説明書

外務省

目次

一　経緯

二　内容

(1) 前文
(2) 本文
(3) 末文

一 経緯

ヴィエトナムとの経済協力関係の緊密化を図り、かつ、ヴィエトナムの経済開発の促進に寄与するための借款の供与に関する交渉は、賠償交渉と併行して進められてきたところ、昭和三十三年三月に至り、ヴィエトナム側との間に基本的了解が成立し、これに基いて同年八月以降、借款の供与方式、諸条件、協定案文等につき交渉を行った結果、本年五月に入り、双方合意に達し、五月十三日にサイゴンで両国全権委員により本件借款に関する協定の署名が行われた。

二 内容

この協定は、前文、本文六箇条及び末文からなる。

(1) 前文

前文は、両政府が両国間の経済協力関係を緊密にすることを希望するので、ヴィエトナムの産業開発計画の実現に資するため、日本国から借款を供与することを目的として、この協定を締結するものである旨を述べている。

(2) 本文

第一条

第一項は、日本国が七百五十万ドルに等しい円の額までの貸付をこの協定の効力発生の後三年の期間内に行うことを定めている。

第二条

第二項は、ヴィエトナム共和国が右の貸付を両政府の合意する計画の実施に必要な日本国の生産物及び日本人の役務の調達に充当することを定めている。

第三条

貸付の各年度における限度額は、両政府が毎年協議して決定することを定めている。

第一項は、第一条第二項に基いて合意された計画の実施を担当するヴィエトナム共和国政府又はその所有し若しくは支配する法人は、日本輸出入銀行と契約を締結して貸付を受けることを定めている。

第二項は、日本輸出入銀行が貸付のために必要とする資金を確保できるように、日本国政府は必要な措置を執るものであることを定めている。

第三項は、元本の償還及び利息の支払は円貨で行われるものとし、この円貨は米ドルを日本国における外国為替公認銀行に売却することにより取得されるべきことを定めている。

第四項は、ヴィエトナム共和国政府がその所有し若しくは支配する法人による元本の償還及び利息の支払を保証することを定めている。

第四条

両政府は、ヴィエトナム共和国政府等が調達する生産物及び役務の調達計画を毎年協議して作成することを定めている。

第五条

協定の解釈と実施に関して両政府間に紛争が生じた場合には、外交上の経路を通じて解決するものとし、こうして解決することができなかつたときは、紛争は、仲裁に付託されることを定めている。

第六条

この協定の批准及び効力発生に関する規定である。

(3)　末文

末文は、署名の日及び場所を掲げ、また、日本語、ヴィエトナム語及び仏語が本書であるが、解釈に相違があるときは、仏語の本書によることを述べている。

665

昭和35年1月12日　外務省告示

日・ベトナム賠償協定及び借款協定の発効について

外務省告示第二号

昭和三十四年五月十三日にサイゴンで署名された日本国とヴィエトナム共和国との間の賠償協定及び日本国とヴィエトナム共和国との間の借款に関する協定の批准書の交換は、昭和三十五年一月十二日に東京で行なわれた。よって、同賠償協定及び借款に関する協定は、それぞれその第十一条及び第六条の規定に従い、同日に効力を生じた。

昭和三十五年一月十二日

外務大臣　藤山愛一郎

日本外交文書　平和条約締結に伴う賠償交渉　日付索引

平和条約締結に伴う賠償交渉　日付索引

昭和二十六年

事項番号	文書番号	日付	電信書信番号	発・受信者／作成者	件名	頁
三	159	昭和26年9月4日		吉田全権 スバルジョ・インドネシア全権 } 会談	サンフランシスコ講和会議に際しての吉田全権・スバルジョ全権会談	373
三	160	昭和26年9月4日		藤崎条約局条約課長作成	「賠償問題に関しインドネシア代表団と会談の件」	374
四	272	昭和26年9月4日		吉田全権 ロムロ・フィリピン首席代表 } 会談	サンフランシスコ講和会議に際しての吉田全権・ロムロ首席代表会談	659
				付　記　昭和二十六年九月五日、藤崎条約局条約課長作成「賠償問題に関しフィリピン代表部と会談の件」		660
三	161	昭和26年9月6日		吉田全権より スバルジョ・インドネシア全権宛	サンフランシスコ平和条約第十四条に基づく対インドネシア賠償に関する吉田全権書簡	375
三	162	昭和26年9月7日			サンフランシスコ講和会議におけるスバルジョ・インドネシア全権演説	376
四	273	昭和26年9月7日			サンフランシスコ講和会議におけるロムロ・フィリピン首席代表演説	662
五	528	昭和26年9月7日			サンフランシスコ講和会議におけるトラン・バン・ヒュー・ベトナム代表演説	1137
一	1	昭和26年9月8日		署名	サンフランシスコ平和条約（前文・第一条・第十四条・第二十六条）	3
				付　記　昭和二十六年九月七日 サンフランシスコ講和会議における吉田全権の平和条約受諾演説（抜粋）		10

一　2　昭和26年9月26日　政総三七一　吉田外務大臣より吉田内閣総理大臣宛　賠償連絡協議会設置に関する閣議請議……12
一　3　昭和26年9月28日　内閣外甲四三　吉田内閣総理大臣より吉田外務大臣宛　賠償打合会設置に関する閣議決定につき通報……13
一　4　昭和26年11月7日　賠償打合会作成　「賠償に関する基本方針」……13
二　27　昭和26年11月16日　公信九　在ラングーン服部在外事務所長より吉田外務大臣宛　ビルマのサンフランシスコ講和会議不参加の理由等につき報告……105
三　163　昭和26年12月13日　一三　在ジャカルタ武野在外事務所長より吉田外務大臣宛(電報)　ジュアンダ使節団の訪日目的に関するインドネシア情報相の説明について……382

昭和二十七年

三　164　昭和27年1月18日　「賠償に関する中間協定案」についてのインドネシアとの間の合意文書……383
付記一　昭和二十七年一月十八日　賠償会議における討議事項に関する交換公文(インドネシア側返簡)……390
二　昭和二十七年一月三十日、アジア局第一課作成　「日本インドネシア間賠償交渉経過」……393
四　274　昭和27年1月24日　日・フィリピン賠償会談に関する津島全権への訓令……674
五　529　昭和27年1月28日　条約局第三課作成　日本とフランス及び仏印間の戦争の始期並びに賠償範囲に関する条約局第三課見解……1139
四　275　昭和27年1月31日　倭島アジア局長　ウェアリング連合国最高司令官総司令部外交局参事官　会談　倭島アジア局長・ウェアリング外交局参事官会談……675

四 276 昭和27年2月14日 宮崎情報文化局長談 日・フィリピン賠償会談に関する情報文化局長談話……676
付記 昭和二十七年二月十八日、アジア局第一課作成「マニラにおける日比賠償会談報告」……677

一 5 昭和27年3月4日 経済局第一課作成 平和回復善後処理費執行においては外債支払を優先すべきとの経済局第一課見解……20
付記 昭和二十七年六月十日、経済局宇山事務官作成「外債会議対策打合会に関する報告」……23

二 28 昭和27年3月10日 亜四二一 吉田外務大臣より在ラングーン服部在外事務所長宛 国交回復の手続きにつきビルマ側の意向打診方訓令……106

四 277 昭和27年4月8日 アジア局第一課作成 賠償問題の基本的考え方につきフィリピンと合意をなすことの困難性を考慮して対応策も検討すべきとのアジア局第一課見解……686

二 29 昭和27年4月18日 公信一〇一 在ラングーン服部在外事務所長より吉田外務大臣宛 対インド交渉に倣い戦争終結宣言後に大使交換を行うよう書簡にて申入れた旨報告……107

五 530 昭和27年4月30日 シューマン仏国外務担当国務大臣より吉田外務大臣宛 サンフランシスコ平和条約締結による外交関係再開にあたり在仏国日本大使館再設置を承認する仏国側書簡……1147

二 30 昭和27年5月1日 一二四 在ラングーン服部在外事務所長より岡崎外務大臣宛(電報) ビルマ政府の対日戦争状態終結宣言に関する閣議決定について……110

二 31 昭和27年5月2日 情報文化局発表 「日本国とビルマ国との間の戦争状態終結について」……110

三 165 昭和27年5月8日 四三 岡崎外務大臣より在ジャカルタ武野在外事務所長宛(電報) サンフランシスコ平和条約発効後の外交関係樹立に向けた協議状況につき通報……399

四 278 昭和27年5月12日 斎藤アジア局第三課長作成 わが方との外交関係樹立に関するフィリピン側意向について……688

三	166	昭和27年5月19日	八九	在ジャカルタ武野在外事務所長より岡崎外務大臣宛(電報)	インドネシア国内における対日国交樹立慎重論の台頭について	400
五	531	昭和27年6月4日		アジア局第三課作成	インドシナ三国の対日外交関係設定に関する仏国参事官の内話について	1147
一	6	昭和27年7月9日		経済局作成	「東南アジアの開発と賠償問題」	25
三	167	昭和27年7月24日		アジア局第三課起案	高裁案「日本・インドネシア間の外交関係に関する件」	401
二	32	昭和27年8月4日	一九三	在ラングーン服部在外事務所長より岡崎外務大臣宛(電報)	在外事務所の総領事館昇格に関するビルマ側書簡に対しわが方回答振りにつき請訓	112
				付　記　昭和二十七年八月二日付ウ・タン・シェイン・ビルマ外務次官より在ラングーン服部在外事務所長宛書簡 右ビルマ側書簡		112
二	33	昭和27年8月8日	二五〇	在ラングーン服部在外事務所長より岡崎外務大臣宛	総領事館設置につき承諾の書簡を発出した旨報告	113
二	34	昭和27年10月3日	二九九	在ラングーン服部総領事代理より岡崎外務大臣宛	役務賠償のみでは平和条約交渉には応じられないとのウ・ヌ首相の記者会見談報告	114
五	532	昭和27年10月9日	五〇〇	在仏国西村大使より岡崎外務大臣宛	インドシナ三国の対日外交関係設定に関する仏国国務大臣の内話について	1149
二	35	昭和27年10月30日	亜四 一〇二	岡崎外務大臣より在ラングーン小長谷総領事宛	サンフランシスコ平和条約草案拒否に関するビルマ政府対米通告原文の送付依頼	115
四	279	昭和27年11月5日		岡崎外務大臣 アリソン米国国務次官補 会談	フィリピンとの賠償問題等に関する岡崎外務大臣・アリソン国務次官補会談	689
四	280	昭和27年11月18日		アジア局第三課作成	フィリピンとの賠償を先行して解決することの利点及び具体的施策に関するアジア局第三課見解	691

四 281 昭和27年11月18日 三四 在マニラ中川在外事務所長より岡崎外務大臣宛(電報) 賠償問題解決に向けわが方の誠意ある働きかけを求めたいとのエリサルデ外相申入れにつき報告……694

一 7 昭和27年11月20日 アジア局第一課作成 賠償交渉の進展には役務の解釈及び支払総額、経済協力方式について再検討を要するとのアジア局第一課見解……27

四 282 昭和27年11月20日 一六 岡崎外務大臣より在マニラ中川在外事務所長宛(電報) フィリピンとの賠償交渉を他の求償国に先行して進めたい旨申入れ方訓令……695

四 283 昭和27年11月21日 三七 在マニラ中川在外事務所長より岡崎外務大臣宛(電報) エリサルデ外相への申入れ結果について……696

一 8 昭和27年11月26日 条約局第三課作成 賠償打合会に向けた外務省内協議について……31

一 9 昭和27年12月2日 重光条約局第三課長作成 支払総額及び役務の解釈が主要な問題となるとの外務省内協議結果について……31

付記 昭和二十七年十二月四日、条約局第三課作成「サンフランシスコ平和条約第十四条(A)1(役務賠償)に言う戦争損害について」……33

五 533 昭和27年12月4日 六八四 在仏国西村大使より岡崎外務大臣宛 対日外交関係設定及び賠償問題に関するベトナム高等弁務官の見解につき報告……1150

一 10 昭和27年12月11日 条約局第三課作成 賠償問題解決に向けた賠償打合会の新方針決定について……35

付記一 昭和二十七年十二月十二日、関係各省次官会議修正「賠償問題処理に関する根本方針」……36

二 昭和二十七年十二月十二日、関係各省次官会議了承「賠償に関する基本問題」……37

一 11 昭和27年12月11日 外務省作成 賠償問題に関する従来の交渉経緯について……40

四 284 昭和27年12月18日 六一 岡崎外務大臣より在マニラ中川在外事務所長宛(電報) 来比する倭島アジア局長とは賠償問題に関して実質的討議を求めたいとのエリサルデ外相意向につき連絡……697
四 285 昭和27年12月20日 九七 在マニラ中川在外事務所長より岡崎外務大臣宛(電報) エリサルデ外相は新たな賠償総額案として四億ドルを主張した旨倭島アジア局長より報告……698
四 286 昭和27年12月21日 一〇一 在マニラ中川在外事務所長より岡崎外務大臣宛(電報) 役務賠償を積上げ賠償総額を算出するわが方提案の方式検討にエリサルデ外相が同意せる旨報告……700
二 36 昭和27年12月30日 二九九 在ラングーン小長谷総領事より岡崎外務大臣宛(電報) サンフランシスコ平和条約第十四条の役務賠償の解釈等に関する専門家会談を開催するようビルマ側より要請……116
二 37 昭和27年12月30日 一九五 岡崎外務大臣より在ラングーン小長谷総領事宛(電報) 専門家会談前に経済再建計画の希望分野及び生産加工品目等につきビルマ側へ取纏め要請方訓令……118

昭和二十八年

二 38 昭和28年1月2日 三〇六 在ラングーン小長谷総領事より岡崎外務大臣宛(電報) 賠償総額交渉への方針転換につき倭島アジア局長より意見具申……118
五 534 昭和28年1月13日 亜三 三 岡崎外務大臣より倭島アジア局長宛 インドシナ三国が日本との外交関係樹立を希望する旨の仏国通報について……1151
四 287 昭和28年1月17日 合一九 岡崎外務大臣より在ジャカルタ甲斐総領事、在ラングーン小長谷総領事、在マニラ中川在外事務所長宛(電報) 倭島アジア局長訪問後における対フィリピン賠償交渉の状況について……702
三 168 昭和28年1月24日 二〇 在ジャカルタ甲斐総領事より岡崎外務大臣宛(電報) 賠償問題に関するムカルト外相の照会事項につき倭島アジア局長より報告……404

四 288 昭和28年1月29日 四四 岡崎外務大臣より在マニラ中川在外事務所長宛(電報) 沈船引揚協定付属の屑鉄購入及び遺体収容に関する交換公文案につき交渉方訓令……703

三 169 昭和28年1月30日 条約局第三課作成 サンフランシスコ平和条約第二十六条と二国間平和条約の関係に関する条約局第三課見解……405

四 289 昭和28年2月28日 アジア局第三課作成 「日本側新提案をめぐるフイリピンの動向に関する件」……704

三 170 昭和28年3月6日 六〇 岡崎外務大臣より在ジャカルタ甲斐総領事宛(電報) 賠償問題に関するわが方基本的考え方につき在京インドネシア総領事に回答した旨通報……406

五 535 昭和28年3月6日 亜三九六 岡崎外務大臣より在仏国西村大使宛 商業契約による沈船引揚はサンフランシスコ平和条約に基づく賠償請求権を毀損せずとの見解に同意するようベトナムより要請……1155

付記 昭和二十八年二月二十三日付在本邦仏国大使館より外務省宛口上書第八八／AE号 右要請につき通報……1157

四 290 昭和28年3月12日 署名 日本国とフィリピン共和国との間の沈没船舶引揚に関する中間賠償協定……707

付記一 引揚沈船屑鉄の購入に関する交換公文(フィリピン側返簡)……709

二 引揚沈船屑鉄の対日輸出比率に関する覚書……710

四 291 昭和28年3月16日 一八四 在マニラ中川在外事務所長より岡崎外務大臣宛(電報) 十九人委員会におけるわが方提案の討議見通しに関するエリサルデ外相内話……711

三 171 昭和28年3月31日 一〇四 在ジャカルタ甲斐総領事より岡崎外務大臣宛(電報) 経済協力として資本財を提供する際のわが方条件明示につきインドネシア外務省より要請……407

四 292 昭和28年4月6日 二一一 在マニラ中川在外事務所長より岡崎外務大臣宛(電報) 賠償総額等に関する通報なくしてわが方提案を審議しないとのフィリピン側エイド・メモワール受領につき報告……711

付記 右エイド・メモワール……712

四 293 昭和28年4月7日 二一五 在マニラ中川在外事務所長より岡崎外務大臣宛(電報) エイド・メモワールの発出経緯に関するエリサルデ外相との会談結果について …… 716

三 172 昭和28年4月8日 一〇八 岡崎外務大臣より在ジャカルタ甲斐総領事宛(電報) フィリピン他との交渉に鑑み資本財提供に関する回答は原則的なものに留めるべき旨回訓 …… 408

別電 昭和二十八年四月八日発岡崎外務大臣より在ジャカルタ甲斐総領事宛第一〇九号 右回答案 …… 409

二 39 昭和28年4月20日 アジア局第四課作成 「対ビルマ連邦賠償問題に関する件」 …… 120

五 536 昭和28年4月20日 亜三一六三 岡崎外務大臣より在仏国西村大使宛 商業契約による沈船引揚を賠償全般の中で取扱うとの態度をベトナムが改めるよう仏国政府へ斡旋方要請した旨通報 …… 1159

三 173 昭和28年4月25日 一四六 在ジャカルタ甲斐総領事より岡崎外務大臣宛(電報) インドネシアの対日感情を考慮しわが方の誠意を示す措置を講ずるべき旨意見具申 …… 409

三 174 昭和28年4月30日 一四九 在ジャカルタ甲斐総領事より岡崎外務大臣宛(電報) 資本財提供に関するわが方考えの提示結果につき報告 …… 411

四 294 昭和28年5月9日 外務省作成 「賠償問題に関するフイリピンのエイド・メモアールに対する中間回答の件」 …… 718

付記 昭和二十八年五月、外務省作成 「わが方中間回答早期発出を得策とする理由」 …… 719

四 295 昭和28年5月14日 一七九 岡崎外務大臣より在マニラ中川在外事務所長宛(電報) フィリピン側エイド・メモワールに対するわが方中間回答につき提出方訓令 …… 721

付記 右中間回答 …… 722

四 296 昭和28年5月21日 二七八 在マニラ中川在外事務所長より岡崎外務大臣宛(電報) わが方中間回答の提出結果につき報告 …… 723

五 537 昭和28年6月5日 二五五 岡崎外務大臣より在仏国西村大使宛(電報) 商業契約による沈船引揚の即時実施を条件に賠償協定の交渉開始に応じる意向をベトナム側へ伝達した旨通報……1159
付記 昭和二十八年五月二十八日付在本邦仏国大使館より外務省宛口上書第二六三／AE号 右交渉開始に関するベトナム側申入れ……1160

五 538 昭和28年6月22日 二八三 岡崎外務大臣より在仏国西村大使宛(電報) 沈船引揚に関する賠償協定交渉開始に伴いベトナムがサイゴンへの日本公使館開設に同意するよう仏国政府へ斡旋依頼方訓令……1161
付記 昭和二十八年六月十八日付外務省より在本邦仏国大使館宛口上書 右交渉開始に関するわが方意向……1162

四 297 昭和28年6月29日 三三四 在マニラ中川在外事務所長より岡崎外務大臣宛(電報) キリノ大統領は賠償問題解決への好影響も期待し戦犯特赦を決断せる旨ネリ外務次官内話……724

五 539 昭和28年7月11日 亜三 二六八 岡崎外務大臣より在仏国西村大使宛 戦争の始期及び賠償範囲等に関する見解の提示をベトナム側へ要請した旨通報……1162

二 40 昭和28年7月18日 八一 岡崎外務大臣より在ラングーン小長谷総領事宛(電報) 合理的賠償総額を条件にサンフランシスコ平和条約第十四条の解釈を拡張し資本財提供を検討する旨ビルマ側に内報方訓令……122

三 175 昭和28年7月23日 二五六 在ジャカルタ甲斐総領事より岡崎外務大臣宛(電報) 賠償としての沈船引揚実施に関するわが方意向につきインドネシア側より照会について……412

三 176 昭和28年7月31日 二一三 岡崎外務大臣より在ジャカルタ甲斐総領事宛(電報) 沈船引揚は協定締結の上実施したき旨在京インドネシア総領事申越しに回答する旨通報……412
付記一 昭和二十八年七月二十四日付アビディン在京インドネシア総領事より岡崎外務大臣宛書簡 賠償としての沈船引揚実施に関するインドネシア側申越し……413
二 昭和二十八年七月三十一日発岡崎外務大臣より在ジャカルタ甲斐総領事宛電報第二一五号 右申越しへのわが方回答……414

一	12	昭和28年8月7日		アジア局作成	対アジア諸国経済協力に関する各省事務当局協議記録	43
二	41	昭和28年8月8日	二〇六	在ラングーン小長谷総領事より 岡崎外務大臣宛(電報)	わが方賠償案を提示するようビルマ外務次官より要請	123
二	42	昭和28年8月8日	二〇七	在ラングーン小長谷総領事より 岡崎外務大臣宛(電報)	ビルマ福祉国家計画に適う役務にて賠償試案を作成提示方意見具申	123
五	540	昭和28年8月11日	亜三 三一六	岡崎外務大臣より 在仏国西村大使宛	戦争の始期及び賠償総額等に関するベトナム側見解について	1164
二	43	昭和28年8月25日	二二〇	在ラングーン小長谷総領事より 岡崎外務大臣宛(電報)	賠償交渉の基礎づけを要請するビルマ側申出への応答につき稲垣政府代表より請訓	124
四	298	昭和28年8月25日	四三四	在マニラ中川在外事務所長より 岡崎外務大臣宛(電報)	フィリピン国政選挙までに賠償問題解決に向けたわが方対応を求めたいとのネリ外務次官要求への対応振りにつき請訓	725
二	44	昭和28年8月26日	九八	岡崎外務大臣より 在ラングーン小長谷総領事宛(電報)	専門家会談のため調査団派遣の用意がある旨応答方稲垣政府代表へ回訓	125
五	541	昭和28年8月28日	亜三 三三七	岡崎外務大臣より 在仏国西村大使宛	賠償総額要求を撤回するまで沈船引揚協定交渉を中断するとベトナム側へ通知	1165
				付　記　作成日不明、アジア局第三課作成	「日本、ヴィエトナム沈船引揚交渉中における注目すべき事項」	1166
一	13	昭和28年8月29日	亜三合 九一八	岡崎外務大臣より 在ジャカルタ甲斐総領事、在ラングーン小長谷総領事、在マニラ中川在外事務所長宛	賠償問題解決に向けた基本方針の修正について	48
二	45	昭和28年8月29日	二二五	在ラングーン小長谷総領事より 岡崎外務大臣宛(電報)	賠償交渉の開始及び調査団派遣等のわが方申入れについて	126
三	177	昭和28年8月30日	二九七	在ジャカルタ甲斐総領事より 岡崎外務大臣宛(電報)	二国間平和条約締結を希望するアリ新内閣施政方針につきスナリオ外相との会談結果報告	414

付記　昭和二十八年八月二十五日インドネシア国民議会で行なわれた右施政方針演説テキスト(英訳関係部分抜粋)……415

四　299　昭和28年8月31日　三〇三　岡崎外務大臣より在マニラ中川在外事務所長宛(電報)　ネリ外務次官要求の背景を確認の上総額問題について適宜感触を確認方回訓……726

二　46　昭和28年9月1日　二二九　在ラングーン小長谷総領事より岡崎外務大臣宛(電報)　賠償交渉の開始及び調査団派遣等のわが方申入れに対しキヨ外相が非公式に承諾した旨報告……126

五　542　昭和28年9月5日　三六三　岡崎外務大臣より在仏国西村大使宛(電報)　賠償総額要求の撤回と沈船引揚経費の上限に関する合意議事録にイニシャルし沈船引揚協定交渉を再開した旨通報……1167

付記　右合意議事録……1167

三　178　昭和28年9月11日　三一一　在ジャカルタ甲斐総領事より岡崎外務大臣宛(電報)　インドネシア側方針が明確になったことを踏まえ二国間平和条約締結に方針転換すべき旨意見具申……417

四　300　昭和28年9月15日　四六〇　在マニラ中川在外事務所長より岡崎外務大臣宛(電報)　何らかの形でわが方より総額提示を求めたいとのネリ外務次官意向について……727

五　543　昭和28年9月16日　三八八　岡崎外務大臣より在仏国西村大使宛(電報)　沈船引揚協定及び実施細目等の案文につきイニシャルした旨通報……1169

五　544　昭和28年9月16日　日本国とベトナムとの間の沈没船舶引揚に関する賠償協定案……1169

付記　右付属議定書案……1170

一　14　昭和28年9月19日　合二五五　岡崎外務大臣より在マニラ中川在外事務所長、在ジャカルタ甲斐総領事、在ラングーン小長谷総領事宛(電報)　岡崎外務大臣の東南アジア三国訪問につき相手国へ内報方訓令……51

二 47 昭和28年9月26日 一一四 岡崎外務大臣より在ラングーン小長谷総領事宛(電報) 岡崎外務大臣訪緬前にビルマ側に賠償等に関する正式見解を纏め置くよう折衝方訓令 …… 127

別電 昭和二十八年九月二十六日発岡崎外務大臣より在ラングーン小長谷総領事宛第一一五号 右訪問に際し岡崎外相の想定せる交渉事項 …… 127

三 179 昭和28年9月26日 二六三 岡崎外務大臣より在ジャカルタ甲斐総領事宛(電報) 岡崎外務大臣のインドネシア訪問に先立ち賠償に関する各種事項につき折衝方訓令 …… 417

別電 昭和二十八年九月二十六日発岡崎外務大臣より在ジャカルタ甲斐総領事宛第二六四号 右訪問に際し岡崎外相の想定せる交渉事項 …… 418

四 301 昭和28年9月30日 岡崎外務大臣／ネリ・フィリピン外務次官 会談 賠償総額に関する岡崎外相・ネリ外務次官会談 …… 729

付記 昭和二十八年九月三十日 岡崎外務大臣・キリノ・フィリピン大統領会談 …… 732

四 302 昭和28年10月1日 岡崎外務大臣／ネリ・フィリピン外務次官 会談 賠償総額の提示方法等に関する岡崎外相・ネリ外務次官会談 …… 733

四 303 昭和28年10月2日 フィリピン出発の際の岡崎外務大臣ステートメント …… 735

三 180 昭和28年10月4日 岡崎外務大臣／アリ・インドネシア首相 会談 岡崎外相・アリ首相会談(第一回) …… 419

四 304 昭和28年10月5日 三四六 在ジャカルタ甲斐総領事より犬養外務大臣臨時代理宛(電報) 賠償問題に関するフィリピン要人との会談結果の印象につき岡崎外務大臣より報告 …… 737

三 181 昭和28年10月6日 岡崎外務大臣／アリ・インドネシア首相 会談 岡崎外相・アリ首相会談(第二回) …… 421

付記 昭和二十八年十月六日、倭島アジア局長・ジュアンダ・インドネシア企画院総裁会談 …… 424

巻	番号	日付	文書番号	発信・受信者	件名	頁
三	182	昭和28年10月9日			インドネシア訪問に関する岡崎外務大臣ステートメント	427
				付記 昭和二十八年十月九日、インドネシア外務省発表 岡崎外相訪問に関するプレスリリース(英訳版)		428
二	48	昭和28年10月10日	二七二	在ラングーン小長谷総領事より犬養外務大臣臨時代理宛(電報)	岡崎外務大臣一行ラングーン到着につき報告	128
三	183	昭和28年10月11日	二七三	在ラングーン小長谷総領事より犬養外務大臣臨時代理宛(電報)	インドネシアとの賠償問題解決には時間を要するとの岡崎外務大臣所感	429
二	49	昭和28年10月12日		岡崎外務大臣 サオ・クン・キヨ・ビルマ外務大臣 会談	賠償総額に関する岡崎・キヨ外相会談	128
二	50	昭和28年10月12日		岡崎外務大臣 サオ・クン・キヨ・ビルマ外務大臣他 会談	わが方提供可能な役務賠償と資本財に関する岡崎外相・キヨらビルマ閣僚委員会委員会談	130
				付記 右会談で提示したわが方賠償一覧		131
二	51	昭和28年10月12日		倭島アジア局長 ウ・タン・シェイン・ビルマ外務次官 会談	わが方提示の平和条約案に関する倭島アジア局長・ウ・タン・シェイン外務次官会談	132
				付記 右平和条約案		134
二	52	昭和28年10月13日		岡崎外務大臣 サオ・クン・キヨ・ビルマ外務大臣 会談	総額ならびにわが方提示の合弁事業案等に関する岡崎・キヨ外相会談	140
				付記 右合弁事業案		141
五	545	昭和28年10月14日		岡崎外務大臣 ドジャン・フランス連合インドシナ総弁務官 会談	ベトナム公共事業相の沈船引揚協定案修正要望に関する岡崎外相・ドジャン・インドシナ総弁務官会談	1172
五	546	昭和28年10月26日	亜三合一一六〇	岡崎外務大臣より在仏国西村大使、在サイゴン平野一等書記官宛	ベトナム公共事業相の沈船引揚協定案修正申入れに対しわが方見解の口上書を送付した旨通報	1175

二　53　昭和28年11月2日　三一一　在ラングーン小長谷総領事より岡崎外務大臣宛(電報)　交渉継続のためビルマが賠償使節団派遣を検討している旨報告……142

四　305　昭和28年11月16日　岡崎外務大臣作成　フィリピン他各求償国に賠償総額を提示する岡崎外務大臣交渉方針……737

四　306　昭和28年11月28日　三七八　岡崎外務大臣より在マニラ大野在外事務所長宛(電報)　賠償総額回答を含むエイド・メモワールをネリ外務次官へ提出方訓令……739

付　記　右エイド・メモワール……740

二　54　昭和28年12月2日　一九二　岡崎外務大臣より在ラングーン小長谷総領事宛(電報)　わが方中間賠償案に対するビルマ側意向につき確認方訓令……143

四　307　昭和28年12月3日　五六九　在マニラ大野在外事務所長より岡崎外務大臣宛(電報)　ネリ外務次官へのエイド・メモワール提出結果につき報告……741

四　308　昭和28年12月4日　五七四　在マニラ大野在外事務所長より岡崎外務大臣宛(電報)　ラウレル上院議員訪問結果につき報告……742

四　309　昭和28年12月7日　五八三　在マニラ大野在外事務所長より岡崎外務大臣宛(電報)　わが方のエイド・メモワールは従前の非公式提案より後退しおるとのネリ外務次官指摘について……743

四　310　昭和28年12月12日　三九七　岡崎外務大臣より在マニラ大野在外事務所長宛(電報)　わが方回答はフィリピン側要請に応じて行ったものであり拒否の動きに出ぬよう説得方訓令……744

四　311　昭和28年12月12日　六〇五　在マニラ大野在外事務所長より岡崎外務大臣宛(電報)　わが方回答へのフィリピン上院反応に関するネリ外務次官との協議結果につき報告……745

三　184　昭和28年12月16日　署名　日本国とインドネシア共和国との間の沈没船舶引揚に関する中間賠償協定……430

付　記　右協定署名閣議請議時の外務大臣説明資料……434

一　15　昭和28年12月18日　内閣外甲二七九　吉田内閣総理大臣より岡崎外務大臣、小笠原大蔵大臣宛　アジア諸国に対する経済協力の方針に関する閣議決定につき通報……51

三 185 昭和28年12月23日 四三七 在ジャカルタ藤崎総領事代理より岡崎外務大臣宛(電報) 造船計画及びアサハン計画を中間賠償の対象に取り上げたいとのインドネシア外務省意向について……435
三 186 昭和28年12月27日 アジア局第三課作成 対インドネシア中間賠償に関する関係各省との協議結果について……435
一 16 昭和28年12月28日 アジア局第一課起案 高裁案「アジア諸国に対する賠償方針に関する件」……52

昭和二十九年

四 312 昭和29年1月4日 八 在マニラ大野在外事務所長より岡崎外務大臣宛(電報) 対フィリピン賠償問題早期解決のため日本は更なる努力をなすべきとの米国外交筋見解について……747
三 187 昭和29年1月7日 二 在インドネシア倭島日本政府代表より岡崎外務大臣宛(電報) 今後の国交調整に関するスナリオ外相との会談結果につき報告……437
四 313 昭和29年1月11日 マ秘二四 在マニラ大野在外事務所長より岡崎外務大臣宛 ガルシア新外相との会談結果につき報告……749
四 314 昭和29年1月23日 六五 在マニラ大野在外事務所長より岡崎外務大臣宛(電報) 賠償役務の経費と結果評価額を別個に扱う賠償構想検討につきガルシア外相と合意した旨報告……751
四 315 昭和29年1月23日 六八 在マニラ大野在外事務所長より岡崎外務大臣宛(電報) ガルシア外相と共同作成した賠償構想試案について……752
別電 昭和二十九年一月二十三日発在マニラ大野在外事務所長より岡崎外務大臣宛第六九号 右試案……753

三	188	昭和29年1月23日	一四	在インドネシア倭島日本政府代表より 岡崎外務大臣宛(電報)	日・インドネシア間には意見の懸隔あり賠償総額並びに中間賠償等に関する対応振りにつき請訓	439
一	17	昭和29年1月27日	合一九	岡崎外務大臣より 在マニラ大野在外事務所長、在インドネシア倭島日本政府代表他宛(電報)	第十九回国会における吉田総理・岡崎外務大臣演説の賠償関連部分につき通報	55
四	316	昭和29年1月30日	九〇	在マニラ大野在外事務所長より 岡崎外務大臣宛(電報)	賠償経費として五億ドルの明記を希望するとのガルシア外相要求について	755
五	547	昭和29年1月30日	一一	在サイゴン平野一等書記官より 岡崎外務大臣宛(電報)	沈船引揚協定の署名をサイゴンにて行いたいとのベトナム側意向について	1179
三	189	昭和29年2月4日	一三	岡崎外務大臣より 在インドネシア倭島日本政府代表宛(電報)	対インドネシア賠償の早期解決は期待し難く先方要求額引下げ等を進めるよう折衝方回訓	441
四	317	昭和29年2月12日	比秘八六	在マニラ大野在外事務所長より 岡崎外務大臣宛	永野護一行のミンダナオ島視察並びにフィリピン要路への賠償私案提出について	756
一	18	昭和29年3月2日		アジア局第一課起案	高裁案「アジア諸国に対する賠償の基本方針に関する件」	56
四	318	昭和29年3月12日		アジア局作成	大野在外事務所長着任後における対フィリピン賠償の交渉状況について	758
二	55	昭和29年3月14日	九二	在ラングーン小長谷総領事より 岡崎外務大臣宛(電報)	わが方中間賠償案に対するビルマ側態度表明の遅延理由につき報告	144
四	319	昭和29年3月18日	一九三	在マニラ大野在外事務所長より 岡崎外務大臣宛(電報)	賠償問題に関するガルシア外相談話はフィリピン上院に相当の反響を呼びおるにつき上院議員工作が必要なる旨報告	759
四	320	昭和29年4月1日	二二六	在マニラ大野在外事務所長より 岡崎外務大臣宛(電報)	賠償経費妥結後の交渉見通しに関するガルシア外相意向につき報告	760
四	321	昭和29年4月1日		アジア局作成	対フィリピン賠償交渉のため永野護を派遣する新方針について	761

四 322 昭和29年4月9日 二四四 在マニラ大野在外事務所長より岡崎外務大臣宛(電報) 賠償経費を四億ドルに譲歩したガルシア外相新提案につき報告 ……762

四 323 昭和29年4月9日 二四六 在マニラ大野在外事務所長より岡崎外務大臣宛(電報) ガルシア外相の新提案背景に関するラウレル上院議員内話 ……764

四 324 昭和29年4月9日 二四八 在マニラ大野在外事務所長より岡崎外務大臣宛(電報) 賠償経費四億ドル、支払期間二十年でガルシア外相と原則合意に達した旨報告 ……765

四 325 昭和29年4月13日 二六四 在マニラ大野在外事務所長より岡崎外務大臣宛(電報) フィリピン側の原則合意公表に関する現地報道振り ……767

四 326 昭和29年4月15日 二七八 在マニラ大野在外事務所長より岡崎外務大臣宛(電報) フィリピン側と協議の結果上院議員説得のため賠償支払期間記載内容を変更した旨報告 ……768

別電 昭和二十九年四月十五日発在マニラ大野在外事務所長より岡崎外務大臣宛第二七九号 右協議を経た修正箇所 ……770

四 327 昭和29年4月15日 二八二 在マニラ大野在外事務所長より岡崎外務大臣宛(電報) 大野・ガルシア覚書署名完了につき報告 ……770

付記 昭和二十九年四月十五日発在マニラ大野在外事務所長より岡崎外務大臣宛電報第二八四号 大野・ガルシア合意成立及び日・フィリピン賠償会議開催に関する共同コミュニケ ……770

四 328 昭和29年4月15日 大野・ガルシア覚書 ……773

付記 右付属リスト ……774

四 329 昭和29年4月16日 四 岡崎外務大臣より在マニラ村田全権宛(電報) 賠償支払期間を当初案二十年へ再修正するよう交渉方訓令 ……774

四 330 昭和29年4月17日 九 在マニラ村田全権より岡崎外務大臣宛(電報) 第一回日・フィリピン賠償会議開催につき報告 ……775

四 331 昭和29年4月19日 二〇 在マニラ村田全権より岡崎外務大臣宛(電報) 賠償支払期間変更は交渉上真にやむを得ざる措置であり全権団は変更後の内容にて交渉予定である旨報告……775

四 332 昭和29年4月20日 二九 在マニラ村田全権より岡崎外務大臣宛(電報) 上院議員合同会議の形勢に鑑み第二回会議開催を延期したいとのフィリピン側申入れについて……777

四 333 昭和29年4月20日 三三 在マニラ村田全権より岡崎外務大臣宛(電報) わが方が提出せる賠償協定案全文の現地紙掲載につき報告……777

付　記　昭和二十九年四月二十一日発在マニラ村田全権より岡崎外務大臣宛電報第三五号
右事件に関するわが方抗議について……778

四 334 昭和29年4月21日 四〇 在マニラ村田全権より岡崎外務大臣宛(電報) 上院議員説得に臨むマグサイサイ大統領との会談結果につき報告……779

四 335 昭和29年4月22日 四一 在マニラ村田全権より岡崎外務大臣宛(電報) 本件交渉に対するフィリピン側疑念払拭のため事実関係を交換公文により明らかにする構想につきゲレロ外務次官との協議結果について……781

四 336 昭和29年4月22日 四三 在マニラ村田全権より岡崎外務大臣宛(電報) 大野・ガルシア覚書は賠償会議の出発点に過ぎない旨を交換公文に記載すべきとのフィリピン側要求について……781

別　電　昭和二十九年四月二十二日発在マニラ村田全権より岡崎外務大臣宛第四四号
右交換公文案フィリピン側修正箇所……782

四 337 昭和29年4月22日 四九 在マニラ村田全権より岡崎外務大臣宛(電報) わが方の交換公文修正受入れなくして会議は再開せずとのフィリピン側意向につき報告……783

四 338 昭和29年4月22日 一三 岡崎外務大臣より在マニラ村田全権宛(電報) 大野・ガルシア覚書はわが方にとって最大限度の譲歩であり大局的見地からの再考をフィリピン側に慫慂方訓令……784

四　339　昭和29年4月22日　五〇　在マニラ村田全権より岡崎外務大臣宛（電報）　フィリピン側状況を踏まえた今後の交渉のあり方に関するゲレロ外務次官との協議結果につき報告……785

四　340　昭和29年4月24日　七〇　在マニラ村田全権より岡崎外務大臣宛（電報）　ラウレル上院議員の賠償会議首席代表任命を受けて会議再開を実現したいとのフィリピン側意向について……787

四　341　昭和29年4月24日　七四　在マニラ村田全権より岡崎外務大臣宛（電報）　賠償支払能力調査団の日本派遣に関するマグサイサイ大統領発表について……788

四　342　昭和29年4月25日　八二　在マニラ村田全権より岡崎外務大臣宛（電報）　賠償会議決裂の事態は回避すべくフィリピン側調査団派遣を契機として会議を休会に進めるよう取り計らうべき旨意見具申……789

四　343　昭和29年4月26日　一八　岡崎外務大臣より在マニラ村田全権宛（電報）　引き続き局面打開に尽力すべきも必要に応じて帰国の判断をなすことは差し支えない旨訓令……790

四　344　昭和29年4月27日　九三　在マニラ村田全権より岡崎外務大臣宛（電報）　村田全権・ラウレル首席代表非公式会談……791

別電一　昭和二十九年四月二十七日発在マニラ村田全権より岡崎外務大臣宛第九四号　フィリピン全権団口上書……792

二　昭和二十九年四月二十七日発在マニラ村田全権より岡崎外務大臣宛第九六号　ラウレル首席代表との私的会談結果につき報告……793

三　昭和二十九年四月二十七日発在マニラ村田全権より岡崎外務大臣宛第九五号　村田全権・ラウレル首席代表合同新聞発表……796

四　345　昭和29年4月28日　一〇三　在マニラ村田全権より岡崎外務大臣宛（電報）　フィリピン側対応には好転の兆しが見られるも冷却期間を要する状況は続いており全権団帰国につき吉田総理宛意見具申……796

四　346　昭和29年4月29日　一〇六　在マニラ村田全権より岡崎外務大臣宛（電報）　村田・ラウレル会談後のフィリピン側情勢報告及び全権団帰国につき請訓……797

巻	文書番号	日付	番号	発受信者	件名	頁
		付記			昭和二十九年四月二十九日付 帰国に関するわが方全権団よりフィリピン全権団宛口上書	799
四	347	昭和29年5月4日	三一一	在マニラ大野在外事務所長より 岡崎外務大臣宛(電報)	大野・ガルシア覚書を単なる出発点とするにあらざれば賠償交渉は再開しないとのフィリピン上院決議採択について	800
四	348	昭和29年5月22日		岡崎外務大臣より 在本邦アリソン米国大使宛	フィリピン情勢に関する在本邦アリソン米国大使の連絡に対する謝意伝達	801
		付記			昭和二十九年五月六日、マグサイサイ・フィリピン大統領の米国政府への協力要請等に関する在本邦アリソン米国大使メモ	801
三	190	昭和29年6月7日		条約局第三課作成	対インドネシア賠償及び貿易交渉方針に関する関係閣僚了解について	442
五	548	昭和29年6月10日	ヴィ秘八二	在サイゴン平野一等書記官より 岡崎外務大臣宛	沈船引揚協定案の修正は公使館開設後に検討するとのベトナム外務省政務局長の発言について	1180
三	191	昭和29年6月19日	一〇三	在インドネシア倭島日本政府代表より 岡崎外務大臣宛(電報)	貿易勘定の決済不履行を機に賠償を含む対日姿勢の転換を促す施策を進めるべき旨意見具申	443
二	56	昭和29年6月22日	一七〇	在ラングーン小長谷総領事より 岡崎外務大臣宛(電報)	賠償及び平和条約交渉のためビルマが賠償使節団派遣を閣議決定した旨報告	146
三	192	昭和29年7月6日		関係閣僚申合せ	インドネシアとの貿易調整に関する関係閣僚申合せ	445
三	193	昭和29年7月6日	八一	岡崎外務大臣より 在インドネシア倭島日本政府代表宛(電報)	貿易債務問題に関し合理的措置をとるようアリ首相に申入れ方訓令	446
三	194	昭和29年7月10日	一三二	在インドネシア倭島日本政府代表より 岡崎外務大臣宛(電報)	賠償問題を始めとする国交調整全般を議題としてアリ首相に提示すべき旨意見具申	448
三	195	昭和29年7月17日	一四七	在インドネシア倭島日本政府代表より 岡崎外務大臣宛(電報)	賠償問題は主題とせず貿易債務問題に関して申入れを行う旨連絡	451

三 196 昭和29年7月22日 一五一 在インドネシア倭島日本政府代表より岡崎外務大臣宛(電報) アリ首相への貿易債務問題に関する申入れ結果につき報告……452
二 57 昭和29年7月31日 アジア局第四課起案 高裁案「対ビルマ賠償交渉に関する件」……147
三 197 昭和29年8月1日 一一一 岡崎外務大臣より在インドネシア倭島日本政府代表宛(電報) 賠償の具体的内容につきインドネシア側の要求を明らかにするよう申入れ方訓令……456
二 58 昭和29年8月2日 二一六 在ラングーン小長谷総領事より岡崎外務大臣宛(電報) 求償三国の賠償比率について日本側報道機関への指導に留意するよう意見具申……149
三 198 昭和29年8月4日 一六七 在インドネシア倭島日本政府代表より岡崎外務大臣宛(電報) わが方より新たな総額の明示なくして賠償交渉は進められぬとのアリ首相意向について……456
四 349 昭和29年8月6日 三〇一 岡崎外務大臣より在英国松本大使宛(電報) フィリピン沖沈船引揚の作業価格鑑定に関し依頼先候補の詳細調査方訓令……802
四 350 昭和29年8月11日 五二四 在マニラ大野在外事務所長より岡崎外務大臣宛(電報) エルナンデス賠償支払能力調査団のマグサイサイ大統領への報告書提出について……804
二 59 昭和29年8月12日 二三四 在ラングーン小長谷総領事より岡崎外務大臣宛(電報) ウ・チョウ・ニェン工業相がビルマ全権代表として交渉にあたる旨報告……150
三 199 昭和29年8月13日 一七一 在インドネシア倭島日本政府代表より岡崎外務大臣宛(電報) 賠償総額についてわが方新提案を求めるとのインドネシア政府見解の受領について……458
別電 昭和二十九年八月十三日発在インドネシア倭島日本政府代表より岡崎外務大臣宛第一七二号
右インドネシア政府見解……460
五 549 昭和29年8月18日 外務省よりベトナム外務省宛 公使館開設に関するベトナム側申入れに対するわが方同意の口上書……1181
付記 昭和二十九年六月十四日付ベトナム外務省より外務省宛口上書第一七八六／DAP号
右申入れ……1181

三 200 昭和29年8月20日 一一四 岡崎外務大臣より
在インドネシア倭島日本政府代表宛(電報) インドネシア政府見解に対し申入れるべき事項四点につき訓令 ……461

付　記　昭和二十九年八月二十五日発岡崎外務大臣より在インドネシア倭島日本政府代表宛電報第一一六号
右訓令に関する補足説明 ……463

三 201 昭和29年8月27日 一八一 在インドネシア倭島日本政府代表より
岡崎外務大臣宛(電報) わが方申入れ事項へのインドネシア側反応につき報告 ……464

二 60 昭和29年8月31日 合二三八 岡崎外務大臣より
在マニラ大野在外事務所長、在インドネシア倭島日本政府代表宛(電報) 合弁事業による経済協力を含む総額で折衝に努めている旨通報 ……150

四 351 昭和29年9月10日 六一三 在マニラ大野在外事務所長より
岡崎外務大臣宛(電報) ネリ元外務次官の賠償交渉首席代表任命経緯及び交渉再開の見通しにつきガルシア外相内話 ……804

二 61 昭和29年9月15日 合二五七 岡崎外務大臣より
在マニラ大野在外事務所長、在インドネシア倭島日本政府代表宛(電報) 他の全ての求償国に対する賠償が最終的に解決した後ビルマ側要求を再検討するとの条項挿入につきビルマ側より要請 ……151

四 352 昭和29年9月16日 二六九 岡崎外務大臣より
在マニラ大野在外事務所長宛(電報) 大野・ガルシア覚書以上の条件は認めがたく交渉再開には両政府間の十分な調整を要するとのわが方見解につき連絡 ……806

付　記　昭和二十九年九月十八日付在マニラ大野在外事務所長作成
ガルシア外相に提出せる右わが方見解 ……807

三 202 昭和29年9月20日 一一九 岡崎外務大臣より
在インドネシア倭島日本政府代表宛(電報) 当面の間対インドネシア交渉は進める段階にないとの省内意向について ……465

付　記　昭和二十九年九月二十五日、中川アジア局長作成
「インドネシア賠償問題に関する件」 ……466

二 62 昭和29年9月24日 外務省作成
「ビルマに対する賠償及び経済協力取極妥結方針」 ……152

二　63　昭和29年9月24日　合二八四　岡崎外務大臣より在マニラ大野在外事務所長、在インドネシア倭島日本政府代表、在ラングーン小長谷総領事他宛(電報)　日緬平和条約の賠償条項ならびに賠償及び経済協力に関する協定の仮署名について……152
付記一　右賠償条項案……153
二　右賠償及び経済協力に関する協定及び付属文書案……154

二　64　昭和29年9月25日　情報文化局発表　日本・ビルマ共同コミュニケ……160

四　353　昭和29年9月30日　六五四　在マニラ大野在外事務所長より岡崎外務大臣宛(電報)　対日賠償交渉に関するレクト委員会声明について……808

二　65　昭和29年10月4日　一一八　岡崎外務大臣より在ラングーン小長谷総領事宛(電報)　日緬平和条約の署名に向けて交渉継続方訓令……162

二　66　昭和29年10月5日　アジア局第四課 アジア局第一課 起案　高裁案「日本国とビルマ連邦との間の平和条約案の妥結交渉に関する訓令の件」……162

二　67　昭和29年10月9日　三三〇　在ラングーン小長谷総領事より緒方外務大臣臨時代理宛(電報)　早期署名に向けた岡崎外務大臣の訪緬日程に異存なしとするビルマ側の意向について……178

四　354　昭和29年10月10日　六九七　在マニラ大野在外事務所長より緒方外務大臣臨時代理宛(電報)　対日賠償交渉はネリ元外務次官が首席代表としてエルナンデス報告書を基礎に行うとのマグサイサイ大統領声明について……810

二　68　昭和29年10月11日　三三三　在ラングーン小長谷総領事より緒方外務大臣臨時代理宛(電報)　日緬平和条約案及び議定書案に関する折衝内容につき報告……178

四　355　昭和29年10月12日　七〇五　在マニラ大野在外事務所長より緒方外務大臣臨時代理宛(電報)　ネリ首席代表任命通報の受領について……810
付　記　右フィリピン外務省通報……810

四　356　昭和29年10月16日　七一六　在マニラ大野在外事務所長より緒方外務大臣臨時代理宛(電報)　フィリピン新首席代表任命に関する不明点解明方申入れにつき報告……811

二　69　昭和29年10月19日　三四一　在ラングーン小長谷総領事より緒方外務大臣臨時代理宛（電報）　通商関係における最恵国待遇規定の削除等を要請するビルマ側新提案への対応振りにつき請訓……179
二　70　昭和29年10月20日　三四八　在ラングーン小長谷総領事より緒方外務大臣臨時代理宛（電報）　ビルマ側新提案への対応策につき意見具申……181
四　357　昭和29年10月20日　七二六　在マニラ大野在外事務所長より緒方外務大臣臨時代理宛（電報）　わが方照会に対するフィリピン首席代表回答受領及びその後の対処状況につき報告……811
付　記　昭和二十九年十月十九日付　右フィリピン首席代表回答……812
二　71　昭和29年10月22日　一三四　緒方外務大臣臨時代理より在ラングーン小長谷総領事宛（電報）　ビルマ側新提案へのわが方対処方針につき回訓……183
別　電　昭和二十九年十月二十三日発緒方外務大臣臨時代理より在ラングーン小長谷総領事宛第一三五号　右対処方針における最終譲歩案……184
二　72　昭和29年10月23日　三五二　在ラングーン小長谷総領事より緒方外務大臣臨時代理宛（電報）　ビルマ側に新提案の再考を求めた旨報告……185
二　73　昭和29年10月25日　三五四　在ラングーン小長谷総領事より緒方外務大臣臨時代理宛（電報）　ビルマ側新提案に関するウ・チョウ・ニェン外相代理との会談内容について……186
二　74　昭和29年10月26日　三五六　在ラングーン小長谷総領事より緒方外務大臣臨時代理宛（電報）　最恵国待遇を明記することは譲歩できないとするビルマ外務当局の強硬な態度について……187
二　75　昭和29年10月27日　三五八　在ラングーン小長谷総領事より緒方外務大臣臨時代理宛（電報）　最恵国待遇条文削除の代替案とするわが方交換公文案ならびに代替条文案を提示した旨報告……188
別電一　昭和二十九年十月二十七日発在ラングーン小長谷総領事より緒方外務大臣臨時代理宛第三五九号　右交換公文案（その一）……190

二　昭和二十九年十月二十七日発在ラングーン小長谷総領事より緒方外務大臣臨時代理宛第三六〇号
右交換公文案(その二) …… 191

四　358　昭和29年10月27日　七三三　在マニラ大野在外事務所長より緒方外務大臣臨時代理宛(電報)　わが方照会へのフィリピン側反応を踏まえ今後の対応振りにつき請訓 …… 813

四　359　昭和29年10月27日　ト部アジア局第三課長作成　ラウレル・フィリピン上院議員が吉田総理との会談希望について …… 814

二　76　昭和29年10月29日　一四七　緒方外務大臣臨時代理より在ラングーン小長谷総領事宛(電報)　わが方代替案によるビルマ側説得にあたり応酬上の注意点につき訓令 …… 192

二　77　昭和29年10月29日　一四九　岡崎外務大臣より在ラングーン小長谷総領事宛(電報)　日緬平和条約並びに賠償経済協力協定の署名日時につきビルマ側の了承取付け方訓令 …… 192

四　360　昭和29年10月29日　比秘六〇一　在マニラ大野在外事務所長より岡崎外務大臣宛　賠償問題に関するフィリピン側態勢の考察及びわが方の取り得る対応策について …… 816

二　78　昭和29年10月30日　三六七　在ラングーン小長谷総領事より岡崎外務大臣宛(電報)　ビルマ側のわが方交換公文案全面削除の申入れへの応酬振りにつき請訓 …… 193

別　電　昭和二十九年十月二十九日発在ラングーン小長谷総領事より岡崎外務大臣宛第三六八号
ビルマ側に提示したわが方最終譲歩の交換公文案 …… 194

四　361　昭和29年10月30日　九八二　岡崎外務大臣より在米国井口大使宛(電報)　訪米中の吉田総理とラウレル・フィリピン上院議員の会談日程調整方訓令 …… 820

二　79　昭和29年10月31日　一五九　岡崎外務大臣より在ラングーン小長谷総領事宛(電報)　折衝中の交換公文案を落とし修正した条約本文のみにて妥結方回訓 …… 195

二　80　昭和29年11月1日　三七三　在ラングーン小長谷総領事より岡崎外務大臣宛(電報)　日緬平和条約の案文妥結につき報告 …… 195

二　81　昭和29年11月1日　三七六　在ラングーン小長谷総領事より岡崎外務大臣宛(電報)　日本側の最恵国待遇の要求はＧＡＴＴ加入が目的であるとする現地報道振りについて …… 195

二　82　昭和29年11月1日　三七七　在ラングーン小長谷総領事より岡崎外務大臣宛（電報）　ビルマ外務当局より最恵国待遇を実行する意向ありとの回答を得たる旨報告……196
二　83　昭和29年11月2日　一六三　岡崎外務大臣より在ラングーン小長谷総領事宛（電報）　日緬平和条約及び賠償経済協力協定調印日時及び新聞発表方法につき訓令……198
四　362　昭和29年11月3日　七五六　在マニラ大野在外事務所長より岡崎外務大臣宛（電報）　ネリ首席代表との直接交渉を求めるフィリピン外務省回答を踏まえ今後の対応振りにつき請訓……820
別　電　昭和二十九年十一月三日発在マニラ大野在外事務所長より岡崎外務大臣宛第七五七号
右回答に対するわが方回答案……821
四　363　昭和29年11月4日　二九八　緒方外務大臣臨時代理より在マニラ大野在外事務所長宛（電報）　賠償交渉再開に関する中川アジア局長発言経緯及び今後の交渉方針等につき通報……822
二　84　昭和29年11月5日　四〇三　在ラングーン小長谷総領事より緒方外務大臣臨時代理宛（電報）　日緬平和条約及び賠償経済協力協定の署名を了した旨報告……198
二　85　昭和29年11月5日　署名　日本国とビルマ連邦との間の平和条約……198
付記一　右和訳文……204
二　交換公文……209
二　86　昭和29年11月5日　署名　日本国とビルマ連邦との間の賠償及び経済協力に関する協定……210
付記一　右和訳文……214
二　合意された公式議事録……217
三　交換公文……218
四　364　昭和29年11月6日　三〇一　緒方外務大臣臨時代理より在マニラ大野在外事務所長宛（電報）　ネリ首席代表との予備的折衝を進める意向を先方へ通報方回訓……823

四 365 昭和29年11月7日 館長符号扱 在ニューヨーク土屋総領事より緒方外務大臣臨時代理宛(電報) 賠償交渉再開に関するラウレル上院議員との第一回会談結果につき吉田総理より連絡……824

一 19 昭和29年11月8日 吉田総理の米国ナショナル・プレスクラブにおける演説……58

付記 昭和二十九年十月十二日、経済審議庁経済協力室作成「東南アジア経済の急速な発展を可能ならしむる条件について」……62

一 20 昭和29年11月9日 吉田内閣総理大臣 ダレス米国国務長官 会談 吉田総理・ダレス国務長官会談(抜粋)……68

付記 昭和二十九年十一月、経済局調査資料室作成 第六回東南アジア経済協力問題研究会における武内欧米局長談話要旨……70

四 366 昭和29年11月11日 吉田内閣総理大臣 ラウレル・フィリピン上院議員 会談 賠償交渉再開に関する第二回吉田総理・ラウレル上院議員会談……824

四 367 昭和29年11月15日 アジア局第三課作成 吉田・ラウレル会談等を受けての対フィリピン交渉新方針について……826

付記 昭和二十九年十一月二十五日付在マニラ大野在外事務所長よりネリ・フィリピン賠償交渉団首席代表宛口上書 賠償問題に関する意見交換のため総理個人特使永野護を派遣する旨通報……828

四 368 昭和29年11月26日 八〇七 在マニラ大野在外事務所長より岡崎外務大臣宛(電報) 永野総理特使と予備会談の用意があるとのフィリピン首席代表回答受領について……828

付記 昭和二十九年十一月二十六日付 右フィリピン首席代表回答……829

一 21 昭和29年11月27日 八七九／DGP／X テプ・ファン・カンボジア外務大臣より在カンボジア吉岡公使宛 カンボジア政府の対日賠償請求権放棄に関する書簡……72

付記 右和訳文……73

四 369 昭和29年11月27日 三二一 岡崎外務大臣より在マニラ大野在外事務所長宛(電報) わが方賠償会議全権委員の解任について……830

二　87　昭和29年12月20日　田中情報文化局長談　日緬平和条約及び賠償経済協力協定の国会承認について……219
付　記　昭和二十九年十二月、外務省作成　右条約及び協定の説明書……220

昭和三十年

四　370　昭和30年1月5日　中川アジア局長作成　わが方交渉者人選に関する在本邦インペリアル・フィリピン代表との会談について……831
四　371　昭和30年1月19日　二〇　在マニラ大野在外事務所長より　重光外務大臣宛（電報）　新たな交渉は専門家委員会を通じた積上方式による解決を構想しおる旨等ネリ首席代表内話……832
四　372　昭和30年1月21日　二八　在マニラ大野在外事務所長より　重光外務大臣宛（電報）　エルナンデス賠償支払能力調査団が作成せる品目リスト入手の報告及びわが方交渉者の持参する提案内容の回答振りにつき請訓……833
別　電　昭和三十年一月二十二日発在マニラ大野在外事務所長より重光外務大臣宛第二九号　右リスト……835
四　373　昭和30年1月24日　一四　重光外務大臣より　在マニラト部在外事務所長代理宛（電報）　永野の提案内容は大野・ガルシア覚書と異なると回答して差し支えない旨回訓……838
四　374　昭和30年2月17日　一〇八　在マニラト部在外事務所長代理より　重光外務大臣宛（電報）　賠償問題解決促進のため専門家会議を開始したいとのネリ首席代表意向につき報告……838
四　375　昭和30年2月21日　四一　重光外務大臣より　在マニラト部在外事務所長代理宛（電報）　専門家会議の開催には原則的に同意するも結論は衆院選後としたくフィリピン側からの具体的資料等入手につき折衝方訓令……840

四 376 昭和30年3月3日 一三四 在マニラト部在外事務所長代理より重光外務大臣宛(電報) 専門家会議の開催及び永野派遣につきわが方からの公文発出を希望するとのネリ首席代表意向について……841

四 377 昭和30年3月5日 一四五 在マニラト部在外事務所長代理より重光外務大臣宛(電報) マグサイサイ大統領の鳩山総理宛親電発出とその内意に関するネリ首席代表内話……842

付記 昭和三十年三月五日発在マニラト部在外事務所長代理より重光外務大臣宛電報第一四八号 右大統領親電……843

三 203 昭和30年3月8日 二二 在インドネシア倭島日本政府代表より重光外務大臣宛(電報) わが方より賠償と貿易債務を一体的に解決する具体的提案が必要である旨意見具申……468

四 378 昭和30年3月8日 五三 重光外務大臣より在マニラト部在外事務所長代理宛(電報) 鳩山総理のマグサイサイ大統領宛返電発出通報並びに専門家会議開催につき申入れ方訓令……843

付記一 昭和三十年三月八日 鳩山内閣総理大臣よりマグサイサイ・フィリピン大統領宛親電……844

二 昭和三十年三月九日付 在マニラ在外事務所よりフィリピン賠償交渉団宛口上書 専門家会議開催の申入れ……845

五 550 昭和30年3月14日 八七 在ベトナム小長谷大使より重光外務大臣宛 サンフランシスコ平和条約批准書寄託につきベトナム官報にて公布……1183

四 379 昭和30年3月31日 在マニラト部在外事務所長代理作成 沈船引揚条件変更により経費を圧縮しフィリピン側の経費削減要求との調整を図る解決案について……845

四 380 昭和30年4月1日 今後の対フィリピン賠償交渉に関する在マニラト部在外事務所長代理への訓令……846

付記 昭和三十年四月、アジア局作成 日比賠償専門家会議の進捗状況について……847

四	381	昭和30年4月4日	二三五	在マニラト部在外事務所長代理より重光外務大臣宛(電報)	専門家会議の取扱い及び賠償総額問題に関するネリ首席代表との会談結果につき報告	850
五	551	昭和30年4月4日		アジア局第三課作成	「対ヴィエトナム通商、賠償交渉に関する件」	1185
				付記　昭和三十年四月五日、アジア局第三課作成「ヴィエトナム賠償問題処理方針」		1185
四	382	昭和30年4月5日	二三七	在マニラト部在外事務所長代理より重光外務大臣宛(電報)	賠償六億ドル、経済協力二億ドルの総額フォーミュラによる決着を考慮したいとのマグサイサイ大統領意向につき報告	853
四	383	昭和30年4月6日	二四一	在マニラト部在外事務所長代理より重光外務大臣宛(電報)	フィリピン側は総額フォーミュラによる解決がより望ましい決着となりうるとの考慮に出たものと考えられ対応振りにつき請訓	854
四	384	昭和30年4月12日	八四	重光外務大臣より在マニラト部在外事務所長代理宛(電報)	わが方としては積上げ方式による解決を目指したくフィリピン側反応を確認方回訓	856
四	385	昭和30年4月13日	二五一	在マニラト部在外事務所長代理より重光外務大臣宛(電報)	最終的に賠償総額を議論せざるを得ぬことを踏まえわが方の再考を希望するとのネリ首席代表反応について	857
二	88	昭和30年4月16日		外務省告示	日本国とビルマ連邦との間の平和条約の発効について	224
二	89	昭和30年4月16日		外務省告示	日本国とビルマ連邦との間の賠償及び経済協力協定の発効について	225
四	386	昭和30年4月20日	二七五	在マニラト部在外事務所長代理より重光外務大臣宛(電報)	専門家会議の進行促進に関するネリ首席代表要望につき報告	858
四	387	昭和30年4月20日	二七七	在マニラト部在外事務所長代理より重光外務大臣宛(電報)	専門家会議開催中の好機を捉えて賠償問題解決を促進すべく対応振りにつき請訓	859
三	204	昭和30年4月24日	三八	高碕アジア・アフリカ会議日本政府代表より重光外務大臣宛(電報)	アジア・アフリカ会議におけるスナリオ外相との会談結果につき報告	470

四　388　昭和30年4月25日　九二　重光外務大臣より在マニラト部在外事務所長代理宛(電報)　わが方の総額に関する交渉余地は乏しく訪日の場合は譲歩につき相応の心構えを覚悟すべき旨ネリ首席代表に説明方回訓……860

四　389　昭和30年4月27日　三〇〇　在マニラト部在外事務所長代理より重光外務大臣宛(電報)　名目上の総額として八億ドルを確保したいとのフィリピン側感触を踏まえネリ首席代表の訪日を支援すべき旨意見具申……861

四　390　昭和30年4月28日　九九　重光外務大臣より在マニラト部在外事務所長代理宛(電報)　フィリピン側の総額フォーミュラ案はビルマ及びインドネシアとの交渉を考慮すれば受諾し得ぬ旨ネリ首席代表へ説明方訓令……864

四　391　昭和30年4月30日　三一五　在マニラト部在外事務所長代理より重光外務大臣宛(電報)　経済協力に関してフィリピン側の想定せる方式について……864

四　392　昭和30年5月5日　中川アジア局長作成　ネリ首席代表訪日に向けたわが方対処方針策定に関する高碕経済審議庁長官との打合せ……865

四　393　昭和30年5月9日　谷大使／ネリ・フィリピン首席代表｝会談　総額問題等に関する谷大使・ネリ首席代表会談……870

付　記　昭和三十年五月十日付ネリ・フィリピン首席代表より谷大使宛書簡　総額八億ドルの解決フォーミュラ提案……872

三　205　昭和30年5月13日　一〇八　在インドネシア倭島日本政府代表より重光外務大臣宛(電報)　高碕・スナリオ会談でインドネシアは賠償総額につき歩み寄りを示したとのインドネシア外務当局見解について……472

四　394　昭和30年5月16日　谷大使／ネリ・フィリピン首席代表｝会談　沈船引揚及び借款に関する谷大使・ネリ首席代表会談……874

四　395　昭和30年5月18日　在マニラト部在外事務所長代理作成　借款の取扱いを明確化した上で賠償総額の議論に入るべきとのネリ・フィリピン首席代表との協議結果について……878

四　396　昭和30年5月23日　中川アジア局長作成　借款に関する谷・ネリ交換公文の成立について……880

付記　右交換公文 …… 881

四 397 昭和30年5月30日 一一八 重光外務大臣より在マニラ鈴木在外事務所長代理宛(電報)
総額フォーミュラに関する折衝状況通報及びネリ首席代表滞日延長につき米国側の周旋状況を確認方訓令 …… 884

四 398 昭和30年5月30日 重光外務大臣／ネリ・フィリピン首席代表 会談
賠償金額及び支払期間に関する重光外相・ネリ首席代表会談 …… 885

付記　昭和三十年五月三十日
右議題に関する谷大使・ネリ・フィリピン首席代表会談 …… 886

四 399 昭和30年5月31日 三八八 在マニラ鈴木在外事務所長代理より重光外務大臣宛(電報)
公平の観点から日比間の賠償交渉には関与せずとの在フィリピン米国大使意向について …… 888

四 400 昭和30年5月31日 一二〇 重光外務大臣より在マニラ鈴木在外事務所長代理宛(電報)
総額八億ドル、賠償支払期間合計二十年のフォーミュラにて原則的合意が成立した旨通報 …… 890

付記一　昭和三十年五月三十一日付鳩山内閣総理大臣よりネリ・フィリピン首席代表宛
ネリ首席代表提案の賠償問題解決フォーミュラ提案に原則同意する旨を回答した内閣総理大臣書簡 …… 890

二　昭和三十年六月一日、在マニラト部在外事務所長代理作成
五月三十一日の鳩山・ネリ合意に関する経緯 …… 891

四 401 昭和30年6月2日 中川アジア局長作成
「日比賠償交渉の段取りについて」 …… 894

四 402 昭和30年6月13日 中川アジア局長作成
日比賠償専門家会議合意議事録の作成・署名について …… 895

四 403 昭和30年6月14日 四三五 在マニラト部在外事務所長代理より重光外務大臣宛(電報)
フィリピン側の賠償解決フォーミュラ承認を受けての鳩山総理宛書簡作成に関する協議結果につき報告 …… 902

付　記　昭和三十年六月十五日、日本側に手交された右書簡のアドバンス・コピー …… 904

四	404	昭和30年6月16日	四四三	在マニラト部在外事務所長代理より重光外務大臣宛(電報)	フィリピン与野党の賠償解決フォーミュラ支持に関する現地報道振り	905
四	405	昭和30年6月17日		フィリピン外務省より在マニラ在外事務所宛	フィリピン沖沈船引揚に関する作業内容変更並びに算定価格修正提案に関する口上書	908
三	206	昭和30年6月18日	七三	重光外務大臣より在インドネシア倭島日本政府代表宛(電報)	フィリピンとの交渉妥結まではインドネシアとの交渉は進め得ないとの理解にて先方と接触方訓令	474
四	406	昭和30年6月18日	一五二	重光外務大臣より在マニラト部在外事務所長代理宛(電報)	賠償解決フォーミュラに関するフィリピン側報道を野党が政府攻撃に利用しつつある状況につき通報	909
五	552	昭和30年6月30日	一一三	在ベトナム小長谷大使より重光外務大臣宛(電報)	賠償総額交渉を再び要請するベトナム土木相への応酬振りにつき請訓	1186
五	553	昭和30年7月4日	一一七	在ベトナム小長谷大使より重光外務大臣宛(電報)	賠償総額交渉をベトナムが再び要請する理由について	1187
四	407	昭和30年7月5日	四九四	在マニラト部在外事務所長代理より重光外務大臣宛(電報)	マグサイサイ大統領の総理宛書簡正式発出に関するフィリピン側要望につき報告	910
五	554	昭和30年7月6日	六七	重光外務大臣より在ベトナム小長谷大使宛(電報)	沈船引揚以外の賠償請求権を放棄させ経済協力に応じるよう説得方回訓	1188
四	408	昭和30年7月7日	一六七	重光外務大臣より在マニラト部在外事務所長代理宛(電報)	政府・自由党間の政策協定交渉中につき大統領書簡発出は当面見合わせたき旨説得方訓令	911
五	555	昭和30年7月10日	一一八	在ベトナム小長谷大使より重光外務大臣宛(電報)	沈船引揚協定細目交渉開始の可否及び賠償総額に関する応酬振りにつき請訓	1189
				別電　昭和三十年七月十日発在ベトナム小長谷大使より重光外務大臣宛第一一九号	右交渉開始に関するベトナム側申入れ	1191
四	409	昭和30年7月13日	一七二	重光外務大臣より在マニラト部在外事務所長代理宛(電報)	現時点でフィリピン側から正式提案あればわが方の意見集約が困難となる事情につき再度説得方訓令	911

五 556 昭和30年7月13日 六九 重光外務大臣より在ベトナム小長谷大使宛（電報） 総額問題へ深入りせずベトナムが経済協力に応じるよう説得方回訓 ……1191

一 22 昭和30年8月5日 閣議決定 「対日請求権問題閣僚協議会設置に関する件」……73

付記 昭和三十年八月十七日、大臣官房総務課起案 高裁案「対日請求権等処理委員会設置及び請求権参事官任命に関する件」……75

四 410 昭和30年8月9日 五九四 在マニラト部在外事務所長代理より重光外務大臣宛（電報） 書簡発出時期に関するわが方意向早期表明を希望するとのマグサイサイ大統領要望につき報告……911

四 411 昭和30年8月10日 二一三 重光外務大臣より在マニラト部在外事務所長代理宛（電報） わが方態度は大統領書簡受領後に正式決定をなすべくアドバンス・コピーの修正は内容受諾の意味にあらざる点につき説明方訓令……913

四 412 昭和30年8月11日 六〇三 在マニラト部在外事務所長代理より重光外務大臣宛（電報） 総理宛書簡アドバンス・コピーの修正申入れ結果につき報告……913

四 413 昭和30年8月12日 マグサイサイ・フィリピン大統領より鳩山内閣総理大臣宛 賠償解決フォーミュラ正式提案に関するマグサイサイ大統領より鳩山総理宛書簡……914

付記一 昭和三十年八月十二日付ネリ・フィリピン首席代表より在マニラト部在外事務所長代理宛書簡 開発借款取扱いに関する補足説明……915

二 昭和三十年八月十三日、アジア局作成 「比側賠償提案の分析」……916

四 414 昭和30年8月13日 六一五 在マニラト部在外事務所長代理より重光外務大臣宛（電報） マグサイサイ大統領書簡の受領につき報告……920

付記 昭和三十年八月十五日発在マニラト部在外事務所長代理より重光外務大臣宛電報第六二五号 右書簡発出を正式決定せる大統領・議員朝食会の様子についてのネリ首席代表内話……920

四 415 昭和30年8月22日 二四三 重光外務大臣より在マニラト部在外事務所長代理宛(電報) 賠償解決フォーミュラ受諾に関し自由党説得のため資本財と役務の記載方法につき折衝方訓令……921
四 416 昭和30年8月23日 六六五 在マニラト部在外事務所長代理より重光外務大臣宛(電報) 資本財及び役務の記載方法に関するネリ首席代表との協議結果について……922
別電 昭和三十年八月二十三日発在マニラト部在外事務所長代理より重光外務大臣宛第六六六号 フィリピン側提案の右フォーミュラ記載方法……923
四 417 昭和30年8月24日 二四七 鳩山外務大臣臨時代理より在マニラト部在外事務所長代理宛(電報) わが方国内事情を説明し実質に影響ない資本財及び役務の記載修正につき同意するよう説得方訓令……923
四 418 昭和30年8月29日 六八三 在マニラト部在外事務所長代理より鳩山外務大臣臨時代理宛(電報) フィリピン側情勢を踏まえ大局的見地から早期の鳩山総理書簡発出が適当なる旨意見具申……924
四 419 昭和30年9月10日 二六三 重光外務大臣より在マニラト部在外事務所長代理宛(電報) わが方回答は自由党との調整に相当程度の期間を要する見込につき連絡……926
四 420 昭和30年9月12日 七二二 在マニラト部在外事務所長代理より重光外務大臣宛(電報) わが方回答の遅延に対し回答催促の公文を発出したいとのフィリピン側意向について……928
付記 昭和三十年九月二十日受領した右口上書……930
四 421 昭和30年9月26日 二八六 重光外務大臣より在マニラト部在外事務所長代理宛(電報) フィリピン下院議長ラウレル二世滞日中の政府及び与野党要人との会談結果につき通報……930
四 422 昭和30年9月30日 二九五 重光外務大臣より在マニラト部在外事務所長代理宛(電報) 自由党との協議結果を踏まえた賠償解決フォーミュラ再交渉につきフィリピン側の意向確認方訓令……931
四 423 昭和30年10月1日 七八九 在マニラト部在外事務所長代理より重光外務大臣宛(電報) フィリピン国内情勢を踏まえ再交渉の印象を与えぬ形でのフォーミュラ調整を望むとのネリ首席代表意向につき報告……932

四	424	昭和30年10月3日	七九六	在マニラト部在外事務所長代理より重光外務大臣宛（電報）	永野護等わが方要人のフィリピン訪問はフォーミュラ再交渉の印象を与え好ましからずとのネリ首席代表意見につき報告	934
四	425	昭和30年10月3日	七九七	在マニラト部在外事務所長代理より重光外務大臣宛（電報）	賠償解決フォーミュラの条文化を進める中で自由党の要求を反映することが交渉進展に必要と思われるにつき協定案文の送付につき意見具申	935
四	427	昭和30年10月4日	八〇三	在マニラト部在外事務所長代理より重光外務大臣宛（電報）	現金賠償の方法を公文によって明らかにするとのネリ首席代表意見について	938
四	426	昭和30年10月5日	三〇六	重光外務大臣より在マニラト部在外事務所長代理宛（電報）	賠償総額及び借款の記載方法等は従来通り実務的に交渉継続方訓令	936
四	428	昭和30年10月5日	八〇九	在マニラト部在外事務所長代理より重光外務大臣宛（電報）	ネリ首席代表作成の公文案をめぐる協議結果につき報告	939
一	23	昭和30年10月6日		アジア局第一課作成	「第六回対日請求権等処理委員会議事要録」	76
四	429	昭和30年10月7日	三一一	重光外務大臣より在マニラト部在外事務所長代理宛（電報）	賠償内訳並びに支払方法、借款期限の取扱い等についてネリ首席代表を説得方訓令	941
四	430	昭和30年10月14日	八五三	在マニラト部在外事務所長代理より重光外務大臣宛（電報）	鳩山総理の正式回答なしに今後の賠償交渉は進め得ないとのマグサイサイ大統領意向につき報告	942
四	431	昭和30年10月18日	八六三	在マニラト部在外事務所長代理より重光外務大臣宛（電報）	フィリピン側は保守合同が賠償問題解決に寄与するとの観測を抱きおり対応振りにつき請訓	943
四	432	昭和30年10月20日	三四四	重光外務大臣より在マニラト部在外事務所長代理宛（電報）	現時点で行う総理回答は大統領書簡の内容修正を伴わざるを得ずわが方としては事前の内容調整を希望する旨説得方回訓	944
四	433	昭和30年10月21日	八七二	在マニラト部在外事務所長代理より重光外務大臣宛（電報）	保守合同の賠償問題への影響が見通せぬ中総理回答に先立つ調整を進めたいとのわが方考えの説得結果につき報告	944

別電一　昭和三十年十月二十一日発在マニラト部在外事務所長代理より重光外務大臣宛第八七三号
ト部事務所長代理作成の合意文書案……947
二　昭和三十年十月二十一日発在マニラト部在外事務所長代理より重光外務大臣宛第八七四号
右合意文書の発表形式案……949

四 434 昭和30年10月21日 八七六 在マニラト部在外事務所長代理より重光外務大臣宛(電報)
フィリピン側はわが方のフォーミュラ修正要求の大半を実質的に認めており国内再説得を進めるべき旨意見具申……950
付　記　在マニラト部在外事務所長代理作成「対比賠償問題解決に当っての所感」……951

四 435 昭和30年11月23日 九四八 在マニラト部在外事務所長代理より重光外務大臣宛(電報)
フィリピン当局は保守合同による局面打開を期待して国内を抑えておりこれに呼応する措置を速やかに講ずるべき旨意見具申……954

四 436 昭和30年11月26日 「日比賠償解決要領」……955

四 437 昭和30年11月28日 九六〇 在マニラト部在外事務所長代理より重光外務大臣宛(電報)
日比賠償解決要領に基づいた交渉実施にあたり不明事項等につき請訓……956
別　電　昭和三十年十一月二十九日発在マニラト部在外事務所長代理より重光外務大臣宛第九六一号
フィリピン側との合意文書案……957

四 438 昭和30年11月29日 四〇三 重光外務大臣より在マニラト部在外事務所長代理宛(電報)
日比賠償解決要領に関する照会事項につき回訓……958
付　記　鳩山総理回答文案……959

四 439 昭和30年12月1日 九六七 在マニラト部在外事務所長代理より重光外務大臣宛(電報)
フォーミュラ修正に関する協議結果及びフィリピン側解決案の修正なき受諾回答を求めるマグサイサイ大統領意向につき報告……959

四 440 昭和30年12月2日 四一三 重光外務大臣より在マニラト部在外事務所長代理宛(電報) 日比賠償解決要領がわが方譲歩の限界であり右趣旨にてフィリピン側を説得方訓令……961

四 441 昭和30年12月2日 九七〇 在マニラト部在外事務所長代理より重光外務大臣宛(電報) 鳩山総理書簡発出を再度催促せんとのマグサイサイ大統領意向を踏まえ総理書簡を早期発出し協定案文交渉に進むべき旨意見具申……962

四 442 昭和30年12月3日 四一六 重光外務大臣より在マニラト部在外事務所長代理宛(電報) 現金賠償の取扱いに関して財界人マヌエル・エリサルデをして大統領説得を試むべく同人へ協力方訓令……963

四 443 昭和30年12月3日 九七六 在マニラト部在外事務所長代理より重光外務大臣宛(電報) マグサイサイ大統領は所信断行の自信を深めつつあり適当な人物からわが方真意を伝達すべき旨意見具申……964

四 444 昭和30年12月7日 四二〇 重光外務大臣より在マニラト部在外事務所長代理宛(電報) マグサイサイ大統領説得の方策に関する高碕経済企画庁長官とエリサルデの打合せ結果につき通報……965

別電一 昭和三十年十二月七日発重光外務大臣より在マニラト部在外事務所長代理宛第四二一号 わが方は大統領書簡内容に反対していない旨の説明案……966

二 昭和三十年十二月七日発重光外務大臣より在マニラト部在外事務所長代理宛第四二二号 現金賠償の取扱いに関する追加文案……967

四 445 昭和30年12月8日 九九三 在マニラト部在外事務所長代理より重光外務大臣宛(電報) 賠償問題解決に対するわが方真意を理解したことから公文案についての修正討議を行いたいとのネリ首席代表意向について……967

五 557 昭和30年12月11日 二一七 在ベトナム小長谷大使より重光外務大臣宛(電報) ベトナムの意向を踏まえ沈船引揚協定は棚上げとし総額交渉を開始することの可否につき請訓……1192

一 24 昭和30年12月13日 アジア局第一課起案 高裁案「昭和三十年度予算「賠償等特殊債務処理費」等の使途割振り並びに同三十一年度本費目関係予算編成に関し外務省案提示に関する件」……92
付記 昭和三十年十二月十三日 右予算措置に関する閣議での重光外務大臣発言要旨……96

四 446 昭和30年12月19日 四四四 重光外務大臣より在マニラト部在外事務所長代理宛(電報) オーバー・ザ・カウンター・レシオ制度による賠償支払に一定額以上の対フィリピン貿易輸出を条件として課す考えにつき意見回電方訓令……968

四 447 昭和30年12月20日 一〇二二 在マニラト部在外事務所長代理より重光外務大臣宛(電報) ネリ首席代表作成の新公文案に関する協議結果につき報告……969
別電 昭和三十年十二月二十日発在マニラト部在外事務所長代理より重光外務大臣宛第一〇二三号 右新公文案……972

四 448 昭和30年12月21日 四四九 重光外務大臣より在マニラト部在外事務所長代理宛(電報) 新公文案による解決方式を進めるにあたりネリ首席代表は日比賠償解決要領の諸点を了承しているかにつき回電方訓令……974

四 449 昭和30年12月22日 一〇二七 在マニラト部在外事務所長代理より重光外務大臣宛(電報) 新公文案による解決方式とわが方解決要領に関するネリ首席代表認識に関する照会事項への回答について……974

四 450 昭和30年12月27日 四五八 重光外務大臣より在マニラト部在外事務所長代理宛(電報) ネリ新公文案の借款及び現金賠償の条件等につき修文申入方訓令……976
別電 昭和三十年十二月二十七日発重光外務大臣より在マニラト部在外事務所長代理宛第四五九号 オーバー・ザ・カウンター・レシオ関連事項の修正趣旨について……978

五 558 昭和30年12月27日 一二五 重光外務大臣より在ベトナム小長谷大使宛(電報) 役務賠償を原則とする総額交渉は異存なきも沈船引揚費用が総額の大半を占める線にて折衝方回訓……1193

四 451 昭和30年12月28日 一〇四六 在マニラト部在外事務所長代理より重光外務大臣宛（電報） 訓令に基づくネリ新公文案修正協議結果につき報告……979

五 559 昭和30年12月31日 二三八 在ベトナム小長谷大使より重光外務大臣宛（電報） 役務賠償の原則及びわが方総額案に対するベトナム側の態度について……1193

昭和三十一年

四 452 昭和31年1月7日 一一 在マニラト部在外事務所長代理より重光外務大臣宛（電報） マグサイサイ大統領の意向を踏まえた公文修正案の協議結果につき報告……982

五 560 昭和31年1月7日 七 在ベトナム小長谷大使より重光外務大臣宛（電報） 仏印特別円の請求額を含むベトナム側総額対案及びその積算根拠について……1194

付記一 昭和三十一年一月九日付ベトナム外務省より在ベトナム日本大使館宛書簡第一二八／ＤＡＰ号 仏印特別円の返還名義に関するベトナム側照会……1196

二 昭和三十一年一月九日付ヴ・ヴァン・マウ・ベトナム外務大臣より在ベトナム小長谷大使宛書簡第一三五／ＤＡＰ号 仏印特別円におけるベトナム側債権の留保について……1197

四 453 昭和31年1月9日 一七 在マニラト部在外事務所長代理より重光外務大臣宛（電報） オーバー・ザ・カウンター・レシオ発動条件となる基準貿易額設定のフィリピン側同意等につき報告……983

四 454 昭和31年1月9日 一八 在マニラト部在外事務所長代理より重光外務大臣宛（電報） フィリピン側再修正内容につき早期の同意を求めたいとのネリ首席代表要望について……985

五 561 昭和31年1月9日 四 重光外務大臣より在ベトナム小長谷大使宛（電報） ベトナム側の賠償総額及び役務賠償の考え方はわが方と格段の相違があるため交渉中止方訓令……1199

四 455 昭和31年1月13日 二二 重光外務大臣より在マニラト部在外事務所長代理宛（電報） 借款を政府の義務とする記述の削除は最重要点であり必ず修正すべく交渉方訓令……986

付記　昭和三十一年一月十三日発重光外務大臣より在マニラト部在外事務所長代理宛電報第二三号
右修正事情に関する中川アジア局長連絡……987

四　456　昭和31年1月17日　四三
在マニラト部在外事務所長代理より重光外務大臣宛(電報)
借款を賠償と一体と表現する条項は削除し得ない等フィリピン側の再修正案につき報告……988

四　457　昭和31年1月30日
中川アジア局長作成
新「日比賠償解決要領」承認後の賠償交渉方針について……989
付記一　昭和三十一年一月三十一日、外務省作成
「日比賠償解決要領」……990
二　昭和三十一年二月六日付
「日比賠償交渉に関しト部参事官に対する訓令」……991

四　458　昭和31年2月8日
中川アジア局長作成
対フィリピン賠償の貿易への影響を整理すべしなど自由民主党外交調査会賠償小委員会での論議について……993
付記　昭和三十一年二月九日、在マニラト部在外事務所長代理作成
フィリピン賠償問題をめぐる党内情勢に関する岸自民党幹事長内話……995

四　459　昭和31年2月14日　一〇九
在マニラト部在外事務所長代理より重光外務大臣宛(電報)
新訓令に基づくネリ首席代表との公文案協議結果につき報告……996
付記　昭和三十一年二月十四日発在マニラト部在外事務所長代理より重光外務大臣宛電報第一一二号
現金賠償に関連する"products"についてのネリ首席代表作成の文書案……997

四　460　昭和31年2月17日　八一
重光外務大臣より在マニラト部在外事務所長代理宛(電報)
賠償と借款を一体と見なしうる表現及び借款への政府関与を示す記述修正に関して折衝方訓令……998

四　461　昭和31年2月18日　一一九
在マニラト部在外事務所長代理より重光外務大臣宛(電報)
フィリピン側の国内事情から借款と賠償を一体とする文言は譲歩できずとのネリ首席代表意向等につき報告……999

四 462 昭和31年2月25日 九二 重光外務大臣より在マニラト部在外事務所長代理宛(電報) 賠償と借款を一体と表現することは国内的に受け入れ難く当初訓令により再説得方訓令……1000
四 463 昭和31年2月27日 一二七 在マニラト部在外事務所長代理より重光外務大臣宛(電報) 公文交換後迅速な鳩山総理書簡発出と協定案文審議開始を保証ありたいとのフィリピン側要求について……1001
四 464 昭和31年2月27日 一二八 在マニラト部在外事務所長代理より重光外務大臣宛(電報) わが方交渉態度に対するフィリピン側の不信感を考慮し公文交換後早期の総理書簡発出を保証すべき旨意見具申……1003
四 465 昭和31年2月28日 九八 重光外務大臣より在マニラト部在外事務所長代理宛(電報) わが方修正案を受諾するなら鳩山総理書簡発出は保証すべく再度公文案につき折衝方訓令……1004
四 466 昭和31年2月29日 一三二 在マニラト部在外事務所長代理より重光外務大臣宛(電報) 公文案修正に関するネリ首席代表への再説得結果につき報告……1006
四 467 昭和31年3月1日 一三六 在マニラト部在外事務所長代理より重光外務大臣宛(電報) ト部・ネリ交換公文の交換完了につき報告……1007
四 468 昭和31年3月1日 一三七 在マニラト部在外事務所長代理より重光外務大臣宛(電報) 今後の交渉に関するネリ首席代表との協議結果につき報告……1007
四 469 昭和31年3月1日 ト部・ネリ交換公文……1008
付記一 交換公文第二項における日本製品及び第四項における借款の解釈に関する付属覚書……1011
二 昭和三十一年三月一日付在マニラト部在外事務所長代理よりネリ・フィリピン首席代表宛書簡 鳩山総理書簡早期発出に関するわが方回答……1012
三 作成局課不明 「ト部、ネリ間了解事項要旨」……1012
四 470 昭和31年3月1日 一〇五 重光外務大臣より在マニラト部在外事務所長代理宛(電報) 協定案文交渉はト部・ネリ間で進める方向にてフィリピン側を説得方訓令……1014

五 562 昭和31年3月1日 中川アジア局長作成 賠償問題に関する意見交換のためわが方有力経済人と懇談したいとのゴ・ディン・ジエム首相の希望について……1200

四 471 昭和31年3月6日 一一一 重光外務大臣より在マニラト部在外事務所長代理宛(電報) 貿易拡大問題をめぐる自民党内調整難航のため総理書簡発出は遅延する見込につき通報……1014

四 472 昭和31年3月6日 一五三 在マニラト部在外事務所長代理より重光外務大臣宛(電報) フィリピンの対日信頼感を高め長期的実利を得るため総理書簡を早期に発出すべき旨意見具申……1014

四 473 昭和31年3月9日 一一七 重光外務大臣より在マニラト部在外事務所長代理宛(電報) 鳩山総理書簡の発出決定についてフィリピン側へ通報方訓令……1015

付記 昭和三十一年三月九日付鳩山内閣総理大臣よりマグサイサイ・フィリピン大統領宛 フィリピンの賠償解決フォーミュラ提案受入れに関する内閣総理大臣書簡……1016

四 474 昭和31年3月10日 一二一 重光外務大臣より在マニラト部在外事務所長代理宛(電報) 日比貿易拡大具体化への自民党内の要求強き事情に鑑み意見交換のため藤山愛一郎を派遣する見込につき通報……1017

四 475 昭和31年3月11日 一六五 在マニラト部在外事務所長代理より重光外務大臣宛(電報) 藤山特使派遣に対するフィリピン国内反応報告並びに賠償解決及び特使派遣に関する総理書簡取扱いにつき意見具申……1018

四 476 昭和31年3月15日 一八四 在マニラト部在外事務所長代理より重光外務大臣宛(電報) 藤山特使のマグサイサイ大統領訪問につき報告……1019

付 記 昭和三十一年三月十三日付鳩山内閣総理大臣よりマグサイサイ・フィリピン大統領宛 藤山特使派遣に関する内閣総理大臣書簡……1019

四 477 昭和31年3月15日 一八六 在マニラト部在外事務所長代理より重光外務大臣宛(電報) わが方の賠償協定案及び経済開発協定案のフィリピン側への提出について……1020

付記一 賠償協定案(C案)……1021

二　役務賠償に関する交換公文案……1027
三　賠償協定の実施細目に関する交換公文案……1028
四　経済開発協定案(C案)……1032

五　563　昭和31年3月17日　二一八　重光外務大臣より在ベトナム小長谷大使宛(電報)　植村経済親善使節団長とゴ・ディン・ジエム首相との非公式会談における援助方訓令……1202

四　478　昭和31年3月21日　一九六　在マニラ下部在外事務所長代理より重光外務大臣宛(電報)　わが方賠償協定案に関する第一回逐条討議結果につき報告……1033

四　479　昭和31年3月22日　二〇三　在マニラト部在外事務所長代理より重光外務大臣宛(電報)　直接方式等交渉上の中心課題に関するネリ首席代表との会談結果につき報告……1036

四　480　昭和31年3月26日　二一四　在マニラト部在外事務所長代理より重光外務大臣宛(電報)　フィリピン側より受領せる賠償協定修正案について……1038

四　481　昭和31年3月28日　二二六　在マニラト部在外事務所長代理より重光外務大臣宛(電報)　フィリピン側で修正せる役務賠償に関する交換公文案及び経済開発協定案の協議結果について……1039

付記　昭和三十一年三月三十日、作成局課不明「賠償、借款両協定比側対案の主要難点」……1040

四　482　昭和31年3月29日　二三四　在マニラト部在外事務所長代理より重光外務大臣宛(電報)　賠償協定案フィリピン側第二次修正案の受領について……1042

四　483　昭和31年3月31日　二三八　在マニラト部在外事務所長代理より重光外務大臣宛(電報)　フィリピン側修正案中わが方の受入れ困難な項目に関する協議結果について……1042

五　564　昭和31年4月5日　森外務参事官作成「植村経団連副会長のヴィエトナムおよびカンボディアよりの帰朝談の件」……1203

四　484　昭和31年4月6日　二五四　在マニラト部在外事務所長代理より重光外務大臣宛(電報)　逐条討議を通じ賠償協定案をめぐる根本的対立点が直接方式に由来することをフィリピン側が認識しつつある状況について……1044

四 485 昭和31年4月8日 二六一 在マニラト部在外事務所長代理より重光外務大臣宛(電報) フィリピン側は貿易拡大に関する賠償協定案第三条第三項他を政治決断を要する問題と認識している点につき報告 …… 1046

四 486 昭和31年4月10日 二六六 在マニラト部在外事務所長代理より重光外務大臣宛(電報) ト部・ネリ交換公文を基礎として早期妥結に努力する旨中川アジア局長より連絡 …… 1047

四 487 昭和31年4月11日 二七六 在マニラト部在外事務所長代理より重光外務大臣宛(電報) 交渉状況の報告及び政府与党首脳との協議を目的として藤山特使一時帰朝の意向について …… 1049

四 488 昭和31年4月11日 二七七 在マニラト部在外事務所長代理より重光外務大臣宛(電報) 協定案文中の主要対立点に関する中川アジア局長・ネリ首席代表会談につき報告 …… 1049

四 489 昭和31年4月12日 二八一 在マニラト部在外事務所長代理より重光外務大臣宛(電報) 主要対立点中賠償協定案第三条第三項を共同声明とし第七条関係はフィリピン側調整案を受け入れる方針で妥結に進みたき旨報告 …… 1051

四 490 昭和31年4月13日 二八八 在マニラト部在外事務所長代理より重光外務大臣宛(電報) 帰朝する藤山特使が携行せる経済開発借款協定現地案の基本的考え方について …… 1053

付記 経済開発借款協定及び貿易拡大に関する共同声明現地案 …… 1054

四 491 昭和31年4月14日 二九二 在マニラト部在外事務所長代理より重光外務大臣宛(電報) 裁判管轄権に関するフィリピン側譲歩案への対応振りにつき請訓 …… 1058

四 492 昭和31年4月16日 二九四 在マニラト部在外事務所長代理より重光外務大臣宛(電報) 協定交渉の妥結後全権団派遣前に仮署名を行う必要あると考えられるにつき適当の措置を進めるべき旨中川アジア局長より意見具申 …… 1059

四 493 昭和31年4月16日 一八九 重光外務大臣より在マニラト部在外事務所長代理宛(電報) 経済開発借款協定案等について政府与党首脳他の原則的了解を得た旨藤山特使より連絡 …… 1060

付記 昭和三十一年四月十八日発重光外務大臣より在マニラト部在外事務所長代理宛電報第二〇二号 経済開発借款協定現地案の修正箇所に関する回訓 …… 1060

三 207 昭和31年4月18日 一八 在インドネシア倭島日本政府代表より重光外務大臣宛(電報) 賠償問題につき早期に駆け引きなく決着を見たいとのアリ首相意向について …… 475

四	494	昭和31年4月19日	三〇五	在マニラト部在外事務所長代理より 重光外務大臣宛（電報）	賠償専門家会議合意議事録及び外国為替負担の取扱いに関する協議結果につき報告	1061
四	495	昭和31年4月21日	三〇六	在マニラト部在外事務所長代理より 重光外務大臣宛（電報）	新たな経済開発借款協定案等の協議結果につき報告	1062
四	496	昭和31年4月22日	三一二	在マニラト部在外事務所長代理より 重光外務大臣宛（電報）	経済開発借款協定案及び賠償協定案主要対立事項の協議結果につき報告	1066
四	497	昭和31年4月22日	三一五	在マニラト部在外事務所長代理より 重光外務大臣宛（電報）	フィリピン側は最大限の譲歩を行ったと考えられ現時点の合意内容にて妥結する旨藤山政府代表より連絡	1069
四	498	昭和31年4月23日	三一九	在マニラト部在外事務所長代理より 重光外務大臣宛（電報）	仮署名及び全権派遣に向けた所定の手続きを進めるべき旨中川アジア局長より意見具申	1070
四	499	昭和31年4月24日	二一四	重光外務大臣より 在マニラト部在外事務所長代理宛（電報）	関係省庁の意向を踏まえ賠償協定案文につき修正方訓令	1071
四	500	昭和31年4月25日	三二三	在マニラト部在外事務所長代理より 重光外務大臣宛（電報）	訓令の修正内容を修文の問題として提起し条文確定を完了した旨報告	1072
四	501	昭和31年4月27日	三四七	在マニラト部在外事務所長代理より 重光外務大臣宛（電報）	賠償協定及び経済開発借款協定の仮署名を了した旨報告	1073
三	208	昭和31年4月30日	イ外普 二一	在インドネシア倭島日本政府代表より 重光外務大臣宛	アリ首相意向を踏まえ段階を経た交渉により賠償問題解決を目指すべき旨意見具申	477
四	502	昭和31年5月1日		情報文化局発表	「日比賠償全権団の任命について」	1074
四	503	昭和31年5月2日	三七〇	在マニラト部在外事務所長代理より 重光外務大臣宛（電報）	フィリピン全権団会議の結果仮署名済協定内容の修正を求めたいとのネリ首席代表連絡について	1075
四	504	昭和31年5月2日	三七二	在マニラト部在外事務所長代理より 重光外務大臣宛（電報）	情勢急転を受けわが方全権団出発を見合わせるべき旨藤山政府代表より意見具申	1076

四 505 昭和31年5月2日 三七六 在マニラト部在外事務所長代理より重光外務大臣宛(電報) ラウレル上院議員との協議結果に関するネリ首席代表内話……1076
四 506 昭和31年5月3日 三八一 在マニラト部在外事務所長代理より重光外務大臣宛(電報) フィリピン側申出は国際慣習及び信義に背くものなるも先方事情を考慮し理解ある態度を採るべき旨藤山政府代表より意見具申……1077
四 507 昭和31年5月3日 三八三 在マニラト部在外事務所長代理より重光外務大臣宛(電報) 第三回フィリピン全権団会議結果に関するネリ首席代表連絡について……1078
付 記 昭和三十一年五月四日発在マニラト部在外事務所長代理より重光外務大臣宛電報第三九四号 右会議の模様に関するフィリピン側全権団関係者内話……1078
四 508 昭和31年5月4日 二五二 重光外務大臣より在マニラト部在外事務所長代理宛(電報) 経済開発借款協定の交換公文への切替の了承並びにそれに伴う修文につき訓令……1079
四 509 昭和31年5月5日 四〇〇 在マニラト部在外事務所長代理より重光外務大臣宛(電報) 経済開発借款に関する交換公文の文案合意につき報告……1080
四 510 昭和31年5月9日 四三四 在マニラト部在外事務所長代理より重光外務大臣宛(電報) 賠償協定の署名を了した旨報告……1081
四 511 昭和31年5月9日 署名 日本国とフィリピン共和国との間の賠償協定……1081
付記一 第一条に関する交換公文……1102
二 第三条に関する交換公文……1104
三 実施細目に関する交換公文……1105
四 賠償協定及び実施細目に関する交換公文についての合意議事録……1109
五 貿易拡大に関する両国全権共同声明……1111
四 512 昭和31年5月 外務省作成 「日本国とフィリピン共和国との間の賠償協定説明書」……1112

四　513　昭和31年5月9日　経済開発借款に関する日本国政府とフィリピン共和国政府との間の交換公文……1115
付記　右和訳文……1117
三　209　昭和31年5月25日　三〇　在インドネシア倭島日本政府代表より重光外務大臣宛(電報)　対インドネシア賠償総額が決定されたとの東京発報道の真偽につき照会……482
三　210　昭和31年5月26日　一五　重光外務大臣より在インドネシア倭島日本政府代表宛(電報)　基本事項に関して合意の後賠償総額につき折衝方訓令……482
三　211　昭和31年5月31日　四〇　在インドネシア倭島日本政府代表より重光外務大臣宛(電報)　基本事項の合意より総額交渉を優先したいとのインドネシア側意向について……483
三　212　昭和31年6月5日　在インドネシア倭島日本政府代表作成　「賠償問題に関するアリ首相その他との会談の件」……485
四　514　昭和31年6月5日　三一七　重光外務大臣より在マニラト部在外事務所長代理宛(電報)　賠償協定批准書交換の日程につき同意取り付け方訓令……1119
一　25　昭和31年6月7日　条約局第一課作成　「賠償の実施と通商条約との関係について」……97
四　515　昭和31年6月7日　一一四二　在米国谷大使より重光外務大臣宛(電報)　わが方の賠償支払と米国の対アジア援助を協調して進めるとの米国政府内構想について……1120
五　565　昭和31年6月27日　アジア局第三課作成　「インドシナに関する賠償及び経済援助処理要領に関する件」……1204
四　516　昭和31年7月9日　五六四　在マニラト部在外事務所長代理より重光外務大臣宛(電報)　フィリピン上院が賠償協定はサンフランシスコ平和条約第十四条の拡張解釈である旨の明示を承認条件とする可能性について……1121
四　517　昭和31年7月10日　五六八　在マニラト部在外事務所長代理より重光外務大臣宛(電報)　フィリピン上院による賠償協定内容訂正の動きに関するネリ首席代表内話……1121
四　518　昭和31年7月16日　亜協六八四　重光外務大臣より在米国谷大使宛　「賠償と米国対外援助の調整に関する件」……1122

四 519 昭和31年7月17日 五九〇 在マニラト部在外事務所長代理より重光外務大臣宛(電報) わが方の賠償協定不履行を防止すべく批准書で本件交渉関係文書一切を批准する形としたいとのフィリピン上院要求につき報告 …… 1123

四 520 昭和31年7月17日 五九一 在マニラト部在外事務所長代理より重光外務大臣宛(電報) 批准書交換に進めるためフィリピン上院の要求に対してどの程度まで応じ得るかにつき請訓 …… 1125

四 521 昭和31年7月18日 三五八 重光外務大臣より在マニラト部在外事務所長代理宛(電報) 批准書内容の変更には同意し得ざるも他の手段にて先方の要求に対応方回訓 …… 1125

別 電 昭和三十一年七月十八日発重光外務大臣より在マニラト部在外事務所長代理宛第三五九号 批准書交換調書への挿入文案 …… 1126

四 522 昭和31年7月20日 六〇二 在マニラト部在外事務所長代理より重光外務大臣宛(電報) 批准書内容等に関するフィリピン側との協議結果につき報告 …… 1126

別 電 昭和三十一年七月二十日発在マニラト部在外事務所長代理より重光外務大臣宛第六〇三号 フィリピン側の提示せる批准書交換調書文案 …… 1128

四 523 昭和31年7月20日 三六三 重光外務大臣より在マニラト部在外事務所長代理宛(電報) フィリピン側批准書の内容に同意するもわが方批准書の修正は行い難き事情につき再説得方訓令 …… 1129

別 電 昭和三十一年七月二十日発重光外務大臣より在マニラト部在外事務所長代理宛第三六四号 フィリピン側批准書交換調書案の修正箇所について …… 1130

四 524 昭和31年7月21日 六〇七 在マニラト部在外事務所長代理より重光外務大臣宛(電報) 批准書及び交換調書内容に関するネリ首席代表との協議結果につき報告 …… 1130

四 525 昭和31年7月21日 六一〇 在マニラト部在外事務所長代理より重光外務大臣宛(電報) 批准書内容の変更を要求せるフィリピン側内部事情について …… 1131

四 526 昭和31年7月23日 日本国とフィリピン共和国との間の賠償協定の批准書交換調書 …… 1132

四 527 昭和31年7月25日 外務省告示 日本国とフィリピン共和国との間の賠償協定の発効及びフィリピンのサンフランシスコ平和条約批准書寄託について……1134

三 213 昭和31年8月15日 対インドネシア賠償に関する倭島政府代表に対する訓令……487

付記 昭和三十一年八月十五日、作成局課不明
「インドネシア賠償に関する倭島公使に対するメモ」……488

五 566 昭和31年8月23日 仏印特別円債務は交渉対象外とする等対ベトナム交渉方針に関する小長谷大使への訓令……1205

付記 昭和三十一年四月四日、アジア局第三課作成
「仏印特別円問題の一つの解決策」……1206

三 214 昭和31年8月29日 四七 在インドネシア倭島日本政府代表より高碕外務大臣臨時代理宛(電報) 具体的な総額提示を求めるアリ首相との会談結果について……489

五 567 昭和31年8月31日 一二二 在ベトナム小長谷大使より高碕外務大臣臨時代理宛(電報) 仏印特別円債務を賠償交渉の対象外とするわが方新総額案を提示した旨報告……1210

三 215 昭和31年9月16日 五〇 在インドネシア倭島日本政府代表より重光外務大臣宛(電報) わが方賠償総額回答をアリ首相に正式提示した旨報告……491

五 568 昭和31年9月19日 一四一 在ベトナム小長谷大使より重光外務大臣宛(電報) わが方申入れ新総額案は受諾できないとしてベトナム側が提示せる対案について……1211

付記 昭和三十一年九月十八日付
右対案の積算根拠に関するエイド・メモワール……1212

昭和三十二年

五 569 昭和32年1月13日 九 在ベトナム小長谷大使より岸外務大臣宛(電報) ベトナムは経済建設計画策定に向けて賠償問題の急速な解決を希望している旨報告……1227

三 216 昭和32年1月15日 二 在インドネシア倭島日本政府代表より岸外務大臣宛(電報) 賠償問題解決のため昨年来倭島政府代表が進めてきた私案による交渉につき報告……493

別電一 昭和三十二年一月十五日発在インドネシア倭島日本政府代表より岸外務大臣宛第三号 アブドルガニ外相に説明せる右私案の要旨……496

二 昭和三十二年一月十五日発在インドネシア倭島日本政府代表より岸外務大臣宛第四号 スバンドリオ外務次官に提出せる右私案……498

三 217 昭和32年1月16日 八 在インドネシア倭島日本政府代表より岸外務大臣宛(電報) 賠償支払期限短縮等のアリ首相要望事項への対応振りにつき請訓……499

三 218 昭和32年1月17日 一 岸外務大臣より在インドネシア倭島日本政府代表宛(電報) アリ首相要望事項への対処方針につき回訓……503

三 219 昭和32年1月19日 一一 在インドネシア倭島日本政府代表より岸外務大臣宛(電報) 賠償等の総額として八億ドルを求めたいとのアリ首相意向につき報告……504

三 220 昭和32年1月31日 中川アジア局長作成 対インドネシア交渉に関する岸外務大臣指示……506

五 570 昭和32年2月1日 外務省作成 賠償二千万ドル、経済協力三千万ドルを落着点とする対ベトナム賠償解決方針について……1229

三 221 昭和32年2月5日 一四 在インドネシア倭島日本政府代表より岸外務大臣宛(電報) 総額を八億ドルとしたわが方対案のアリ首相への提示結果につき報告……507

三 222 昭和32年2月6日 一六 在インドネシア倭島日本政府代表より岸外務大臣宛(電報) アリ首相は金額に関し最終的なコミットメントを避けている件につき報告……509

三 223 昭和32年2月7日 四 岸外務大臣より在インドネシア倭島日本政府代表宛(電報) アリ首相の金額へのアシュアランスは必須であり本件取付け方訓令……510

三 224 昭和32年2月9日 二一 在インドネシア倭島日本政府代表より岸外務大臣宛(電報) 今般の対インドネシア交渉経緯に関する大野外務事務次官宛連絡……510

三 225 昭和32年2月15日 二五 在インドネシア倭島日本政府代表より岸外務大臣宛(電報) 金額へのアシュアランス取付けに関するアリ首相との会談結果につき報告……514
付記 昭和三十二年二月十一日発在インドネシア倭島日本政府代表より岸外務大臣宛電報第二三号 右会談時手交せるわが方基本構想……516
三 226 昭和32年2月26日 二九 在インドネシア倭島日本政府代表より岸外務大臣宛(電報) 総額を九億一千万ドルとするインドネシア側カウンター・プロポーザルの受領について……517
別電 昭和三十二年二月二十六日発在インドネシア倭島日本政府代表より岸外務大臣宛第三〇号 右カウンター・プロポーザル……519
三 227 昭和32年3月1日 三四 在インドネシア倭島日本政府代表より岸外務大臣宛(電報) インドネシア側カウンター・プロポーザルへのわが方回答に関するアリ首相との会談結果について……520
別電 昭和三十二年三月一日発在インドネシア倭島日本政府代表より岸外務大臣宛第三五号 右わが方回答……521
三 228 昭和32年3月8日 三九 在インドネシア倭島日本政府代表より岸外務大臣宛(電報) 賠償総額として二億五千万ドルを希望するとのアリ首相正式回答について……523
別電 昭和三十二年三月八日発在インドネシア倭島日本政府代表より岸外務大臣宛第四〇号 右インドネシア側回答(いわゆるアリ最終案)……526
一 26 昭和32年3月11日 七六／AE／CG／CAB ラオス外務省より外務省宛 ラオス政府の対日賠償請求権放棄と経済援助申入れに関する口上書……99
付記 右和訳文……100
五 571 昭和32年3月23日 四五 岸外務大臣より在ベトナム小長谷大使宛(電報) わが方解決方針に対するベトナム経済計画局長の意向聴取結果について……1230

三 229 昭和32年4月11日 一九 岸外務大臣より在インドネシア倭島日本政府代表宛（電報）　ジュアンダ新内閣に対する折衝方針につき訓令……527

三 230 昭和32年4月17日 六〇 在インドネシア倭島日本政府代表より岸外務大臣宛（電報）　アリ最終案は超党派の合意であり新内閣もこれを引き継ぐとのスバンドリオ外相見解について……528

三 231 昭和32年4月30日 インドネシア賠償問題に関する請求権関係閣僚懇談会記録……529

三 232 昭和32年5月6日 中川アジア局長作成　対インドネシア賠償は従来の方式による現実的解決を図るべきとの各省事務当局打合せ……536

三 233 昭和32年5月11日 六四 在インドネシア倭島日本政府代表より岸外務大臣宛（電報）　わが方検討状況に対するジュアンダ首相及びスバンドリオ外相の反応について……538

三 234 昭和32年7月15日 一〇七 藤山外務大臣より在ジャカルタ鶴見総領事代理宛（電報）　賠償問題解決のための新提案に関するジュアンダ首相の岸総理宛親書受領につき通報……541

付記一　昭和三十二年七月二日付ジュアンダ・インドネシア首相より岸内閣総理大臣宛右親書和訳文……541

二　昭和三十二年七月十七日、作成局課不明　右親書受領後の各省関係者会議メモ……542

三 235 昭和32年7月22日 アジア局第三課起案　高裁案「対インドネシア賠償交渉に関し高木公使に対する訓令の件」……544

付　記　昭和三十二年七月二十二日、アジア局作成「インドネシア政情と賠償交渉」……545

三 236 昭和32年7月30日 一四九 在ジャカルタ高木総領事より藤山外務大臣宛（電報）　ジュアンダ首相への岸総理親書提出結果について……546

付　記　昭和三十二年七月二十三日付岸内閣総理大臣よりジュアンダ・インドネシア首相宛右親書……547

三	237	昭和32年8月20日	一六九	在ジャカルタ高木総領事より藤山外務大臣宛(電報)　インドネシア側はわが方交渉態度に疑念を抱きつつあり対応振りにつき請訓	547
				付記　昭和三十二年八月二十六日発在ジャカルタ高木総領事より藤山外務大臣宛電報第一七六号　日本との経済協力のあり方に関するインドネシア外務当局内話	549
五	572	昭和32年9月17日	一一一	岸外務大臣臨時代理より在ベトナム小長谷大使宛(電報)　賠償交渉促進のため植村大使派遣につき通報	1231
				付　記　昭和三十二年九月二十七日付岸外務大臣臨時代理より植村大使宛訓令第二一号　右交渉に関する訓令	1231
三	238	昭和32年9月19日		岸内閣総理大臣／スバンドリオ・インドネシア外務大臣｝会談　岸総理・スバンドリオ外相会談	551
三	239	昭和32年9月23日		小林大使／ジュアンダ・インドネシア首相｝会談　小林大使・ジュアンダ首相会談(第一回)	553
三	240	昭和32年9月25日		小林大使／ジュアンダ・インドネシア首相｝会談　小林大使・ジュアンダ首相会談(第二回)	554
				付記一　昭和三十二年十月二十一日、閣僚懇談会資料「対インドネシア賠償解決に関する小林私案」	556
				二　昭和三十二年十月二十一日、閣僚懇談会資料「小林私案を骨子とする解決方式説明」	557
五	573	昭和32年10月5日	一八六	在ベトナム小長谷大使より藤山外務大臣宛(電報)　ベトナム経済建設五ヶ年計画に適うダニム発電所第一期の外貨所要部分を役務等にて提供するとの植村メモを手交した旨報告	1232
五	574	昭和32年10月8日	一九二	在ベトナム小長谷大使より藤山外務大臣宛(電報)　ダニム発電所第一期・第二期計画等の賠償繰入れを要望するベトナム側対案につき報告	1234

五 **575** 昭和32年10月10日 一九四 在ベトナム小長谷大使より藤山外務大臣宛(電報)
ダニム発電所第一期・第二期計画のみを賠償とすることを条件に交渉に応じる旨ベトナム側へ回答……1235

五 **576** 昭和32年10月10日 一九六 藤山外務大臣より在ベトナム小長谷大使宛(電報)
ダニム発電所第一期・第二期計画等を含む賠償四千万ドル、経済協力四千万ドルとするわが方提案につき植村大使より請訓……1236

五 **577** 昭和32年10月16日 一四六 藤山外務大臣より在ベトナム小川臨時代理大使宛(電報)
植村大使請訓に対する各省事務当局との協議状況について……1237

五 **578** 昭和32年10月17日 二一二 在ベトナム小川臨時代理大使より藤山外務大臣宛(電報)
日・ベトナム間諸懸案の早期解決を条件に賠償五千万ドルを最高限度額として折衝することにつき植村大使より請訓……1238

五 **579** 昭和32年10月21日 一五三 藤山外務大臣より在ベトナム小川臨時代理大使宛(電報)
総額交渉を中断し一時帰朝方植村大使へ回訓……1239

三 **241** 昭和32年10月30日 一八五 岸外務大臣臨時代理より在ジャカルタ高木総領事宛(電報)
インドネシア外務当局の修正提案は小林私案の趣旨を大きく逸脱しおりジュアンダ首相の意向を確認方訓令……558

三 **242** 昭和32年11月3日 大野外務事務次官 スジョノ・インドネシア外務省アジア太平洋局長 会談
賠償問題に関する大野次官・スジョノ局長会談……559

三 **243** 昭和32年11月11日 二七八 在ジャカルタ高木総領事より藤山外務大臣宛(電報)
改めてわが方の正式な提案を求めたいとのジュアンダ首相意向について……563

付記 昭和三十二年十一月十一日発在ジャカルタ高木総領事より藤山外務大臣宛電報第二七九号
賠償交渉の進め方に関するジュアンダ首相周辺筋の内話……564

三 **244** 昭和32年11月20日 二一二 藤山外務大臣より在ジャカルタ高木総領事宛(電報)
賠償交渉進展のため小林大使を政府代表としてインドネシアへ派遣することにつき通報……564

付記 昭和三十二年十一月二十二日、アジア局第三課起案
「対インドネシア賠償交渉に関し小林日本政府代表に対する訓令」……565

五 580 昭和32年11月21日 二六六 在ベトナム小川臨時代理大使より藤山外務大臣宛(電報) 植村再派遣を岸総理よりゴ・ディン・ジエム大統領に申入れた旨報告……1239

三 245 昭和32年11月27日 岸内閣総理大臣 スカルノ・インドネシア大統領 会談 岸総理・スカルノ大統領会談……566

三 246 昭和32年11月28日 三一五 在ジャカルタ高木総領事より藤山外務大臣宛(電報) 今後の交渉方式に関する岸総理とジュアンダ首相の会談結果について……568

三 247 昭和32年11月29日 二三三 藤山外務大臣より在ジャカルタ高木総領事宛(電報) 賠償支払年限等はビルマへの影響に留意し交渉するよう小林政府代表へ訓令……569

三 248 昭和32年11月29日 三一八 在ジャカルタ高木総領事より藤山外務大臣宛(電報) スカルノ大統領の債務一括差引提案への岸総理賛同経緯及び今後の交渉方針につき連絡……569

三 249 昭和32年11月30日 三二一 在ジャカルタ高木総領事より藤山外務大臣宛(電報) 賠償問題等の主要事項につき協議を進めるとの小林政府代表・ジュアンダ首相会談結果について……570

三 250 昭和32年11月30日 二三五 藤山外務大臣より在ジャカルタ高木総領事宛(電報) 賠償支払年限並びに将来の通商航海条約で規定さるべき重要事項の取扱い等につき小林政府代表へ訓令……571

三 251 昭和32年12月4日 三三一 在ジャカルタ高木総領事より藤山外務大臣宛(電報) 双方の提出せる主要事項案に関する小林政府代表とジュアンダ首相の会談結果について……572

付記 昭和三十二年十二月二日 わが方が提出せる平和条約に挿入すべき重要事項案……574

三 252 昭和32年12月4日 二三八 藤山外務大臣より在ジャカルタ高木総領事宛(電報) 交渉の基礎とすべき覚書案の通報及びインドネシア側と合意取付け方訓令……574

付記 昭和三十二年十二月四日発藤山外務大臣より在ジャカルタ高木総領事宛電報第二四〇号 右覚書案……575

三 253 昭和32年12月6日 二四四 藤山外務大臣より在ジャカルタ高木総領事宛(電報) 覚書案交渉における通商事項の取扱いについて……576

三 254 昭和32年12月7日 三四二 在ジャカルタ高木総領事より藤山外務大臣宛(電報) わが方目的が概ね達成されたことを踏まえ覚書にイニシアルを予定している旨連絡……577
三 255 昭和32年12月8日 小林・ジュアンダ覚書……578
五 581 昭和32年12月13日 訓令三〇 藤山外務大臣より植村日本政府代表宛 総額四千万ドルを最高限度額とする三案をもってベトナムと交渉方植村政府代表へ訓令……1240
三 256 昭和32年12月16日 欧亜局第一課作成 インドネシア問題に関する藤山外務大臣・ロイヒリン在本邦オランダ大使会談……580
付記 昭和三十二年十二月十六日発在ジャカルタ高木総領事より藤山外務大臣宛電報第三五九号 インドネシアからの海運協力要請につき報告……582
五 582 昭和32年12月17日 二九一 在ベトナム小川臨時代理大使より藤山外務大臣宛(電報) 現地通貨調達にICA見返資金流用は困難とする米国対ベトナム経済援助使節団局長の意見……1242
五 583 昭和32年12月18日 二九二 在ベトナム小川臨時代理大使より藤山外務大臣宛(電報) 賠償・政府借款合計四千五百万ドルを骨子とする植村試案を提示しベトナム側態度を見究めることにつき請訓……1242
五 584 昭和32年12月20日 二〇五 藤山外務大臣より在ベトナム小川臨時代理大使宛(電報) 植村試案を限度額として交渉妥結方回訓……1243
五 585 昭和32年12月20日 二九三 在ベトナム小川臨時代理大使より藤山外務大臣宛(電報) 植村試案の提示に対し賠償六千三百万ドルの要求を譲歩しないベトナム側の強硬な態度につき報告……1243
三 257 昭和32年12月21日 三七〇 在ジャカルタ高木総領事より藤山外務大臣宛(電報) わが方平和条約草案等の手交について……582
五 586 昭和32年12月22日 二九五 在ベトナム小川臨時代理大使より藤山外務大臣宛(電報) わが方総額修正二案をベトナム側へ提示することにつき植村政府代表より請訓……1245
別電 昭和三十二年十二月二十二日発在ベトナム小川臨時代理大使より藤山外務大臣宛第二九六号 右修正二案……1247

付　記　昭和三十二年十二月二十三日発在ベトナム小川臨時代理大使より藤山外務大臣宛電報第二九八号
右修正二案に関する訂正……1248

五　587　昭和32年12月23日　二〇七　藤山外務大臣より在ベトナム小川臨時代理大使宛（電報）　わが方最終態度の決定前にベトナム大統領と副大統領の協議結果による先方対案が判明次第報告方回訓……1248

五　588　昭和32年12月23日　三〇一　在ベトナム小川臨時代理大使より藤山外務大臣宛（電報）　修正第一案を提示しベトナム側態度を見究めることにつき請訓……1249

三　258　昭和32年12月24日　アメリカ局第二課作成　インドネシア問題に関する藤山外務大臣・マッカーサー在本邦米国大使会談……583

五　589　昭和32年12月24日　二一〇　藤山外務大臣より在ベトナム小川臨時代理大使宛（電報）　修正案を示す前に当初案にてさらに折衝の上ベトナム側態度を見究めるべき旨回訓……1249

五　590　昭和32年12月25日　三〇三　在ベトナム小川臨時代理大使より藤山外務大臣宛（電報）　尿素工場の一部を賠償ないし政府借款とする妥協案にてゴ・ディン・ジエム大統領と直接交渉を試みることにつき請訓……1250

五　591　昭和32年12月25日　二一二　藤山外務大臣より在ベトナム小川臨時代理大使宛（電報）　わが方最終態度の決定前に妥結の見通しがつく総額までベトナムを譲歩させるべく説得方回訓……1251

五　592　昭和32年12月26日　三〇四　在ベトナム小川臨時代理大使より藤山外務大臣宛（電報）　わが方修正案の賠償にベトナム側要望の尿素工場を一部繰入れた理由について……1252

五　593　昭和32年12月27日　三〇六　在ベトナム小川臨時代理大使より藤山外務大臣宛（電報）　わが方最終案の提示につき請訓……1253

五　594　昭和32年12月27日　二一五　藤山外務大臣より在ベトナム小川臨時代理大使宛（電報）　わが方最終案を纏めるに際し賠償六千三百万ドルの要求をゴ・ディン・ジエム大統領が譲歩する意向ありや確認方回訓……1255

五　595　昭和32年12月28日　三〇八　在ベトナム小川臨時代理大使より藤山外務大臣宛（電報）　尿素工場の賠償又は政府借款への繰入れにベトナム側が固執している旨報告……1256

二 90 昭和32年12月29日 二七二 在ビルマ原大使より藤山外務大臣宛(電報) ビルマ政権内の派閥抗争と対日賠償増額要求との関連について……226
五 596 昭和32年12月29日 三〇九 在ベトナム小川臨時代理大使より藤山外務大臣宛(電報) ベトナム側が賠償・政府借款合計五千五百六十万ドルまで譲歩したので大局的見地から妥結すべき旨意見具申……1256
五 597 昭和32年12月29日 三一〇 在ベトナム小川臨時代理大使より藤山外務大臣宛(電報) ダニム発電所第一期計画現地通貨分の政府借款への繰入れにゴ・ディン・ジエム大統領が応じない旨報告……1257
五 598 昭和32年12月30日 二一六 藤山外務大臣より在ベトナム小川臨時代理大使宛(電報) ダニム発電所第一期計画現地通貨分及び尿素工場の一部を政府借款とする合計四千八百五十万ドルをわが方総額案として折衝方訓令……1258
五 599 昭和32年12月30日 三一一 在ベトナム小川臨時代理大使より藤山外務大臣宛(電報) ダニム発電所第一期計画現地通貨分を賠償に繰入れた総額にて妥結すべき旨意見具申……1259
五 600 昭和32年12月31日 三一二 在ベトナム小川臨時代理大使より藤山外務大臣宛(電報) ダニム発電所第一期計画現地通貨分を政府借款とする案では妥結困難であり交渉を打切り帰国を希望する旨植村政府代表より請訓……1260
五 601 昭和32年12月31日 二一七 藤山外務大臣より在ベトナム小川臨時代理大使宛(電報) わが方総額案における譲歩し得る限度額内にて折衝方訓令……1261
五 602 昭和32年12月31日 三一三 在ベトナム小川臨時代理大使より藤山外務大臣宛(電報) 妥結に至らず帰国する旨植村政府代表より報告……1261

昭和三十三年

三 259 昭和33年1月7日 インドネシアとの平和条約、賠償協定等の交渉経過について……585
付記 昭和三十三年一月六日、作成局課不明 平和条約及び賠償協定交渉の進捗及び懸案事項に関する概要メモ……588

五 603 昭和33年1月9日 二 藤山外務大臣より在ベトナム小川臨時代理大使宛(電報) ダニム発電所第一期計画現地通貨分を政府借款とする総額五千五百六十万ドルの植村最終試案につきベトナム側の意向打診方訓令 …… 1261

三 260 昭和33年1月10日 三二 在ジャカルタ高木総領事より藤山外務大臣宛(電報) 賠償としての消費財供与の取扱いに関するインドネシア側要望について …… 588

三 261 昭和33年1月11日 四四 在ジャカルタ高木総領事より藤山外務大臣宛(電報) 賠償としての消費財供与の取扱いにつき合意した旨報告 …… 589

三 262 昭和33年1月14日 六三 在ジャカルタ高木総領事より藤山外務大臣宛(電報) 平和条約等に関する最終公式会談結果につき報告 …… 589

五 604 昭和33年1月14日 六 在ベトナム小川臨時代理大使より藤山外務大臣宛(電報) 植村最終試案に対してダニム発電所第一期計画現地通貨分を賠償として要求するベトナム側の意向につき報告 …… 1262

五 605 昭和33年1月15日 八 在ベトナム小川臨時代理大使より藤山外務大臣宛(電報) ベトナム側には譲歩の意向が全くなく当面静観し適時翻意を促すべき旨意見具申 …… 1263

三 263 昭和33年1月18日 インドネシアとの間の平和条約、賠償協定、旧清算勘定議定書、経済協力交換公文等に関する討議概要 …… 591

三 264 昭和33年1月20日 署名 日本国とインドネシア共和国との間の平和条約 …… 604

付記 日本国とインドネシア共和国との間の平和条約についての正式交渉の合意議事録 …… 612

三 265 昭和33年1月20日 署名 日本国とインドネシア共和国との間の賠償協定 …… 612

付記一 右和訳文 …… 621

二 賠償協定実施細目に関する交換公文 …… 628

三 賠償協定の解釈に関する交換公文 …… 631

三 266 昭和33年1月20日 四 中間賠償協定の取扱いに関する交換公文 …… 633
経済開発借款に関する日本国政府とインドネシア共和国政府との間の交換公文 …… 635
付記 右和訳文 …… 637
三 267 昭和33年1月20日 署名 旧清算勘定その他の諸勘定の残高に関する請求権の処理に関する日本国政府とインドネシア共和国政府との間の議定書 …… 639
付記一 右和訳文 …… 641
二 請求権処理議定書に関する交換公文 …… 642
三 日・インドネシア支払取極第十三条C項に基づく未払金処理に関する交換公文 …… 644
三 268 昭和33年1月20日 情報文化局発表 「インドネシアとの平和条約及び賠償協定調印について」 …… 645
付記一 昭和三十三年一月、外務省作成 「日本国とインドネシア共和国との間の平和条約の説明書」 …… 646
二 昭和三十三年一月、外務省作成 「日本国とインドネシア共和国との間の賠償協定の説明書」 …… 648
二 91 昭和33年1月27日 藤山外務大臣より在ビルマ原大使宛(電報) 八 ビルマ政府に再検討条項の発動を手控えさせるよう努力方訓令 …… 226
五 606 昭和33年2月20日 在米国朝海大使より藤山外務大臣宛(電報) 四二五 ダニム発電所の現地通貨調達にICA見返資金流用を事前に確約することは不可能とする米国政府の協議結果について …… 1264
五 607 昭和33年2月28日 在ベトナム小川臨時代理大使より藤山外務大臣宛(電報) 三一 植村最終試案にて妥結の意向をベトナム副大統領が非公式に表明した旨報告 …… 1264

五	608	昭和33年3月4日	三二	在ベトナム小川臨時代理大使より 藤山外務大臣宛(電報)	植村最終試案の受諾をベトナムが正式に表明した旨報告	1265
三	269	昭和33年4月15日		藤山外務大臣 スバンドリオ・インドネシア外務大臣 会談	藤山・スバンドリオ外相会談	651
三	270	昭和33年4月15日		岸内閣総理大臣 スバンドリオ・インドネシア外務大臣 会談	岸総理・スバンドリオ外相会談	654
三	271	昭和33年4月15日		情報文化局発表	日・インドネシア平和条約、賠償協定等の発効について	655
五	609	昭和33年6月		アジア局作成	「ヴィエトナム賠償交渉方針」	1266
五	610	昭和33年7月25日	訓令二〇	藤村外務大臣より 在ベトナム久保田大使宛	植村最終試案に基づく賠償交渉方針につき訓令	1268
五	611	昭和33年8月15日	一一三	在ベトナム久保田大使より 岸外務大臣臨時代理宛(電報)	植村最終試案に基づくわが方正式提案に対するベトナム側要望につき報告	1272
				付　記　昭和三十三年八月十四日付 右わが方正式提案覚書		1273
五	612	昭和33年8月19日	一一五	在ベトナム久保田大使より 岸外務大臣臨時代理宛(電報)	借款の形態及び条件等に関するベトナム側対案覚書について	1276
				付　記　昭和三十三年八月十九日付 右ベトナム側対案覚書		1277
五	613	昭和33年8月24日	一一八	在ベトナム久保田大使より 藤山外務大臣宛(電報)	沈船引揚の経費を賠償総額から捻出することにつきベトナム側の意向を打診した旨報告	1284
五	614	昭和33年8月26日	六二	藤山外務大臣より 在ベトナム久保田大使宛(電報)	ベトナム側対案は受諾し得ないので植村最終試案の線で妥結方訓令	1286
五	615	昭和33年8月30日	一二一	在ベトナム久保田大使より 藤山外務大臣宛(電報)	賠償支払期間短縮及び借款条件の緩和等に関するベトナムの再要請につき報告	1288

五 616 昭和33年9月3日 六七 岸外務大臣臨時代理より在ベトナム久保田大使宛(電報) 沈船引揚経費は賠償実施段階において外交交渉で決定することにつき合意取付け方訓令 …… 1291

五 617 昭和33年9月4日 七一 岸外務大臣臨時代理より在ベトナム久保田大使宛(電報) ベトナムの再要請には応じられず賠償と借款の形態及び条件はわが方案にて説得方訓令 …… 1291

五 618 昭和33年9月6日 七二 岸外務大臣臨時代理より在ベトナム久保田大使宛(電報) わが方案における借款の具体的形態及び条件に関する補足説明 …… 1293

五 619 昭和33年9月13日 一三一 在ベトナム久保田大使より藤山外務大臣宛(電報) 賠償繰上げ支払並びに借款供与開始年度等に関するベトナム側新提案につき報告 …… 1294

五 620 昭和33年9月17日 七四 岸外務大臣臨時代理より在ベトナム久保田大使宛(電報) わが方借款案で想定する輸銀と市中銀行の協調融資及びその金利等に関する補足説明 …… 1295

五 621 昭和33年9月17日 七六 岸外務大臣臨時代理より在ベトナム久保田大使宛(電報) わが方賠償交渉団の派遣予定につき通報 …… 1296

五 622 昭和33年9月24日 アジア局南東アジア課起案 高裁案「日本ヴィエトナム賠償交渉団派遣の件」 …… 1296

五 623 昭和33年9月27日 外務省作成 政府借款及び経済開発借款等に関する対ベトナム交渉方針 …… 1297

五 624 昭和33年10月18日 一七三 在ベトナム久保田大使より藤山外務大臣宛(電報) わが方通商議定書案を受諾すれば賠償及び借款供与条件を譲歩する意向をベトナム側へ伝達した旨報告 …… 1298

五 625 昭和33年10月18日 一二三 藤山外務大臣より在ベトナム久保田大使宛(電報) わが方賠償交渉団の帰国につき了承 …… 1301

付記 作成日不明、外務省作成「専門家派遣による対ヴィエトナム賠償交渉」 …… 1301

五 626 昭和33年12月2日 外務省作成 「ヴィエトナムとの通商取極に関する協議の件」 …… 1305

五 627 昭和33年12月3日 一九七 在ベトナム久保田大使より藤山外務大臣宛(電報) 最恵国待遇を明記したわが方の共同宣言案をベトナム外相に手交した旨報告 …… 1309

付記　右共同宣言案……1309

五　628　昭和33年12月9日　二〇一　在ベトナム久保田大使より藤山外務大臣宛(電報)
最恵国待遇に応じないベトナムの政治的理由に関する同国副大統領の内話について……1310

五　629　昭和33年12月15日　二〇三　在ベトナム久保田大使より藤山外務大臣宛(電報)
最恵国待遇を共同宣言に明記することには応じられないとのベトナム側回答について……1312

五　630　昭和33年12月20日　一四九　藤山外務大臣より在ベトナム久保田大使宛(電報)
最恵国待遇を明記した交換公文案にて妥結すべく折衝方訓令……1312

別　電　昭和三十三年十二月二十日発藤山外務大臣より在ベトナム久保田大使宛第一五一号
右交換公文案……1313

五　631　昭和33年12月23日　二一一　在ベトナム久保田大使より藤山外務大臣宛(電報)
通商に関する交換公文案をベトナム側へ提示した旨報告……1314

五　632　昭和33年12月24日　一五三　藤山外務大臣より在ベトナム久保田大使宛(電報)
通商に関する交換公文修正案をベトナム側へ再度提示方訓令……1315

五　633　昭和33年12月25日　二一四　在ベトナム久保田大使より藤山外務大臣宛(電報)
ベトナムは交換公文案に同意せずベトナム側共同宣言案に固執している旨等報告……1316

昭和三十四年

五　634　昭和34年1月10日　二　藤山外務大臣より在ベトナム久保田大使宛(電報)
最恵国待遇の取極に関する方針は検討中のため賠償協定及び借款協定に関する残された問題につき合意取付け方訓令……1318

五　635　昭和34年1月15日　五　在ベトナム久保田大使より藤山外務大臣宛(電報)
経済開発借款における輸銀融資の形態に関するベトナム側修正案への応酬振りにつき請訓……1318

別　電　昭和三十四年一月十五日発在ベトナム久保田大使より藤山外務大臣宛第六号
右修正案……1321

五　636　昭和34年1月26日　七　藤山外務大臣より在ベトナム久保田大使宛(電報)　経済開発借款における輸銀融資の形態に関するベトナム側修正案への対処方針につき回訓……1321

五　637　昭和34年1月28日　一一　在ベトナム久保田大使より藤山外務大臣宛(電報)　政府借款供与年度額の変更要求をベトナムが撤回した旨報告……1323

五　638　昭和34年1月30日　一二　在ベトナム久保田大使より藤山外務大臣宛(電報)　経済開発借款の始期繰上げ及び輸銀融資の形態に関してわが方案に同意した旨報告……1324

五　639　昭和34年2月4日　一二　藤山外務大臣より在ベトナム久保田大使宛(電報)　久保田大使一時帰国の了承について……1325

五　640　昭和34年3月2日　亜東二五　藤山外務大臣より在ベトナム久保田大使宛　請求権に関する書簡案の送付について……1326

五　641　昭和34年3月2日　亜東二七　藤山外務大臣より在ベトナム久保田大使宛　通商に関する共同宣言案(第一案・第二案)の送付について……1327

五　642　昭和34年3月7日　三五　在ベトナム久保田大使より藤山外務大臣宛(電報)　簡易査証と特別円に関するわが方主張を撤回し通商に関する共同宣言案(第一案)をベトナム側へ提示した旨報告……1328

五　643　昭和34年3月12日　四〇　在ベトナム久保田大使より藤山外務大臣宛(電報)　通商に関する共同宣言ベトナム側修正案の受領につき報告……1329

付　記　右修正案……1330

五　644　昭和34年3月12日　四一　在ベトナム久保田大使より藤山外務大臣宛(電報)　請求権に関する書簡案及び通商に関する共同宣言案のベトナム側修正要求箇所について……1330

五　645　昭和34年3月30日　亜東四三　藤山外務大臣より在ベトナム小川臨時代理大使宛　共同宣言案から関税の文言を削除したベトナム側の修正意図につき確認方訓令……1331

五　646　昭和34年4月2日　六一　在ベトナム久保田大使より藤山外務大臣宛(電報)　共同宣言案へのベトナム側修正意図につき報告……1331

二　92　昭和34年4月7日　五五　藤山外務大臣より在ビルマ原大使宛(電報)　再検討条項を援用するとのビルマ政府覚書を在本邦ビルマ大使より手交……228

付記一　昭和三十四年四月七日付右覚書 …… 228
二　昭和三十四年六月十七日、アジア局南西アジア課作成右覚書要旨 …… 231

五　647　昭和34年4月9日　藤山外務大臣より在ベトナム久保田大使宛(電報)　四五　通商に関する共同宣言ベトナム側修正案にて妥結方訓令 …… 1332

二　93　昭和34年4月18日　在ビルマ原大使より藤山外務大臣宛(電報)　一〇一　ビルマ政府が再検討条項を援用するに至った背景について …… 232

五　648　昭和34年5月1日　外務省作成　「ヴィエトナム共和国とこの際賠償協定を締結せねばならない理由の説明資料」 …… 1333
付　記　昭和三十四年三月、アジア局南東アジア課作成「ヴィエトナム賠償問題に対する横田喜三郎氏の見解」 …… 1335

五　649　昭和34年5月5日　在ベトナム久保田大使より藤山外務大臣宛(電報)　九四　賠償協定文等すべてについて合意した旨報告 …… 1338

五　650　昭和34年5月13日　日・ベトナム賠償協定調印式共同コミュニケ …… 1339

五　651　昭和34年5月13日　署名　日本国とベトナム共和国との間の賠償協定 …… 1340
付記一　実施細目に関する交換公文 …… 1351
二　第二条2にいう生産物に関する交換公文 …… 1355
三　共同宣言 …… 1356

五　652　昭和34年5月13日　署名　日本国とベトナム共和国との間の借款に関する協定 …… 1357
付記一　第一条及び第二条に関する交換公文 …… 1362
二　第三条1に関する交換公文 …… 1363

五 653 昭和34年5月13日 経済開発借款に関する日本国政府とベトナム共和国政府との間の交換公文 …… 1365
付記 右和訳文 …… 1367
五 654 昭和34年5月13日 請求権に関する日本国政府とベトナム共和国政府との間の交換公文 …… 1368
二 94 昭和34年5月14日 六九 岸外務大臣臨時代理より在ビルマ原大使宛(電報) ベトナム賠償協定承認の国会審議に配慮し非公式にビルマ政府の再検討条項援用の真意につき確認方訓令 …… 233
二 95 昭和34年5月28日 条約局法規課作成 「ビルマの賠償増額要求とビルマ平和条約再検討条項の解釈について」 …… 234
五 655 昭和34年6月20日 亜東 二三〇 藤山外務大臣より在仏国古垣大使宛 フランスと北ベトナム間協定のテキストを入手しその効力に関する仏国見解につき報告方訓令 …… 1370
二 96 昭和34年7月10日 一五九 在ビルマ原大使より藤山外務大臣宛(電報) ビルマ政府の交渉の眼目は純賠償の増額である旨報告 …… 236
五 656 昭和34年8月13日 仏 七九八 在仏国古垣大使より藤山外務大臣宛 フランスと北ベトナム間協定の効力に関する仏国見解につき報告 …… 1370
二 97 昭和34年8月27日 二〇九 在ビルマ原大使より藤山外務大臣宛(電報) 対日賠償増額要求促進決議案がビルマ国会で可決する見通しにつき報告 …… 236
二 98 昭和34年9月9日 二一九 在ビルマ原大使より藤山外務大臣宛(電報) 対日賠償増額要求促進決議をビルマ国会が全員一致で可決した旨報告 …… 238
二 99 昭和34年10月14日 二四二 在ビルマ原大使より藤山外務大臣宛(電報) わが方の賠償増額要求拒否への反感に加え貿易不均衡を理由にビルマで対日輸入制限の気運が高まりつつある旨報告 …… 238
五 657 昭和34年10月17日 一一〇 藤山外務大臣より在ベトナム久保田大使宛(電報) ベトナム全領域を代表する正統政府としてベトナム国を各国が承認した文書の入手方訓令 …… 1371

付　記　昭和三十四年十月二十八日、アジア局作成「バオダイ政権承認国」……1372

五　658　昭和34年11月7日　三五七　藤山外務大臣より在仏国古垣大使宛（電報）　フランスとベトナム国との関係に関する実態調査につき訓令……1376

五　659　昭和34年11月7日　四四〇　在仏国古垣大使より藤山外務大臣宛（電報）　フランスとベトナム国との関係に関する実態調査は国会審議までに間に合わない旨報告……1377

五　660　昭和34年11月10日　三六一　藤山外務大臣より在仏国古垣大使宛（電報）　フランスとベトナム国との関係に関する実態調査は解明し得たものから逐次回電方訓令……1377

五　661　昭和34年11月10日　四四四　在仏国古垣大使より藤山外務大臣宛（電報）　フランスとベトナム国との関係に関する仏国係官の説明について……1377

五　662　昭和34年11月17日　一二九　藤山外務大臣より在ベトナム久保田大使宛（電報）　各国のベトナム共和国承認形式等につき回電方訓令……1378

付　記　昭和三十三年八月七日にベトナム共和国外務省が発表した同政府承認国リスト……1379

五　663　昭和34年11月17日　一八八　在ベトナム久保田大使より藤山外務大臣宛（電報）　各国のベトナム共和国承認形式等に関するベトナム外務省への照会結果につき報告……1381

二　100　昭和34年12月21日　二六三　在ビルマ原大使より藤山外務大臣宛（電報）　ビルマ政府による対日輸入信用状取引の全面停止について……239

別　電　昭和三十四年十二月二十一日発在ビルマ原大使より藤山外務大臣宛第二六四号　右取引全面停止の指令……239

二　101　昭和34年12月22日　二六六　在ビルマ原大使より藤山外務大臣宛（電報）　ビルマ外務次官より聴取せる対日輸入制限実施の背景につき報告……240

昭和三十五年

五 664 昭和35年1月8日 情報文化局発表 日・ベトナム賠償協定及び借款協定の批准書交換について……1382
付記一 昭和三十四年十月、外務省作成 右賠償協定の説明書……1383
二 昭和三十四年十月、外務省作成 右借款協定の説明書……1385
五 665 昭和35年1月12日 外務省告示 日・ベトナム賠償協定及び借款協定の発効について……1387
二 102 昭和35年1月25日 七 藤山外務大臣より在ビルマ原大使宛(電報) 賠償再検討に応じる条件として対日輸入制限解除につきビルマ政府上層部を説得方訓令……241
二 103 昭和35年2月2日 閣議諒承 「ビルマ米の増量買付について」……242
二 104 昭和35年2月9日 三一 在ビルマ原大使より藤山外務大臣宛(電報) わが方のビルマ米増量買付決定を受けて対日輸入制限を解除した旨報告……243
二 105 昭和35年5月17日 九六 藤山外務大臣より在ビルマ原大使宛(電報) 岸総理がウ・ヌ首相との会談で提示した経済協力方式にて交渉を開始することにつきビルマ側意向確認方訓令……243
二 106 昭和35年10月18日 一六五 小坂外務大臣より在ビルマ原大使宛(電報) 賠償増額方式の可能性も含めて選挙後に改めて検討する旨在本邦ビルマ大使へ通知……244

昭和三十六年

二 107 昭和36年1月12日 九 在ビルマ島臨時代理大使より小坂外務大臣宛(電報) 賠償交渉の遅れが中共のビルマへの勢力伸張に資する可能性につき意見具申……245

二 108 昭和36年1月14日 六 小坂外務大臣より在ビルマ島臨時代理大使宛(電報) 無償供与方式にて交渉開始に応じるとのわが方意向を在本邦ビルマ大使へ通知……246
二 109 昭和36年2月28日 三三 在ビルマ矢口大使より小坂外務大臣宛(電報) ビルマは無償供与方式を受諾するもインドネシアの貿易債務取消分を含む総額と同程度を要求している旨通報……247
付 記 昭和三十五年二月十六日、アジア局作成「再検討条項が挿入されるに到つた交渉経緯」……248
二 110 昭和36年3月20日 七六 小坂外務大臣より在ビルマ矢口大使宛(電報) インドネシアとの均衡を考慮した金額案をウ・ヌ首相に内示した旨報告……249
二 111 昭和36年4月21日 六九 小坂外務大臣より在ビルマ矢口大使宛(電報) ウ・ヌ首相との無償供与額交渉における応酬上の論点につき訓令……251
二 112 昭和36年5月10日 一一七 在ビルマ矢口大使より小坂外務大臣宛(電報) インドネシアとの均衡を考慮した金額案をビルマ側に正式に提示した旨報告……251
付 記 昭和三十六年五月十三日発在ビルマ矢口大使より小坂外務大臣宛電報第一一九号 右報告に関する訂正……253
二 113 昭和36年6月13日 伊関アジア局長、小田部アジア局賠償部長 在本邦ウ・タン・シェイン・ビルマ大使 会談 無償供与額に関する伊関アジア局長、小田部賠償部長・ウ・タン・シェイン大使会談……253
二 114 昭和36年7月8日 一一一 池田外務大臣臨時代理より在ビルマ矢口大使宛(電報) ビルマ政府より無償供与額交渉妥結に向けた全権代表団派遣の申入れについて……255
二 115 昭和36年8月31日 アジア局南西アジア課作成 「ビルマ賠償再検討問題に関する交渉基本方針」……256
二 116 昭和36年10月16日 合一九三九 小坂外務大臣より在米国朝海大使、国際連合日本政府代表部岡崎大使、在英国大野大使他宛(電報) ビルマ全権代表団との交渉概要につき報告……257

二 117 昭和36年10月25日 七一三 在ビルマ矢口大使より小坂外務大臣宛 ビルマ政府の中共接近に関する動静について……259
二 118 昭和36年11月7日 外務省作成 「ビルマ賠償再検討交渉における日本政府代表等任命について」……259
付記 作成日、作成局課不明 「対ビルマ賠償再検討交渉要綱」……260
二 119 昭和36年11月11日 アジア局賠償部調整課作成 「ビルマとの賠償再検討交渉方針」……263
二 120 昭和36年11月20日 四一三 在ビルマ矢口大使より川島外務大臣臨時代理宛(電報) 無償供与額に関する小坂外相・タキン・ティン蔵相会談について……264
二 121 昭和36年11月21日 四一七 在ビルマ矢口大使より川島外務大臣臨時代理宛(電報) 総額の内訳に関する小坂外相・タキン・ティン蔵相非公式会談について……267
二 122 昭和36年11月24日 池田内閣総理大臣 ウ・ヌ・ビルマ首相 会談 池田・ウ・ヌ首脳会談(第一回)……268
二 123 昭和36年11月25日 池田内閣総理大臣 ウ・ヌ・ビルマ首相 会談 池田・ウ・ヌ首脳会談(第二回)……273
二 124 昭和36年11月26日 池田総理・ウ・ヌ首相共同声明……277
二 125 昭和36年11月28日 小坂外務大臣 タキン・ティン・ビルマ大蔵大臣 会談 無償供与及び経済協力に関する小坂外相・タキン・ティン蔵相会談……279

昭和三十七年

二 126 昭和37年2月26日 アジア局作成 「ビルマ賠償再検討交渉要綱」……283
二 127 昭和37年3月8日 一七九 在ビルマ矢口大使より小坂外務大臣宛 クーデターによるビルマ軍事政権樹立の背景について……287

二　128　昭和37年3月14日　九六　在ビルマ矢口大使より小坂外務大臣宛(電報)　ビルマ新政府は親日路線を打ち出すとの見通しについて……289
二　129　昭和37年4月11日　一三三　在ビルマ矢口大使より小坂外務大臣宛(電報)　ビルマ新政府より低利長期借款の協力要請について……290
二　130　昭和37年5月9日　一六三　在ビルマ矢口大使より小坂外務大臣宛(電報)　わが方が考慮中の無償供与額に対するビルマ側の牽制について……291
二　131　昭和37年7月8日　二四〇　在ビルマ矢口大使より小坂外務大臣宛(電報)　ビルマ新政府は奥田重元を介して池田総理の意向を探ろうとしている旨報告……292
付　記　昭和三十七年七月、作成局課不明
「奥田重元氏のビルマ訪問に関する池田総理への報告」……293
二　132　昭和37年8月7日　一五八　大平外務大臣より在ビルマ矢口大使宛(電報)　予備折衝開始は大平外務大臣の欧州出張からの帰国に合わせて調整する方針につき通報……301
二　133　昭和37年9月4日　アジア局作成　ビルマ賠償再検討問題の解決を促進すべき理由について……301
付　記　昭和三十七年十月十六日、アジア局南西アジア課作成
「池田総理、小田部大使会談録」
再検討問題解決方針に対する池田総理の修正指示……306
二　134　昭和37年11月26日　アジア局作成　ビルマ側提案の総額の内訳及び借款の条件について……307

昭和三十八年

二　135　昭和38年1月10日　情報文化局作成　「アウン・ジー・ビルマ貿易工業相一行の来日について」……308
二　136　昭和38年1月10日　アジア局作成　「ビルマ賠償再検討交渉方針案」……309

付　記　昭和三十八年一月十日、アジア局作成
「ビルマ賠償再検討交渉方針に関する大平大臣、池田総理会談」……311

二　137　昭和38年1月14日　大平外務大臣／アウン・ジー・ビルマ貿易工業大臣　会談　無償供与額及び借款額に関する大平外相・アウン・ジー貿易工業相会談……312

二　138　昭和38年1月18日　大平外務大臣／アウン・ジー・ビルマ貿易工業大臣　会談　全額を無償供与とするわが方正式提案に関する大平外相・アウン・ジー貿易工業相会談……317

二　139　昭和38年1月22日　大平外務大臣／アウン・ジー・ビルマ貿易工業大臣　会談　わが方最終提案に関する大平外相・アウン・ジー貿易工業相会談……319

二　140　昭和38年1月23日　大平外務大臣／アウン・ジー・ビルマ貿易工業大臣　会談　無償供与額及び供与期間に関する大平外相・アウン・ジー貿易工業相会談……320

二　141　昭和38年1月24日　大平外務大臣／アウン・ジー・ビルマ貿易工業大臣　会談　無償供与、借款額及び供与期間に関する大平外相・アウン・ジー貿易工業相最終合意会談……321

二　142　昭和38年1月25日　アジア局作成　賠償再検討交渉の最終全体会議……323

付記一　昭和三十八年一月二十五日
賠償再検討問題の合意に関する覚書……325

二　右覚書和訳文……326

二　143　昭和38年2月11日　五八　大平外務大臣より　在ビルマ小田部大使宛（電報）　合意に関する覚書に基づき早急に協定文作成の交渉を開始するようビルマ側へ要請方訓令……328

二　144　昭和38年2月15日　一〇九　在ビルマ小田部大使より　大平外務大臣宛（電報）　アウン・ジー准将辞任の原因及び賠償再検討交渉への影響等の観測情報……328

二　145　昭和38年2月21日　亜西一四八　大平外務大臣より　在ビルマ小田部大使宛　合意に関する覚書に基づく交渉方針につき訓令……331

二　146　昭和38年2月22日　一二三　在ビルマ小田部大使より　大平外務大臣宛（電報）　わが方提示の新協定案に関するビルマ外務省の非公式見解への対応振りにつき請訓……334

二 147 昭和38年2月23日 大平外務大臣より在ビルマ小田部大使宛(電報) 六八 新協定案に関するビルマ外務省の非公式見解への対処方針につき回訓……335
二 148 昭和38年2月25日 在ビルマ小田部大使より大平外務大臣宛(電報) 一三〇 新協定案の諸規定に関するビルマ側への対応振りにつき請訓……336
二 149 昭和38年2月26日 大平外務大臣より在ビルマ小田部大使宛(電報) 七五 新協定案の諸規定に関するビルマ側への対処方針につき回訓……340
二 150 昭和38年3月13日 大平外務大臣より在ビルマ小田部大使宛(電報) 一一一 新協定署名のため全権委員を内定した旨ビルマ側へ通知方訓令……342
二 151 昭和38年3月15日 在ビルマ小田部大使より大平外務大臣宛(電報) 一九一 新協定署名等に関する対応振りにつき請訓……342
二 152 昭和38年3月18日 大平外務大臣より在ビルマ小田部大使宛(電報) 一一九 新協定署名等に関する対処方針につき回訓……343
二 153 昭和38年3月20日 在ビルマ小田部大使より大平外務大臣宛(電報) 一九七 新協定案がビルマ側閣議で承認された旨報告……344
二 154 昭和38年3月29日 在ビルマ小田部大使より大平外務大臣宛(電報) 二三〇 新協定の署名を了した旨報告……345
二 155 昭和38年3月29日 大平外務大臣より在ビルマ小田部大使宛(電報) 一四五 新協定の署名を了した全権委員への慰労について……345
二 156 昭和38年3月29日 署名 日本国とビルマ連邦との間の経済及び技術協力に関する協定……345
付記一 右和訳文……351
二 日本・ビルマ平和条約第五条一項(a)(Ⅲ)に関する議定書……356
三 経済開発借款に関する交換公文……357
四 協定の実施細目に関する交換公文……359

五　合意された議事録……364

二　157　昭和38年3月29日　情報文化局発表　「ビルマとの経済技術協力協定の署名について」……365

付　記　昭和三十八年四月、外務省作成
右協定説明書……367

二　158　昭和38年10月25日　外務省告示　ビルマとの経済技術協力協定の発効について……369

日本外交文書　平和条約締結に伴う賠償交渉　下

2024年11月5日　初版発行

編　　集　外務省
発 行 者　尾上民子
発 行 所　株式会社 白峰社
発 売 所　株式会社 六一書房
〒101-0051　東京都千代田区神田神保町2-2-22
電話 03-5213-6161　FAX 03-5213-6160　振替 00160-7-35346
https://www.book61.co.jp E-mail info@book61.co.jp
印　　刷　株式会社 白峰社
製　　本　株式会社 新里製本所

ISBN 978-4-86445-182-6 C3021

Documents on Japanese Foreign Policy

Reparations Negotiations Following the Conclusion of the San Francisco Peace Treaty

CONTENTS

Part 1